U0456214

文 / 白 / 对 / 照

資治通鑑

第八册

〔宋〕司马光　　编撰
〔清〕康熙 乾隆 御批
〔清〕申涵煜　　点评
　　　萧祥剑　　主编
　　中华文化讲堂　译

团结出版社

目 录

资治通鉴卷第九十　晋纪十二

起强圉赤奋若，尽著雍摄提格，凡二年。

【译文】 起丁丑（公元317年），止戊寅（公元318年），共二年。

【题解】 本卷记录了晋元帝建武元年到太兴元年两年间东晋及各国大事，主要记录了晋愍帝司马邺投降汉国被刘聪杀害后，晋元帝司马睿立即在建康登基称帝，成为东晋首位皇帝。东晋王朝从建立开始，就完全投靠世族豪门，西晋许多腐败的制度、风俗被继承下来，为覆灭埋下祸根。汉国丞相刘粲为谋取皇位诬陷皇太弟刘乂，刘聪去世刘粲继位，他听信靳准谗言，大肆诛杀朝廷大臣倒行逆施；靳准又发动叛乱杀死刘粲，自立为汉大王，向东晋称臣；随后靳准在汉相国刘曜与汉将石勒的夹击下，被部下杀死，刘曜获得刘渊、刘聪的乘舆旧物，被拥立为汉主，迁都长安。鲜卑人慕容廆在辽东以尊崇东晋皇室为名讨伐诸逆，乘机壮大自己；而其兄慕容吐谷浑则在今甘肃、青海的河西地区发展壮大。多年在并州与刘聪、石勒进行艰苦斗争的刘琨最后被段匹磾杀害等等。

中宗元皇帝上

建武元年（丁丑，公元三一七年）春，正月，汉兵东略弘农，太守宋哲奔江东。

黄门郎史淑、侍御史王冲自长安奔凉州，称愍帝出降前一日，使淑等赍诏赐张实，拜实大都督、凉州牧、侍中、司空，承制行事，且曰："朕已诏琅邪王时摄大位，君其协赞琅邪，共济多难。"淑等至姑臧，实大临三日，辞官不受。

初，实叔父肃为西海太守，闻长安危逼，请为先锋入援。实以其老，弗许。及闻长安不守，肃悲愤而卒。

【译文】建武元年（丁丑，公元317年）春季，正月，汉国军队向东入侵弘农郡，弘农郡太守宋哲逃到江东。

黄门郎史淑和侍御史王冲，从长安逃跑到凉州，告诉张实说晋愍帝司马邺出城投降的前一天，命令史淑这些人带着诏命，赏赐张实，命令张实做大都督、凉州牧、侍中、司空这些官职，按照制命行事，还说："朕已经下诏命琅邪王司马睿及时摄行天子职位，先生要帮助琅邪王，共同度过多灾多难的时代。"史淑这些人到了姑臧，张实大哭了三天三夜，推辞这些官职，不愿意接受。

起初，张实的叔父张肃是西海太守，听到长安处于生死存亡之际，要求做先锋官，去援助京城长安。张实因为他年纪已经很大了，不答应他的请求。等到听闻长安失守，张肃就悲伤愤怒地离开了人世。

实遣太府司马韩璞、抚戎将军张阆等帅步骑一万东击汉，命讨虏将军陈安、安故太守贾骞、陇西太守吴绍各统郡兵为前驱。又遗相国保书曰："王室有事，不忘投躯。前遣贾骞瞻公举动，中被符命，敕骞还军。俄闻寇逼长安，胡崧不进，麹允持金五百，请救于崧，遂决遣骞等进军度岭。会闻朝廷倾覆，为忠不遂，愤痛之深，死有馀责。今更遣璞等，唯公命是从。"璞等卒不能进而还。

【译文】 张实委派太府司马韩璞、抚戎将军张阆这些人，带领着一万步兵和骑兵，到东面攻击汉国，命令讨虏将军陈安、安故太守贾骞和陇西太守吴绍，各自带领郡中的兵马，来做先锋。又给相国司马保送信说："王室发生了灾难，我从没有忘记要捐躯报效。先前委托贾骞观察公侯的行动，半路上接到命令，要求贾骞调回军队。没过多久，听说贼寇进逼长安，胡崧按兵不动，麹允带着五百两黄金，向胡崧请求发兵救援，于是决定派遣贾骞一千人，越过沃于岭进兵救援。当时刚好听说朝廷被颠覆了，未能实现为国尽忠的愿望，我深深地陷入悲痛之情中，即使身死也有无尽的罪责。现在又派遣韩璞等人前来，一心一意地听从公侯的命令。"韩璞等人始终难以前进，就回头撤兵了。

至南安，诸羌断路，相持百馀日，粮竭矢尽。璞杀车中牛以飨士，泣谓之曰："汝曹念父母乎？"曰："念。""念妻子乎？"曰："念。""欲生还乎？"曰："欲。""从我令乎？"曰："诺。"乃鼓噪进战。会张阆帅金城兵继至，夹击，大破之，斩首数千级。

先是，长安谣曰："秦川中，血没腕，唯有凉州倚柱观。"及汉兵覆关中，氐、羌掠陇右，雍、秦之民，死者什八九，独凉州安全。

【译文】 到达南安，各个羌族部落阻断了撤兵路线，双方相互对峙了一百多天，粮食吃完了，弓箭用没了。韩璞杀了牵车的牛只，来让士兵们食用，他哭泣着对士兵说："你们想念你们的父母吗？"士兵们回答说："想。"韩璞问道："想念你们的妻子吗？"士兵们回答说："想。"韩璞接着问道："你们想要活着回去吗？"士兵们说："想。"韩璞又问道："那你们听从我的命令吗？"士兵们回答说："听从。"于是大声呐喊着进军，开始搏杀。正好遇上张阆率领金城的军队赶到这里，前后夹击羌人，大败敌人，斩下了数以千计的首级。

　　在这件事情以前，长安就曾经流行这样的歌谣："秦川中，血没腕，唯有凉州倚柱观。"（秦州地区，血流到了手腕，只有凉州人倚着柱子观看。）汉国军队攻陷关中的时候，氐、羌抢劫陇右，雍州和秦州的人民，死去的有十之八九，只有凉州没有受到威胁，安然无恙。

　　二月，汉主聪使从弟畅帅步骑三万攻荥阳，太守李矩屯韩王故垒，相去七里，遣使招矩。时畅兵猝至，矩未及为备，乃遣使诈降于畅。畅不复设备，大飨，渠帅皆醉。矩欲夜袭之，士卒皆恇惧，矩乃遣其将郭诵祷于子产祠，使巫扬言曰："子产有教，当遣神兵相助。"众皆踊跃争进。矩选勇敢千人，使诵将之，掩击畅营，斩首数千级，畅仅以身免。

　　辛巳，宋哲至建康，称受愍帝诏，令丞相琅邪王睿统摄万机。三月，琅邪王素服出次，举哀三日。于是，西阳王羕及官属等共上尊号，王不许。羕等固请不已，王慨然流涕曰："孤，罪人也。诸贤见逼不已，当归琅邪耳！"呼私奴，命驾将归国。羕等乃请依魏、晋故事，称晋王；许之。辛卯，即晋王位，大赦，改元；始备百官，立宗庙，建社稷。

　　【译文】 二月，汉主刘聪派遣自己的堂弟刘畅，带领三万步兵和骑兵攻击荥阳，太守李矩把军队驻扎在韩王以前的军营里，与荥阳的距离有七里，刘畅委派使者招安李矩。当时刘畅的士兵忽然到达，李矩来不及准备，就派遣使者向刘畅诈降。刘畅就没有了防备，大摆宴席犒赏军队，他的将帅都喝得酩酊大醉。李矩准备晚上去偷袭他们，士卒心里都十分害怕，李矩于是派他的大将郭诵，去子产祠中诵文祈祷，让巫人大声说："子产神有命令，会适时派遣神兵来帮助你们。"众人都十分踊跃想要前进。李矩选择了一千名勇敢的士兵，让郭诵为大将统领，偷袭刘畅的军营，斩获几千首级，仅仅刘畅一个人逃脱了。

辛巳日（二十八日），宋哲来到建康城，自称接到晋愍帝司马邺的诏命，命令丞相琅邪王司马睿总理朝事。三月，琅邪王司马睿身着素色服饰，出居别室，哀痛了三天三夜。于是西阳王司马羕和一些僚属，一起请上皇帝的尊号，琅邪王司马睿没有答应。西阳王司马羕等人多次坚决地请求，琅邪王司马睿感慨地流着眼泪说："本王是个罪人。各位贤士不停地逼迫我，是要让我回到琅邪吗？"他呼叫自己的奴仆，让他们准备马车，要回到自己的封地。西阳王司马羕等人于是请求他按照魏、晋旧有的例子，称晋王；琅邪王司马睿答应了。辛卯日（初九），司马睿登上晋王的王位，大赦天下，改皇帝年号为建武；百官才各自就位，建立宗庙，重修社稷。

有司请立太子，王爱次子宣城公裒，欲立之，谓王导曰："立子当以德。"导曰："世子、宣城，俱有朗俊之美，而世子年长。"王从之。丙辰，立世子绍为王太子；封裒为琅邪王，奉恭王后；仍以裒都督青、徐、兖三州诸军事，镇广陵。以西阳王羕为太保，封谯刚王逊之子承为谯王。逊，宣帝之弟子也。又以征南大将军王敦为大将军、江州牧，扬州刺史王导为骠骑将军、都督中外诸军事、领中书监、录尚书事，丞相左长史刁协为尚书左仆射，右长史周顗为吏部尚书，军咨祭酒贺循为中书令，右司马戴渊、王邃为尚书，司直刘隗为御史中丞，行参军刘超为中书舍人，参军事孔愉长兼中书郎；自馀参军悉拜奉车都尉，掾属拜驸马都尉，行参军舍人拜骑都尉。王敦辞州牧，王导以敦统六州，辞中外都督，贺循以老病辞中书令，王皆许之，以循为太常。是时，承丧乱之后，江东草创，刁协久宦中朝，谙练旧事，贺循为世儒宗，明习礼学，凡有疑议，皆取决焉。

【译文】官员请求立太子，晋王喜欢他的次子宣城公司马裒，想要立他为王太子，对王导说："立王子应该以品德为主要标准。"王导说："世子司马绍和宣城公司马裒，都十分清明俊秀，但是世子年纪稍长。"晋王听从了王导的建议。丙辰日（三月无此日），司马睿立世子司马绍做王太子；册封司马裒做琅邪王，奉祀为恭王司马觐的后嗣；仍然让司马裒为都督，统领青、徐、兖三州一切军务，镇守广陵地区。派遣西阳王司马羕做太保，册封谯刚王司马逊的儿子司马承做谯王。司马逊是晋宣帝司马懿的侄子。又任命征南大将军王敦做大将军、江州牧，任命扬州刺史王导为骠骑将军，都督中外所有的军务，兼领中书监和录尚书事，任命丞相左长史刁协做尚书左仆射，右长史周顗为吏部尚书，军咨祭酒贺循为中书令，右司马戴渊和王邃为尚书，司直刘隗为御史中丞，行参军刘超为中书舍人，参军事孔愉长兼任中书郎；其他的参军都被册封为奉车都尉，掾属任命为驸马都尉，行参军舍人任命为骑都尉。王敦推辞州牧的职位，王导因为推荐王敦统治六州，推辞中外都督军事的职位，贺循因为年纪大且身体不好，要辞去中书令，都获得了晋王司马睿的允许，让贺循做太常。此时，承继西晋的丧乱以后，江东政权体制刚开始创立，刁协一直在朝廷中担任官职，十分熟悉旧日政权体制，贺循是当时的儒学宗师，精通熟悉礼学，凡是有争议且难以取决的地方，都让他们来定夺。

刘琨、段匹磾相与歃血同盟，期以翼戴晋室。辛丑，琨檄告华、夷，遣兼左长史、右司马温峤，匹磾遣左长史荣邵，奉表及盟文诣建康劝进。峤，羡之弟子也。峤之从母为琨妻，琨谓峤曰："晋祚虽衰，天命未改，吾当立功河朔，使卿延誉江南。行矣，勉之！"

王以鲜卑大都督慕容廆为都督辽左杂夷流民诸军事、龙骧将军、大单于、昌黎公，廆不受；征虏将军鲁昌说廆曰："今两京覆没，天子蒙尘，琅邪王承制江东，为四海所系属。明公虽雄据一方，而诸部犹阻兵未服者，盖以官非王命故也。谓宜通使琅邪，劝承大统，然后奉诏令以伐有罪，谁敢不从！"处士辽东高诩曰："霸王之资，非义不济。今晋室虽微，人心犹附之，宜遣使江东，示有所尊，然后仗大义以征诸部，不患无辞矣。"廆从之，遣长史王济浮海诣建康劝进。

【译文】 刘琨和段匹磾一起歃血为盟，约定要共同拥护晋室。辛丑日（十九日），刘琨发布檄令，告诉汉族和其他少数民族的人民，委派兼左长史、右司马温峤，段匹磾委派左长史荣邵，捧着奏表和同盟的誓文一起到建康，劝说晋王登上皇位。温峤，是温羡弟弟的儿子。温峤的姨妈是刘琨的妻子。刘琨向温峤说："晋国国势虽然衰微了，但是天命还没有改变，我将在河朔建功立业，让你在江南传扬美誉。去吧，要勉励自己努力！"

晋王司马睿派遣鲜卑大都督慕容廆做都督，掌管辽左杂夷、流民一切军务，并封他为龙骧将军、大单于、昌黎公，慕容廆推辞不愿接受；征虏将军鲁昌对慕容廆说："现在两京沦陷了，天子流亡在外边，琅邪王司马睿在江东接受制命，是能够让四海归心的人物。您虽然雄霸一方土地，但是还有一些部族仍然依仗军队不肯降服，这是因为你的官位不是君王亲自任命的原因啊。我觉得应当向琅邪派遣使者，劝琅琊王司马睿继承天子的尊位，然后尊奉诏命，来讨伐有罪的，还有谁会不听从您的命令呢！"辽东的隐士高诩说："霸主的功业，如果不符合道理忠义，就不能成功。现在晋室虽然衰败，人民仍然亲附他们，应该委派使者去江东，表示对王室的尊崇，然后以大义为依仗，来征讨各个部族，这样就不用忧虑没有理由了。"慕容廆听从了建议，派遣长史王济，坐船从海上前往建康，劝晋王司马睿登上皇位。

汉相国粲使其党王平谓太弟乂曰："适奉中诏，云京师将有变，宜衷甲以备非常。"乂信之，命宫臣皆衷甲以居。粲驰遣告靳准、王沈。准以白汉主聪曰："太弟将为乱，已衷甲矣！"聪大惊曰："宁有是邪！"王沈等皆曰："臣等闻之久矣，屡言之，而陛下不之信也。"聪使粲以兵围东宫。粲使准、沈收氐、羌酋长十馀人，穷问之，皆悬首高格，烧铁灼目，酋长自诬与乂谋反。聪谓沈等曰："吾今而后知卿等之忠也！当念知无不言，勿恨往日言而不用也！"于是，诛东宫官属及乂素所亲厚，准、沈等素所憎怨者大臣数十人，坑士卒万五千馀人。夏，四月，废乂为北海王，粲寻使准贼杀之。乂形神秀爽，宽仁有器度，故士心多附之。聪闻其死，哭之恸，曰："吾兄弟止馀二人而不相容，安得使天下知吾心邪！"氐、羌叛者甚众，以靳准行车骑大将军，讨平之。

【译文】 汉国相国刘粲让他的党徒王平，向太弟刘乂说："刚刚收到宫中的诏命，说是京城将会发生叛乱，你们应当在衣服内穿上甲衣，以防备非常时刻的变乱。"太弟刘乂相信了他的话，让宫中臣属都在衣服内穿上甲衣来防备。刘粲赶紧派人对靳准、王沈说了这件事。靳准向汉主刘聪禀告说:"太弟将要叛乱,他的部属在衣服中已经穿上甲衣了!"刘聪十分吃惊地说:"这事是真的吗?"王沈这些人都说:"我们这些人早就听说了,经常对您说,但是您不相信我们。"刘聪让刘粲带领士兵包围东宫。刘粲让靳准、王沈逮捕氐、羌的酋长十几个人,十分严厉地拷问他们,把他们的头都悬挂在高格上,烧红铁制的刑具,烧灼他们的眼睛,酋长们便诬陷和刘乂计划谋反。刘聪对王沈这些人说:"我现在才知你们的忠心!你们应该把知道的事情都说给我听,不要记恨以前的谏言没有被采纳!"于是诛杀东宫的部属,与刘乂向来亲近的人,以及靳准、王沈等一向憎恶怨恨几十个大臣,坑杀了士兵一万五千多人。夏季,四月,罢黜刘乂皇太弟的身份,让他去做北海王,刘粲不久又命令靳准暗杀了他。刘乂外貌清秀神态明爽,为人宽厚仁慈,有雅量,所以士子心里都十分敬仰他。刘聪听到刘乂死了这个消息,十分悲痛地说:"我们兄弟只余两人,却不能相容,怎么才能让天下人知道我的心啊?"氐人、羌人背叛的很多,刘聪派遣靳准代理车骑大将军的官职,前往讨伐,这些叛逆得以平定。

五月,壬午,日有食之。

六月,丙寅,温峤等至建康,王导、周顗、庾亮等皆爱峤才,争与之交。是时,太尉、豫州牧荀组、冀州刺史邵续、青州刺史曹嶷、宁州刺史王逊、东夷校尉崔毖等皆上表劝进,王不许。

初,流民张平、樊雅各聚众数千人,在谯,为坞主。王之为丞相也,遣行参军谯国桓宣往说平、雅,平、雅皆请降。及豫州刺史祖逖出屯芦洲,遣参军殷乂诣平、雅。乂意轻平,视其屋,曰:"可作马厩。"见大镬,曰:"可铸铁器。"平曰:"此乃帝王镬,天下清平方用之，奈何毁之！"又曰："卿未能保其头，而爱镬邪！"平大怒，于坐斩义，勒兵固守。逖攻之，岁馀不下，乃诱其部将谢浮，使杀之；逖进据太丘。樊雅犹据谯城，与逖相拒。逖攻之不克，请兵于南中郎将王含。桓宣时为含参军，含遣宣将兵五百助逖。逖谓宣曰："卿信义已著于彼，今复为我说雅。"宣乃单马从两人诣雅曰："祖豫州方欲平荡刘、石，倚卿为援；前殷义轻薄，非豫州意也。"雅即诣逖降。逖既入谯城，石勒遣石虎围谯，王含复遣桓宣救之，虎解去。逖表宣为谯国内史。

资治通鉴

【译文】五月，壬午日（初一），有日食发生。

六月，丙寅日（十五日），温峤这些人到了建康，王导、周顗、庾亮等人都十分喜爱温峤的才华，争相与他交好。此时，太尉、豫州牧荀组、冀州刺史邵续、青州刺史曹嶷、宁州刺史王逊、东夷校尉崔毖这些人，都献上表章劝晋王司马睿登上皇帝之位，晋王司马睿不答应。

起初，流民张平和樊雅在谯城各自聚拢几千群众，自封为坞主。晋王司马睿做丞相的时候，派行参军谯国人桓宣去劝说张平、樊雅，张平、樊雅都请求归降。等到豫州刺史祖逖出兵驻扎在芦洲，派遣参军殷义去张平、樊雅的地方。殷义看不起张平，看到他们居住的房屋，说："这房屋可以做马房。"看到大锅子，说："可以熔炼制作铁器。"张平说："这是帝王的锅子，天下太平了才能使用，怎么能够轻易地就毁坏呢？"殷义说："你不能保有你的头颅，难道还能爱护锅子吗？"张平十分恼怒，在座位上就斩杀了殷义，带领军队固守这里。祖逖攻打他，一年多了也没有成功，于是便买通他的手下谢浮，让他杀死张平；祖逖进军，占据并守卫着太丘。樊雅还守在谯城，与祖逖抗衡。祖逖进攻他，难以攻下，向南中郎将王含要求支援。桓宣那时候是王含

10

的参军，王含派桓宣带着五百士兵来支援祖逖。祖逖对桓宣说："你的信义已经让他们知道了，现在再代我去说服樊雅。"桓宣就一个人骑着马带着两个随从，前去对樊雅说："豫州刺史祖逖正想要荡平刘聪、石勒，希望你作为后援；上次殷义的举动太过无礼，并不是豫州刺史祖逖的意思。"樊雅立马到祖逖处请求归顺。祖逖到了谯城以后，石勒派遣石虎来攻打谯城并包围了他们，王含又让桓宣去援助豫州刺史祖逖，石虎就解除了围困离开了。祖逖上书，委派桓宣当谯国内史。

己巳，晋王传檄天下，称："石虎敢帅犬羊，渡河纵毒，今遣琅邪王裒等九军，锐卒三万，水陆四道，径造贼场，受祖逖节度。"寻复召裒还建康。

秋，七月，大旱；司、冀、并、青、雍州大蝗；河、汾溢，漂千馀家。

汉主聪立晋王粲为皇太子，领相国、大单于，总摄朝政如故。大赦。

段匹磾推刘琨为大都督，檄其兄辽西公疾陆眷及叔父涉复辰、弟末杯等会于固安，共讨石勒。末杯说疾陆眷、涉复辰曰："以父兄而从子弟，耻也；且幸而有功，匹磾独收之，吾属何有哉！"各引兵还。琨、匹磾不能独留，亦还蓟。

以荀组为司徒。

【译文】己巳日（十八日），晋王司马睿发布檄令昭告天下说："石虎竟敢带领着一群乌合之众，渡过黄河荼毒生灵，现在派遣琅邪王司马裒等九军，三万精兵，分水陆四路，直接到贼人危害的地方，接受祖逖的调度。"没过多久又命琅琊王司马裒返回建康。

秋季，七月，发生严重的旱灾；司、冀、并、青、雍州还有十分严重的蝗虫灾害。黄河、汾水发生水患，淹没了一千多户人家。

汉主刘聪将晋王刘粲立为皇太子，兼相国、大单于的职位和称号，像往常一样总理朝廷政事。大赦天下。

段匹磾推举刘琨做大都督，用檄文让他的哥哥辽西公段疾陆眷和叔父段涉复辰、弟弟段末杯等人在固安聚会，一起去征讨石勒。段末杯劝段疾陆眷、段涉复辰说："以父辈兄长的地位来听从侄子兄弟的命令，是一件羞耻的事情；就算侥幸立下功劳，也是段匹磾单独拥有了，我们又能得到什么呢？"于是各自带着军队回去了。刘琨、段匹磾难以独自守卫，也退兵回到蓟城。

任命荀组为司徒。

八月，汉赵固袭卫将军华荟于临颍，杀之。

初，赵固与长史周振有隙，振密谮固于汉主聪。李矩之破刘畅也，于帐中得聪诏，令畅既克矩，还过洛阳，收固斩之，以振代固。矩送以示固，固斩振父子，帅骑一千来降；矩复令固守洛阳。

郑攀等相与拒王廙，众心不壹，散还横桑口，欲入杜曾。王敦遣武昌太守赵诱、襄阳太守朱轨击之，攀等惧，请降。杜曾亦请击第五猗于襄阳以自赎。

【译文】八月，汉国赵固在临颍偷袭卫将军华荟，并且杀了他。

起初，赵固和长史周振有仇怨，周振偷偷地在汉主刘聪面前诽谤赵固。李矩攻破刘畅的时候，在军帐中收到了刘聪的诏书，命令刘畅击败李矩以后，回来在经过洛阳的时候，逮捕赵固，并且杀了他，让周振取代赵固。李矩将诏书送到赵固那里让他看，赵固杀了周振父子，带着骑兵一千人向东晋投降；李矩还让赵固守卫洛阳。

郑攀等人商定一起抵御王廙，众人却不能团结一致，便分散退到横桑口，想加入杜曾的部队。王敦命令武昌太守赵诱、襄阳太守朱轨攻击他们，郑攀等人心里十分害怕，请求归降。杜曾也请求前往襄阳攻击第五猗来赎自己的罪过。

廙将赴荆州，留长史刘浚镇扬口垒。竟陵内史朱伺谓廙曰："曾，猾贼也，外示屈服，欲诱官军使西，然后兼道袭扬口耳。宜大部分，未可便西。"廙性矜厉自用，以伺为老怯，遂西行。曾等果还趋扬口；廙乃遣伺归，裁至垒，即为曾所围。刘浚自守北门，使伺守南门。马俊从曾来攻垒，俊妻子先在垒中，或欲皮其面以示之。伺曰："杀其妻子，未能解围，但益其怒耳。"乃止。曾攻陷北门，伺被伤，退入船，开船底以出，沉行五十步，乃得免。曾遣人说伺曰："马俊德卿全其妻子，今尽以卿家内外百口付俊，俊已尽心收视，卿可来也。"伺报曰："吾年六十馀，不能复与卿作贼，吾死亦当南归，妻子付汝裁之。"乃就王廙于甑山，病创而卒。

戊寅，赵诱、朱轨及陵江将军黄峻与曾战于女观湖，诱等皆败死。曾乘胜径造沔口，威震江、沔。

【译文】王廙准备到荆州去，留下长史刘浚来守卫扬口军营。竟陵内史朱伺对王廙说："杜曾是奸猾之徒，对外界公开表示降服，想要勾引官军向西而去，然后日夜兼程突然袭击扬口军营而已。需要加强军队部署，不可以立即向西而去。"王廙天生性格严厉，自以为是，觉得朱伺年纪老了还十分软弱，便带领士兵向西进发。杜曾真的回头来袭击扬口军营；王廙这时才让朱伺回来，刚到军营，就让杜曾的军队包围了。刘浚自己保卫着北门，让朱伺保护南门。马俊跟着杜曾前来攻击军营，马俊的妻子和儿女本来在扬口军营中，有人想要剥下她们的脸皮给马俊看。朱伺说："杀了他的家人，也不能解除现在的困境，只不过增加他的怒气而已。"这件事才罢了。杜曾攻破北门，朱伺被人打伤，退到船上，打穿船底跳进水中，沉在水中潜浮了五十步，才得以逃脱。杜曾让人劝朱伺说："马俊十分感激您保护他妻儿的大恩，现在我把你全家内外一百多口人全部托付给了马俊，马俊已经尽心照顾了，您可以来了。"朱伺回答说："我已经六十多岁了，不能再和你做叛贼，就算死了我也要回到南方，妻子儿女就交给你处置了。"于是前往甑山投奔王廙，受伤生病死了。

戊寅日（八月无此日），赵诱、朱轨和陵江将军黄峻与杜曾在女观湖大战一场，赵诱等人都因为战败而死。杜曾乘着胜利之势，一直打到沔口，威势和名望震动江、沔地区。

王使豫章太守周访击之。访有众八千，进至沌阳。曾锐气甚盛，访使将军李恒督左甄，许朝督右甄，访自领中军。曾先攻左、右甄，访于阵后射雉以安众心，令其众曰："一甄败，鸣三鼓；两甄败，鸣六鼓。"赵诱子胤，将父馀兵属左甄，力战，败而复合，驰马告访。访怒，叱令更进，胤号哭还战。自旦至申，两甄皆败。访选精锐八百人，自行酒饮之，敕不得妄动，闻鼓音乃进。曾兵未至三十步，访亲鸣鼓，将士皆腾跃奔赴，曾遂大溃，杀千馀人。访夜追之，诸将请待明日，访曰："曾骁勇能战，向者彼劳我逸，故克之；宜及其衰乘之，可灭也。"乃鼓行而进，遂定汉、沔。曾走保武当。王廙始得至荆州。访以功迁梁州刺史，屯襄阳。

冬，十月，丁未，琅邪王裒薨。

十一月，己酉朔，日有食之。

丁卯，以刘琨为侍中、太尉。

资治通鉴卷第九十　晋纪十二

【译文】 晋王司马睿派遣豫章太守周访进攻杜曾。周访拥有八千士卒，发兵抵达沌阳。杜曾的军队锐气十足，周访命令将军李恒督令左侧的军阵，将军许朝督令右侧的军阵，周访自己带领中路的军队。杜曾率先攻击左边和右边的军阵，周访在军阵后面发射箭矢来安定士兵的心理，命令他的士兵说："如果一处军阵被破，击鼓三声；两处军阵被破，击鼓六声。"赵诱的儿子赵胤，带领父亲剩下的士卒，处于左方军阵，作战拼尽全力，即使战败，还会合在一起，骑马奔驰到周访那里禀告这件事。周访十分生气，叱令他再次进兵，赵胤大声哭泣着回去作战。从早上奋战到申时，两处军阵都被破了。周访挑选了八百名精锐的士兵，亲自倒酒给他们喝，命令他们不得擅自行动，听到鼓声才可以攻击。杜曾的军队距离周访军还有三十步的时候，周访亲自击鼓，将士都十分踊跃，前进杀敌，杜曾因此惨败，损失了一千多人。周访想要连夜追赶，各将领希望等到明天，周访说："杜曾是骁勇善战的大将，刚才我们以逸待劳，因此我们能够打败他们；现在乘他们衰败之时追击，就能够歼灭他们。"于是击鼓进军，就平定了汉、沔地区。杜曾逃跑保守武当。王廙这才得以到达荆州。周访因为功绩升迁成了梁州刺史，军队驻扎在襄阳。

冬季，十月，丁未日（二十九日），琅邪王司马裒去世。

十一月，己酉朔日（初一），发生了日食。

丁卯日（十九日），派刘琨做侍中、太尉。

征南军司戴邈上疏，以为："丧乱以来，庠序隳废；议者或谓平世尚文，遭乱尚武，此言似之，而实不然。夫儒道深奥，不可仓猝而成。比天下平泰，然后修之，则废坠已久矣。又，贵游之子，未必有斩将搴旗之才，从军征戍之役，不及盛年使之讲肄道义，良可惜也。世道久丧，礼俗日弊，犹火之消膏，莫之觉也。今王业肇建，万物权舆，谓宜笃道崇儒，以励风化。"王从之，始立太学。

【译文】征南军司戴邈呈上奏折对晋元帝说："自从皇室发生了丧乱，学校教育就荒芜废弛了；有议政的人说太平时代应该崇尚礼仪和文化，遭逢混乱的世道应该崇尚武功和军事，这些话听起来是对的，但是事实却不是这样。儒家学说深奥精邃，不可能仓促之间就成功。等到天下太平的时候，再来修行学习，就会被废弃很久。并且，富贵的士族子弟，大多没有斩杀敌将、拔取军旗的才能，却从军征伐戍守，比不上趁他们壮盛的时候，让他们讲习儒家的道义，不然就太可惜了。世道已经衰微很长时间了，礼仪和风俗也一天天败坏，就像点火消融油膏一样，难以察觉。现在帝王的基业刚刚创立，万事万物都开始振兴，我认为应该崇尚儒家道义，用来劝勉引导世间的风气。"晋王司马睿听从了他的建议，开始建立太学。

汉主聪出畋，以愍帝行车骑将军，戎服执戟前导。见者指之曰："此故长安天子也。"聚而观之，故老有泣者。太子粲言于聪曰："昔周武王岂乐杀纣乎？正恐同恶相求，为患故也。今兴兵聚众者，皆以子业为名，不如早除之！"聪曰："吾前杀庾珉辈，而民心犹如是。吾未忍复杀也，且小观之。"十二月，聪飨群臣于光极殿，使愍帝行酒洗爵，已而更衣，又使之执盖；晋臣多涕泣，有失声者。尚书郎陇西辛宾起，抱帝大哭，聪命引出，斩之。

【译文】汉主刘聪出城狩猎，让投降的晋愍帝司马邺充当车骑将军，穿上军服拿着戈戟，在前面来为他做向导。看到这种情景的人指着晋愍帝司马邺说："这是过去长安的皇帝。"众人都聚集在一起观看，西晋以前的大臣有人哭泣到失声的地步。太子刘粲对刘聪进言说："以前周武王岂会乐意杀死纣王呢？正是害怕坏人再聚集在一起，共同作恶造成祸害的缘故。现在兴兵聚众的人，都是借着降帝司马邺的名义，不如早日除掉他！"刘聪说："我当年杀死庾珉那些人，但是人民的心理还是这个样子。我不忍心再杀了，还是暂且观望一段时间。"十二月，刘聪在光极殿大宴群臣，让晋愍帝司马邺给众人斟酒、清洗酒杯，之后小便的时候，又让他拿着便桶盖。晋国的旧臣都留下了眼泪，有的还哭出了声音。尚书郎陇西人辛宾站了起来，抱着晋愍帝司马邺大声痛哭，刘聪令人把他拖出去斩了。

【申涵煜评】宾已从愍帝降汉，为尚书郎，臣节亏矣。因见洗爵，执盖痛哭，被杀何也？人之良心，固有汩没于平日而激发于一旦者，此天理之不容掩也。是以君子贵培养扩充之力。

【译文】辛宾跟随晋愍帝投降于汉主刘聪，做了尚书郎，已经有失臣子的节操了。因为看到刘聪让愍帝敬酒时，抱着便桶盖哭泣，为什么要杀掉他呢？人的良心，原本就是平常被湮灭了，但是一旦触动就控制不住了，这是天理不能掩盖的。也说明了君子应该多涵养并扩充自己的天良。

赵固与河内太守郭默侵汉河东，至绛，右司隶部民奔之者三万馀人。骑兵将军刘勋追击之，杀万馀人，固、默引归。太子粲帅将军刘雅生等步骑十万屯小平津，固扬言曰："要当生缚刘粲以赎天子。"粲表于聪曰："子业民无所望，则不为李矩、赵固之用，不攻而自灭矣。"戊戌，愍帝遇害于平阳。粲遣雅生攻洛阳，固奔阳城山。

是岁，王命课督农功，二千石、长吏以入谷多少为殿最，诸军各自佃作，即以为稟。

【译文】 赵固和河内太守郭默进攻汉国河东，抵达绛县，右司隶所属的人民去投奔他的有三万多人。骑兵将军刘勋追杀他们，杀了一万多人，赵固、郭默带着军队返回了。太子刘粲率领将军刘雅生等十万步兵和骑兵，屯兵在小平津，赵固对众人扬言说："我们应该活捉了刘粲，然后用他来赎回晋愍帝司马邺。"刘粲向汉主刘聪上书说："晋愍帝司马邺如果死了，人民没有什么指望，就不会被李矩、赵固利用，不需要攻打就会自然而然地被消灭了。"戊戌日（二十日），晋愍帝司马邺在平阳被杀害。刘粲命令刘雅生进攻洛阳，赵固逃跑到了阳城山。

这年，晋王司马睿下令考察农业，领两千石俸禄的大官和领六百石俸禄的县官用缴纳的谷米多少来作为功劳大小的考核依据，各地的军队各自耕作，将耕作的收成作为粮草。

氐王杨茂搜卒，长子难敌立，与少子坚头分领部曲；难敌号左贤王，屯下辨，坚头号右贤王，屯河池。

河南王吐谷浑卒。吐谷浑者，慕容廆之庶兄也，父涉归，分户一千七百以隶之。及廆嗣位，二部马斗，廆遣使让吐谷浑曰："先公分建有别，奈何不相远异，而令马有斗伤"吐谷浑怒曰："马是六畜，斗乃其常，何至怒及于人！欲远别甚易，恐后会为难耳！今当去汝万里之外。"遂帅其众西徙。廆悔之，遣其长史乙郝娄冯追谢之。吐谷浑曰："先公尝称卜筮之言云：'吾二子皆当强盛，祚流后世。'我，孽子也，理无并大。今因马而别，殆天意乎!"遂不复还，西傅阴山而居。属永嘉之乱，因度陇而西，据洮水之西，极于白兰，地方数千里。鲜卑谓兄为阿干，廆追思之，为之作《阿干之歌》。吐谷浑有子六十人，长子吐延嗣。吐延长大有勇力，羌、胡皆畏之。

【译文】 氐族的大王杨茂搜逝世，他的大儿子杨难敌继承王位，和小儿子杨坚头分别统领部下；杨难敌自号为左贤王，把军队驻扎在下辨；杨坚头自号为右贤王，把军队驻扎在河池。

河南王吐谷浑死了。吐谷浑是慕容廆的异母兄长，他们的父亲涉归曾经划分了一千七百户给他。等到慕容廆继承王位的时候，两个部落的马匹相互争斗，慕容廆派遣使臣斥责吐谷浑说："先父划分了不同的部落，使我们有所区别，你为什么不离开得远一点儿，现在让马匹有了打斗受伤的事。"吐谷浑十分生气地说："马是六畜的一种，相互争斗是它们的本性，怎么能够将畜生的事情迁怒到人身上来呢?你想要远远分开，十分简单，只是以后想要再见面就困难了，我现在就离开你到万里以外。"于是带领他的部众向西方迁移而去。慕容廆对这件事感到后悔了，委派他的长史乙郝娄冯追上吐谷浑为这样的言语道歉。吐谷浑说："先王以前提到卜筮的话说：'我的两个儿子都会强盛，尊贵的地位会流传后代。'我，是婢妾所生的孩子，按理说不能和正妻的儿子相提并论。现在因为马群的事情分别了，大概是上天的意思吧!"于是没有回去，向西而去，居住在了阴山的山脚下。当时正是永嘉祸乱的时候，吐谷浑趁着这个机会越过陇山向西扩张，占据了洮水的西边地区，一直到白兰，土地方圆几千里。鲜卑人把哥哥称作阿干，慕容廆思念他的哥哥，为他创作了《阿干之歌》。吐谷浑有六十个儿子，长子吐延继承了他的王位。吐延身材高大，勇武有力，羌人、胡人都很害怕他。

太兴元年（戊寅，公元三一八年）春，正月，辽西公疾陆眷卒，其子幼，叔父涉复辰自立。段匹磾自蓟往奔丧；段末柸宣言："匹磾之来，欲为篡也。"匹磾至右北平，涉复辰发兵拒之。末柸乘虚袭涉复辰，杀之，并其子弟党与，自称单于。迎击匹磾，败之；匹磾走还蓟。

三月，癸丑，愍帝凶问至建康，王斩缞居庐；百官请上尊号，王不许。纪瞻曰："晋氏统绝，于今二年，陛下当承大业；顾望宗室，谁复与让！若光践大位，则神、民有所凭依；苟为逆天时，违人事，大势一去，不可复还。今两都燔荡，宗庙无主，刘聪窃号于西北，而陛下方高让于东南，此所谓揖让而救火也。"王犹不许，使殿中将军韩绩彻去御坐。瞻叱绩曰："帝坐上应列星，敢动者斩！"王为之改容。

【译文】太兴元年（戊寅，公元318年）春季，正月，辽西公段疾陆眷死掉了，他的儿子还很年幼，辽西公段疾陆眷的叔父涉复辰就自立为大王。段匹磾从蓟城出发前去奔丧；段末柸公开扬言说："段匹磾这次前来，是想要篡夺大王的位置。"段匹磾抵达右北平，涉复辰派出军队阻拦他。段末柸乘虚而入袭击段涉复辰，并击杀了他，整合了他的子弟和党羽，自称单于。接着迎战段匹磾，打败了他；段匹磾逃回了蓟城。

三月，癸丑日（初七），晋愍帝司马邺被害的消息传到了建康，晋王司马睿穿上斩缞的丧服，搬到了倚庐中居住，百官希望晋王司马睿接受皇帝的尊号，晋王司马睿不愿意接受。纪瞻说："晋王朝的政权中断，到现在已经二年了，陛下应当接受皇帝的大业；环顾宗室之中，您又能将王位让给谁呢？如果您登上皇位，那么神明、人民就有了凭仗和依靠；如果违背天时，不顺人事，大势一去，就不可以挽回了。现在两座京都都被烧成灰烬，宗庙没有祭祀的主人，刘聪在西北自立王号，可是陛下却正在东南清高地推辞皇帝之位，这样就像急于救火，却又在那里作揖谦让。"晋王司马睿仍然不同意，要求殿中将军韩绩将摆好的皇帝宝座拆下。纪瞻呵斥韩绩说："皇帝的座位对应着天上的星辰，敢移动皇帝宝座的人，斩！"晋王司马睿也不禁为之脸色一变。

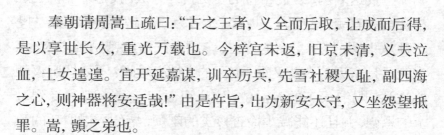

奉朝请周嵩上疏曰："古之王者，义全而后取，让成而后得，是以享世长久，重光万载也。今梓宫未返，旧京未清，义夫泣血，士女遑遑。宜开延嘉谋，训卒厉兵，先雪社稷大耻，副四海之心，则神器将安适哉！"由是忤旨，出为新安太守，又坐怨望抵罪。嵩，顗之弟也。

丙辰，王即皇帝位，百官皆陪列。帝命王导升御床共坐，导固辞曰："若太阳下同万物，苍生何由仰照？"帝乃止。大赦，改元，文武增位二等。帝欲赐诸吏投刺劝进者加位一等，民投刺者皆除吏，凡二十馀万人。散骑常侍熊远曰："陛下应天继统，率土归戴，岂独近者情重，远者情轻！不若依汉法遍赐天下爵，于恩为普，且可以息检核之烦，塞巧伪之端也。"帝不从。

【译文】奉朝请周嵩呈上奏折说："古代的君王，顾全了道义，然后才取得皇位；成就了谦让美德，然后得到皇位，所以享有世代长久的太平，就像日月的光耀恩泽万年。现在晋愍帝司马邺的棺木尚未送回，以前的京城没有收复，胸中有节义的豪杰心中泣血，士族妇女惶惶不可终日。应该广开言路，接受合理美好的意见，训练士兵，整理准备军械，先雪国家社稷倾覆的巨大耻辱，这样就符合四海人民的心愿，那么皇位又将会给谁呢？"因此周嵩违背了晋王司马睿的旨意，被贬离开了京城当新安太守，又因为心怀怨恨而获罪。周嵩，是周顗的弟弟。

丙辰日（初十），晋王司马睿登上了皇帝的尊位，百官都陪侍分列在两侧。晋元帝司马睿让王导登上御床一起坐，王导十分坚决地拒绝了，说："如果太阳下来，和万物地位相同，天下苍生怎么能得到日光的照临呢？"皇帝便不再坚持。大赦天下，把年号改为太兴，文武官员都官升两级。晋元帝司马睿打算赏赐那些投送名刺、劝进帝位的官吏官升一级，投送名刺的百姓都提拔为官吏，这些人一共有二十多万。散骑常侍熊远说："陛下顺从上天，继承皇帝的尊位，全国人民全部都归顺依附，怎么能只是亲近的人情义重、疏远的人情义轻呢？不如按照汉朝的方法，赐给天下的人爵位，这样可以让普通人都感受到皇上的恩德，并且还能减少检查核实的麻烦，堵住弄虚取巧的源头。"晋元帝司马睿不听他的建议。

【乾隆御批】周嵩以忤旨出牧，则所为不许固辞者皆伪耳。

【译文】 周嵩因为上奏事情违背元帝的旨意而被调出去当了州牧，那么他那些坚决推辞的言行都是虚伪的了。

庚午，立王太子绍为皇太子。太子仁孝，喜文辞，善武艺，好贤礼士，容受规谏，与庾亮、温峤等为布衣之交。亮风格峻整，善谈老、庄，帝器重之，聘亮妹为太子妃。帝以贺循行太子太傅，周顗为少傅，庾亮以中书郎侍讲东宫。帝好刑名家，以《韩非》书赐太子。庾亮谏曰："申、韩刻薄伤化，不足留圣心。"太子纳之。

帝复遣使授慕容廆龙骧将军、大单于、昌黎公，廆辞公爵不受。廆以游邃为龙骧长史，刘翔为主簿，命邃创定府朝仪法。裴嶷言于廆曰："晋室衰微，介居江表，威德不能及远，中原之乱，非明公不能拯也。今诸部虽各拥兵，然皆顽愚相聚，宜以渐并取，以为西讨之资。"廆曰："君言大，非孤所及也。然君中朝名德，不以孤僻陋而教诲之，是天以君赐孤而祐其国也。"乃以嶷为长史，委以军国之谋；诸部弱小者，稍稍击取之。

【译文】庚午日（二十四日），将王太子司马绍立为皇太子。太子司马绍仁义孝顺，喜欢文学辞藻，擅长武功技艺，喜爱贤能的人才，对士子十分礼遇，从谏如流，和庾亮、温峤等人，在平民时就是很好的朋友。庾亮为人端庄严肃，擅长讨论老子和庄子的学说，晋元帝司马睿十分看重他，聘定庾亮的妹妹做太子妃。晋元帝司马睿委派贺循兼职太子太傅，周顗任少傅，庾亮以中书郎的身份来侍讲东宫。晋元帝司马睿喜欢刑名家的学术，把《韩非》这本书赏赐给太子。庾亮向太子进谏说："申不害、韩非的方法严厉苛刻而缺少恩德，有伤圣人的教化，难以保留圣人之心。"太子采纳了他的建议。

晋元帝司马睿又委派使者封慕容廆为龙骧将军、大单于、昌黎公，慕容廆推辞爵位不愿接受。慕容廆派游邃任龙骧长史，刘翔做主簿，命令游邃创制官方的礼仪和法度。裴嶷向慕容廆进言说："晋室衰败了，孤独地居住江表，威望和恩德都难以到达远方，中原的祸害与动乱，除了您没人能够拯救。现在这些部族虽然各自拥有军队，但是都是顽劣愚钝的人聚集在一起，应该通过一步步地兼并来取得，并把这些作为征讨西方的凭仗。"慕容廆说："先生谈的远大事业，不是我现在所能达到的。

但是您是朝廷中有名的贤能之士，不因为我地处偏僻见识浅薄不来教导我，是上天把您赐给我来保佑国家的。"于是慕容廆派裴嶷做长史，把军国大事都交付给他来谋划；那些弱小的部落，渐渐地用武力将他们兼并了。

李矩使郭默、郭诵救赵固，屯于洛汭。诵潜遣其将耿稚等夜济河袭汉营，汉贝丘王翼光觇知之，以告太子粲，请为之备。粲曰："彼闻赵固之败，自保不暇，安敢来此邪！毋为惊动将士！"俄而稚等奄至，十道进攻，粲众惊溃，死伤太半，粲走保阳乡。稚等据其营，获器械、军资不可胜数。及旦，粲见稚等兵少，更与刘雅生收馀众攻之，汉主聪使太尉范隆帅骑助之，与稚等相持，苦战二十馀日，不能下。李矩进兵救之，汉兵临河拒守，矩兵不得济。稚等杀其所获牛马，焚其军资，突围，奔虎牢。诏以矩都督河南三郡诸军事。

汉螽斯则百堂灾，烧杀汉主聪之子会稽王康等二十一人。

聪以其子济南王骥为大将军、都督中外诸军事、录尚书，齐王劢为大司徒。

【译文】李矩命令郭默、郭诵援助赵固，军队驻扎在洛汭。郭诵暗地里派遣他的将领耿稚等人，夜晚渡过黄河，偷袭汉国的军营，汉国贝丘王刘翼光侦查到了这个消息，把这个消息告诉太子刘粲，请刘粲早做准备。刘粲说："他们听说赵固惨败的消息，连自己保护自己的时间都没有了，怎么敢来这里呢？不要因为这惊动将士！"没过多久，耿稚等人偷偷地抵达了汉国军营，分为十道展开进攻，刘粲的军队在惊慌中溃败逃散，伤亡的士兵超过一半，刘粲逃到阳乡坚守在这里。耿稚等人占领了他的营寨，获得的军事器械、军用物资，难以计算其数量。等到天亮时候，刘粲看到耿稚等人士兵不多，就和刘雅生收拢残余的士兵进攻他们，汉主刘聪派太尉范隆带领骑兵来协助刘粲，和耿稚等人相互对峙，苦苦争战了二十多天，也没有攻下来。李矩发兵援助耿稚，汉国军队以黄河作为屏障进行防守，李矩的军队没有办法渡过黄河。耿稚等人杀掉他们所缴获的牛马，烧毁了军中的物资，向虎牢这个地方突围。晋元帝司马睿下令让李矩统领河南三郡所有的军务。

汉国螽斯则百堂发生了火灾，烧死了汉主刘聪的儿子会稽王刘康等二十一个人。

汉主刘聪册封他的儿子济南王刘骥做大将军，统领中外所有的军务、录尚书，又任命齐王刘劢做大司徒。

焦嵩、陈安举兵逼上邽，相国保遣使告急于张寔，寔遣金城太守窦涛督步骑二万赴之。军至新阳，闻愍帝崩，保谋称尊号。破羌都尉张诜言于寔曰："南阳王，国之疏属，忘其大耻而亟欲自尊，必不能成功。晋王近亲，且有名德，当帅天下以奉之。"寔从之，遣牙门蔡忠奉表诣建康；比至，帝已即位。寔不用江东年号，犹称建兴。

夏，四月，丁丑朔，日有食之。

加王敦江州牧，王导骠骑大将军、开府仪同三司。

【译文】焦嵩、陈安举事起兵向上邽进逼，相国司马保派遣使者向张寔报告这个紧急的情况，张寔派遣金城太守窦涛亲自带领两万步兵和骑兵前往抵御。军队抵达新阳，听说晋愍帝司马邺遇难的消息，司马保密谋自称皇帝的尊号。破羌都尉张诜向张寔建议道："南阳王司马保是晋朝皇室血脉疏远的亲属，把社稷倾覆的巨大耻辱抛在脑后，却着急想要自称皇帝尊

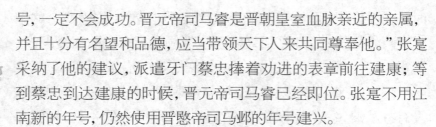

号，一定不会成功。晋元帝司马睿是晋朝皇室血脉亲近的亲属，并且十分有名望和品德，应当带领天下人来共同尊奉他。"张寔采纳了他的建议，派遣牙门蔡忠捧着劝进的表章前往建康；等到蔡忠到达建康的时候，晋元帝司马睿已经即位。张寔不用江南新的年号，仍然使用晋愍帝司马邺的年号建兴。

夏季，四月，丁丑朔日（初一），出现日食。

王敦被册封为江州牧，王导为骠骑大将军、开府仪同三司。

导遣八部从事行扬州郡国，还，同时俱见。诸从事各言二千石官长得失，独顾和无言。导问之，和曰："明公作辅，宁使网漏吞舟，何缘采听风闻，以察察为政邪！"导咨嗟称善。和，荣之族子也。

成丞相范长生卒；成主雄以长生子侍中贲为丞相。长生博学，多艺能，年近百岁，蜀人奉之如神。

【译文】王导派遣八部从事，巡查扬州郡国，回来以后，同时让他们来晋见。各位从事各自禀告两千石的官长所施政治的得失，只有顾和默默地一声不吭。王导问他，顾和说："您辅佐晋元帝司马睿，宁愿让渔网十分宽松漏掉了能够吞下小舟的大鱼，为什么还要搜集道听途说的言论，斤斤计较地管理政治呢？"王导听后叹息着赞扬他。顾和，是顾荣的子侄辈同族。

成汉丞相范长生死了；大成君主李雄委派范长生的儿子侍中范贲接任丞相的职位。范长生见多识广，多才多艺，死的时候年纪将近一百岁，蜀地的人民十分尊敬他，对待他就像神明一般。

汉中常侍王沈养女有美色，汉主聪立以为左皇后。尚书令王鉴、中书监崔懿之、中书令曹恂谏曰："臣闻王者立后，比德乾坤，生承宗庙，没配后土。必择世德名宗，幽闲令淑，乃副四海之望，称神祇之心。孝成帝以赵飞燕为后，使继嗣绝灭，社稷为墟，此前鉴也。自麟嘉以来，中宫之位，不以德举。借使沈之弟女，刑馀小丑，犹不可以尘污椒房，况其家婢邪！六宫妃嫔，皆公子公孙，奈何一旦以婢主之！臣恐非国家之福也。"聪大怒，使中常侍宣怀谓太子粲曰："鉴等小子，狂言侮慢，无复君臣上下之礼，其速考实！"于是收鉴等送市，皆斩之。金紫光禄大夫王延驰将入谏，门者弗通。

【译文】汉国中常侍王沈的养女容貌十分漂亮，汉主刘聪册封她做左皇后。尚书令王鉴、中书监崔懿之、中书令曹恂劝谏汉主刘聪说："微臣听说君王册封皇后，德行要和乾坤相匹配，活着的时候要承奉宗庙的祭祀，死后要配祀后土神。因此一定要选择世世代代有名望的宗族之女，温柔顺从有良好的品德的淑女，才能够匹配四海人民的祈望，符合神灵的心意。东汉孝成帝刘骜册封赵飞燕做皇后，致使后代灭绝，社稷倾覆成为废墟，这是前人的教训，值得后人借鉴。本朝从麟嘉到现在，皇后的职位，就没有依靠品德选拔；即使是王沈的妹妹或者女儿，也不过是受刑后的小丑，不可以玷污皇后的位置，更不用说是他们家的养女了！六宫的嫔妃，全部都是公侯的子孙，怎么能够突然让婢女来作为主人呢？微臣恐怕这不是国家的福气。"刘聪十分恼怒，命令中常侍宣怀对太子刘粲说："王鉴这些小人，说话的言辞十分狂妄无礼，这分明是轻侮我，怠慢我，没有君臣上下应有的礼仪，要马上考查实情定罪！"于是收押了王鉴等人，都送到刑场斩首了。金紫光禄大夫王延急忙进宫进谏制止这件事，看门的人却不给他通报。

鉴等临刑，王沈以杖叩之曰："庸奴，复能为恶乎！乃公何与汝事！"鉴瞋目叱之曰："竖子，灭大汉者，正坐汝鼠辈与靳准耳！要当诉汝于先帝，取汝于地下治之。"准谓鉴曰："吾受诏收君，有何不善，君言汉灭由吾也！"鉴曰："汝杀皇太弟，使主上获不友之名。国家畜养汝辈，何得不灭！"懿之谓准曰："汝心如枭獍，必为国患，汝既食人，人亦当食汝。"

聪又立宣怀养女为中皇后。

司徒荀组在许昌，逼于石勒，帅其属数百人渡江。诏组与太保西阳王羕并录尚书事。

【译文】 王鉴等人即将受刑的时候，王沈用手杖敲打他们说："愚笨平庸的奴才，你还能够继续为恶吗？老夫的事与你有何相干？"王鉴怒目相对斥责他说："小子！倾覆大汉国社稷的，正是你这样的鼠辈和靳准那样的人罢了！我马上要到先帝面前控告你们的罪行，拘你们到地下来治罪！"靳准对王鉴说："我是接受皇帝刘聪的命令逮捕你，有什么不对？你怎么能够说我会导致汉国的灭亡呢？"王鉴说："你杀了皇太弟刘乂，致使皇帝刘聪蒙受不友爱的恶劣名声。国家养了你们这样的人，怎么能够不覆灭？"崔懿之对靳准说："你的心就像枭鸟、破獍（兽名）一样，必定是国家的祸害；你既然能够残忍地吃别人，别人也会来吃你。"

汉主刘聪又册封宣怀的养女做中皇后。

司徒荀组在许昌，为石勒所逼，带领他手下的几百名士兵渡过长江。晋元帝司马睿命令荀组和太保西阳王司马羕一起担任尚书职务。

资治通鉴

段匹磾之奔疾陆眷丧也，刘琨使其世子群送之。匹磾败，群为段末柸所得。末柸厚礼之，许以琨为幽州刺史，欲与之袭匹磾，密遣使赍群书，请琨为内应，为匹磾逻骑所得。时琨别屯征北小城，不知也，来见匹磾。匹磾以群书示琨曰："意亦不疑公，是以白公耳。"琨曰："与公同盟，庶雪国家之耻，若儿书密达，亦终不以一子之故负公而忘义也。"匹磾雅重琨，初无害琨意，将听还屯。其弟叔军谓匹磾曰："我，胡夷耳；所以能服晋人者，畏吾众也。今我骨肉乖离，是其良图之日；若有奉琨以起，吾族尽矣。"匹磾遂留琨。琨之庶长子遵惧诛，与琨左长史杨桥等闭门自守，匹磾攻拔之。代郡太守辟闾嵩、后将军韩据复潜谋袭匹磾，事泄，匹磾执嵩、据及其徒党，悉诛之。五月，癸丑，匹磾称诏收琨，缢杀之，并杀其子侄四人。琨从事中郎卢谌、崔悦等帅琨馀众奔辽西，依段末柸，奉刘群为主；将佐多奔石勒。悦，林之曾孙也。朝廷以匹磾尚强，冀其能平河朔，乃不为琨举哀。温峤表："琨尽忠帝室，家破身亡，宜在褒恤。"卢谌、崔悦因末柸使者，亦上表为琨讼冤。后数岁，乃赠琨太尉、侍中，谥曰愍。于是夷、晋以琨死故，皆不附匹磾。

【译文】段匹磾为段疾陆眷奔丧之时，刘琨让他正妻生的大儿子刘群陪同保护。段匹磾被打败后，刘群被段末柸抓了起来。段末柸对待他十分优厚，并答允派刘琨做幽州刺史，想要和刘琨共同偷袭段匹磾，悄悄地派遣使者，带着刘群的书信，请刘琨来做内应，使者被段匹磾的巡逻骑兵抓住了。当时刘琨的军队另外驻扎在征北小城，还不知道这件事，来见段匹磾。段匹磾给刘琨看刘群写给他的书信，说："我的心里没有一点怀疑您的意思，所以把这件事告诉了您。"刘琨说："我和您结为同盟，就是希望能够洗雪国家倾覆的耻辱，即使刘群的信偷偷地送到了我的手里，最终也不会因为一个儿子的缘由辜负您，忘记您的恩义啊。"段匹磾向来很尊敬刘琨，刚开始没有杀害刘琨的意思，准备任由他返回驻军的地方。他的弟弟段叔军对段匹磾说："我们是胡夷而已，之所以能够让晋人降服，是因为他们畏惧我们人多势众罢了。现在我们的部众兄弟没有在一起，正是他们图谋我们的大好时机；如果有人推举刘琨为主，号召士兵造反，我们全部的族人都完了。"段匹磾于是就扣押了刘琨。刘琨的庶长子刘遵害怕因此被杀，就和刘琨的左长史杨桥等人将城门紧闭来守卫，段匹磾强行进攻把它攻了下来。代郡太守辟闾嵩、后将军韩据，又暗中商量准备偷袭段匹磾，事情走漏了风声，段匹磾抓住辟闾嵩、韩据和他们的党羽，并将他们全部杀死了。五月，癸丑日（初八），段匹磾假传圣旨称得到皇帝的命令，逮捕刘琨，并把他勒死了，同时杀了他的四个子侄。刘琨的从事中郎卢谌、崔悦等人，带领残留下来的军队，逃到辽西地区，归附了段末柸，尊奉刘群为主；其余将领大部分都投奔石勒。崔悦是崔林的曾孙。朝廷因为段匹磾的势力还十分强大，希望他能够平定河朔地区，于是没有给刘琨举行葬礼。温峤上表说："刘琨为皇室竭尽自己的忠心，家园破碎自己也死了，应该赞扬抚恤。"卢谌、崔悦通过段末柸的使者，也上表为刘琨鸣冤。几年之后，才追封刘琨为太尉、侍中，谥号为愍。当时的夷、晋人民因为刘琨的死，都不再归附段匹磾。

末柸遣其弟攻匹磾，匹磾帅其众数千将奔邵续，勒将石越邀之于盐山，大败之，匹磾复还保蓟。末柸自称幽州刺史。

初，温峤为刘琨奉表诣建康，其母崔氏固止之，峤绝裾而去。既至，屡求返命，朝廷不许，会琨死，除散骑侍郎。峤闻母亡，阻乱不得奔丧、临葬，固让不拜，苦请北归。诏曰："凡行礼者，当使理可经通。今桀逆未枭，诸军奉迎梓宫犹未得进，峤以一身，于何济其私难而不从王命邪！"峤不得已受拜。

初，曹嶷既据青州，乃叛汉来降。又以建康悬远，势援不接，复与石勒相结，勒授嶷东州大将军、青州牧，封琅邪公。

【译文】段末杯派遣他的兄弟进攻段匹磾，段匹磾带领他的几千人马，准备去投靠邵续；石勒的将领石越在盐山袭击他，大胜，段匹磾又回来，据守蓟城。段末杯自己封自己为幽州刺史。

起初，温峤奉刘琨之命前往建康呈上奏章，他的母亲崔氏坚持阻拦他，温峤扯断袖子离去了。到了建康以后，多次请求能够回去复命，朝廷没有答应，恰逢刘琨死了，晋元帝就册封他为散骑侍郎。温峤听说母亲去世，由于被战乱阻挡，难以回去奔丧和料理丧事，坚持推辞，不愿意接受官职，苦苦请求返回北方家园。晋元帝司马睿下令说："凡是遵循礼仪的人，应该使自己的行为符合道理。现在凶猛残暴的叛贼尚未消灭，各个军队迎接先皇晋愍帝司马邺的棺木还无法前进，温峤你怎么能够只顾一己之私难而不听王命呢？"温峤没有办法，只好接受了官职。

起初，曹嶷占领青州以后，便背叛汉国，投降东晋。又因为建康距离青州十分遥远，军队和援助难以接应，就又和石勒联合了起来，石勒授予曹嶷东州大将军、青州牧的官职，封他为琅邪公。

六月，甲申，以刁协为尚书令，荀崧为左仆射。协性刚悍，与物多忤，与侍中刘隗俱为帝所宠任；欲矫时弊，每崇上抑下，排沮豪强，故为王氏所疾，诸刻碎之政，皆云隗、协所建。协又使酒放肆，侵毁公卿，见者皆侧目惮之。

戊戌，封皇子晞为武陵王。

刘虎自朔方侵拓跋郁律西部。秋，七月，郁律击虎，大破之。虎走出塞，从弟路孤帅其部落降于郁律。于是郁律西取乌孙故地，东兼勿吉以西，士马精强，雄于北方。

【译文】六月，甲申日（初九），派遣刁协任尚书令，荀崧任左仆射。刁协性格十分刚烈，对事情的意见和别人经常相违背，他和侍中刘隗都很被晋元帝司马睿恩宠信任；刁协想要纠正时弊，总是尊崇君主、抑制臣下势力，排挤豪门强族，因此被王氏一族怨恨，各种苛刻严酷、劳民伤财的政事，都说是刘隗、刁协他们的主意。刁协又喜欢酗酒，行为放荡不羁，攻击、诽谤公卿贵族，看到他的人都因为畏惧而不敢正视他。

戊戌日（二十三日），册封皇子司马晞为武陵王。

刘虎从朔方入侵拓跋郁律的西部。秋季，七月，拓跋郁律攻打刘虎，获得大胜。刘虎逃到塞外，堂弟刘路孤带领他的部落人民，投降拓跋郁律。于是拓跋郁律向西攻取了乌孙原来的土地，向东吞并了勿吉以西的地区，士兵精锐，战马强壮，称雄于北方。

汉主聪寝疾，徵大司马曜为丞相，石勒为大将军，皆隶尚书事，受遗诏辅政。曜、勒固辞。乃以曜为丞相、领雍州牧，勒为大将军、领幽、冀二州牧，勒辞不受。以上洛王景为太宰，济南王骥为大司马，昌国公颙为太师，朱纪为太傅，呼延晏为太保，并录尚书事；范隆守尚书令、仪同三司，靳准为大司空、领司隶校尉，皆迭决尚书奏事。癸亥，聪卒。甲子，太子粲即位。尊皇后靳氏为皇太后，樊氏号弘道皇后，武氏号弘德皇后，王氏号弘孝皇后；立其妻靳氏为皇后，子元公为太子。大赦，改元汉昌。葬聪于宣光陵，谥曰昭武皇帝，庙号烈宗。靳太后等皆年未盈二十，粲多行无礼，无复哀戚。

【译文】 汉主刘聪病重，任命大司马刘曜为丞相，石勒为大将军，都领尚书职务，接受遗命，辅佐国家政务。刘曜、石勒坚持推辞不接受。于是任命刘曜做丞相，并且担任雍州牧的职务，石勒当大将军，并且担任幽、冀两州牧的官职，石勒还是推辞，不答应。任命上洛王刘景当太宰，济南王刘骥当大司马，昌国公刘颙当太师，朱纪当太傅，呼延晏当太保，一起领尚书的职务；范隆仍是尚书令、仪同三司，靳准当大司空，并且担任司隶校尉的职务，都轮流裁决尚书所上奏的事务。癸亥日（十九日），汉主刘聪病逝。甲子日（二十日），太子刘粲登上皇位。册封皇后靳氏为皇太后，樊氏的尊号是弘道皇后，武氏尊号为弘德皇后，王氏尊号为弘孝皇后；册封他的妻子靳氏当皇后，儿子刘元公当太子。大赦天下，把年号改成了汉昌。将汉故主刘聪埋葬在宣光陵，死后的封号是昭武皇帝，祖庙里的封号是烈宗。靳太后这些人的年龄都还没到二十岁，刘粲时常有非礼的行动，没有悲哀痛心的神色。

靳准阴有异志，私谓粲曰："如闻诸公欲行伊、霍之事，先诛太保及臣，以大司马统万机，陛下宜早图之！"粲不从。准惧，复使二靳氏言之，粲乃从之。收其太宰景、大司马骥、骥母弟车骑大将军吴王逞、太师颙、大司徒齐王劢，皆杀之。朱纪、范隆奔长安。八月，粲治兵于上林，谋讨石勒。以丞相曜为相国、都督中外诸军事，仍镇长安；靳准为大将军、录尚书事。粲常游宴后宫。军国之事，一决于准。准矫诏以从弟明为车骑将军，康为卫将军。

资治通鉴

【译文】靳准私底下有叛乱的想法，暗中向汉主刘粲说："好像听说各个公侯准备做出伊尹、霍光的事情，要先杀了太保呼延晏和我，让大司马济南王刘骥主宰朝廷大事，陛下您可要早做准备啊！"刘粲没有听他的话。靳准害怕了，又让靳氏两人向皇帝进言，刘粲这才听从了。逮捕了太宰刘景、大司马刘骥、刘骥同母的弟弟车骑大将军吴王刘逞、太师昌国公刘颢、大司徒齐王刘劢，并将他们都处死了。朱纪、范隆逃跑到了长安。八月，汉主刘粲从上林发兵，准备征讨石勒。派遣丞相刘曜为相国，统领内外一切军务，继续镇守在长安。靳准当大将军，领尚书职务。汉主刘粲经常在后宫游玩饮酒。军政大事全部让靳准决定。靳准假传皇帝的命令，让堂弟靳明当车骑将军，靳康当卫将军。

准将作乱，谋于王延。延弗从，驰，将告之；遇靳康，劫延以归。准遂勒兵升光极殿，使甲士执粲，数而杀之，谥曰隐帝。刘氏男女，无少长皆斩东市。发永光、宣光二陵，斩聪尸，焚其宗庙。准自号大将军、汉天王，称制，置百官，谓安定胡嵩曰："自古无胡人为天子者，今以传国玺付汝，还如晋家。"嵩不敢受；准怒，杀之。遣使告司州刺史李矩曰："刘渊，屠各小丑，因晋之乱。矫称天命，使二帝幽没。辄帅众扶侍梓宫，请以上闻。"矩驰表于帝，帝遣太常韩胤等奉迎梓宫。汉尚书北宫纯等招集晋人，堡于东宫，靳康攻灭之。准欲以王延为左光禄大夫，延骂曰："屠各逆奴，何不速杀我！以吾左目置西阳门，观相国之入也；右

34

目置建春门，观大将军之入也！"准杀之。

【译文】靳准准备造反，和王延暗中谋划。王延不肯听从，准备骑马去将事情告诉刘粲；路上碰到靳康，靳康把他劫持了回来。靳准于是带领军队来到光极殿，让士兵抓住汉主刘粲，罗列他的罪过，然后杀了他，死后的封号是隐帝。刘氏的族人，不论男女老少，都在东市斩首。靳准命人挖开刘粲祖父刘渊的永光陵、刘粲父亲刘聪的宣光陵，毁坏刘聪的尸体，并且将他的宗庙也烧掉了。靳准自封为大将军、汉天王，代替皇帝执行军国大事，设置百官，对安定人胡嵩说："从古至今，没有胡人当皇帝的，现在把传国玉玺托付给你，请你送还给晋皇室。"胡嵩不敢接受；靳准发怒便杀了他。派遣使者对司州刺史李矩说："刘渊，是屠各部的小丑，趁着晋朝的祸乱，假称得到天命，致使两位皇帝囚禁而死亡。我现在就要带领众人，带着先皇司马邺的棺木，希望你能够报知晋元帝司马睿。"李矩慌忙向晋元帝司马睿奉上表章，晋元帝让太常韩胤等人，迎接先皇司马邺的棺木。汉国尚书北宫纯聚集晋国人，在东宫设立堡垒，靳康把他们攻灭了。靳准准备派王延当左光禄大夫，王延骂他说："屠各族的叛逆奴才，为什么不快点将我杀死？将我的左眼放在西阳门，好能够看到相国刘曜攻打进来；右眼放在建春门，好能够看到大将军石勒攻打进来！"靳准把他杀了。

相国曜闻乱，自长安赴之。石勒帅精锐五万以讨准，据襄陵北原。准数挑战，勒坚壁以挫之。

冬，十月，曜至赤壁。太保呼延晏等自平阳归之，与太傅朱纪等共上尊号。曜即皇帝位，大赦，惟靳准一门不在赦例。改元光初。以朱纪领司徒，呼延晏领司空，太尉范隆以下悉复本位。

以石勒为大司马、大将军，加九锡，增封十郡，进爵为赵公。

勒进攻准于平阳，巴及羌、羯降者十馀万落，勒皆徙之于所部郡县。

汉主曜使征北将军刘雅、镇北将军刘策屯汾阴，与勒共讨准。

十一月，乙卯，日夜出，高三丈。

诏以王敦为荆州牧，加陶侃都督交州诸军事。敦固辞州牧，乃听为刺史。

【译文】 相国刘曜听说了叛乱的事情，从长安出发前往援助。石勒带领五万人的精锐部队，来征讨靳准，占领襄陵北方的平原。靳准多次前来挑战，石勒都坚守在自己的军营，来消耗他们的锐气。

冬季，十月，刘曜到了赤壁。太保呼延晏等人从平阳来归顺于他，和太傅朱纪等人，一起请求刘曜称皇帝尊号。刘曜于是登上皇帝位，大赦天下，只有靳准和族人没有在赦免的范围之中。把年号改为光初。让朱纪兼任司徒，呼延晏兼任司空，太尉范隆以下的官员，全部官复原职。派石勒当大司马、大将军，加赠九锡，增加十个郡作为他的封地，晋升他的爵位为赵公。

石勒在平阳攻打靳准，巴人和羌人、羯人投降过来的部落有十万人，石勒都把他们移民到自己封地的各个郡县中。

汉主刘曜派遣征北将军刘雅、镇北将军刘策，把军队驻扎在汾阴，和石勒一起征讨靳准。

十一月，乙卯日（十三日），夜间出现太阳，高有三丈。

晋元帝司马睿下令派王敦做荆州牧，命令陶侃总领交州一切军务。王敦坚决推辞没有接受，于是只好让他继续担任刺史的官职。

庚申，诏群公卿士各陈得失。御史中丞熊远上疏，以为："胡贼猾夏，梓宫未返，而不能遣军进讨，一失也；群官不以仇贼未报为耻，务在调戏、酒食而已，二失也；选官用人，不料实德，惟在白望，不求才干，惟事请托，当官者以治事为俗吏，奉法为苛刻，尽礼为谄谀，从容为高妙，放荡为达士，骄蹇为简雅，三失也。世之所恶者，陆沈泥滓；时之所善者，翱翔云霄。是以万机未整，风俗伪薄。朝廷群司，以从顺为善，相违见贬，安得朝有辨争之臣，士无禄仕之志乎！古之取士，敷奏以言；今光禄不试，甚违古义。又举贤不出世族，用法不及权贵，是以才不济务，奸无所惩。若此道不改，求以救乱，难矣！"

【译文】 庚申日（十八日），晋元帝司马睿下令群臣公卿士子，各自诉说朝政的得与失。御史中丞熊远奉上奏折说："胡人叛贼于华夏作乱，先皇司马邺的棺木尚且没有送回来，也不能派遣军队，发兵征讨，这是第一个过失；官员们不把对贼人的仇怨没有报复当作自己的耻辱，只知道玩耍、吃喝而已，这是第二个过失；选拔官吏，任用人才，不调查真实的品德，只是在看虚假的声望，不注重真才实干，只是专门托付关系，当官的人把治理政事当作俗吏所为，把遵守法律制度看作苛刻的行为，尽心礼仪当作谄媚之举，把什么都不做看作清高美好，把放荡不羁的人看作通达人士，把傲慢放肆看作阔大高雅，这是第三个过失。世人所憎恶的人，应该沉入水底泥滓之中；时人所喜欢的人，应该得以在天空翱翔。因此朝廷政事还没有整治，风俗虚伪而又刻薄。朝廷各个等级的官吏，把顺从的人当作善良的人，把意见不合的人贬谪，这样朝廷中怎么会拥有据理力争的臣子，士子怎么会没有为了俸禄而做官的心理呢？古代的君王求取贤能的人才，让他们可以各自陈述治国的言辞；现在光禄的官员选拔不举行考试，完全违背了古人的制度。再加上选拔贤士，不超出豪强士族的范围，实施刑事法律，实施不到位高权重的人身上，因此选拔的人才，对政务没有好处；奸佞之人，也得不到惩罚。如果这种做法没有改变，希望通过这样来拯救祸乱是十分困难的！"

先是，帝以离乱之际，欲慰悦人心，州郡秀、孝至者，不试，普皆署吏。尚书陈頵亦上言："宜渐循旧制，试以经策。"帝从之，仍诏："不中科者，刺史、太守免官。"于是秀、孝皆不敢行，其有到者，亦皆托疾，比三年无就试者。帝欲特除孝廉已到者官，尚书郎孔坦奏议，以为："近郡惧累君父，皆不敢行；远郡冀于不试，冒昧来赴。今若偏加除署，是为谨身奉法者失分，侥幸投射者得官，颓风伤教，恐从此始。不若一切罢归，而为之延期，使得就学，则法均而令信矣。"帝从之，听孝廉申至七年乃试。坦，愉之从子也。

【译文】从前，晋元帝司马睿因为处于天下离散动乱的时期，想要抚慰取悦于民，州郡中的秀才、孝廉，过来的不需要经过考试，一般都把他们委派为官吏。尚书陈頵也进言说："应该慢慢地按照以前的制度，举行经义、策问的考试。"晋元帝司马睿听从了他们的建议，于是诏命说："凡是举荐的人不能考取科举的，刺史、太守将会免除官职。"于是秀才、孝廉都不敢前来，就算有前来的人，也都以生病为理由推脱，连续三年，都没有前来接受考试的人。晋元帝司马睿想给已经到了的孝廉破例任命官职，尚书郎孔坦奉上奏折说："近的州郡的人害怕连累到刺史、太守，没有敢前来的；远的州郡的人希望可以免去考试，冒险前来。现在如果只给这些人册封官职，那么那些约束自己的行为、遵守法律制度的人失去了应得的机会；心存侥幸、投机取巧的人，却获得了官职。那么风俗的败坏、教化不能实行，就会从这个做法开始。不如全部的人都不授予官职，但是推迟考试的时间，让他们继续完成学业，这样法令就公正而又诚信了。"晋元帝司马睿接受了建议，听任孝廉推迟到七年后才举行考试。孔坦，是孔愉的侄子。

靳准使侍中卜泰送乘舆、服御请和于石勒；勒囚泰，送于汉主曜。曜谓泰曰："先帝末年，实乱大伦。司空行伊、霍之权，使朕及此，其功大矣。若早迎大驾者，当悉以政事相委，况免死乎！卿为朕入城，具宣此意。"泰还平阳，准自以杀曜母兄，沈吟未从。十二月，左、右车骑将军乔泰、王腾、卫将军靳康等相与杀准，推尚书令靳明为主，遣卜泰奉传国六玺降汉。石勒大怒，进军攻明；明出战，大败，乃婴城固守。

【译文】靳准派遣侍中卜泰，送天子的马车、衣服和器物给石勒，向他请求讲和；石勒把卜泰关押了起来，交给汉主刘曜。刘曜向卜泰说："先帝刘粲末年，实在是扰乱了大的伦理。司空靳准使用伊尹、霍光的权力，以至于让我登上皇帝的地位，功劳十分大啊。如果可以早日迎来司空靳准的大驾，我会将所有的政事交给他处理，何况是免除死亡呢？你代替我进城，详细向靳准说明我的这个心意。"卜泰返回到平阳，靳准觉得自己杀死了刘曜的母亲和哥哥，犹豫着难以决断。十二月，左车骑将军乔泰、右车骑将军王腾、卫将军靳康这些人，一起杀死靳准，拥护尚书令靳明当主帅，让卜泰捧着皇帝的玉玺，向汉国投降。石勒十分恼怒，发兵攻打靳明；靳明出兵迎战，战败了，于是环绕城池来防守。

资治通鉴

丁丑，封皇子焕为琅邪王。焕，郑夫人之子，生二年矣，帝爱之，以其疾笃，故王之。己卯，薨。帝以成人之礼葬之，备吉凶仪服，营起园陵，功费甚广。琅邪国右常侍会稽孙霄上疏谏曰："古者凶荒杀礼，况今海内丧乱，宪章旧制，犹宜节省。而礼典所无，顾崇饰如是乎！竭已罢之民，营无益之事，殚已困之财，修无用之费，此臣之所不安也。"帝不从。

彭城内史周抚杀沛国内史周默，以其众降石勒。诏下邳内史刘遐领鼓城内史，与徐州刺史蔡豹、泰山太守徐龛共讨之。豹，质之玄孙也。

【译文】丁丑日（初五），晋元帝司马睿册封皇子司马焕为琅邪王。司马焕，是郑夫人的儿子，已经两岁了，晋元帝司马睿十分喜欢他，由于他病得很严重，才册封他为王。己卯日（初七），琅邪王司马焕死了。晋元帝司马睿用成人的礼仪来埋葬他，准备了吉凶仪服，建造陵墓，花费了很多的人力物力。琅邪国右常侍会稽人孙霄向晋元帝司马睿呈上奏章进谏说："古时候，谷物不熟的凶年，要简化繁文缛节，更何况现在到处的祸乱难以消除，就算是宪章和先代制度，还要节省，然而礼法原来没有的事，怎么可以大肆铺张地修建呢？使已经疲惫的人民竭尽全力，去干没有好处的事情，让已经匮乏的财物消耗，来建造没有用处的东西，这让我难以心安啊。"晋元帝司马睿没有听从。

彭城内史周抚杀掉了沛国内史周默，带着他的军队向石勒投降。晋元帝司马睿下令让下邳内史刘遐同时担任彭城内史的职务，和徐州刺史蔡豹、泰山太守徐龛一起讨伐周抚。蔡豹，是蔡质的玄孙。

石虎帅幽、冀之兵会石勒攻平阳，靳明屡败，遣使求救于汉。汉主曜使刘雅、刘策迎之，明帅平阳士女万五千人奔汉。曜西屯粟邑，收靳氏男女，无少长皆斩之。曜迎其母胡氏之丧于平阳，葬于粟邑，号曰阳陵，谥曰宣明皇太后。石勒焚平阳宫室，使裴宪、石会修永光、宣光二陵，收汉主粲已下百馀口葬之，置戍而归。

成梁州刺史李凤数有功，成主雄兄子稚在晋寿，疾之。凤以巴西叛，雄自至涪，使太傅骧讨凤，斩之；以李寿为前将军，督巴西军事。

【译文】 石虎带着幽州和冀州的军队与石勒会合，进攻平阳。靳明多次战败，委托使者向汉国请求救援。汉主刘曜让刘雅、刘策迎接他，靳明带着平阳百姓一万五千人逃到汉国。刘曜向西驻扎在粟邑，收押逮捕靳氏男女，不分年老或者年幼全部杀死。汉主刘曜到平阳迎接他母亲胡氏的灵柩，将他的母亲葬在粟邑，取名为阳陵，谥号为宣明皇太后。石勒焚烧了平阳的宫殿，让裴宪、石会重修永光、宣光两座陵，收敛前汉主刘粲手下一百多人的尸体并将他们入土埋葬，安排好守卫陵墓的人，然后返回。

成国梁州刺史李凤多次获得功绩，成国君主李雄兄长的儿子李稚在晋寿，对李凤十分嫉恨。李凤占领巴地西部背叛李雄，李雄亲自来涪城，让太傅李骧征讨他，将他斩杀；并让李寿做前将军，监督管理巴地西部的军事。

资治通鉴卷第九十一　晋纪十三

起屠维单阏,尽重光大荒落,凡三年。

【译文】 起己卯(公元319年),止辛巳(公元321年),共三年。

【题解】 本卷记录了晋元帝司马睿太兴二年至太兴四年共三年间东晋及各国大事。主要记录了苏峻在永嘉之乱中纠合乡邻数千家,结垒以求自保,后因曹嶷逼迫率领众人南渡,因助讨周抚有功,被晋元帝司马睿任命为淮陵内史,为其日后起兵作乱埋下伏笔;记录了汉将石勒在平定靳准余部后派王脩向汉主刘曜献捷,被人谗毁挑动,刘曜杀了王脩,石勒与刘曜反目;记录了汉主刘曜改国号为赵国(史称前赵),建都长安,尊奉匈奴单于冒顿为祖先,创立太学,容人纳谏,收服巴人部落,具有明主之象;记录了石勒也建国为赵(史称后赵),自称赵王,建都襄国(今河北邢台);记录了石勒的生活琐事,颇具草莽豪迈的气概;记录了石勒部将石虎打败擒获邵续和段匹磾的部将段文鸯,段匹磾被部下劫持,被迫投降石勒,段匹磾、段文鸯、邵续都惹恼了石勒,被杀,东晋王朝的幽州、并州、冀州全部归入后赵版图;记录了东晋豫州刺史祖逖协调中原地区不同派系的晋朝将领,不断攻击后赵,使其疆土不断减少,使管区内的百姓与后赵百姓通商,稍得休息;由于晋元帝司马睿派亲信戴渊接任他为豫州刺史,祖逖愤慨失望病故;记录了东晋王朝内部晋元帝司马睿与大将军王敦的矛盾加剧,刘隗、司马丞等与王敦的斗争已经公开化；记录了凉州刺史、平西公张寔被部下所杀，其弟张茂继任；记录了慕容廆接受了东晋的任命，雄踞一方；拓跋猗㐌的妻子惟氏杀死代王拓跋郁律，拥立自己的儿子拓跋贺傉为代王，惟氏专制朝政，为日后拓跋什翼犍的兴起掌权埋下伏笔。

中宗元皇帝中

太兴二年(己卯，公元三一九年)春，二月，刘遐、徐龛击周抚于寒山，破斩之。初，掖人苏峻帅乡里数千家结垒以自保，远近多附之。曹嶷恶其强，将攻之，峻帅众浮海来奔。帝以峻为鹰扬将军，助刘遐讨周抚，有功；诏以遐为临淮太守，峻为淮陵内史。

石勒遣左长史王修献捷于汉，汉主曜遣兼司徒郭汜授勒太宰、领大将军，进爵赵王，加殊礼，出警入跸，如曹公辅汉故事；拜王修及其副刘茂皆为将军，封列侯。修舍人曹平乐从修至粟邑，因留仕汉，言于曜曰："大司马遣修等来，外表至诚，内觇大驾强弱，俟其复命，将袭乘舆。"时汉兵实疲弊，曜信之。乃追汜还，斩修于市。三月，勒还至襄国。刘茂逃归，言修死状。勒大怒曰："孤事刘氏，于人臣之职有加矣。彼之基业，皆孤所为，今既得志，还欲相图。赵王、赵帝，孤自为之，何待于彼邪！"乃诛曹平乐三族。

【译文】太兴二年(己卯，公元319年)春季，二月，刘遐、徐龛在寒山攻击周抚，攻破并杀死周抚。起初，掖县人苏峻率领乡里数千家民众营造壁垒自保，远近民众大多附从他。曹嶷憎恶苏峻势力强大，准备攻击他，苏峻率部众渡海投奔东晋。因为帮助刘遐讨伐周抚有功，晋元帝司马睿任命苏峻为鹰扬将军；下诏任刘遐为临淮太守，苏峻为淮陵内史。

　　石勒派左长史王修向汉主刘曜献俘告捷，汉主刘曜派兼司徒的郭汜授石勒为太宰、领大将军，晋升爵位为赵王，给予特殊礼遇，出入宫禁，如同曹操辅佐汉室的旧制；拜王修和他的副将刘茂为将军，封为列侯。王修的舍人曹平乐跟随王修到达粟邑，因而留在汉国朝廷任职，对汉主刘曜说："大司马石勒派遣王修等人前来，表面上表现出十分恭敬的样子，内心里却是窥伺陛下的虚实，等他回去复命后，将要袭击陛下。当时汉国军队实在疲劳不堪，刘曜就相信他的话。于是把郭汜追回，在街市上把王修斩首。三月，石勒回到襄国。刘茂逃跑回去，报告王修被杀的情形。石勒大怒说："我侍奉刘氏，对于臣下的职分是尽到了的。他们的基业，都是我所创造的，现在帝业实现，却回头来图谋我。赵王、赵帝，我自己想当就当，何必等待他们的准许！"于是诛杀曹平乐的三族。

　　帝令群臣议郊祀，尚书令刁协等以为宜须还洛乃修之。司徒荀组等曰："汉献帝都许，即行郊祀。何必洛邑！"帝从之，立郊丘于建康城之已地。辛卯，帝亲祀南郊。以未有北郊，并地祇合祭之，诏："琅邪恭王宜称皇考。"贺循曰："《礼》，子不敢以己爵加于父。"乃止。

　　初，蓬陂坞主陈川自称陈留太守。祖逖之攻樊雅也，川遣其将李头助之。头力战有功，逖厚遇之。头每叹曰："得此人为主，吾死无恨！"川闻而杀之。头党冯宠帅其众降逖，川益怒，大掠豫州诸郡，逖遣兵击破之。夏，四月，川以浚仪叛，降石勒。

【译文】 晋元帝司马睿命令文武百官议论祭祀天地的礼仪，尚书令刁协等人都认为，应该等到回洛阳后再实行。司徒荀组等人说："汉献帝在许县建都，随即举行祭祀。何必一定要在洛阳？"晋元帝司马睿听从了他们的意见，在建康城的东南方建立祭坛。辛卯日，皇帝亲自到南郊祭祀上天。因为没有北郊，把地祇与天神合一起祭祀。晋元帝司马睿下诏说："琅邪恭王应该称作皇考。"贺循说："依照《仪礼》，儿子不敢把自己的爵位加在父亲身上。"晋元帝司马睿于是不再提起。

起初，蓬陂坞主陈川自称陈留太守。祖逖攻打樊雅之时，陈川派部将李头助战。李头力战建功，祖逖对他另眼相看。李头常常感叹说："能得到祖逖做自己的主公，我死而无憾！"陈川听说后杀了李头。李头的党徒冯宠率领部众投降祖逖，陈川更加恼怒，大肆攻掠豫州诸郡，祖逖派兵打败了他。夏季，四月，陈川占据浚仪背叛东晋，投降石勒。

周抚之败走也，徐龛部将于药追斩之，及朝廷论功，而刘遐先之；龛怒，以泰山叛，降石勒，自称兖州刺史。

汉主曜还，都长安，立妃羊氏为皇后，子熙为皇太子，封子袭为长乐王，阐为太原王，冲为淮南王，敞为齐王，高为鲁王，徽为楚王；诸宗室皆进封郡王。羊氏，即故惠帝后也。曜尝问之曰："吾何如司马家儿？"羊氏曰："陛下开基之圣主，彼亡国之暗夫，何可并言！彼贵为帝王，有一妇、一子及身三耳，曾不能庇。妾于尔时，实不欲生，意谓世间男子皆然。自奉巾栉已来，始知天下自有丈夫耳。"曜甚宠之，颇干预国事。

【译文】 周抚逃走时，徐龛的部将于药追击，并杀了他，等到朝廷评议功绩，刘遐却排在徐龛前面；徐龛发怒，在泰山反叛，投降石勒，自称为兖州刺史。

汉国君主刘曜返回，在长安建都，立妃子羊氏为皇后，儿子刘熙为皇太子，封儿子刘袭为长乐王，刘阐为太原王，刘冲为淮南王，刘敞为齐王，刘高为鲁王，刘徽为楚王。刘姓宗室都封爵为郡王。羊氏，就是从前晋惠帝的皇后。汉主刘曜曾经问她说："我和司马家的小儿晋惠帝司马衷相比怎么样？"羊氏说："陛下您是开创基业的圣明君主，司马衷是毁灭国家的一个白痴，怎么可以相提并论呢？司马衷有帝王的尊贵地位，一个妇人、一个儿子和他本身，三个人而已，竟然都不能庇护。臣妾在那时，实在不想活下去，认为世间上的男子都是如此。自从侍奉陛下以来，才知道天下原来是有真正男子汉的。"刘曜十分宠爱她，而她也常常干预国家政事。

资治通鉴

【申涵煜评】羊后屡废屡立，人多怜之。观其答刘曜言，无异于倚门娼。元之衣冠旧族，而门楣凌夷至此，甚于赤族之祸。

【译文】羊皇后多次立了废，废了立，人们都可怜她。看她回答刘曜的话，和倚门卖笑的娼妓没什么区别。她本出身于名门世族，而如此有辱门楣，甚至成了灭族的罪魁祸首。

南阳王保自称晋王，改元建康，置百官，以张寔为征西大将军、开府仪同三司。陈安自称秦州刺史，降于汉，又降于成。上邽大饥，士众困迫，张春奉保之南安祁山。寔遣韩璞帅步骑五千救之；陈安退保绵诸，保归上邽。未几，保复为安所逼，寔遣其将宋毅救之，安乃退。

江东大饥，诏百官各上封事。益州刺史应詹上疏曰："元康以来，贱《经》尚道，以玄虚宏放为夷达，以儒术清俭为鄙俗。宜崇奖儒官，以新俗化。”

【译文】 南阳王司马保自称晋王，改年号为建康，设置百官，任张寔为征西大将军、开府仪同三司。陈安自称秦州刺史，投降汉国，后又投降成国。上邽发生严重饥荒，士民困迫，张春侍奉晋王司马保去南安的祁山。张寔派遣韩璞率领步和骑兵五千救援司马保；陈安退守縣诸，司马保回到上邽。不久，司马保又被陈安进逼，张寔派部将宋毅救援，陈安才退军。

江东发生大饥荒，晋元帝司马睿诏令官员们各自呈上密封奏章。益州刺史应詹上疏说：“自晋惠帝司马衷元康年以来，轻视儒家经典，崇尚道家学说，把虚无狂放视为通达，把儒学的清正俭朴视为鄙陋庸俗。现在应该尊崇、奖励掌管教化的官员，以便革新风俗教化。”

祖逖攻陈川于蓬关，石勒遣石虎将兵五万救之，战于浚仪，逖兵败，退屯梁国。勒又遣桃豹将兵至蓬关，逖退屯淮南。虎徙川部众五千户于襄国，留豹守川故城。

石勒遣石虎击鲜卑日六延于朔方，大破之，斩首二万级，俘虏三万馀人。孔苌攻幽州诸郡，悉取之。段匹磾士众饥散，欲移保上谷，代王郁律勒兵将击之，匹磾弃妻子奔乐陵，依邵续。

【译文】 祖逖在蓬关进攻陈川，石勒派石虎率兵五万救援陈川，两军在浚仪交战，祖逖兵败，退军驻屯梁国。石勒又派桃豹率兵到达蓬关，祖逖退守淮南。石虎将陈川部众五千户迁徙到襄国，留下石豹守卫陈川故城。

石勒派遣石虎到朔方攻打鲜卑人日六延，把他打得大败，斩下二万首级，俘虏了三万多人。孔苌攻打幽州各郡，全部夺取。段匹磾的部众饥饿溃散，想转移到上谷据守，代王拓跋郁律调集军队，将要攻打他，段匹磾抛下妻子儿女，逃往乐陵，依附邵续。

曹嶷遣使赂石勒，请以河为境，勒许之。

梁州刺史周访击杜曾，大破之。马俊等执曾以降，访斩之，并获荆州刺史第五猗，送于武昌。访以猗本中朝所署，加有时望，白王敦不宜杀，敦不听而斩之。初，敦患杜曾难制，谓访曰："若擒曾，当相论为荆州。"及曾死而敦不用。王廙在荆州，多杀陶侃将佐；以皇甫方回为侃所敬，责其不诣己，收斩之。士民怨怒，上下不安。帝闻之，徵廙为散骑常侍，以周访代为廙荆州刺史。王敦忌访威名，意难之。从事中郎郭舒说敦曰："鄀州虽荒弊，乃用武之国，不可以假人，宜自领之，访为梁州足矣。"敦从之。六月，丙子，诏加访安南将军，馀如故。访大怒，敦手书譬解，并遗玉环、玉碗以申厚意。访抵之于地，曰："吾岂贾竖，可以宝悦邪！"访在襄阳，务农训兵，阴有图敦之志，守宰有缺辄补，然后言上；敦患之，而不能制。

【译文】曹嶷派遣使者贿赂石勒，请求以黄河为界线，石勒答应了他。

梁州刺史周访进攻杜曾，大胜。马俊等人抓住杜曾投降周访，周访斩杀杜曾，并抓获荆州刺史第五猗，送往武昌。周访因为第五猗本是朝廷任命的官员，而且有一定声望，告诉王敦最好不要杀他，王敦不听杀了第五猗。起初，王敦忧虑杜曾难以控制，对周访说："如果能擒获杜曾，我将论功让你治理荆州。"等到杜曾死后，王敦不用周访。王廙在荆州，多次杀死陶侃的将领；因皇甫方回受到陶侃敬重，责怪他不来拜见自己，逮捕起来杀了他。官吏百姓怨恨愤怒，上下人心都不稳定。晋元帝司马睿听说后，征召王廙担任散骑常侍，委派周访接替王廙担任荆州刺史。王敦忌妒周访的威望名声，心中难以接受。从事中郎郭舒劝告王敦说："荆州虽然荒芜凋零，却是军事要地，不可以转交他人，应该亲自统领，周访担任梁州刺史就足够了。"王敦听从了他的意见。六月，丙子日（初七），晋元帝司马睿下诏加授周访为安南将军，其他职务照旧。周访大为愤怒，王敦亲自写信解释，并赠送玉环、玉碗表示诚意。周访把这些东西摔在地上，说："我难道是商人，可以用宝货取悦吗？"周访在襄阳，致力从事农业，训练军队，暗中有图谋王敦的心意，郡守县令出现缺额，就自行补充，然后才报告上去；王敦心中忧虑，却不能制止他。

魏该为胡寇所逼，自宜阳帅众南迁新野，助周访讨杜曾有功，拜顺阳太守。

赵固死，郭诵留屯阳翟，石生屡攻之，不能克。

汉主曜立宗庙、社稷、南北郊于长安，诏曰："吾之先，兴于北方。光文立汉宗庙以从民望。今宜改国号，以单于为祖。亟议以闻！"群臣奏："光文始封卢奴伯，陛下又王中山；中山，赵分也，请改国号为赵。"从之。以冒顿配天，光文配上帝。

【译文】 魏该被胡族敌寇所逼迫，从宜阳率领部众向南迁徙到新野，因帮助周访讨伐杜曾有功，被拜为顺阳太守。

赵固死后，郭诵留下来驻守阳翟，石生多次攻打他，不能攻下。

汉主刘曜在长安建立宗庙、社稷和南郊、北郊，下诏说："我的祖先从北方开始兴盛。光文建立汉国宗庙是为了顺从民众愿望。现在应当改国号，奉单于为祖。尽快论议上报！"群臣上奏说："光文最早受封卢奴伯，陛下又曾在中山称王；中山本是赵国领土，请求改国号为赵。"汉主刘曜听从他们的话。将匈奴的冒顿单于配祀上天，光文配祀上帝。

徐龛寇掠济、岱，破东莞。帝问将帅可以讨龛者于王导，导以为太子左卫率太山羊鉴，龛之州里冠族，必能制之。鉴深辞才非将帅，郗鉴亦表鉴非才，不可使；导不从。秋，八月，以羊鉴为征虏将军、征讨都督，督徐州刺史蔡豹、临淮太守刘遐、鲜卑段文鸯等讨之。

冬，石勒左、右长史张敬、张宾、左、右司马张屈六、程遐等，劝勒称尊号，勒不许。十一月，将佐等复请勒称大将军、大单于、领冀州牧、赵王，依汉昭烈在蜀、魏武在邺故事，以河内等二十四郡为赵国，太守皆为内史，准《禹贡》，复冀州之境，以大单于镇抚百蛮，罢并、朔、司三州，通置部司以监之；勒许之。戊寅，即赵王位，大赦，依春秋时列国称元年。

【译文】徐龛掳掠济水、泰山一带，攻陷东莞。晋元帝司马睿向王导询问能够征伐徐龛的将帅，王导认为太子左卫率泰山人羊鉴，是和徐龛同州的豪门大族，一定能够制伏他。羊鉴极力推辞，认为自己不是将帅的材料，郗鉴也上奏章说羊鉴没有将帅的才干，不能使用；王导不听从他们的话。秋季，八月，晋元帝司马睿委派羊鉴担任征虏将军、征讨都督，统领徐州刺史蔡豹、临淮太守刘遐、鲜卑首领段文鸯等人征讨徐龛。

冬季，石勒的左长史张敬、右长史张宾、左司马张屈六、右司马程遐等人劝石勒称帝，石勒不同意。十一月，将领僚属又请求石勒称大将军、大单于，兼冀州牧、赵王，依照汉昭烈帝刘备在蜀地、魏武帝曹操在邺城的旧例，以河内等二十四个郡为赵国，太守都称为内史，依照《禹贡》，恢复冀州的疆域，以大单于的身份来统领各蛮族，撤销并、朔、司三州，统一设立部司来督察；石勒同意了。戊寅日，登上赵王位，大赦；依照春秋时各国的先例，称为元年。

初，勒以世乱，律令烦多，命法曹令史贯志，采集其要，作《辛亥制》五千文；施行十馀年，乃用律令。以理曹参军上党续咸为律学祭酒；咸用法详平，国人称之。以中垒将军支雄、游击将军王阳领门臣祭酒，专主胡人辞讼，重禁胡人，不得陵侮衣冠华族，号胡为国人。遣使循行州郡，劝课农桑。朝会始用天子礼乐、衣冠、仪物，从容可观矣。加张宾大执法，专总朝政；以石虎为单于元辅、都督禁卫诸军事，寻加票骑将军、侍中、开府，赐爵中山公；自馀群臣，授位进爵各有差。

张宾任遇优显，群臣莫及；而廉虚敬慎，开怀下士，屏绝阿私，以身帅物，入则尽规，出则归美。勒甚重之，每朝，常为之正容貌，简辞令，呼曰右侯而不敢名。

【译文】当初，石勒因处在乱世，法律条令繁杂，命令掌管司法和掌管文书事务的法曹令史贯志，采集它们的要点，写作五千字的《辛亥制》；施行了十多年，才采用法律令文。石勒委派理曹参军上党人续咸担任律学祭酒；续咸执行法律详明公正，国中人士都称赞他。石勒委派中垒将军支雄、游击将军王阳兼任门臣祭酒，专门管理胡人的诉讼，严厉禁止胡人欺凌侮辱士大夫和华夏人士，把胡人称为国人。石勒派遣使者巡视各州郡，鼓励、督促耕作种桑。朝中晋见，开始采用天子的礼乐制度，衣服冠冕、礼仪器物，呈现出庄严肃穆的气氛。加授张宾为大执法，总管朝政；委派石虎担任单于元辅、都督禁卫诸军事，不久加授骠骑将军、侍中、开府，赐爵位为中山公；其他的官员，授予职位、晋升爵位，各有等级。

张宾的职位待遇，优厚显赫，其他官员没有比得上的；可是他谦虚谨慎，胸襟开阔，恭敬对待下属，杜绝营私舞弊行为，以身作则，入宫就尽力规劝，出宫就把美好的声誉归于君王。石勒十分器重他，每次朝见，常常为他整理自己的仪容，简略礼仪，称他为右侯，而不敢直呼其名。

十二月，乙亥，大赦。

平州刺史崔毖，自以中州人望，镇辽东，而士民多归慕容廆，心不平。数遣使招之，皆不至，意廆拘留之，乃阴说高句丽、段氏、宇文氏，使共攻之，约灭廆，分其地。毖所亲勃海高瞻力谏，毖不从。

三国合兵伐廆。诸将请击之，廆曰："彼为崔毖所诱，欲邀一切之利。军势初合，其锋甚锐，不可与战，当固守以挫之。彼乌合而来，既无统壹，莫相归服，久必携贰，一则疑吾与毖诈而覆之，二则三国自相猜忌。待其人情离贰，然后击之，破之必矣。"

【译文】十二月，乙亥日（初九），东晋大赦天下。

平州刺史崔毖自以为在中州享有声望，现在镇守辽东，而士民却大多归附慕容廆，心中不服。多次派遣使者招纳士民，但他们全都不来，崔毖怀疑是慕容廆羁留他们，于是暗地游说高句丽、段氏和宇文氏，让他们共同攻伐慕容廆，约定灭掉慕容廆后，共同瓜分他的辖地。崔毖的亲信、勃海人高瞻极力劝谏，崔毖不听他的劝告。

高句丽、段氏和宇文氏三国联合出兵讨伐慕容廆。慕容廆的将领请求反击，他说："高句丽、段氏和宇文氏被崔毖引诱，想侥幸地获取利益。军队刚刚会合，他们的锋芒十分锐利，不能同他们交战，应该稳固防守，来挫伤他们的锐气。他们如乌合之众，来到这里，既没有统一指挥，互相间又不相服从，时间一长，必然离散，一来是怀疑我们和崔毖设下圈套来消灭他们，二来是高句丽、段氏和宇文氏三国之间相互猜疑。等到他们人心离散，然后出击，是一定能打败他们的。"

三国进攻棘城，廆闭门自守，遣使独以牛酒犒宇文氏。二国疑宇文氏与廆有谋，各引兵归。宇文大人悉独官曰："二国虽归，吾当独取之。"

宇文氏士卒数十万，连营四十里。廆使召其子翰于徒河。翰遣使白廆曰："悉独官誉国为寇，彼众我寡，易以计破，难以力胜。今城中之众，足以御寇，翰请为奇兵于外，伺其间而击之，内外俱奋，使彼震骇不知所备，破之必矣。今并兵为一，彼得专意攻城，无复它虞，非策之得者也。且示众以怯，恐士气不战先沮矣。"廆犹疑之。辽东韩寿言于廆曰："悉独官有凭陵之志，将骄卒惰，军不坚密，若奇兵卒起，掎其无备，必破之策也。"廆乃听翰留徒河。

【译文】高句丽、段氏和宇文氏三国进军攻打棘城，慕容廆关闭城门坚守，派遣使者用牛肉、酒食单独犒劳宇文氏。高句丽、段氏二国怀疑宇文氏和慕容廆有阴谋，各自率领军队返回。宇文氏大人悉独官说："高句丽、段氏二军虽然回去了，我们宇文氏却要单独地攻下棘城。"

宇文氏士卒有数十万，营寨相连有四十里。慕容廆派人从徒河征召儿子慕容翰。慕容翰派遣使者告诉慕容廆说："悉独官倾国来犯，敌众我寡，易于智取，难以力敌。现在城中的军队，已足以防御，我请求作为外面的奇兵，伺机攻击，内外同时发兵，使他们惊骇而不知道如何防备，这样一定能打败他们。如果现在把兵力集中在一处，他们便能专心攻城，没有其他顾虑，这不是合适的对策。而且这是向民众表示内心的怯惧，恐怕还没作战士气就要先丧失了。"慕容廆犹疑不决。辽东人韩寿对慕容廆说："悉独官有进逼的志向，将领骄纵，兵士懈怠，军阵不坚固周密，如果奇兵突然发动，趁着他们没有防备，两面夹攻，这是一定能打败他们的计策。"慕容廆于是准许慕容翰留在徒河。

悉独官闻之，曰："翰素名骁果，今不入城，或能为患，当先取之，城不足忧。"乃分遣数千骑袭翰。翰知之，诈为段氏使者，逆于道曰："慕容翰久为吾患，闻当击之，吾已严兵相待，宜速进也。"使者既去，翰即出城，设伏以待之。宇文氏之骑见使者，大喜驰行，不复设备，进入伏中。翰奋击，尽获之，乘胜径进，遣间使语廆出兵大战。廆使其子皝与长史裴嶷将精锐为前锋，自将大兵继之。悉独官初不设备，闻廆至，惊，悉众出战。前锋始交，翰将千骑从旁直入其营，纵火焚之。众皆惶扰，不知所为。遂大败，悉独官仅为身免。廆尽俘其众，获皇帝玉玺三纽。

【译文】悉独官听说慕容翰留在徒河，说："慕容翰素来以骁勇果敢闻名，现在不进城，或许会成为祸患，应当先攻取他，城里不足为患。"于是分出几千骑兵去袭击慕容翰。慕容翰得知后，派人假装成段氏的使者，在途中迎接他们说："慕容翰长久成为我们的忧患，听说你们将要攻打他，我们已整治军队等待着，应该赶快进发。"使者出发后，慕容翰马上出城，设置埋伏来等待宇文氏的军队。宇文氏的骑兵见到假装的段氏使者，大为欢喜，骑马飞奔，不再加以戒备，进入了埋伏圈中。慕容翰奋力出击，全部俘获了他们，乘胜一直前进，派遣使者从小路告诉慕容廆，调出军队大战一场。慕容廆命令他的儿子慕容皝和长史裴嶷率领精锐部队充当前锋，自己率领大军紧随其后。悉独官起初丝毫不加以防备，听说慕容廆到了，惊慌失措，下令全军出动应战。前锋刚刚交战，慕容翰率领一千骑兵从侧翼直接闯入悉独官的军营，放火焚烧军营。宇文氏的士兵都感到恐惧，不知如何是好。于是大败，仅悉独官一人逃脱。慕容廆尽数俘获他的士众，缴获三枚皇帝玉玺。

崔毖闻之，惧，使其兄子焘诣棘城伪贺。会三国使者亦至，请和，曰："非我本意，崔平州教我耳。"廆以示焘，临之以兵，焘惧，首服。廆乃遣焘归谓毖曰："降者上策，走者下策也。"引兵随之。毖与数十骑弃家奔高句丽，其众悉降于廆。廆以其子仁为征虏将军，镇辽东，官府、市里，案堵如故。

【译文】崔毖听说后，心中害怕，派遣他哥哥的儿子崔焘前往棘城假装祝贺。正巧，高句丽、段氏和宇文氏三国的使者也到了，向慕容廆请求和解，说："不是我们的本意，是崔平州教我们这样干的。"慕容廆把证词拿给崔焘看，用武器威胁他，崔焘害怕，自首服罪。慕容廆于是派遣崔焘回去对崔毖说："投降是上策，逃跑是下策。"率领军队跟在崔焘后面。崔毖和十几个骑兵抛弃家庭，逃到高句丽，他的部众都投降慕容廆。慕容廆委派儿子慕容仁担任征虏将军，镇守辽东，官府、街市城巷，如同从前一样安宁。

高句丽将如奴子据于河城，廆遣将军张统掩击，擒之，俘其众千馀家；以崔焘、高瞻、韩恒、石琮归于棘城，待以客礼。恒，安平人；琮，鉴之孙也。廆以高瞻为将军，瞻称疾不就，廆数临候之，抚其心曰："君之疾在此，不在它也。今晋室丧乱，孤欲与诸君共清世难，翼戴帝室。君中州望族，宜同斯愿，奈何以华、夷之异，介然疏之哉！夫立功立事，惟问志略何如耳，华、夷何足问乎！"瞻犹不起，廆颇不平。龙骧主簿宋该，与瞻有隙，劝廆除之，廆不从。瞻以忧卒。

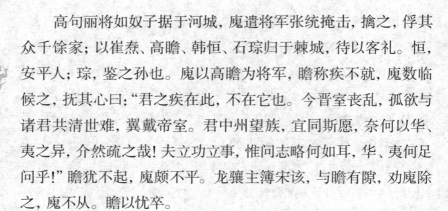

【译文】 高句丽将领如奴子占据于河城，慕容廆派将军张统突然袭击，擒获如奴子，俘虏他的部众一千多家。因为崔焘、高瞻、韩恒、石琮归附棘城，慕容廆以客人的礼节对待他们。韩恒是安平人，石琮是石鉴的孙子。慕容廆任高瞻为将军，高瞻以有病为由不干，慕容多次亲临问候，抚摸他的心口说："您的病在这儿，不在别处。现在晋王室丧乱，我想和诸君共同廓清世上的灾难，辅翼拥戴帝室。您是中州的名门望族，应当与我同有此愿，为何因为华夏、夷族的区别，便耿耿于怀，故意疏远我呢？至于立功成事，只问志向、谋略怎样便可以了，何须再问是华夏还是夷族呢？"高瞻还是不肯出来做官，慕容廆心中愤愤不平。龙骧主簿宋该与高瞻有矛盾，劝慕容廆除去高瞻，慕容廆没有听从。最终高瞻因忧虑而死。

初，鞠羡既死，苟晞复以羡子彭为东莱太守。会曹嶷徇青州，与彭相攻；嶷兵虽强，郡人皆为彭死战，嶷不能克。久之，彭叹曰："今天下大乱，强者为雄。曹亦乡里，为天所相，苟可依凭，即为民主，何必与之力争，使百姓肝脑涂地！吾去此，则祸自息矣。"郡人以为不可，争献拒嶷之策，彭一无所用，与乡里千馀

资治通鉴

家浮海归崔毖。北海郑林客于东莱，彭、嶷之相攻，林情无彼此。嶷贤之，不敢侵掠，彭与之俱去。比至辽东，毖已败，乃归慕容廆。廆以彭参龙骧军事。遗郑林车牛粟帛，皆不受，躬耕于野。

宋该劝廆献捷江东，廆使该为表，裴嶷奉之，并所得三玺诣建康献之。

【译文】起初，鞠羡已死，苟晞又委派鞠羡的儿子鞠彭担任东莱太守。遇上曹嶷夺取青州，和鞠彭互相攻击；曹嶷的军队虽然强大，郡中人民都为鞠彭拼命作战，曹嶷不能取胜。过了很久，鞠彭叹息说："现在天下大乱，强大的人就是英雄。曹嶷也是我们的同乡，为上天所赞助，如果能够依靠，就是人民的首领，何必同他拼命相争，使得百姓肝血脑浆流满一地？我离开这里，祸乱就自然平息了。"郡中人士认为不可以，争相献出抗拒曹嶷的策略，鞠彭全都不采用，和同乡一千多家渡过大海，归附崔毖。北海人郑林旅居东莱，鞠彭、曹嶷相互攻击，郑林不偏向任何一方。曹嶷尊重他，不敢侵犯抢掠，鞠彭便和他一道离开。等到了辽东，崔毖已经失败，于是归附慕容廆。慕容廆委派鞠彭参议龙骧将军府军事。赠送郑林车辆、牛马、粮食、布匹，郑林都不接受，亲自在田野里耕作。

宋该劝慕容廆向江南晋王室献俘、告捷。慕容廆派宋该撰写上表，让裴嶷奉持，连同得到的三个玉玺，一起送到建康进献。

高句丽数寇辽东，廆遣慕容翰、慕容仕伐之；高句丽王乙弗利逆来求盟，翰、仁乃还。

是岁，蒲洪降赵，赵主曜以洪为率义侯。

屠各路松多起兵于新平、扶风以附晋王保，保使其将杨曼、王连据陈仓，张颙、周庸据阴密，路松多据草壁，秦陇氐、羌多应之。赵主曜遣诸将攻之，不克；曜自将击之。

【译文】 高句丽多次侵扰辽东，慕容廆让慕容翰、慕容仁领军攻打。高句丽国王乙弗利迎上请求缔结盟约，慕容翰、慕容仁这才回师。

这一年，蒲洪投降赵国，赵国君主刘曜封蒲洪为率义侯。

屠各部落路松多在新平、扶风起兵，归附晋王司马保，司马保派他的将领杨曼、王连据守陈仓，张颙、周庸据守阴密，路松多据守草壁，秦川、陇山一带的氐人、羌人大多响应他们。赵国君主刘曜派遣将领攻打，不能取胜；刘曜亲自率领军队前去攻打。

太兴三年(庚辰，公元三二〇年) 春，正月，曜攻陈仓，王连战死，杨曼奔南氐。曜进拔草壁，路松多奔陇城；又拔阴密。晋王保惧，迁于桑城。曜还长安，以刘雅为大司徒。

张春谋奉晋王保奔凉州，张寔其将阴监将兵迎之，声言翼卫，其实拒之。

【译文】 三年（庚辰，公元320年）春季，正月，刘曜进攻陈仓，王连战死，杨曼逃奔南氐。刘曜进而攻取草壁，路松多逃往陇城；刘曜又攻取阴密。晋王司马保恐惧，迁都于桑城。刘曜回到长安，任命刘雅为大司徒。

张春谋划侍奉晋王司马保逃到凉州，张寔派遣他的部将阴监率领军队迎接，对外宣扬是翼戴保卫，其实是阻止他们。

段末杯攻段匹磾，破之。匹磾谓邵续曰："吾本夷狄，以慕义破家。君不忘久要，请相与共击末杯。"续许之。遂相与追击末杯，大破之。匹磾与弟文鸯攻蓟。后赵王勒知续势孤，遣中山公虎将兵围厌次，孔苌攻续别营十一，皆下之。二月，续自出击虎，虎伏骑断其后，遂执续，使降其城。续呼兄子竺等谓曰："吾志欲报国，不幸至此。汝等努力奉匹磾为主，勿有贰心！"匹磾自蓟还，未至厌次，闻续已没，众惧而散，复为虎所遮：文鸯以亲兵数百力战，始得入城，与续子缉、兄子存、竺等婴城固守。虎送续于襄国，勒以为忠，释而礼之，以为从事中郎。因下令："自今克敌，获士人，毋得擅杀，必生致之。"

吏部郎刘胤闻续被攻，言于帝曰："北方藩镇尽矣，惟馀邵续而已；如使复为石虎所灭，孤义士之心，阻归本之路。愚谓宜发兵救之。"帝不能从。闻续已没，乃下诏以续位任授其子缉。

【译文】段末杯攻打段匹磾，打败了他。段匹磾对邵续说："我本来是夷族，因为仰慕君臣大义，招致兵败家破。您如果不忘我们的旧约，便请和我共同抗击段末杯。"邵续答应了。于是一同追击段末杯，把他打得大败。段匹磾和弟弟段文鸯攻打蓟城。后赵王石勒得知邵续势单力薄，派遣中山公石虎率领军队包围厌次，孔苌攻打邵续另外的营寨十一处，全部攻下来了。二月，邵续亲自出城攻打石虎，石虎埋伏骑兵断绝他的退路，于是捉住了邵续，要他命令全城投降。邵续呼唤哥哥的儿子邵竺等人，对他们说："我立志要报效国家，不幸到了这步田地。你们要竭尽全力，尊奉段匹磾为首领，不要有二心！"段匹磾从蓟城回来，还没到厌次，听说邵续已被俘，部众畏惧打仗逃散了，又遭到石虎的阻击：段文鸯率领几百亲兵奋力作战，才得以入城，和邵续的儿子邵缉、邵续哥哥的儿子邵存、邵竺等人环绕城池，加固防守。石虎把邵续送到襄国，石勒认为邵续忠诚，释放后给予优待，任命为从事中郎。因而下令："从今以后，打败敌人，俘虏了士人，不能擅自杀死，一定要活着送来。"

吏部郎刘胤听说邵续受到攻击，向晋元帝司马睿上言说："北方的藩镇已经尽失，只剩下邵续一处了；如果让他再被石虎攻灭，会使贞义之士心感孤寂，并阻塞回归祖国的道路。我认为应当发兵救助邵续。"晋元帝司马睿没有听从。后来听说邵续已受陷被擒，于是下诏把邵续的职位授予其子邵缉。

赵将尹安、宋始、宋恕、赵慎四军屯洛阳，叛，降后赵。后赵将石生引兵赴之；安等复叛，降司州刺史李矩。矩使颍川太守郭默将兵入洛。石生虏宋始一军，北渡河。于是，河南之民皆相帅归矩，洛阳遂空。

三月，裴嶷至建康，盛称慕容廆之威德，贤俊皆为之用；朝廷始重之。帝谓嶷曰："卿中朝名臣，当留江东，朕别诏龙骧送卿家属。"嶷曰："臣少蒙国恩，出入省闼，若得复奉辇毂，臣之至荣。但以旧京沦没，山陵穿毁，虽名臣宿将，莫能雪耻，独慕容龙骧竭忠王室，志除凶逆，故使臣万里归诚。今臣来而不返，必谓朝廷以其僻陋而弃之，孤其向义之心，使懈体于讨贼，此臣之所甚惜，是以不敢徇私而忘公也。"帝曰："卿言是也。"乃遣使随嶷拜廆安北将军、平州刺史。

【译文】赵国将领尹安、宋始、宋恕、赵慎四支军队，驻扎在洛阳，反叛，投降后赵。后赵将领石生率领军队赶往洛阳；尹安等人又反叛，投降司州刺史李矩。李矩命令颍川太守郭默率领军队进入洛阳。石生俘虏了宋始的一支军队，向北渡过黄河。这时，黄河以南的民众都相率归附李矩，洛阳于是空了。

三月，裴嶷到达建康，盛赞慕容廆有威德，贤俊之士都乐意为他效力；朝廷这才开始重视慕容廆。晋元帝司马睿对裴嶷说："你是洛阳朝廷的知名大臣，应该留在江东，我另外下诏给龙骧将军慕容廆，让他送来你的家属。"裴嶷说："我年轻时得到国家的恩惠，出入于宫廷，如果能再侍奉天子，是我最大的荣耀。但是旧日京城陷落，王室陵墓被毁，即使是著名的大臣、有声望的将领，也没有人能洗刷耻辱，只有龙骧将军慕容廆为王室竭尽忠诚，立志除掉凶恶的敌人，所以派我奔波万里，来表达诚心。如果我来建康不返回，他一定会认为朝廷因为他偏僻鄙陋，因而抛弃他，这孤立了他归向大义的心愿，使他懈怠讨伐贼寇的事业，这是我所感到十分可惜的，所以不敢谋求私利，而忘记了大义。"晋元帝司马睿说："你说得对。"于是派遣使者跟随裴嶷，任命慕容廆为安北将军、平州刺史。

闰月，以周颛为尚书左仆射。

晋王保将张春、杨次与别将杨韬不协，劝保诛之，且请击陈安；保皆不从。夏，五月，春、次幽保，杀之。保体肥大，重八百斤，喜睡，好读书，而暗弱无断，故及于难。保无子，张春立宗室子瞻为世子，称大将军。保众散，奔凉州者万馀人。陈安表于赵主曜，请讨瞻等。曜以安为大将军，击瞻，杀之；张春奔枹罕。安执杨次，于保枢前斩之，因以祭保。安以天子礼葬保于上邽，谥曰元王。

【译文】闰月，晋元帝司马睿委派周颛担任尚书左仆射。

晋王司马保部将张春、杨次和别将杨韬不和，劝司马保杀杨韬，并且请求进攻陈安；司马保都没听从。夏季，五月，张春、杨次软禁晋王司马保，并杀了他。司马保身高体胖，重八百斤，嗜睡，喜欢读书，但糊涂懦弱，缺少决断力，所以遇难。司马保没有儿子，张春立宗室子弟司马瞻为王世子，自称大将军。司马保的部众离散，逃奔到凉州的有一万多人。陈安上表给前赵国君刘曜，请求征讨司马瞻等人。刘曜任陈安为大将军，进攻司马瞻并杀了他。张春逃奔到枹罕。陈安抓住扬次，在司马保灵柩前将他斩首，用来祭奠司马保。陈安用对待天子的礼节把司马保葬于上邽，谥号元王。

【乾隆御批】保纵肥大，岂能重八百斤！其说荒诞不近理。盖"防风专车、侨如九亩"，不经，好奇，自古已然矣。

【译文】 晋王司马即使肥大，哪能重八百斤呢！这种说法荒唐不合实际。大约也如"防风专车、侨如九亩"之说，违反常规，标新立异，自古以来就是这样。

羊鉴讨徐龛，顿兵下邳，不敢前。蔡豹败龛于檀丘，龛求救于后赵。后赵王勒遣其将王伏都救之，又使张敬将兵为之后继。勒多所邀求，而伏都淫暴，龛患之。张敬至东平，龛疑其袭己，乃斩伏都等三百馀人，复来请降。勒大怒，命张敬据险以守之。帝亦恶龛反覆，不受其降，敕鉴、豹以时进讨。鉴犹疑惮不进，尚书令刁协劾奏鉴，免死除名，以蔡豹代领其兵。王导以所举失人，乞自贬，帝不许。

【译文】 羊鉴征讨徐龛，在下邳停兵，不敢前进。蔡豹在檀丘击败徐龛，徐龛向后赵求救。后赵王石勒派部将王伏都救援，又派遣张敬率领军队作为后备。石勒的要求很多，王伏都荒淫残暴，徐龛心中怨恨。张敬到达东平，徐龛怀疑他袭击自己，于是杀死王伏都等三百多人，又来晋国请求投降。石勒大怒，命令张敬占据险要地势，进行守卫。晋元帝司马睿也厌恶徐龛反复无常，不接受他的投降，下令羊鉴、蔡豹趁机进军讨伐。羊鉴仍然犹豫畏惧不进军，尚书令刁协上奏弹劾羊鉴，皇帝免除羊鉴的死罪，除去名籍，委派蔡豹接替，统领他的军队。王导因举荐人才失当，自己请求贬谪，晋元帝司马睿不准许。

六月，后赵孔苌攻段匹磾，恃胜而不设备，段文鸯袭击，大破之。

京兆人刘弘客居凉州天梯山，以妖术惑众，从受道者千馀人，西平元公张寔左右皆事之。帐下阎涉、牙门赵印，皆弘乡人，弘谓之曰："天与我神玺，应王凉州。"涉、印信之，密与寔左右十馀人谋杀寔，奉弘为主。寔弟茂知其谋，请诛弘。寔令牙门将史初收之，未至，涉等怀刃而入，杀寔于外寝。弘见史初至，谓曰："使君已死，杀我何为！"初怒，截其舌而囚之，轘于姑臧市，诛其党与数百人。左司马阴元等以寔子骏尚幼，推张茂为凉州刺史、西平公，赦其境内，以骏为抚军将军。

【译文】 六月，后赵孔苌攻打段匹磾，仗恃胜利而不设防备，段文鸯发动袭击，大败孔苌的军队。

京兆人刘弘客居凉州的天梯山，用妖术迷惑民众，随他受道的有一千多人，西平元公张寔身边的人也都信奉他。张寔的帐下阎涉、牙门赵印，都是刘弘的同乡，刘弘对他们说："上天送给我神玺，应当在凉州称王。"阎涉、赵印深信不疑，私下与张寔身边的十多人密谋杀害张寔，拥戴刘弘为首领。张寔的弟弟张茂知道了他们的阴谋，请求杀掉刘弘。张寔命令牙门将史初逮捕刘弘，还没有赶到，阎涉等人身上藏着刀子进入，把张寔杀死在办公处所中。刘弘看见史初到了，对他说："张寔已经死了，杀我有什么用？"史初发怒，割断他的舌头，把他囚禁起来，在姑臧街市用五马分尸的刑法处死他，诛杀他的党羽几百人。左司马阴元等人因张寔的儿子张骏年纪还小，推举张茂做凉州刺史、西平公，张茂赦免境内罪犯，委派张骏担任抚军将军。

丙辰，赵将解虎及长水校尉尹车谋反，与巴酋句徐、库彭等相结；事觉，虎、车皆伏诛。赵主曜囚徐、彭等五十馀人于阿房，将杀之；光禄大夫游子远谏曰："圣王用刑，惟诛元恶而已，不宜多杀。"争之，叩头流血。曜怒，以为助逆而囚之；尽杀徐、彭等，尸诸市十日，乃投于水。于是巴众尽反，推巴酋句渠知为主，自称大秦，改元曰平赵。四山氐、羌、巴、羯应之者三十馀万，关中大乱，城门昼闭。子远又从狱中上表谏争，曜手毁其表曰："大荔奴，不忧命在须臾，犹敢如此，嫌死晚邪！"叱左右速杀之。中山王雅、郭汜、朱纪、呼延晏等谏曰："子远幽囚，祸在不测，犹不忘谏争，忠之至也。陛下纵不能用，奈何杀之！若子远朝诛，臣等亦当夕死，以彰陛下之过，天下将皆舍陛下而去，陛下谁与居乎！"曜意解，乃赦之。

【译文】丙辰日（二十三），前赵将领解虎和长水校尉尹车谋反，与巴族酋长句徐、库彭等人相勾结；事发后，解虎、尹车都被处决。前赵主刘曜将句徐、库彭等五十多人囚禁在阿房，准备统统杀掉；光禄大夫游子远规劝说："圣明君王施用刑罚，只是诛杀首恶分子而已，不应该杀得太多。"为这事争辩，叩头叩得头部流血。刘曜发怒，认为游子远是帮助反叛者，囚禁了他；把句徐、库彭等人全部杀死，尸体在街市上陈列了十天，才投入水中。于是，巴族民众全部反叛，推举巴族酋长句渠知为君王，自称为大秦，改年号为平赵。四山之中氐人、羌人、巴人、羯人响应的，有三十多万，关中大乱，城门在白天都关上了。游子远又从牢狱中上奏章，规劝争辩，刘曜亲手毁掉他的奏章，说：

"大荔奴才，不担心性命危在旦夕，还敢这样做，是嫌死得晚了吗？"喝令左右马上杀掉他。中山王刘雅、郭汜、朱纪、呼延晏等人规劝说："游子远被囚禁，祸难不可预测，还不忘记尽力规劝，是忠诚到了极点。陛下即使不能采用他的建议，为什么要杀他呢？如果游子远早上被杀，我们这些人也要在晚上死去，来彰明陛下的过失，天下人都将抛弃陛下而离开，陛下再和谁生活在一起呢？"刘曜的怒气平息，于是赦免了游子远。

【申涵煜评】子远苦谏刘曜，濒死不移，又自请讨贼，刻期告平，卒能回主怒而收成功。夫至诚可格豚鱼，况曜虽暴，亦人身哉！子远真铁中铮铮者矣。

【译文】游子远苦苦劝谏刘曜，濒临死亡不肯改变志向，又自请去讨贼，在规定的时间内就获得成功。既平息君主的愤怒又取得成功，他的至诚可以感动豚鱼，况且刘曜虽然暴虐，也是有人性的！游子远真是一个有铮铮铁骨的人啊！

曜敕内外戒严，将自讨渠知。子远又谏曰："陛下诚能用臣策，一月可定，大驾不必亲征也。"曜曰："卿试言之。"子远曰："彼非有大志，欲图非望也，直畏陛下威刑，欲逃死耳。陛下莫若廓然大赦，与之更始；应前日坐虎、车等事，其家老弱没入奚官者，皆纵遣之，使之自相招引，听其复业。彼既得生路，何为不降！若其中自知罪重，屯结不散者，愿假臣弱兵五千，必为陛下枭之。不然，今反者弥山被谷，虽以天威临之，恐非岁月可除也。"曜大悦，即日大赦，以子远为车骑大将军、开府仪同三司、都督雍、秦征讨诸军事。子远屯于雍城，降者十馀万；移军安定，反者皆降。惟句氏宗党五千馀家保于阴密，进攻，灭之，遂引兵巡陇右。先是氐、羌十余万落据险不服,其酋虚除权渠自号秦王。子远进造其壁,权渠出兵拒之,五战皆败。权渠欲降,其子伊馀大言于众曰:"往者刘曜自来,犹无若我何,况此偏师,何谓降也!"帅劲卒五万,晨压子远垒门。诸将欲击之,子远曰:"伊馀勇悍,当今无敌,所将之兵,复精于我,又其父新败,怒气方盛,其锋不可当也,不如缓之,使气竭而后击之。"乃坚壁不战。伊馀有骄色,子远伺其无备,夜,勒兵蓐食,旦,值大风尘昏,子远悉众出掩之,生擒伊馀,尽俘其众。权渠大惧,被发、劓面请降。子远启曜,以权渠为征西将军、西戎公,分徙伊馀兄弟及其部落二十余万口于长安。曜以子远为大司徒、录尚书事。

【译文】 前赵主刘曜敕令都城内外严加戒备,自己将亲征句渠知。游子远又进谏说:"陛下如果确实能用我的计谋,一个月可以平定叛乱,大驾也不必亲征。"刘曜说:"你说说看。"游子远说:"他们造反并非因为有什么远大志向,想要图谋帝王之业,只不过是畏惧陛下严厉的刑罚,想逃免一死罢了。陛下不如普遍地实行赦免,让他们重新做人;前些时日受解虎、尹车之事牵连坐罪,家中老弱被籍没为奴的人,全都释放遣返,让他们自己互相招引,允许他们重操旧业。他们既然得到生路,怎么会不降服呢?如果他们中有自知罪恶深重,却聚集不散的人,请陛下赐给我五千体弱的兵士,一定替陛下斩下他们的首级。不这样的话,现在的反叛者漫山遍野,即使对他们施加天子的威严,也恐怕不是几个月或几年能铲除的。"前赵主刘曜大喜,当天大赦,委派游子远担任车骑大将军、开府仪同三司,都督雍、秦征讨诸军事。游子远屯驻在雍城,归降的有十多万人;军队推进到安定,反叛的人都投降。只有句氏的家族和同乡五千多家,在阴密据守,游子远进军攻打,消灭了他们,于是率领军队进入陇西。在这以前，氐人、羌人部落十多万家，占据险要地势，不肯归附，他们的酋长虚除权渠自称为秦王。游子远进军，逼近他们的营垒，虚除权渠出兵抵御，五次交战都失败。虚除权渠想投降，他的儿子虚除伊馀在众人面前大声宣称："从前前赵主刘曜亲自前来，还对我们无可奈何，何况这支小股部队，为什么要投降呢？"虚除伊馀率领五万强劲的兵士，在早晨直逼游子远的壁垒门。各将领想反击，游子远说："虚除伊馀英勇强悍，当今没有对手，所率领的军队，又比我们精锐，加上他的父亲刚刚失败，怒气正旺盛，他的锋芒是不可抵挡的，不如等待一些时间，让他们的锐气衰竭，然后攻打他们。"于是坚守壁垒不交战。虚除伊馀有骄傲的神色，游子远趁他没有防备，在夜里，部署军队，在寝席上进食，清晨，遇上大风，尘土飞扬，天色昏暗，游子远出动所有军队，发动袭击，活捉了虚除伊馀，俘虏了他所有的部众。虚除权渠大为恐惧，披头散发、割破脸皮，请求投降。游子远上奏前赵主刘曜，委派虚除权渠担任征西将军、西戎公，分别把虚除伊馀兄弟和他们部落中二十多万人迁徙到长安。刘曜委派游子远担任大司徒，录尚书事。

曜立太学，选民之神志可教者千五百人，择儒臣以教之。作酆明观及西宫，起陵霄台于滈池，又于霸陵西南营寿陵。侍中乔豫、和苞上疏谏，以为："卫文公承乱亡之后，节用爱民，营建宫室，得其时制，故能兴康叔之业，延九百之祚。前奉诏书营酆明观，市道细民咸讥其奢曰：'以一观之功，足以平凉州矣！'今又欲拟阿房而建西宫，法琼台而起陵霄，其为劳费，亿万酆明；若以资军旅，乃可兼吴、蜀而壹齐、魏矣！又闻营建寿陵，周围四里，深三十五丈，以铜为椁，饰以黄金；功费若此，殆非国内之所能办也。秦始皇下锢三泉，土未干而发毁。自古无不亡之国、不掘之墓，故圣王之俭葬，乃深远之虑也。陛下奈何于中兴之日，而踵亡国之事乎！”曜下诏曰：“二侍中恳恳有古人之风，可谓社稷之臣矣。其悉罢宫室诸役，寿陵制度，一遵霸陵之法。封乔安昌子，苞平舆子，并领谏议大夫；仍布告天下，使知区区之朝，欲闻其过也。”又省鄠水囿以与贫民。

【译文】 前赵主刘曜建立太学，从民间选择一千五百个聪明上进、可以造就的人，择取通晓儒学的官员来教导他们。建造酆明观和西宫，在滈池兴修陵霄台，又在霸陵西南营造寿陵。侍中乔豫、和苞上奏疏规劝，认为：“卫文公在内乱败亡之后，节省开支，爱护民众，营造宫室，依照当时的制度，所以能复兴康叔的业绩，使国运持续了九百年。前些时接到诏书建造酆明观，街市上的民众都讥讽它的奢侈说：‘用一个观的劳役，足以平定凉州了！’现在又打算仿照阿房宫来建造西宫，效法琼台来兴修陵霄台，它们用的劳役费用，比酆明观多了亿万倍；如果用来资助军队，就可以兼并吴、蜀，统一齐、魏了！又听说营造寿陵，周围达四里，深达三十五丈，用铜做外棺，用黄金来装饰；劳役费用如此庞大，恐怕不是国内力量可以办到的。秦始皇埋葬在地下深处，土还没有干而墓就被挖掘毁坏。自古以来，没有不灭亡的国家、不被挖掘的坟墓，所以圣明君主主张安葬节俭，是有深谋远虑的见解。陛下为什么在国家重新兴盛的时候，却跟着去做灭亡国家的事情呢？”前赵主刘曜下诏说：“乔豫、和苞二位侍中诚挚恳切，有古人的风范，可以说是国家的重臣。现全部停止宫室的各种劳役；寿陵的规格，全部仿照霸陵的做法。封乔豫为安昌子，和苞为平舆子，都兼任谏议大夫；我还要向天下宣布，使人们知道我的朝廷，愿意听到自己的过失。”又撤销鄠水围，给予贫困的民众。

祖逖将韩潜与后赵将桃豹分据陈川故城，豹居西台，潜居东台，豹由南门，潜由东门，出入相守四旬，逖以布囊盛土如米状，使千馀人运上台，又使数人担米，息于道。豹兵逐之，弃担而走。豹兵久饥，得米，以为逖士众丰饱，益惧。后赵将刘夜堂以驴千头运粮馈豹，逖使韩潜及别将冯铁邀击于汴水，尽获之。豹宵遁，屯东燕城，逖使潜进屯封丘以逼之。冯铁据二台，逖镇雍丘，数遣兵邀击后赵兵，后赵镇戍归逖者甚多，境土渐蹙。

先是，赵固、上官巳、李矩、郭默，互相攻击，逖驰使和解之，示以祸福，遂皆受逖节度。秋，七月，诏加逖镇西将军。逖在军，与将士同甘苦，约己务施，劝课农桑，抚纳新附，虽疏贱者皆结以恩礼。河上诸坞，先有任子在后赵者，皆听两属，时遣游军伪抄之，明其未附。坞主皆感恩，后赵有异谋，辄密以告，由是多所克获，自河以南，多叛后赵归于晋。

【译文】 祖逖的部将韩潜和后赵的将军桃豹分别割据陈川老城，桃豹占据西台，韩潜占据东台，桃豹出入经由南门，韩潜出入经由东门，双方相持坚守达四十天。祖逖用布袋盛土，好像盛满粮米的样子，派一千多人输运到台上；又让一些人担挑真米，在路边休息。桃豹的士兵追来，祖逖的部下丢下担子逃走。桃豹的士卒挨饿已有很长时间，得到粮米，便以为祖逖的部众生活丰饱，心中更为恐惧。后赵将领刘夜堂用一千头驴子为桃豹运来军粮，祖逖派遣韩潜和别将冯铁在汴水截击，把军粮全数劫获。桃豹因此连夜遁逃，驻屯于东燕城。祖逖让韩潜进军驻扎在封丘，威逼桃豹。冯铁占据了陈川老城的东、西二台，祖逖则镇守雍丘，经常派遣士兵截击后赵军队，后赵国镇戍的士卒归降祖逖的很多，国土也日渐缩小。

以前，赵固、上官巳、李矩、郭默等人互相攻战，祖逖派遣使者前往调解，剖析利害，这些人便都接受祖逖的调度。秋季，七月，晋元帝司马睿下诏加授祖逖为镇西将军。祖逖在军营中，和将领士兵同甘共苦，约束自己，施行恩惠，鼓励耕田种桑，安抚新近归附的部众，即使是关系疏远、地位低贱的人，都以恩德、礼仪来结交。黄河边各坞堡，原先有人质送到了后赵的，都允许附属于两方，不时派遣小股军队假装抄掠他们，表示他们没有归附自己。坞堡首领都感恩戴德，后赵有异常的谋划，就秘密报告，因此多次取胜，黄河以南，大多叛离后赵，归附晋国。

逖练兵积谷，为取河北之计。后赵王勒患之，乃下幽州为逖修祖、父墓，置守冢二家，因与逖书，求通使及互市。逖不报书，而听其互市，收利十倍。逖牙门童建杀新蔡内史周密，降于后赵，勒斩之，送首于逖，曰："叛臣逃吏，吾之深仇，将军之恶，犹吾恶也。"逖深德之，自是后赵人叛归逖者，逖皆不纳，禁诸将不使侵暴后赵之民，边境之间，稍得休息。

八月，辛未，梁州刺史周访卒。访善于抚纳士众，皆为致死。知王敦有不臣之心，私常切齿。敦由是终访之世，未敢为逆。敦遣从事中郎郭舒监襄阳军，帝以湘州刺史甘卓为梁州刺史，督沔北诸军事，镇襄阳。舒既还，帝徵为右丞；敦留不遣。

【译文】祖逖训练士兵，积蓄粮食，为收复黄河以北的失地做准备。后赵王石勒为此担忧，于是下令让幽州守吏为祖逖修葺祖父和父亲的陵墓，并安置两户人家看守坟冢，然后写信给祖逖，要求互通使节和开放贸易。祖逖不回复他的信，但是听任双方来往贸易，因而获取了十倍的利润。祖逖的牙门童建杀死新蔡内史周密，投降后赵，石勒将童建斩首，把首级送给祖逖说："叛臣逃吏，是我深以为恨的，将军憎恶的人，也是我所憎恶的人。"祖逖深为感动，从此凡后赵叛降归附的人，祖逖都不接纳，禁止众将侵犯、攻掠后赵民众，两国边境之间，逐渐得以休养生息。

八月，辛未日，梁州刺史周访去世。周访善于抚慰军士，大家都愿为他效命。周访知道王敦有不甘为臣的心志，私下经常切齿为恨。王敦因此在周访活着的时候，一直不敢反叛。王敦派遣从事中郎郭舒到襄阳监察军队，晋元帝司马睿让湘州刺史甘卓为梁州刺史，总领沔水以北地区所有军事，镇守襄阳。郭舒回去后，晋元帝司马睿征召他任右丞，王敦却留住不放行。

后赵王勒遣中山公虎帅步骑四万击徐龛，龛送妻子为质，乞降，勒许之。蔡豹屯卞城，石虎将击之，豹退守下邳，为徐龛所败。虎引兵城封丘而旋，徙士族三百家置襄国崇仁里，置公族大夫以领之。

后赵王勒用法甚严，讳"胡"尤峻。宫殿既成，初有门户之禁。有醉胡乘马，突入止车门。勒大怒，责宫门小执法冯翥。翥惶惧忘讳，对曰："向有醉胡，乘马驰入，甚呵御之，而不可与语。"勒笑曰："胡人正自难与言。"怒而不罪。

勒使张宾领选，初定五品，后更定九品。命公卿及州郡岁举秀才、至孝、廉清、贤良、直言、武勇之士各一人。

西平公张茂立兄子骏为世子。

【译文】后赵王石勒派遣中山公石虎率领步兵和骑兵四万人，攻打徐龛，徐龛送上妻子儿女做人质，乞求投降，石勒答应

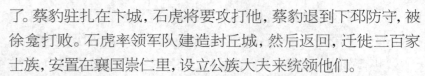

了。蔡豹驻扎在卞城，石虎将要攻打他，蔡豹退到下邳防守，被徐龛打败。石虎率领军队建造封丘城，然后返回，迁徙三百家士族，安置在襄国崇仁里，设立公族大夫来统领他们。

后赵王石勒施用刑法非常峻刻，特别忌讳"胡"这个字眼。宫殿修成后，最初有关门户的禁令。有个喝醉酒的胡人骑着马，闯进止车门。石勒大怒，训斥宫门小执法冯翥。冯翥惊慌畏惧，忘记了忌讳，回答说："刚才有个喝醉的胡人，骑着马奔驰进来，我拼命地呵斥阻止他，但总是跟他讲不清楚。"石勒笑着说："胡人本来就难以说清楚。"宽恕了他不加处罚。

石勒命令张宾负责官吏选拔，开始定官品为五个等级，后来又定为九个等级。命令公卿和州郡，每年推举秀才、至孝、廉清、贤良、直言、武勇的人士各一名。

西平公张茂立兄长张寔的儿子张骏为世子。

【乾隆御批】苏轼谓："大乱起于小奸。"千古笃论。寔于左道惑众者流。不能早除至左右皆为其党，始欲捕治。自贻噬脐之祸。夫复谁尤？

【译文】苏轼说："大的祸乱起于小的奸谋。"这真是千古不变的确当的评论。张寔之死，实在是邪门歪道蛊惑人心所造成的。对邪道不能早日铲除以至自己部下都成了邪道的同党，这才想要抓捕奸人。正是自己留下了后悔不及的灾祸。这是谁的过错呢？还能怨恨谁呢？

蔡豹既败，将诣建康归罪，北中郎将王舒止之。帝闻豹退，遣使收之。舒夜以兵围豹，豹以为它寇，帅麾下击之；闻有诏，乃止。舒执豹送建康，冬，十月，丙辰，斩之。

王敦杀武陵内史向硕。

帝之始镇江东也，敦与从弟导同心翼戴，帝亦推心任之，敦总征讨，导专机政，群从子弟布列显要，时人为之语曰："王与马，共天下。"后敦自恃有功，且宗族强盛，稍益骄恣，帝畏而恶之，乃引刘隗、刁协等以为腹心，稍抑损王氏之权，导亦渐见疏外。中书郎孔愉陈导忠贤，有佐命之勋，宜加委任；帝出愉为司徒左长史。导能任真推分，澹如也，有识皆称其善处兴废。而敦益怀不平，遂构嫌隙。

【译文】蔡豹战败之后，准备到建康领受罪责，北中郎将王舒制止了他。晋元帝司马睿听说蔡豹败退不来，派使者前去拘捕他。王舒夜间派兵包围蔡豹，蔡豹以为是别的敌寇，率领麾下士兵攻击；听说有晋元帝司马睿的诏书，这才停止。王舒抓住蔡豹送到建康，冬季，十月，丙辰日（二十五日），斩杀蔡豹。

王敦杀死武陵内史向硕。

晋元帝司马睿开始统治江东的时候，王敦和堂弟王导同心同德，共同拥戴和辅佐，元帝也推心置腹，重用他们。王敦总领征讨军务，王导专管机要政事，同族兄弟子侄，分布在显要的职位上，当时人为此编出谣谚说："王家与司马家，共同享有天下。"后来，王敦仗恃自己有功，并且宗族势力强盛，渐渐地骄横放肆，元帝心中畏惧，因而厌恶他，于是任用刘隗、刁协等人，作为心腹，逐步压制、削弱王氏的权势，王导也渐渐地被疏远。中书郎孔愉陈说王导忠诚贤能，有辅助建国的功勋，应该加以信任；元帝把孔愉调出宫中，去做司徒左长史。王导能够听其自然，安分守己，态度淡泊，有见识的人都称赞他在顺境和逆境中善于处事。可是王敦更加心怀不满，于是形成了裂痕。

初，敦辟吴兴沈充为参军，充荐同郡钱凤于敦，敦以为铠曹参军。二人皆巧诡凶狡，知敦有异志，阴赞成之，为之画策；敦宠信之，势倾内外。敦上疏为导讼屈，辞语怨望。导封以还敦，敦复遣奏之。左将军谯王承，忠厚有志行，帝亲信之。夜，召承，以敦疏示之，曰："王敦以顷年之功，位任足矣；而所求不已，言至于此，将若之何？"承曰："陛下不早裁之，以至今日，敦必为患。"

【译文】 起初，王敦征召吴兴人沈充为参军，沈充把同郡人钱凤推荐给王敦，王敦任用他为铠曹参军。这二人都是奸巧诡谀、凶恶狡诈之徒，知道王敦心怀异志，暗地促成，为王敦出谋划策；王敦宠信他们，二人权势倾重内外。王敦给晋元帝司马睿上疏，为王导鸣冤叫屈，言辞之间颇多怨恨。王导把疏文加封，退还给王敦，王敦又遣使奏上。左将军、谯王司马承，为人忠厚而有节操，晋元帝亲近并信任他。夜晚，晋元帝召见司马承，把王敦的奏疏拿给他看，说："王敦凭近年的功绩，职位已够高了；可是要求没有止境，言辞到了这个地步，该怎么办呢？"司马承说："陛下不早日制裁他，才到今天这个地步，王敦一定会成为祸患。"

刘隗为帝谋，出心腹以镇方面。会敦表以宣城内史沈充代甘卓为湘州刺史，帝谓承曰："王敦奸逆已著，朕为惠皇，其势不远。湘州据上流之势，控三州之会，欲以叔父居之，何如？"承曰："臣奉承诏命，惟力是视，何敢有辞！然湘州经蜀寇之馀，民物凋弊，若得之部，比及三年，乃可即戎；苟未及此，虽复灰身，亦无益也。"十二月，诏曰："晋室开基，方镇之任，亲贤并用，其以谯王承为湘州刺史。"长沙邓骞闻之，叹曰："湘州之祸，其在斯乎！"承行至武昌，敦与之宴，谓承曰："大王雅素佳士，恐非将帅才也。"承曰："公未见知耳，铅刀岂无一割之用！"敦谓钱凤曰：

"彼不知惧而学壮语，足知其不武，无能为也。"乃听之镇。时湘土荒残，公私困弊，承躬自俭约，倾心绥抚，甚有能名。

高句丽寇辽东，慕容仁与战，大破之，自是不敢犯仁境。

【译文】 刘隗为元帝司马睿出主意，派自己的心腹去镇守各地。适逢王敦上表，要让宣城内史沈充代替甘卓任湘州刺史，晋元帝对司马承说："王敦反叛的迹象已很明显，我像晋惠帝司马衷那样受强臣控制，按趋势为期不远了。湘州占据上流的形势，控制着三州的咽喉，我想用叔父来镇守湘州，怎么样？"司马承说："我接受诏命，只有尽力而为，哪里敢于推辞？不过，湘州经过蜀地贼寇的劫掠后，民众死伤太多，我如果能够到镇所，要到三年后，才可以组织起军队；如果没有到三年，即使粉身碎骨，也没有益处。"十二月，晋元帝司马睿下诏说："晋王室开创基业，地方长官的重任，亲属、贤士同时任用，现委派谯王司马承担任湘州刺史。"长沙人邓骞听说后，叹息说："湘州的祸乱，大概要出在这件事上！"司马承赴任，到了武昌，王敦和他一起宴饮，对司马承说："大王向来是位有德行的人士，恐怕不是担当将帅的人才。"司马承说："您不了解我而已，钝刀难道没有宰割一次的功用吗？"王敦对钱凤说："他不知畏惧，却学豪言壮语，足以知道他不懂军事，没有什么作为。"于是听凭他到达镇所。这时，湘州荒凉残破，官府私人都困乏艰难，司马承厉行节约俭朴，尽心地招徕、安抚民众，获得了很能干的名声。

高句丽进犯辽东，慕容仁与他们作战，大败来犯之敌，高句丽从此不敢侵犯慕容仁所在的边境。

【乾隆御批】 导果竭忠晋室？敦，其从弟也，反迹宁当不知，何不闻正言，开譬折其逆谋。论者尚以疏导为帝咎。时事可知矣。

【译文】 王导确实对晋室竭尽忠诚吗？王敦是他的堂弟，反叛的迹象已经明显，不知道为什么没有听到有人从正面揭露他的话，更没有看到有人来揭穿他的叛逆阴谋。然而谈论此事的人还认为疏远王导是晋元帝的错误。由此可知当时的社会状况了。

四年（辛巳，公元三二一年）春，二月，徐龛复请降。

张茂筑灵钧台，基高九仞。武陵阎曾夜叩府门呼曰："武公遣我来，言'何故劳民筑台！'"有司以为妖，请杀之。茂曰："吾信劳民。曾称先君之命以规我，何谓妖呼！"乃为之罢役。

三月，癸亥，日中有黑子。著作佐郎河东郭璞以帝用刑过差，上疏，以为："阴阳错缪，皆繁刑所致。赦不欲数，然子产知铸刑书非政之善，不得不作者，须以救弊故也。今之宜赦，理亦如之。"

【译文】 四年（辛巳，公元321年）春季，二月，徐龛再次向东晋请降。

张茂修筑灵钧台，台基高九仞。武陵人阎曾夜间叩击张茂府门，大声呼叫说："武公张轨派我来说：'为什么扰劳百姓修筑此台！'"主管官员认为这是妖人，请求把阎曾处死。张茂说："我的确使百姓辛劳。阎曾假称先君的意思来规劝我，怎能说是妖孽呢？"于是为此停止工役。

三月，癸亥日（初四），太阳中出现黑子。著作佐郎河东人郭璞以为皇帝施用刑罚失当，呈上奏疏，认为："阴阳错乱，都是过重的刑罚所造成的。赦免罪犯不能经常进行，可是子产知道把刑法条文铸在鼎上不是良好的政治措施，却不得不这样做，是要用来补救弊端的缘故。现在应该赦免，道理也与这相同。"

后赵中山公虎攻幽州刺史段匹磾于厌次，孔苌攻其统内诸城，悉拔之。段文鸯言于匹磾曰："我以勇闻，故为民所倚望。今视民被掠而不救，是怯也。民失所望，谁复为我致死！"遂帅壮士数十骑出战，杀后赵兵甚众。马乏，伏不能起。虎呼之曰："兄与我俱夷狄，久欲与兄同为一家。今天不违愿，于此得相见，何为复战！请释仗。"文鸯骂曰："汝为寇贼，当死日久，吾兄不用吾策，故令汝得至此。我宁斗死，不为汝屈！"遂下马苦战，槊折，执刀战不已，自辰至申。后赵兵四面解马罗披自鄣，前执文鸯；文鸯力竭被执，城内夺气。

【译文】 后赵中山公石虎到厌次攻打幽州刺史段匹磾，孔苌攻打段匹磾统辖区域内的各个城池，全部攻下来了。段文鸯对段匹磾说："我们以勇敢而闻名，所以为民众所依赖、景仰。现在看见民众被劫掠却不援救，这是胆怯的行为。民众失去了希望，谁还会为我们效命？"于是率领几十个壮士，骑马出城交战，杀死了很多后赵兵士。马匹困乏，伏在地上无法起来。石虎呼唤段文鸯说："兄长您和我都是胡人，早就想同兄长结成一家。现在上天不违背我的愿望，得以在这里相见，为什么还要交战？请放下武器。"段文鸯骂着说："你们是寇贼，早就该死了，我的哥哥不采用我的计策，才使你们能到今天这个地步。我宁可战死，也不为你们屈服！"于是下马苦战，长矛折断了，又拿起短刀不停地战斗，从辰时一直战至申时。后赵的兵士四面包围，解下马身上的披肩作掩护，上前捉住段文鸯；段文鸯力气用尽被捉，城内军队士气为之衰落。

匹磾欲单骑归朝，邵续之弟乐安内史洎勒兵不听。洎复欲执台使王英送于虎，匹磾正色责之曰："卿不能遵兄之志，逼吾不得归朝，亦已甚矣！复欲执天子使者？我虽夷狄，所未闻也！"泪与兄子缉、竺等舆榇出降。匹磾见虎曰："我受晋恩，志在灭汝，不幸至此，不能为汝敬也。"后赵王勒及虎素与匹磾结为兄弟，虎即起拜之。勒以匹磾为冠军将军，文鸯为左中郎将，散诸流民三万馀户，复其本业，置守宰以抚之。于是，幽、冀、并三州皆入于后赵。匹磾不为勒礼，常著朝服，持晋节；久之，与文鸯、邵续皆为后赵所杀。

五月，庚申，诏免中州良民遭难为扬州诸郡僮客者，以备征役。尚书令刁协之谋也，由是众益怨之。

终南山崩。

【译文】段匹磾打算单人匹马奔回晋朝，邵续的弟弟乐安内史邵泪部署军队，不放行。邵泪又想捕捉朝廷使者王英，送给石虎，段匹磾严肃地斥责他说："你不能遵从兄长邵续的志向，逼迫我不能回到朝廷，已经很过分了！还想捉住天子的使者吗？我虽然是胡人，也没有听说过你这样无仁无义的人！"邵泪和哥哥的儿子邵缉、邵竺等人，用车辆载着棺材出城投降石虎。段匹磾见到石虎说："我蒙受晋国的恩惠，志向在于消灭你们，不幸到了这个地步，不能为你们施礼。"后赵王石勒和中山公石虎，曾与段匹磾结拜为兄弟，石虎立即起身叩拜他。石勒委派段匹磾担任冠军将军，段文鸯担任左中郎将，把他们的三万多户流民分散到各地，恢复他们的本业，设置郡守县令来安抚他们。于是，幽、冀、并三州都纳入后赵的版图。段匹磾不向石勒施礼，时常穿着晋国官服，手里拿着晋国符节；过了些时候，和段文鸯、邵续都被后赵杀死。

五月，庚申日（初二），元帝司马睿下诏免除因为战乱沦为扬州诸郡豪强士族的家僮、佃客的中州良民的奴仆身份，准备战争时征召他们服役。这是尚书令刁协的主意，因此豪门士族都更怨恨他。

终南山发生崩塌。

秋，七月，甲戌，以尚书仆射戴渊为征西将军、都督司、兖、豫、并、雍、冀六州诸军事、司州刺史，镇合肥；丹杨尹刘隗为镇北将军、都督青、徐、幽、平四州诸军事、青州刺史，镇淮阴。皆假节领兵，名为讨胡，实备王敦也。

隗虽在外，而朝廷机事，进退士大夫，帝皆与之密谋。敦遗隗书曰："顷承圣上顾眄足下，今大贼未灭，中原鼎沸，欲与足下及周生之徒戮力王室，共静海内。若其泰也，则帝祚于是乎隆；若其否也，则天下永无望矣。"隗答曰："'鱼相忘于江湖，人相忘于道术。''竭股肱之力，效力以忠贞'，吾之志也。"敦得书，甚怒。

【译文】 秋季，七月，甲戌日（十七日），东晋任命尚书仆射戴渊为征西将军，都督司、兖、豫、并、雍、冀六州诸军事，兼任司州刺史，镇守合肥；任命丹杨尹刘隗为镇北将军，都督青、徐、幽、平四州军务，兼任青州刺史，镇守淮阴。此二人均持朝廷符节统领军队，名义上是征讨胡人，其实是防备王敦。

刘隗虽在朝廷外，但朝廷的机密事宜、任免士大夫等，元帝司马睿都和他秘密商议。王敦送信给刘隗说："近来承蒙圣上垂青您，现在国家的大敌未能歼灭，中原大乱，我想和您以及周生等人同心合力辅佐王室，共同平定海内。此事如能行得通，那么国运由此昌隆；否则，国家便永远没有希望了。"刘隗回答说："'鱼得处于江湖就会彼此相忘，人为追求道义也会彼此相忘'，'竭尽自身的力量，以效忠贞'，这是我的志向。"王敦得到这封信，勃然大怒。

壬午，以票骑将军王导为侍中、司空、假节、录尚书、领中书监。帝以敦故，并疏忌导。御史中丞周嵩上疏，以为："导忠素竭诚，辅成大业，不宜听孤臣之言，惑疑似之说，放逐旧德，以佞伍贤，亏既往之恩，招将来之患。"帝颇感寤，导由是得全。

【译文】壬午日（二十五日），元帝司马睿委派骠骑将军王导担任侍中、司空、假节、录尚书事，兼任中书监。元帝因王敦的缘故，同时疏远、顾忌王导。御史中丞周嵩呈上奏疏，认为："王导忠实坦荡，竭尽诚心，辅佐陛下完成伟大业绩，陛下不应该听信少数臣属的言论，被似是而非的说法迷惑，贬谪旧日有德行的人士，把奸邪之徒排在贤士的行列中，这将亏损往日的恩德，招致将来的祸患。"元帝司马睿有些醒悟，王导因此得以保全性命。

八月，常山崩。

豫州刺史祖逖，以戴渊吴士，虽有才望，无弘致远识；且己翦荆棘、收河南地，而渊雍容，一旦来统之，意甚怏怏；又闻王敦与刘、刁构隙，将有内难，知大功不遂，感激发病；九月，壬寅，卒于雍丘。豫州士女若丧父母，谯、梁间皆为立祠。王敦久怀异志，闻逖卒，益无所惮。

冬，十月，壬午，以逖弟约为平西将军、豫州刺史，领逖之众。约无绥御之才，不为士卒所附。

【译文】八月，常山发生崩塌。

豫州刺史祖逖认为戴渊是吴地人，虽具有才能和名望，但没有远大的抱负和远见卓识；而且自己披荆斩棘，收复河南失地，而戴渊却从从容容，突然前来坐享其成，心中就怏怏不乐；

又听说王敦与刘隗、刁协之间相互结怨，国家将有内乱，知道统一北方的大业难以成功，受到很大刺激，引发了重病。九月，壬寅日，祖逖死于雍丘。豫州的百姓都像失去了自己的亲生父母，谯国、梁国之间的民众都为祖逖建立祠堂。王敦长久以来就心怀不轨，听说祖逖去世，更加肆无忌惮。

　　冬季，十月，壬午日，元帝司马睿委派祖逖的弟弟祖约担任平西将军、豫州刺史，统领祖逖的部众。祖约没有安抚、统御的才能，不能受到士兵的亲附。

　　【乾隆御批】逖在流辈中差有经济干略。时方危棘，久任尚未必成功，转使吴士挟虚名坐统之，以掣其肘。东晋如此用人，尚可与国存哉？

　　【译文】祖逖在同辈中较有治理国家的才能与谋略。当时国家危难，即使让祖逖长久地担任豫州刺史，也不一定能使国家统一安定，更何况反而要让有名无实的吴士戴渊来统领豫州，戴渊只能在祖逖做事时从旁牵制他，对统一安定极为不利。东晋像这样用人，还能使国家保全吗？

　　初，范阳李产避乱依逖，见约志趣异常，谓所亲曰："吾以北方鼎沸，故远来就此，冀全宗族。今观约所为，有不可测之志。吾托名姻亲，当早自为计，无事复陷身于不义也，尔曹不可以目前之利而忘久长之策。"乃帅子弟十馀人间行归乡里。

　　【译文】起初，范阳人李产为避战乱依附祖逖，见祖约志趣不同寻常，便对自己亲近的人说："我因为北方局势动荡，所以从远处来到这里，希望能保全宗族家人。现在我看祖约的所作所为，心怀叵测。我要以联结姻亲的名义，及早为自己安排脱身之计，不再侍奉再次使我陷身于不义境地的人了，你们这些人不可因为眼前的利益而忘却长久之计。"于是率领子弟十多人抄小路回归家乡。

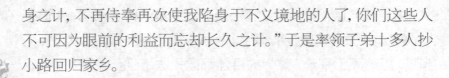

十一月，皇孙衍生。

后赵王勒悉召武乡耆旧诣襄国，与之共坐欢饮。初，勒微时，与李阳邻居，数争沤麻池相殴，阳由是独不敢来。勒曰："阳，壮士也；沤麻，布衣之恨；孤方兼容天下，岂仇匹夫乎！"遽召与饮，引阳臂曰："孤往日厌卿老拳，卿亦饱孤毒手。"因拜参军都尉。以武乡比丰、沛，复之三世。

勒以民始复业，资储未丰，于是重制禁酿，郊祀宗庙，皆用醴酒，行之数年，无复酿者。

【译文】十一月，皇孙司马衍出生。

后赵王石勒把武乡全部的耆旧故老们召到襄国，和他们坐在一起欢乐宴饮。起初，石勒微贱时，和李阳相邻居住，多次为争夺泡麻的池塘，互相殴打，唯独李阳因此不敢前来。石勒说："李阳，是个壮士；争夺泡麻池，是平民间的仇恨；我正要包容天下人，怎么能仇视一个平民呢？"急速召来，和他饮酒，拉着李阳的手臂说："我从前受够了你的重拳，你也饱尝了我的毒手。"于是任命李阳为参军都尉。把武乡比作丰县、沛县，免除三代人的赋役。

后赵王石勒因为百姓刚刚恢复旧业，财物储备不丰饶，因此严厉禁止酿酒。郊祀宗庙，都用一夜而成的醴酒，如此推行数年，不再有酿酒的人。

十二月，以慕容廆为都督幽、平二州、东夷诸军事、车骑将军、平州牧，封辽东公，单于如故，遣谒者即授印绶，听承制置官司守宰。廆于是备置僚属，以裴嶷、游邃为长史，裴开为司马，韩寿为别驾，阳耽为军咨祭酒，崔焘为主簿，黄泓、郑林参军事。廆立子皝为世子。作东横，以平原刘赞为祭酒，使皝与诸生同受业，廆得暇，亦亲临听之。皝雄毅多权略，喜经术，国人称之。廆徙慕容翰镇辽东，慕容仁镇平郭。翰抚安民夷，甚有威惠；仁亦次之。

【译文】十二月，元帝司马睿委派慕容廆都督幽、平二州、及东夷诸军事，任车骑将军、平州牧，封为辽东公，照常做单于，派遣谒者前去授予印绶，准许他秉承制命设置官府、任命太守县令。慕容廆于是配备僚属，委派裴嶷、游邃担任长史，裴开担任司马，韩寿担任别驾，阳耽担任军咨祭酒，崔寿担任主簿，黄泓、郑林参议军务。慕容廆立儿子慕容皝为世子。兴建贵族子弟学校，委派平原人刘赞担任祭酒，命令世子慕容皝和众儒生一同接受学业，慕容廆一有空闲时间，也亲自前去听讲。慕容皝雄壮刚毅，有谋略，喜爱儒家义理，国中人士都称赞他。慕容廆调慕容翰镇守辽东，慕容仁镇守平郭。慕容翰安抚汉民和夷人，很有威望恩德；慕容仁仅次于他。

拓跋猗㐌妻惟氏，忌代王郁律之强，恐不利于其子，乃杀郁律而立其子贺傉，大人死者数十人。郁律之子什翼犍，幼在襁褓，其母王氏匿于袴中，祝之曰：“天苟存汝，则勿啼。”久之，不啼，乃得免。惟氏专制国政，遣使聘后赵，后赵人谓之“女国使”。

【译文】拓跋猗㐌的妻子惟氏，忌妒代王拓跋郁律的强盛，恐怕他不利于自己的儿子，就杀了拓跋郁律，立自己的儿子拓跋贺傉，被杀的大人达几十名。拓跋郁律的儿子拓跋什翼犍，还是裹在布包中的婴儿，他的母亲把他藏在裤子中，祈祷说："上天如果保存你，你就不要啼哭。"过了些时候，婴儿就不哭了，于是得以免死。惟氏独揽朝中大权，派遣使者到后赵通问修好，后赵人把使者称作"女国使"。

资治通鉴卷第九十二　晋纪十四

起玄黓敦牂，尽昭阳协洽，凡二年。

【译文】起壬午（公元322年），止癸未（公元323年），共二年。

【题解】本卷记录了晋元帝永昌元年至晋明帝太宁元年共两年间东晋及各国大事。主要记录了东晋大将军王敦以清除晋元帝司马睿宠信的刘隗、刁协为名，在武昌起兵谋反，攻克都城建康，刁协被杀，刘隗投降石勒，王敦又杀名臣周𫖮、戴渊等人；记录了湘州刺史谯王司马承举义旗讨伐王敦，长沙失陷，司马承与虞悝、桓雄、易雄等忠义之士被俘后惨遭杀害；记录了梁州刺史甘卓先是动摇观望，后来起兵讨伐王敦，却又畏敌不进，坐视湘州刺史司马承被王敦消灭；王敦攻下建康，甘卓率军返回襄阳，被王敦指派的襄阳太守周虑所杀，梁州刺史也遵从王敦号令；记录了王敦返回武昌遥控朝廷；后返回朝廷，独揽朝政，封宗族子弟为大州刺史；记录了晋元帝司马睿忧愤病死，太子司马绍继位；记录了王敦与心腹钱凤密谋篡位，被王舒的儿子王允之听到告发，朝廷做出防备；记录了氐族头领杨难敌称雄于武都，被前赵主刘曜说服称藩；记录了秦州军阀陈安被刘曜消灭，陇城、上邽一带并入前赵版图；记录了前凉张茂攻取陇西、南安，设置为秦州；刘曜亲征张茂，张茂不敌向刘曜臣服；记录了后赵石虎生擒自称兖州刺史的徐龛，破杀青州刺史曹嶷，使兖州、青州落入后赵手中；兖州刺史郗鉴被召入朝廷，豫州刺史祖逖身死，祖逖的继任者祖约无能，徐州、兖州、豫州都被后赵占领；记录了成国将军李骧、任回进犯壹登，东晋将领司马玖战死，越巂、汉嘉太守投降成汉等等。

资治通鉴

中宗元皇帝下

永昌元年（壬午，公元三二二年）春，正月，郭璞复上疏，请因皇孙生，下赦令，帝从之。乙卯，大赦，改元。

王敦以璞为记室参军。璞善卜筮，知敦必为乱，己预其祸，甚忧之。大将军掾颍川陈述卒，璞哭之极哀，曰："嗣祖，焉知非福也！"

敦既与朝廷乖离，乃羁录朝士有时望者，置己幕府，以羊曼及陈国谢鲲为长史。曼，祐之兄孙也。曼、鲲终日酣醉，故敦不委以事。敦将作乱，谓鲲曰："刘隗奸邪，将危社稷，吾欲除君侧之恶，何如？"鲲曰："隗诚始祸，然城狐社鼠。"敦怒曰："君庸才，岂达大体！"出为豫章太守，又留不遣。

【译文】永昌元年（壬午，公元322年）春季，正月，郭璞再次上疏，请求以元帝皇孙司马衍出世为契机，颁布赦免令，元帝司马睿允准。乙卯日（初一），大赦天下，改年号为永昌。

王敦委派郭璞担任记室参军。郭璞善于占卜吉凶，知道王敦必定作乱，自己卷进了这个祸乱，十分忧虑。大将军的属吏颍川人陈述去世，郭璞哭得极其悲哀，说："陈嗣祖，你去世了，怎能知道这不是福气呢？"

王敦已经与朝廷离心离德，于是羁留、录用当朝有名望的士人，安置在自己的幕府。委派羊曼和陈国人谢鲲担任长史。羊曼，是羊祐的哥哥的孙子。羊曼、谢鲲整天畅饮沉醉，所以王敦不把事务委托给他们。王敦将要作乱，对谢鲲说："刘隗奸诈邪恶，将要危害国家，我想除掉君主旁边的恶人，你看怎么样？"谢鲲说："刘隗的确是祸首，不过他只是城墙上的狐狸、土地庙里的老鼠罢了。"王敦发怒说："你是个平庸的人，哪里能明白国家大事？"调他出去担任豫章太守，又留下来不派出去。

戊辰，敦举兵于武昌，上疏罪状刘隗，称："隗佞邪谗贼，威福自由，妄兴事役，劳扰士民，赋役烦重，怨声盈路。臣备位宰辅，不可坐视成败，辄进军致讨。隗首朝悬，诸军夕退。昔太甲颠覆厥度，幸纳伊尹之忠，殷道复昌。愿陛下深垂三思，则四海乂安，社稷永固矣。"沈充亦起兵于吴兴以应敦，敦以充为大都督、督护东吴诸军事。敦至芜湖，又上表罪状刁协。帝大怒，乙亥，诏曰："王敦凭恃宠灵，敢肆狂逆，方朕太甲，欲见幽囚。是可忍也，孰不可忍！今亲帅六军以诛大逆，有杀敦者，封五千户侯。"敦兄光禄勋含乘轻舟逃归于敦。

太子中庶子温峤谓仆射周顗曰："大将军此举似有所在，当无滥邪？"顗曰："不然。人主自非尧、舜，何能无失，人臣安可举兵以胁之！举动如此，岂得云非乱乎！处仲狼抗无上，其意宁有限邪！"

【译文】戊辰日（十四日），王敦在武昌起兵，上奏疏指控刘隗的罪状，说："刘隗奸佞邪恶，进谗言害忠臣，作威作福，任意横行，擅自兴起劳役，烦劳、骚扰官吏百姓，赋税劳役，繁多沉重，怨恨之声充满道路。我身为宰相辅臣，不能对国家的兴亡漠不关心，于是进军讨伐。刘隗的首级早晨悬挂出来，各军就在晚上退回。从前商朝皇帝太甲败坏国家法度，幸好采纳伊尹的忠心规劝，殷商的国运才再度昌盛。希望陛下反复考虑，这样就能四海安宁，国家长久稳固。"沈充也在吴兴起兵来响应王敦，王敦委派沈充担任大都督、督护东南诸军事。王敦到达芜湖，又上奏章指控刁协。晋元帝大怒，乙亥日（二十一日），下诏说："王敦仗恃我的宠信，竟敢肆意犯上作乱，把我比作太甲，想囚禁我。如果这都可以容忍，那还有什么不可以容忍的？现在我要亲自统率六军，来诛杀这个大叛贼，谁能杀死王敦，就封为五千户侯。"王敦的哥哥光禄勋王含，乘坐轻快的小船逃到王敦那里。

太子·中庶子温峤对仆射周颛说："大将军王敦这么做似乎有一定原因，应当不算过分吧？"周颛说："不对。人主本来就不是尧、舜那样的圣人，怎么能没有过失呢？作为人臣，怎么可以举兵来胁迫君王呢？如此举动，哪能说不是叛乱呢？王敦傲慢暴戾，目无主上，他的欲望难道会有止境吗？"

敦初起兵，遣使告梁州刺史甘卓，约与之俱下，卓许之。及敦升舟，而卓不赴，使参军孙双诣武昌谏止敦。敦惊曰："甘侯前与吾语云何，而更有异？正当虑吾危朝廷耳！吾今但除奸凶，若事济，当以甘侯作公。"双还报，卓意狐疑。或说卓："且伪许敦，待敦至都而讨之。"卓曰："昔陈敏之乱，吾先从而后图之，论者谓吾惧逼而思变，心常愧之。今若复尔，何以自明！"

卓使人以敦旨告顺阳太守魏该，该曰："我所以起兵拒胡贼者，正欲忠于王室耳。今王公举兵向天子，非吾所宜与也。"遂绝之。

【译文】王敦开始起兵时，派使者告诉梁州刺史甘卓，与他相约共同顺长江向下游进发，甘卓同意了。等到王敦登船，甘卓却不来，派参军孙双到武昌劝阻王敦。王敦惊诧地说："甘卓过去是和我怎么说的，怎么又改变主意了？他是顾忌我危害朝廷吧！我现在只想除去奸凶，如果事成，我将让甘卓当公爵。"孙双回去报知甘卓，甘卓心里犹豫不决。有人劝甘卓说："暂且佯装答应王敦，等王敦到了京都建康再征讨他。"甘卓说："往昔陈敏作乱，我先是随从作战，后来图谋反击他，论说此事的人都说我是害怕逼迫，因而改变立场，我心中常感愧赧。这回如果再这样做，怎样才能向天下人表明心迹呢？"

甘卓派人把王敦的意图告诉顺阳太守魏该，魏该说："我之所以起兵抵御胡寇的原因，只是想忠于晋王室而已。现在王敦起兵威逼天子，不是我所能参与的。"于是拒绝了甘卓。

敦遣参军桓罴说谯王承，请承为军司。承叹曰："吾其死矣！地荒民寡，势孤援绝，将何以济！然得死忠义，夫复何求！"承檄长沙虞悝为长史，会悝遭母丧，承往吊之，曰："吾欲讨王敦，而兵少粮乏，且新到，恩信未洽。卿兄弟，湘中之豪俊，王室方危，金革之事，古人所不辞，将何以教之？"悝曰："大王不以悝兄弟猥劣，亲屈临之，敢不致死！然郢州荒弊，难以进讨；宜且收众固守，传檄四方，敦势必分，分而图之，庶几可捷也。"承乃囚桓罴，以悝为长史，以其弟望为司马，督护诸军，与零陵太守尹奉、建昌太守长沙王循、衡阳太守淮陵刘翼、舂陵令长沙易雄，同举兵讨敦。雄移檄远近，列敦罪恶，于是一州之内皆应承。惟湘东太守郑澹不从，承使虞望讨斩之，以徇四境。澹，敦姊夫也。

【译文】王敦派遣参军桓罴劝说谯王司马承，请司马承担任军司。司马承叹息说："我就要死了！土地荒芜，民众寡弱，势力孤单，援助断绝，怎么能成功？不过，能够为忠义而死，还有什么不满足的呢？"司马承征召长沙人虞悝担任长史，碰巧虞悝的母亲去世，司马承前去吊唁，说："我想讨伐王敦，可是兵少粮缺，而且刚刚到任，恩德威信还没遍及百姓。你们兄弟，是湘州的豪杰英才，王室正处于危难中，征战的事情，是古人所不推辞的，您将对我有什么指教呢？"虞悝说："大王您不认为我们兄弟卑微愚劣，亲自屈驾光临，哪敢不效死命？然而本州荒芜凋敝，难以进军讨伐；应该暂且调集军队，稳固防守，向四方发布檄文，王敦的兵力必然分散，分散后再讨伐他，就有可能取胜。"司马承于是囚禁桓罴，委派虞悝为长史，任用他的弟弟虞望做司马，统领各军，和零陵太守尹奉、建昌太守长沙人王循、衡阳太守淮陵人刘翼、春陵令长沙人易雄，一同起兵讨伐王敦。易雄向远近郡县传布檄文，列举王敦的罪状，于是，一州之内都响应司马承。只有湘东太守郑澹不顺从，司马承命令虞望讨伐，杀了他，把他的首级巡行示众。郑澹，是王敦的姐夫。

承遣主簿邓骞至襄阳，说甘卓曰："刘大连虽骄蹇失众心，非有害于天下。大将军以其私憾，称兵向阙，此忠臣义士竭节之时也。公受任方伯，奉辞伐罪，乃桓、文之功也。"卓曰："桓、文则非吾所能，然志在徇国，当共详思之。"参军李梁说卓曰："昔隗嚣跋扈，窦融保河西以奉光武，卒受其福。今将军有重望于天下，但当按兵坐以待之，使大将军事捷，当委将军以方面，不捷，朝廷必以将军代之。何忧不富贵，而释此庙胜，决存亡于一战邪？"骞谓梁曰："光武当创业之初，故隗、窦可以文服从容顾望。今将军之于本朝，非窦融之比也；襄阳之于太府，非河西之固也。使大将军克刘隗，还武昌，增石城之戍，绝荆、湘之粟，将军欲安归乎！势在人手，而曰我处庙胜，未之闻也。且为人臣，国家有难，

资治通鉴

坐视不救，于义安乎!"卓尚疑之。骞曰:"今既不为义举，又不承大将军檄，此必至之祸，愚智所见也。且议者之所难，以彼强而我弱也。今大将军兵不过万馀，其留者不能五千;而将军见众既倍之矣。以将军之威名，帅此府之精锐，杖节鸣鼓，以顺讨逆，岂王含所能御哉! 溯流之众，势不自救，将军之举武昌，若摧枯拉朽，尚何顾虑邪! 武昌既定，据其军实，镇抚二州，以恩意招怀士卒，使还者如归，此吕蒙所以克关羽也。今释必胜之策，安坐以待危亡，不可以言智矣。"

【译文】 谯王司马承派遣主簿邓骞到襄阳，劝告甘卓说:"刘大连虽然傲慢放纵，失去人心，但并没有危害整个国家。大将军王敦因他的私怨，起兵逼向宫廷，这是忠臣义士竭力效命的时刻。您受命成为一方的统帅，奉命讨伐叛逆，这是与齐桓公、晋文公同等的功劳。"甘卓说:"齐桓公、晋文公的事业，不是我所能实现的，不过立志报效国家，应当一起认真考虑这件事。"参军李梁劝告甘卓说:"从前隗嚣专横跋扈，窦融据守河西，拥戴光武帝，终于得到福祥。现在将军在全国有很高的声望，只需要按兵不动，等待机会，如果大将军王敦的战事告捷，将把一方的重任委托给将军您，如果大将军王敦不能取胜，朝廷必定派将军接替他。何必担心不能富贵，而放弃这个不战而胜的策略，以一次交战决定存亡呢?"邓骞对李梁说:"光武帝处于创业的初期，所以隗嚣、窦融可以口头称臣，实际上几面观望。现在将军同朝廷的关系，不是窦融所能比的;襄阳对于太府来说，没有河西那样坚固。假使大将军王敦消灭了刘隗，回到武昌，增强石城的防卫力量，断绝荆州、湘州的粮食供应，将军该怎么办呢? 大局掌握在别人手中，却说自己处在不战而胜的地位，是从来没听到过的。况且作为臣子，国家有祸难，坐着观看不救援，道义上说得过去吗？"甘卓还在犹豫。邓骞说："现在既不兴起义兵，又不接受大将军的檄令，大祸一定会到来，这是无论愚蠢还是聪明的人都看得出来的。而且议论的人感到为难的，是因为敌人强大，我们弱小。现在大将军王敦的军队不过一万多人，留下来的不会超过五千人；可是将军现在的部队人数已经是他们的两倍了。凭着将军您的威望和名声，率领襄阳的精锐兵士，持着朝廷符节，敲起战鼓，以顺从朝廷的正义之师来讨伐叛逆，哪里是王含所能抵御的？逆水而上的军队，势必救援不了，将军攻拔武昌，如同折断干枯、腐朽的木头，还有什么可顾虑的呢？平定了武昌，夺取了他们的军需用品，镇守、安抚荆、江二州，用恩德招徕兵士，使返回的人如同到了家，这是吕蒙用来战胜关羽的策略。现在放弃必定取胜的策略，安稳地坐着等待他的灭亡，不能说是明智的做法。"

敦恐卓于后为变，又遣参军丹杨乐道融往邀之，必欲与之俱东。道融虽事敦，而忿其悖逆，乃说卓曰："主上亲临万机，自用谯王为湘州，非专任刘隗也。而王氏擅权日久，卒见分政，便谓失职，背恩肆逆，举兵向阙。国家遇君至厚，今与之同，岂不违负大义！生为逆臣，死为愚鬼，永为宗党之耻，不亦惜乎！为君之计，莫若伪许应命，而驰袭武昌，大将军士众闻之，必不战自溃，大勋可就矣。"卓雅不欲从敦，闻道融之言，遂决，曰："吾本意也。"乃与巴东监军柳纯、南平太守夏侯承、宜都太守谭该等露檄数敦逆状，帅所统致讨。遣参军司马赞、孙双奉表诣台，罗英至广州约陶侃同进。戴渊在江西，先得卓书，表上之，台内皆称万岁。陶侃得卓信，即遣参军高宝帅兵北下。武昌城中传卓军至，人皆奔散。

【译文】 王敦害怕甘卓在后方发动变乱，又派参军丹杨人乐道融去邀请他，一定要和他一块东进。乐道融虽然侍奉王敦，但恨王敦悖逆作乱，于是劝甘卓说："主上亲自处理国家所有事务，自己任用谯王司马承治理湘州，并非由刘隗专权。而王氏专权已经很久，一旦权势被分夺，便说是失去职位，于是背叛皇恩，肆行叛逆，对朝廷用兵。国家对您的待遇非常优厚，您如果与王敦共同叛乱，岂不是违背和辜负了君臣大义？生为叛逆之臣，死为愚昧之鬼，永远是宗族、党朋的耻辱，不是很可惜吗？为您打算，不如佯装听从王敦的命令，却急速突袭武昌，大将军王敦的士众听说此事，必定不战自溃，大功便可告成了。"甘卓原本就不想追从王敦，听了乐道融的话，于是决断说："这正是我的本意。"于是与巴东监军柳纯、南平太守夏侯承、宜都太守谭该等人，发布檄书数落王敦叛逆的行状，率领麾下军队开始征讨。派遣参军司马、孙双持奉上表送到朝廷，派罗英到广州，约陶侃共同进讨。戴渊镇守在长江西部，先得到甘卓的信，用表文的形式奏上，朝廷内都欢呼万岁。陶侃见到甘卓的来信，随即派参军高宝领兵北上。武昌城内传言甘卓大军来了，众人都逃奔离散。

敦遣从母弟南蛮校尉魏乂、将军李恒帅甲卒二万攻长沙。长沙城池不完，资储又阙，人情震恐。或说谯王承，南投陶侃或退据零、桂。承曰："吾之起兵，志欲死于忠义，岂可贪生苟免，为奔败之将乎！事之不济，令百姓知吾心耳。"乃婴城固守。未几，虞望战死，甘卓欲留邓骞为参军，骞不可。卓乃遣参军虞冲与骞偕至长沙，遗谯王承书，劝之固守，当以兵出沔口，断敦归路，则湘围自解。承复书称："江左中兴，草创始尔，岂图恶逆萌自宠臣！吾以宗室受任，志在陨命；而至止尚浅，凡百茫然。足下能卷甲电赴，犹有所及；若其狐疑，则求我于枯鱼之肆矣。"卓不能从。

【译文】 王敦派遣姨表弟南蛮校尉魏乂、将军李恒，率领二万披甲的战士攻打长沙。长沙城池不坚固，粮食储蓄又不足，人心惊慌。有人劝说谯王司马承，向南投靠陶侃或者退守零陵、桂阳。司马承说："我起兵时，立志为忠义而死，岂能贪图活命，苟且偷生，成为逃跑的将领呢？事情不能成功，也要使百姓知道我的心意。"于是环绕城池，严密防守。没过多久，虞望战死。甘卓想留下邓骞担任参军，邓骞不答应。甘卓于是派遣参军虞冲和邓骞一同到长沙，写信给谯王司马承，劝他严密防守，自己将派兵到沔口，断绝王敦后撤的道路，湘州的围困就自然解除了。司马承回信说："晋国在江东复兴，才刚刚开始，哪里料到邪恶的叛逆出自宠信的臣子中？我作为宗室成员接受任命，志在为国效命；可是到任时还很短，一切都没有头绪。您如能率军迅速进发，还来得及救援；如果犹豫，就只有到枯鱼铺子里找我了。"甘卓没有听从。

二月，甲午，封皇子昱为琅邪王。

后赵王勒立子弘为世子。遣中山公虎将精卒四万击徐龛。龛坚守不战，虎筑长围守之。

赵主曜自将击杨难敌，难敌逆战，不胜，退保仇池。仇池诸氐、羌及故晋王保将杨韬、陇西太守梁勋皆降于曜。曜迁陇西万馀户于长安，进攻仇池。会军中大疫，曜亦得疾，将引兵还；恐难敌蹑其后，乃遣光国中郎将王犷说难敌，谕以祸福，难敌遣使称藩。曜以难敌为假黄钺，都督益、宁、南秦、凉、梁、巴六州、陇上、西域诸军事，上大将军、益、宁、南秦三州牧、武都王。

【译文】 二月，甲午日（初十），元帝司马睿封皇子司马昱为琅邪王。

后赵王石勒立儿子石弘为世子。派遣中山公石虎统率精兵四万人攻击徐龛。徐龛坚守不出战，石虎筑起长长的围墙与之相持。

前赵君主刘曜亲自率军攻打杨难敌，杨难敌迎击，不能取胜，退守到仇池。仇池各氐、羌部落以及从前晋王司马保的将领杨韬、陇西太守梁勋，都向刘曜投降。刘曜把陇西一万多户百姓迁到长安，进军攻打仇池。正巧军中发生大瘟疫，刘曜也得了病，将要率军返回；恐怕杨难敌跟在后面追击，于是派遣光国中郎将王犷游说杨难敌，用祸福利害开导他，杨难敌派遣使者表示愿为臣属。刘曜委任杨难敌为假黄钺，都督益、宁、南秦、凉、梁、巴六州及陇上、西域诸军事，上大将军，益、宁、南秦三州牧，武都王。

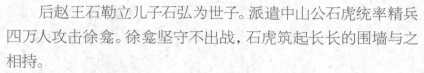

秦州刺史陈安求朝于曜，曜辞以疾。安怒，以为曜已卒，大掠而归。曜疾甚，乘马舆而还。使其将呼延寔监辎重于后，安邀击，获之，谓寔曰："刘曜已死，子尚谁佐！吾当与子共定大业。"寔叱之曰："汝受人宠禄而叛之，自视智能何如主上？吾见汝不日枭首于上邽市，何谓大业！宜速杀我！"安怒，杀之，以寔长史鲁凭为参军。安遣其弟集帅骑三万追曜，卫将军呼延瑜逆击，斩之。安乃还上邽，遣将袭汧城，拔之。陇上氐、羌皆附于安，有众十馀万，自称大都督、假黄钺、大将军、雍、凉、秦、梁四州牧、凉王，以赵募为相国。鲁凭对安大哭曰："吾不忍见陈安之死也！"安怒，命斩之。凭曰："死自吾分，悬吾头于上邽市，观赵之斩陈安也！"遂杀之。曜闻之，恸哭曰："贤人，民之望也。陈安于求贤之秋而多杀贤者，吾知其无所为也。"

【译文】 秦州刺史陈安请求朝见前赵主刘曜，刘曜因病推辞不见。陈安发怒，以为刘曜已死，纵兵大肆劫掠后返回。刘曜病情严重，只能乘坐马车返回。前赵主刘曜派部将呼延寔随后监护辎重，陈安在半路截击，抓获了呼延寔，对他说："刘曜已经死了，你还辅佐谁呢？我将和你共创大业。"呼延寔叱骂说："你接受前赵主的宠爱、俸禄却又背叛他，自己瞧瞧你的智能哪点比得上主上刘曜？我看你的首级不久将会悬挂在上邽的街市上示众，还谈什么大业？你应该快快杀了我！"陈安发怒，杀死呼延寔，让呼延寔的长史鲁凭当参军。陈安派遣他的弟弟陈集率领三万骑兵追击刘曜，卫将军呼延瑜迎击，杀了陈集。陈安于是回到上邽，派遣将领袭击汧城，攻下来了。陇上的氐人、羌人都归附陈安，陈安拥有部众十多万人，自称为大都督，假黄钺，大将军，雍、凉、秦、梁四州牧，凉王，委派赵募担任相国。鲁凭对陈安大声哭着说："我不忍心看到陈安的死！"陈安发怒，下令杀死他。鲁凭说："死是我的本分，请把我的头悬挂在上邽街市，观看前赵国如何处决陈安！"陈安于是杀了他。前赵主刘曜听说后，悲恸地哭泣说："贤明的人，是人民所仰望的。陈安在谋求贤人的时刻，杀死一些贤明的人，我知道他是没有什么作为的。"

休屠王石武以桑城降赵，赵以武为秦州刺史，封酒泉王。

帝徵戴渊、刘隗入卫建康。隗至，百官迎于道，隗岸帻大言，意气自若。及入见，与刁协劝帝尽诛王氏；帝不许，隗始有惧色。

司空导帅其从弟中领军邃、左卫将军廙、侍中侃、彬及诸宗族二十馀人，每旦诣台待罪。周顗将入，导呼之曰："伯仁，以百口累卿！"顗直入不顾。既见帝，言导忠诚，申救甚至；帝纳其言。顗喜饮酒，至醉而出，导犹在门，又呼之。顗不与言，顾左右曰："今年杀诸贼奴，取金印如斗大，系肘后。"既出，又上表明导无罪，言甚切至。导不之知，甚恨之。

【译文】休屠王石武献出桑城，投降后赵国，后赵国委派石武担任秦州刺史，封他为酒泉王。

元帝司马睿征召戴渊、刘隗回朝，保卫建康。刘隗到达，文武官员在道路上迎接，刘隗推起头巾，露出前额，高谈阔论，神色自若。等到入宫晋见元帝司马睿，和刁协一起劝元帝把王氏家族的人全部诛杀；元帝不同意，刘隗开始露出恐惧的神色。

司空王导率领堂弟中领军王邃、左卫将军王廙、侍中王侃、王彬以及各宗族子弟二十多人，每天清晨到朝廷等候定罪。周顗将进宫，王导叫他说："周伯仁，我把家族中一百多口人的性命托付给你了！"周顗径直入宫，头也不回一下。见到晋元帝后，称说王导忠心诚实，极力地营救；晋元帝听取了他的意见。周顗喜欢饮酒，直到喝醉了才出宫，王导还在门口，又叫唤他。周顗不同他讲话，回头对身边的人说："今年要杀掉那些叛贼，换取斗大的金印，系在胳膊肘后面。"出来后，又上奏章说明王导没有罪过，言辞十分恳切周到。王导不知道这些内情，非常憎恨他。

帝命还导朝服，召见之。导稽首曰："逆臣贼子，何代无之，不意今者近出臣族！"帝跣而执其手曰："茂弘，方寄卿以百里之命，是何言邪！"

三月，以导为前锋大都督，加戴渊骠骑将军。诏曰："导以大义灭亲，可以吾为安东时节假之。"以周顗为尚书左仆射，王邃为右仆射。帝遣王廙往谕止敦；敦不从而留之，廙更为敦用。征虏将军周札，素矜险好利，帝以为右将军、都督石头诸军事。敦将至，帝使刘隗军金城，札守石头，帝亲被甲徇师于郊外。以甘卓为镇南大将军、侍中、都督荆、梁二州诸军事，陶侃领江州刺史；使各帅所统以蹑敦后。

【译文】晋元帝令人把朝服送还王导，召王导进见。王导跪拜叩首至地说："叛臣贼子，哪一个朝代没有，想不到现在出在我的宗族之中！"元帝来不及穿鞋，赤脚拉着他的手说："王茂弘，我正要把朝廷政务交给你，你这是说的什么话！"

三月，晋元帝司马睿任命王导为前锋大都督，授予戴渊骠骑将军。元帝下诏说："王导为大义灭亲，可以把我任安东将军时的符节交给他。"又任命周顗为尚书左仆射，王邃为尚书右仆射。晋元帝司马睿派遣王廙前去开导、劝阻王敦；王敦不听从，留下了王廙。王廙又为王敦所任用。征虏将军周札，一向傲慢阴险，贪图私利，元帝任命他为右将军、都督石头诸军事。王敦将要到来，元帝命令刘隗驻扎在金城，周札守卫石头城，元帝亲自穿上铠甲，到郊外巡视军队。委派甘卓担任镇南大将军、侍中、都督荆梁二州诸军事，陶侃兼任江州刺史；让他们各自率领所部跟随在王敦的军队之后。

敦至石头，欲攻刘隗。杜弘言于敦曰："刘隗死士众多，未易可克，不如攻石头。周札少恩，兵不为用，攻之必败，札败则隗自走矣。"敦从之，以弘为前锋，攻石头，札果开门纳弘。敦据石头。叹曰:"吾不复得为盛德事矣!"谢鲲曰:"何为其然也!但使自今已往,日忘日去耳。"

帝命刁协、刘隗、戴渊帅众攻石头,王导、周顗、郭逸、虞潭等三道出战,协等兵皆大败。太子绍闻之,欲自帅将士决战;升车将出,中庶子温峤执鞚谏曰:"殿下国之储副,奈何以身轻天下!"抽剑斩鞅,乃止。

敦拥兵不朝,放士卒劫掠,宫省奔散,惟安东将军刘超按兵直卫,及侍中二人侍帝侧。帝脱戎衣,着朝服,顾而言曰:"欲得我处,当早言!何至害民如此!"又遣使谓敦曰:"公若不忘本朝,于此息兵,则天下尚可共安;如其不然,朕当归琅邪以避贤路。"

【译文】 王敦到达石头城,想攻打刘隗。杜弘向王敦建议说:"刘隗手下不怕死的士兵众多,不容易战胜,不如进攻石头城。周札对人缺少恩泽,士兵都不愿为他效力,一旦遭攻击必然败走,周札兵败则刘隗自己就会逃走。"王敦听从了他的意见,委派杜弘充当前锋,攻打石头城,周札果然打开城门,接纳杜弘。王敦占据石头城,叹息说:"我不能再做出有大德的事情了!"谢鲲说:"为什么要到这个地步呢?只要从今以后,日复一日地忘掉过去的事就行了。"

元帝司马睿令刁协、刘隗、戴渊率领兵众进攻石头城,王导、周顗、郭逸、虞潭等分三路出击,刁协等人的军队都大败。太子司马绍听说以后,打算自己率领将士与敌人决战;太子坐上军车正要出发,中庶子温峤抓住带嚼子的马笼头劝谏说:"殿下是国家君位的继承人,怎么能逞一己之快,轻弃天下而不顾!"抽出剑斩断马笼头,司马绍这才罢休。

王敦聚集军队,不去朝见天子,放纵士兵抢劫掳掠,宫廷和官府的要员逃散一空,只有安东将军刘超控制住军队,入宫守卫，和侍中两个人在晋元帝身边侍奉。晋元帝脱下军服，穿上朝时的服装，环视周围后说："想得到我的位置，应该早点讲！为什么把民众害到这步田地？"又派遣使者对王敦说："您如果不忘记朝廷，就从此停止战斗，天下还可以相安无事；如果不能这样，我应当回到琅邪给贤明的人让路。"

刁协、刘隗既败，俱入宫，见帝于太极东阶。帝执协、隗手，流涕呜咽，劝令避祸。协曰："臣当守死，不敢有贰。"帝曰："今事逼矣，安可不行！"乃令给协、隗人马，使自为计。协老，不堪骑乘，素无恩纪，募从者，皆委之，行至江乘，为人所杀，送首于敦。隗奔后赵，官至太子太傅而卒。

帝令公卿百官诣石头见敦，敦谓戴渊曰："前日之战，有馀力乎？"渊曰："岂敢有馀，但力不足耳！"敦曰："吾今此举，天下以为何如？"渊曰："见形者谓之逆，体诚者谓之忠。"敦笑曰："卿可谓能言。"又谓周𫖮曰："伯仁，卿负我！"𫖮曰："公戎车犯顺，下官亲帅六军，不能其事，使王旅奔败，以此负公。"

辛未，大赦。以敦为丞相、都督中外诸军、录尚书事、江州牧，封武昌郡公；并让不受。

【译文】 刁协、刘隗失败后，一道进宫，在太极殿的东面台阶上晋见元帝。元帝握住刁协、刘隗的手，流着眼泪，悲痛地哭泣，劝说他们躲避祸患。刁协说："我应该守在这里等死，不敢有二心。"元帝说："现在情况紧迫，怎么能不离开？"于是下令，给刁协、刘隗调拨人马，让他们各自想办法。刁协年纪大，受不了骑马时的颠簸，因他一向没有恩惠和纪律，招募随从的人，都抛弃他而逃走了，行进到江乘，被人杀死，首级送给了王敦。刘隗逃奔到后赵，官位升到太子太傅时去世。

元帝司马睿命令百官公卿到石头城拜见王敦，王敦对戴渊说："前日的交战，还有剩余的力量吗？"戴渊说："岂敢留有余力，只是力量不足罢了！"王敦说："我现在这样的举动，天下人会怎么看？"戴渊说："只看到表象的人说是叛逆，体会诚心的人说是忠贞。"王敦笑着说："您可以称得上会说话了。"王敦又对周顗说："周伯仁，您辜负了我！"周顗说："您依仗武力违背顺上的道德，我亲自统率六军，不能胜任，致使君王的军队战败奔逃，这就是我辜负您的地方。"

辛未日（十八日），元帝司马睿大赦天下。元帝委派王敦担任丞相、都督中外诸军、录尚书事、江州牧，封为武昌郡公；王敦都推辞不肯接受。

初，西都覆没，四方皆劝进于帝。敦欲专国政，忌帝年长难制，欲更议所立，王导不从。及敦克建康，谓导曰："不用吾言，几至覆族。"

敦以太子有勇略，为朝野所向，欲诬以不孝而废之。大会百官，问温峤曰："皇太子以何德称？"声色俱厉。峤曰："钩深致远，盖非浅局所量；以礼观之，可谓孝矣。"众皆以为信然，敦谋遂沮。

【译文】 当初，西晋都城覆没，四方人士都劝琅琊王司马睿即帝位。王敦想把持国政，怕琅琊王年龄较大，难以控制，想另行商议立君的人选，王导不同意。等到王敦攻克建康，对王导说："不遵从我的意见，几乎全族覆灭。"

王敦因太子有勇气谋略，为朝野人士所归向，想用不孝的罪名加以诬陷，从而废掉他。于是召集文武官员，问温峤说："皇太子有什么值得称颂的德行？"说话的声音和脸色都极为严厉。温峤说:"探索事物的隐秘内情或深邃义理,不是浅薄的人所能估量的;从礼法的观点来看,可以说是孝顺的了。"众人都认为的确如此,王敦的阴谋因此而停止。

　　帝召周顗于广室,谓之曰:"近日大事,二宫无恙,诸人平安,大将军固副所望邪?"顗曰:"二宫自如明诏,臣等尚未可知。"护军长史郝嘏等劝顗避敦,顗曰:"吾备位大臣,朝廷丧败,宁可复草间求活,外投胡、越邪!"敦参军吕猗,尝为台郎,性奸谄,戴渊为尚书,恶之。猗说敦曰:"周顗、戴渊,皆有高名,足以惑众,近者之言曾无怍色,公不除之,恐必有再举之忧。"敦素忌二人之才,心颇然之,从容问王导曰:"周、戴南北之望,当登三司无疑也。"导不答。又曰:"若不三司,止应令仆邪?"又不答。敦曰:"若不尔,正当诛尔!"又不答。丙子,敦遣部将陈郡邓岳收顗及渊。先是,敦谓谢鲲曰:"吾当以周伯仁为尚书令,戴若思为仆射。"是日,又问鲲:"近来人情何如?"鲲曰:"明公之举,虽欲大存社稷,然悠悠之言实未达高义。若果能举用周、戴,则群情贴然矣!"敦怒曰:"君粗疏邪!二子不相当,吾已收之矣!"鲲愕然自失。参军王峤曰:"'济济多士,文王以宁。'奈何戮诸名士!"敦大怒,欲斩峤,众莫敢言。鲲曰:"明公举大事,不戮一人。峤以献替忤旨,便以衅鼓,不亦过乎!"敦乃释之,黜为领军长史。峤,浑之族孙也。

　　【译文】 元帝在广室召见周顗,对他说:"近来发生的大事,二宫未受伤害,大家平安,这是否表明大将军王敦本来就符合众望呢?"周顗说:"二宫的情况,固然与陛下所说的相符,至于我们这些人的遭遇怎样,现在还未可知。"护军长史郝嘏等人劝周𫖮避让王敦，周𫖮说："我既然担任大臣的职位，眼见朝廷衰败，难道还能再蛰伏草野中求活命，出外投奔胡人、越人吗？"王敦的参军吕猗，曾经做过尚书郎，为人奸猾谄谀，戴渊当时任尚书，憎恶他的为人。吕猗劝说王敦道："周𫖮、戴渊都有很高的名望，足以蛊惑士众，近来的言谈又毫无惭愧的意思，您不除去他们，恐怕将来必定会有重新举兵讨伐的忧患。"王敦素来忌妒他们二人的才能，心中颇以为然，不动声色地询问王导说："周𫖮、戴渊，分别著称于北方和南方，应当升任三公之位是无疑的了。"王导不置可否。王敦又说："如果不用为三公，只让他们担任令或仆射的职位如何？"王导又不回答。王敦说："如果不是这样，正该诛戮他们！"王导还是不回答。丙子日（二十三日），王敦派遣部将陈郡人邓岳拘捕周𫖮和戴渊。此前，王敦对谢鲲说："我将任用周𫖮为尚书令，任戴渊为仆射。"这天，王敦又问谢鲲说："近来民情如何？"谢鲲说："您的举动，虽然是想保全国家社稷，但民间的议论却认为不合大义。如果真能举用周𫖮和戴渊，那么民众的心情就熨帖平静了！"王敦发怒说："你太粗疏不察了！这二人名实不相称，我已经收捕他们了。"谢鲲受惊自失。参军王峤说："'济济一堂人才多，文王安宁国富强'，怎么能诛戮诸位名士呢？"王敦勃然大怒，要将王峤斩首，众人中没有谁敢出言相救。谢鲲说："您图谋大业，不屠戮一个人。现在王峤因陈献违背意旨，便要杀戮，不也太过分了吗？"王敦这才放了王峤，贬职为领军长史。王峤是王浑的族孙。

【申涵煜评】导三不答而周戴死，其通谋于敦显然矣。敦势方盛，则挟威害人，知其将败，则发丧避祸，皆是其首鼠两端处此。

王阳明所以假郭璞之梦而发其奸也。

【译文】 王导因为没有回答（王敦）的三个问题，周顗、戴若思因此而死，显然这是王导和王敦的计谋而已。王敦此时势力刚刚强盛起来，就以权威要挟害人，王导知道王敦终将失败，就率领众子弟为王敦发丧借此避祸，由此可见他是一个犹豫不决的人。（因此）王阳明假借郭璞做的梦来揭发他的奸行。

顗被收，路经太庙，大言曰："贼臣王敦，倾覆社稷，枉杀忠臣。神祇有灵，当速杀之！"收人以戟伤其口，血流至踵，容止自若，观者皆为流涕。并戴渊杀之于石头南门之外。

帝使侍中王彬劳敦。彬素与顗善，先往哭顗，然后见敦。敦怪其容惨，问之。彬曰："向哭伯仁，情不能已。"敦怒曰："伯仁自致刑戮；且凡人遇汝，汝何哀而哭之？"彬曰："伯仁长者，兄之亲友；在朝虽无謇愕，亦非阿党，而赦后加之极刑，所以伤恸也。"因勃然数敦曰："兄抗旌犯顺，杀戮忠良，图为不轨，祸及门户矣！"辞气慷慨，声泪俱下。敦大怒，厉声曰："尔狂悖乃至此，以吾为不能杀汝邪！"时王导在坐，为之惧，劝彬起谢。彬曰："脚痛不能拜；且此复何谢！"敦曰："脚痛孰若颈痛？"彬殊无惧容，竟不肯拜。

王导后料检中书故事，乃见顗救己之表，执之流涕曰："吾虽不杀伯仁，伯仁由我而死，幽冥之中，负此良友！"

沈充拔吴国，杀内史张茂。

【译文】 周顗被逮捕，路过太庙，大声说："贼臣王敦，颠覆国家，冤杀忠臣。神明如果有灵，应当赶快杀掉王敦！"逮捕的人用戟戳伤他的口，鲜血流到脚跟上，他神态镇定自若，观看

资治通鉴

的人都为他流下眼泪。他和戴渊一起被杀死于石头城南门外。

元帝司马睿命令侍中王彬慰劳王敦，王彬一向和周顗友善，首先前去吊唁周顗，然后才去见王敦。王敦对他的面容悲惨感到奇怪，询问他。王彬说："刚才哭了周伯仁，情绪不能控制。"王敦发怒说："周伯仁自己招致杀戮；而且他把你作为普通人对待，你为什么悲哀地为他哭泣？"王彬说："周伯仁是个忠厚长者，是兄长的亲朋好友；在朝廷里虽然没有正直敢言，也不是阿谀奉承的人，兄长却在赦免后对他处以死刑，所以我为他悲伤惋惜。"因而发怒变色，指责王敦说："兄长起兵，违反正直，杀害忠臣义士，图谋反叛，就要降祸给家族了！"言辞慷慨，边诉说边哭泣。王敦大怒，声色严厉地说："你竟然如此狂妄荒谬，以为我不能杀你吗？"当时王导在座，替王彬担心，劝王彬起身道歉。王彬说："我脚痛不能叩拜，况且这事又有什么要道歉的？"王敦说："脚痛与脖子痛，哪个更厉害？"王彬没有一点畏惧的样子，终究不肯叩拜。

王导后来清理中书省的旧有档案，才见到周顗救护自己的上表，拿着流下了眼泪说："我虽没杀周伯仁，伯仁是因我而死，身处幽冥，我辜负了这样的好友！"

沈充攻下吴国，杀死内史张茂。

初，王敦闻甘卓起兵，大惧。卓兄子印为敦参军，敦使印归卓曰："君此自是臣节，不相责也。吾家计急，不得不尔。想便旋军襄阳，当更结好。"卓虽慕忠义，性多疑少决，军于豬口，欲待诸方同出军，稽留累旬不前。敦既得建康。乃遣台使以驺虞幡驻卓军。卓闻周顗、戴渊死，流涕谓印曰："吾之所忧，正为今日。且使圣上元吉，太子无恙，吾临敦上流，亦未敢遽危社稷。适吾径据武昌，敦势逼，必劫天子以绝四海之望，不如还襄阳，更思后图。"即命旋军。都尉秦康与乐道融说卓曰："今分兵断彭泽，使敦上下不得相赴，其众自然离散，可一战擒也。将军起义兵而中止，窃为将军不取。且将军之下，士卒各求其利，欲求西还，亦恐不可得也。"卓不从。道融昼夜泣谏，卓不听；道融忧愤而卒。卓性本宽和，忽更强塞，径还襄阳，意气骚扰，举动失常，识者知其将死矣。

【译文】起初，王敦听说甘卓起兵，大为恐惧。甘卓兄长之子甘卬是王敦的参军，王敦派甘卬回去游说甘卓说："您这么做自然是臣子的节义，我不责怪你。但我们王家没有更好的办法，不得不这样做。希望你这就回军至襄阳，我将与你重新交好。"甘卓虽然仰慕忠义之事，但性格多疑，缺少决断，驻军于猪口，想等待各方共同出兵，稽留数十天，驻足不前。王敦占领建康以后，便派遣朝廷使者传送饰有驺虞（传说中的仁兽）图案的旗帜给甘卓，让他的军队不要前进。甘卓听说周𫖮、戴渊死了，流着眼泪对甘卬说："我所忧虑的，正是今天这种情况。只要圣上平安，太子没有灾祸，我处在王敦的上游，他也不敢猝然危害国家。假使我径直占据武昌，王敦受形势逼迫，必定劫持天子，来断绝天下的愿望，不如回到襄阳，日后再作打算。"于是下令退兵。都尉秦康和乐道融劝甘卓说："现在分兵截断彭泽湖口，让王敦上下不能相救，他的部众就自然溃散，可以一次战斗就擒获他。将军发起义兵，却中途停止，私下里为将军感到太失策。而且将军手下，士兵各自想求得利益，就是想回到西边，也恐怕办不到。"甘卓不听从他的话。乐道融昼夜哭泣规劝，甘卓不采纳；乐道融因忧虑气愤而去世了。甘卓本来性情宽厚温顺，突然变得强横固执，径直回到襄阳，仍然情绪浮躁不安，行动失去常态，有见识的人都知道他就要死了。

王敦以西阳王羕为太宰，加王导尚书令，王廙为荆州刺史；改易百官及诸军镇，转徙黜免者以百数；或朝行暮改，惟意所欲。敦将还武昌，谢鲲言于敦曰："公至都以来，称疾不朝，是以虽建勋而人心实有未达。今若朝天子，使君臣释然，则物情皆悦服矣。"敦曰："君能保无变乎？"对曰："鲲近日入觐，主上侧席，迟得见公，宫省穆然，必无虞也。公若入朝，鲲请侍从。"敦勃然曰："正复杀君等数百人，亦复何损于时！"竟不朝而去。夏，四月，敦还武昌。

【译文】王敦委派西阳王司马羕任太宰，加授王导为尚书令，王廙为荆州刺史；改换文武官员和各地军事长官，贬降和罢免的以百计数；有的早上决定晚上又改动，一切都随心所欲。王敦将要回武昌，谢鲲对王敦说："您到京城建康以来，声称有病不入朝晋见，所以虽然建立了功勋，人们心里还有不明白的。现在如果朝见天子，使君臣间的芥蒂化解，那么民心就都会心悦诚服了。"王敦说："你能保证没有变故吗？"谢鲲回答说："我近日入宫晋见，主上侧身而坐，希望能见到您，宫廷中一片和睦，一定不会出意外的事故的。您如果入宫朝见，我请求跟随。"王敦发怒变色说："即使把你这种人再杀掉几百，对时局又有什么损失？"终究不朝见就离开了。夏季，四月，王敦回到武昌。

【乾隆御批】元帝劝隗等避祸，其庸懦固不足言。而隗等竟自奔避，是尚有人心乎？戴渊数语，所谓廉耻丧尽，终亦无救于死。独周顗侃侃正论，足令隗等靦魄。

【译文】晋元帝劝刘隗等人自去避害，真是庸懦无能，不值一提。

可是刘隗等人竟然真的扔下皇帝外逃避祸，这样的人还有人心吗？戴渊回答王敦的几句话，可以说是连廉耻都完全丧失了，但最终还是没有逃脱被杀的结局。唯独周顗从容不迫、理直气壮的一番正确言论，完全可以让刘隗等人丧胆落魄。

【乾隆御批】始以不救而恨，继知申救而悔，王导肝膈无非曲为身谋。而其时逆敦向阙，竟面颜俯仰，且王彬尚持正论，而导竟无一言。是导纵未必欲藉敦危晋，而因敦以除周、戴、刘、刁诸人，公怀大略可睹。且观其后与王含书，尤不辨自明矣。庾亮大奸之目，故非刻论，史官乃称其任真推分，犹得谓直笔耶？

【译文】　王导开始因为周顗不救而恨他，后来知道周顗曾经救他，但被王敦杀害而后悔，王导的本心不过还是为了自己。而那时背叛王敦向朝廷投降，王导竟厚着脸皮去俯首听命，何况王彬还主持正论，而王导竟然没有一句话。这说明就算是王导不一定要借用王敦的力量来危害晋朝，而凭借王敦的力量来铲除周顗、戴渊、刘隗、刁协等人，这用心大体上是可以看到的。再看他后来给王含的信，更是不用分析自己就明白了。庾亮把他看作非常奸诈狡猾之人，并不是严苛的定论，史官却称赞他能听任自然安分守己，这还能算是直笔吗？

【乾隆御批】甘卓纵贼误国，非专为游说所动。盖初闻周、戴之死先已忘胆，是以隐忍不进耳。其言势逼恐劫天子，特自解，欺世之词。及至还襄阳，反为周虑所图，何如断彭泽，据武昌得建瓴之势乎。一跌不振，自贻伊戚，可为多疑无能为者炯鉴。

【译文】　甘卓纵贼误国，并不是仅仅被甘印的游说所劝动。因为刚听到周顗、戴渊被杀死已经吓破了胆，所以克制忍耐不敢进军。他说的担心天子被王敦逼迫的话，只是自求解脱，欺骗国人的话。等到退归襄阳，反而被周虑所杀，还不如阻断彭泽，占据武昌得到居高临下的有利形势好呢。一错再错，一蹶不振，自招忧患，可以给多疑无能之辈一个明显的鉴戒。

初，宜都内史天门周级闻谯王承起兵，使其兄子该潜诣长沙，申款于承。魏乂等攻湘州急，承遣该及从事邵陵周崎间出求救，皆为逻者所得。又使崎语城中，称大将军已克建康，甘卓还襄阳，外援理绝。崎伪许之，既至城下，大呼曰："援兵寻至，努力坚守！"乂杀之。又考该至死，竟不言其故，周级由是获免。

乂等攻战日逼，敦又送所得台中人书疏，令乂射以示承。城中知朝廷不守，莫不怅愧。相持且百日，刘翼战死，士卒死伤相枕。癸巳，乂拔长沙，承等皆被执。乂将杀虞悝，子弟对之号泣。悝曰："人生会当有死，今阖门为忠义之鬼，亦复何恨！"

【译文】 起初，宜都内史、天门郡人周级听说谯王司马承起兵，让自己兄长的儿子周该潜入长沙，向司马承效忠。魏乂等人攻打长沙，情况紧急，司马承派遣周该和从事邵陵人周崎，从小路出城请求救援，都被巡逻的人所抓获。魏乂命令周崎向城中喊话，称说大将军王敦已经攻下建康，甘卓回到了襄阳，外援势必断绝。周崎假装答应下来，到了城下，大声呼喊说："援军马上就要到来，要努力坚守！"魏乂杀了他。魏乂苦刑拷打周该，直到死去，始终不透露到长沙的原因，周级因而得以保全。

魏乂等人攻战日紧，王敦又送来得到的朝廷官员的信件，命令魏乂射进城中给司马承观看。城中人知道朝廷失守，没有谁不惆怅愧惜。相互对峙近一百天，刘翼阵亡，士兵死者一个接着一个。癸巳日（初十日），魏乂攻下长沙，司马承等人都被俘获。魏乂将要杀死虞悝，子弟们对着虞悝号啕大哭。虞悝说："人生该当有一死，现在我满门都是忠义之鬼，又有什么遗憾！"

又以槛车载承及易雄送武昌，佐吏皆奔散，惟主簿桓雄、西曹书佐韩阶、从事武延，毁服为僮，从承，不离左右。又见桓雄姿貌举止非凡人，惮而杀之；韩阶、武延执志愈固。荆州刺史王廙承敦旨，杀承于道中，阶、延送承丧至都，葬之而去。易雄至武昌，意气忼慨，曾无惧容。敦遣人以檄示雄而数之，雄曰："此实有之，惜雄位微力弱，不能救国难耳。今日之死，固所愿也。"敦惮其辞正，释之，遣就舍。众人皆贺之，雄笑曰："吾安得生！"既而敦遣人潜杀之。

魏乂求邓骞甚急，乡人皆为之惧，骞笑曰："此欲用我耳，彼新得州，多杀忠良，故求我以厌人望也。"乃往诣乂。乂喜曰："君，古之解扬也。"以为别驾。

诏以陶侃领湘州刺史；王敦上侃复还广州，加散骑常侍。

【译文】魏乂用槛车载着司马承和易雄押送去武昌，司马承手下的佐吏大多逃奔离散，只有主簿桓雄、西曹书佐韩阶、从事武延三人，毁去官服，充当僮仆追随司马承，不离左右。魏乂见到桓雄的面貌举动，不像个普通的人，心中害怕，就杀了他。韩阶、武延怀有的志向，更为坚定。荆州刺史王廙秉承王敦的旨意，在途中杀了司马承，韩阶、武延把司马承的尸首送到京城建康，安葬后才离开。易雄到了武昌，意气高昂，竟然没有丝毫的畏惧。王敦派人把易雄发布的檄文拿给他本人看，对他加以斥责，易雄说："这事是确实有的，可惜我地位低微、力量薄弱，不能解救国家危难。今日丧命，本来是我所愿望的。"王敦害怕他正义的言辞，释放了他，遣送他回到馆舍。众人都来称贺，易雄笑着说："王敦怎能容我活下去？"不久王敦派人将易雄暗杀。

魏乂寻找邓骞十分急迫，乡人们都为邓骞担心，邓骞笑着说："这是想任用我而已，魏乂刚刚得到本州，杀了很多忠臣义士，所以寻找我来满足民众的愿望。"于是前往魏乂那里。魏乂高兴地说："你是古代的解扬式的人物。"任命邓骞为别驾。

元帝司马睿下诏让陶侃兼领湘州刺史职；王敦上书，又让陶侃返回广州，授予散骑常侍。

【申涵煜评】承出镇长沙，自期必死，城陷被执，卒以身殉，力不足而志甚可怜。至桓雄、韩阶、武延等，死不离主，葬而后去，田叔、孟舒之风，于兹复见矣。

【译文】谯王司马承出关镇守长沙，知道自己是死路一条，城中被攻陷，司马承被捕，最后以身殉国，他的力量衰微，志气也令人感到可怜同情。至于桓雄、韩阶、武延等人，至死不背离主子，为主子守孝后才离去。田叔、孟舒的风范，在他们身上又能看见了。

甲午，前赵羊后卒，谥曰献文。

甘卓家人皆劝卓备王敦，卓不从，悉散兵佃作，闻谏，辄怒。襄阳太守周虑密承敦意，诈言湖中多鱼，劝卓遣左右悉出捕鱼。五月，乙亥，虑引兵袭卓于寝室，杀之，传首于敦，并杀其诸子。敦以从事中郎周抚督沔北诸军事，代卓镇沔中。抚，访之子也。

敦既得志，暴慢滋甚，四方贡献多入其府，将相岳牧皆出其门。以沈充、钱凤为谋主，唯二人之言是从，所谮无不死者。以诸葛瑶、邓岳、周抚、李恒、谢雍为爪牙。充等并凶险骄恣，大起营府，侵人田宅，剽掠市道，识者咸知其将败焉。

【译文】甲午日（十一日），前赵国羊皇后去世，谥号为献文。

甘卓家里的人都劝甘卓防备王敦，甘卓不听从，把兵士全

部分散, 去从事耕作, 听到规劝, 就要发怒。襄阳太守周虑秘密
秉承王敦的旨意, 假称湖中鱼很多, 劝甘卓派遣左右侍卫全部
出去捕鱼。五月, 乙亥日 (二十三日), 周虑带领兵士在寝室里对
甘卓进行袭击, 杀了他, 把他的首级传送给王敦, 并杀了甘卓的
几个儿子。王敦委派从事中郎周抚统领沔水以北一切军务, 代替
甘卓镇守沔中。周抚, 是周访的儿子。

资治通鉴

　　王敦实现志愿以后, 暴虐傲慢, 越发厉害, 各地的上贡物
品, 大多进了他的府内, 将领宰相、地方长官, 都出自他的门下。
以沈充、钱凤为主要谋士, 对二人言听计从, 他们所诬陷的人没
有不死的。以诸葛瑶、邓岳、周抚、李恒、谢雍为得力干将。沈充
等人都凶恶阴险、骄傲放肆, 大造府第, 侵夺他人的田地房舍,
在市场上巧取豪夺, 有见识的人都知道他们将要失败。

　　秋, 七月, 后赵中山公虎拔泰山, 执徐龛送襄国; 后赵王勒
盛之以囊, 于百尺楼上扑杀之, 命王伏都等妻子剐而食之, 坑其
降卒三千人。

　　兖州刺史郗鉴在邹山三年, 有众数万。战争不息, 百姓饥
馑, 掘野鼠、蛰燕而食之, 为后赵所逼, 退屯合肥。尚书右仆射
纪瞻, 以鉴雅望清德, 宜从容台阁, 上疏请徵之; 乃徵拜尚书。
徐、兖间诸坞多降于后赵, 后赵置守宰以抚之。

　　王敦自领宁、益二州都督。

　　冬, 十月, 己丑, 荆州刺史武陵康侯王廙卒。

　　【译文】秋季, 七月, 后赵的中山公石虎攻取泰山, 擒获徐
龛送往襄国。后赵王石勒把徐龛塞进袋中, 从百尺高楼上扔下
摔死, 又命令王伏都等人的妻子儿女割下徐龛身体上的肉吃
掉, 坑杀徐龛的降卒三千人。

兖州刺史郗鉴在邹山待了三年，拥有士众数万。因为当时争战不息，百姓饥馑难忍，以至挖掘田鼠和藏伏避寒的燕子作为食物，被后赵乘机进逼，郗鉴退守合肥。尚书右仆射纪瞻，认为郗鉴名望不错，道德高尚，应当在朝中施展才能，于是上疏请求征用他；元帝司马睿便征召郗鉴任尚书。徐州、兖州地区的坞堡大多投降后赵，后赵在当地设置官员加以抚慰。

王敦自己兼任宁、益二州都督。

冬季，十月，己丑日（初九日），荆州刺史武陵康侯王廙去世。

王敦以下邳内史王邃都督青、徐、幽、平四州诸军事，镇淮阴；卫将军王含都督沔南诸军事，领荆州刺史；武昌太守丹杨王谅为交州刺史。使谅收交州刺史脩湛、新昌太守梁硕杀之。谅诱湛，斩之。硕举兵围谅于龙编。

祖逖既卒，后越屡寇河南，拔襄城、城父，围谯。豫州刺史祖约不能御，退屯寿春。后赵遂取陈留，梁、郑之间复骚然矣。

十一月，以临颍元公荀组为太尉；辛酉，薨。

罢司徒，并丞相府。王敦以司徒官属为留府。

【译文】王敦委派下邳内史王邃统领青、徐、幽、平四州一切军务，镇守淮阴；卫将军王含统领沔水以南一切军务，兼任荆州刺史；武昌太守丹杨人王谅担任交州刺史。命令王谅逮捕交州刺史脩湛、新昌太守梁硕，杀掉他俩。王谅诱骗脩湛，杀了他。梁硕起兵，把王谅包围在龙编。

祖逖死后，后赵屡屡侵犯黄河以南，拔取襄城、城父，又围攻谯。豫州刺史祖约抵挡不住，退守寿春。后赵于是攻取了陈留，梁州、郑州地区的形势又变得动荡不安。

十一月，元帝司马睿委派临颍元公荀组担任太尉；辛酉日（十二日），荀组逝世。

元帝撤销司徒，职事并入丞相府中。王敦把司徒府改建成留府，司徒府原来的官员全纳进留府。

帝忧愤成疾，闰月，己丑，崩。司空王导受遗诏辅政。帝恭俭有馀而明断不足，故大业未复而祸乱内兴。庚寅，太子即皇帝位，大赦，尊所生母荀氏为建安君。

十二月，赵主曜葬其父母于粟邑，大赦。陵下周二里，上高百尺，计用六万夫，作之百日乃成。役者夜作，继以脂烛，民甚苦之。游子远谏，不听。

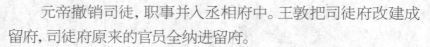

【译文】元帝司马睿因忧虑愤懑，导致疾病，闰月，己丑日（初十日），元帝驾崩。司空王导接受遗诏，辅佐朝政。晋元帝司马睿恭敬节俭有余，英明果断不足，所以大业还没恢复，祸乱就从内部爆发。庚申日（十一日），太子司马绍登上皇帝位，大赦天下，尊崇生母荀氏为建安君。

十二月，前赵国君主刘曜把他的父母安葬在粟邑，大赦。陵墓的下部，周围有二里长，上面的高度达到一百尺，共用了六万民工，修了一百天才完成。服役的人在夜间要点着灯火继续劳作，人民感到十分痛苦。游子远规劝刘曜，刘曜不采纳他的话。

后赵濮阳景侯张宾卒，后赵王勒哭之恸，曰："天不欲成吾事邪？何夺吾右侯之早也！"程遐代为右长史。遐，世子弘之舅也，勒每与遐议，有所不合，辄叹曰："右侯舍我去，乃令我与此辈共事，岂非酷乎！"因流涕弥日。

张茂使将军韩璞帅众取陇西、南安之地，置秦州。

慕容廆遣其世子皝袭段末杯，入令支，掠其居民千馀家而还。

【译文】 后赵国濮阳景侯张宾去世，后赵王石勒哭得很悲恸，说："上天不想成全我的事业吗？为什么这么早就夺走我的右侯？"程遐接替张宾担任右长史。程遐，是石勒的世子石弘的舅父，石勒每次同程遐商议国事，意见不相合，就叹息说："右侯张宾抛弃我离开了，竟使我同这种人共事，岂不是太残酷了吗？"因此整天流着眼泪。

张茂命令将军韩璞率领军队攻取陇西、南安的土地，设置秦州。

慕容廆派遣他的世子慕容皝袭击段末杯，进入令支县，掳掠那里的一千多家居民后才返回。

【申涵煜评】君臣际遇在偏安中，如石勒、张宾、苻坚、王猛，皆古今未易多观者，至于王敦之钱凤、侯景之王伟杰之犬耳，何足齿焉。

【译文】 君主和臣子在偏安一隅时的际遇，比如石勒和张宾、苻坚和王猛这类，从古至今很少有如此的，至于说王敦和钱凤，侯景和王伟杰这类犬辈，不值得一提。

肃宗明皇帝上

太宁元年（癸未，公元三二三年）春，正月，成李骧、任回寇台登，将军司马玖战死，越巂太守李钊、汉嘉太守王载皆以郡降于成。

二月，庚戌，葬元帝于建平陵。

三月，戊寅朔，改元。

饶安、东光、安陵三县灾，烧七千馀家，死者万五千人。

后赵寇彭城、下邳，徐州刺史卞敦与征北将军王邃退保盱眙。敦，壸之从父兄也。

王敦谋篡位，讽朝廷徵己；帝手诏徵之。夏，四月，加敦黄钺、班剑，奏事不名，入朝不趋，剑履上殿。敦移镇姑孰，屯于湖，以司空导为司徒，敦自领扬州牧。敦欲为逆，王彬谏之甚苦。敦变色，目左右，将收之。彬正色曰："君昔岁杀兄，今又杀弟邪！"敦乃止，以彬为豫章太守。

【译文】太宁元年（癸未，公元323年）春季，正月，成汉李骧、任回侵犯台登，将军司马玖战死，越巂太守李钊、汉嘉太守王载都献出本郡投降成汉。

二月，庚戌日（初二日），把元帝司马睿安葬在建平陵。

三月，戊寅朔日（初一日），改年号太宁。

饶安、东光、安陵三县发生火灾，烧毁七千多家，死了一万五千人。

后赵侵犯彭城、下邳，徐州刺史卞敦和征北将军王邃退守盱眙。卞敦是卞壸的堂兄。

王敦阴谋篡夺帝位，暗示朝廷征召自己；晋明帝司马绍亲手书写诏书征召他。夏季，四月，给王敦加授黄钺，赐予排列持剑勇士作仪仗，奏事时不称名，入宫朝见不必小步快走，上殿时可以带剑穿鞋。王敦迁往姑孰镇守，驻扎在于湖，委派司空王导担任司徒，王敦自己兼任扬州牧。王敦想作乱，王彬苦苦地规劝。王敦变了脸色，示意左右侍卫，将要逮捕他。王彬表情严肃地说："你往年杀了哥哥，现在又杀弟弟吗？"王敦这才停止，委

资治通鉴

派王彬担任豫章太守。

后赵王勒遣使结好于慕容廆，廆执送建康。

成李骧等进攻宁州，刺史褒中壮公王逊使将军姚岳等拒之，战于螳螂，成兵大败。岳追至泸水，成兵争济，溺死者千馀人。岳以道远，不敢济而还。逊以岳不穷追，大怒，鞭之，怒甚，冠裂而卒。逊在州十四年，威行殊俗，州人立其子坚行州府事。诏除坚宁州刺史。

广州刺史陶侃遣兵救交州；未至，梁硕拔龙编，夺刺史王谅节，谅不与，硕断其右臂。谅曰："死且不避，断臂何为！"逾旬而卒。

【译文】 后赵王石勒派遣使者，同慕容廆缔结友好关系，慕容廆拘捕使者，送到建康。

成国李骧等人进军攻打宁州，刺史褒中壮公王逊命令将军姚岳等人抵御，在螳螂交战，成国军队大败。姚岳追击到泸水，成国军队争相渡河，淹死了一千多人。姚岳因路途遥远，不敢渡河就返回了。王逊因姚岳不穷追猛打，大怒，用鞭子抽打，愤怒到了极点，头顶冲血，气绝身亡。王逊在宁州任职十四年，举动不同寻常。州中人士拥立他的儿子王坚代理州府事务，晋明帝司马绍王下诏任命王坚为宁州刺史。

广州刺史陶侃派兵救援交州，还未到达目的地，梁硕已攻取了龙编。梁硕抢夺刺史王谅的符节，王谅不给，梁硕砍断他的右臂。王谅说："我连死都不怕，砍断手臂又有什么用？"过了十来天后去世。

六月，壬子，立妃庾氏为皇后；以后兄中领军亮为中书监。

梁硕据交州，凶暴失众心。陶侃遣参军高宝攻硕，斩之。诏以侃领交州刺史，进号征南大将军、开府仪同三司。未几，吏部郎阮放求为交州刺史，许之。放行至宁浦，遇高宝，为宝设馔，伏兵杀之。宝兵击放，放走，得免，至州，少时，病卒。放，咸之族子也。

【译文】六月，壬子日（初六日），晋明帝司马绍立妃子庾氏为皇后；委派皇后的哥哥中领军庾亮担任中书监。

梁硕占据交州后，因为凶残暴虐失去民心。陶侃派遣参军高宝领军进攻梁硕，将他斩首。明帝司马绍下诏让陶侃兼任交州刺史，进封号为征南大将军，开府仪同三司。不久，吏部郎阮放请求出任交州刺史，获得明帝司马绍的同意。阮放行至宁浦，路遇高宝，为高宝设宴，暗伏甲士把高宝杀害。高宝手下士兵攻击阮放，阮放逃走，幸免于难。到达任所不久，因病而死。阮放是阮咸的同族子孙。

陈安围赵征西将军刘贡于南安，休屠王石武自桑城引兵趣上邽以救之，与贡合击安，大破之。安收馀骑八千，走保陇城。秋，七月，赵主曜自将围陇城，别遣兵围上邽。安频出战，辄败。右军将军刘干攻平襄，克之，陇上诸县悉降。安留其将杨伯支、姜冲儿守陇城，自帅精骑突围，出奔陕中。曜遣将军平先等追之。安左挥七尺大刀，右运丈八蛇矛，近则刀矛俱发，辄殪五六人，远则左右驰射而走。先亦勇捷如飞，与安搏战，三交，遂夺其蛇矛。会日暮雨甚，安弃马与左右匿于山中；赵兵索之，不知所在。明日，安遣其将石容觇赵兵，赵辅威将军呼延青人获之，拷问安所在，容卒不肯言，青人杀之。雨霁，青人寻其迹，获安于涧曲，斩之。安善抚将士，与同甘苦，及死，陇上人思之，为作

《壮士之歌》。杨伯支斩姜冲儿，以陇城降；别将宋亭斩赵募，以上邽降。曜徙秦州大姓杨、姜诸族二千馀户于长安。氐、羌皆送任请降；以赤亭羌酋姚弋仲为平西将军，封平襄公。

【译文】陈安在南安围困前赵的征西将军刘贡，休屠王石武从桑城率领军队由上邽赶来救援，和刘贡合击陈安，给予重创。陈安收拢残余骑兵八千人，败逃退守陇城。秋季，七月，前赵君主刘曜亲自率军包围陇城，另外派遣军队包围上邽。陈安不断出击，屡战屡败。右军将军刘干攻打平襄，攻下来了，陇山以西各县全部投降。陈安留下他的将领杨伯支、姜冲儿守卫陇城，自己率领精锐的骑兵突围，出城逃往陕中。刘曜派遣将军平先等人追击。陈安左手挥动七尺长的大刀，右手运转一丈八尺长的蛇矛，对靠近的追兵刀矛一起使用，立即杀死五六人，离得远的就左右奔驰着，边跑边射。平先也勇敢灵活，勇敢快捷如飞，和陈安搏斗，三个回合，就夺下了陈安的蛇矛。遇到天黑暴雨，陈安抛弃马匹，和左右侍卫隐藏到深山中；赵国军队搜索，不知去向。次日，陈安派他的将领石容窥探前赵国军队动向，赵国辅威将军呼延青人捉住了石容，用苦刑逼他供出陈安藏身的地方，石容始终不肯讲，呼延青人杀了他。雨过天晴，呼延青人跟踪陈安的足迹，在山涧转弯处抓获了陈安，杀了他。陈安善于安抚将领士兵，和他们同甘共苦，在他死后，陇山以西的人思念他，为他作了《壮士之歌》。杨伯支杀死姜冲儿，献出陇城投降；别将宋亭杀了赵募，献出上邽投降。刘曜把秦州的大姓杨、姜等豪族两千多家迁到长安。氐人、羌人都送上人质请求归降；刘曜委派赤亭羌人首领姚弋仲担任平西将军，封他为平襄公。

帝畏王敦之逼，欲以郗鉴为外援，拜鉴兖州刺史，都督扬州江西诸军事,镇合肥。王敦忌之,表鉴为尚书令。八月,诏徵鉴还,道经姑孰,敦与之论西朝人士,曰:"乐彦辅,短才耳。考其实,岂胜满武秋邪!"鉴曰:"彦辅道韵平淡,愍怀之废,柔而能正;武秋失节之士,安得拟之!"敦曰:"当是时,危机交急。"鉴曰:"丈夫当死生以之。"敦恶其言,不复相见,久留不遣。敦党皆劝敦杀之,敦不从。鉴还台,遂与帝谋讨敦。

后赵中山公虎帅步骑四万击安东将军曹嶷,青州郡县多降之,遂围广固。嶷出降,送襄国杀之,坑其众二万。虎欲尽杀嶷众,青州刺史刘徵曰:"今留征,使牧民也,无民焉牧!徵将归耳!"虎乃留男女七百口配徵,使镇广固。

【译文】明帝司马绍畏惧王敦的逼迫,想用郗鉴作为外援,于是任命郗鉴为兖州刺史、都督扬州江西诸军事,镇守合肥。王敦顾忌他,上疏推荐郗鉴担任尚书令。八月,下诏征召郗鉴回京,途经姑孰,王敦和他议论洛阳朝廷中人士,说:"乐彦辅,庸才而已,考察他的实际才能,哪能超过满武秋?"郗鉴说:"乐彦辅气韵冲和平淡,愍帝、怀帝之政废弛,他态度柔和却行事正直;满武秋是丧失气节的人,怎么能同他相比?"王敦说:"在当时,危机四伏。"郗鉴说:"大丈夫应当以生命维护正义。"王敦厌恶他的话,不再同他见面,长久扣留他,不放他走。王敦的党羽都劝王敦杀了郗鉴,王敦不听从。郗鉴回到朝廷,就和明帝司马绍商议讨伐王敦。

后赵中山公石虎率领步兵和骑兵共四万人攻击安东将军曹嶷,青州的郡县大多投降他,石虎于是进围广固城。曹嶷出城投降,被送到襄国处死,石虎坑杀投降的士众三万人。石虎原想把曹嶷的部众尽数杀死,青州刺史刘征说:"现今让我留下,为的是统治百姓。没有人怎么统治?我准备回去了!"石虎于是留下男女人等七百多口,配属给刘征,让他镇守广固城。

赵主曜自陇上西击凉州,遣其将刘咸攻韩璞于冀城,呼延晏攻宁羌护军阴鉴于桑壁,曜自将戎卒二十八万军于河上,列营百馀里,金鼓之声动地,河水为沸,张茂临河诸戍,皆望风奔溃。曜扬声欲百道俱济,直抵姑臧,凉州大震。参军马岌劝茂亲出拒战,长史汜祎怒,请斩之。岌曰:"汜公糟粕书生,刺举小才,不思家国大计。明公父子欲为朝廷诛刘曜有年矣,今曜自至,远近之情,共观明公此举,当立信勇之验以副秦、陇之望。力虽不敌,势不可以不出。"茂曰:"善!"乃出屯石头。茂谓参军陈珍曰:"刘曜举三秦之众,乘胜席卷而来,将若之何?"珍曰:"曜兵虽多,精卒至少,大抵皆氐、羌乌合之众,恩信未洽,且有山东之虞,安能舍其腹心之疾,旷日持久,与我争河西之地邪! 若二旬不退,珍请得弊卒数千,为明公擒之。"茂喜,使珍将兵救韩璞。赵诸将争欲济河,赵主曜曰:"吾军势虽盛,然畏威而来者三分有二,中军疲困,其实难用。今但按甲勿动,以吾威声震之,若出中旬张茂之表不至者,吾为负卿矣。"茂寻遣使称籓,献马、牛、羊、珍宝不可胜纪。曜拜茂侍中、都督凉、南北秦、梁、益、巴、汉、陇右、西域杂夷、匈奴诸军事、太师、凉州牧,封凉王,加九锡。

【译文】前赵主刘曜由陇上出发向西进攻凉州,派遣部将刘咸进攻驻守冀城的韩璞,又派呼延晏进攻驻守桑壁的宁羌护军阴鉴,自己率领戎卒二十八万人屯军于黄河边,营寨连绵一百多里。金鼓之声震天动地,连黄河的流水都为之激荡。张茂沿黄河戍守的士兵,都望风溃逃。刘曜扬言要分兵百路,同时过河,直接抵达姑臧,凉州之人大为震惊。参军马岌劝张茂亲自出军抵御，长史氾祎发怒，请求杀死马岌。马岌说："氾祎是个食古不化的书生，钻空子伤害别人的小人，不考虑国家的根本大计。您父子多年来想替朝廷杀掉刘曜，现在刘曜自己送上门来，远近的人，都在观看您这次的举动，您应该树立起信誉和勇敢的形象，以符合秦川、陇山一带人民的愿望，力量虽然胜不过刘曜，气势是不能不发出的。"张茂说："对极了！"于是出兵，驻扎在石头。张茂对参军陈珍说："刘曜出动三秦的军队，乘着胜势席卷过来，该怎么办呢？"陈珍说："刘曜的军队虽然多，但精锐的兵士特别少，大抵都是氐族、羌族的乌合之众，恩泽和信义没有遍及下属，而且有关东方面的顾虑，怎么能丢下心头之患，旷日持久地同我们争夺河西的土地呢？如果他二十天不退兵，我请求给我几千老弱残兵，替您擒获他。"张茂大喜，命令陈珍率领军队救援韩璞。前赵国各将领争着要渡过黄河，前赵国君主刘曜说："我军的声势虽然盛大，但是畏惧声威而聚集来的有三分之二，主力部队疲劳困顿，实际上难以作战。现在只有按兵不动，用我们的声威来震慑他们，如果过了十天，张茂的降表还没送到，是我辜负了你们。"张茂不久派遣使者愿为藩属，献上的马、牛、羊、珍宝难以计数。刘曜任命张茂为侍中，都督凉、南秦、北秦、梁、益、巴、汉、陇右、西域杂夷、匈奴诸军事，太师，凉州牧，封为凉王，加赐尊礼大臣的九种器物。

杨难敌闻陈安死，大惧，与弟坚头南奔汉中，赵镇西将军刘厚追击之，大获而还。赵主曜以大鸿胪田崧为镇南大将军、益州刺史，镇仇池。难敌送任请降于成，成安北将军李稚受难敌赂，不送难敌于成都。赵兵退，即遣不武都，难敌遂据险不服。稚自悔失计，亟请讨之。雄遣稚兄侍中、中领军琀与稚出白水，征东将军李寿及玱弟玝出阴平，以击难敌；群臣谏，不听。难敌遣兵拒之，寿、玝不得进，而玱、稚长驱至下辨。难敌遣兵断其归路，四面攻之。玱、稚深入无继，皆为难敌所杀，死者数千人。玱，荡之长子，有才望，雄欲以为嗣，闻其死，不食者数日。

【译文】 杨难敌听说陈安被杀，十分恐惧，和兄弟杨坚头向南逃往汉中，前赵镇西将军刘厚在后追袭，多所缴获，随后退军。前赵主刘曜任命大鸿胪田崧为镇南大将军、益州刺史，镇守仇池。杨难敌呈送人质向成汉请求投降，成汉的安北将军李稚因为接受了杨难敌的贿赂，于是没有把杨难敌遣送到成都。前赵军队退走后，李稚便让杨难敌回到武都，杨难敌于是凭仗地势险固，不再服从成汉。李稚对自己的失策深为追悔，多次请求出兵征讨杨难敌。成汉主李雄派遣李稚的哥哥侍中、中领军李玱，和李稚从白水出兵，征东将军李寿和李玱的弟弟李玝从阴平出兵，去攻打杨难敌；文武官员规劝，不听从。杨难敌派遣军队抵御，李寿、李玝不能前进，李玱、李稚却长驱直入，到达下辨。杨难敌派遣军队截断他们的退路，从四面攻打他们。李玱、李稚孤军深入，没有后面的增援，都被杨难敌杀死，死亡的兵士有几千人。李玱，是李荡的长子，有才干声望，李雄想以他为嗣君，听说他死了，几天没有吃东西。

初，赵主曜长子俭，次子胤。胤年十岁，长七尺五寸，汉主聪奇之，谓曜曰："此儿神气，非义真之比也，当以为嗣。"曜曰："籓国之嗣，能守祭祀足矣，不敢乱长幼之序。"聪曰："卿之勋德，当世受专征之任，非他臣之比也，吾当更以一国封义真。"乃封俭为临海王，立胤为世子。既长，多力善射，骁捷如风。靳准之乱，没于黑匿郁鞠部。陈安既败，胤自言于郁鞠，郁鞠大惊，礼而归之。曜悲喜，谓君臣曰："义光虽已为太子，然冲幼儒谨，恐不堪今之多难。义孙，故世子也，材器过人，且涉历艰难。吾欲法周文王、汉光武，以固社稷而安义光，何如？"太傅呼延晏等皆曰："陛下为国家无穷之计，岂惟臣等赖之，实宗庙四海之庆。"左光禄大夫卜泰、太子太保韩广进曰："陛下以废立为是，不应更问群臣；若以为疑，固乐闻异同之言。臣窃以为废太子，非也。昔文王定嗣于未立之前，则可也；光武以母失恩而废其子，岂足为圣朝之法！向以东海为嗣，未必不如明帝也。胤文武才略，诚高绝于世。然太子孝友仁慈，亦足为承平贤主。况东宫者，民、神所系，岂可轻动！陛下诚欲如是，臣等有死而已，不敢奉诏。"曜默然。胤进曰："父之于子，当爱之如一，今黜熙而立臣，臣何敢自安！陛下苟以臣为颇堪驱策，岂不能辅熙以承圣业乎！必若以臣代熙，臣请效死于此，不敢闻命。"因歔欷流涕。曜亦以熙羊后所生，不忍废也，乃追谥前妃卜氏为元悼皇后。泰，即胤之舅也，曜喜其公忠，以为上光禄大夫、仪同三司、领太子太傅；封胤为永安王，拜侍中、卫大将军、都督二宫禁卫诸军事、开府仪同三司、录尚书事，命熙于胤尽家人之礼。

【译文】起初，前赵主刘曜有长子刘俭，次子刘胤。刘胤年方十岁，身高七尺五寸，汉主刘聪因此惊奇，对刘曜说："你这个儿子的神气，不是刘俭所能比拟的，应当让他当继承人。"刘曜说："藩国臣民的继承人，能保守住祖先的祭祀就够了，我不敢破坏长幼的秩序。"刘聪说："以你的功勋和德行，当会世世代代担任征伐的重任，不是别的臣子所可比拟的，我当会另外封给刘俭一个诸侯国封号。"于是封刘俭为临海王，立刘胤为世子。刘胤成年以后，力气很大，善于射箭，骁勇敏捷，如同旋风。

资治通鉴

靳准作乱时，流落到黑匿郁鞠部落中。陈安失败后，刘胤自己向黑匿郁鞠部禀明实情，黑匿郁鞠部大为惊奇，隆重地送他回去。刘曜悲喜交集，对文武官员说："刘熙虽然已立为太子，但年幼柔弱，恐怕支撑不了当今多灾多难的局势。刘胤，是从前的世子，才能器度，超过常人，而且经历了艰苦的磨炼。我想效法周文王、汉光武帝，来巩固国家，另外安排刘熙，怎么样？"太傅呼延晏等人都说："陛下为国家的长远利益着想，哪里只是臣下等人所依赖的，实在是皇室和天下民众的喜事。"左光禄大夫卜泰、太子太保韩广进言说："陛下如果认为废立是正确的，不应该再询问文武官员；如果心有疑虑，自然乐意听取不同的言论。我私下认为废黜太子，是不对的。从前周文王决定嗣君是在没有立太子以前，这是可以的；汉光武帝因儿子的母亲失去恩宠就废黜她生的儿子，哪里值得圣明的朝廷效法呢？往日陛下以东海王刘熙为嗣君，未必赶不上汉光武帝刘秀立汉明帝为君。刘胤的文才武略，的确当今无人可比，但是太子孝顺、友爱、仁慈、温和，也足以成为太平年代的贤明君主。何况东宫，为民众和神明所归向，怎么能轻易变更？陛下果真要这样做，臣下等人只有一死而已，不敢奉行诏命。"刘曜沉默不语。刘胤进言说："父亲对于儿子，应该同样爱护，现在废黜刘熙而立我，我怎么敢心安理得？陛下如果认为我有能力替国家效力，怎么不能辅助刘熙来继承神圣的大业呢？如果一定用我来代替刘熙，我请求死在这里，不敢听从诏命。"因而哽咽流泪。刘曜也因为刘熙是羊皇后所生的，不忍心废黜，于是对已故妃子卜氏追加谥号为元悼皇后。卜泰，就是刘胤的舅舅，刘曜赞美他的公正忠诚，任命他为上光禄大夫、仪同三司、兼任太子太傅；封刘胤为永安王，任命他为侍中、卫大将军、都督二宫禁卫诸军事、开府仪同三司、录尚书事。命令刘熙对刘胤采用普通家人的礼仪。

张茂大城姑臧，修灵钓台。别驾吴绍谏曰："明公所以修城筑台者，盖惩既往之患耳。愚以为苟恩未洽于人心，虽处层台，亦无所益，适足以疑群下忠信之志，失士民系托之望，示怯弱之形，启邻敌之谋，将何以佐天子、霸诸候乎! 愿亟罢兹役，以息劳费。"茂曰："亡兄一旦失身于物，岂无忠臣义士欲尽节者哉! 顾祸生不意，虽有智勇，无所施耳。王公设险，勇夫重闭，古之道也。今国家未靖，不可以太平之理责人于屯遭之世也。"卒为之。

王敦从子允之，方总角，敦爱其聪警，常以自随。敦常夜饮，允之辞醉先卧。敦与钱凤谋为逆，允之悉闻其言; 即于卧处大吐，衣面并污。凤出，敦果照视，见允之卧于吐中，不复疑之。会其父舒拜廷尉，允之求归省父，悉以敦、凤之谋白舒。舒与王导俱启帝，阴为之备。

【译文】张茂在姑臧大兴土木，维修城墙，修筑灵钓台。别驾吴绍谏止说："您之所以修城墙、筑高台，大概因为有鉴于以往遭到攻击的忧患。我以为只要君上的恩泽未曾施行于臣民，即使身处多层高台上也没有什么好处。只能够使臣下对自己的忠信志向产生疑虑，失去士民们寄托的期望，显示出怯弱的情形，挑动起相邻的敌方来犯的欲念，这怎么能辅佐天子，称霸诸侯呢? 希望能急速废止这项工程，停止人力和钱财的巨大耗费。"张茂说："已故的兄长突然间被人所杀，难道没有想竭尽全力保持节操的忠臣义士? 只是因为祸乱出乎意料，即使有智慧勇气，也无法施展。王公设置险阻，勇士重重戒备，是古代就有的道理。现在国家没有安定，不能用太平年代的道理，来要求处在艰险年代的人。"最后还是把工程进行下去了。

王敦的侄子王允之，正当童年，王敦喜爱他聪明机警，经常让他跟随自己。王敦有次在夜晚饮酒，王允之以醉酒为由告辞先睡。王敦和钱凤一起商讨叛乱之事，被王允之原原本本听到；王允之随即在睡卧的地方大吐，衣物、脸面都沾上了污秽。钱凤走后，王敦果然持灯前来察看，见王允之睡卧在呕吐的污物中，便不再有疑心。不久，适逢王允之的父亲王舒升任廷尉，王允之请求归省父亲，便将王敦、钱凤密谋的内容全部告诉了王舒。王舒与王导一块儿禀报明帝司马绍，私下为应付突变做准备。

【申涵煜评】允之以总角儿，闻敦逆谋，便能诡计自免，启帝为备。多少衣冠丈夫不及此孺子者，盖势利熏心，遂昧君臣大义，故曰："大人者，不失其赤子之心者也。"

【译文】 王允之就是一个小孩，听说王敦要谋逆造反，还能使用计策使自身免遭祸害，启发晋明帝早做准备。多少衣冠楚楚的大丈夫比不上这个小孩，是因为权势和利益蒙蔽了他们的心，才去冒昧君臣大义，因此说："圣贤人，是那些没有失去赤子之心的人！"

敦欲强其宗族，陵弱帝室，冬，十一月，徙王含为征东将军、都督扬州江西诸军事，王舒为荆州刺史、监荆州沔南诸军事，王彬为江州刺史。

后赵王勒以参军樊坦为章武内史，勒见其衣冠弊坏，问之。坦率然对曰："顷为羯贼所掠，资财荡尽。"勒笑曰："羯贼乃尔无道邪！今当相偿。"坦大惧，叩头泣谢。勒赐车马、衣服、装钱三百万而遣之。

是岁，越巂斯叟攻成将任回，成主雄遣征南将军费黑讨之。

会稽内史周札，一门五候，宗族强盛，吴士莫与为比，王敦忌之。敦有疾，钱凤劝敦早除周氏，敦然之。周嵩以兄顗之死，心常愤愤。敦无子，养王含之子应为嗣，嵩尝于众中言应不宜统兵，敦恶之。嵩与札兄子莚皆为敦从事中郎。会道士李脱以妖术惑众，士民颇信事之。

【译文】王敦想扩大家族的权势，削弱皇室的地位，冬季，十一月，调王含担任征东将军、都督扬州江西诸军事，王舒担任荆州刺史、监荆州沔南诸军事，王彬担任江州刺史。

后赵王石勒委派参军樊坦担任章武内史，石勒看到樊坦衣服帽子破破烂烂，询问他的原因。樊坦随口回答说："最近被羯人贼寇抢劫，衣服财货全都没有了。"石勒笑着说："羯人贼寇竟然如此蛮不讲理！现在应当对你赔偿。"樊坦大为恐惧，流着眼泪叩头赔罪。石勒赐给他车马、衣服及办装费三百万，派遣他上任。

这年，越巂郡斯叟部落攻打成汉将领任回，成汉君主李雄派遣征南将军费黑前往讨伐他们。

会稽内史周札，一族之中有五人封侯，宗族势力强盛，吴地人士中无人可以比拟，王敦为此忌惮。王敦患病，钱凤劝王敦早日除掉周氏，王敦同意了。周嵩因为哥哥周顗被杀，心中时常愤愤不平。王敦没有儿子，收养王含的儿子王应为后嗣，周嵩曾在大庭广众中说王应不适宜统领军队，王敦憎恨他。周嵩和周札的哥哥的儿子周莚，都担任王敦的从事中郎。这时道士李脱用妖术迷惑众人，官吏民众中有不少人信奉他。

资治通鉴卷第九十三　晋纪十五

起阏逢涒滩，尽强圉大渊献，凡四年。

【译文】起甲申（公元324年），止丁亥（公元327年），共四年。

【题解】本卷记录了晋明帝太宁二年至晋成帝咸和二年共四年间东晋及各国大事。主要记录了王敦病笃，决定篡位登基，派王含率钱凤、邓岳、周抚等进攻建康，晋明帝司马绍任命王导、温峤、卞敦、应詹、郗鉴、庾亮、卞壸等人为将，又召江北的苏峻、刘遐、王邃、祖约、陶瞻等入援京师；记录了王敦病死，叛军被朝廷消灭，王敦被戮尸示众，王含、王应、沈充等党羽相继被杀；记录了东晋司州刺史李矩、颍川太守郭默等先后战败身死，司州、豫州、徐州、兖州全都被后赵占领，后赵与东晋遂以淮河为界；记录了东晋名臣陶侃为荆州刺史时的政绩，与陶侃勤于职守，兢兢业业，严教部下，黜斥清谈的动人故事；记录了晋明帝司马绍病死，五岁的皇太子司马衍即位，朝政大权落入外戚庾亮手中；记录了历阳内史苏峻与豫州刺史祖约以为功大而轻视朝廷，不满庾亮，庾亮解除苏峻的兵权，调其入朝任职，苏峻遂联络豫州刺史祖约起兵谋反，宣城内史桓彝起兵勤王，被苏峻打败，朝廷形势危急；记录了后赵将领石虎大破前赵，擒中山王刘岳、杀呼延谟，打败亲征的刘曜；记录了石勒为其太子石弘在邺城建造宫殿，削减大将石虎的兵权，迫令其搬迁，引起石虎强烈不满，为日后石虎的政变埋下伏笔；记录了凉州刺史

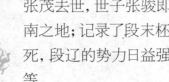

张茂去世，世子张骏即位，攻掠前赵的秦州，被击败，丢失了河南之地；记录了段末柸的继承人段牙被段疾陆眷的孙子段辽杀死，段辽的势力日益强大，西接渔阳，东界辽水，有骑兵数万等等。

肃宗明皇帝下

太宁二年（甲申，公元三二四年）春，正月，王敦诬周嵩、周莚与李脱谋为不轨，收嵩、莚于军中，杀之；遣参军贺鸾就沈充于吴，尽杀周札诸兄子；进兵袭会稽，札拒战而死。

后赵将兵都尉石瞻寇下邳、彭城，取东莞、东海，刘遐退保泗口。

司州刺史石生击赵河南太守尹平于新安，斩之，掠五千馀户而归。自是二赵构隙，日相攻掠，河东、弘农之间，民不聊生矣。

石生寇许、颍，俘获万计；攻郭诵于阳翟，诵与战，大破之，生退守康城。后赵汲郡内史石聪闻生败，驰救之，进攻司州刺史李矩、颍川太守郭默，皆破之。

【译文】太宁二年（甲申，公元324年）春季，正月，王敦诬陷周嵩、周莚和李脱勾结，图谋不轨，因此就在军中拘捕了周嵩和周莚，并杀害了他们。王敦还派遣参军贺鸾到吴地联络沈充，把周札几位哥哥的儿子全部都杀死了。接着王敦就发兵攻击会稽，周札前去抵御进攻的军队，最终战死了。

后赵的将兵都尉石瞻入侵下邳、彭城，攻取了东莞和东海，刘遐就退守到了泗口。

后赵司州刺史石生在新安县攻击了前赵河南太守尹平，把他杀死了，抢夺了五千多户百姓后才回去。从此以后前赵、后赵就有了嫌隙，经常互相攻打掠夺，使得在边界之间居住的河东、弘农一带的百姓，都没有办法继续生活。

后赵司州刺史石生侵犯了许昌和颍川，俘虏了上万个百姓。然后在阳翟县攻击郭诵，郭诵和他交战，把他打败了，重创了他的军队，于是石生就退守到了康城。后赵汲郡内史石聪听说石生打败了，就赶过去支援他，攻击司州刺史李矩、颍川太守郭默，结果都获胜了。

　　成主雄，后任氏无子，有姜子十餘人，雄立其兄荡之子班为太子，使任后母之。群臣请立诸子，雄曰："吾兄，先帝之嫡统，有奇材大功，事垂克而早世，朕常悼之。且班仁孝好学，必能负荷先烈。"太傅骧、司徒王达谏曰："先王立嗣必子者，所以明定分而防篡夺也。宋宣公、吴馀祭，足以观矣。"雄不听。骧退而流涕曰："乱自此始矣！"班为人谦恭下士，动遵礼法，雄每有大议，辄令豫之。

　　【译文】 成汉的君主李雄，他的王后任氏没有生下儿子，姜妃所生的儿子却有十几个，李雄册立他哥哥李荡的儿子李班为太子，让任后做李班的母亲。大臣们向李雄上书请求李雄在姜妃所生的子嗣中册立太子，李雄说："我的哥哥李荡，是先帝的嫡系血统，既有不平凡的才干，又建立了伟大的功勋，但是他却在事情快要完成的时候去世了，我经常在心里面为他哀悼。况且李班仁慈孝顺，又喜欢读书，我相信他一定能够承担起祖先留下来的大业。"太傅李骧、司徒王达向李雄进谏说："先代圣明的君王之所以一定会册立自己的儿子为继承人，为的就是彰明固定不变的名分，来防止篡权夺位的事情发生。从前宋宣公和吴国馀祭的先例，已经足够让人明了。"但是成汉主李雄不肯听从。李骧退下以后就流着眼泪说："祸乱就要从此开始了。"李班为人谦虚恭敬、礼敬士人，一举一动都遵守礼节和法度，李雄每一次和群臣讨论国家大事、进行重大决策的时候，往往让他参与其中。

夏，五月，甲申，张茂疾病，执世子骏手泣曰："吾家世以孝友忠顺著称，今虽天下大乱，汝奉承之，不可失也。"且下令曰："吾官非王命，苟以集事，岂敢荣之！死之日，当以白帢入棺，勿以朝服敛。"是日，薨。愍帝使者史淑在姑臧，左长史汜祎、右长史马谟等使淑拜骏大将军、凉州牧、西平公，赦其境内。前赵主曜遣使赠茂太宰，谥曰成烈王；拜骏上大将军、凉州牧、凉王。

【译文】夏季，五月，甲申日（十四日），张茂生了重病，他拉着世子张骏的手，哭泣着说："我们家世世代代都因为孝友忠顺而被世人称赞，虽然现在天下大乱，但是你必须遵守继承家风，不可以有丝毫的违背。"并且对张骏下命令说："我的官职并不是朝廷任命的，只是因为顺应事变才苟且自任的，又怎么敢以此为荣？在我死的时候，应当给我戴上白色的便帽入棺，不要为我穿上朝服殡敛。"当天张茂就去世了。愍帝时候的使者史淑当时留居在姑臧，左长史汜祎、右长史马谟等人，他们向史淑建议授予张骏大将军、凉州牧、西平公，赦免了他境内的罪犯。前赵主刘曜派遣使者追赠给张茂太宰的名号，谥号为成烈王；授予张骏为上大将军、凉州牧、凉王。

王敦疾甚，矫诏拜王应为武卫将军以自副，以王含为骠骑大将军、开府仪同三司。钱凤谓敦曰："脱有不讳，便当以后事付应邪？"敦曰："非常之事，非常人所能为。且应年少，岂堪大事！我死之后，莫若释兵散众，归身朝廷，保全门户，上计也；退还武昌，收兵自守，贡献不废，中计也；及吾尚存，悉众而下，万一侥幸，下计也。"凤谓其党曰："公之下计，乃上策也。"遂与沈充定谋，俟敦死即作乱。又以宿卫尚多，奏令三番休二。

【译文】王敦病情加重了，矫称诏令任命王应为武卫将军，做自己的副职，任命王含为骠骑大将军、开府仪同三司。钱凤对王敦说："如果您发生了什么不幸的事情，是否就要把后事托付给王应去办理呢？"王敦说："不平常的事业，不是平常人所能够胜任的。况且王应尚年少，又怎么能够承担大事呢？我去世以后，不如就放下武器，把所有的兵众都遣散了，归顺朝廷，来保全宗族门户，这是上策；撤退回到武昌，召集所有的兵众谨慎镇守自己的领地，对朝廷进贡的物品不要有所废弃缺少，这是中策；趁我还活着的时候，就发动全部的兵众，攻打京城，万一能够侥幸获得胜利，这是下策。"钱凤对他的同党说："王敦所说的下等计策，其实正是上策。"于是钱凤就和沈充谋议商定，等到王敦死了以后，就立刻发兵作乱。又认为值宿的士兵太多了，就上奏表将三分之二的士兵都停职了。

初，帝亲任中书令温峤，敦恶之，请峤为左司马。峤乃缪为勤敬，综其府事，时进密谋以附其欲。深结钱凤，为之声誉，每曰："钱世仪精神满腹。"峤素有藻鉴之名，凤甚悦，深与峤结好。会丹杨尹缺，峤言于敦曰："京尹咽喉之地，公宜自选其才，恐朝廷用人，或不尽理。"敦然之，问峤："谁可者？"峤曰："愚谓无如钱凤。"凤亦推峤，峤伪辞之，敦不听，六月，表峤为丹杨尹，且使觇伺朝廷。峤恐既去而钱凤于后间止之，因敦饯别，峤起行酒，至凤，凤未及饮，峤伪醉，以手版击凤帻坠，作色曰："钱凤何人，温太真行酒而敢不饮！"敦以为醉，两释之。峤临去，与敦别，涕泗横流，出阁复入者再三。行后，凤谓敦曰："峤于朝廷甚密，而与庾亮深交，未可信也。"敦曰："太真昨醉，小加声色，何得便尔相诬！"峤至建康，尽以敦逆谋告帝，请先为之备，又与庾亮共画讨敦之谋。敦闻之，大怒曰："吾乃为小物所欺！"与司徒导书曰："太真别来几日，作如此事！当募人生致之，自拔其舌。"

【译文】起初，晋明帝司马绍亲近信任中书令温峤，王敦对此心里感到不满，就向晋明帝上书请求可以让温峤出任左司马。温峤就假装十分勤勉恭敬，治理王敦府内的大小事情，而且经常私下里向王敦提出一些秘密的主意，以附合王敦的欲望。温峤又和钱凤进行深入的交往，为钱凤树立声望和名誉，常常说："钱世仪满身都是活力。"温峤一向具有善于知人、褒奖后进的美名，钱凤感到非常喜悦，就尽力和他交好。恰好碰到丹杨尹的职位出现空缺，温峤就向王敦进言说："丹杨尹负责京城的守备，这样的职位就像人的咽喉一样，是非常重要的，您应该自己遴选人才出任，我恐怕朝廷任命的人是不会尽心治理的。"王敦认为他说得十分正确，就询问温峤说："你认为谁可以出任呢？"温峤回答说："我认为没有谁比钱凤更适合了。"钱凤也向王敦推荐了温峤，温峤假装推辞，王敦不肯答应。六月，王敦就向晋明帝司马绍上表推荐温峤出任丹杨尹，并且让他在暗中窥察朝廷的动向。温峤担心自己离开以后，钱凤会从中挑拨离间加以阻止，就借王敦设置酒宴为他饯别的机会，站起来向所有参加的人敬酒，等来到钱凤面前的时候，钱凤还没有来得及喝酒，温峤就假装自己已经喝醉了，并且用手板打掉了钱凤包头发用的头巾，变了脸色说："钱凤你是什么样的人，我温太真敬的酒你竟然敢不喝？"王敦以为他喝醉了，就把双方劝解开。温峤在临走的时候，去向王敦告辞，悲伤得眼泪、鼻涕横流，先后三次出门以后又回来。他走了以后，钱凤就对王敦说："温峤和朝廷的关系非常密切，而且他和庾亮的交情也很深厚，是不可以相信的。"王敦说："温峤昨天喝醉了，对你说话的态度是有一点不礼貌，但是你怎么能够因此就这样说谗言陷害他呢？"温峤到了建康以后，就把王敦叛乱的阴谋全部禀告了晋明帝司马绍，请晋明帝预先做好防备，又和庾亮共同谋划讨伐王敦的计谋。王敦听说了这个消息以后，就非常生气地说："我竟然被这个小人给欺骗了！"他在给司徒王导的信里面说："温太真和我分别才几天的时间，就做出这样的事情！我要找人把他活捉回来，亲自把他的舌头拔掉。"

帝将讨敦，以问光禄勋应詹，詹劝成之，帝意遂决。丁卯，加司徒导大都督、领扬州刺史，以温峤都督东安北部诸军事，与右将军卞敦守石头，应詹为护军将军、都督前锋及朱雀桥南诸军事，郗鉴行卫将军、都督从驾诸军事，庾亮领左卫将军，以吏部尚书卞壸行中军将军。郗鉴以为军号无益事实，固辞不受，请召临淮太守苏峻、兖州刺史刘遐同讨敦。诏徵峻、遐及徐州刺史王邃、豫州刺史祖约、广陵太守陶瞻等入卫京师。帝屯于中堂。

【译文】 晋明帝司马绍打算要去讨伐王敦的时候，就此事去询问光禄勋应詹的意见，应詹表示赞同，晋明帝这才下定了决心。丁卯日（二十七日），晋明帝加封司徒王导为大都督，兼领扬州刺史；让温峤都督东安北部诸军事，和右将军卞敦防守石头，任命应詹为护军将军、都督前锋和朱雀桥南诸军事，郗鉴兼任卫将军、都督从驾诸军事，庾亮兼任左卫将军，又任命吏部尚书卞壸兼任中军将军。郗鉴认为军号对事实没有什么补益，坚决推辞，不肯接受加封，请求晋明帝征召临淮太守苏峻、兖州刺史刘遐共同讨伐王敦。晋明帝司马绍颁下诏书，征召苏峻、刘遐和徐州刺史王邃、豫州刺史祖约、广陵太守陶瞻等人一起护卫京城。晋明帝亲自带兵在中堂驻扎。

司徒导闻敦疾笃，帅子弟为敦发哀，众以为敦信死，咸有奋志。于是，尚书腾诏下敦府，列敦罪恶曰："敦辄立兄息以自承代，未有宰相继体而不由王命者也。顽凶相奖，无所顾忌；志骋凶丑，以窥神器。天不长奸，敦以陨毙；凤承凶宄，弥复煽逆。今遣司徒导等虎旅三万，十道并进；平西将军邃等精锐三万，水陆齐势；朕亲统诸军，讨凤之罪。有能杀凤送首，封五千户侯。诸文武为敦所授用者，一无所问；无或猜嫌，以取诛灭。敦之将士，从敦弥年，违离家室，朕甚愍之。其单丁在军，皆遣归家，终身不调；其馀皆与假三年，休讫还台，当与宿卫同例三番。"

敦见诏，甚怒，而病转笃，不能自将；将举兵伐京师，使记室郭璞筮之，璞曰："无成。"敦素疑璞助温峤、庾亮，及闻卦凶，乃问璞曰："卿更筮吾寿几何？"璞曰："思向卦，明公起事，必祸不久；若住武昌，寿不可测。"敦大怒曰："卿寿几何？"曰："命尽今日日中。"敦乃收璞，斩之。

【译文】司徒王导听说王敦病得很严重，就率领子弟们为王敦发丧，众人以为王敦真的去世了，都感到志气昂扬。于是尚书传送诏书到王敦的幕府，罗列出王敦的罪状说："从来就没有一个宰相的继任不是由朝廷任命的，但是王敦却没有经过朝廷的允许，就擅自任命哥哥王含的儿子王应为自己的后嗣来继承自己的官职。这真是凶顽之徒相互奖掖，丝毫顾忌都没有；心怀不轨，想要窥伺国家的政权。幸好上天是不会让奸佞邪恶的人长寿的，王敦因此毙命；钱凤继承了王敦的凶恶奸邪，再一次煽动叛乱。现在皇上派遣司徒王导等人率领勇猛的士兵三万人，分十路分别进攻；平西将军王邃等人率领精锐的士兵三万人，由水、陆两路齐头并进；朕亲自统率各路大军，前去讨伐钱凤的罪行。有谁能够杀死钱凤，并将他的首级送来的，就会被册封为五千户侯。所有被王敦任命的文武官员，朕也一概不再过问，你们也不要在心里面有什么猜疑和隔阂，以免遭到诛灭。王敦的将士们，跟随王敦也有很多年了，远离自己的家乡，朕对你们非常怜悯。凡是家里只有一个男丁而没有兄弟前来参军的，都将你们遣返回家，而且终生不再征用；其余的人都许给三年的假期，等到假期完了回到朝廷以后，都将和宿禁值卫的士兵相同，按三分之二的比例轮休。"

王敦看到了诏书以后，非常生气，病情加重，无法亲自率领军队。就在王敦即将发动军队去攻打京城的时候，让记室郭璞卜筮吉凶，郭璞说："事情无法成功。"因为王敦一直以来都怀疑郭璞帮助温峤和庾亮，所以当他听到郭璞卜卦以后说不吉的时候，就问郭璞说："你再卜筮一下，看看我的寿命还有多长。"郭璞说："根据刚才的卦象推算，您如果发兵作乱，灾祸一定很快就会降临；如果您仍旧在武昌居住，寿命就没有办法预测。"王敦非常生气地说："那你的寿命还有多长呢？"郭璞回答说："我的寿命到今天中午就没有了。"王敦就把郭璞拘捕，并把他斩杀了。

敦使钱凤及冠军将军邓岳、前将军周抚等帅众向京师。王含谓敦曰："此乃家事，吾当自行。"于是，以含为元帅。凤等问曰："事克之日，天子云何？"敦曰："尚未南郊，何得称天子！便尽卿兵势，保护东海王及裴妃而已。"乃上疏，以诛奸臣温峤等为名。秋，七月，壬申朔，王含等水陆五万奄至江宁南岸，人情恟惧。温峤移屯水北，烧朱雀桁以挫其锋，含等不得渡。帝欲新将兵击之，闻桥已绝，大怒。峤曰："今宿卫寡弱，徵兵未至，若贼豕突，危及社稷，宗庙且恐不保，何爱一桥乎！"

【译文】 王敦派遣钱凤和冠军将军邓岳、前将军周抚等人率领军队向京城进攻。王含对王敦说："这是我们自己家里的事情，你应该让我亲自前去。"于是王敦就任命王含为元帅。钱凤等人问王敦说："等到事情成功的时候，怎么处置天子呢？"王敦说："皇上还没有在南郊进行祭天，又怎么可以被称为天子呢？你们只管发动你们所有的兵力，保护东海王和裴妃就行。"然后王敦就以诛伐奸臣温峤等人的名义向晋明帝上疏。秋季，七月，壬申朔日（七月辛未朔，壬申日当为初二），王含等人率领水、陆两军一共五万人，很快就到达了江宁的秦淮河南岸，人们心里对这样的情况感到恐惧。温峤就把军队转移驻扎在秦淮河的北岸，把朱雀桁烧毁了用来暂时挫伤他们的锋头，王含等人没有办法过河。晋明帝司马绍想要亲自率领军队去攻击他们，听说温峤已经把渡桥烧毁了，感到非常生气。温峤说："现在宿禁的士兵人数少，体力弱，征召的援军还没有抵达，如果让敌人攻打过来，将会使国家受到危害，那时连宗庙恐怕都无法保住，又何必吝惜一座桥呢？"

司徒导遗含书曰："近承大将军困笃，或云已有不讳。寻知钱凤大严，欲肆奸逆；谓兄当抑制不逞，还藩武昌，今乃与犬羊俱下。兄之此举，谓可得如大将军昔年之事乎？昔年佞臣乱朝，人怀不宁，如导之徒，心思外济。今则不然。大将军来屯于湖，渐失人心，君子危怖，百姓劳弊。临终之日，委重安期；安期断乳几日？又于时望，便可袭宰相之迹邪？自开辟以来，颇有宰相以孺子为之者乎？诸有耳者，皆知将为禅代，非人臣之事也。先帝中兴，遗爱在民；圣主聪明，德洽朝野。兄乃欲妄萌逆节，凡在人臣，谁不愤叹！导门户小大受国厚恩，今日之事，明目张胆，为六军之首，宁为忠臣而死，不为无赖而生矣！"含不答。

【译文】 司徒王导给王含送去一封信说："我最近听说大将军王敦病情严重，有人说王敦已经去世了。不久以前我才知道钱凤大加戒严，想肆行奸逆不道之事；我认为兄长应当抑制他们，让他们的阴谋不能得逞，让军队回去防守武昌，但是现在你竟然和这一群愚昧无知的人一起东下。兄长这一次的举动，是因为你认为能够做到如同大将军王敦当年做到的事情吗？从前奸佞的臣子败坏了朝廷的纲纪，人心不平，像我这样的人，也心存外念，以求自救。但是现在却不是这种情况。大将军王敦带兵在于湖驻扎以来，就渐渐失去了民心，君子们恐惧不安，百姓们劳累疲惫。在临终的时候，王敦还把重任委托给王应，王应断奶才有几天啊？再说就凭他现在的声望，便可以承担宰相的职位了吗？自从开天辟地以来，可有宰相的职位让小孩子去担任的吗？凡是有耳朵的人听说了这件事，都知道他将要做篡逆谋弑的事情，这绝不是身为臣子应该做的事情啊！先帝中兴大业，在民间遗留惠爱、仁慈；当今圣主司马绍聪颖明智，恩泽广布朝野。兄长你竟然这么轻易地就萌生了叛逆大节的念头，凡是身为臣子的人，有谁不为这件事愤慨！王导一门之内，无论男女老少都蒙受国家的厚恩大德，对于今天的事情，我不会有丝毫的顾忌，明目张胆地出任六军的统帅，我宁愿做一个忠臣战死，也不愿意做一个无赖汉苟且偷生。"王含没有给他回复。

资治通鉴

或以为"王含、钱凤众力百倍，苑城小而不固，宜及军势未成，大驾自出拒战"。郗鉴曰："群逆纵逸，势不可当，可以谋屈，难以力竞。且含等号令不一，抄盗相寻，吏民惩往年暴掠，皆人自为守。乘逆顺之势，何忧不克！且贼无经略远图，惟恃豕突一战；旷日持久，必启义士之心，令智力得展。今以此弱力敌彼强寇，决胜负于一朝，定成败于呼吸，万一蹉跌，虽有申胥之徒，义存投袂，何补于既往哉！"帝乃止。

帝帅诸军出屯南皇堂。癸酉夜，募壮士，遣将军段秀、中军司马曹浑等帅甲卒千人渡水，掩其未备。平旦，战于越城，大破之，斩其前锋将何康。秀，匹磾之弟也。

【译文】有人认为："王含、钱凤等人的军队人数和战斗力都要强出王师百倍，苑城不仅小，城池也不够坚固，所以应该在他们还没有摆好阵仗之前，皇帝就应大驾亲自出去抵御敌人。"郗鉴说："那群叛徒，恣意放纵，来势凶猛，不可抵挡，我们只能用谋略来战胜他们，难以用武力和他们较量。而且王含等人对军队发出的号令无法统一，相继掠夺与抢劫，官吏百姓们有鉴于他们往年凶残暴虐地掠夺资财，人人都各自进行防守。我们只需要利用我们顺应民心、他们违逆民心的情势，何必担心我们不能战胜他们？同时，贼人丝毫没有经营天下的谋略和长远的设想，只是依恃着驰骤飘忽，像野猪奔突一样盲目地作战；对战的时间长了，一定能够启导义士们的忠心，使他们的智慧和力量能够施展出来。现在如果以我们弱小的力量，去对抗那些强横的贼寇，还希望我们能够在极短的时间内就决定胜负，万一发生什么意外的失误，即使我们拥有像楚国的大夫申包胥这样的人，能够基于正义赴难救援，但是那对于已经造成的事实又有什么补益呢？"晋明帝司马绍这才罢休。

晋明帝率领诸军在南皇堂驻扎。在癸酉日（初三日）的夜里，晋明帝召募壮士，派遣将军段秀、中军司马曹浑等人率领一千士兵率先渡过秦淮河，在敌人还没有进行防备的时候就隐蔽起来。天即将亮的时候，两军在秦淮河以南的越城交战，晋明帝司马绍的军队打败了他们，并且把他们的前锋大将何康斩杀了。段秀，是段匹磾的弟弟。

敦闻含败，大怒曰："我兄，老婢耳！门户衰，世事去矣！"顾谓参军吕宝曰："我当力行"。因作势而起，困乏，复卧，乃谓其舅少府羊鉴及王应曰："我死，应便即位，先立朝廷百官，然后营葬事。"敦寻卒，应秘不发丧，裹尸以席，蜡涂其外，埋于厅事中，与诸葛瑶等日夜纵酒淫乐。

【译文】王敦听说王含战败了，就非常生气地说："我的这个哥哥，只是个老奴婢罢了！门庭衰落，大势已经去了。"然后王敦就回过头来对参军吕宝说："我要尽力起行。"然后就要起来，但是他的力气不够，只好又躺下去。于是王敦就对他的舅舅、少府羊鉴和王应说："我去世以后，王应就马上即位，首先把朝廷的文武百官设立好，然后再办理安葬我的事情。"没有多久时间，王敦就去世了，王应把这件事隐瞒了下来，没有把这个消息公开，用草席把尸体包裹起来，在外面涂上蜡，把王敦的尸体埋在了议事厅里面，和诸葛瑶等人一起日夜喝酒作乐。

帝使吴兴沈桢说沈充，许以为司空。充曰："三司具瞻之重，岂吾所任！币厚言甘，古人所畏也。且丈夫共事，终始当同，岂可中道改易，人谁容我乎！"遂举兵趣建康。宗正卿虞潭以疾归会稽，闻之，起兵馀姚以讨充，帝以潭领会稽内史。前安东将军刘超、宣城内史钟雅皆起兵以讨充。义兴人周蹇杀王敦所署太守刘芳，平西将军祖约逐敦所署淮南太守任台。

【译文】晋明帝派遣吴兴人沈桢去说服沈充倒戈，许下承诺让他出任司空。沈充说："三公的官职，是众人共同敬仰的职位，担负着如此重大责任的官职，又哪里是我能够去担任的呢？贵重的礼物，阿谀的言语，正是古人所畏惧的。况且男子汉大丈夫和别人一起做事，就应该始终同心，怎么可以中途改变心意，其他的人谁还肯容纳我呢？"随即就发兵攻打建康。当时宗正卿虞潭因为生病而回到了会稽，听到了这个消息以后，就在馀姚发兵去讨伐沈充。晋明帝任命虞潭兼任会稽内史。前安东将军刘超、宣城内史钟雅也都发兵讨伐沈充。义兴人周蹇把王敦任命的太守刘芳杀死了，平西将军祖约把王敦任命的淮南太守任台驱逐了出去。

沈充帅众万馀人与王含军合，司马顾飏说充曰："今举大事，而天子已扼其咽喉，锋摧气沮，相持日久，必致祸败。今若决破栅塘，因湖水以灌京邑，乘水势，纵舟师以攻之，此上策也；藉初至之锐，并东、西军之力，十道俱进，众寡过倍，理必摧陷，中策也；转祸为福，召钱凤计事，因斩之以降，下策也。"充皆不能用，飏逃归于吴。

丁亥，刘遐、苏峻等帅精卒万人至，帝夜见，劳之，赐将士各有差。沈充、钱凤欲因北军初到疲困击之，乙未夜，充、凤从竹格渚渡淮。护军将军应詹、建威将军赵胤等拒战，不利，充、凤至宣阳门，拔栅，将战，刘遐、苏峻自南塘横击，大破之，赴水死者三千人。遐又破沈充于青溪。寻阳太守周光闻敦举兵，帅千

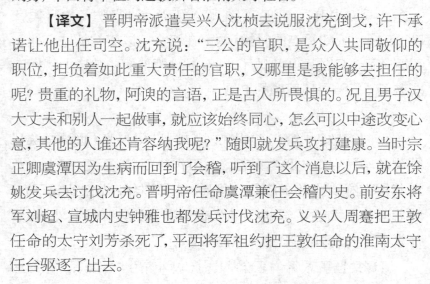

餘人来赴。既至，求见敦。王应辞以疾。光退曰："今我远来而不得见，公其死乎!"遽见其兄抚曰："王公已死，兄何为与钱凤作贼!"众皆愕然。

【译文】 沈充率领一万多士兵前去和王含的军队会合，司马顾飏游说沈充说："现在即将要开始起事了，而皇上司马绍已经扼守住了咽喉要地，士兵们锋锐的士气受到了挫折而感到沮丧，交战相持得时间久了，我们一定会遭遇到失败的祸患。现在如果把秦淮河上的栅栏破开、河塘开决，借用玄武湖的水灌注到京城，然后趁着水势，率领水军坐着快船前去进攻，这是上等的策略；如果凭借着军队刚刚抵达的锐利士气，联合东、西两路军队的兵力，分十路同时进攻，这样我们兵士众多，敌人寡少，双方人数相差超过一倍，按理一定摧毁敌军，这是中等的策略；转换祸患为福气，以共同计议大事为借口把钱凤召来，趁这个机会把他斩杀了，然后向朝廷投降，这是下等的策略。"但是沈充一个都没有采用，顾飏便逃回到了吴地。

丁亥日（十七日），刘遐、苏峻等人率领一万精锐的士兵抵达了，晋明帝在夜间接见了他们，并且犒劳了他们，将士们各按等秩均有赏赐。沈充、钱凤想要趁着北方的军队刚刚抵达，身体疲惫劳累，袭击他们。乙未日（二十五日）的晚上，沈充、钱凤从竹格渚渡过淮河。护军将军应詹、建威将军赵胤等人率领士兵进行抵御，但是没有取得成功，沈充、钱凤到了宣阳门以后，就把栅栏拔掉，正要交战，刘遐、苏峻就率领士兵从南塘侧面进行攻击，战胜了沈充、钱凤的军队，有三千多人掉到水里面被淹死了。刘遐后来又在青溪这个地方打败了沈充。寻阳太守周光听说王敦起兵了，就率领了一千多人赶来。到了以后，周光求见王敦。但是被王应以王敦病重为名拒绝了。周光退下以后说：

"现在我远道而来却不能够见到王敦，难道他已经死了吗？"于是他就立刻去见他的哥哥周抚说："王敦已经死了，哥哥你为什么还要和钱凤一起做叛贼呢？"大家都感到非常吃惊。

丙申，王含等烧营夜遁。丁酉，帝还宫，大赦，惟敦党不原。命庾亮督苏峻等追沈充于吴兴，温峤督刘遐等追王含、钱凤于江宁，分命诸将追其党与。刘遐军人颇纵虏掠，峤责之曰："天道助顺，故王含剿绝，岂可因乱为乱也！"遐惶恐拜谢。

王含欲奔荆州，王应曰："不如江州。"含曰："大将军平素与江州云何，而欲归之？"应曰："此乃所以宜归也。江州当人强盛时，能立同异，此非常人所及；今睹困厄，必有愍恻之心。荆州守文，岂能意外行事邪！"含不从，遂奔荆州。王舒遣军迎之，沉含父子于江。王彬闻应当来，密具舟以俟之；不至，深以为恨。钱凤走至阖庐洲，周光斩之，诣阙自赎。沈充走失道，误入故将吴儒家。儒诱充内重壁中，因笑谓充曰："三千户侯矣！"充曰："尔以义存我，我家必厚报汝；若以利杀我，我死，汝族灭矣。"儒遂杀之，传首建康。敦党悉平。充子劲当坐诛，乡人钱举匿之，得免；其后劲竟灭吴氏。

【译文】丙申日（二十六日），王含等人把营帐烧毁，连夜逃走。丁酉日（二十七日），晋明帝司马绍回到了皇宫，下令大赦天下，只有王敦的同党不在被赦免的人员里面。晋明帝颁下诏书命令庾亮督率苏峻等人追击逃到吴兴的沈充，温峤督率刘遐在江宁追击王含和钱凤，并分别命令其他将领追捕王敦的同党。刘遐的士兵不少都在放肆地掳掠抢夺，温峤就责备他说："上天只会帮助顺应天道的人，所以王含才会被剿灭，你又怎么可以乘着这个混乱的时候而作乱呢？"刘遐惊惶恐惧，连连向他下拜谢罪。

王含打算逃到荆州，王应说："不如去江州。"王含说："大将军王敦平时和江州刺史王彬的交情怎么样，你怎么会想要去投奔他呢？"王应说："这是因为到那里合适啊。江州刺史王彬在别人势力强盛的时候，能够坚持不同的立场，这不是一般的人能够比得上的。现在看到我们遭受困厄，他一定会对我们产生怜悯同情的心理。荆州刺史王舒循规蹈矩，又怎么会有超出常规的行事呢？"王含没有采纳王应的意见，于是他就逃奔去了荆州。王舒派遣军队前去迎接他们，把王含父子沉到江水里面淹死了。王彬听说王应要来，便秘密地准备了船只等待他们到来；王应没有来，王彬为此感到深深的遗憾。钱凤逃到阖庐洲，周光把他斩杀了，就自己前往朝廷请求赎罪。沈充逃奔的时候迷失了道路，误入了自己的旧将吴儒的家里。吴儒引诱沈充进入墙壁中间的夹层里面，然后就笑着对沈充说："我可以被册封为三千户侯了。"沈充说："你如果顾及以往的情义保全我，我家人一定会给予你丰厚的答礼；但是如果你为了私人利益把我杀了，我死了以后，你的家族也会被灭绝的。"吴儒还是把他杀了，并且把他的首级传送到了建康。王敦的同党到了这时全部被平定了。沈充的儿子沈劲本来应当连坐被诛杀，和他同乡的钱举把他藏匿了起来，他这才幸免于难。后来，沈劲把吴儒全族灭绝了。

【申涵煜评】彬数以直言忤敦，正气凛凛。及敦死，具舟待应不至，深以为恨，则又不解。应逆孽，罪宜伏法，即使来附，可相容耶？设有诏索之，能隐而不出耶？恨何为也！

【译文】王彬直言忤逆王敦，一身凛然正气。等到王敦死后，他准备船只迎接（王敦的兄弟王含和儿子王应）却没有接到，一直为此感到遗憾，又感到不能理解。王应这类逆臣的余孽，应该认罪服法，即使前来依附，难道能容下他吗？假设朝廷下诏索要他，能把他藏起来不交出来吗？有什么可以遗憾的呢？

有司发王敦瘗，出尸，焚其衣冠，踞而斩之。与沈充首同悬于南桁。郗鉴言于帝曰："前朝诛杨骏等，皆先极官刑，后听私殡。臣以为王诛加于上，私义行于下，宜听敦家收葬，于义为弘。"帝许之。司徒导等皆以讨敦功受封赏。

周抚与邓岳俱亡，周光欲资给其兄而取岳。抚怒曰："我与伯山同亡，何不先斩我！"会岳至，抚出门遥谓之曰："何不速去！今骨肉尚欲相危，况他人乎！"岳回舟而走，与抚共入西阳蛮中。明年，诏原敦党，抚、岳出首，得免死禁锢。

故吴内史张茂妻陆氏，倾家产，帅茂部曲为先登以讨沈充，报其夫仇。充败，陆氏诣阙上书，为茂谢不克之责；诏赠茂太仆。

【译文】 朝廷的官吏把埋葬王敦的地方挖开了，把他的尸体拖了出来，并且把他的帽子和衣服也都焚烧了，把他摆成跪姿，将他的头斩了下来，和沈充的头一起悬挂在朱雀桁。郗鉴对晋明帝说："以往朝廷诛杀杨骏等人，都是先对他们施加公家的刑罚，然后就任凭私人去进行安葬。我认为君王的刑罚表现了公理，私人的道义则体现了私交，您应该听任王敦的家里人前来对王敦进行埋葬，从义理来说更为宽大。"晋明帝答应了他的请求。司徒王导等人都因为讨伐王敦立下了功劳，各自得到了晋明帝的封赏。

周抚和邓岳一同逃亡，周光想要资助哥哥而只是逮捕邓岳。周抚非常生气地说："我和邓伯山一起逃亡，你为什么不先把我斩杀了呢?"正好邓岳到来,周抚出门远远地对他说:"你还不赶快离开! 现在就连亲骨肉都还想要加害,更何况是其他的人呢?"邓岳调转船头,和周抚一起逃到西阳的蛮中。第二年,晋明帝颁下诏令宽恕了王敦的同党,周抚、邓岳主动出来自首,才得以免除他们的死罪,但是还是被禁锢了起来。

原来的吴内史张茂的妻子陆氏,把自己所有的家产都拿了出来,率领张茂的部队充当先驱去讨伐沈充,以报她的丈夫被沈充杀害的仇恨。在打败了沈充以后,陆氏就前往京城向晋明帝上书,为张茂守郡的时候临敌不胜向晋明帝谢罪。晋明帝颁下诏令授予了张茂太仆的官衔。

有司奏:"王彬等敦之亲族,皆当除名。"诏曰:"司徒导以大义灭亲,犹将百世宥之,况彬等皆公之近亲乎!"悉无所问。

有诏:"王敦纲纪除名,参佐禁锢。"温峤上疏曰:"王敦刚愎不仁,忍行杀戮,朝廷所不能制,骨肉所不能谏;处其朝者,恒惧危亡,故人士结舌,道路以目,诚贤人君子道穷数尽,遵养时晦之辰也。原其私心,岂遑晏处! 如陆玩、刘胤、郭璞之徒常与臣言,备知之矣。必其赞导凶悖,自当正以典刑;如其枉陷奸党,谓宜施之宽贷。臣以玩等之诚,闻于圣听,当受同贼之责;苟默而不言,实负其心,惟陛下仁圣裁之!"郗鉴以为先王立君臣之教,贵于伏节死义。王敦佐吏,虽多逼迫,然进不能止其逆谋,退不能脱身远遁,准之前训,宜加义责。帝卒从峤议。

【译文】 有关部门向晋明帝上奏说:"王敦的亲族王彬等人,都应当削除他们的名籍,并且取消他们原有的官职。"晋明帝颁下诏令说:"司徒王导基于国家大义把自己的亲族诛灭了,他的后人即使犯有过失,还要宽恕百代,何况王彬等人还都是王导的近亲呢！"所以所有人都没有加以查问。

晋明帝颁下诏令说："把王敦的重要党羽削除名籍，革除王敦让他们出任的官职，其余僚属禁锢不用。"温峤向晋明帝上奏疏说："王敦固执自负，不讲仁义，个性残暴，喜好杀戮，这是朝廷制约不了的，是骨肉至亲不能够劝谏阻止的；在他幕府里面的人，长期畏惧着危险和死亡，所以那些士人们都不敢发表自己的言论，即使在途中相遇也只敢用眼睛互相看看，实在是贤人君子们遭遇了道义终结、时运不顺，只能安静地等待他恶贯满盈的时候。探究他们的内心深处，又怎么能够安然处之呢？诸如陆玩、刘胤、郭璞等人常常和我交谈，所以我对他们了解得很详细。如果他们真的是帮助或者引导王敦去做凶恶叛逆事情的人，您自然应当对他们根据律法严惩不贷；但是如果不是出于他们的本心，而是由于王敦的威胁和逼迫而委屈地陷身于奸党里面，那么您就应该宽恕他们犯下的罪行。我将陆玩等人的真实情况，禀报给皇上您听，本来应该承受和贼人同流合污的罪责；只是如果我沉默不把实情说出来，就实在是对不起他们的用心，我希望皇上您可以仁慈圣明地去裁决这件事情。"郗鉴认为先王设置有关君臣关系的条令，主要的目的就在于能够让臣子严守节操，为节义牺牲。辅助王敦的那些官吏们，虽然大多数都是由于遭到了王敦的逼迫，但是他们既不能阻止他叛逆的阴谋，又不能脱身逃到远处去，根据以往的典则，应该责罚他们没有君臣大义的罪过。最后晋明帝采纳了温峤的建议。

【乾隆御批】敦病中犹与导书，是导始终未尝绝敦。即其进督诸军，率子弟发哀，亦料敦必不起，方敢为是，以自托大义灭亲之为耳。

【译文】 王敦在病中还给王导写信，这证明王导始终没有和王敦断绝来往。就是他督率各路军马征讨王敦，还亲率宗族弟子为王敦举行哀悼仪式，大概也是猜想王敦的病一定不会好了，才敢这样做，而且要表明自己的行为是大义灭亲。

【乾隆御批】 璞占筮之验，古今以为美谈。然《易》主福、善、祸、淫，趋吉避凶，璞既精于《易》学，何至居敦侧而轻蹈危机？显其术数盖两失之矣！

【译文】 郭璞占卜的灵验，古今一直被人们称颂。然而《易》能测出福、善、祸、淫，又能谋求安吉，避开灾难，那么郭璞既然精通《易》学，为什么在王敦身边工作而轻易地踏入危险境地？显然他的数术不灵验啊！

【乾隆御批】 王敦非病死，晋室未知如何？导亦惟委蛇其间耳，且敦既为大逆，恶党仅于除名犹为失宽，而更欲贷之乎。温峤所议，恃为导周旋。而晋政不纲，于是益无可为已。

【译文】 王敦要不是病死，晋室还不知道该怎么办。王导也只是两边敷衍应付，再说王敦既然是犯上作乱，他的同党只是除去名籍还是太宽宏大量了，而且还要宽恕他们。温峤所说，只不过是为了应付王导。纲常不正到了如此地步，晋室将更加无所作为了。

冬，十月，以司徒导为太保、领司徒，加殊礼，西阳王羕领太尉，应詹为江州刺史，刘遐为徐州刺史，代王邃镇淮阴，苏峻为历阳内史，加庾亮护军将军，温峤前将军。导固辞不受。应詹至江州，吏民未安，詹抚而怀之，莫不悦服。

十二月，凉州将辛晏据枹罕，不服，张骏将讨之。从事刘庆谏曰："霸王之师，必须天时、人事相得，然后乃起。辛晏凶狂安忍，其亡可必；奈何以饥年大举，盛寒攻城乎！"骏乃止。

【译文】冬季，十月，晋明帝司马绍任命司徒王导为太保，兼任司徒，以特殊的礼仪对待他，西阳王司马羕兼领太尉，任命应詹为江州刺史，刘遐为徐州刺史，让他代替王邃镇守淮阴，任命苏峻为历阳内史，加封庾亮为护军将军，任命温峤为前将军。王导坚持辞谢，不肯接受晋明帝的任命。应詹到了江州以后，官吏和百姓尚且没有安定下来，应詹就抚慰他们，关怀他们，众人没有一个对他不心悦诚服的。

十二月，凉州的将领辛晏占据了枹罕县进行防守，不肯归服张骏，于是张骏就打算去讨伐他。从事刘庆劝谏他说："霸王的军队，必须天时和人事相互配合，然后才能出动军队。辛晏凶狠、狂妄、残忍，没有道义，他的灭亡是必然会发生的事情，您又何必要在饥荒的年月大举兴兵，在严寒的冬天进攻城池呢？"张骏这才作罢。

骏遣参军王骘聘于赵，赵主曜谓之曰："贵州款诚和好，卿能保之乎？"骘曰："不能。"侍中徐邈曰："君来结好，而云不能保，何也？"骘曰："齐桓贯泽之盟，忧心兢兢，诸侯不召自至；葵丘之会，振而矜之，叛者九国。赵国之化，常如今日，可也；若政教陵迟，尚未能察迩者之变，况鄙州乎！"曜曰："此凉州之君子也，择使可谓得人矣！"厚礼而遣之。

是岁，代王贺傉始亲国政，以诸部多未服，乃筑城于东木根山，徙居之。

【译文】张骏派遣参军王骘访问前赵国，前赵主刘曜对他说："你们竭诚与我和好，你能保证这一点吗？"王骘说："我不能保证。"前赵国侍中徐邈说："你前来和我国结盟交好，却又说不能保证，这是为什么呢？"王骘说："齐桓公在贯泽和天下诸侯结盟的时候，忧心忡忡，诸侯们没有等到齐桓公的召请，就自动地前来参加；等到齐桓公在葵丘和诸侯们会盟的时候，自恃功高，盛气凌人，结果有九个国家叛变了联盟。赵国的教化，如果能够一直和现在一样，我就可以保证；但是如果政治教化衰微，就连身边的变化都无法察觉出来，更何况是我们呢！"刘曜说："这个人是凉州的贤人君子啊！张骏选择这个人出任使者，可以说是选对人了！"于是刘曜就赠送了一份厚重的礼物给他，然后就让他回去了。

这一年，代王贺傉开始亲自处理国家政事，因为大多数的下属部落不听从他的号令，代王贺傉就在东木根山修筑了一座城池，搬迁到那里居住。

太宁三年（乙酉、公元三二五年）春，二月，张骏承元帝凶问，大临三日。会黄龙见嘉泉，汜祎等请改年以章休祥，骏不许。辛晏以枹罕降，骏复收河南之地。

赠故谯王承、甘卓、戴渊、周顗、虞望、郭璞、王澄等官。周札故吏为札讼冤，尚书卞壸议，以为："札守石头，开门延寇，不当赠谥。"司徒导以为："往年之事，敦奸逆未彰，自臣等有识以上，皆所未悟，与札无异；既悟其奸，札便以身许国，寻取枭夷。臣谓宜与周、戴同例。"郗鉴以为："周、戴死节，周札延寇，事异赏均，何以劝沮！如司徒议，谓往年有识以上皆与札无异，则谯王、周、戴皆应受责，何赠谥之有！今三臣既褒，则札宜受贬明矣。"导曰："札与谯王、周、戴，虽所见有异同，皆人臣之节也。"鉴曰："敦之逆谋，履霜日久，缘札开门，令王师不振。若敦前者之举，义同桓、文，则先帝可为幽、厉邪！"然卒用导议，赠札卫尉。

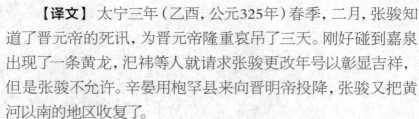

　　【译文】 太宁三年（乙酉，公元325年）春季，二月，张骏知道了晋元帝的死讯，为晋元帝隆重哀吊了三天。刚好碰到嘉泉出现了一条黄龙，氾祎等人就请求张骏更改年号以彰显吉祥，但是张骏不允许。辛晏用枹罕县来向晋明帝投降，张骏又把黄河以南的地区收复了。

　　晋明帝授予因为王敦的叛乱而去世的谯王司马承、甘卓、戴渊、周顗、虞望、郭璞、王澄等人官爵。周札以前的下属为周札向晋明帝申诉冤屈，尚书卞壸议论这件事情的时候认为："周札在石头城进行防守的时候，把城门打开让敌人进入城中，不应当授予他谥号。"司徒王导却认为："往年的事情，王敦奸邪叛逆的行为没有表现出来，就连我们这样的有识之士，在刚开始的时候都没有察觉到，和周札没有什么不同；等到我们察觉了王敦的奸邪以后，周札便为国献身，不久就被王敦杀害了。我认为他应该得到和周顗、戴渊同样的待遇。"郗鉴认为："周顗、戴渊都是固守节操，为国而死；周札接纳敌人进入城中，如果因为所做的事情不同，但是得到的奖赏却是一样的，又怎么可以励劝忠臣，阻止奸党呢？按照司徒的提议，往年有见识的人刚开始都和周札没有什么区别，那么，谯王司马承、周顗、戴渊都应该受到责罚，哪里还应该授予他们谥号呢？既然现在这三位大臣已经受到了皇上的褒奖，那么周札应该受到责罚也是很明显的了。"王导说："周札和谯王司马承、周顗、戴渊，虽然他们表现出来的形式有所不同，但是都做到了身为臣子的人应该尽到的节义。"郗鉴说："王敦打算叛逆的阴谋，已经谋划了很长时间了，由于周札把城门打开让敌人进入城中，使陛下军队的士气无法振作。如果王敦过去所做的事情，在道义上和齐桓公、晋文公一样，那么先帝不就变成周幽王、周厉王那样的人了吗?"但是晋明帝最终还是采纳了王导的建议,授予周札卫尉的官衔。

后赵王勒加宇文乞得归官爵,使之击慕容廆。廆遣世子皝、索头、段国共击之,以辽东相裴嶷为右翼,慕容仁为左翼。乞得归据浇水以拒皝,遣兄子悉拔雄拒仁。仁击悉拔雄,斩之;乘胜与皝攻乞得归,大破之。乞得归弃军走,皝、仁进入其国城,使轻兵追乞得归,过其国三百馀里而还,尽获其国重器,畜产以百万计,民之降附者数万。

三月,段末杯卒,弟牙立。

戊辰,立皇子衍为太子,大赦。

赵主曜立皇后刘氏。

【译文】后赵王石勒授予了宇文乞得归官爵,派他去进攻慕容廆。慕容廆派遣世子慕容皝、索头、段国一起去进行抵御,任命辽东相裴嶷为右翼,慕容仁为左翼。宇文乞得归占据了浇水抵御慕容皝,并且派遣他的哥哥的儿子宇文悉拔雄去抵抗慕容仁。慕容仁攻击宇文悉拔雄,把他斩杀了,然后乘胜和慕容皝联合起来一起去攻击宇文乞得归,打败了他。宇文乞得归把军队丢下逃走了,慕容皝和慕容仁进入了他的都城,派遣轻便的部队去追击宇文乞得归,越过了他的国土有三百多里才返回,获得了他的都城里面全部的重要的宝物,得到的畜产甚至可以用百万来计算,百姓向他投降、归顺的有几万人。

三月,段末杯去世了,他的弟弟段牙即位。

戊辰日(初二日),晋明帝册立皇子司马衍为太子,下令大赦天下。

前赵主刘曜册立刘氏为皇后。

北羌王盆句除附于赵，后赵将石佗自雁门出上郡袭之，俘三千馀落，获牛、马、羊百馀万而归。赵主曜遣中山王岳追之，曜屯于富平，为岳声援。岳与石佗战于河滨，斩之，后赵兵死者六千馀人，岳悉收所虏而归。

杨难敌袭仇池，克之，执田崧，立之于前，左右令崧拜。崧瞋目叱之曰："氐狗！安有天子牧伯而向贼拜乎！"难敌字谓之曰："子岱，吾当与子共定大业，子忠于刘氏，岂不能忠于我乎！"崧厉色大言曰："贼氐，汝本奴才，何谓大业！我宁为赵鬼，不为汝臣！"顾排一人，夺其剑，前刺难敌，不中，难敌杀之。

都尉鲁潜以许昌叛，降于后赵。

【译文】北羌王盆句除归附了前赵，后赵的将领石佗从雁门经上郡去攻击他，俘虏了三千多个部落，获得了一百多万只牛、马、羊返回。前赵主刘曜派遣中山王刘岳去追击他们，刘曜的军队在富平驻扎，为刘岳声援，刘岳和石佗在黄河沿岸交战，刘岳把石佗斩杀了。后赵的士兵一共死了六千多人，刘岳全部夺回了被石佗掳去的百姓和家畜以后返回。

杨难敌去攻打仇池，把仇池攻取了。杨难敌逮捕了田崧，让人把他带到自己的面前，左右的人命令田崧向杨难敌跪拜，田崧瞪着眼睛叱骂他们说："你们这些氐狗！哪里有身为天子的官员却向叛贼跪拜的道理！"杨难敌对他说："田子岱，我打算和你共同建立国家大业，你可以忠于刘氏，为什么就不可以忠于我呢？"田崧面色严厉地大声说："氐族贼人，你本来只是奴才，还谈什么大业？我宁愿做前赵国的死鬼，也不做你的臣子。"回身推开行列中的一个人，把他的剑夺了过来，就上前去刺杀杨难敌，但是没有刺中，杨难敌就把他杀了。

资治通鉴

都尉鲁潜占据许昌而叛变, 向后赵投降。

夏, 四月, 后赵将石瞻攻兖州刺史檀斌于邹山, 杀之。

后赵西夷中郎将王腾袭杀并州刺史崔琨、上党内史王眘, 据并州降赵。

五月, 以陶侃为征西大将军、都督荆、湘、雍、梁四州诸军事、荆州刺史, 荆州士女相庆。侃性聪敏恭勤, 终日敛膝危坐, 军府众事, 检摄无遗, 未尝少闲。常语人曰:"大禹圣人, 乃惜寸阴; 至于众人, 当惜分阴, 岂可但逸游荒醉! 生无益于时, 死无闻于后, 是自弃也!"诸参佐或以谈戏废事者, 命取其酒器、蒲博之具, 悉投之于江, 将吏则加鞭扑, 曰:"樗蒲者, 牧猪奴戏耳! 老、庄浮华, 非先王之法言, 不益实用。君子当正其威仪, 何有蓬头跣足, 自谓宏达耶!"有奉馈者, 必问其所由, 若力作所致, 虽微必喜, 慰赐参倍; 若非理得之, 则切厉诃辱, 还其所馈。尝出游, 见人持一把未熟稻, 侃问:"用此何为?"人云:"行道所见, 聊取之耳。"侃大怒曰:"汝既不佃, 而戏贼人稻!"执而鞭之。是以百姓勤于农作, 家给人足。尝造船, 其木屑竹头, 侃皆令籍而掌之, 人咸不解所以。后正会, 积雪始晴, 听事前馀雪犹湿, 乃以木屑布地。及桓温伐蜀, 又以侃所贮竹头作丁装船。其综理微密, 皆此类也。

【译文】夏季, 四月, 后赵的将领石瞻在邹山攻击兖州刺史檀斌, 把他杀了。

后赵的西夷中郎将王腾把并州刺史崔琨、上党内史王眘都杀死了, 占据了并州, 向前赵投降。

五月, 晋明帝司马绍任命陶侃为征西大将军, 都督荆、湘、雍、梁四州诸军事,荆州刺史,荆州的百姓们相互庆贺。陶侃这个人聪明机智,做事谨慎勤劳,整天盘膝端坐在那里办理公务,对于军府里面的许多事情,他都检查管理得非常周到,丝毫遗漏都没有,一刻的闲暇都没有过。陶侃常常告诉别人说:"大禹这样的圣人,尚且还会珍惜每一寸的光阴,至于我们这些一般人,就更应当珍惜每一分的光阴,又怎么可以只是追求安逸享乐,荒唐醉酒呢?活着的时候,对于当世没有一点贡献;死了以后,也没有给后世留下什么声誉,这就是自己糟蹋放弃自己啊!"那些为他办事的参佐幕僚们,有的因为谈笑游戏把工作耽误了,陶侃就命令把他们喝酒的器皿和赌博下棋的工具,全部投到了江水里面,耽误工作的将吏们则加以鞭打责罚并且教训他们,说:"赌博不过是那些放猪的奴才们玩的游戏。老子、庄子的学说虚浮不切实际,并非先王可以用作典则的言论,不利于实际的使用。君子应当端正自己的仪容,怎么可以披散着头发,光着脚板,却认为自己才识宏大畅达呢?"有人送东西给他,他一定会询问对方这东西是从哪里得来的,如果是依靠自己努力工作所得到的,即使价值非常薄弱,也一定会欢欢喜喜地收下,并且回敬他超出两三倍价值的物品;如果不是通过正当的手段得到的,就会严词厉色地呵斥和责骂,坚决退还。有一次陶侃到郊外游玩,看到一个人手里拿着一把还没有成熟的稻子,陶侃就询问他说:"你拔下这些稻子要用来做什么呢?"那个人回答说:"我只是走在路上的时候看到了,随便摘下来玩玩罢了。"陶侃就非常生气地说:"你不亲自进行耕作,竟还去随便毁坏别人的稻子拿来玩!"然后就把那个人抓起来用鞭子抽打他。所以老百姓们都很勤奋地进行耕作,家家都不缺乏粮食,人人生活富足。有一次陶侃制造船只,剩下来的那些不能用的木屑和竹头，陶侃都命令管事的人登记在簿籍上面收藏了起来，别人都不明白这些东西还会有什么用处。后来元旦群臣朝会，恰好碰到积雪以后天开始放晴，中庭前面残留的积雪仍然让地面十分潮湿，陶侃就命令人把那些木屑拿出来铺在地上。等到桓温去讨伐蜀地的时候，又用陶侃所贮存的竹头做钉子装配船只。陶侃治理事务仔细且缜密，一直都是这个样子。

后赵将石生屯洛阳，寇掠河南，司州刺史李矩、颍川太守郭默军数败，又乏食，乃遣使附于赵。赵主曜使中山王岳将兵万五千人趣孟津，镇东将军呼延谟帅荆、司之众自崤、渑而东，欲会矩、默共攻石生。岳克孟津、石梁二戍，斩获五千馀级，进围石生于金墉。后赵中山公虎帅步骑四万，入自成皋关，与岳战于洛西。岳兵败，中流矢，退保石梁。虎作堑栅环之，遏绝内外。岳众饥甚，杀马食之。虎又击呼延谟，斩之。曜自将兵救岳，虎帅骑三万逆战。赵前军将军刘黑击虎将石聪于八特阪，大破之。曜屯于金谷，夜，军中无故大惊，士卒奔溃，乃退屯渑池；夜，又惊溃，遂归长安。六月，虎拔石梁，禽岳及其将佐八十馀人，氐、羌三千馀人，皆送襄国，坑其士卒九千人。遂攻王腾于并州，执腾，杀之，坑其士卒七千馀人。曜还长安，素服郊次，哭，七日乃入城，因愤恚成疾。郭默复为石聪所败，弃妻子南奔建康。李矩将士阴谋叛降后赵，矩不能讨，亦帅众南归。众皆道亡，惟郭诵等百馀人随之；卒于鲁阳。矩长史崔宣帅其馀众二千降于后赵。于是，司、豫、徐、兖之地，率皆入于后赵，以淮为境矣。

【译文】后赵的将领石生在洛阳驻兵，侵犯并且抢掠了黄河以南的地方，司州刺史李矩和颍川太守郭默的军队多次战败，又缺乏粮食，于是他们就派遣使者请求可以依附前赵。前赵主刘曜就派遣中山王刘岳率领一万五千士兵赶去孟津，派遣镇东将军呼延谟统率荆、司两州的兵众从崤山、渑池向东进发，想要和李矩、郭默会合，共同去攻打石生。刘岳打败了在孟津、石梁两地防守的士兵，斩获首级五千多个，他们又进军把石生围困在了金墉。后赵的中山公石虎率领步兵和骑兵四万人，从成皋关入内，和刘岳在洛阳以西的地方交战。刘岳的军队战败了，就连刘岳也被流箭射中，后退到石梁进行防守。石虎挖掘了壕沟，修筑栅栏，从四面把刘岳围困住，使内外隔绝。刘岳率领的士兵非常饥饿，就把战马杀掉吃了。石虎又去攻击呼延谟，把他斩杀了。前赵主刘曜亲自率领军队赶去救援刘岳，石虎率领三万骑兵迎战，前赵的前军将军刘黑攻击驻守八特阪的石虎部将石聪，战胜了他。刘曜在金谷驻兵，夜里，军队无缘无故地突然发生了惊乱，士兵们奔逃溃乱，于是刘曜就退到渑池驻军；到了夜间军中再次发生了惊乱，士兵溃散，刘曜就返回了长安。六月，石虎攻取了石梁，俘虏了刘岳和他的将领、辅佐的谋士一共有八十多人，以及三千多个氐族、羌族的士兵，石虎把他们都送到了襄国，坑杀了刘岳的士兵九千多人。石虎随即又去并州攻打王腾，他把王腾逮捕斩杀了，并坑杀王腾的士兵七千余人。刘曜回到长安，穿上素服在郊外停驻，哭吊了七天以后才进城，并且因为愤怒而生病了。郭默又被石聪打败了，他把自己的妻子儿女丢下，向南逃回了建康。李矩的将士们私下密谋背叛向后赵投降，李矩没有力量镇压，也率领士兵逃回了南方，士兵在路上都逃走了，只有郭诵等一百多个人一直跟随着他，李矩到了鲁阳县就死了。李矩的长史崔宣率领他剩余的两千多个士兵向后赵投降。就这样司州、豫州、徐州、兖州四州的土地，全部都被归于

资治通鉴

后赵，与东晋以淮水为界限。

赵主曜以永安王胤为大司马、大单于，徙封南阳王，置单于台于渭城，其左、右贤王以下，皆以胡、羯、鲜卑、氐、羌豪桀为之。

秋，七月，辛未，以尚书令郗鉴为车骑将军、都督徐、兖、青三州诸军事、兖州刺史，镇广陵。

闰月，以尚书左仆射荀崧为光禄大夫、录尚书事，尚书邓攸为左仆射。

【译文】前赵主刘曜任命永安王刘胤为大司马、大单于，改封他为南阳王，让他在渭城修置单于台，他的左、右贤王以下的官吏，都由胡族、羯族、鲜卑族、氐族和羌族的豪杰人士出任。

秋季，七月，辛未日（初七日），晋明帝司马绍任命尚书令郗鉴为车骑将军，都督徐州、兖州、青州三州诸军事，兼任兖州刺史，镇守广陵。

闰月，晋明帝任命尚书左仆射荀崧为光禄大夫、录尚书事，任命尚书邓攸为左仆射。

右卫将军虞胤，元敬皇后之弟也，与左卫将军南顿王宗俱为帝所亲任，典禁兵，直殿内，多聚勇士以为羽翼；王导、庾亮皆忌之，颇以为言，帝待之愈厚，宫门管钥，皆以委之。帝寝疾，亮夜有所表，从宗求钥；宗不与，叱亮使曰："此汝家门户邪！"亮益忿之。及帝疾笃，不欲见人，群臣无得进者。亮疑宗、胤及宗兄西阳王羕有异谋，排闼入升御床，见帝流涕，言羕与宗等谋废大臣，自求辅政，请黜之；帝不纳。壬午，帝引太宰羕、司徒导、尚书令卞壶、车骑将军郗鉴、护军将军庾亮、领军将军陆晔、丹杨尹温峤，并受遗诏辅太子，更入殿将兵直宿；复拜壶右将军，亮中书令，晔录尚书事。丁亥，降遗诏。戊子，帝崩。帝明敏有机断，故能以弱制强，诛剪逆臣，克复大业。

资治通鉴

【译文】右卫将军虞胤，是元帝司马睿元敬皇后的弟弟，他和左卫将军南顿王司马宗都是晋明帝司马绍所亲近信任的官员，主管禁卫的军队，在皇宫里面供职，他们招纳了很多的勇士，作为自己的党羽。就连王导、庾亮都对他们有所顾忌，经常为了这件事向晋明帝进言，但是晋明帝对待他们却愈来愈亲密，就连宫门的钥匙，也全部交给他们，让他们管理。晋明帝司马绍卧病在床，庾亮在夜里要向晋明帝进言，就去向南顿王司马宗要宫门钥匙，司马宗却不给他，并且大声责骂庾亮派遣去的人说："这里是你家的门户吗？"庾亮因此对他更加愤恨。等到晋明帝司马绍病重了，不想接见任何人，群臣没有一个可以进入皇宫。庾亮怀疑司马宗、虞胤以及司马宗的哥哥西阳王司马羕有叛乱的阴谋，就直接推开宫门进入皇宫，登上御床，看到晋明帝的时候，庾亮就流着眼泪，向晋明帝述说司马羕和司马宗等人谋划废黜大臣，自己请求辅佐朝廷，庾亮向晋明帝请求废黜驱逐他们，但是晋明帝没有接受他的请求。壬午日（十九日），晋明帝让太宰司马羕、司徒王导、尚书令卞壶、车骑将军郗鉴、护军将军庾亮、领军将军陆晔、丹杨尹温峤，共同接受了辅佐太子的遗诏，轮流进入皇宫率领禁军侍卫。晋明帝又任命卞壶为右将军、庾亮为中书令、陆晔为录尚书事。丁亥日（二十四日），晋明帝颁布了遗诏，戊子日（二十五日），晋明帝驾崩了。晋明帝司马绍聪明敏慧，机警果断，所以才能够以衰弱的国势制服强横的异族，诛灭了叛逆的臣子王敦，使晋朝的基业重新恢复了安定。

己丑，太子即皇帝位，生五年矣。君臣进玺，司徒导以疾不至。卞壶正色于朝曰："王公岂社稷之臣邪！大行在殡，嗣皇未立，宁是人臣辞疾之时也！"导闻之，舆疾而至。大赦，增文武位二等，尊庾后为皇太后。

群臣以帝幼冲，奏请太后依汉和熹皇后故事；太后辞让数四，乃从之。秋，九月，癸卯，太后临朝称制。以司徒导录尚书事，与中书令庾亮、尚书令卞壶参辅朝政，然事之大要皆决于亮。加郗鉴车骑大将军，陆晔左光禄大夫，皆开府仪同三司。以南顿王宗为骠骑将军，虞胤为大宗正。

【译文】己丑日（二十六日），太子司马衍即位，当时只有五岁。群臣要把国玺进献给继位的国君，司徒王导因为生病没有前来。卞壶在上朝的时候表情端正严肃地说："王导难道还算是辅佐国君的大臣吗？先皇明帝司马绍尚未得到安葬，继位的皇上司马衍也还没有即位，现在哪里是身为臣子的以有病为由辞谢不到的时候啊！"王导听到了他说的这番话以后，就勉强拖着病躯坐车赶到。晋成帝司马衍下令大赦天下，提升文武官员两级职位。尊奉庾后为皇太后。

群臣因为晋成帝司马衍幼弱，就向太后上奏表请求太后依照汉代和熹皇后的例子临朝听政，暂代国君处理政事；太后先后四次推辞谦让，最后才遵从了群臣的意见。秋季，九月，癸卯日（十一日），太后上朝暂代国君处理政事。任命司徒王导为录尚书事，和中书令庾亮、尚书令卞壶共同辅佐朝政，然而，政事的要旨都由庾亮决定。太后加封郗鉴为车骑大将军，陆晔为左光禄大夫，都是开府仪同三司。任命南顿王司马宗为骠骑将军，虞胤为大宗正。

尚书召乐广子谟为郡中正，庾珉族人怡为廷尉评，谟、怡各称父命不就。卞壶奏曰："人无非父而生，职无非事而立，有父必有命，居职必有悔。有家各私其子，则为王者无民，君臣之道废矣。"乐广、庾珉受宠圣世，身非己有，况及后嗣而可专哉！所居之职，若顺夫群心，则战戍者之父母皆当命子以不处也。"谟、怡不得已，各就职。

辛丑，葬明帝于武平陵。

冬，十一月，癸巳朔，日有食之。

【译文】 尚书召任乐广的儿子乐谟为郡中正，庾珉的族人庾怡为廷尉评，乐谟和庾怡两人都以遵从父亲的命令为理由不肯就任。卞壶就上奏说："人们如果没有父亲就不会诞生，官职如果没有事情就不会设立；有父亲就必定会有父亲的命令，出任官职就必定会有需要忧虑的事情。如果每一个家庭都把自己的子女看成私人的财产，那么，做君王的就没有臣民了，君臣之间的礼义也就废弛了。乐广和庾珉都曾经在圣朝受到过宠信，他们的身体已经不是自己所有的了，更何况到了他们的后嗣的身上，又怎么可以私人专占呢？所任命的职务，如果都能够顺从自己的私心，那么被任命去作战和戍守边境的官员的父母们，都应当命令他们的儿子不要去上任。"乐谟和庾怡没有办法，只好分别前去就任。

辛丑日（初九日），把晋明帝司马绍安葬在了武平陵。

冬季，十一月，癸巳朔日（初一），发生了日食。

【乾隆御批】 拜宫不受，东汉以来处士积习。皆以乱民外托高蹈者也。卞壶数语实持正义，合观前后，抗论王导及痛惩放达恶俗，胸次自是不凡。

【译文】任命官职不接受，是东汉以来有才学而隐居不做官的人长期形成的习惯。都是以没有才能，治理不了老百姓为托辞而显示自己超脱的品德。卞壶的几句话实在是坚持正义的，综观他前后几次的言论，如以言论对抗王导及严厉惩戒不守礼法的不良习俗，都说明卞壶的抱负不一般。

慕容廆与段氏方睦，为段牙谋，使之徙都；牙从之，即去令支，国人不乐。段疾陆眷之孙辽欲夺其位，以徙都为牙罪，十二月，帅国人攻牙，杀之，自立。段氏自务勿尘以来，日益强盛，其地西接渔阳，东界辽水，所统胡、晋三万馀户，控弦四五万骑。

荆州刺史陶侃以宁州刺史王坚不能御寇，是岁，表零陵太守南阳尹奉为宁州刺史以代之。先是，王逊在宁州，蛮酋梁水太守爨量、益州太守李逊，皆叛附于成。逊讨之，不能克。奉至州，重募徼外夷刺爨量，杀之，谕降李逊，州境遂安。

代王贺傉卒，弟纥那立。

【译文】慕容廆和段氏刚刚和睦，为段牙谋划，让他迁移都城。段牙采纳了他的建议，马上就离开了令支，国内的百姓都不乐意。段疾陆眷的孙子段辽想要篡夺段牙的权位，就把迁移都城的事情作为段牙的罪状，十二月，段辽率领国人攻打段牙，把他杀了，段辽自立为王。段氏自从段务勿尘以来，势力一天比一天强盛，其土地西边连接着渔阳，东边以辽水为边界，统领着三万多户的胡人和晋人，有四五万能拉弓射箭的骑兵。

荆州刺史陶侃因为宁州刺史王坚不能抵御敌寇，这一年，陶侃就向晋成帝司马衍上奏表请求晋成帝任命零陵太守南阳人尹奉为宁州刺史代替王坚。早一点的时候，王逊在宁州任职，蛮族首领梁水太守爨量、益州太守李逖，都叛变了晋朝归附了成汉。王逊就去讨伐他们，没有取得胜利。尹奉到了宁州以后，出重金招募外夷去刺杀爨量，把他杀死了，尹奉又劝谕李逖归降，宁州境内这才算安定了下来。

代王拓跋贺傉去世了，他的弟弟拓跋纥那继位。

显宗成皇帝上之上

咸和元年（丙戌，公元三二六年）春，二月，大赦，改元。

赵以汝南王咸为太尉、录尚书事，光禄太夫刘绥为大司徒，卜泰为大司空。刘后疾病，赵主曜问所欲言，刘氏泣曰："妾幼鞠于叔父昶，愿陛下贵之；叔父皑之女芳有德色，愿以备后宫。"言终而卒。曜以昶为侍中、大司徒、录尚书事，立芳为皇后；寻又以昶为太保。

三月，后赵主勒夜微行检察诸营卫，赍金帛以赂门者，求出。永昌门候王假欲收捕之，从者至，乃止。旦，召假，以为振忠都尉，爵关内侯。勒召记室参军徐光，光醉不至，黜为牙门。光侍直，有愠色，勒怒，并其妻子囚之。

【译文】咸和元年（丙戌，公元326年）春季，二月，晋成帝下令大赦天下，更改年号为咸和。

前赵任命汝南王刘咸为太尉、录尚书事，光禄大夫刘绥为大司徒，卜泰为大司空。刘后生病了，前赵主刘曜问她还有什么话想要说，刘氏哭泣着说："我自幼便由叔父刘昶养育，我希望陛下可以重用他；叔父刘皑的女儿刘芳品德容貌都出色，我希望陛下可以让她备列后宫。"刘后说完这些话就死了。刘曜任命刘昶为侍中、大司徒、录尚书事，册立刘芳做皇后；没有多久刘曜又任命刘昶为太保。

三月，后赵主石勒在夜里穿着便服外出巡视，检视巡查各个营帐守卫，他给看守营门的人送去金帛进行贿赂，请求让自己出去。永昌门候王假正要将他逮捕收押，因为随从的到来，才停止了。天亮的时候，石勒将王假传召过来，任命他为振忠都尉，并且给他封爵为关内侯。石勒召见记室参军徐光，徐光因为喝醉了酒，没有前来，石勒就将他贬为了牙门。徐光当值侍卫的时候，面带愤怒埋怨的神色，这让石勒感到非常生气，于是石勒就把他和他的妻子儿女一起囚禁了起来。

夏，四月，后赵将石生寇汝南，执内史祖济。

六月，癸亥，泉陵公刘遐卒。癸酉，以车骑大将军郗鉴领徐州刺史；征虏将军郭默为北中郎将、监淮北诸军事，领遐部曲。遐子肇尚幼，遐妹夫田防及故将史迭等不乐他属，共以肇袭遐故位而叛。临淮太守刘矫掩袭遐营，斩防等。遐妻，邵续女也，骁果有父风。遐尝为后赵所围，妻单将数骑，拔遐出于万众之中。及田防等欲作乱，遐妻止之，不从，乃密起火，烧甲仗都尽，故防等卒败。诏以肇袭遐爵。

【译文】 夏季，四月，后赵的将领石生入侵汝南，把内史祖济抓了起来。

六月，癸亥日（初五日），泉陵公刘遐去世了。癸酉日（十五日），晋成帝司马衍任命车骑大将军郗鉴兼任徐州刺史；征虏将军郭默为北中郎将、监察淮北诸军事，兼领刘遐的军队。刘遐的儿子刘肇年纪还小，刘遐的妹夫田防以及刘遐以前的部下史迭等人不愿意接受他人的统率，一起让刘肇继承刘遐原本的爵位，后来又叛变了。临淮太守刘矫偷袭刘遐的军营，把田防等人都斩杀了。刘遐的妻子，是邵续的女儿，骁勇果断，颇有她父亲的作风。刘遐曾经被后赵的士兵围困，他的妻子就单独率领了几名骑兵，从成千上万的士兵里面把刘遐救了出来。在田防等人企图作乱的时候，刘遐的妻子就去阻止他们，但是没有成功，于是刘遐的妻子就暗中点火，把全部的铠甲和兵器都烧光了，所以田防等人最终失败了。晋成帝司马衍颁下诏令让刘肇继承了刘遐泉陵公的爵位。

资治通鉴

【申涵煜评】遐妻邵氏突万众以救夫，烧兵仗以弥乱，是巾帼中真豪杰。彼王谢家儿吟风咏絮，安能望其后尘？惟江东徐夫人差足辉映耳。

【译文】 刘遐的妻子冲进万人的包围中救出丈夫，烧了兵器制造混乱，真是巾帼英雄。那个王谢家的咏絮才女谢道韫，怎么能比得上她呢？只有江东的徐夫人差不多能与她比肩。

司徒导称疾不朝，而私送郗鉴。卞壶奏"导亏法从私，无大臣之节，请免官"。虽事寝不行，举朝惮之。壶俭素廉絜，裁断切直，当官干实，性不弘裕，不肯苟同时好，故为诸名士所少。阮孚谓之曰："卿常无闲泰，如含瓦石，不亦劳乎！"壶曰："诸君子以道德恢弘，风流相尚，执鄙吝者，非壶而谁！"时贵游子弟多慕王澄、谢鲲为放达，壶厉色于朝曰："悖礼伤教，罪莫大焉；中朝倾覆，实由于此。"欲奏推之，王导、庾亮不听，乃止。

成人讨越巂斯叟，破之。

秋，七月，癸丑，观阳烈侯应詹卒。

【译文】 司徒王导称自己有病不去上朝，但是私底下去送别郗鉴。卞壶向晋成帝司马衍上奏疏说:"王导不遵守王法,顺从私情,丧失了身为大臣应该具备的节操,我请求皇上罢免他的官职。"虽然这件事情中止下来,并没有按照他的意见进行处理,但是朝廷里面所有的臣子都很害怕他。卞壶节俭朴素,清白廉洁,对事情的裁断贴切正直,任官实干,但是性情不够宽厚,不肯随便地趋同当时的俗流,所以受到许多名士的轻视。阮孚对他说:"你常常没有悠闲安定的时候,就好像嘴里面含着瓦砾石头一样,难道不觉得劳累吗?"卞壶说:"各位君子以道德宽大,举止潇洒,品格清高,相互尊敬崇尚,那么表现庸俗、贪鄙的人,不是我卞壶还能有谁呢?"当时的王公子弟,大多数都仰慕王澄、谢鲲的放荡旷达,卞壶在上朝的时候,面色严厉地说:"违背礼义,有伤教化,真的是没有比这个更大的罪过了;西晋中途的倾覆,实在就是这个理由造成的啊!"卞壶还想要上奏疏给朝廷,请求治理他们的罪过,王导、庾亮不肯采纳,这才停止了。

成汉人讨伐越巂人斯叟,把他打败了。

秋季,七月,癸丑日(二十五日),观阳烈侯应詹去世了。

初,王导辅政,以宽和得众。及庾亮用事,任法裁物,颇失人心。豫州刺史祖约,自以辈不后郗、卞,而不豫顾命,又望开府复不得,及诸表请多不见许,遂怀怨望。及遗诏褒进大臣,又不及约与陶侃,二人皆疑庾亮删之。历阳内史苏峻,有功于国,威望渐著,有锐卒万人,器械甚精,朝廷以江外寄之;而峻颇怀骄溢,有轻朝廷之志,招纳亡命,众力日多,皆仰食县官,运漕相属,稍不如意,辄肆忿言。亮既疑峻、约,又畏侃之得众,八月,以丹杨尹温峤为都督江州诸军事、江州刺史,镇武昌;尚书仆射王舒为会稽内史，以广声援；又修石头以备之。

丹杨尹阮孚以太后临朝，政出舅族，谓所亲曰："今江东创业尚浅，主幼时艰，庾亮年少，德信未孚，以吾观之，乱将作矣。"遂求出为广州刺史。孚，咸之子也。

【译文】起初，王导辅佐政事，因为他的宽厚顺德，众人对他十分信服。等到庾亮辅佐政事的时候，依照法令对事务进行裁断，很失人心。豫州刺史祖约，自认为自己的辈分，并不在郗鉴、卞壸的下面，却没有被列入辅佐幼主的大臣当中，他又希望自己能够得到开府之号，也没有实现，他向晋成帝司马衍上表请求的事情，大多数也没有得到允许，于是他心里面就满怀怨恨和失望。等到晋明帝司马绍的遗诏褒扬和进封大臣的时候，又没有祖约和陶侃，于是他们两个人就都怀疑是庾亮把他们两个人的名字删除了。历阳内史苏峻，为国家立下了功劳，渐渐地有了显赫的威望，拥有精锐的士兵一万人，兵器也非常精良，于是朝廷把长江以外交付给了他；但苏峻颇有骄纵之心，轻视朝廷，招纳亡命之徒人数日多，都依靠国家供给生活的物资，运送粮食的船只接连不断，稍微有一点不如意的事情发生，就毫无顾忌地说一些愤恨的话，肆无忌惮地斥骂。庾亮既怀疑苏峻和祖约的忠心，又畏惧陶侃深得人心，八月，晋成帝司马衍任命丹杨尹温峤为江州刺史、都督江州诸军事，镇守武昌；尚书仆射王舒为会稽内史，用来扩大自己的声势和援助，同时还修筑石头城用来防备他们。

丹杨尹阮孚因为太后上朝代理皇上处理政事，政事都由晋成帝司马衍的舅族决定，就对自己亲近信任的人说："现在江东朝廷创业的时间没有多长，皇上年纪幼小，创立的基业还不够深厚，时局艰难，庾亮年轻，他的德行和信誉，都尚且不能使国

资治通鉴

168

人信服，根据我的看法，祸乱将要发生。"于是阮孚就向晋成帝上书请求把自己调去出任广州刺史。阮孚，是阮咸的儿子。

【乾隆御批】知乱将作，而求外出，为身计则得矣，其如国计何？然此等放达名高之徒，虽在内，亦何济于事？

【译文】既然知道叛乱将要发生，却要求出外为官，为自身打算是得到安全了，那为国家考虑怎么样呢？那么这样有很高名声的豪放豁达之徒，即使在朝内，对国家又有什么用呢？

冬，十月，立帝母弟岳为吴王。

南顿王宗自以失职怨望，又素与苏峻善；庾亮欲诛之，宗亦欲废执政。御史中丞钟雅劾宗谋反，亮使右卫将军赵胤收之。宗以兵拒战，为胤所杀，贬其族为马氏，三子绰、超、演皆废为庶人。免太宰西阳王羕，降封弋阳县王，大宗正虞胤左迁桂阳太守。宗，宗室近属；羕，先帝保傅。亮一旦剪黜，由是失远近之心。宗党卞阐亡奔苏峻，亮符峻送阐，峻保匿不与。宗之死也，帝不之知，久之，帝问亮曰："常日白头公何在？"亮对以谋反伏诛。帝泣曰："舅言人作贼，便杀之；人言舅作贼，当如何！"亮惧，变色。

【译文】冬季，十月，晋成帝司马衍册立自己母亲的弟弟庾岳为吴王。

南顿王司马宗自以为丢失了官职，所以心怀怨恨，再加上他又一向和苏峻要好，庾亮就想要把他诛杀了。司马宗也想要废黜庾亮，自己执政。御史中丞钟雅向晋成帝弹劾司马宗图谋造反，庾亮就派遣右卫将军赵胤去逮捕他。司马宗率领士兵拒捕，和赵胤交战，被赵胤杀死了，他的族人也受到连累，被贬黜改姓为马氏，他的三个儿子司马绰、司马超、司马演都被废为平民。庾亮又罢免了太宰西阳王司马羕，把他的封爵降低为弋阳县王，大宗正虞胤被降职为桂阳太守。司马宗，是皇室的近亲；司马羕，是先帝的太保、太傅，庾亮却轻易地杀戮和废黜他们，因此更加失去了众人之心。司马宗的同党卞阐逃奔到苏峻那里，庾亮给苏峻送去朝廷的符信，命令苏峻把卞阐送来，苏峻保护匿藏，不把他交给朝廷。司马宗被杀之事，晋成帝并不知道，过了很长时间以后，晋成帝询问庾亮说："往常看到的那个白头公在什么地方呢？"庾亮回晋成帝说因为他图谋造反，已经被诛杀了。晋成帝就哭泣着说："舅舅说别人图谋造反，便轻易地把他杀了；要是别人说舅舅图谋造反，应该怎么办呢？"庾亮恐惧得脸色都变了。

资治通鉴

赵将黄秀等寇鄀，顺阳太守魏该帅众奔襄阳。

后赵王勒用程遐之谋，营邺宫，使世子弘镇邺，配禁兵万人，车骑所统五十四营悉配之，以骁骑将军领门臣祭酒王阳专统六夷以辅之。中山公虎自以功多，无去邺之意，及修三台，迁其家室，虎由是怨程遐。

十一月，后赵石聪攻寿春，祖约屡表请救，朝廷不为出兵。聪遂进寇逡遒、阜陵，杀掠五千馀人。建康大震，诏加司徒导大司马、假黄钺、都督中外诸军事以御之，军于江宁。苏峻遣其将韩晃击石聪，走之，导解大司马。朝议又欲作涂塘以遏胡寇，祖约曰："是弃我也！"益怀愤恚。

【译文】 前赵的将领黄秀等人侵犯鄀县，顺阳太守魏该率领着众人逃到襄阳。

后赵王石勒采用了程遐的计谋，营建邺地宫室，派遣世子石弘镇守邺，分配了一万禁卫军给他，还把车骑将军所统率的五十四个营也全部分配给他，并且派遣骁骑将军兼领门臣祭酒王阳专门统率六夷来辅佐他。中山公石虎认为自己立下了很多功劳，所以并没有离开邺的想法，等到修建三台的时候，石弘让石虎把他的家族迁移走，石虎因此便怨恨程遐。

十一月，后赵石聪攻打寿春，祖约多次向晋成帝上奏表请求朝廷派军队援救，但是朝廷不肯为他出兵。石聪于是就侵入了逡道、阜陵，杀死、抢劫了五千多人。建康朝廷里的官员为此非常震惊，晋成帝颁下诏书加封司徒王导为大司马、假黄钺、都督中外诸军事去抵御石聪，在江宁驻扎军队。苏峻派遣他的将领韩晃进攻石聪，把他赶走了。王导解除了大司马的官职。朝廷官员议论又想兴修涂塘来遏止胡人的入侵掠夺，祖约说："这是弃我不顾啊！"对朝廷更加心怀愤恨。

十二月，济岷太守刘阆等杀下邳内史夏侯嘉，以下邳叛，降于后赵。石瞻攻河南太守王瞻于邾，拔之。彭城内史刘续复据兰陵石城，石瞻攻拔之。

后赵王勒以牙门将王波为记室参军，典定九流，始立秀、孝试经之制。

张骏畏赵人之逼，是岁，徙陇西、南安民二千馀家于姑臧，又遣修好于成，以书劝成主雄去尊号，称籓于晋。雄复书曰："吾过为士大夫所推，然本无心于帝王，思为晋室元功之臣，扫除氛埃；而晋室陵迟，德声不振，引领东望，有年月矣。会获来贶，情在暗至，有何已已。"自是聘使相继。

【译文】十二月，济岷太守刘阆等把下邳内史夏侯嘉杀死了，占据下邳叛变，向后赵投降。石瞻在邾城攻打河南太守王瞻，把邾城占领了。彭城内史刘续又占领了兰陵石城，石瞻前去攻打，把兰陵石城攻取了。

后赵王石勒任命牙门将王波为记室参军，典掌评定九流高下，并且开始设立秀才和孝廉来考试经学的制度。

张骏畏惧赵人的逼迫，就在这一年，把陇西、南安的两千多户居民迁徙到了姑臧，又派遣使者向成汉修好，并且写信劝成汉的君主李雄，除去皇帝的尊号，向晋室称臣，成为东晋的藩属。李雄回信说："士大夫们对我的推崇太过分了，但是我本来并没有成为帝王的想法，我只想成为晋室的第一功臣，扫除世间的妖气和尘埃，但是晋室国运衰微，恩德和声威都不振作，我伸长了脖子向东边盼望，想要成为晋室的臣子，已经有很长时间了。刚好收到你的礼物和来信，和我想要成为晋室臣子的情意，甚是契合，我还有什么需要顾虑的呢？"自此以后，张骏和李雄就不断地相互派遣使者进行访问。

咸和二年（丁亥，公元三二七年）春，正月，朱提太守杨术与成将罗恒战于台登，兵败，术死。

夏五月，甲申朔，日有食之。

赵武卫将军刘朗帅骑三万袭杨难敌于仇池，弗克，掠三千馀户而归。

张骏闻赵兵为后赵所败，乃去赵官爵，复称晋大将军、凉州牧，遣武威太守窦涛、金城太守张阆、武兴太守辛岩、扬烈将军宋辑等帅众数万，东会韩璞，攻掠赵秦州诸郡。赵南阳王胤将兵击之，屯狄道。枹罕护军辛晏告急。秋，骏使韩璞、辛岩救之。璞进度沃干岭。岩欲速战，璞曰："夏末以来，日星数有变，不可轻动。且曜与石勒相攻，胤必不能久与我相守也。"与胤夹洮相持七十馀日。冬，十月，璞遣辛岩督运于金城，胤闻之，曰："韩璞之众，十倍于吾。吾粮不多，难以持久。今虏分兵运粮，天授我也。若败辛岩，璞等自溃"。乃帅骑三千袭岩于沃干岭，败之，遂前逼璞营，璞众大溃。胤乘胜追奔，济河，攻拔令居，斩首二万级，进据振武，河西大骇。张阆、辛晏帅其众数万降赵，骏遂失河南之地。

【译文】 咸和二年（丁亥，公元327年）春季，正月，朱提太守杨术和成汉的将领罗恒在台登这个地方交战，杨术的军队失败了，杨术也战死了。

夏季，五月，甲申朔日（初一日），发生了日食。

前赵武卫将军刘朗率领三万骑兵在仇池袭击杨难敌，没有成功，于是就抢劫了三千多户民众的财物返回。

张骏听说前赵的军队被后赵的军队打败了，就自己把自己前赵的官爵废除，再称自己为晋大将军、凉州牧，派遣武威太守窦涛、金城太守张阆、武兴太守辛岩、扬烈将军宋辑等人率领数万士兵，向东会同韩璞攻击和抢劫前赵秦州的诸郡。前赵南阳王刘胤率领军队对他进行攻击，在狄道驻扎军队。枹罕护军辛晏告急，秋季，张骏派遣韩璞、辛岩前去救援他。韩璞前行越过沃干岭。辛岩想要速战速决，韩璞说："夏末以来，太阳和星辰多次发生变化，我们不可以轻举妄动。而且前赵主刘曜和后赵主石勒正在相互攻打，刘胤一定不能和我们长时间地对峙下去。"韩璞等人和刘胤隔着洮水相互对峙了七十多天。冬季，十月，韩璞派遣辛岩到金城去督运军粮，刘胤听说了这个消息以后，就说："韩璞的兵众，比我们多出十倍，我们的粮食不多，很难和他们长时间地对峙，现在敌人分出一些士兵去运输粮食，这是上天授予我们的机会啊！如果我们可以打败辛岩，那么韩璞等人自然就会溃乱了。"于是刘胤就率领三千骑兵在沃干岭袭击辛岩，把他打败了；然后刘胤就继续前行直接到达了韩璞的军营，韩璞的士兵大多都溃逃了。刘胤乘胜追袭逃跑的士兵，渡过了黄河，攻占了令居县，斩杀了两万人，接着刘胤率领军队进攻并且占据了振武，河西民众为此感到非常惊骇。张阆、辛晏率领他们的数万士兵向前赵投降，张骏于是失去了黄河以南的土地。

庾亮以苏峻在历阳，终为祸乱，欲下诏徵之，访于司徒导。导曰："峻猜险，必不奉诏，不若且苞容之。"亮言于朝曰："峻狼子野心，终必为乱。今日徵之，纵不顺命，为祸犹浅；若复经年，不可复制，犹七国之于汉也。"朝臣无敢难者，独光禄大夫卞壶争之曰："峻拥强兵，逼近京邑，路不终朝。一旦有变，易为蹉跌，宜深思之！"亮不从。壶知必败，与温峤书曰："元规召峻意定，此国之大事。峻已出狂意，而召之，是更速其祸也，必纵毒蠚以向朝廷。朝廷威虽盛，不知果可擒不；王公亦同此情。吾与之争甚恳切，不能如之何。本出足下以为外援，而今更恨足下在外，不得相与共谏止之，或当相从耳。"峤亦累书止亮。举朝以为不可，亮皆不听。

【译文】 庾亮认为苏峻在历阳，终究会引起祸乱，就想要下诏令征召他回到京城。于是就前去征询司徒王导的意见，王导说："苏峻多疑阴险，一定不会接受诏令返回京城，不如暂且先容忍他。"庾亮在上朝的时候说："苏峻秉性凶暴，放纵难制，最终一定会造成祸乱，现在征召他，纵然他不听从命令，引起的祸乱也不会大；但是如果再过些年，朝廷就无法再制服他了，这就会像汉朝时候的七国对待朝廷一样。"朝中没有一个大臣敢去反驳他，只有光禄大夫卞壸和他争辩说："苏峻拥有强大的兵力，与京城的距离又近，两地之间相距的路程用不了一个早上就可以到达，一旦发生了变乱，很容易发生意外的差错，应该深思熟虑。"庾亮没有听从，卞壸知道庾亮一定会失败，就给温峤写信说："庾元规征召苏峻的主意已经决定了，这是国家的大事。苏峻已经表现出了骄傲狂妄的样子，如果现在征召他，就是在加速祸乱的到来，苏峻一定会挺起毒刺面对朝廷。朝廷的声威势力虽然强大，但是不知道是否果真可以擒住他，王导也有同样的看法。我和庾亮争辩得非常恳切，但是我也不能够把他怎么样。我本来把你外调出去，是想要让你在外任官作为朝廷的外援，但是现在我反而后悔你在外面，不能够和我联合起来共同劝谏庾亮，来阻止这件事情，我或许会追从你的。"温峤也好几次写信劝导庾亮。朝廷中所有的大臣都认为不可以这样做，但是庾亮谁的话都不听。

峻闻之，遣司马何仍诣亮曰："讨贼外任，远近惟命，至于内辅，实非所堪。"亮不许，召北中郎将郭默为后将军、领屯骑校尉，司徒右长史庾冰为吴国内史，皆将兵以备峻。冰，亮之弟也。于是下优诏，徵峻为大司农，加散骑常侍，位特进，以弟逸代领部曲。峻上表曰："昔明皇帝亲执臣手，使臣北讨胡寇。今中原未靖，臣何敢即安！乞补青州界一荒郡，以展鹰犬之用。"复不许。峻严装将赴召，犹豫未决。参军任让谓峻曰："将军求处荒郡而不见许，事势如此，恐无生路，不如勒兵自守。"阜陵令匡术亦劝峻反，峻遂不应命。

【译文】苏峻听到了这个消息以后，就派遣司马何仍去晋见庾亮说："讨伐贼寇，在外任职，无论远近，我都唯命是从，至于回到京城，在朝廷里面辅佐政事，实在是我不能够胜任的。"庾亮不准许苏峻的请求，征召北中郎将郭默为后将军，兼领屯骑校尉，司徒右长史庾冰为吴国内史，都率领军队来防备苏峻。庾冰，是庾亮的弟弟。晋成帝司马衍因此颁下礼遇优厚的诏书，征召苏峻为大司农，加封他为散骑常侍，赐位特进，任命他的弟弟苏逸代替他统领军队。苏峻向晋成帝上表说："过去晋明帝司马绍亲自拉着我的手，派遣我到北方去讨伐胡寇。现在中原还没有平定，我哪里敢就此安心，贪图安逸呢？我请求您可以给我一个青州境内的荒远州郡，让我得以施展我作为朝廷鹰犬的作用。"也没有得到朝廷的允许。于是苏峻装束端整，准备赴召，但是又心里犹豫，不能做出决定。参军任让对苏峻说："将军您向朝廷请求处居在一个荒郡，都没有得到允许，事情既然已经发展到了这种地步，恐怕已经没有生路了，您不如统率军队，自我防守。"阜陵令匡术也劝苏峻造反，于是苏峻就没有接受朝廷的诏令。

温峤闻之，即欲帅众下卫建康，三吴亦欲起义兵；亮并不听，而报峤书曰："吾忧西陲，过于历阳，足下无过雷池一步也。"朝廷遣使谕峻，峻曰："台下云我欲反，岂得活邪！我宁山头望廷尉，不能廷尉望山头。往者国家危如累卵，非我不济；狡兔既死，猎犬宜烹。但当死报造谋者耳！"

峻知祖约怨朝廷，乃遣参军徐会推崇约，请共讨庾亮。约大喜，其从子智、衍并劝成之。

【译文】温峤听到了这个消息以后，立刻就想要率领军队东下前去保卫建康，三吴之地也准备出动义军。但是庾亮都不同意，反而写回信给温峤说："我对西陲边境安危的忧虑，超过了对历阳苏峻的忧虑，你不要越过雷池一步。"朝廷派遣使者面谕苏峻，苏峻说："朝廷大臣说我要造反，我又怎么能够活命呢？我宁愿在山头上观望廷尉，也不能从朝廷回望山头。以往国家危如累卵，没有我不行；可是现在狡兔已经死了，猎狗就到了被烹杀的时候。即使我死了，我也向出谋的人进行报复。"

苏峻知道祖约怨恨朝廷，就派遣参军徐会拥戴祖约，请祖约和自己共同去讨伐庾亮。祖约知道以后非常高兴，他的侄子祖智、祖衍都劝他答应苏峻的邀请。

【申涵煜评】苏峻之乱，豪杰竞奋，义师云集，可见人心犹未尝弃晋。是役，温峤为功首，庾亮为罪魁，陶侃心怀两端，功不掩罪。

【译文】苏峻发动叛乱，天下豪杰奋起，正义之师云集，可见天下人之心都没有放弃晋朝。这场战役中，温峤是功劳最大的，庾亮是罪魁祸首，而陶侃怀有二心，功劳不能掩盖其罪行。

谯国内史桓宣谓智曰："本以强胡未灭，将戮力讨之。使君若欲为雄霸，何不助国讨峻，则威名自举。今乃与峻俱反，此安得久乎！"智不从。宣诣约请见，约知其欲谏，拒而不内。宣遂绝约，不与之同。十一月，约遣兄子沛内史涣、女婿淮南太守许柳以兵会峻。涣妻，柳之姊也，固谏，不从。诏复以卞壸为尚书令、领右卫将军，以会稽内史王舒行扬州刺史事，吴兴太守虞潭督三吴等诸郡军事。

【译文】谯国内史桓宣对祖智说："本来因为顽强的胡人没有被消灭，大家准备合力征讨他。使君如果想要成就霸业，为什么不帮助国家讨伐苏峻，这样的话威名自然就确立了。可是你现在和苏峻一起造反，这又怎么能够长久呢？"祖智没有听从。桓宣到祖约的住处请求晋见祖约，祖约知道他想要劝谏自己，就拒绝了他的请求，不肯接见他。桓宣因此和祖约绝交了，不和他同流合污。十一月，祖约派遣自己哥哥的儿子沛内史祖涣、女婿淮南太守许柳带领军队前去和苏峻会合。祖逖的妻子，是许柳的姐姐，一再向祖约进行劝谏，但是祖约没有听从。晋成帝颁下诏令又任命卞壸为尚书令，兼任右卫将军，任命会稽内史王舒去代理扬州刺史的职务，吴兴太守虞潭都督三吴等诸郡的军事。

【乾隆御批】 庾亮固非济变之才，然峻异志已萌，正贾充所谓："召则反速，而祸小；不召则反，迟而祸大也。"若以导等为老成持重，是养痈忍蜇矣。惟亮始因自用取败，继复不能身殉，徒仓皇奔窜，委其主于孤注。丧节误国之罪，夫复何辞。

【译文】 庾亮本来不是应付叛乱的人才，但是苏峻叛离的心意已经产生，正如贾充所说："征调就会促使他加快反叛，但是祸小；不征调他，反叛就会晚几年，但是祸患大。"如果把王导等人看成是办事老练稳重，不轻举妄动，实际上是养护毒痈，忍痛挨蜇。只有庾亮开始因自以为是招来失败，接着又不能以身殉国，只落了个仓皇逃窜，扔下了皇帝。这种丧失气节损害国家的罪名，加在庾亮头上，还有什么可说的。

尚书左丞孔坦、司徒司马丹杨陶回言于王导，请"及峻未至，急断阜陵，守江西当利诸口，彼少我众，一战决矣。若峻未来，可往逼其城。今不先往，峻必先至，峻至则人心危骇，难与战矣。此时不可失也"。导然之，庾亮不从。十二月，辛亥，苏峻使其将韩晃、张健等袭陷姑孰，取盐米，亮方悔之。

【译文】 尚书左丞孔坦、司徒司马丹杨人陶回向王导进言，请求"在苏峻还没有到来之前，赶快截断阜陵的通路，防守长江以西当利等渡口，他们的人少而我们的人多，一战就可以决胜了，如果苏峻没有到来，我们也可以进军威逼他的城池。如果我们现在不先行前往，苏峻就一定会首先到达，等到苏峻来了以后，人心就会惊骇不安，我们就很难和他交战了。这样的时机是不可以失去的"。王导认为他说得很正确，但是庾亮没有采纳。十二月，辛亥朔日（初一日），苏峻派遣他的大将韩晃、张健等人攻下了姑孰，夺取了晋的食盐粮米，庾亮这时候才感到后悔。

壬子，彭城王雄、章武王休叛奔峻。雄，释之子也。

庚申，京师戒严，假庾亮节，都督征讨诸军事；以左卫将军赵胤为历阳太守，使左将军司马流将兵据慈湖以拒峻。以前射声校尉刘超为左卫将军，侍中褚翜典征讨军事。亮使弟翼以白衣领数百人备石头。

丙寅，徙琅邪王昱为会稽王，吴王岳为琅邪王。

【译文】 壬子日（初二日），彭城王司马雄、章武王司马休背叛了朝廷，前去投奔苏峻。司马雄，是司马释的儿子。

庚申日（初十日），京城戒严，晋成帝司马衍授予庾亮符节，让他都督征讨诸军事；任命左卫将军赵胤为历阳太守，派遣左将军司马流率领军队据守慈湖来抵御苏峻；任命前射声校尉刘超为左卫将军，侍中褚翜执掌征讨军事。庾亮派遣他的弟弟庾翼以百姓的身份率领数百个人在石头城进行防守。

丙寅日（十六日），晋成帝司马衍改封琅邪王司马昱为会稽王，吴王司马岳为琅邪王。

宣城内史桓彝欲起兵以赴朝廷，其长史禆惠以郡兵寡弱，山民易扰，谓宜且按甲以待之。彝厉色曰："'见无礼于其君者，若鹰鹯之逐鸟雀。'今社稷危逼，义无宴安。"辛未，彝进屯芜湖。韩晃击破之，因进攻宣城，彝退保广德，晃大掠诸县而还。徐州刺史郗鉴欲帅所领赴难，诏以北寇，不许。

是岁，后赵中山公虎击代王纥那，战于句注陉北；纥那兵败，徙都大宁以避之。

代王郁律之子翳槐居于其舅贺兰部，纥那遣使求之，贺兰大人蔼头拥护不遣。纥那与宇文部共击蔼头，不克。

【译文】宣城内史桓彝想要发兵前去支援朝廷，但是他的长史禆惠却认为郡中的士兵不仅人数少而且战斗力弱，经常受到山地居民骚扰，因此应该暂且按兵不动来等待时机。桓彝脸色严厉地说："'看到对国君没有礼义的人，就应该像凶猛的鹰鹯去追逐鸟雀一样对待他。'现在国家遭遇了这么危险的事情，在道义上我是无法享受安乐的。"辛未日（二十一日），桓彝进军在芜湖驻扎军队。韩晃把他打败了，就前去进攻宣城，桓彝退到广德据守，韩晃大肆抢劫了诸郡县之后才返回。徐州刺史郗鉴想要率领他所兼领的军队前去支援，但是朝廷却要他留守原地以便抵御北方的寇敌，没有允许他的请求。

这一年，后赵的中山公石虎攻打代王拓跋纥那，双方在句注陉北交战；拓跋纥那被石虎打败了，就将都城迁移到了大宁来躲避灾祸。

代王拓跋郁律的儿子拓跋翳槐住在他的舅父的贺兰部，拓跋纥那遣派使者前去寻找他，贺兰部首领蔼头护卫着他不让他离开。拓跋纥那就和宇文部共同攻打蔼头，但是没有取胜。

资治通鉴

资治通鉴卷第九十四　晋纪十六

起著雍困敦，尽重光单阏，凡四年。

【译文】起戊子（公元328年），止辛卯（公元331年），共四年。

【题解】本卷记录了晋成帝咸和三年至咸和六年共四年间东晋及各国大事。主要记录了苏峻、祖约起兵进攻建康，庾亮无能，卞壶战死，建康失陷，苏峻迁晋成帝司马衍于石头城，掌控朝廷；记录了庾亮逃到江州，与江州刺史温峤起兵，请陶侃为盟主，号召天下讨伐苏峻、祖约，郗鉴在东方声援，组织军队；记录了陶侃、温峤等不敌苏峻，转攻石头城，苏峻酒醉轻出，被勤王军所杀；勤王军在历阳打败祖约，祖约逃奔石勒；接着勤王军攻破石头城，杀死苏峻之子苏逸，张健率众东逃，被郗鉴斩杀，叛乱平定；记录了朝廷重赏陶侃、郗鉴、温峤诸人，处置乱党和变节投降的人，庾亮也被贬；记录了温峤病逝，刘胤继任，激起郭默作乱，被杀。陶侃、庾亮等起兵讨伐郭默，郭默被部将擒获，郭默乱平；记录了前赵主刘曜在河东大破后赵石虎，围攻洛阳，被后赵主石勒在洛阳城西打败，刘曜被俘，太子刘熙率众西保上邽；前赵将领刘胤率众东攻长安，被后赵将石虎打败，石虎乘胜西破上邽，把刘熙、刘胤等杀了，前赵灭亡；记录了石勒即皇帝位，大封诸子与群僚，石勒之侄石虎怨恨石勒之子石宏，为石虎日后作乱埋下伏笔；此外还记录了慕容廆向东晋请封燕王，凉州张骏对后赵战和不定，以及西部吐谷浑建国，与蒲洪、姚弋仲的出世等等。

显宗成皇帝上之下

咸和三年（戊子，公元三二八年）春，正月，温峤入救建康，军于寻阳。

韩晃袭司马流于慈湖；流素懦怯，将战，食炙不知口处，兵败而死。

丁未，苏峻帅祖涣、许柳等众二万人，济自横江，登牛渚，军于陵口。台兵御之，屡败。二月，庚戌，峻至蒋陵覆舟山。陶回谓庾亮曰："峻知石头有重戍，不敢直下，必向小丹杨南道步来；宜伏兵邀之，可一战擒也。"亮不从。峻果自小丹杨来，迷失道，夜行，无复部分。亮闻，乃悔之。

朝士以京邑危逼，多遣家人入东避难，左卫将军刘超独迁妻孥入居宫内。

【译文】咸和三年（戊子，公元328年）春季，正月，温峤返回支援建康，在寻阳驻扎军队。

韩晃在慈湖袭击司马流。司马流一向懦弱胆怯，在将要进行作战的时候，被吓得吃烤肉的时候都不知道嘴在哪里，最终兵败身死。

丁未日（二十八日），苏峻率领祖涣、许柳等人及两万名士兵，渡过横江，登上了牛渚山，在陵口驻扎军队。朝廷的军队前去对他进行抵抗，却屡次失败。二月，庚戌朔日（初一日），苏峻到达了蒋陵的覆舟山。陶回对庾亮说："苏峻知道石头城有重兵戍守，所以不敢直接前来进攻，他一定会从小丹杨南道步行前来，所以我们应当在那里埋伏军队对他进行截击，这样就可以一战把他擒获。"但是庾亮没有采纳陶回的建议。苏峻果然从小丹杨前来，因为迷失道路，就在夜里行军，一点秩序也没有。庾亮知道了这个情况以后，才感到后悔。

朝廷的官吏们因为京城的局势危险急迫，大多把自己的家人遣送到东边的吴地和会稽去避难，只有左卫将军刘超把自己的妻子和儿女迁移到皇宫里面居住。

诏以卞壶都督大桁东诸军事，与侍中钟雅帅郭默、赵胤等军及峻战于西陵。壶等大败，死伤以千数。丙辰，峻攻青溪栅，卞壶帅诸军拒击，不能禁。峻因风纵火，烧台省及诸营寺署，一时荡尽。壶背痛新愈，创犹未合，力疾帅左右苦战而死；二子眕、盱随父后，亦赴敌而死。其母抚尸哭曰："父为忠臣，子为孝子，夫何恨乎！"

丹阳尹羊曼勒兵守云龙门，与黄门侍郎周导、庐江太守陶瞻皆战死。庾亮帅众将陈于宣阳门内，未及成列，士众皆弃甲走，亮与弟怿、条、翼及郭默、赵胤俱奔寻阳。将行，顾谓钟雅曰："后事深以相委。"雅曰："栋折榱崩，谁之咎也！"亮曰："今日之事，不容复言。"亮乘小船，乱兵相剥掠；亮左右射贼，误中柂工，应弦而倒。船上咸失色欲散，亮不动，徐曰："此手何可使著贼！"众乃安。

【译文】朝廷下令派遣卞壶都督大桁东诸军事，和侍中钟雅一起率领郭默、赵胤等人的军队和苏峻在西陵进行作战。卞壶等人大败，死伤的人数需要以千为单位进行计算。丙辰日（初七日），苏峻攻打了青溪栅，卞壶率领各路军队去抵抗他，但是无法阻止苏峻的攻势。苏峻借着风势放火，把朝廷的台省及诸营寺官署都焚毁，一时间就全部都荡然无存了。卞壶背上的痈疽刚刚好，伤口还没有完全愈合，就支撑着身体率领左右的侍卫苦战而死。他的两个儿子卞眕、卞盱跟随在父亲的身后，也因为杀敌而死。他们的母亲抚摸着尸体哭着说："父亲是忠臣，儿子是孝子，我还能有什么遗憾呢？"

　　丹杨尹羊曼率领军队在云龙门进行防守，和黄门侍郎周导、庐江太守陶瞻一起战死。庾亮率领众将准备在宣阳门内布阵，结果还没有来得及排成队列，士兵们就都丢弃铠甲逃走，庾亮和他的弟弟庾怿、庾条、庾翼以及郭默、赵胤都逃到寻阳。在他们临走的时候，回头对钟雅说："以后的事情就全都深深地托付给你了。"钟雅说："户梁折断，屋椽崩毁，这是谁的过失啊？"庾亮说："今天的事情，不容许再说了。"庾亮乘坐小船，乱兵竞相争夺抢劫。庾亮的左右侍从用箭去射敌人，结果误射舵工，舵工应声倒下。船上的人吓得脸色都变了，准备逃散，只有庾亮一动也不动，缓缓地说："这种手法怎么可能使它射杀到贼寇呢？"众人这才安定下来。

　　峻兵入台城，司徒导谓侍中褚翜曰："至尊当御正殿，君可启令速出。"翜即入上阁，躬自抱帝登太极前殿；导及光禄大夫陆晔、荀崧、尚书张闿共登御床，拥卫帝。以刘超为右卫将军，使与钟雅、褚翜侍立左右，太常孔愉朝服守宗庙。时百官奔散，殿省萧然。峻兵既入，叱褚翜令下。翜正立不动，呵之曰："苏冠军来觐至尊，军人岂得侵逼！"由是峻兵不敢上殿，突入后宫，宫人及太后左右侍人皆见掠夺。峻兵驱役百官，光禄勋王彬等皆被捶挞，令负担登蒋山。裸剥士女，皆以坏席苦草自鄣，无草者坐地以土自覆；哀号之声，震动内外。

　　初，姑孰既陷，尚书左丞孔坦谓人曰："观峻之势，必破台城，自非战士，不须戎服。"及台城陷，戎服者多死，白衣者无佗。

【译文】苏峻的士兵进入台城，司徒王导对侍中褚翜说："皇上司马衍现在正在正殿，你可以发出指令请他赶快出来。"于是褚翜就进入内室，亲自抱着晋成帝司马衍登上太极前殿。王导以及光禄大夫陆晔、荀崧、尚书张闿共同登上御床，护卫晋成帝。任命刘超为右卫将军，让他和钟雅、褚翜立在晋成帝左右，太常孔愉则穿着朝服守护宗庙。当时文武百官奔逃离散，宫殿、朝省一片萧条，悄然无声。苏峻的士兵进来以后，大声叱责褚翜，让他让开。褚翜端正地站着，一动也不动，并且呵责他们说："苏峻前来觐见皇上，军人怎么能够侵扰逼近呢？"因此苏峻的士兵不敢上殿，就闯入了后宫，把宫女以及太后左右侍奉的人的财物都劫掠走。苏峻的士兵们驱赶百官去服劳役，光禄勋王彬等人都遭到棍锤的鞭挞，命令他们担着东西登蒋山。又把成年女子的衣物都剥光，让她们赤裸着身体，这些女子都只能用破席或者苦草遮盖自己的身体，没有草席的人，就坐在地上用土把自己的身体盖住。哀号哭泣的声音在皇宫内外震动。

起初，姑孰被攻陷后，尚书左丞孔坦对人说："我看苏峻的声势，一定会攻破台城，我不是士兵，没有穿军服的必要。"等到台城被攻陷的时候，穿着军服的人大多数都死了，穿着平民衣服的人反而没有遭遇到什么不幸。

时官有布二十万匹，金银五千斤，钱亿万，绢数万匹，佗物称是，峻尽费之；太官惟有烧馀米数石以供御膳。

或谓钟雅曰："君性亮直，必不容于寇仇，盍早为之计！"雅曰："国乱不能匡，君危不能济，各遁逃以求免，何以为臣！"

丁巳，峻称诏大赦，惟庾亮兄弟不在原例。以王导有德望，犹使以本官居己之右。祖约为侍中、太尉、尚书令，峻自为骠骑将军、录尚书事，许柳为丹杨尹，马雄为左卫将军，祖涣为骁骑将军。弋阳王羕诣峻，称述峻功，峻复以羕为西阳王、太宰、录尚书事。

【译文】 当时，官府拥有二十万匹布，五千斤金银，亿万钱币，数万匹绢丝，其他的物品的价值也都和这些相当，苏峻把这些东西全部消耗光；掌管皇上饮食的太官只能把剩余的数石粮米用大火煮熟，来供给晋成帝司马衍的膳食。

有人对钟雅说："你的性情诚信正直，一定不会被寇仇所容忍，何不早点为自己作打算呢？"钟雅说："国家发生祸乱，不能匡正；皇上面对危难，不能挽救，各自逃走以求避免灾祸发生到自己的身上，这样还怎么做臣子啊？"

丁巳日(初八日)，苏峻矫称诏命大赦天下，只有庾亮兄弟不在被赦免的人员之中。因为王导素有道德声望，就还让他保持原来的官职，位居自己之上。任命祖约为侍中、太尉、尚书令，苏峻自己出任骠骑将军、录尚书事，任命许柳为丹杨尹，马雄为左卫将军，祖涣为骁骑将军。弋阳王司马羕前去拜见苏峻，称赞苏峻的功德，于是苏峻又任命司马羕为西阳王、太宰、录尚书事。

峻遣兵攻吴国内史庾冰，冰不能御，弃郡奔会稽，至浙江，峻购之甚急。吴铃下卒引冰入船，以蘧蒢覆之，吟啸鼓枻，溯流而去。每逢逻所，辄以杖叩船曰："何处觅庾冰，庾冰正在此。"人以为醉，不疑之，冰仅免。峻以侍中蔡谟为吴国内史。

温峤闻建康不守，号恸；人有候之者，悲哭相对。庾亮至寻阳，宣太后诏，以峤为票骑将军、开府仪同三司，又加徐州刺史郗鉴司空。峤曰："今日当以灭贼为急，未有功而先拜官，将何以示天下！"遂不受。峤素重亮，亮虽奔败，峤愈推奉之，分兵给亮。

后赵大赦，改元太和。

三月，丙子，庾太后以忧崩。

苏峻南屯于湖。

【译文】 苏峻派遣军队前去攻打吴国内史庾冰，庾冰不能抵抗，于是就放弃吴国逃到会稽，等他到浙江的时候，苏峻悬赏重金搜捕捉拿他。吴国随从护卫的侍从、门卒最后引导庾冰上船，把他用芦席覆盖起来，一边吟啸，一边划船，逆流而上。每一次遇到渡口设置有巡逻士兵，就用木杖敲着船身说："在什么地方能找到庾冰，庾冰就在这儿。"士兵以为他们喝醉酒，就没有对他们产生怀疑，庾冰这才幸免于难。苏峻任命侍中蔡谟为吴国内史。

温峤听说建康没有守住，悲恸号哭，前往探问他的人，也和他相对悲伤痛哭。庾亮到了寻阳以后宣布太后的懿诏，任命温峤为骠骑将军、开府仪同三司，又加封徐州刺史郗鉴为司空。温峤说："今天应当以消灭贼寇为首要的任务，没有立下功劳却先授予官职，将如何向天下的百姓示范呢？"于是坚决推辞不肯接受。温峤一向尊重庾亮，庾亮虽然战败逃亡，温峤却更加推崇敬重他，并且分出一部分士兵交给庾亮。

后赵实行大赦，把年号改为太和。

三月，丙子日（三月无此日），庾太后因为忧虑国事去世。

苏峻向南在于湖驻扎军队。

【乾隆御批】 褚翜正色呵止，峻兵即不敢上殿，宫门苟设禁卫，何致任其掠夺纵横。且峻素重导，导应示以大义，直斥其罪，乃坐视狂悖，甚至听其除拜恬不为怪，导之罪尚可逭乎？

【译文】褚翠严厉地斥责，苏峻的兵就不敢上殿，宫门设有禁军，如何造成让他们随便掠夺财物的？再说苏峻一向很敬重王导，王导此时就应当用大义来晓谕他们，或者直接斥责他们的罪行，谁知他对贼兵的掠夺不仅坐视不管，甚至还任凭他们封官许爵而不认为奇怪，王导的罪行哪里还可以逃脱呢？

夏，四月，后赵将石堪攻宛，南阳太守王国降之；遂进攻祖约军于淮上。约将陈光起兵攻约，约左右阎秃，貌类约，光谓为约而擒之，约逾垣获免，光奔后赵。

壬申，葬明穆皇后于武平陵。

庾亮、温峤将起兵讨苏峻，而道路断绝，不知建康声闻。会南阳范汪至寻阳，言"峻政令不壹，贪暴纵横，灭亡已兆，虽强易弱，朝廷有倒悬之急，宜时进讨"。峤深纳之。亮辟汪参护军事。

【译文】夏季，四月，后赵的将领石堪攻打宛城，南阳太守王国向他投降。于是石堪就去进攻在淮水岸边驻扎的祖约的军队。祖约的部将陈光发兵攻击祖约，祖约的属下阎秃，相貌和祖约相像，陈光把他当成祖约，于是就把他擒获，祖约因此翻过垣墙逃走，幸免于难。陈光逃到后赵。

壬申日（二十四日），把明穆皇后安葬在武平陵。

庾亮、温峤准备发兵讨伐苏峻，但是道路被阻断，无法知道建康的消息。刚好南阳人范汪到寻阳，说："苏峻政教法令混乱并且不能统一，贪婪暴戾，肆无忌惮，纵横无道，灭亡的征兆已经显现，虽然暂时强大，但是很容易转化为弱小，朝廷已经到了千钧一发的时刻，应当及时前去进攻讨伐。"温峤非常赞同他的意见。庾亮征召范汪为参护军事。

亮、峤互相推为盟主，峤从弟充曰："陶征西位重兵强，宜共推之。"峤乃遣督护王愆期诣荆州，邀陶侃与之同赴国难。侃犹以不豫顾命为恨，答曰："吾疆场外将，不敢越局。"峤屡说，不能回；乃顺侃意，遣使谓之曰："仁公且守，仆当先下。"使者去已二日，平南参军荥阳毛宝别使还，闻之，说峤曰："凡举大事，当与天下共之。师克在和，不宜异同。假令可疑，犹当外示不觉，况自为携贰邪！宜急追信改书，言必应俱进；若不及前信，当更遣使。"峤意悟，即追使者，改书；侃果许之，遣督护龚登帅兵诣峤。峤有众七千，于是列上尚书，陈祖约、苏峻罪状，移告征镇，洒泣登舟。

【译文】庾亮、温峤互相推举对方担任盟主。温峤的堂弟温充说："陶侃的职位重要，军队强大，我们应当共同推举他担任盟主。"于是温峤就派遣督护王愆期前往荆州，邀请陶侃和他们共同拯救国家危难。可是陶侃仍然因为没有能够参与顾命大臣的行列而心怀怨恨，回答说："我是戍守边疆、抵御外寇的将领，不敢逾越职分。"温峤多次对他进行劝说，都不能够使他回心转意。于是温峤就顺从了陶侃的意思，派遣使臣对他说："您暂且按兵不动，我们先去进行讨伐。"使者出发已经有两天，平南参军荥阳人毛宝去别的地方出使回来，听说了这件事情，就对温峤说："凡是干大事，应当与天下人共同参与。军队的取胜在于和同，不应该有不同的情况。即使有可疑的地方，也应当在表面上表现出没有发觉，何况是自己显露离心呢？您应当赶紧追回使者改写书信，说明一定要相互应从，共同发兵；如果来不及追上之前派遣的使者，就需要再另外派遣使者前往。"温峤心里领悟，立刻就派人去追赶使者，把书信改写了。陶侃果然同意，派遣督护龚登率领军队来见温峤。温峤有七千名士兵，于是，列名上呈尚书，陈述祖约和苏峻的罪状，并且转告四方的将军，然后才流着眼泪登上战船。

陶侃复追龚登还。峤遗侃书曰："夫军有进而无退，可增而不可减。近已移檄远近，言于盟府，刻后月半大举，诸郡军并在路次，惟须仁公军至，便齐进耳。仁公今召军还，疑惑远近，成败之由，将在于此。仆才轻任重，实凭仁公笃爱，远禀成规；至于首启戎行，不敢有辞，仆与仁公，如首尾相卫，唇齿相依也。恐或者不达高旨，将谓仁公缓于讨贼，此声难追。仆与仁公并受方岳之任，安危休戚，理既同之。且自顷之顾，绸缪往来，情深义重，一旦有急，亦望仁公悉众见救，况社稷之难乎！今日之忧，岂惟仆一州，文武莫不翘企。假令此州不守，约、峻树置官长于此，荆楚西逼强胡，东接逆贼，因之以饥馑，将来之危，乃当甚于此州之今日也。仁公进当为大晋之忠臣，参桓、文之功；退当以慈父之情，雪爱子之痛。今约、峻凶逆无道，痛感天地，人心齐壹，咸皆切齿。今之进讨，若以石投卵耳；苟复召兵还，是为败于几成也。愿深察所陈！"王愆期谓侃曰："苏峻，豺狼也，如得遂志，四海虽广，公宁有容足之地乎！"侃深感悟，即戎服登舟；瞻丧至不临，昼夜兼道而进。

【译文】陶侃又征召龚登回来。温峤送给陶侃的书信上面说："军队只可以前进而不可以后退，只可以增加而不可以减少。最近我已经把公文发布到远近的各个地方，同时也向您说明，和您约定下半月的时候大举进兵，诸郡的军队都已经上路，只等待您的军队到来，就可以一齐进攻了。可是您现在把军队召集回去的做法，会使远近的人感到疑惑，成功失败就会由此决定。我才能浅薄，但是责任重大，实在需要凭仗您的厚爱，遥遵您所制定的规则制度。至于说到首先出动军队充当先锋，我也不敢有所推辞，我和您，就好像头和尾一样，需要互相卫护；就像嘴唇和牙齿一样，需要互相依靠。我担心有的人不能明白您这个高深的旨意，会认为您不急于讨伐贼寇，这种舆论一旦形成是很难弥补回来的。我和您同时都担负着地方统帅的要职，无论是安全危险，还是高兴忧虑，按理都应该共同承受。而且自从最近的交往以来，我们交往频繁，情深义重，一旦有了危难险急，也希望您能够带领全部的士兵前来救援，更何况是国家的危难呢？今天的忧患，哪里只是我的这一个州，文武百官没有一个不是翘首期望着您的军队到来。假如江州不能够保住，祖约、苏峻在这里设置官长，那么荆、楚西边邻近顽强的胡人，东边则与叛逆的贼寇相邻，再加上连年的饥馑，将来的危险，一定会比今天的江州所面临的更加厉害。您进可以成为大晋的忠臣，和齐桓公、晋文公的功劳相提并论；退则以慈父的深情，去洗雪爱子被杀的仇恨。现在，祖约、苏峻凶狠叛逆，一点道义也没有，产生的罪孽就连天地都感到痛苦，人心也都一样，已经怨恨愤怒到咬牙切齿的地步。现在发兵讨伐，就好像用石头去撞击鸡蛋一样而已。如果再把军队传召回去，就是在将要成功的时候自己造成失败，我希望您能够仔细体察我所说的一切。"王愆期对陶侃说："苏峻，就像是凶狠的豺狼一样，如果让他达成志向，天下虽然广大，您难道还会有立足的地方吗？"陶侃深深地受到了感悟，即刻就换上了军服登上了战船。就连儿子陶瞻的丧礼也没有参加，日夜兼程向江州赶去。

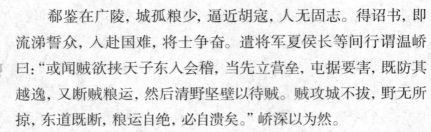

　　郗鉴在广陵，城孤粮少，逼近胡寇，人无固志。得诏书，即流涕誓众，入赴国难，将士争奋。遣将军夏侯长等间行谓温峤曰："或闻贼欲挟天子东入会稽，当先立营垒，屯据要害，既防其越逸，又断贼粮运，然后清野坚壁以待贼。贼攻城不拔，野无所掠，东道既断，粮运自绝，必自溃矣。"峤深以为然。

　　五月，陶侃帅众至寻阳。议者咸谓侃欲诛庾亮以谢天下；亮甚惧，用温峤计，诣侃拜谢。侃惊，止之曰："庾元规乃拜陶士行邪！"亮引咎自责，风止可观，侃不觉释然，曰："君侯修石头以拟老子，今日反见求邪！"即与之谈宴终日，遂与亮、峤同趣建康。戎卒四万，旌旗七百馀里，钲鼓之声，震于远近。

　　【译文】郗鉴在广陵，城池孤立，粮食缺乏，又迫近胡人，人们没有固守的信心。接到了诏书以后，立刻就流着眼泪誓师，要返回京城挽救国家于危难，将士们个个奋勇争先。郗鉴派遣将军夏侯长等人偷偷地前去对温峤说："有人听说贼人想要挟持成帝司马衍向东进入会稽，我们应当事先设立营帐壁垒，让军队占据重要的地方进行防守，这样既可以防止他们逃逸，又能够切断贼兵的粮食运输，然后我们再清理原野，使壁垒坚固，就可以坐等贼寇到来。贼人攻城不能取胜，原野上又没有可以劫取的财物，东边的道路已经被切断了，粮食运输自然也就断绝了，他们一定会自动地溃乱了。"温峤非常赞同他的意见。

　　五月，陶侃率领士兵到达了寻阳。议论的人都说陶侃要把庾亮诛杀了来向天下的百姓谢罪。庾亮因此感到非常恐惧，就采用了温峤的计谋，亲自前往拜见陶侃，向他叩拜谢罪。陶侃十分吃惊，就阻止他说："庾元规竟然来叩拜我陶士行吗？"庾亮援引自己的过错，责备自己，风度举止都很不错，陶侃不知不觉就放心开怀，说："您当年修缮石头城来对付老夫，今天反而来

资治通鉴

见我是对我有所求吗？"随即就和他谈笑宴饮了一整天，之后就和庾亮、温峤一同赶往建康。他们一共有四万士兵，旌旗飘扬了七百多里，敲钲击鼓的声音，震动了远近各个地方。

苏峻闻西方兵起，用参军贾宁计，自姑孰还据石头，分兵以拒侃等。

乙未，峻逼迁帝于石头，司徒导固争，不从。帝哀泣升车，宫中恸哭。时天大雨，道路泥泞，刘超、钟雅步侍左右，峻给马，不肯乘，而悲哀慷慨。峻闻而恶之，然未敢杀也。以其亲信许方等补司马督、殿中监，外托宿卫，内实防御超等。峻以仓屋为帝宫，日来帝前肆丑言。刘超、钟雅与右光禄大夫荀崧、金紫光禄大夫华恒、尚书荀邃、侍中丁潭侍从，不离帝侧。时饥馑，米贵，峻问遗，超一无所受，缱绻朝夕，臣节愈恭；虽居幽厄之中，超犹启帝，授《孝经》、《论语》。

峻使左光禄大夫陆晔守留台，逼近居民，尽聚之后苑；使匡术守苑城。

【译文】苏峻听说西方起兵了，就采纳了参军贾宁的计谋，从姑孰返回占据了石头城进行防守，分出了一部分兵力来抵抗陶侃等人。

乙未日（十八日），苏峻逼迫晋成帝司马衍迁移到石头城居住，司徒王导竭力争辩，苏峻仍然不肯同意。晋成帝悲哀哭泣着登上了车，宫里面的人也都非常哀伤地痛哭。当时天正下着大雨，道路上都是泥淖，非常难走，刘超、钟雅步行在晋成帝的左右随侍，苏峻给他们马让他们骑，他们不肯骑，悲哀慷慨地说话，苏峻听到了以后感到非常憎恶，但是他不敢把他们杀害了。苏峻任命他的亲信许方等人补任司马督、殿中监等官职，表面上假托他们是值宿的警卫，实际上是防备抵御刘超等人。苏峻用仓库的空屋作为晋成帝的宫室，每天来到晋成帝的面前毫无顾忌地说一些丑恶的话。刘超、钟雅和右光禄大夫荀崧、金紫光禄大夫华恒、尚书荀邃、侍中丁潭随侍，不离开晋成帝的左右。当时因为粮食收成不好，米价十分昂贵，苏峻来慰问或者赠送，刘超一概都没有接受；朝夕不离开晋成帝的身边，行臣子的礼节愈加恭敬严谨；虽然处在幽禁困厄的环境之中，刘超还是为晋成帝启蒙，为晋成帝讲授《孝经》和《论语》。

苏峻让左光禄大夫陆晔守卫禁城，逼迫居民，全部聚集在后苑。派遣匡术据守苑城。

尚书左丞孔坦奔陶侃，侃以为长史。

初，苏峻遣尚书张闿权督东军，司徒导密令以太后诏谕三吴吏士，使起义兵救天子。会稽内史王舒以庾冰行奋武将军，使将兵一万，西渡浙江。于是，吴兴太守虞潭、吴国内史蔡谟、前义兴太守顾众等皆举兵应之。潭母孙氏谓潭曰："汝当舍生取义，勿以吾老为累！"尽遣其家僮从军，鬻其环珮以为军资。谟以庾冰当还旧任，即去郡以让冰。

苏峻闻东方兵起，遣其将管商、张健、弘徽等拒之；虞潭等与战，互有胜负，未能得前。

【译文】尚书左丞孔坦投奔了陶侃，陶侃于是任命他为长史。

起初，苏峻派遣尚书张闿暂时管理督导东部的军事，司徒王导暗中命令他用太后的懿诏，晓谕三吴的官吏、士兵和百姓，让他们发动义兵救助晋成帝。会稽内史王舒任命庾冰兼领奋武将军，让他率领一万士兵，向西渡过浙江。于是吴兴太守虞潭、吴国内史蔡谟、前义兴太守顾从等人都发兵响应他。虞潭的母亲孙氏对虞潭说："你应当舍弃生命争取道义，不要因为我年老而受拖累！"然后就把她家里的僮仆全部都遣送去参军，把她的首饰环佩都典卖了，来作为军事费用。蔡谟认为庾冰应当恢复原来的吴国内史的官职，就即刻离开了吴国，把职位让给了庾冰。

苏峻听说东方起兵，就派遣将领管商、张健、弘徽等人去抵御他们。虞潭等人和对方交战，互相都有胜负，不能继续前进。

陶侃、温峤军于茄子浦；峤以南兵习水，苏峻兵便步，令将士："有上岸者死！"会峻送米万斛馈祖约，约遣司马桓抚等迎之。毛宝帅千人为峤前锋，告其众曰："兵法：'军令有所不从'，岂可视贼可击，不上岸击之邪！"乃擅往袭抚，悉获其米，斩获万计，约由是饥乏。峤表宝为庐江太守。

陶侃表王舒监浙东军事，虞潭监浙西军事，郗鉴都督扬州八郡诸军事，令舒、潭皆受鉴节度。鉴帅众渡江，与侃等会与于茄子浦，雍州刺史魏该亦以兵会之。

丙辰，侃等舟师直指石头，至于蔡洲，侃屯查浦，峤屯沙门浦。峻登烽火楼，望见士众之盛，有惧色，谓左右曰："吾本知温峤能得众也。"

【译文】 陶侃、温峤的军队在茄子浦驻扎。温峤因为南方的士兵熟悉水战，而苏峻的士兵熟悉陆战，就下命令说："凡是上岸的将士就处死！"刚好碰到苏峻送了十万斗米给祖约，祖约派遣司马桓抚等人前去迎接。毛宝率领了一千个人作为温峤的前锋，告诉他的部众说："兵法上面有'军令有时候可以不听从'，我们怎么可以眼看可以攻击贼人，而不上岸去攻击他们呢? "然后就擅自前往袭击桓抚, 把他们运来的米粮全部劫获了, 斩杀捕获了一万多人, 祖约的军队因此饥饿疲乏。温峤就向庾亮上奏表推举毛宝担任庐江太守的官职。

陶侃向庾亮上奏表推举王舒监督浙东军事, 虞潭监督浙西军事, 郗鉴都督扬州八郡诸军事务。让王舒、虞潭都接受郗鉴的调度。郗鉴率领众人渡过长江, 在茄子浦和陶侃等人会合, 雍州刺史魏该也带兵前来和他们会合。

丙辰日 (五月无此日), 陶侃等人率领的水军直接向石头城进发, 到达了蔡洲, 陶侃在查浦屯兵, 温峤在沙门浦屯兵。苏峻登上烽火楼, 远远就望见了对方士兵众多, 脸上显露了恐惧的神色, 对在他左右的随从说: "我本来就该知道温峤能够得到众人的拥护啊! "

庾亮遣督护王彰击峻党张曜, 反为所败。亮送节传以谢侃, 侃答曰: "古人三败, 君侯始二; 当今事急, 不宜数尔。"亮司马陈郡殷融诣侃谢曰: "将军为此, 非融等所裁。"王彰至曰: "彰自为之, 将军不知也。"侃曰: "昔殷融为君子, 王彰为小人; 今王彰为君子, 殷融为小人。"

【译文】庾亮派遣督护王彰去攻打苏峻的党羽张曜, 王彰反而被张曜打败了。庾亮向陶侃送去了符节, 借此向他谢罪, 陶侃回答说: "古人曾经遭受三次失败, 您才失败了两次; 不过当今情势危急, 不能够多次这样。"庾亮的司马陈郡人殷融前去拜见陶侃谢罪说: "这都是庾亮将军要求这样做的, 不是我们出的主意。"王彰来了以后则说: "是王彰自己要这样做的, 庾亮将军根本不知道。"陶侃说: "过去殷融是君子, 王彰是小人; 现在王彰是君子, 殷融是小人。"

宣城内史桓彝，闻京城不守，慷慨流涕，进屯泾县。时州郡多遣使降苏峻，裨惠复劝彝宜且与通使，以纾交至之祸。彝曰："吾受国厚恩，义在致死，焉能忍耻与逆臣通问！如其不济，此则命也。"彝遣将军俞纵守兰石，峻遣其将韩晃攻之。纵将败，左右劝纵退军。纵曰："吾受桓侯厚恩，当以死报。吾之不可负桓侯，犹桓侯之不负国也。"遂力战而死。晃进军攻彝，六月，城陷，执彝，杀之。

【译文】 宣城内史桓彝，听说京城没有守住，悲叹流泪，就发兵在泾县驻扎军队。当时的州郡大多都派遣使者前去向苏峻投降，裨惠又劝桓彝应该暂且和苏峻派遣使者交好，以便缓解苏峻的士兵从四方交织而来的灾祸。桓彝说："我蒙受国家厚恩，在道义上也应该为国效死，又怎么能够忍受着耻辱和叛逆臣子通使慰问呢？如果事情不能够成功，这就是天命啊！"桓彝派遣将军俞纵防守兰石，苏峻派遣他的将领韩晃前来攻打。就在俞纵快要失败的时候，左右的侍从都劝俞纵退兵。俞纵说："我蒙受桓彝的厚恩，应当以死相报。我不可以辜负他，就如同他不会辜负国家一样。"于是拼力作战直到战死为止。韩晃发兵攻打桓彝，六月，城被攻下，韩晃捉住了桓彝，把他杀了。

诸军初至石头，即欲决战，陶侃曰："贼众方盛，难与争锋，当以岁月，智计破之。"既而屡战无功，监军部将李根请筑白石垒，侃从之。夜筑垒，至晓而成。闻峻军严声，诸将咸惧其来攻。孔坦曰："不然。若峻攻垒，必须东北风急，令我水军不得往救；今天清静，贼必不来。所以严者，必遣军出江乘，掠京口以东矣。"已而果然。侃使庾亮以二千人守白石，峻帅步骑万馀四面攻之，不克。

王舒、虞潭等数与峻兵战，不利。孔坦曰："本不须召郗公，遂使东门无限。今宜遣还，虽晚，犹胜不也。"侃乃令鉴与后将军郭默还据京口，立大业、曲阿、庱亭三垒以分峻之兵势，使郭默守大业。

【译文】 各路军队刚到石头城，立刻就想要和苏峻交战，陶侃说："贼人的士兵气势正盛，我们很难和他争锋，应当等待一段时间，用智谋打败他。"接着，多次交战都没有成功，监军部将李根向陶侃请求修筑白石垒，陶侃采纳了他的建议。连夜修筑白石垒，到破晓的时候就完成了。听到苏峻军中击鼓严阵的声音，众将领都担心他前来攻打。孔坦说："不会的。如果苏峻前来攻打白石垒，必须等到东北风刮得很急，使我们的水军不能够前往救援的时候；今天天晴没有刮风，贼兵必定不会来。所以他们击鼓严阵整队，一定是派遣军队由江乘出发，攻击掠夺京口以东的地方。"不久，果然是这个情况。陶侃让庾亮带领两千名士兵防守白石垒，苏峻率领步兵和骑兵一共一万多人从四面围攻它，仍然没有攻下来。

王舒、虞潭等人和苏峻的军队交战了好几次，始终没有获得胜利。孔坦说："本来不应该传召郗公，使得东边的门户失去防守。现在应该派遣他的军队回去，来巩固东边的防守，虽然为时已晚，但是仍然胜过不派遣他去。"陶侃于是就派遣郗鉴和后将军郭默回去据守京口，建立了大业、曲阿、庱亭三个壁垒来分散苏峻的兵力，派遣郭默去防守大业。

壬辰，魏该卒。

祖约遣祖涣、桓抚袭湓口；陶侃闻之，将自击之。毛宝曰：

"义军恃公，公不可动，宝请讨之。"侃从之。涣、抚过皖，因攻谯国内史桓宣。宝往救之，为涣、抚所败。箭贯宝髀，彻鞍，宝使人蹋鞍拔箭，血流满靴。还击涣、抚，破走之，宣乃得出，归于温峤。宝进攻祖约军于东关，拔合肥戍，会峤召之，复归石头。

祖约诸将阴与后赵通谋，许为内应。后赵将石聪、石堪引兵济淮，攻寿春。秋，七月，约众溃，奔历阳，聪等虏寿春二万余户而归。

【译文】 壬辰日（十五日），魏该去世了。

祖约派遣祖涣、桓抚袭击淴口；陶侃听到了这个消息以后，准备亲自率领军队前去反击。毛宝说："义军全部仗恃您的领导，您不可以轻易出动，我请求让我前去讨伐他。"陶侃同意了他的请求。祖涣、桓抚经过皖的时候，顺便就去攻打谯国内史桓宣。毛宝前往救援桓宣，结果被祖涣、桓抚打败。敌人的箭贯穿了毛宝的大腿，直接插在了马鞍上面，毛宝命人踏着马鞍把箭拔出来，鲜血流满了他的靴子。毛宝回头继续去攻击祖涣、桓抚，把他们打败了，桓宣这才得以脱离困境，归附了温峤。毛宝在东关攻击祖约的军队，攻取了合肥的戍卫；刚好碰到温峤传召他回来，才又回到了石头城。

祖约的将领暗中和后赵勾结，答应做后赵的内应。后赵的将领石聪、石堪率领士兵渡过淮水，攻打寿春。秋季，七月，祖约的士兵溃逃，逃到历阳，石聪等人虏获了寿春两万多户百姓返回。

【乾隆御批】 侃因庾亮私憾不急国难，顿有温峤苦心共济，幸成其事。而侃之大亏臣节，百喙莫辞。

【译文】 陶侃因为和庾亮有私仇而不以国家危难为紧急重要的事

务，幸好仗着温峤费尽心思使大家同心协力，总算完成了大事。而陶侃在这事上大大地损害了作为人臣的节操，就是有一百张嘴又能说什么呢。

后赵中山公虎帅众四万自轵关西入，击赵河东，应之者五十馀县，遂进攻蒲阪。赵主曜遣河间王述发氐、羌之众屯秦州以备张骏、杨难敌，自将中外精锐水陆诸军以救蒲阪，自卫关北济；虎惧，引退。曜追之，八月，及于高候，与虎战，大破之，斩石瞻，枕尸二百馀里，收其资仗亿计，虎奔朝歌。曜济自大阳，攻石生于金墉，决千金堨以灌之。分遣诸将攻汲郡、河内，后赵荥阳太守尹矩、野王太守张进等皆降之。襄国大震。

张骏治兵，欲乘虚袭长安。理曹郎中索询谏曰："刘曜虽东征，其子胤守长安，未易轻也。借使小有所获，彼若释东方之图，还与我校；祸难之期，未可量也" 骏乃止。

【译文】　后赵的中山公石虎率领四万士兵，从轵关西进，攻打前赵的河东，有五十多个县响应他，于是石虎就去进攻蒲阪。前赵主刘曜派遣河间王刘述发动氐、羌两族的士兵在秦州驻扎，来防备张骏和杨难敌，自己则亲自率领朝廷内外精锐的水陆诸军去救援蒲阪，从卫关北渡黄河。石虎感到害怕，率领士兵退走了。刘曜在后面追击。八月，前赵主刘曜在高候追上了石虎，和石虎交战，把他打败了，把石瞻斩杀了，尸体纵横枕藉达到了两百多里，缴获的军械物资和以亿为单位计算，石虎逃到朝歌。刘曜从大阳渡过黄河，在金墉攻打在那里驻守的石生，决开了千金堨的蓄水淹灌他们。刘曜又分别派遣将领攻打汲郡、河内，后赵的荥阳太守尹矩、野王太守张进等人都向他投降。襄国的人们知道了以后非常震惊。

张骏整顿了军队，想要乘机袭击长安。理曹郎中索询劝谏张骏说："刘曜虽然去东征了，但是他的儿子刘胤留在长安进行防守，不可以轻视。即使小有收获，但是如果刘曜放弃了对东方的图谋，回来和我们较量，灾祸厄难的日子就是不可以预测的啊！"张骏这才停止了行动。

苏峻腹心路永、匡术、贾宁闻祖约败，恐事不济，劝峻尽诛司徒导等诸大臣，更树腹心；峻雅敬导，不许。永等更贰于峻，导使参军袁耽潜诱永使归顺。九月，戊申，导携二子与永皆奔白石。耽，涣之曾孙也。

陶侃、温峤等与苏峻久相持不决，峻分遣诸将东西攻掠，所向多捷，人情恟惧。朝士之奔西军者皆曰："峻狡黠有胆决，其徒骁勇，所向无敌。若天讨有罪，则峻终灭亡；止以人事言之，未易除也。"温峤怒曰："诸君怯懦，乃更誉贼！"及累战不胜，峤亦惮之。

【译文】　苏峻的心腹路永、匡术、贾宁听说祖约失败了，都担心事情不能成功，就劝苏峻把司徒王导等大臣全部杀死，另外安置自己的心腹；但是苏峻非常敬重王导，没有允许。因此路永等人对苏峻便怀有二心，不专忠于他，王导让参军袁耽暗中引诱路永，让他来归顺朝廷。九月，戊申日（初三日），王导带着两个儿子和路永一起逃到白石垒。袁耽，是袁涣的曾孙。

陶侃、温峤等人和苏峻长久相持不能分出胜负，苏峻分派将领向东西各地攻打和劫取财物，所到达的地方，大多都获胜了，一时人心恐惧不宁。朝廷的士大夫中逃到西军来的人都说："苏峻狡猾慧黠，既有胆识，又有决断力，他的士兵骁勇善战，所到过的地方，没有敌手。如果上天能够去讨伐有罪的人，那么苏峻终将灭亡；如果只从人事方面来说，就不容易铲除他了。"

温峤知道了以后非常生气地说："你们自己胆怯懦弱，却去称赞叛贼。"等到温峤和苏峻多次交战，也无法获胜的时候，温峤也对苏峻有所忌惮。

峤军食尽，贷于陶侃。侃怒曰："使君前云不忧无良将及兵食，惟欲得老仆为主耳。今数战皆北，良将安在！荆州接胡、蜀二虏，当备不虞；若复无食，仆便欲西归，更思良算。徐来殄贼，不为晚也。"峤曰："凡师克在和，古之善教也。光武之济昆阳，曹公之拔官渡，以寡敌众，杖义故也。峻、约小竖，凶逆滔天，何忧不灭！峻骤胜而骄，自谓无前，今挑之战，可一鼓而擒也。奈何舍垂立之功，设进退之计乎！且天子幽逼，社稷危殆，乃四海臣子肝脑涂地之日。峤等与公并受国恩，事若克济，则臣主同祚；如其不捷，当灰身以谢先帝耳。今之事势，义无旋踵，譬如骑虎，安可中下哉！公若违众独返，人心必沮；沮众败事，义旗将回指于公矣。"毛宝言于峤曰："下官能留陶公。"乃往说侃曰："公本应镇芜湖，为南北势援，前既已下，势不可还。且军政有进无退，非直整齐三军，示众必死而已，亦谓退无所据，终至灭亡。往者杜弢非不强盛，公竟灭之，何至于峻，独不可破邪！贼亦畏死，非皆勇健，公可试与宝兵，使上岸断贼资粮。若宝不立效，然后公去，人心不恨矣。"侃然之，加宝督护而遣之。竟陵太守李阳说侃曰："今大事若不济，公虽有粟，安得而食诸！"侃乃分米五万石以饷峤军。毛宝烧峻句容、湖孰积聚，峻军乏食，侃遂留不去。

【译文】温峤军队的粮食吃完了，就去向陶侃借粮食。陶侃非常生气地说："你从前对我说，不用为没有良将和军队的粮食而感到忧愁，只不过是想让我出任盟主罢了。现在几次作战我们都失败了，良将在哪里呢？荆州与胡夷、蜀汉两敌接壤，应当防备突然发生的情况；如果再没有粮食，我就打算回到西边，重新考虑更好的办法，慢慢再来歼灭贼人，也不算晚。"温峤说：

"凡是能够获胜的军队，都在于和睦团结，这是古人成功的经验。汉光武帝刘秀能够攻下昆阳，魏武帝曹操能够占领官渡，以少数的军队战胜众多的敌人，是仗恃着正义的力量。苏峻、祖约这种小子，凶狠叛逆已经到了极点，何必忧愁不能消灭他们呢？苏峻因为多次获胜而骄傲自满，自己认为自己所向无敌，我们现在向他发起挑战，可以一鼓作气将他擒获。怎么能够舍弃即将获得的成功，反而去做退兵的计划呢？而且皇上现在正在遭受幽禁逼迫，国家危险不安，这正是天下的臣子为国捐躯的时候。温峤等人和您都蒙受了国家的大恩，如果事情能够成功，就可以君臣同享国家的福运；如果事情不能够成功，我们也应当作战到死报答先帝晋明帝司马绍的厚恩。现在的事情，在道义上是不能回头的，就好像是骑在老虎的背上，怎么可以中途跳下来呢？如果您违弃了众人，独自回去，人心必会沮丧，人心沮丧了，事情就必定会失败，到了那个时候，义军的军旗将要调回头来指向您了。"毛宝对温峤说："我能把陶侃留下来。"于是就前往向陶侃劝说道："您本来应该镇守芜湖，作为南北军队的后援，既然您前一段时间已经来这里了，在情势上就是不可以回去的。而且军事规则是只能前进而不能后退，不只是说整肃三军，向众人表示必死的决心而已，也是因为后退就没有可以据守的地方，终将至于灭亡的缘故。从前杜弢并不是不强盛，但是您竟然把他歼灭了，为什么到了苏峻，就偏偏不能取胜呢？贼人也是怕死的，并不是每个人都很勇敢雄健，您可以试着交给我一些士兵，让我率领他们上岸去断绝贼人的物资和粮食，如果我不能建立战功，然后您再离开，众人的心里也不会有遗憾了。"陶侃同意了他的建议，加封毛宝为督护然后派遣他前去。竟陵太守李阳向陶侃劝说道："现在事情如果不能成功，您虽然有粮食，又怎么能够安享而吃呢？"陶侃于是就分了五万石米去送给温峤的军队。毛宝烧毁了苏峻在句容、湖孰两地积蓄的物资和粮食，苏峻的军队缺乏粮食，于是陶侃就留了下来没有回去。

张健、韩晃等急攻大业；垒中乏水，人饮粪汁。郭默惧，潜突围出外，留兵守之。郗鉴在京口，军士闻之皆失色。参军曹纳曰："大业，京口之扞蔽也，一旦不守，则贼兵径至，不可当也。请还广陵，以俟后举。"鉴大会僚佐，责纳曰："吾受先帝顾托之重，正复捐躯九泉，不足报塞。今强寇在近，众心危逼，君腹心之佐，而生长异端，当何以帅先义众，镇壹三军邪！"将斩之，久乃得释。

【译文】张健、韩晃等猛攻大业，壁垒里面缺少饮水，人们只能够喝粪水。郭默心中感到惧怕，于是就悄悄地突破包围出来，留下士兵防守。郗鉴在京口，军士们听到这个消息以后，都大惊失色。参军曹纳说："大业，是京口的屏障，一旦大业失守，贼兵就可以直接到我们这里，我们抵挡不住。请求退回广陵，等待以后再发兵。"郗鉴会合全部的僚佐，责备曹纳说："我接受先帝的遗命，担负着辅佐幼主司马衍的重任，正想着为国家牺牲生命，也不足以报答先帝对我的厚恩。现在强悍的贼寇就在附近，士兵的心里紧张不安，你是我最亲信的佐吏，却产生了退兵的想法，我还怎么能够统率义士，号令三军呢？"郗鉴准备把曹纳斩首,过了很久才赦免了他。

陶侃将救大业,长史殷羡曰:"吾兵不习步战,救大业而不捷,则大事去矣。不如急攻石头,则大业自解。"侃从之。羡,融之兄也。庚午,侃督水军向石头。庾亮、温峤、赵胤帅步兵万人从白石南上,欲挑战。峻将八千人逆战,遣其子硕及其将匡孝分兵先薄赵胤军,败之。峻方劳其将士,乘醉望见胤走,曰:"孝能破贼,我更不如邪!"因舍其众,与数骑北下突陈,不得入,将回趋白木陂;马踬,侃部将彭世、李千等投之以矛,峻坠马;斩首,脔割之,焚其骨,三军皆称万岁。馀众大溃。峻司马任让等共立峻弟逸为主,闭城自守。温峤乃立行台,布告远近,凡故吏二千石以下,皆令赴台,于是至者云集。韩晃闻峻死,引兵趣石头。管商、弘徽攻庱亭垒,督护李闳、轻车长史滕含击破之。含,修之孙也。商走诣庾亮降,馀众皆归张健。

【译文】 陶侃打算去救援大业,长史殷羡对他说:"我们的士兵不习惯于陆战,如果救援大业不能获胜,那么大事就不能够成功了。我们不如急速地去攻打石头城,那么现在围攻大业的军队,为了救援石头城自然就撤离了。"陶侃采纳了他的建议。殷羡,是殷融的哥哥。庚午日(二十五日),陶侃督导水军进攻石头城。庾亮、温峤和赵胤率领一万个步兵从白石垒向南,准备向苏峻的军队挑战。苏峻率领了八千人迎战,苏峻派遣他的儿子苏硕和他的将领匡孝分别带领士兵先行迫近赵胤的军队并且攻击他们,结果把他们打败了。苏峻当时正在慰劳他的将士们,乘着酒醉远远望见赵胤的军队战败逃走,就说:"匡孝能够打败贼人,难道我还不如他吗?"于是,苏峻就撇下他的士兵,和数名骑兵向北突袭敌阵,但是无法突破,苏峻准备回头奔向白木陂的时候，他所骑的马被东西绊倒，陶侃的部将彭世、李千等人向他投掷长矛，苏峻从马上掉了下来，他们把苏峻的头砍了下来，把他的肉分割了下来，把他的骨头也焚烧了，三军将士都高呼万岁。苏峻剩余的士兵，也全部溃散败逃了。苏峻的司马任让等人共同拥立苏峻的弟弟苏逸为主公，把城门关上进行防守。温峤就设立了行台，向远近各地发布公文，凡是朝廷原任官吏爵禄在两千石以下的，传令他们都赶快到行台报到。于是，前来的人就像云彩聚集在一起似的那么多。韩晃听说苏峻已经被杀死了，就带领士兵赶往石头城。管商、弘徽攻打庱亭垒，督护李闳、轻车将军长史滕含把他打败了。滕含，是滕修的孙子。管商前去拜见庾亮，向他投降，剩余的士兵也都归附了张健。

【乾隆御批】尔时若无温峤，陶侃必西归，忠臣当如是乎？则平日所为恭勤干事，概不足称矣。

【译文】那时，如果没有温峤，陶侃一定撤兵西归，忠臣应该像这样吗？那样，平时所公认的肃敬勤勉、办事干练一概不值得称道了。

冬，十一月，后赵王勒欲自将救洛阳，僚佐程遐等固谏曰："刘曜悬军千里，势不支久。大王不宜亲动，动无万全。"勒大怒，按剑叱遐等出。乃赦徐光，召而谓之曰："刘曜乘一战之胜，围守洛阳，庸人之情皆谓其锋不可当。曜带甲十万，攻一城而百日不克，师老卒怠，以我初锐击之，可一战而擒也。若洛阳不守，曜必送死冀州，自河已北，席卷而来，吾事去矣。程遐等不欲吾行，卿以为何如？"对曰："刘曜乘高候之势，不能进临襄国，更守金墉，此其无能为可知也。以大王威略临之，彼必望旗奔败。平定天下，在今一举，不可失也。"勒笑曰："光言是也。"乃使内外戒严，有谏者斩。命石堪、石聪及豫州刺史桃豹等各统见众会荥阳；中山公虎进据石门，勒自统步骑四万趣金墉，济自大堨。

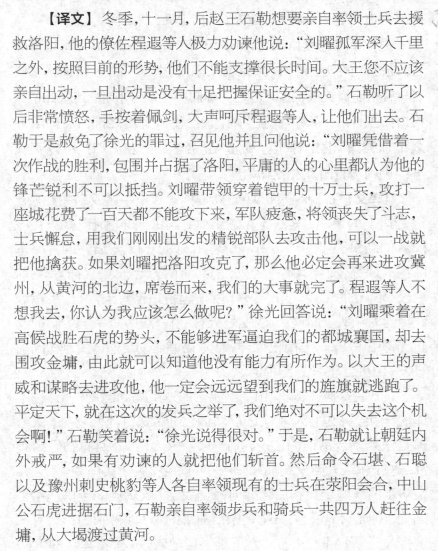

【译文】冬季，十一月，后赵王石勒想要亲自率领士兵去援救洛阳，他的僚佐程遐等人极力劝谏他说："刘曜孤军深入千里之外，按照目前的形势，他们不能支撑很长时间。大王您不应该亲自出动，一旦出动是没有十足把握保证安全的。"石勒听了以后非常愤怒，手按着佩剑，大声呵斥程遐等人，让他们出去。石勒于是赦免了徐光的罪过，召见他并且问他说："刘曜凭借着一次作战的胜利，包围并占据了洛阳，平庸的人的心里都认为他的锋芒锐利不可以抵挡。刘曜带领穿着铠甲的十万士兵，攻打一座城花费了一百天都不能攻下来，军队疲惫，将领丧失了斗志，士兵懈怠，用我们刚刚出发的精锐部队去攻击他，可以一战就把他擒获。如果刘曜把洛阳攻克了，那么他必定会再来进攻冀州，从黄河的北边，席卷而来，我们的大事就完了。程遐等人不想我去，你认为我应该怎么做呢？"徐光回答说："刘曜乘着在高候战胜石虎的势头，不能够进军逼迫我们的都城襄国，却去围攻金墉，由此就可以知道他没有能力有所作为。以大王的声威和谋略去进攻他，他一定会远远望到我们的旌旗就逃跑了。平定天下，就在这次的发兵之举了，我们绝对不可以失去这个机会啊！"石勒笑着说："徐光说得很对。"于是，石勒就让朝廷内外戒严，如果有劝谏的人就把他们斩首。然后命令石堪、石聪以及豫州刺史桃豹等人各自率领现有的士兵在荥阳会合，中山公石虎进据石门，石勒亲自率领步兵和骑兵一共四万人赶往金墉，从大堨渡过黄河。

勒谓徐光曰："曜盛兵成皋关，上策也；阻洛水，其次也；

坐守洛阳，此成擒耳。"十二月，乙亥，后赵诸军集于成皋，步卒六万，骑二万七千。勒见赵无守兵，大喜，举手指天，复加额，曰："天也！"卷甲衔枚，诡道兼行，出于巩、訾之间。

赵主曜专与嬖臣饮博，不抚士卒；左右或谏，曜怒，以为妖言，斩之。闻勒已济河，始议增荥阳戍，杜黄马关。俄而洛水候者与后赵前锋交战，擒羯送之。曜问："大胡自来邪？其众几何？"羯曰："王自来，军势甚盛。"曜色变，使摄金墉之围，陈于洛西，众十馀万，南北十馀里。勒望见，益喜，谓左右曰："可以贺我矣！"勒帅步骑四万入洛阳城。

【译文】石勒对徐光说："刘曜把军队集中在成皋关驻扎，这是最高的策略；其次是循着洛水布阵；坐守洛阳，就只有被擒获的结果罢了。"十二月，乙亥朔日（初一日），后赵的各路军队在成皋集合，步兵有六万人，骑兵有两万七千人。石勒看到前赵没有防守的士兵，非常高兴，就举起手指指着天，又把手指放在自己的额头上面说："这就是天意啊！"然后命令士兵们把厚重的铠甲脱下，马匹衔枚噤声，从隐秘偏僻的小道日夜兼程向前进发，由巩县、訾城之间出兵。

前赵主刘曜只顾着和受到宠幸的近臣喝酒赌博，一点也不体恤士兵。身边有人对他进行劝谏，刘曜就对他们发怒，认为那是怪诞不合常理的言论，把他斩杀了。直到听说石勒已经渡河，这才和众人商议增加荥阳戍守的力量，关闭黄马关。不久，在洛水侦察的士兵和后赵的前锋交战，擒获羯族的俘虏送给了刘曜，刘曜问他说："石勒是亲自前来的吗？他带来的士兵有多少个人？"羯人回答说："大王是亲自前来进攻的，军队的气势十分盛大。"刘曜听了以后脸色改变了，立刻就下令解除军队在金墉的防守，在洛水的西边布阵，十几万士兵，南北排列了十

资治通鉴

几里。石勒远远地就望见了，于是更加高兴，对他左右侍从的人说："你们现在可以向我贺喜了。"石勒率领步兵和骑兵一共四万人进入了洛阳城。

己卯，中山公虎引步卒三万自城北而西，攻赵中军，石堪、石聪等各以精骑八千自城西而北，击赵前锋，大战于西阳门。勒躬贯甲胄，出自阊阖门，夹击之。曜少而嗜酒，末年尤甚；将战，饮酒数斗。常乘赤马无故踢顿，乃乘小马。比出，复饮酒斗馀。至西阳门，挥陈就平。石堪因而乘之，赵兵大溃。曜昏醉退走，马陷石渠，坠于冰上，被疮十馀，通中者三，为堪所执。勒遂大破赵兵，斩首五万馀级。下令曰："所欲擒者一人耳，今已获之。其敕将士抑锋止锐，纵其归命之路。"

【译文】己卯日（初五日），中山公石虎带领步兵三万人自城北向西，攻打前赵的中军，石堪、石聪等人各自带领精锐的骑兵八千人自城西向北，攻击前赵的前锋，在洛阳的西阳门展开了激烈的战斗。石勒身穿铠甲，头戴着钢盔，从阊阖门出来，和石堪、石聪等人一起夹击前赵的军队。刘曜少年的时候就喜欢喝酒，年老后尤为嗜酒。在将要作战的时候，喝了数斗的酒。平常骑乘的红马，无缘无故地颠仆，于是刘曜就换骑了一匹小马。等到将要出去的时候，又喝了一斗多的酒。到了西阳门，指挥军阵向平坦的地方移动。石堪因此就乘机进行攻击，前赵的士兵大败溃逃。刘曜酒醉昏昏，往后退逃，所骑的战马在石渠失足，把他摔在了冰上，被刺伤了十几处，有三处伤及内腑，刘曜也被石堪擒获。石勒于是打败了前赵的士兵，斩下的首级就有五万多个。石勒下命令说："我所想要擒获的只有一个人罢了，现在这个人已经被擒获。特敕令将士们停止攻击，放他们一条生路，给他们留下归顺投降的道路。"

曜见勒，曰："石王，颇忆重门之盟否？"勒使徐光谓之曰："今日之事，天使其然，复云何邪！"乙酉，勒班师。使征东将军石邃将兵卫送曜。邃，虎之子也。曜疮甚，载以马舆，使医李永与同载。己亥，至襄国，舍曜于永丰小城，给其妓姜，严兵围守。遣刘岳、刘震等从男女盛服以见之，曜曰："吾谓卿等久为灰土，石王仁厚，乃全宥至今邪！我杀石佗，愧之多矣。今日之祸，自其分耳。"留宴终日而去。勒使曜与其太子熙书，谕令速降；曜但敕熙与诸大臣"匡维社稷，勿以吾易意也。"勒见而恶之，久之，乃杀曜。

是岁，成汉献王骧卒，其子征东将军寿以丧还成都。成主雄以李玝为征北将军、梁州刺史，代寿屯晋寿。

【译文】前赵主刘曜见到石勒说："石王，您是否还能够回想起我们在重门的盟约呢？"石勒让徐光对他说："今天的事情，是上天的意思啊！你还有什么可说的呢？"乙酉日（十一日），石勒率领军队返回都城。石勒让征东将军石邃带兵护送刘曜。石邃，是石虎的儿子。刘曜的伤势十分严重，用马车载着他，让医生李永和他乘同一辆车。己亥日（二十五日），石勒等人回到了襄国，石勒让刘曜住在永丰小城，给他提供了妓姜，派遣士兵严密地看守着他。石勒派遣刘岳、刘震等族内跟从的男女穿着整齐的衣服去拜见刘曜，刘曜说："我以为你们早就已经化成灰土了，石王仁慈宽厚，竟然一直保全宽容你们到现在。我杀死了石佗，长期以来心中惭愧。今天降临到我身上的灾祸，自然是对我的报应。"留他们宴饮了一整天然后才让他们离开。石勒让刘曜给他的太子刘熙写信，命令他赶快投降。刘曜却

资治通鉴

只是告知刘熙和诸位大臣"匡扶维护国家,不要因为我改变心意"。石勒看见了以后就对刘曜十分憎恶,过了一段时间,就把刘曜杀死了。

这一年,成汉加封的汉献王李骧去世了,他的儿子征东将军李寿因为奔丧回到了成都。成汉的君主李雄任命李玝为征北将军、梁州刺史,代替李寿在晋寿驻扎。

【乾隆御批】勒当兵败,国罹人情风鹤之时,而能烛几料势,力排浮议,转败为功。其雄略实有过人者。说从程遐等议,曜必乘胜席卷,区区襄国直燎毛压卵而已,即此足为恇怯苟安者之戒。

【译文】石勒在当初打了败仗,国家倾危,人心惶惶恐惧不安之时,能明察形势,排除各种意见,率兵救洛阳,终于反败为胜。他非凡的谋略,确实有超过别人的地方。当初,假如听从了程遐等人的意见,刘曜的军队一定会乘胜追击席卷,小小的襄国,如大火烧草、巨石压卵一样不可抗拒。这完全值得懦弱偷安者引以为戒了。

咸和四年(己丑、公元三二九年)春,正月,光禄大夫陆晔及弟尚书左仆射玩说匡术,以苑城附于西军;百官皆赴之,推晔督宫城军事。陶侃命毛宝守南城,邓岳守西城。

右卫将军齐超、侍中钟雅与建康令管旆等谋奉帝出赴西军;事泄,苏逸使其将平原任让将兵入宫收超、雅。帝抱持悲泣曰:"还我侍中、右卫!"让夺而杀之。初,让少无行,太常华恒为本州大中正,黜其品。及让为苏峻将,乘势多所诛杀,见恒辄恭敬,不敢纵暴。及钟、刘之死,苏逸欲并杀恒,让尽心救卫,恒乃得免。

冠军将军赵胤遣部将甘苗击祖约于历阳,戊辰,约夜帅左右数百人奔后赵，其将牵腾帅众出降。

【译文】 咸和四年（己丑，公元329年）春季，正月，光禄大夫陆晔以及他的弟弟尚书左仆射陆玩劝说匡术，以苑城归附西军。百官都赶来这里，推举陆晔监督宫城军事。陶侃命令毛宝防守南城，邓岳防守西城。

右卫将军刘超、侍中钟雅和建康令管旆等人计划侍奉晋成帝司马衍逃出石头城投奔西军，事情泄漏了，苏逸派遣他的将领平原人任让率士兵进入皇宫逮捕了刘超和钟雅。晋成帝抱着他们，悲伤地哭泣着说："把我的侍中、右卫还给我！"任让把他们夺过来并且把他们杀死了。起初，任让年少没有德行，太常华恒担任州中的大中正，贬斥他的品格。等到任让成为了苏峻的部下，利用自己的权势，诛杀了很多人，但是看到华恒往往很恭敬，不敢放纵暴虐。等到钟雅、刘超被杀死，苏逸也想把华恒一起杀死，多亏任让尽心营救卫护，华恒这才免于死难。

冠军将军赵胤派遣部将甘苗在历阳攻击祖约。戊辰日（二十五日），祖约在夜里率领左右侍从数百人逃到后赵，他的将领牵腾率领士兵出城向赵胤投降。

苏逸、苏硕、韩晃并力攻台城，焚太极东堂及秘阁，毛宝登城，射杀数十人。晃谓宝曰："君名勇果，何不出斗？"宝曰："君名健将，何不入斗？"晃笑而退。

赵太子熙闻赵主曜被擒，大惧，与南阳王胤谋西保秦州。尚书胡勋曰："今虽丧君，境土尚完，将士不叛，且当并力拒之；力不能拒，走未晚也。"胤怒，以为沮众，斩之，遂帅百官奔上邽，诸征镇亦皆弃所守从之，关中大乱。将军蒋英、辛恕拥众数十万据长安，遣使降后赵，后赵遣石生帅洛阳之众赴之。

资治通鉴

【译文】 苏逸、苏硕、韩晃合力攻打台城，把太极东堂和秘阁都焚毁了，毛宝登上城墙，射杀了几十个人。韩晃对毛宝说："你不是以勇猛果敢著称的吗，为什么不出城战斗呢？"毛宝说："你号称英勇善战的将领，为什么不进来战斗呢？"韩晃笑笑退兵了。

前赵的太子刘熙听说前赵主刘曜被俘虏了，感到非常恐惧，就和南阳王刘胤商议，向西去保卫秦州。尚书胡勋说："今天我们虽然失去了国君刘曜，但是我们的国土仍然完整，将士也没有叛离，我们应当集中力量抵抗贼人；等到无法抵抗贼人的时候，我们再走也不晚。"刘胤听了以后十分生气，认为他这是在扰乱人心，就把他斩杀了，于是率领百官逃到上邽，各地方的官员也都放弃了自己所镇守的地方跟着他一起逃走，关中大乱。将军蒋英、辛恕率领了几十万人的士兵占据了长安，然后派遣使者向后赵投降，后赵派遣石生率领洛阳的士兵前往长安。

二月，丙戌，诸军攻石头。建成长史滕含击苏逸，大破之。苏硕帅骁勇数百，渡淮而战，温峤击斩之。韩晃等惧，以其众就张健于曲阿，门隘不得出，更相蹴藉，死者万数。西军获苏逸，斩之。滕含部将曹据抱帝奔温峤船，群臣见帝，顿首号泣请罪。杀西阳王羕，并其二子播、充、孙崧及彭城王雄。陶侃与任让有旧，为请其死。帝曰："是杀吾侍中、右卫者，不可赦也。"乃杀之。司徒导入石头，令取故节，陶侃笑曰："苏武节似不如是。"导有惭色。丁亥，大赦。

张健疑弘徽等贰于己，皆杀之，帅舟师自延陵将入吴兴。乙未，扬烈将军王允之与战，大破之，获男女万馀口。健复与韩晃、马雄等轻军西趋故鄣，郗鉴遣参军李闳追之，及于平陵山，皆斩之。

【译文】二月，丙戌日（十三日），各路军队进攻石头城。建威长史滕含攻击苏逸，把他打败了。苏硕率领了数百个骁勇善战的士兵，渡过秦淮河与敌军交战，结果在温峤攻击他的时候被斩杀了。韩晃等人感到恐惧，就带着他们的士兵前往曲阿依附张健，由于门道狭窄不方便进出，士兵互相践踏，因此而死的有上万人。西军擒获苏逸，把他斩杀了。滕含的部将曹据抱着晋成帝司马衍逃到温峤的船上，群臣看见了晋成帝，纷纷叩头至地大声哭泣着请求晋成帝治罪。随即把西阳王司马羕，以及他的两个儿子司马播、司马充、孙子司马崧和彭城王司马雄都杀死了。陶侃和任让有旧交，替他请求免除他的死罪。晋成帝说："他是杀死我的侍中、右卫的人，不可以赦免他的罪行。"然后就把他杀了。司徒王导进入了石头城，让人取来他讨伐王敦之时所持的符节，陶侃笑着说："苏武所持的符节好像不如你这个。"王导露出来惭愧的脸色。丁亥日（十四日），晋成帝司马衍下令大赦天下。

张健怀疑弘徽等人对自己不忠心，就把他们都杀死了，然后张健率领水军从延陵准备进入吴兴。乙未日（二十二日），扬烈将军王允之和他交战，重创了张健的军队，俘虏了男女一共一万多人。张健又和韩晃、马雄等人向西奔往故鄣，郗鉴派遣参军李闳对他们进行追击，最后在平陵山追上了他们，并且把他们全部都斩杀了。

是时宫阙灰烬，以建平园为宫。温峤欲迁都豫章，三吴之豪请都会稽，二论纷纭未决。司徒导曰："孙仲谋、刘玄德俱言'建康，王者之宅。'古之帝王，不必以丰俭移都；苟务本节用，何忧凋弊！若农事不修，则乐土为墟矣。且北寇游魂，伺我之隙，一旦示弱，窜于蛮越，求之望实，惧非良计。今特宜镇之以静，群情自安。”由是不复徙都。以褚翜为丹杨尹。时兵火之后，民物凋残，翜收集散亡，京邑遂安。

壬寅，以湘州并荆州。

【译文】这时，建康的宫阙已经化为灰烬了，用建平园充作宫殿。温峤想要把都城迁移到豫章去，三吴的豪杰请求把都城迁移到会稽，两种建议，议论纷纭，一直不能做出决定。司徒王导说：“孙仲谋、刘玄德都说‘建康是帝王的宅府’。古代的帝王，不一定会因为富裕或困穷而迁移国都。只要我们能够努力耕作，节省用度，又何必为暂时的凋敝而感到忧愁呢？如果我们在农事方面不肯努力的话，即使是乐土最终还是会变成废墟的。而且，北方的贼寇像游魂似的，随时都在窥伺我们的可乘之机，一旦我们表现出虚弱的样子，逃窜到了蛮荒的地方，无论从名望还是实际上考虑，都不是好的办法。我们现在应该保持镇静，人心自然也就安宁了。”因此决定不再迁都。晋成帝任命褚翜为丹杨尹。因为当时是在战争之后，人口和物品凋敝残缺，褚翜把散失的人口召集回来，京城这才安定了下来。

壬寅日（二十九日），东晋把湘州并入了荆州。

三月，壬子，论平苏峻功，以陶侃为侍中、太尉，封长沙郡公，加都督交、广、宁州诸军事；郗鉴为侍中、司空、南昌县公；温峤为骠骑将军、开府仪同三司，加散骑常侍、始安郡公；陆晔进爵江陵公；自馀赐爵侯、伯、子、男者甚众。卞壸及二子眕、盱、醴彝、刘超、钟雅、羊曼、陶瞻，皆加赠谥。路永、匡术、贾宁，皆苏峻之党也；峻未败，永等去峻归朝廷，王导欲赏以官爵，温峤曰：“永等皆峻之腹心，首为乱阶，罪莫大焉。晚虽改悟，未

215

足以赎前罪；得全首领，为幸多矣，岂可复褒宠之哉！"导乃止。

陶侃以江陵偏远，移镇巴陵。

【译文】三月，壬子日（初十日），议论平定苏峻的功劳，晋成帝任命陶侃为侍中、太尉，加封陶侃为长沙郡公，兼都督交、广、宁州诸军事；任命郗鉴为侍中、司空、南昌县公；任命温峤为骠骑将军、开府仪同三司，加封散骑常侍、始安郡公；陆晔晋爵为江陵公；其余被赐爵侯、伯、子、男的有很多。卞壶以及他的两个儿子卞眕、卞盱以及桓彝、刘超、钟雅、羊曼、陶瞻，都追赐了谥号。路永、匡术、贾宁都是苏峻的党羽，在苏峻还没有失败的时候，路永等人离开了苏峻向朝廷归顺；王导想要给他们赏赐官爵，温峤说："路永等人都是苏峻的心腹，是首先参与和造成祸乱的人，没有比这个更大的罪过了。虽然他们后来觉悟改正了，但是还是不足以抵消他们之前犯下的罪行。他们的性命能够得到保全，就已经算是足够幸运了，又怎么可以再奖赏宠信他们呢？"王导这才作罢。

陶侃因为江陵偏远，所以迁移到巴陵镇守。

朝议欲留温峤辅政，峤以王导先帝所任，固辞还藩；又以京邑荒残，资用不给，乃留资蓄，具器用，而后旋于武昌。

帝之出石头也，庾亮见帝，稽颡哽咽，诏亮与大臣俱升御座。明日，亮复泥首谢罪，乞骸骨，欲阖门投窜山海。帝遣尚书、侍中手诏慰喻曰："此社稷之难，非舅之责也。"亮上疏自陈："祖约、苏峻纵肆凶逆，罪由臣发，寸斩屠戮，不足以谢七庙之灵，塞四海之责。朝廷复何理齿臣于人次，臣亦何颜自次于人理！愿陛下虽垂宽宥，全其首领；犹宜弃之，任其自存自没，则天下粗知劝戒之纲矣。"优诏不许。亮又欲遁逃山海，自暨阳东出；诏有司录夺舟船。亮乃求外镇自效，出为都督豫州、扬州之江西、宣城诸军事、豫州刺史，领宣城内史，镇芜湖。

【译文】 朝廷中的大臣们商议想要把温峤留下来辅佐政事，温峤认为王导是先帝任命的人选，就坚持推辞回到了自己的藩地。后来温峤又因为京城荒废残败，物资器用无法供给，于是把自己积蓄下来的物资都留了下来，并且准备了一些器皿用具，然后才回到武昌。

晋成帝司马衍从石头城出来的时候，庾亮前来觐见晋成帝，额头触碰到地面，呜咽哭泣，晋成帝下诏让庾亮和大臣们都登上御座。第二天，庾亮再一次叩头至地向晋成帝请罪，请求晋成帝罢免自己的官职，打算全家投身到深山或者海边隐居。晋成帝派遣尚书、侍中拿着他亲自手写的诏书安慰他说："这是国家发生的祸难，并不是舅父的责任。"庾亮向晋成帝上奏疏陈述自己的罪状说："祖约、苏峻放肆叛逆，罪过是由我引发的，即便是把我斩为寸段屠杀，也不足以向七庙的神灵谢罪，不足以平息天下人的责难。朝廷又有什么理由再让我与他人相提并论，我又有什么颜面跻身于人伦呢？我希望陛下即便是垂爱宽恕，保全了我的性命也就足够了，对我还是应当抛弃不顾，任由我自生自灭，那么天下的百姓才会粗浅知道劝善罚恶的纲要了。"晋成帝专门颁下诏书安抚他，没有允许他的请求。庾亮又想逃到深山或者海边，就从暨阳出发向东前行，晋成帝颁下诏书命令有关官员把庾亮的船只扣留夺走。庾亮于是向晋成帝上书请求把自己外放镇守以报效朝廷，于是晋成帝将他外放为都督豫州、扬州地段长江以西、宣城郡诸军事，豫州刺史，兼领宣城内史，镇守芜湖。

陶侃、温峤之讨苏峻也，移檄征、镇，使各引兵入援。湘州刺史益阳侯卞敦拥兵不赴，又不给军粮，遣督护将数百人随大军而已，朝野莫不怪叹。及峻平，陶侃奏敦阻军，顾望不赴国难，请槛车收付廷尉。王导以丧乱之后，宜加宽宥，转敦安南将军、广州刺史；病不赴，徵为光禄大夫、领少府。敦忧愧而卒，追赠本官，加散骑常侍，谥曰敬。

◆臣光曰："庾亮以外戚辅政，首发祸机，国破君危，窜身苟免；卞敦位列方镇，兵粮俱足，朝廷颠覆，坐观胜负。人臣之罪，孰大于此！既不能明正典刑，又以宠禄报之，晋室无政，亦可知矣。任是责者，岂非王导乎！◆

徙高密王纮为彭城王。纮，雄之弟也。

【译文】陶侃、温峤讨伐苏峻的时候，发布公文给各个地方的官员，让他们各自带兵前来救援。湘州刺史益阳侯卞敦拥兵不肯前来，又不供给军粮，只是派遣督护率领了几百个人跟随在大军的后面而已，朝野人士没有一个不惊叹和责怪的。等到苏峻的叛乱被平定了以后，陶侃向晋成帝司马衍上奏说卞敦阻碍军务，抱持着观望的态度徘徊不肯奔赴国难，请求晋成帝用槛车把卞敦收捕交给廷尉治罪。王导却认为在丧乱之后，应该表现宽容，于是晋成帝就调任卞敦为安南将军、广州刺史。卞敦因为生病不能赴任，于是就征召他为光禄大夫，兼领少府。卞敦忧虑愧疚而死，追赠了他原来的官职，加封他为散骑常侍，谥号为敬。

◆司马光说：庾亮以外戚的身份辅佐朝政，首先引发了祸乱，以致国家毁坏，国君危险，但是自己却想要逃窜到深山大海以求苟免；卞敦身负镇守一方的要职，军队粮食都很充足，在朝廷遭遇到危险的时候，却坐观胜败，不肯发兵进行救援，

资治通鉴

身为臣子的罪过，还有比这个更大的吗？但是朝廷对他们既不能够明断公正地使用刑罚彰明罪过，进行制裁，反而用宠信厚禄作为回报，晋成帝没有国政可言，由此也就可以知道了。应该承担这种责任的人，难道不是王导吗？◆

晋成帝司马衍改封高密王司马纮为彭城王。司马纮，是司马雄的弟弟。

夏，四月，乙未，始安忠武公温峤卒，葬于豫章。朝廷欲为之造大墓于元、明二帝陵之北，太尉侃上表曰："峤忠诚著于圣世，勋义感于人神，使亡而有知，岂乐今日劳费之事！愿陛下慈恩，停其移葬。"诏从之。

以平南军司刘胤为江州刺史。陶侃、郗鉴皆言胤非方伯才，司徒导不从。或谓导子悦曰："今大难之后，纪纲弛顿。自江陵至于建康三千馀里，流民万计，布在江州。江州，国之南藩，要害之地，而胤以怢侈之性，卧而对之，不有外变，必有内患矣。"悦曰："此温平南之意也。"

【译文】夏季，四月，乙未日（二十三日），始安忠武公温峤去世了，他被安葬在了豫章。朝廷想要在晋元帝司马睿和晋明帝司马绍的陵墓北面替他修建一座大墓，太尉陶侃向晋成帝上奏表说："温峤的忠贞诚信著称于圣世，功勋节义让人神都感动了，如果他死后有知，又怎会为今天这种劳民伤财的事情感到高兴呢？我希望陛下慈爱有恩，停止移葬他的事情。"晋成帝颁下诏书同意了他的请求。

晋成帝司马衍任命平南军司刘胤为江州刺史。陶侃、郗鉴都向晋成帝说刘胤不具有地方大员的才能，但是司徒王导不听。有人对王导的儿子王悦说："现在是大难之后，朝廷纲纪废弛不振,从江陵到建康的三千多里中,流离失所的百姓数以万计,散布在江州。江州,是国家的南方屏障,也是国家的要害之地,但是刘胤以自己喜好奢侈的个性,横卧室内懒散地对待政事,即使没有外面的变乱,也必定会有内部的忧患。"王悦说:"这是温平南(温峤)的意思。"

秋,八月,赵南阳王胤帅众数万自上邽趣长安,陇东、武都、安定、新平、北地、扶风、始平诸郡戎、夏皆起兵应之。胤军于仲桥;石生婴城自守,后赵中山公虎帅骑二万救之。九月,虎大破赵兵于义渠,胤奔还上邽。虎乘胜追击,枕尸千里。上邽溃,虎执赵太子熙、南阳王胤及其将王公卿校以下三千馀人,皆杀之,徙其台省文武、关东流民、秦雍大族九千馀人于襄国;又坑五郡屠各五千馀人于洛阳。进攻集木且羌于河西,克之,俘获数万,秦、陇悉平。氐王蒲洪、羌酋姚弋仲俱降于虎,虎表洪监六夷军事,弋仲为六夷左都督。徙氐、羌十五万落于司、冀州。

初,陇西鲜卑乞伏述延居于苑川,侵并邻部,士马强盛。及赵亡,述延惧,迁于麦田。述延卒,子傉大寒立傉;大寒卒,子司繁立。

【译文】秋季,八月,前赵的南阳王刘胤率领数万士兵从上邽赶往长安,陇东、武都、安定、新平、北地、扶风、始平诸郡的戎狄以及华夏族都发兵前来响应。刘胤在仲桥驻扎军队,石生围绕着城进行防守,后赵的中山公石虎率领了两万骑兵前来进行援救。九月,石虎在义渠打败了前赵的士兵,刘胤逃回了上邽。石虎乘胜追击刘胤,战死的尸体纵横枕藉,相连千里。上邽被石虎攻破了,石虎逮捕了前赵的太子刘熙、南阳王刘胤以及他的将军、郡王、公卿、校尉以下一共有三千多人,把他们全部都杀死了，并且把前赵的其他文武官员、关东地方的游民、以及秦、雍两州的大族九千多人迁徙到了襄国；又在洛阳坑杀五郡的屠各部五千多人。石虎到河西进攻羌族的集木且部，把他们打败了，有数万人被俘虏，秦州、陇西被完全平定。氐族君王蒲洪、羌族首领姚弋仲都向石虎投降，石虎向石勒上奏表推举蒲洪监管六夷军事，姚弋仲出任六夷左都督。把氐族和羌族十五万村落的居民迁徙到了司州和冀州。

起初，陇西的鲜卑族乞伏述延部在苑川居住，侵略和吞并邻近的部落，士兵马匹都很强盛。等到前赵灭亡了以后，乞伏述延感到恐惧，就迁徙到了麦田居住。乞伏述延去世了以后，他的儿子乞伏大寒继位。乞伏大寒去世以后，他的儿子乞伏司繁继位。

江州刺史刘胤矜豪日甚，专务商贩，殖财百万，纵酒耽乐，不恤政事。冬，十二月，诏徵后将军郭默为右军将军。默乐为边将，不愿宿卫，以情愬于胤。胤曰："此非小人之所及也。"默将赴召，求资于胤，胤不与，默由是怨胤。胤长史张满等素轻默，或保露见之，默常切齿。腊日，胤饷默豚酒，默对信投之水中。会有司奏："今朝廷空竭，百官无禄，惟资江州运漕，而胤商旅继路，以私废公，请免胤官。"书下，胤不即归罪，方自申理。侨人盖肫掠人女为妻，张满使还其家，肫不从，而谓郭默曰："刘江州不受免，密有异图，与张满等日夜计议，惟忌郭侯一人，欲先除之。"默以为然，帅其徒候旦门开袭胤。胤将吏欲拒默，默呵之曰："我被诏有所讨，动者诛三族！"遂入至内寝，牵胤下，斩之；出，取胤僚佐张满等，诬以大逆，悉斩之。传胤首于京师，诈作诏书，宣示内外。掠胤女及诸妾并金宝还船，初云下都，既而停胤故府。招引谯国内史桓宣，宣固守不从。

【译文】江州刺史刘胤崇尚豪奢的作风，一天比一天严重，专门从事商贾买卖，聚敛起来的家财达百万，终日纵情于饮酒作乐，不问政事。冬季，十二月，晋成帝下诏征召后将军郭默为右军将军。郭默喜欢担任戍守边疆的将领，不愿意在京城负责警卫的工作，于是郭默就把自己的想法告诉了刘胤。刘胤说："这件事不是我能够干预的。"郭默即将赴召前去京城，向刘胤请求资助一些路费，刘胤不愿意给他，郭默因此而对刘胤产生怨恨。刘胤的长史张满等人一向看不起郭默，有时候甚至裸露着身体去见他，郭默常常为此感到怨恨。腊祭的那一天，刘胤派遣人去赠送郭默小猪和酒，郭默当着刘胤派遣来的信使的面，把刘胤赠送给自己的小猪和酒都扔到了水里面。刚好主管的官员向朝廷上奏说："现在朝廷的国库空虚，百官都没有俸禄，只能依靠江州运送粮食。但是刘胤的商人旅客不绝于路，因为自己的私利而废弃了公务，我请求皇上罢免刘胤的官职。"奏事下发朝廷评议，刘胤却没有返回朝廷惭愧请罪，反而还要为自己申辩冤屈。寄住在江州的其他州人盖肫把别人家的女儿抢走做自己的妻子，张满让盖肫把女儿还给人家，盖肫不肯听，却对郭默说："刘江州不服从官职被罢免的命令，秘密地有其他的图谋，和张满等人日夜都在策划商议，只是顾忌你一个人，准备先把你除掉。"郭默相信了盖肫所说的话，于是就率领他的士兵等到早上开门的时候去袭击刘胤。刘胤手下的将吏准备抵抗郭默，郭默大声地呵责他们说："我禀受了皇上的诏书讨伐有罪的人，敢妄动的人诛灭三族。"随即就进入了内寝，把刘胤从床上拉了下来，然后把他斩杀了。从刘胤的寝室出去的时候，又把刘胤的僚佐张满等人捉了起来，诬陷他们大逆不道准备谋反，把他们全部都斩杀了。郭默将刘胤的首级传送到了京城，然后诈写诏书宣示内外。又把刘胤的女儿和各位侍妾都掳掠走，连同刘胤的金银财宝一起带到船上，起初说要返回京城，而后就停留在刘胤的旧府。郭默招引谯国内史桓宣，桓宣坚守武昌驻地，不听从他的招引。

是岁，贺兰部及诸大人共立拓跋翳槐为代王，代王纥那奔宇文部。翳槐遣其弟什翼犍质于赵以请和。

河南王吐延，雄勇多猜忌，羌酋姜聪刺之；吐延不抽剑，召其将纥扢泥，使辅其子叶延，保于白兰，抽剑而死。叶延孝而好学，以为礼"公孙之子得以王父字为氏"，乃自号其国曰吐谷浑。

【译文】这一年，贺兰部和诸位大人共同拥立拓跋翳槐为代王，代王拓跋纥那逃到宇文部。拓跋翳槐派遣他的弟弟拓跋什翼犍到后赵做人质，请求和后赵讲和。

河南王吐延，雄健勇敢但是多猜忌，羌族首领姜聪去刺杀他，剑刺入了吐延的身体里面，吐延不把剑拔出来，反而把他的将领纥扢泥传召来，让他辅佐自己的儿子叶延，防守好白兰，然后才拔剑而死。叶延孝顺并且好学，他认为按照礼仪"公孙的儿子可以以王父的字作为姓氏"，于是就给他的国家自取国号为吐谷浑。

咸和五年（庚寅，公元三三〇年）春，正月，刘胤首至建康。司徒导以郭默骁勇难制，己亥，大赦，枭胤首于大航，以默为江州刺史。太尉侃闻之，投袂起曰："此必诈也。"即将兵讨之。默遣使送妓妾及绢，并写中诏呈侃。参佐多谏曰："默不被诏，岂敢为此！若欲进军，宜待诏报。"侃厉色曰："国家年幼，诏令不出胸怀。刘胤为朝廷所礼，虽方任非才，何缘猥加极刑！郭默恃勇，所在贪暴；以大难新除，禁网宽简，欲因际会骋其从横耳！”发使上表言状，且与导书曰：“郭默杀方州即用为方州，害宰相便为宰相乎？”导乃收胤首，答侃书曰：“默据上流之势，加有船舰成资，故苞含隐忍，使有其地，朝廷得以潜严；俟足下军到，风发相赴，岂非遵养时晦以定大事者邪！”侃笑曰：“是乃遵养时贼也！”

豫州刺史庾亮亦请讨默。诏加亮征讨都督，帅步骑二万往与侃会。

【译文】咸和五年（庚寅，公元330年）春季，正月，刘胤的头颅被传送到了建康。司徒王导认为郭默骁勇难以制服，己亥朔日（初一日），晋成帝司马衍下令大赦天下，把刘胤的头悬挂在朱雀航示众，任命郭默为江州刺史。太尉陶侃听到了这个消息以后，把衣袖一甩站了起来说：“这其中一定有诈。”随即陶侃将要率领军队去讨伐郭默。郭默派遣使者给陶侃送去妓妾与绢物，并且给陶侃写了密诏呈送过去。陶侃的僚佐大多数都劝谏陶侃说：“郭默如果没有得到皇上的诏命，怎么敢做这样的事情呢？如果我们想要发兵讨伐他，也应该等待皇上的诏令。”陶侃面色严厉地说：“皇上年纪尚且幼小，诏令并不是出自自己的意愿。刘胤被朝廷如此重用，虽然他没有镇守一方的能力，但是为什么会突然就对他处以死刑呢？郭默依恃着自己骁勇，任职行事，贪婪暴戾；因为国家的灾祸刚刚平定，朝廷法令纲纪宽松简略，他只是想要借着这个时机，肆意进行一些霸道强横的事情罢了。”陶侃派遣使者向晋成帝司马衍上奏表陈述郭默的罪行，并且给王导写信说：“郭默把地方官吏杀死了，就任命他为地方官吏，那么如果他把宰相杀死了就可以任命他为宰相吗？”王导于是把刘胤的头收了起来，并且在回复陶侃的信里

资治通鉴

面说:"郭默占据了长江上游的有利地势,再加上有舰船为其所用,所以我们现在只能对他包容忍耐,让他暂时占据江州,这样朝廷才能秘密地命令诸军严阵以待,等到您的大军来到,可以迅速发军前往,这难道不是暂且顺从,等待时机再定大事的策略吗?"陶侃笑笑说:"这的确是对贼人屈从的策略!"

豫州刺史庾亮也向晋成帝司马衍上奏表请求发兵讨伐郭默。晋成帝颁下诏书加封庾亮为征讨都督,让他率领步兵和骑兵两万人前去和陶侃的军队会合。

西阳太守邓岳、武昌太守刘诩皆疑桓宣与默同。豫州西曹王随曰:"宣尚不附祖约,岂肯同郭默邪!"岳、诩遣随诣宣观之,随说宣曰:"明府心虽不尔,无以自明,惟有以贤子付随耳!"宣乃遣其子戎与随俱迎陶侃。侃辟戎为掾,上宣为武昌太守。

二月,后赵群臣请后赵王勒即皇帝位;勒乃称大赵天王,行皇帝事。立妃刘氏为王后,世子弘为太子。以其子宏为骠骑大将军、都督中外诸军事、大单于,封秦王;斌为左卫将军,封太原王;恢为辅国将军,封南阳王。以中山公虎为太尉、尚书令,进爵为王;虎子邃为冀州刺史,封齐王;宣为左将军;挺为侍中,封梁王。又封石生为河东王,石堪为彭城王。以左长史郭敖为尚书左仆射,右长史程遐为右仆射、领吏部尚书,左司马夔安、右司马郭殷、从事中郎李凤、前郎中令裴宪,皆为尚书,参军事徐光为中书令、领秘书监。自馀文武,封拜各有差。

【译文】西阳太守邓岳、武昌太守刘诩都怀疑桓宣和郭默是同党。豫州西曹王随说:"桓宣尚且连祖约不会去附从,又怎么会愿意和郭默同流合污呢?"邓岳和刘诩派遣王随前往桓宣处,以观察他的动向,王随劝说桓宣道:"您心里尽管不是这样的想法，但是你没有机会证明自己的忠心，只能把您的儿子交给我。"桓宣于是就派遣他的儿子桓戎和王随一起前去迎接陶侃。陶侃征召桓戎为自己的僚属，向晋成帝司马衍上奏表推荐桓宣出任武昌太守。

二月，后赵的群臣请求后赵王石勒登基即位。于是石勒就自称大赵天王，一切行事都依照皇上的礼仪进行。石勒册立妃子刘氏为皇后，世子石弘为太子，任命他的儿子石宏为骠骑大将军、都督中外诸军事、大单于，加封他为秦王；任命石斌为左卫将军，加封他为太原王；任命石恢为辅国将军，加封他为南阳王。任命中山公石虎为太尉、尚书令，爵位晋升为王；任命石虎的儿子石邃为冀州刺史，加封他为齐王；任命石宣为左将军；任命石挺为侍中，加封他为梁王。又加封石生为河东王，石堪为彭城王。任命左长史郭敖为尚书左仆射，右长史程遐为尚书右仆射，兼任吏部尚书，左司马夔安、右司马郭殷、从事中郎李凤、前郎中令裴宪，都被任命为尚书，任命参军事徐光为中书令，兼任秘书监。其余的文武官员，拜官封爵各有差事。

中山王虎怒，私谓齐王邃曰："主上自都襄国以来，端拱仰成，以吾身当矢石，二十馀年，南擒刘岳，北走索头，东平齐、鲁，西定秦、雍，克十有三州。成大赵之业者，我也；大单于当以授我，今乃以与黄吻婢儿，念之令人气塞，不能寝食！待主上晏驾之后，不足复留种也。"

程遐言于勒曰："天下粗定，当显明逆顺，故汉高祖赦季布，斩丁公。大王自起兵以来，见忠于其君者辄褒之，背叛不臣者辄诛之，此天下所以归盛德也。今祖约犹存，臣窃惑之。"安西将军姚弋仲亦以为言。勒乃收约，并其亲属中外百馀人悉诛之，妻

资治通鉴

妾、儿女分赐诸胡。

【译文】 中山王石虎十分生气，私底下对齐王石邃说："主上石勒自从建都襄国以来，端身拱手，坐享别人取得成功，把我的身体当作箭石，冲锋陷阵，二十多年来，我在南边擒获刘岳，在北边赶走了索头，向东平定了齐、鲁，向西平定了秦州、雍州，攻克了十三个州郡。成就了大赵功业的，其实是我啊！大单于的称号应当授予我，但是现在竟然把它授予了一个奴婢生下的黄口小儿，一想到这件事，就令人气愤得吃不下睡不着！等到主上石勒去世以后，我不会让他继续活命。"

程遐向石勒进言说："现在天下刚刚安定下来，应当彰明善恶和顺逆，所以汉高祖才会赦免了季布，把丁固斩杀了。大王您自从起兵以来，看到忠心于自己国君的人，就会褒扬他，看到背叛国君不是忠臣的人，就把他诛杀了。这正是天下人赞美大王您的盛德的原因。现在祖约尚且活着，我私底下心里面感到很迷惑。"安西将军姚弋仲也对石勒这样说。于是石勒就把祖约逮捕了，并且把他和他的内外亲属一百多人，全部诛杀了，把他的妻妾、儿女分别赐给了胡人。

初，祖逖有胡奴曰王安，逖甚爱之。在雍丘，谓安曰："石勒是汝种类，吾亦无在尔一人。"厚资送而遣之。安以勇干，仕赵，为左卫将军。及约之诛，安叹曰："岂可使祖士稚无后乎？"乃往就市观刑。逖庶子道重，始十岁，安窃取以归，匿之，变服为沙门。及石氏亡，道重复归江南。

郭默欲南据豫章，会太尉侃兵至，默出战，不利，入城固守，聚米为垒，以示有馀。侃筑土山临之。三月，庾亮兵至湓口，诸军大集。夏，五月，乙卯，默将宋侯缚默父子出降。侃斩默于军门，传首建康，同党死者四十人。诏以侃都督江州，领刺史；以邓岳督交、广诸军事，领广州刺史。侃还巴陵，因移镇武昌。庾亮还芜湖，辞爵赏不受。

【译文】起初，祖逖有一个胡族的奴仆叫王安，祖逖非常宠爱他。在雍丘的时候，祖逖对王安说："石勒和你是同一个种族的，我也不在乎你一个人。"然后就送了丰厚的资财给他把他遣送回去。王安因为勇敢能干，在后赵担任左卫将军。在祖约被诛杀的时候，王安叹息着说："我怎么能够让祖逖祖士稚没有后代呢？"于是就前往市朝观看行刑。祖逖的庶子祖道重，当时只有十岁，王安偷偷地把他带了回去，并且把他藏匿起来，为他改换服装装作出家。等到石氏灭亡了以后，祖道重才又重新回到了江南。

郭默想要向南占据豫章，刚好太尉陶侃的军队前来讨伐他，郭默出去迎战陶侃，但是被打败了，于是郭默就回到城里面进行严密防守，把大米聚起来充当堡垒，以显示自己有多余的粮食。陶侃修筑了土山和他对抗。三月，庾亮的军队到达了溢口，各路军队都会合了。夏季，五月，乙卯日（十九日），郭默的将领宋侯把郭默父子缚绑着出城向陶侃投降。陶侃在军营门口把郭默斩杀了，然后把他的头传送到了建康，被处死的郭默同党有四十人。晋成帝司马衍颁下诏书派遣陶侃都督江州，兼领江州刺史；派遣邓岳都督交州、广州诸军事，兼领广州刺史。陶侃回到巴陵，就迁移去镇守武昌。庾亮回到芜湖，辞谢了晋成帝的封爵和赏赐，拒绝接受。

赵将刘徵帅众数千，浮海抄东南诸县，杀南沙都尉许儒。

张骏因前赵之亡，复收河南地，至于狄道，置五屯护军，与赵分境。六月，赵遣鸿胪孟毅拜骏征西大将军、凉州牧，加九锡。骏耻为之臣，不受，留毅不遣。

初，丁零翟斌，世居康居，后徙中国，至是入朝于赵；赵以斌为句町王。

赵群臣固请正尊号，秋，九月，赵王勒即皇帝位。大赦，改元建平。文武封进各有差。立其妻刘氏为皇后，太子弘为皇太子。

【译文】后赵的将领刘征率领数千士兵，渡海掠取东南诸县的财物，把南沙都尉许儒杀害了。

张骏乘着前赵灭亡，又把黄河以南的地区收复了，一直到狄道，设置了五屯护军，与后赵接壤。六月，后赵派遣鸿胪孟毅任命张骏为征西大将军、凉州牧，赐给他九锡的礼遇，张骏把做后赵的臣子视为耻辱，不肯接受封职，扣留了孟毅不遣送他回去。

起初，丁零人翟斌，世代都在康居居住，后来迁入了中原定居，至此才去后赵朝见，后赵任命他为句町王。

后赵的大臣们坚持请求石勒扶正皇帝的尊号，秋季，九月，后赵王石勒登基即位。下令大赦天下，年号更改为建平。文武百官封爵进位各有差别。石勒册立他的妻子刘氏为皇后，太子石弘为皇太子。

弘好属文，亲敬儒素。勒谓徐光曰："大雅愔愔，殊不似将家子。"光曰："汉祖以马上取天下，孝文以玄默守之。圣人之后，必有胜残去杀者，天之道也。"勒甚悦。光因说曰："皇太子仁孝温恭，中山王雄暴多诈，陛下一旦不讳，臣恐社稷非太子所有也。宜渐夺中山王权，使太子早参朝政。"勒心然之，而未能从。

赵荆州监军郭敬寇襄阳。南中郎将周抚监沔北军事，屯襄阳。赵主勒以驿书敕敬退屯樊城，使之偃藏旗帜，寂若无人，曰："彼若使人观察，则告之曰：'汝宜自爱坚守，后七八日，大骑将至，相策，不复得走矣。'"敬使人浴马于津，周而复始，昼夜不绝。侦者还以告周抚，抚以为赵兵大至，惧，奔武昌。敬入襄阳，中州流民悉降于赵；魏该弟遐帅其部众自石城降敬。敬毁襄阳城，迁其民于沔北，城樊城以戍之。赵以敬为荆州刺史。周抚坐免官。

资治通鉴

【译文】石弘喜欢写文章，为人亲近并且礼敬儒雅的人。石勒对徐光说："石弘石大雅性格安和深静，一点也不像将军世家的儿子。"徐光说："汉高祖依靠马上的功绩得到了天下，汉文帝凭仗沉静无为巩固天下。圣人的后代，一定会有能够使残暴的人不再作恶，因此可以废除刑戮的人，这是上天的规律啊！"石勒听了以后心里感到非常高兴。徐光乘机劝说石勒道："皇太子石弘仁慈孝顺，温和恭敬，但是中山王石虎却狡诈暴虐，诡计多端，陛下您一旦辞世，我担心国家就不是太子所能够据有的了。您应该慢慢削减中山王石虎的权势，让太子能够早日参与朝政大事。"石勒心里认为他说得很正确，但是没有按照徐光说的去做。

后赵的荆州监军郭敬侵犯襄阳。东晋的南中郎将周抚监察沔北军事，在襄阳驻扎。后赵国君石勒以邮驿传书的形式敕告郭敬退到樊城驻扎军队，让他将旗帜收卷藏起，寂静得像没有一个人一样。石勒说："敌人如果派人来观察，你就告诉他说：'你们应当爱惜自己坚固防守，七八天以后，大队的骑兵就将要到达，和我们相互策应，你们就再也不能逃走了。'"郭敬让人在渡口洗马，周而复始，昼夜不断。侦察的人回去把这种情形报告给了周抚，周抚以为后赵的大队兵马将要到达，心里感到恐惧，就逃到武昌。郭敬进入襄阳，中州转徙在外的百姓，全部向后赵投降。魏该的弟弟魏遐率领他的部众从石城向郭敬投降，郭敬把襄阳城毁坏了以后，把百姓迁徙到沔水以北的地区居住，在樊城修筑城堡派遣士兵进行戍守。后赵任命郭敬为荆州刺史。周抚获罪被罢免了官职。

休屠王羌叛赵，赵河东王生击破之，羌奔凉州。西平公骏惧，遣孟毅还，使其长史马诜称臣入贡于赵。

更造新宫。

甲辰，徙乐成王钦为河间王，封彭城王纮子浚为高密王。

冬，十月，成大将军寿督征南将军费黑等攻巴东建平，拔之。巴东太守杨谦、监军毌丘奥退保宜都。

【译文】休屠王石羌背叛了后赵，后赵的河东王石生把他打败了，石羌逃到凉州。西平公张骏知道了这件事情以后感到恐惧，就把孟毅遣返回去，并且派遣他的长史马诜向后赵称臣进贡。

晋室因为苏峻的叛乱，宫阙都被焚毁了，于是在建康重新建造了一座新的宫殿。

甲辰日（初九日），晋成帝司马衍改封乐成王司马钦为河间王，册封彭城王司马纮的儿子司马浚为高密王。

冬季，十月，成汉的大将军李寿督率征南将军费黑等人攻打巴东的建平，占据了它。巴东太守杨谦、监军毌丘奥退到宜都据守。

咸和六年（辛卯，公元三三一年）春，正月，赵刘徵复寇娄县，掠武进，郗鉴击却之。

三月，壬戌朔，日有食之。

夏，赵主勒如邺，将营新宫；廷尉上党续咸苦谏，勒怒，欲斩之。中书令徐光曰："咸言不可用，亦当容之，奈何一旦以直言斩列卿乎！"勒叹曰："为人君，不得自专如是乎！匹夫家赀满百匹，犹欲市宅，况富有四海乎！此宫终当营之，且敕停作，以成吾直臣之气。"因赐咸绢百匹，稻百斛。又诏公卿以下岁举贤良方正，仍令举人得更相荐引，以广求贤之路。起明堂、辟雍、灵台于襄国城西。

【译文】咸和六年（辛卯，公元331年）春季，正月，后赵的刘征又来侵犯娄县，把武进的财物都掠夺了，郗鉴把他击退了。

三月，壬戌朔日（初一日），发生了日食。

夏季，后赵国君石勒到达了邺，准备在那里营建新的宫室。廷尉上党人续咸向石勒苦苦劝谏，石勒发怒，要把他斩杀了。中书令徐光对石勒说："即便您不采纳续咸的谏言，也应当包容他，怎么可以因为一时直言劝谏就把大臣斩杀呢？"石勒叹了一口气说："作为国君的人，就是这样不能自己决断啊！一个平常的人家里的资产达到一百匹，还想要买一栋房子，更何况我是富有天下呢？这座宫殿终究是会营建的，我暂且下令停止修建，以成全我耿直的忠臣的气节吧。"然后石勒就赐给续咸一百匹绢布和一百斛稻米。又颁下诏书让公卿以下的官吏每年向自己推举贤良方正的人，并且命令被荐举的人交相推荐援引，用来开拓求纳贤士的途径。在襄国城西建造了用以祭祀的明堂、辟雍和灵台。

秋，七月，成大将军寿攻阴平、武都，杨难敌降之。

九月，赵主勒复营邺宫，以洛阳为南都，置行台。

冬，蒸祭太庙，诏归胙于司徒导，且命无下拜；导辞疾不敢当。初，帝即位冲幼，每见导必拜，与导手诏则云"惶恐言"，中书作诏则曰"敬问"。有司议："元会日，帝应敬导不？"博士郭熙、杜援议，以为："礼无拜臣之文，谓宜除敬。"侍中冯怀议，以为："天子临辟雍，拜三老，况先帝师傅；谓宜尽敬。"侍中荀弈议，以为："三朝之首，宜明君臣之体，则不应敬；若他日小会，自可尽礼。"诏从之。弈，组之子也。

【译文】 秋季，七月，成汉的大将军李寿攻打阴平、武都，杨难敌向李寿投降。

九月，后赵国君石勒又营建邺城宫室。把洛阳作为南都，设置行台。

冬季，在太庙进行蒸祭，晋成帝司马衍颁下诏书命令把祭祀剩下的胙肉给司徒王导送去，并且准许他不用跪拜谢恩。王导以自己生病了为理由推辞，不敢接受。起初，晋成帝司马衍即位的时候，年纪尚小，每一次见到王导，一定会下拜，给王导的手诏，上面则说"惶恐而言"，中书写的诏书，则说"敬问"。负责的官员议论说："元旦朝会大臣们的那一天，皇上是否应该下拜礼敬王导呢？"博士郭熙、杜援评议，他们认为："礼书上面没有国君拜大臣的记载，我们认为应该免除下拜礼敬。"侍中冯怀评议，他认为："天子驾临大学，拜见三老，更何况是先帝的师傅呢？我认为应该对王导倍加礼敬。"侍中荀弈评议，他认为："元旦是一年当中的第一次朝会，应该彰明君臣之间各自的身份，因此不应当下拜礼敬；如果是其他日子的小朝会，自然可以对王导倍加礼敬了。"晋成帝颁下诏书采纳了他的建议。荀弈，是荀组的儿子。

慕容廆遣使与太尉陶侃笺，劝以兴兵北伐，共清中原。僚属宋该等共议，以"廆立功一隅，位卑任重，等差无别，不足以镇华、夷，宜表请进廆官爵"。参军韩恒驳曰："夫立功者患信义不著，不患名位不高。桓、文有匡复之功，不先求礼命以令诸侯。宜缮甲兵，除群凶，功成之后，九锡自至。比于邀君以求宠，不亦荣乎！"廆不悦，出恒为新昌令。于是，东夷校尉封抽等疏上侃府，请封廆为燕王，行大将军事。侃复书曰："夫功成进爵，古之成制也。车骑虽未能为官摧勒，然忠义竭诚；今腾笺上听，可不、迟速，当在天台也。"

【译文】慕容廆派遣使者给太尉陶侃送去书信，劝他发兵北伐，共同廓清中原。慕容廆的僚属宋该等人一起向慕容廆建议，应写"慕容廆在边陲一隅建立功业，职位低微，责任重大，等级没有区别，不足以震慑华夏和胡夷，您应该向皇上上奏表请求提升慕容廆的官爵"。慕容廆的参军韩恒驳斥说："建立功绩的人忧虑的是诚信、道义不彰明，而不是忧虑名位不高。齐桓公、晋文公有匡救复兴国家的功劳，但是他们并没有事先要求天子按礼制加以任命就来号令天下诸侯。您应该修缮甲胄、兵器，除去群凶，功成以后，您自然就会得到九锡的礼遇。这比起向国君要求宠信，不也是很光荣吗？"慕容廆听了以后心里感到不高兴，就调任韩恒出任新昌县令。于是东夷校尉封抽等人向陶侃幕府上奏疏，请求册封慕容廆为燕王，摄行大将军事。陶侃回信说："建立功劳，晋封爵位，这是古人已经制定的制度。车骑将军慕容廆虽然还没有能够为朝廷摧毁石勒，但是忠诚仁义，尽心尽力。我现在将你的书信禀报给皇上，至于你所请求给你晋爵的事情，同意不同意，授予官职的早晚，则应当由朝廷决定。"

资治通鉴

资治通鉴卷第九十五　晋纪十七

起玄黓执徐，尽强圉作噩，凡六年。

【译文】 起壬辰（公元332年），止丁酉（公元337年），共六年。

【题解】 本卷记录了晋成帝咸和七年至咸康三年共六年间东晋及各国大事。主要记录了赵主石勒的僚属程遐、徐光提醒石勒小心石虎，石勒不听，等到石勒病死，石虎杀程遐、徐光、石堪与石勒皇后刘氏，控制太子石弘；石勒部将石生、石朗起兵讨伐石虎，失败，石虎废石弘，将他与石宏、石勒皇后程氏等杀掉，自称居摄赵天王；记录了石虎迁都邺城，大造宫室，穷奢极侈；石虎极度尊崇"大和尚"佛图澄，在国内形成风尚；石虎喜怒无常，荒耽酒色，与太子石邃矛盾加深，遂杀石邃改立石宣；记录了棘城慕容廆卒，子慕容皝即位，慕容皝之弟慕容仁占领辽东自立，慕容皝用高诩之计，踏冰渡海讨平慕容仁，又大破段辽与宇文氏，备置百官，自称燕王；记录了凉州渐平，勤修诸政，民富兵强，张骏被称为贤君，西域的焉耆、于阗等国都到姑臧朝贺称臣，张骏遂有兼并秦、雍二州之志；记录了成汉将领李寿进攻宁州，宁州刺史投降，李寿又一度夺得梁州；成主李雄病死，养子李班继位，李雄子李越杀李班，拥立李雄子李期，成国走向了衰败；记录了陶侃晚年以满盈自惧，辞官还居封地，死于归途；记录了晋成帝司马衍成年，仍委政于王导，向他行礼，侍中孔坦以为不妥，被王导黜逐；王导、庾亮聘用爱好清谈的王濛、王述及殷浩等人，清谈蔚然成风，朝廷虽立太学、招生员，而士大夫习尚《老》《庄》，儒学不振；记录了石虎南游临江，数十骑哨探至历阳，历阳太守袁耽虚报军情，引起东晋慌乱动员、征兵遣将，慌乱不堪。

显宗成皇帝中之上

咸和七年(壬辰，公元三三二年)春，正月，辛未，大赦。

赵主勒大飨群臣，谓徐光曰："朕可方自古何等主？"对曰："陛下神武谋略过于汉高，后世无可比者。"勒笑曰："人岂不自知！卿言太过。朕若遇汉高祖，当北面事之，与韩、彭比肩；若遇光武，当并驱中原，未知鹿死谁手。大丈夫行事，宜礌礌落落，如日月皎然，终不效曹孟德、司马仲达欺人孤儿、寡妇，狐媚以取天下也。"群臣皆顿首称万岁。

勒虽不学，好使诸生读书而听之，时以其意论古今得失，闻者莫不悦服。尝使人读《汉书》，闻郦食其劝立六国后，惊曰："此法当失，何以遂得天下？"及闻留侯谏，乃曰："赖有此耳！"

【译文】 咸和七年（壬辰，公元332年）春季，正月，辛未日（十五日），晋成帝司马衍下令大赦天下。

后赵国君石勒飨宴犒赏群臣，他对徐光说："我可以和古代哪一等君主相比呢？"徐光回答石勒说："陛下您神圣勇武谋划策略超过了汉高祖刘邦，后世也没有人可以和您相比的。"石勒笑着说："人哪里会有不了解自己的，你的话说得也太过了。假如我遇到了汉高祖的话，我也应当向他北面称臣，和韩信、彭越同列并肩；假如我遇到汉光武帝刘秀的话，我就和他一起逐鹿中原，不知道这个天下将会是谁的啊。大丈夫做事情，就应该光明磊落，如同日月之光一样光亮洁白，终究不应该效法曹孟德、司马仲达，欺侮他人孤儿寡母，用不正当的手段得到天下。"群臣们都叩头顿首，高呼万岁。

石勒虽然没有上过学，但是他十分喜欢让众儒生读书给自己听，常常按照自己的心意去议论古今得失，听到的人没有一个不对他心悦诚服。石勒曾经让人给自己读《汉书》，听到郦食其劝谏汉高祖册立战国时六国诸侯后裔的时候，他吃惊地说："这种做法是失策的，为什么汉高祖最后会得到了天下呢？"等到石勒听到留侯张良劝谏的时候，石勒这才说："幸亏有过这么一回事。"

郭敬之退戍樊城也，晋人复取襄阳。夏，四月，敬复攻拔之，留戍而归。

赵右仆射程遐言于赵主勒曰："中山王勇悍权略，群臣莫及；观其志，自陛下之外，视之蔑如；加以残贼安忍，久为将帅，威振外内，其诸子年长，皆典兵权；陛下在，自当无它，恐非少主之臣也。宜早除之，以便大计。"勒曰："今天下未安，大雅冲幼，宜得强辅。中山王骨肉至亲，有佐命之功，方当委以伊、霍之任，何至如卿所言！卿正恐不得擅帝舅之权耳；吾亦当参卿顾命，勿过忧也。"遐泣曰："臣所虑者公家，陛下乃以私计拒之，忠言何自而入乎！中山王虽为皇太后所养，非陛下天属，虽有微功，陛下酬其父子恩荣亦足矣，而其志愿无极，岂将来有益者乎！若不除之，臣见宗庙不血食矣。"勒不听。

【译文】 郭敬后退戍守樊城以后，东晋又收复了襄阳。夏季，四月，郭敬再一次攻占襄阳，留下防守的军队以后就返回了。

后赵的右仆射程遐向后赵国君石勒建议说："中山王石虎勇猛精悍，有权谋，有武略，群臣当中没有一个人能比得上他。观察他的志向，除了陛下以外，他对其他的人都视若无物。再加上他性格凶恶好杀，残忍成性，长期担任将帅，威势震惊朝廷内外，他的几个儿子都已经长大，手中都握有兵权。陛下在世，自然不会有什么其他的变化，但是我担心他不会甘心做少主的臣子。您应该早日把他除掉，以便利于帝王大业。"但是石勒说："现在天下还没有安定，石弘的年龄尚且幼小，需要得到强大的辅佐。中山王石虎是我的骨肉至亲，又有辅佐王命、创立大业的功劳，我正应该委托他辅佐少主的重要责任，就像商朝任命伊尹辅佐太甲，汉朝任命霍光辅佐汉昭帝、汉宣帝一样，何至于像你说的那样呢？你是担心不能够专擅皇上舅父的权力罢了，我也会让你参与辅政，你不用过分地忧虑。"程遐哭泣着说："我所忧虑的是整个国家，陛下却认为我这是在为自己的利益做打算而对我的建议加以拒绝，这样如何能够使你听得进去忠言呢？中山王石虎虽然是皇太后养大的，但是他和陛下并没有血缘上的关系，虽然他立下了些微小的功劳，但是陛下酬答他们父子的恩惠荣耀也已经足够了，然而他的心愿、欲望却是无穷无尽的，难道会是对将来有益处的人吗？如果您现在不把他除去，我就将会看到宗庙不能享受牲牢的祭祀了。"但是石勒没有采纳程遐的建议。

遐退，告徐光，光曰："中山王常切齿于吾二人，恐非但危国，亦将为家祸也。"它日，光承间言于勒曰："今国家无事，而陛下神色若有不怡，何也？"勒曰："吴、蜀未平，吾恐后世不以吾为受命之王也。"光曰："魏承汉运，刘备虽兴于蜀，汉岂得为不亡乎!"孙权在吴,犹今之李氏也。陛下苞括二都,平荡八州,帝王之统不在陛下,复当在谁!且陛下不忧腹心之疾,而更忧四支乎!中山王藉陛下威略,所向辄克,而天下皆言其英武亚于陛下。且其资性不仁,见利忘义,父子并据权位,势倾王室;而耿耿常有不满之心。近于东宫侍宴,有轻皇太子之色。臣恐陛下万年之后,不可复制也。"勒默然,始命太子省可尚书奏事,且以中常侍严震参综可否,惟征伐断斩大事乃呈之。于是,严震之权过于主相,中山王虎之门可设雀罗矣。虎愈怏怏不悦。

【译文】程遐退下以后,把这件事情告诉了徐光,徐光说:"中山王石虎常常对我们两个人心怀怨恨,恐怕将来他不仅会危害到国家,也将会成为你我家庭的灾祸啊!"后来,徐光寻找到机会向石勒劝谏说:"现在国家太平无事,但是陛下您的神色却好像不高兴,这是为什么呢?"石勒回答说:"东吴和西蜀尚且没有平定,我担心后世的人不把我当作承受天命的君王看待。"徐光说:"魏国继承了汉朝的国运,虽然刘备在蜀地建立了国家,但是又怎么能够说汉朝还没有灭亡呢?孙权在东吴,就如同今天的成汉主李雄一样。陛下的疆土囊括了长安、洛阳两都,占据了冀州、幽州、并州、青州、兖州、豫州、司州、雍州八个州的土地,帝王的正统不在陛下,还会在谁呢?况且陛下不忧虑心腹之患,反而去忧虑四肢之患吗?中山王石虎凭借着陛下的威势和谋略,所向无敌,但是天下的百姓都说他的英勇威武比不上陛下。而且他禀性不仁慈,见利忘义,父子又都占据了权势和地位,势力可以颠覆王室,而他们自己却又心中挂怀,不安于目前的官职,常常有不满意的想法。最近在东宫侍奉宴饮的时候,石虎有轻视皇太子的神色。我担心在陛下辞世以后,就不可以再控制他了。"石勒沉默不语,开始命令太子审查、决断尚书的奏事，并且派遣中常侍严震参与判断决策是否可行，只有征伐断斩方面的大事才上呈给石勒决定。因此严震的权力超过了君主和丞相，中山王石虎门庭冷清，可以网罗麻雀了。石虎更加心中郁闷、不高兴。

秋，赵郭敬南掠江西，太尉侃遣其子平西参军斌及南中郎将桓宣乘虚攻樊城，悉俘其众。敬旋救樊，宣与战于涅水，破之，皆得其所掠。侃兄子臻及竟陵太守李阳攻新野，拔之。敬惧，遁去；宣（阳）遂拔襄阳。

侃使宣镇襄阳，宣招怀初附，简刑罚，略威仪，劝课农桑，或载锄耒于轺轩，亲帅民芸获。在襄阳十馀年，赵人再攻之，宣以寡弱拒守，赵人不能胜；时人以为亚于祖逖、周访。

成大将军寿寇宁州，以其征东将军费黑为前锋，出广汉，镇南将军任回出越巂，以分宁州之兵。

【译文】秋季，后赵的郭敬向南攻掠长江以西的地区，太尉陶侃派遣他的儿子平西参军陶斌以及南中郎将桓宣乘虚攻打樊城，把在那里留守的士兵全部都俘虏了。郭敬返回去救援樊城，桓宣和他在涅水交战，把郭敬打败了，并且得到了郭敬在长江以西的地区劫去的全部财物。陶侃哥哥的儿子陶臻和竟陵太守李阳攻占了新野。郭敬知道了以后心里感到恐惧，就逃走了，桓宣于是就把襄阳占领了。

陶侃命桓宣镇守襄阳，桓宣招抚了刚刚归降的民众，就从简刑罚，从略威仪，鼓励、督促从事农桑生产活动，有时候用轻便的小车装载着锄头耒耜等农具，亲自率领百姓进行耕耘收获。桓宣在襄阳十几年，后赵的士兵多次前来进攻，桓宣以寡少疲弱的士兵进行防守抵抗，后赵的士兵无法获得胜利。当时的百姓都以为他仅次于祖逖和周访。

　　成汉的大将军李寿侵略宁州，任命他的征东将军费黑为前锋，从广汉出兵，镇南将军任回从越嶲出兵，以便使宁州的兵力分散。

　　冬，十月，寿、黑至朱提，朱提太守董炳城守，宁州刺史尹奉遣建宁太守霍彪引兵助之。寿欲逆拒彪，黑曰："城中食少，宜纵彪入城，共消其谷，何为拒之！"寿从之。城久不下，寿欲急攻之。黑曰："南中险阻难服，当以日月制之，待其智勇俱困，然后取之，溷牢之物，何足汲汲也。"寿不从，攻，果不利，乃悉以军事任黑。

　　十一月，壬子朔，进太尉侃为大将军，剑履上殿，入朝不趋，赞拜不名；侃固辞不受。

　　十二月，庚戌，帝迁于新宫。

　　是岁，凉州僚属劝张骏称凉王，领秦、凉二州牧，置公卿百官如魏武、晋文故事。骏曰："此非人臣所宜言也。敢言此者，罪不赦！"然境内皆称之为王。骏立次子重华为世子。

　　【译文】冬季，十月，李寿和费黑到达了朱提，朱提太守董炳据城进行防守，宁州刺史尹奉派遣建宁太守霍彪率领士兵前去援助董炳。李寿准备迎击霍彪，费黑说："城中粮食短缺，你应该放任霍彪进城，让他们共同消耗粮食，为什么要阻挡他呢？"李寿采纳了他的意见。朱提城长时间都无法攻占，李寿想要大举猛攻。费黑说："南中地势险阻，很难制服，我们应当待以时日，等到他们的智慧和勇气都消磨殆尽了，然后再去攻打他们，城里面的人，就如同困在圈栏中的牲畜，终究是会被擒获的，何必急急地求一时之功呢？"李寿不肯听从，进攻果然不能取得胜利,于是李寿就把军事全权委托给了费黑。

十一月,壬子朔日(初一日),晋成帝司马衍提升太尉陶侃为大将军,准许陶侃可以佩戴着剑穿着鞋上殿,朝见皇上的时候不必趋行小跑,唱礼通名的时候可以不直接称呼名字。陶侃再三推辞,坚持不肯接受。

十二月,庚戌日(二十九日),晋成帝司马衍迁居到了新建成的宫殿居住。

这一年,凉州的僚属们劝张骏自称凉王,兼任秦州、凉州两州的州牧,设置公卿百官,仿照以前的魏武帝曹操、晋文帝司马昭的做法。张骏说:"这不是为人臣子应该说的话。敢说这种话的,一定要治罪,绝不赦免!"但是凉州境内都称呼他为王。张骏册立次子张重华为世子。

咸和八年(癸巳,公元三三三年)春,正月,成大将军〔李〕寿拔朱提,董炳、霍彪皆降,寿威震南中。

丙子,赵主勒遣使来修好;诏焚其币。

三月,宁州刺史尹奉降于成,成尽有南中之地,大赦,以大将军寿领宁州。

夏,五月,甲寅,辽东武宣公慕容廆卒。六月,世子皝以平北将军行平州刺史,督摄部内。赦系囚。以长史裴开为军咨祭酒,郎中令高诩为玄菟太守。皝以带方太守王诞为左长史,诞以辽东太守阳骛为才而让之;皝从之,以诞为右长史。

【译文】 咸和八年(癸巳,公元333年)春季,正月,成汉的大将军李寿攻占了朱提城,董炳、霍彪都向李寿投降,李寿的声威震惊了南中。

丙子日(二十六日),后赵国君石勒派遣使者来与东晋重修旧好，晋成帝颁下诏书命令把后赵的使者带来的礼物全部焚烧掉。

三月，宁州刺史尹奉向成汉投降，成汉占领了南中所有的土地。成汉国君李雄下令大赦，任命大将军李寿兼管宁州。

夏季，五月，甲寅日（初六日），辽东武宣公慕容廆去世了。六月，世子慕容皝以平北将军摄行平州刺史的职务，督察、统领境内士众。慕容皝赦免了囚禁的犯人。任命长史裴开为军咨祭酒，郎中令高诩为玄菟太守。慕容皝任命带方太守王诞为左长史，王诞认为辽东太守阳骛有才干就把左长史的官职让给了他，慕容皝同意了他的请求，任命王诞为右长史。

赵主勒寝疾，中山王虎入侍禁中，矫诏，群臣亲戚皆不得入；疾之增损，外无知者。又矫诏召秦王宏、彭城王堪还襄国。勒疾小瘳，见宏，惊曰："吾使王处藩镇，正备今日，有召王者邪，将自来邪？有召者，当按诛之！"虎惧曰："秦王思慕，暂还耳，今遣之。"仍留不遣。数日，复问之，虎曰："受诏即遣，今已半道矣。"广阿有蝗，虎密使其子冀州刺史邃帅骑三千游于蝗所。

【译文】后赵国君石勒病重卧床，中山王石虎进入禁宫侍卫，矫称诏令，群臣亲戚都不能进入。石勒病情的轻重，宫外没有一个人知道。石虎又假传诏令传召秦王石宏、彭城王石堪回到襄国。石勒病情稍微好转，看见石宏，惊讶地说："我派遣你镇守藩镇，正是为了防备今天这种情况，你回来是有人征召你呢，还是你自己前来的？如果有传召你回来的人，应当按罪诛杀。"石虎恐惧地说："秦王因为思念您，暂时回来罢了，现在就遣送他回去。"但是石虎仍旧把他留着没有把他遣送走。过了几天，石勒又问起了石宏这件事情，石虎说："接到了您的诏令以后就即刻遣送他回去了，现在已经在半路上了。"广阿县发生了蝗灾，石虎秘密地派遣他的儿子冀州刺史石邃率领三千骑兵前去发生蝗灾的地方游弋。

秋，七月，勒疾笃，遗命曰："大雅兄弟，宜善相保，司马氏，汝曹之前车也。中山王宜深思周、霍，勿为将来口实。"戊辰，勒卒。中山王虎劫太子弘使临轩，收右光禄大夫程遐、中书令徐光，下廷尉，召邃使将兵入宿卫，文武皆奔散。弘大惧，自陈劣弱，让位于虎。虎曰："君终，太子立，礼之常也。"弘涕泣固让，虎怒曰："若不堪重任，天下自有大义，何足豫论！"弘乃即位。大赦。杀程遐、徐光。夜，以勒丧潜瘗山谷，莫知其处。己卯，备仪卫，虚葬于高平陵，谥曰明帝，庙号高祖。

赵将石聪及谯郡太守彭彪，各遣使来降。聪本晋人，冒姓石氏。朝廷遣督护乔球将兵救之，未至，聪等为虎所诛。

慕容皝遣长史勃海王济等来告丧。

【译文】秋季，七月，石勒病重，颁布遗命说："石弘的兄弟们，应当好好互相扶持，司马氏兄弟的自相残杀，最终使晋朝倾覆，他们就是你们的前车之鉴，你们应该好好引以为戒。中山王石虎应当深深追思像周公、霍光一样辅佐幼孤，不要为后世留下口实。"戊辰日（二十一日），石勒去世了。中山王石虎把太子石弘劫持了，让他到殿前，收捕右光禄大夫程遐、中书令徐光，交给廷尉治罪，传召石邃率领军队进入禁宫宿卫，文武官员都纷纷逃亡奔散。石弘非常恐惧，自己说自己才能低劣，性情懦弱，要把帝位让给石虎。石虎说："国君去世，太子即位，这是礼仪常规。"石弘流着眼泪坚决辞让，石虎发怒说："如果你不能承担重任，天下的百姓自然会按照大道理行事，哪里能事先谈论？"石弘于是即位，大赦，并且下令把程遐、徐光杀死。夜里，把石勒的遗体偷偷地在山谷埋葬了，没有一个人知道埋葬石勒的地方。己卯日（七月无此日），备齐仪仗护卫，假装把石勒安葬在了高平陵，谥号明帝，庙号高祖。

后赵的将领石聪和谯郡太守彭彪，各自派遣使者前来向晋朝投降。石聪本来是晋朝的百姓，因为被收养而改姓石。朝廷派遣督护乔球率领士兵前去援救他们，但是援兵还没有到达，石聪等人便已经被石虎杀害了。

慕容皝派遣长史勃海人王济等人赶到晋报丧。

八月，赵主弘以中山王虎为丞相、魏王、大单于，加九锡，以魏郡等十三郡为国，总摄百揆。虎赦其境内，立妻郑氏为魏王后；子邃为魏太子，加使持节、侍中、都督中外诸军事、大将军、录尚书事；次子宣为使持节、车骑大将军、冀州刺史，封河间王；韬为前锋将军、司隶校尉，封乐安王；遵封齐王，鉴封代王，苞封乐平王；徙平原王斌为章武王。勒文武旧臣，皆补散任；虎之府寮亲党，悉署台省要职。以镇军将军夔安领左仆射，尚书郭殷为右仆射。更命太子宫曰崇训宫，太后刘氏以下皆徙居之。选勒宫人及车马、服玩之美者，皆入丞相府。

宇文乞得归为其东部大人逸豆归所逐，走死于外。慕容皝引兵讨之，军于广安；逸豆归惧而请和，遂筑榆阴、安晋二城而还。

【译文】八月，后赵国君石弘任命中山王石虎为丞相、魏王、大单于，赐加九锡，划分魏郡等十三个郡作为石虎的封国，总领朝廷大小政事。石虎下令赦免他的境内的犯人，册立他的妻子郑氏为魏王后；儿子石邃为魏太子，授予他使持节、侍中、都督中外诸军事、大将军兼领尚书事；次子石宣为使持节、车骑大将军、冀州刺史，加封他为河间王；石韬为前锋将军、司隶校尉，加封他为乐安王；石遵被封为齐王，石鉴被封为代王，石苞被封为乐平王；改封平原王石斌为章武王。石勒过去的文武官员，都被委派了闲散没有职权的官职。石虎的僚佐亲属，全部都出任了朝廷的重要职务。石虎任命镇军将军夔安兼领左仆射，尚书郭殷为右仆射。把太子的宫室改名为崇训宫，太后刘氏以下的人员全部迁移到那里居住。石虎又挑选了石勒原有的宫人、车马和服装珍玩中美丽、精良和珍贵的，全都运到了丞相府里面。

宇文乞得归被自己手下的东部大人逸豆归所驱逐，逃跑的时候死在了外面。慕容皝率领军队去讨伐逸豆归，在广安驻扎军队。逸豆归惧怕，请求和好，于是慕容皝就修建了榆阴、安晋两个城堡以后回去了。

成建宁、牂柯二郡来降，李寿复击取之。

赵刘太后谓彭城王堪曰："先帝甫晏驾，丞相遽相陵籍如此。帝祚之亡，殆不复久。王将若之何？"堪曰："先帝旧臣，皆被疏斥，军旅不复由人，宫省之内，无可为者；臣请奔兖州，挟南阳王恢为盟主，据廪丘，宣太后诏于牧、守、征、镇，使各举兵以诛暴逆，庶几犹有济也。"刘氏曰："事急矣！当速为之。"九月，堪微服、轻骑袭兖州，不克，南奔谯城。丞相虎遣其将郭太追之，获堪于城父，送襄国，炙而杀之。徵南阳王恢还襄国。刘氏谋泄，虎废而杀之，尊弘母程氏为皇太后。堪本田氏子，数有功，赵主勒养以为子。刘氏有胆略，勒每与之参决军事，佐勒建功业，有吕后之风，而不妒忌更过之。

【译文】成汉的建宁、牂柯两郡之人前来向东晋投降，又被李寿攻占了。

后赵的刘太后对彭城王石堪说:"先帝石勒才刚刚去世,丞相石虎就如此欺压践踏我们。帝王血统的灭绝,大概不会有多久了,您对此将要怎么办呢?"石堪说:"先帝过去的臣子,都遭到了疏远或者排斥,我们手中没有掌握军事大权,不能调遣军队,出任宫中宿卫和台省要职的,都是石虎的僚佐亲属,也没有有所作为的人,我请求出奔兖州,扶持南阳王石恢做盟主,占据廪丘,向各州郡的牧、守和四方的征、镇将军,颁布太后懿诏,让他们各自举兵去诛灭暴虐叛逆的人,或许还可以挽救。"刘氏说:"事情已经非常紧急了,你应当赶快采取行动。"九月,石堪换上平民穿的衣服,骑着快马,奔袭兖州,没有取得成功,于是石堪向南逃到谯城。丞相石虎派遣他的将领郭太前去追击石堪,在城父把石堪捕获以后,送回了襄国,石虎用火把石堪灼烧以后杀死了。石虎征召南阳王石恢回到襄国。刘氏的计划泄漏了,于是石虎先把她废黜,然后又杀死了,尊奉石弘的母亲程氏为皇太后。石堪本来是田氏的子孙,因为他多次建立功劳,后赵国君石勒就把他领养为自己的儿子。刘氏有胆识,有谋略,石勒常常和她共同商议决断军事,她辅佐石勒建立功业,有西汉吕后的遗风,但是刘氏在不妒忌这方面要胜过吕后。

赵河东王生镇关中,石朗镇洛阳。冬,十月,生、朗皆举兵以讨丞相虎;生自称秦州刺史,遣使来降。氐帅蒲洪自称雍州刺史,西附张骏。

虎留太子邃守襄国,将步骑七万攻朗于金墉;金墉溃,获朗,刖而斩之;进向长安,以梁王挺为前锋大都督。生遣将军郭权帅鲜卑涉璝众二万为前锋以拒之,生将大军继发,军于蒲阪。权与挺战于潼关,大破之,挺及丞相左长史刘隗皆死,虎还奔渑池，枕尸三百馀里。鲜卑潜与虎通谋，反击生。生不知挺已死，惧，单骑奔长安。权收馀众，退屯渭汭。生遂弃长安，匿于鸡头山。将军蒋英据长安拒守，虎进兵击英，斩之。生麾下斩生以降；权奔陇右。

【译文】后赵的河东王石生镇守关中，石朗镇守洛阳。冬季，十月，石生、石朗都起兵讨伐丞相石虎。石生自称为秦州刺史，派遣使者前来向东晋投降。氐族统帅蒲洪自称为雍州刺史，向西依附张骏。

石虎把太子石邃留下来防守襄国，自己亲自率领步兵和骑兵一共七万人到金墉进攻石朗；金墉被石虎攻破了，石朗也被石虎抓获了，石虎砍断石朗的双脚后，把他杀死了。随后石虎向长安发起了进攻，任命梁王石挺为前锋大都督。石生派遣将军郭权率领鲜卑人涉璝的两万士兵作为前锋对敌人进行抵抗，石生率领大军随后出发，在蒲阪驻扎军队。郭权和石挺在潼关交战，石挺被郭权打败了，石挺和丞相左长史刘隗都战死了，石虎回军逃到渑池，纵横倒地的尸体有三百多里。鲜卑族暗中和石虎勾结，反戈攻击石生。石生不知道石挺已经死了，心中畏惧害怕，就一个人骑着马逃到长安。郭权把剩余的士兵都召集起来，退到渭水转弯处驻扎军队。于是石生就放弃了长安，藏匿到了鸡头山。将军蒋英据守长安抵御石虎的进攻，石虎进兵攻击蒋英，把他斩杀了。石生的部下把石生斩杀了以后，向石虎投降。郭权逃到陇右。

虎分命诸将屯汧、陇，遣将军麻秋讨蒲洪。洪帅户二万降于虎，虎迎拜洪光烈将军、护氐校尉。洪至长安，说虎徙关中豪杰及氐、羌以实东方，曰："诸氐皆洪家部曲，洪帅以从，谁敢违者!"虎从之,徙秦、雍民及氐、羌十馀万户于关东。以洪为龙骧将军、流民都督,使居枋头;以羌帅姚弋仲为奋武将军、西羌大都督,使帅其众数万徙居清河之滠头。

虎还襄国,大赦。赵主弘命虎建魏台,一如魏武王辅汉故事。

慕容皝初嗣位,用法严峻,国人多不自安,主簿皇甫真切谏,不听。

【译文】 石虎分别命令将领在汧水、陇上驻扎军队,派遣将军麻秋去讨伐蒲洪。蒲洪率领两万户向石虎投降,石虎接受了蒲洪的投降,并且任命他为光烈将军、护氐校尉。蒲洪到达了长安,就劝说石虎把关中的豪强和氐、羌等部落都迁徙走以充实东方,他说:"所有的氐族部落都是我家的部属,我率领着他们归顺你,有谁敢违抗的呢?"石虎采纳了他的建议,于是就把秦州、雍州的士兵、百姓以及氐族、羌族十多万户都迁徙到了关东。石虎任命蒲洪为龙骧将军、流民都督,让他在枋头居住;任命羌族的统帅姚弋仲为奋武将军、西羌大都督,让他率领他的数万名部众迁徙到清河的滠头居住。

石虎返回襄国以后,就下令大赦。后赵国君石弘命令石虎建造魏台,一切都完全仿照魏武帝曹操辅佐汉朝的旧例。

慕容皝刚刚即位,使用的刑法过于严厉峻刻,国内的百姓大多数都不知所措,主簿皇甫真对慕容皝进行劝谏,但是慕容皝却不肯听从。

皝庶兄建威将军翰、母弟征虏将军仁,有勇略,屡立战功,得士心,季弟昭,有才艺;皆有宠于廆。皝忌之,翰叹曰:"吾受事于先公,不敢不尽力,幸赖先公之灵,所向有功,此乃天赞吾国,非人力也。而人谓吾之所办，以为雄才难制，吾岂可坐而待祸邪！"乃与其子出奔段氏。段辽素闻其才，冀收其用，甚爱重之。

仁自平郭来奔丧，谓昭曰："吾等素骄，多无礼于嗣君，嗣君刚严，无罪犹可畏，况有罪乎！"昭曰："吾辈皆体正嫡，于国有分。兄素得士心，我在内未为所疑，伺其间隙，除之不难。兄趣举兵以来，我为内应，事成之日，与我辽东。男子举事，不克则死，不能效建威偷生异域地。"仁曰："善！"遂还平郭。闰月，仁举兵而西。

资治通鉴

【译文】慕容皝的庶母兄长建威将军慕容翰和同母的弟弟征虏将军慕容仁，都勇敢而有谋略，多次建立战功，深得人心；小弟弟慕容昭，有才干、有技艺。他们都得到了慕容廆的宠爱和信任。慕容皝忌妒他们，慕容翰叹息着说："我从先父慕容廆那里接受了任职，不敢不竭尽心力，幸好仰仗先父慕容廆的在天之灵，所向披靡，凡是我所到达的地方都能够建立功劳，这是上天在帮助我们的国家，并非人为的力量。但是别人却认为这是我的力量，认为我具有杰出的才能，不容易被制服，我怎么能够在这里坐着等待着灾祸的降临呢？"于是他就和他的儿子出奔段氏。段辽平素就听说他有才干，一直希望能够把他收为己用，所以非常宠爱、器重他。

慕容仁从平郭回来奔丧，对慕容昭说："我们平时一直傲慢放纵，常常对现在在位的新君慕容皝没有礼貌，新君为人刚毅严厉，没有犯罪尚且觉得他可怕，更何况是有罪呢？"慕容昭说："我们都是正室的嫡子，国家也应该有我们的一份，兄长您一向能得人心，我在皇宫里面也没有什么令人感到怀疑的地方，只要我们等待适当的机会，除掉他并不是一件困难的事情。兄长您赶快发兵前来，我来当内应，等到事情成功的时候，您只要把辽东分给我就可以了。男子汉做事情，不成功就是死，不能效法建威将军慕容翰在其他地方苟且偷生。"慕容仁说:"好!"于是慕容仁就返回平郭。闰月,慕容仁发兵向西进发。

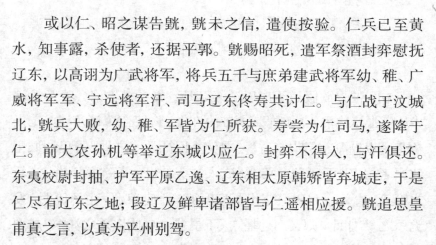

或以仁、昭之谋告皝,皝未之信,遣使按验。仁兵已至黄水,知事露,杀使者,还据平郭。皝赐昭死,遣军祭酒封弈慰抚辽东,以高诩为广武将军,将兵五千与庶弟建武将军幼、稚、广威将军军、宁远将军汗、司马辽东佟寿共讨仁。与仁战于汶城北,皝兵大败,幼、稚、军皆为仁所获。寿尝为仁司马,遂降于仁。前大农孙机等举辽东城以应仁。封弈不得入,与汗俱还。东夷校尉封抽、护军平原乙逸、辽东相太原韩矫皆弃城走,于是仁尽有辽东之地;段辽及鲜卑诸部皆与仁遥相应援。皝追思皇甫真之言,以真为平州别驾。

十二月,郭权据上邽,遣使来降;京兆、新平、扶风、冯翊、北地皆应之。

【译文】 有人向慕容皝报告了慕容仁、慕容昭的阴谋,但是慕容皝却不相信,就派遣使者前去考查验证这件事。慕容仁的军队已经到达了黄水,知道事情已经败露了,于是就把慕容皝的使者杀死了,回去据守平郭。慕容皝赐令慕容昭自尽;派遣军祭酒封奕去抚慰辽东;任命高诩为广武将军,率领五千名士兵和他的庶弟建武将军慕容幼、慕容稚、广威将军慕容军、宁远将军慕容汗、司马辽东人佟寿共同去讨伐慕容仁。他们和慕容仁在汶城以北交战,慕容皝的军队被打败了,慕容仁把慕容幼、慕容稚、慕容军都俘获了。佟寿曾经担任过慕容仁的司马,于是就向慕容仁投降。前大农孙机等人占据了辽东城来响应慕容仁。封奕不能进去,只好和慕容汗一起回去了。东夷校尉封抽、护军平原人乙逸、辽东相太原人韩矫都放弃了城池逃走了,于是慕容仁占领了辽东所有的土地。段辽和鲜卑族的各部都和慕容仁遥相接援助。慕容皝追忆起了皇甫真过去劝谏自己的话，于是任命皇甫真为平州别驾。

十二月，郭权占领了上邽，派遣使者来向东晋投降。京兆、新平、扶风、冯翊、北地都起来响应他。

初，张骏欲假道于成以通表建康，成主雄不许。骏乃遣治中从事张淳称籓于成以假道；雄伪许之，将使盗覆诸东峡。蜀人桥赞密以告淳，淳谓雄曰："寡君使小臣行无迹之地，万里通诚于建康者，以陛下嘉尚忠义，能成人之美故也。若欲杀臣者，当斩之都市，宣示众目曰：'凉州不忘旧德，通使琅邪，主圣臣明，发觉杀之。'如此，则义声远播，天下畏威。今使盗杀之江中，威刑不显，何足以示天下乎！"雄大惊曰："安有此邪！"

【译文】 起初，张骏想要向成汉借路去建康呈送上表，但是成汉国君李雄不答应借路给他。于是张骏就派遣治中从事张淳向成汉称臣以便借路。李雄假装答应了他，却准备遣人在东峡伏击他。蜀人桥赞悄悄地告诉了张淳这件事情。张淳对李雄说："我的主君派遣我来到这个未曾通行的地方，不辞万里向建康表达我们的诚意，是因为陛下的嘉许和崇尚忠义，能够成全他人之美的缘故。假如您想把我杀死，也应当在都市把我斩杀，向众人宣谕晓示说：'凉州没有忘记国家曾经接受过的恩德，派遣使者与琅邪通好，因为君主圣贤，臣子英明，察觉到了这件事，于是就把他杀死了。'如果这样做的话，您有道义的声誉就会远播，天下人都畏惧你的声威。您现在派人在江中把我暗杀了，就无法彰显您的声威和刑罚，又怎么能够宣示于天下呢？"李雄大吃一惊，说："哪里有这种事情呢？"

司隶校尉景骞言于雄曰:"张淳壮士,请留之。"雄曰:"壮士安肯留!且试以卿意观之。"骞谓淳曰:"卿体丰大,天热,可且遣下吏,小住须凉。"淳曰:"寡君以皇舆播越,梓宫未返,生民涂炭,莫之振救,故遣淳通诚上都。所论事重,非下吏所能传;使下吏可了,则淳亦不来矣。虽火山汤海,犹将赴之,岂寒暑之足惮哉!"雄谓淳曰:"贵主英名盖世,土险兵强,何不亦称帝自娱一方?"淳曰:"寡君祖考以来,世笃忠贞,以仇耻未雪,枕戈待旦,何自娱之有!"雄甚惭,曰:"我之祖考本亦晋臣,遭天下大乱,与六郡之民避难此州,为众所推,遂有今日。琅邪若能中兴大晋于中国者,亦当帅众辅之。"厚为淳礼而遣之。淳卒致命于建康。

长安之失守也,燉煌计吏耿访自汉中入江东,屡上书请遣大使慰抚凉州。朝廷以访守侍书御史,拜张骏镇西大将军,选陇西贾陵等十二人配之。访至梁州,道不通,以诏书付贾陵,诈为贾客以达之。是岁,陵始至凉州,骏遣部曲督王丰等报谢。

【译文】司隶校尉景骞向李雄建议说:"张淳是一名勇士,请您把他留下来。"李雄说:"他既然是勇士,又怎么会愿意留下来呢?你先暂且用你的意愿去试探一下。"景骞对张淳说:"您的身体强壮,体格有点胖,现在天气炎热,您何不派遣你的下吏前去,您在这里小住一段时间,等到天气凉爽一些以后再出发。"张淳说:"我的主君因为皇室远徙江南,先帝的棺木尚未送返,生民疾苦,没有人前去拯救,所以才会派遣我向皇都表达我们的诚意。所要商议的事情很重要,不是下吏就能够传达的,假如下吏就可以完成这件事情,那么,我的主君也就不会派遣我前去了。即使有火山汤海,我也将会前往,天气的寒暑又哪里值得我害怕呢?"李雄对张淳说:"您的君主英明盖世,境内地势险要，军队强大，为什么不自己称帝，占据一方土地享乐呢？"张淳说："我的君主从祖父、父亲开始，世世代代，笃厚忠贞，因为国家的仇恨耻辱还未能洗雪，枕戈待旦，时时准备杀贼复仇，又哪里能够自乐呢？"李雄听了以后感到很惭愧，于是说："我的祖先本来也是晋室的臣子，因为遇到天下大乱，和六个郡的百姓逃到这里躲避灾难，被众人推举拥戴，所以才有今天。晋朝皇帝如果真的有人能够在中原中兴大晋的基业，我也将会率领众人前去帮助他。"于是李雄送了一份很丰厚的礼物给张淳后就遣送他上路了。张淳终于到达建康转达了张骏的心意。

长安失守以后，敦煌郡掌管计簿的官吏耿访从汉中进入江东，多次向晋成帝司马衍上书请求派遣职高位重的使节抚慰凉州的臣民。于是朝廷任命耿访为守侍书御史，任命张骏为镇西大将军，挑选了陇西贾陵等一共十二个人配备给耿访作为副使。耿访到达梁州以后，因为道路不能通行，于是就把诏书交给了贾陵，自己假扮商贩通过了。这一年，贾陵刚刚到达凉州，张骏就派遣部下督导王丰等人前去答谢。

咸和九年（甲午，公元三三四年）春，正月，赵改元延熙。

诏以郭权为镇西将军、雍州刺史。

仇池王杨难敌卒，子毅立，自称龙骧将军、左贤王、下辨公；以叔父坚头之子盘为冠军将军、右贤王、河池公，遣使来称藩。

二月，丁卯，诏遣耿访、王丰赍印绶授张骏大将军、都督陕西、雍、秦、凉州诸军事。自是每岁使者不绝。

【译文】 咸和九年（甲午，公元334年）春季，正月，后赵把年号更改为延熙。

晋成帝司马衍颁下诏书任命郭权为镇西将军、雍州刺史。

仇池王杨难敌去世了，他的儿子杨毅继位，自称为龙骧将军、左贤王、下辨公；任命叔父杨坚头的儿子杨盘为冠军将军、右贤王、河池公，派遣使者来向东晋称臣。

二月，丁卯日（二十三日），晋成帝司马衍颁下诏书派遣耿访、王丰带着印绶拜张骏为大将军，并且让张骏都督陕西、雍州、秦州、凉州诸军事。从此以后每年使者来往不断。

慕容仁以司马翟楷领东夷校尉，前平州别驾庞鉴领辽东相。

段辽遣兵袭徒河，不克；复遣其弟兰与慕客翰共攻柳城，柳城都尉石琮、城大慕舆泥并力拒守，兰等不克而退。辽怒，切责兰等，必令拔之。休息二旬，复益兵来攻。士皆重袍蒙楯，作飞梯，四面俱进，昼夜不息。琮、塈拒守弥固，杀伤千馀人，卒不能拔。慕容皝遣慕容汗及司马封弈等共救之。皝戒汗曰："贼气锐，勿与争锋。"汗性骁果，以千馀骑为前锋，直进。封弈止之，汗不从。与兰遇于牛尾谷，汗兵大败，死者太半；弈整陈力战，故得不没。

【译文】慕容仁任命司马翟楷兼领东夷校尉，任命原来担任平州别驾的庞鉴兼领辽东相。

段辽派遣军队袭击了徒河，但是没有取得成功。于是段辽又派遣他的弟弟段兰和慕容翰共同进攻柳城，柳城都尉石琮、城主慕舆泥合力进行防守，段兰等人不能取得成功，只好退军。段辽发怒，严厉地责备段兰等人，命令他们一定要把柳城攻取下来。段兰等人休息了二十天以后，又增加了兵力前去攻打柳城。士兵们都穿着重重的战袍，用盾牌保护自己，架上云梯从四面同时进行攻击，昼夜不停。石琮和慕舆泥防守得更加严密，段

資治通鑑卷第九十五 晉紀十七

255

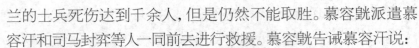

兰的士兵死伤达到千余人，但是仍然不能取胜。慕容皝派遣慕容汗和司马封弈等人一同前去进行救援。慕容皝告诫慕容汗说："贼人的气势正盛，不要和他们争斗决胜负。"慕容汗的性情骁勇果敢，派遣一千多骑兵充当前锋，直接向柳城发起进攻。封弈对他进行劝阻，但是慕容汗不听。结果他们和段兰在牛尾谷相遇，慕容汗的军队大败，一大半的士兵都战死了。封弈整顿军阵拼命作战，这才避免全军覆没。

兰欲乘胜穷追，慕容翰恐遂灭其国，止之曰："夫为将当务慎重，审己量敌，非万全不可动。今虽挫其偏师，未能屈其大势。皝多权诈，好为潜伏，若悉国中之众自将以拒我，我县军深入，众寡不敌，此危道也。且受命之日，正求此捷；若违命贪进，万一取败，功名俱丧，何以返面！"兰曰："此已成擒，无有馀理，卿正虑遂灭卿国耳！今千年在东，若进而得志，吾将迎之以为国嗣，终不负卿，使宗庙不祀也。"千年者，慕容仁小字也。翰曰："吾投身相依，无复还理；国之存亡，于我何有！但欲为大国之计，且相为惜功名耳。"乃命所部欲独还，兰不得已而从之。

三月，成主雄分宁州置交州，以霍彪为宁州刺史，爨深为交州刺史。

【译文】段兰想要乘着战胜追击敌方，慕容翰担心自己的国家会就此灭亡，于是就阻止他说："身为将领，应当以慎重为要务，审查自己，度量敌人，知己知彼，不到万全的时候不可以妄自行动。我们虽然现在挫败了他们的部分军队，但是还不能够挫败他们的主力军队。慕容皝多权谋诡诈，喜欢深藏不露，如果他亲自率领全国的士兵来抵御我们，而我们孤军深入他们的境内，寡不敌众，这是很危险的做法。而且我们接受君命的时候，只是为了求得这一次的胜利。如果我们违背了君主的命令，贪功求进，万一失败了，就会失去全部的功劳和名誉，还有什么脸面回去面对君主呢？"段兰说："这些人被擒已经成为定局了，并没有其他的理由，你只不过忧虑会趁这个机会把你的国家灭掉罢了！现在慕容千年在东边，如果进攻真的能够达到目的，我将会迎接他充当你们国家的继承人，终究不会辜负你，让你们的宗庙断绝祭祀的。"千年，是慕容仁的小名。慕容翰说："我既然投身相依靠，就没有再回去的道理。故国的存亡，和我有什么关系呢？我只是想要为贵国出谋划策，而且珍惜你我的功名罢了。"于是就命令自己所带领的士兵，准备独自返回，段兰不得已，只好跟着他一起返回。

三月，成汉国君李雄把宁州的一部分分割出来，设置为交州，任命霍彪为宁州刺史，爨深为交州刺史。

赵丞相虎遣其将郭敖及章武王斌帅步骑四万西击郭权，军于华阴；夏，四月，上邽豪族杀权以降。虎徙秦州三万馀户于青、并二州。长安人陈良夫奔黑羌，与北羌王薄句大等侵扰北地、冯翊。章武王斌、乐安王韬合击，破之，句大奔马兰山。郭敖乘胜逐北，为羌所败，死者什七八。斌等收军还三城。虎遣使诛郭敖。秦王宏有怨言，虎幽之。

慕容仁自称平州刺史、辽东公。

【译文】后赵的丞相石虎派遣他的将领郭敖和章武王石斌率领步兵和骑兵四万人向西攻打郭权，在华阴驻扎军队。夏季，四月，上邽豪族把郭权杀了向郭敖等人投降。石虎把秦州的三万多户迁徙到了青州和并州两州。长安人陈良夫逃到黑羌，和北羌王薄句大等人一起侵扰北地和冯翊。章武王石斌和乐安王石韬合力对他们发起攻击，把他们打败了，薄句大逃到马兰山。郭敖乘胜追击，结果被羌人打败了，战死的士兵有十分之七八。石斌等人收兵回到三城。石虎派遣使者去处死郭敖。秦王石宏有怨恨的言辞，石虎就把他幽禁了起来。

慕容仁自称为平州刺史、辽东公。

长沙桓公陶侃，晚年深以满盈自惧，不预朝权，屡欲告老归国，佐吏等苦留之。六月，侃疾笃，上表逊位。遣左长史殷羡奉送所假节、麾、幢、曲盖、侍中貂蝉、太尉章，荆、江、雍、梁、交、广、益、宁八州刺史印传、棨戟；军资、器仗、牛马、舟船，皆有定薄，封印仓库，侃自加管钥。以后事付右司马王愆期，加督护统领文武。甲寅，舆车出，临津就船，将归长沙，顾谓愆期曰："老子婆娑，正坐诸君！"乙卯，薨于樊谿。侃在军四十一年，明毅善断，识察纤密，人不能欺；自南陵迄于白帝，数千里中，路不拾遗。及薨，尚书梅陶与亲人曹识书曰："陶公机神明鉴似魏武，忠顺勤劳似孔明，陆抗诸人不能及也。"谢安每言："陶公虽用法而恒得法外意。"安，鲲之从子也。

【译文】长沙桓公陶侃，年老的时候十分担心因为自己的功劳大、地位高，会为自己招来祸害，于是就不再过问朝廷的事情，曾经好几次想要向晋成帝司马衍告老回到长沙国，但是都被他的部下苦苦地挽留住了。六月，陶侃的病情加重了，于是陶侃就向晋成帝上奏表请求退休。朝廷派遣左长史殷羡归还了他所持有的符节、大将旌旗、幡幢、曲柄伞盖、侍中貂蝉、太尉印章，以及荆州、江州、雍州、梁州、交州、广州、益州、宁州八个州刺史的印传和棨戟。至于军用物资、各种兵器、牛马舟船等，都有一定的簿籍登记，封存在仓库里面，陶侃亲自加上锁，掌管钥匙。陶侃把后事托付给右司马王愆期，加封他督护的官职，统领文武官员。甲寅日（十二日），他坐着车子离开了武昌，到渡口乘船，准备回到长沙去，回头对王愆期说："你看我现在这样东倒西歪，精疲力竭，蹒跚难行，都是因为你们一再地挽留啊。"乙卯日（十三日），陶侃在樊溪去世了。陶侃率领军队四十一年，明智坚毅，善于决断，观察事物细密周详，谁也不能轻易欺骗他。在他管辖的区域内，从安徽的南陵到四川的白帝城，方圆数千里的辖区，都非常安定，甚至东西掉在地上都没有人会拾走。他去世以后，尚书梅陶在给他的亲友曹识的信里面说："陶侃的神机明鉴就如同魏武帝曹操，忠顺勤劳好比诸葛孔明，陆抗等人是比不上他的。"谢安经常说："陶侃虽然运用刑法，但是常常能够领会刑法之外的含义。"谢安，是谢鲲的侄子。

【乾隆御批】侃治绩颇有可称，然心不纯正，于苏峻之乱见之。所谓铁中铮铮者耳。

【译文】陶侃为政的成绩很多可以值得称赞，但是他的心地不够纯正，在苏峻的叛乱中就可以看出来。他可以说是才能出众的人。

成主雄生痈于头。身素多金创，及病，旧痕皆脓溃，诸子皆恶而远之；独太子班昼夜侍侧，不脱衣冠，亲为吮脓。雄召大将军建宁王寿受遗诏辅政。丁卯，雄卒，太子班即位。以建宁王寿录尚书事，政事皆委于寿及司徒何点、尚书令王瑰，班居中行丧礼，一无所预。

辛未，加平西将军庾亮征西将军、假节、都督江、荆、豫、益、梁、雍六州诸军事、领江、豫、荆三州刺史，镇武昌。亮辟殷浩为记室参军。浩，羡之子也，与豫章太守褚裒、丹杨丞杜乂，皆以识度清远，善谈《老》《易》，擅名江东，而浩尤为风流所宗。裒，䂮之孙；乂，锡之子也。桓彝尝谓裒曰："季野有皮里《春秋》。"言其外无臧否而内有褒贬也。谢安曰："裒虽不言，而四时之气亦备矣。"

【译文】 成汉国君李雄头上生疮，身上原本就有很多刀、箭的创伤，等到他生病的时候，旧的疤痕全部都生脓溃烂了，他的几个儿子都因为厌恶而远远走开。只有太子李班白天夜晚都在李雄的身边侍候，衣帽也不脱下，亲自为他吮吸脓肿。李雄征召大将军建宁王李寿接受遗诏辅佐政事。丁卯日（二十五日），李雄去世，太子李班继位。李班任命建宁王李寿录尚书事，国家大事全部都委托李寿和司徒何点、尚书令王瑰决断，李班居住在宫中恭行丧礼，一切政事都不干预。

辛未日（二十九日），晋成帝司马衍加封平西将军庾亮为征西将军、假节，都督江州、荆州、豫州、益州、梁州、雍州六个州的诸军事，兼领江州、豫州、荆州三个州的刺史，镇守武昌。庾亮征召殷浩为记室参军。殷浩，是殷羡的儿子，和豫章太守褚裒、丹杨丞杜乂，都因为见识清晰，气度弘远，善于进谈《老子》和《易经》，在江东负有盛名，其中，殷浩尤其受到了风流名士的推崇。褚裒，是褚䂮的孙子；杜乂，是杜锡的儿子。桓彝曾经评价褚裒说："褚裒褚季野有皮里《春秋》。"意思是说他表面上不作任何评论，但是心里面却有所褒贬。谢安说："褚裒虽然什么话也不说，但是气度弘远。"

【乾隆御批】 "皮里春秋，四时之气亦备"，为何等语！清谈可笑可鄙若此！

【译文】 "皮里春秋,四时之气还是有的",这是什么话啊!清谈令人好笑、令人鄙视真是像这样子啊!

秋,八月,王济还辽东,诏遣侍御史王齐祭辽东公庼,又遣谒者徐孟策拜慕容皝镇军大将军、平州刺史、大单于、辽东公、持节、都督,承制封拜,一如庼故事。船下马石津,皆为慕容仁所留。

九月,戊寅,卫将军江陵穆公陆晔卒。

成主雄之子车骑将军越屯江阳,奔丧至成都。以太子班非雄所生,意不服,与其弟安东将军期谋作乱。班弟玝劝班遣越还江阳,以期为梁州刺史,镇葭萌。班以未葬,不忍遣,推心待之,无所疑间,遣玝出屯于涪。冬,十月,癸亥朔,越因班夜哭,弑之于殡宫,并杀班兄领军将军都;矫太后任氏令,罪状班而废之。

【译文】 秋季,八月,王济回到了辽东,晋成帝司马衍颁下诏书派遣侍御史王齐去祭奠辽东公慕容庼,然后又派遣谒者徐孟前去任命慕容皝为镇军大将军、平州刺史、大单于、辽东公、持朝廷符节、都督,秉承皇上的旨意封官拜爵,一切与慕容庼时候的旧例完全相同。舟船到了马石津,都被慕容仁扣留了下来。

九月,戊寅日(初八日),卫将军江陵穆公陆晔去世了。

成汉国君李雄的儿子车骑将军李越在江阳驻扎军队,返回成都奔丧。他认为太子李班不是李雄的亲生儿子,心里不服气,于是就和自己的弟弟安东将军李期谋划作乱。李班的弟弟李玝劝李班遣送车骑将军李越回到江阳,任命安东将军李期为梁州刺史,镇守葭萌。但是李班因为李雄还没有安葬,不忍心把他们遣走,推心置腹地对待他们,对他们没有任何的猜忌和疏远,反而派遣李玝出去,在涪驻扎军队。冬季,十月,癸亥朔日

（十月辛丑朔日，癸亥当为二十三日），李越趁着李班在夜里哭吊，就把他在停丧的宫殿里面杀死了，并且把李班的哥哥领军将军李都也杀死了。李越矫称太后任氏的诏令，罗列李班的罪状，把李班废黜了。

【申涵煜评】雄舍子立姪，出于至公，而班卒见弑，说者咎之。夫豺狼异类，弱肉强食。彼刘聪、石勒所传，独非亲子乎？此辈又安可以常理论也。

【译文】 成武帝李雄舍弃自己的儿子立自己的侄子李班为储君，这是出于公正，最后李班却被（李雄之子李越）杀害了，人们都把这件事归咎于李雄。豺和狼本来不是一类，但都是弱肉强食。像刘聪、石勒传位，也都不是自己的亲生儿子啊，不过这类人怎么能按照常理而论呢？

初，期母冉氏贱，任氏母养之。期多才艺，有令名；及班死，众欲立越，越奉期而立之。甲子，期即皇帝位。谥班曰戾太子。以越为相国，封建宁王，加大将军寿大都督，徙封汉王；皆录尚书事。以兄霸为中领军、镇南大将军；弟保为镇西大将军、汶山太守；从兄始为征东大将军，代越镇江阳。丙寅，葬雄于安都陵，谥曰武皇帝，庙号太宗。

始欲与寿共攻期，寿不敢发。始怒，反谮寿于期，请杀之。期欲籍寿以讨李玙，故不许，遣寿将兵向涪。寿先遣使告玙以去就利害，开其去路，玙遂来奔。诏以王玙为巴郡太守。期以寿为梁州刺史，屯涪。

【译文】 起初，李期的生母冉氏身份低贱，于是李期认任氏为母，由任氏抚养他。李期多才多艺，有好的名声；等到李班死了以后，众人打算拥立李越为国君，李越则推举拥立李期。甲子日(二十四日),李期即位为皇帝。给李班赐予的谥号是戾太子。李期任命李越为相国,加封他为建宁王;加封大将军李寿为大都督,改封他为汉王,都录尚书事。任命他的哥哥李霸为中领军、镇南大将军;任命他的弟弟李保为镇西大将军、汶山太守;任命堂兄李始为征东大将军,代替李越镇守江阳。丙寅日(二十六日),把李雄安葬在安都陵,谥号为武皇帝,庙号为太宗。

李始想要和李寿共同攻打李期,但是李寿不敢发兵。李始发怒,反而向李期诬告李寿,请求把李寿杀死。李期想要依靠李寿以便讨伐李玝,所以没有答应李始的请求,并派遣李寿率领军队向涪进攻。李寿事先派遣使者向李玝剖析了逃亡与归降之间的利害关系,并为他让开了离开的道路,于是李玝就前去投靠东晋。朝廷颁下诏书任命李玝为巴郡太守。李期任命李寿为梁州刺史,在涪驻扎军队。

赵主弘自赍玺绶诣魏宫,请禅位于丞相虎。虎曰:"帝王大业,天下自当有议,何为自论此邪!"弘流涕还宫,谓太后程氏曰:"先帝种真无复遗矣!"于是尚书奏:"魏台请依唐、虞禅让故事。"虎曰:"弘愚暗,居丧无礼,不可以君万国,便当废之,何禅让也!"十一月,虎遣郭殷持节入宫,废弘为海阳王。弘安步就车,容色自若,谓群臣曰:"庸昧不堪篡承大统,夫复何言!"群臣莫不流涕,宫人恸哭。群臣诣魏台劝进,虎曰:"皇帝者盛德之号,非所敢当,且可称居摄赵天王。"幽弘及太后程氏、秦王宏、南阳王恢于崇训宫,寻皆杀之。

【译文】 后赵国君石弘自己送玉玺印绶到丞相石虎所居住的魏宫,请求把帝位禅让给石虎。石虎说:"帝王的大业,天下人自会有公正的评议,为什么要自己选择这样做呢?"石弘流着眼泪回到宫里，对太后程氏说："先帝的骨肉真的不会再留下来了。"这时尚书进言说："魏王请求您依照唐尧、虞舜禅让帝位的旧例行事。"石虎说："石弘愚昧无知，守丧期间不遵守礼节，不可以作为国君，应该把他废黜，何必让他禅让呢？"十一月，石虎派遣郭殷拿着符节进宫，把石弘废黜为海阳王。石弘缓步上车，神色和以往一样淡定从容，对群臣们说："我平庸愚昧不能够继承帝王大统，没有什么可说的！"群臣没有一个不流下眼泪的，宫人哭得更加伤心。群臣前往魏台进劝石虎即位，石虎说："皇帝是美盛品德的名号，不是我敢承受的，暂且可以称我为居摄赵天王。"把石弘和太后程氏、秦王石宏、南阳王石恢都幽禁在崇训宫，不久，把他们全部都杀死了。

西羌大都督姚弋仲称疾不驾，虎屡召之，乃至。正色谓虎曰："弋仲常谓大王命世英雄，奈何把臂受托而返夺之邪？"虎曰："吾岂乐此哉！顾海阳年少，恐不能了家事，故代之耳。"心虽不平，然察其诚实，亦不之罪。

【译文】 西羌大都督姚弋仲假称自己生病了，没有前去道贺，石虎多次召见他，他这才前往。姚弋仲表情端庄严肃地对石虎说："我姚弋仲一直以来都认为大王您是闻名于世的英雄，但是您怎么能够握着手臂接受先帝的委托辅佐遗孤，却反而把别人的君位夺走呢？"石虎说："我岂会喜欢这样做呢？只是海阳王石弘年纪小，恐怕不能治理家事，所以我才会代替他罢了。"石虎心里面虽然怨怒不平，但是看在姚弋仲为人诚恳实在，也就没有加罪于他。

虎以夔安为侍中、太尉、守尚书令，郭殷为司空，韩晞为尚书左仆射，魏郡申钟为侍中，郎闿为光禄大夫，王波为中书令。文武封拜各有差。虎行如信都，复还襄国。

慕容皝讨辽东，甲申，至襄平。辽东人王岌密信请降。师进，入城，翟楷、庞鉴单骑走，居就、新昌等县皆降。皝欲悉坑辽东民，高诩谏曰："辽东之叛，实非本图，直畏仁凶威，不得不从。今元恶犹存，始克此城，遽加夷灭，则未下之城，无归善之路矣。"皝乃止。分徙辽东大姓于棘城。以杜群为辽东相，安辑遗民。

十二月，赵徐州从事兰陵朱纵斩刺史郭祥，以彭城来降，赵将王朗攻之，纵奔淮南。

慕容仁遣兵袭新昌，督护新兴王寓击走之，遂徙新昌入襄平。

【译文】石虎任命夔安为侍中、太尉，兼领尚书令，郭殷为司空，韩晞为尚书左仆射，魏郡人申钟为侍中，郎闿为光禄大夫，王波为中书令。其余的文武官员的封爵任命各有差别。石虎出行前往信都，又返回襄国。

慕容皝讨伐辽东，甲申日（十五日），到达了襄平。辽东人王岌秘密地派遣使者前去向他请求投降。军队前进，进入了辽东城里面，翟楷和庞鉴单骑逃走，居就、新昌等县相继向慕容皝投降。慕容皝想要把辽东的居民全部坑杀了，高诩劝谏他说："辽东的叛变，其实并不是他们原本的意图，只不过是畏惧慕容仁的凶戾横威，不得不听从他的命令。现在首恶还活着，我们刚刚把辽东城攻克下来，就急于把当地的民众都诛灭了，那么，那些尚且没有被攻克下来的城池，不是就没有归善从良的道路可走了吗？"慕容皝这才罢休。于是慕容皝把辽东的豪门大姓分批迁徙到了棘城。同时，慕容皝任命杜群为辽东相，安抚其

资治通鉴

余的百姓。

十二月，后赵的徐州从事兰陵人朱纵把刺史郭祥斩杀了，献上彭城向东晋投降，后赵的将领王朗前去攻打朱纵，于是朱纵就逃到淮南。

慕容仁派遣军队袭击新昌，督护新兴人王寓把他击退了，于是就把新昌的官吏百姓都迁徙到了襄平。

咸康元年（乙未，公元三三五年）春，正月，庚午朔，帝加元服。大赦，改元。

成、赵皆大赦，成改元玉恒，赵改元建武。

成主期立皇后阎氏，以卫将军尹奉为右丞相，骠骑将军、尚书令王瑰为司徒。

赵王虎命太子邃省可尚书奏事，唯祀郊庙、选牧守、征伐、刑杀乃亲之。虎好治宫室，鹳雀台崩，杀典匠少府任汪；复使修之，倍于其旧。邃保母刘芝封宜城君，关预朝权，受纳贿赂，求仕进者多出其门。

【译文】咸康元年（乙未，公元335年）春季，正月，庚午朔日（初一日），晋成帝司马衍加冠。下令大赦天下，把年号更改为咸康。

成汉、后赵都下令大赦，成汉把年号更改为玉恒，后赵把年号更改为建武。

成汉国君李期把阎氏册立为皇后，任命卫将军尹奉为右丞相，骠骑将军，任命尚书令王瑰为司徒。

后赵王石虎命令太子石邃省视、决断尚书奏事，只有祭祀郊庙、选拔任命州牧郡守、征伐贼寇、刑杀罪犯方面的奏事才会亲自决定。石虎喜欢修建宫室，鹳雀台崩塌了，石虎就把典匠少府任汪处死了；命人重新修建，规模比原来的宫殿扩大了一倍。石虎册封石邃的保姆刘芝为宜城君，她干预朝权，接受贿赂，谋求任官的人大多数都出自她的门下。

　　慕容皝置左、右司马，以司马韩矫、军祭酒封弈为之。

　　司徒导以羸疾，不堪朝会，三月，乙酉，帝幸其府，与群臣宴于内室，拜导并拜其妻曹氏。侍中孔坦密表切谏，以为帝初加元服，动宜顾礼，帝从之。坦又以帝委政于导，从容言曰："陛下春秋已长，圣敬日跻，宜博纳朝臣，谘诹善道。"导闻而恶之，出坦为廷尉。坦不得意，以疾去职。

　　丹杨尹桓景，为人谄巧，导亲爱之。会荧惑守南斗经旬，导谓领军将军陶回曰："斗，扬州之分，吾当逊位以厌天谴。"回曰："公以明德作辅，而与桓景造膝，使荧惑何以退舍！"导深愧之。

　　【译文】慕容皝设置了左、右司马，任命司马韩矫、军祭酒封弈分别出任。

　　司徒王导因为身患手足麻木的疾病，不能够参与朝会，三月，乙酉日（十七日），晋成帝司马衍亲自到他的家里面，和群臣们在内室宴饮，向王导以及王导的妻子曹氏行下拜礼。侍中孔坦私底下向晋成帝司马衍上表诚恳地进行劝谏，认为晋成帝刚刚加冠，举动应该遵从礼节，晋成帝采纳了他的意见。孔坦又因为晋成帝把政事全部委托给王导处理，对晋成帝缓缓地说："陛下的年龄逐渐增大，聪明、端肃一天天增进，应该广泛地听取朝廷里面的大臣们的意见，向他们征询治国安民的正确的方法。"王导听说了这些事情以后就对他感到十分厌恶，把他外调出去出任廷尉。孔坦因为不得志，就称自己生病辞职了。

　　丹杨尹桓景，为人谄媚、巧佞，王导和他非常亲近，对他十分宠爱。恰好碰到荧惑神（火星）在南斗六星位滞留了十多天（荧火守南斗，是宰相信用小人之象），于是王导对领军将军陶回说："南斗，是扬州的分野，我应当退位来安定上天的谴责。"陶回说："您凭仗圣明的显德出任辅佐幼主，但是您竟然亲近桓景这种小人，怎么能够让荧惑退去，回归正位呢？"王导对此深深地感到惭愧。

导辟太原王濛为掾，王述为中兵属。述，昶之曾孙也。濛不修小廉，而以清约见称，与沛国刘惔齐名，友善。惔常称濛性至通而自然有节。濛曰："刘君知我，胜我自知。"当时称风流者，以惔、濛为首。述性沈静，每坐客辩论蜂起，而述处之恬如也。年三十，尚未知名，人谓之痴。导以门地辟之。既见，唯问在东米价，述张目不答。导曰："王掾不痴，人何言痴也！"尝见导每发言，一坐莫不赞美，述正色曰："人非尧、舜，何得每事尽善！"导改容谢之。

赵王虎南游，临江而还。有游骑十馀至历阳，历阳太守袁耽表上之，不言骑多少。朝廷震惧，司徒导请出讨之。夏，四月，加导大司马、假黄钺、都督征讨诸军事。癸丑，帝观兵广莫门，分命诸将救历阳及戍慈湖、牛渚、芜湖；司空郗鉴使广陵相陈光将兵入卫京师。俄闻赵骑至少，又已去，戊午，解严，王导解大司马。袁耽坐轻妄免官。

【译文】王导征召太原人王濛为僚属，王述为中兵属。王述，是王昶的曾孙。王濛不修小节，并且以清廉简约被人称赞，和沛国人刘惔齐名，两个人之间非常友善。刘惔常常称赞王濛性情通达、自然而有礼节。王濛说："刘惔对我的了解，胜过了我对自己的了解。"当时被称为潇洒风流的雅士的，以刘惔、王濛为首。王述性格沉稳安静，每当在座的宾客争相辩驳论理的时候，王述却恬静自如地处在其中。王述三十岁的时候，还没有出名，大家都说他痴呆。王导因为他的门第关系而征召了他。两个人见面以后，王导只问他在东边的时候的米价（王述从东吴到建康），王述大睁着眼睛却没有回答。王导说："王述并不痴呆，为什么人们却说他痴呆呢？"王述曾经看到只要王导发表言论，在座的人没有一个不赞美他的，于是王述表情严肃地对王导说："人又不是尧、舜，怎么可能每件事都是正确的呢？"王导改用严肃的脸色向他道谢。

后赵王石虎去南方巡游，到达了长江以后才回去。手下游动的骑兵有十几个人到达了历阳，东晋历阳太守袁耽向晋成帝司马衍上表说明了这件事，但是没有说骑兵有多少个人。朝廷百官听到了这个消息以后，震惊恐惧，司徒王导请求晋成帝派遣军队前去讨伐。夏季，四月，晋成帝加封王导为大司马、假黄钺、都督征讨诸军事。癸丑日（十六日），晋成帝在广莫门检阅军队，分别命令众位将领前去救援历阳，以及防守慈湖、牛渚和芜湖。司空郗鉴派遣广陵相陈光带领军队进入京城进行护卫。不久听说后赵的骑兵数量很少，并且已经离开了，戊午日（二十一日），晋成帝解除了京城的戒严状态，王导卸除了大司马的职务。袁耽因为轻率妄奏不察，被晋成帝罢免了官职。

赵征虏将军石遇攻桓宣于襄阳，不克。

大旱，会稽、馀姚米斗五百。

秋，七月，慕容皝立子儁为世子。

九月，赵王虎迁都于邺，大赦。

初，赵主勒以天竺僧佛图澄豫言成败，数有验，敬事之。及虎即位，奉之尤谨，衣以绫锦，乘以雕辇。朝会之日，太子、诸公扶翼上殿，主者唱"大和尚"，众坐皆起。使司空李农旦夕问起居，太子、诸公五日一朝。国人化之，率多事佛。澄之所在，无敢向其方面涕唾者。争造寺庙，削发出家。虎以其真伪杂糅，或避赋役为奸宄，乃下诏问中书曰："佛，国家所奉。里闾小人无爵秩者，应事佛不？"著作郎王度等议曰："王者祭祀，典礼具存。佛，外国之神，非天子诸华所应祠奉。汉氏初传其道，唯听西域人立寺都邑以奉之，汉人皆不得出家；魏世亦然。今宜禁公卿以下毋得诣寺烧香、礼拜；其赵人为沙门者，皆返初服。"虎诏曰："朕生自边鄙，忝君诸夏，至于飨祀，应从本俗。其夷、赵百姓乐事佛者，特听之。"

资治通鉴

【译文】后赵的征虏将军石遇前往襄阳去攻打桓宣，但是没有取得成功。

东晋发生了严重的旱灾，会稽、余姚每斗米的价格是五百钱。

秋季，七月，慕容皝册立他的儿子慕容俊为世子。

九月，后赵王石虎把都城迁移到了邺城，下令大赦。

起初，后赵国君石勒因为天竺的和尚佛图澄预言事情的成败，多次都得到了验证，于是就恭敬地侍奉他。等到石虎即位，对他的侍奉更加恭敬、谨慎，给他穿绫罗锦缎的衣服，让他乘坐雕花的大车。在上朝集会的日子，太子、各位公卿左右扶着他上殿，掌管朝仪的人高声唱说"大和尚"，在场的众位大臣全部都站起来。石虎派遣司空李农早晚去问候佛图澄的起居，太子、各位公卿每隔五天就要去朝拜一次佛图澄。国内的百姓受到影响，大多数都信奉佛教。凡是佛图澄所在的地方，没有一个人敢向他所在的那个方向擤鼻涕和吐口水。大家争着去建造寺庙，把头发削去出家做和尚。这些出家人中真出家和假出家的人混杂在一起，有的人是借这种方式逃避劳役赋税，犯法作乱，于是石虎就颁下诏书询问中书说："佛教，是国家所敬奉的，乡里间巷中的平民百姓没有爵位官职的人，是否应该侍奉佛祖呢？"著作郎王度等人评议说："君王的祭祀，有典制礼仪可供遵循。佛，是外国的神灵，不是皇上和华夏民族所应该祠奉的。佛教的教义最早是从汉朝开始传入的，那个时候只是准许西域人在都邑建立寺院来祠奉佛祖，汉人都不准许出家；曹魏的时候也是这个样子。您现在应该禁止公卿以下的人到寺庙里面去烧香、拜佛。至于那些已经做和尚的人，都要重新穿上没有出家的时候的衣服。"石虎颁下诏书说："我在边鄙之地出生，很侥幸地成为华夏民族的君主，至于飨神祭祀，我本来应该遵从我们原本的习俗。那些夷族、后赵的百姓乐意侍奉佛祖、尊崇佛教的，我特别准许他们可以这样做。"

赵章武王斌帅精骑二万并秦、雍二州兵以讨薄句大，平之。

成太子班之舅罗演，与汉王相天水上官澹谋杀成主期，立班子。事觉，期杀演、澹及班母罗氏。

期自以得志，轻诸旧臣，信任尚书令景骞、尚书姚华、田褒、中常侍许涪等，刑赏大政，皆决于数人，希复关公卿。褒无它才，尝劝成主雄立期为太子，故有宠。由是纪纲隳紊，雄业始衰。

冬，十月，乙未朔，日有食之。

慕容仁遣王齐等南还。齐等自海道趣棘城，齐遇风不至。十二月，徐孟等至棘城，慕容皝始受朝命。

段氏、宇文氏各遣使诣慕容仁，馆于平郭城外。皝帐下督张英将百馀骑间道潜行掩击之，斩宇文氏使十馀人，生擒段氏使以归。

【译文】 后赵的章武王石斌率领精锐的骑兵两万人，加上秦州、雍州两个州的军队合力去讨伐薄句大，把他们平定了。

成汉太子李班的舅父罗演，和汉王李寿的相天水人上官澹密谋杀害成汉国君李期，拥立李班的儿子。事情被李期察觉了，于是李期就把罗演、上官澹和李班的母亲罗氏杀了。

李期自以为志得意满，轻视那些老臣，听信重用尚书令景骞，尚书姚华、田褒，中常侍许涪等人，刑罚赏赐之类的重大政事，都由他们几个人决定，很少再询问其他公卿的意见。田褒没有其他的才能，曾经劝说成汉国君李雄册立李期为太子，所以才得到了李期的宠信。自此国家纲纪败坏紊乱，李雄创下的基业开始衰败。

冬季，十月，乙未朔日（初一日），发生了日食。

慕容仁遣送王齐等人返回南方。王齐等人从海路前往棘城，王齐因为乘坐的船遇到海风没有到达。十二月，徐孟等人到达了棘城，慕容皝这才开始接受东晋朝廷的任命。

段氏、宇文氏各自派遣使者去拜见慕容仁，在平郭城外的客舍里面住宿。慕容皝帐下的都督张英率领了一百多个骑兵从小路偷偷地前去偷袭他们，把宇文氏派遣的十几个使者斩杀了，把段氏的使者活捉了回来。

是岁，明帝母建安君荀氏卒。荀氏在禁中，尊重同于太后；诏赠豫章郡君。

代王翳槐以贺兰蔼头不恭，将召而戮之，诸部皆叛。代王纥那自宇文部入，诸部复奉之。翳槐奔邺，赵人厚遇之。

初，张轨及二子寔、茂，虽保据河右，而军旅之事无岁无之。

272

及张骏嗣位，境内渐平。骏勤修庶政，总御文武，咸得其用，民富兵强，远近称之，以为贤君。骏遣将杨宣伐龟兹、鄯善，于是西域诸国焉耆、于阗之属，皆诣姑臧朝贡。骏于姑臧南作五殿，官属皆称臣。

骏有兼秦、雍之志，遣参军麹护上疏，以为："勒、雄既死，虎、期继逆，兆庶离主，渐冉经世；先老消落，后生不识，慕恋之心，日远日忘。乞敕司空鉴、征西亮等泛舟江、沔，首尾齐举。"

【译文】 这一年，晋明帝司马绍的母亲建安君荀氏去世了。荀氏在皇宫里面，受到的尊重和太后相同。晋成帝司马衍颁下诏令赐荀氏名号为豫章郡君。

代王拓跋翳槐因为贺兰蔼头对自己不恭敬，准备传召他前来，然后把他杀死，各个部落都起来叛变。代王拓跋纥那从宇文部进入境内，各个部落又重新尊奉他为代王。拓跋翳槐逃到邺城，后赵的百姓以盛大的礼仪来对待他。

起初，张轨和他的两个儿子张寔、张茂，虽然据守河右，但是每一年都会发生战争。等到张骏即位以后，境内渐渐平定。张骏勤奋地治理各种政事，总领文武百官，让他们都能得到适当的重用，民生富裕，军队强大，远近的人都称赞他，认为他是贤能的国君。张骏派遣将领杨宣去讨伐龟兹、鄯善，于是西域各国例如焉耆、于阗之类的国家，都前往姑臧进行朝贡。张骏在姑臧城南修建了五座宫殿，官属都自称为臣。

张骏有兼并秦州、雍州两个州的志向，于是张骏就派遣参军麹护向晋成帝上奏疏，以为："虽然石勒、李雄已经死了，但是石虎、李期继承了叛逆，百姓离开了君主，已经逐渐经过了一代人。先生老辈衰老死亡，后生小辈不知旧事，仰慕思恋的想法，一天天疏远，一天天忘记。我请求您颁下诏书派遣司空郗鉴、征西将军庾亮等人在长江和沔水之上泛舟，一个在京口，一个在武昌同时举兵，与我互相呼应。"

咸康二年（丙申，公元三三六年）春，正月，辛巳，彗星见于奎、娄。

慕容皝将讨慕容仁，司马高诩曰："仁叛弃君亲，民神共怒；前此海未尝冻，自仁反以来，连年冻者三矣。且仁专备陆道，天其或者欲使吾乘海冰以袭之也。"皝从之。群僚皆言涉冰危事，不若从陆道。皝曰："吾计已决，敢沮者斩！"

【译文】 咸康二年（丙申，公元336年）春季，正月，辛巳日（十八日），彗星在奎宿、娄宿一带出现了。

慕容皝准备前去讨伐慕容仁，司马高诩说："慕容仁背叛、抛弃了君主和亲人，引起了百姓和神灵共同的愤怒。从前这个海从来没有结过冰，自从慕容仁反叛以来，已经连续结冰三年了。况且慕容仁专门防备陆路，上天大概是想要我们趁着海水结冰的时候前去袭击他吧。"慕容皝采纳了他的意见。众僚佐都说从冰上面过海是一件危险的事情，不如改从陆路前去。慕容皝说："我已经决定要这样做了，敢来阻止我的人就斩首！"

【申涵煜评】 滹沱之冰，向疑为史臣传会。及观皝讨仁于辽东，涉海践冰，凡三百里。夫偏安之主尚为神祐，况受命中兴者乎？始知六合内事无所不有。

【译文】 刘秀滹沱河结冰的故事，一直怀疑是史臣的传言，直到了解了前燕君主慕容皝在辽东讨伐慕容仁时从结冰的海面上行过，一共走了三百里的事。原来偏安的君主尚且有神灵保佑，况且是将复兴当使命的燕主皝呢？这才知道天下之大，稀奇事无所不有。

　　壬午，皝帅其弟军师将军评等自昌黎东，践冰而进，凡三百馀里。至历林口，舍辎重，轻兵趣平郭。去城七里，候骑以告仁，仁狼狈出战。张英之俘二使也，仁恨不穷追；及皝至，仁以为皝复遣偏师轻出寇抄，不知皝自来，谓左右曰："今兹当不使其匹马得返矣！"乙未，仁悉众陈于城之西北。慕容军帅所部降于皝，仁众沮动；皝从而纵击，大破之。仁走，其帐下皆叛，遂擒之。皝先为斩其帐下之叛者，然后赐仁死。丁衡、游毅、孙机等，皆仁所信用也，皝执而斩之；王冰自杀。慕容幼、慕容稚、佟寿、郭充、翟楷、庞鉴皆东走，幼中道而还；皝兵追及楷、鉴，斩之；寿、充奔高丽。自馀吏民为仁所诖误者，皝皆赦之。封高诩为汝阳侯。

　　二月，尚书仆射王彬卒。

　　【译文】壬午日（十九日），慕容皝率领他弟弟、军师将军慕容评等人从昌黎东踏冰前进，一共有三百多里。到了历林口，把装载衣物、器械、仪仗等物品的车子都舍弃了，轻兵赶往平郭。等到距离平郭城只剩下七里的时候，侦查敌人的骑兵才告诉慕容仁这个消息，于是慕容仁狼狈地出城迎战。张英俘虏段氏和宇文氏两个使者的时候，慕容仁心里对自己没有穷追不舍感到悔恨。等到慕容皝到来的时候，慕容仁又以为慕容皝只是派遣了一部分军队轻装出发侵扰劫掠，并不知道慕容皝亲自前来，慕容仁对左右的人说："这一次应该让他连一匹马也不能够回去！"乙未日（正月无此日），慕容仁全部的士兵在平郭城的西北列阵。慕容军率领的所属部众全部向慕容皝投降，慕容仁的士兵十分气馁，发生了骚动，慕容皝就趁这个机会放纵士兵进行攻击，把慕容仁打败了。慕容仁逃走了，他帐下的官吏和士兵全部都叛变了，于是慕容仁就被擒获。慕容皝先为慕容仁把他帐下那些反叛的人全部斩杀了，然后把慕容仁处死了。丁衡、游毅、孙机等人，都是慕容仁所信任重用的，慕容皝把他们逮捕了以后就把他们全部都杀死了。王冰自杀了。慕容幼、慕容稚、佟寿、郭充、翟楷、庞鉴等人，都向东逃走了，慕容幼中途返回。慕容皝的士兵追上了翟楷、庞鉴，把他们两个人都斩杀了；佟寿、郭充逃到高丽。其余被慕容仁所蒙蔽连累而犯了过失的官吏百姓，慕容皝把他们都赦免了。慕容皝册封高诩为汝阳侯。

二月，东晋尚书仆射王彬去世了。

辛亥，帝临轩，遣使备六礼逆故当阳侯杜乂女陵阳为皇后，大赦；群臣毕贺。

夏，六月，段辽遣中军将军李咏袭慕容皝。咏趣武兴，都尉张萌击擒之。辽别遣段兰将步骑数万屯柳城西回水，宇文逸豆归攻安晋以为兰声援。皝帅步骑五万向柳城，兰不战而遁。皝引兵北趣安晋，逸豆归弃辎重走；皝遣司马封弈帅轻骑追击，大破之。皝谓诸将曰："二虏耻无功，必将复至，宜于柳城左右设伏以待之。"乃遣封弈帅骑数千伏于马兜山。三月，段辽果将数千骑来寇抄。弈纵击，大破之，斩其将荣伯保。

【译文】辛亥日（十九日），晋成帝司马衍驾临殿前，派遣使者按照六礼的仪式迎接原来的当阳侯杜乂的女儿杜陵阳为皇后，并且下令大赦天下，群臣全部都前来向晋成帝道贺。

夏季，六月，段辽派遣中军将军李咏袭击了慕容皝。李咏赶往武兴，都尉张萌向他发起了攻击，并把他擒获。于是段辽就另外派遣段兰带领数万步兵和骑兵在柳城以西的回水驻扎，宇文逸豆归攻打安晋以此与段兰互相援助。慕容皝率领五万步兵

和骑兵向柳城发起了进攻，段兰没有出来迎战就逃走了。慕容
皝率领士兵向北赶往安晋，宇文逸豆归把装载衣服、器械、仪仗
等物品的车俩丢弃了逃走，于是慕容皝就派遣司马封弈率领轻
便的骑兵前去追击宇文逸豆归，把他打败了。慕容皝对众位将
领说："这两个敌虏因为没有建立战功而感到羞耻，一定会再一
次前来，我们应当把士兵埋伏在柳城附近等待他们到来。"于
是慕容皝就派遣封弈率领数千名骑兵在马兜山埋伏。三月（一
作七月），段辽果然率领了数千骑兵来侵扰劫掠。封弈出动骑兵
进行攻击，把他们打败了，并且把他们的将领荣伯保斩杀了。

　　前廷尉孔坦卒。坦疾笃，庾冰省之，流涕。坦慨然曰："大
丈夫将终，不问以济国安民之术，乃为儿女子相泣邪！"冰深谢
之。

　　九月，慕容皝遣长史刘斌、兼郎中令辽东阳景送徐孟等还
建康。

　　冬，十月，广州刺史邓岳遣督护王随等击夜郎、兴古，皆克
之；加岳督宁州。

　　成主期以从子尚书仆射武陵公载有俊才，忌之，诬以谋反，
杀之。

　　十一月，诏建威将军司马勋将兵安集汉中；成汉王寿击败
之。寿遂置汉中守宰，戍南郑而还。

　　索头郁鞠帅众三万降于赵，赵拜郁鞠等十三人为亲赵王，
散其部众于冀、青等六州。

　　【译文】原来的廷尉孔坦去世了。孔坦在病重的时候，庾
冰前去探视他，为他流下了眼泪。孔坦感慨地说："大丈夫将要
死了，你不向他询问治国安民的方法，却要像小儿女一样哭泣

吗?"庾冰向他深深道歉。

九月,慕容皝派遣长史刘斌、兼郎中令辽东人阳景送徐孟等人返回建康。

冬季,十月,广州刺史邓岳派遣督护王随等人前去攻打夜郎、兴古,把这些地方都攻占了。晋成帝司马衍任命邓岳督察宁州。

成汉国君李期因为他的侄子尚书仆射武陵公李载才能俊逸出众,心里面对他十分妒忌,于是就诬陷他谋反,并且把他杀了。

十一月,晋成帝司马衍颁下诏令派遣建威将军司马勋率领军队在汉中集合;成汉的汉王李寿把他打败了。李寿随即设置了汉中的守宰,派遣士兵在南郡戍守,然后就回去了。

索头部郁鞠率领三万士兵向后赵投降,后赵任命郁鞠等十三个人为亲赵王,把他的部众都遣散到了冀州、青州等六个州。

赵王虎作太武殿于襄国,作东、西宫于邺,十二月,皆成。太武殿基高二丈八尺,纵六十五步,广七十五步,甃以文石。下穿伏室,置卫士五百人。以漆灌瓦,金珰,银楹,珠帘,玉壁,穷极工巧。殿上施白玉床、流苏帐,为金莲华以冠帐顶。又作九殿于显阳殿后,选士民之女以实之,服珠玉、被绮縠者万馀人。教宫人占星气、马步射。置女太史,及杂伎工巧,皆与外同。以女骑千人为卤簿,皆著紫纶巾,熟锦袴,金银镂带,五文织成靴,执羽仪,鸣鼓吹,游宴以自随。于是赵大旱,金一斤直粟二斗,百姓嗷然;而虎用兵不息,百役并兴。使牙门将张弥行徙洛阳钟虡、九龙、翁仲、铜驼、飞廉于邺,载以四轮缠辋车,辙广四尺,深二尺。一钟没于河，募浮没三百人入河，系以竹絙，用牛百头，鹿栌引之，乃出，造万斛之舟以济之。既至邺，虎大悦，为之赦二岁刑，赉百官谷帛，赐民爵一级。又用尚方令解飞之言，于邺南投石于河，以作飞桥，功费数千万亿，桥竟不成，役夫饥甚，乃止。使令长帅民入山泽采橡及鱼以佐食，复为权豪所夺，民无所得。

【译文】后赵王石虎在襄国建造太武殿，又在邺城建造了东宫、西宫两个宫殿，十二月，这些宫殿全部都竣工了。太武殿殿基高二丈八尺，长六十五步，宽七十五步，用有纹理的石块建筑。殿基下面挖掘了地下宫殿，安置了五百个卫士负责守卫。用漆涂饰屋瓦，用金子装饰瓦当，用银装饰楹柱，珍珠做成的帘子，玉石砌成的墙壁，极为精工巧妙。宫殿里面安放了白玉床，挂着流苏帐，帐顶上装饰着精心制作的金莲花。又在显阳殿的后面建造了九座宫殿，从士民里面挑选女孩住在里面，佩戴着珠玉，穿着绫罗绸缎的人有一万多个。教导这些宫人占验星象的学问和在马下、骑在马上射箭的方法。设置了女太史，各种杂术、技巧，都和外面的男子相同。任命一千个女骑兵出任卤簿（卤簿是指古代帝王驾出时扈从的仪仗队。也有人说：天子出车驾次第谓之卤，兵卫以甲盾居外为前导，皆谓之薄，故曰卤簿），都戴着紫色的纶巾，穿着蜀锦制作的裤子，金银雕镂的带子，五彩织成的靴子，手里面拿着羽仪，演奏着军乐，跟随自己游巡宴饮。这时后赵发生了严重的旱灾，一斤金子只能买两斗的粟，百姓哀愁叫苦；但是石虎却没有停止用兵作战，各种赋税劳役十分沉重。石虎派遣牙门张弥把洛阳的钟虡、九龙、翁仲、铜驼、飞廉等钟都搬运到了邺城，用四轮缠辋车载运，车轮碾过的车辙，宽有四尺，深有二尺。运载的过程中有一座钟掉到了黄河，石虎就召募了三百个能够浮游水面又能潜水的人，潜入黄河里面,用竹篾编成大索捆扎,然后使用一百头牛,用滑轮牵引它,这才把钟从黄河里面拖了出来,又制造了可以装载万斛的大船来运载它。钟被运到了邺城以后,石虎非常高兴,为此赦免了二年的刑罚,赐给文武百官谷物丝帛,赐给百姓爵位一级。石虎又采纳了尚方令解飞的建议,在邺城的南面把石头投掷到黄河里面,用来建造凌空架设的高桥,工程耗费数千万亿,而大桥最终也没有建成,从事劳役的百姓非常饥饿,这才停工。石虎派遣令长率领百姓进入深山大泽采集橡子以及捕鱼来作为辅助食物,但是又被有权有势的人抢夺走,百姓什么也得不到。

初,日南夷帅范稚,有奴曰范文,常随商贾往来中国;后至林邑,教林邑王范逸作城郭、宫室、器械,逸爱信之,使为将。文遂谮逸诸子,或徙或逃。是岁,逸卒,文诈迎逸子于它国,置毒于椰酒而杀之,文自立为王。于是,出兵攻大岐界、小岐界、式仆、徐狼、屈都、乾鲁、扶单等国,皆灭之,有众四五万,遣使奉表入贡。

赵左校令成公段作庭燎于杠末,高十馀丈,上盘置燎,下盘置人,赵王虎试而悦之。

【译文】起初,日南夷族的首领范稚,有一个奴仆名字叫作范文,常常跟随着商贾来往中原。后来到了林邑,教林邑王范逸修建城郭、宫室、器械,范逸对他非常宠爱信任,于是就任命他为将领。范文却诬告范逸的几个儿子,结果,逼得他们有的迁徙,有的逃走。这一年,范逸去世了,范文从别的国家把范逸的儿子们骗回来,把毒放在椰子酒里面把他们都毒害了,范文自立为王。派遣士兵前去攻打大岐界、小岐界、式仆、徐狼、屈都、乾鲁、扶单等国,把他们全部都消灭了,范文拥有四五万士兵，派遣使者奉上奏表前来建康朝贡。

后赵的左校令成公段在杠杆的末梢安装宫廷中照亮的火炬，高十几丈，上盘放置大烛，下盘安置人，后赵王石虎试用了以后很喜欢。

咸康三年（丁酉，公元三三七年）春，正月，庚辰，赵太保夔安等文武五百馀人入上尊号，庭燎油灌下盘，死者二十馀人；赵王虎恶之，腰斩成公段。辛巳，虎依殷、周之制，称大赵天王，即位于南郊，大赦。立其后郑氏为天王皇后，太子邃为天王皇太子，诸子为王者皆降为郡公，宗室为王者降为县侯。百官封署各有差。

国子祭酒袁瑰、太常冯怀，以江左浸安，请兴学校，帝从之。辛卯，立太学，徵集生徒。而士大夫习尚老、庄，儒术终不振。瑰，涣之曾孙也。

【译文】咸康三年（丁酉，公元337年）春季，正月，庚辰日（正月无此日），后赵的太保夔安等文武官吏一共五百多人进上皇帝尊号，上盘庭燎用油浇到下，有二十多个人死了。后赵王石虎为此很厌恶，就把成公段腰斩了。辛巳日（正月无此日），石虎依照殷、周的制度，称自己为大赵天王，在南郊即位，下令大赦。册立他的皇后郑氏为天王皇后，太子石邃为天王皇太子，他的几个儿子当中本来称王的都降为郡公，宗室子弟当中称王的则降为县侯。百官的封爵拜官各有差等。

国子祭酒袁瑰、太常冯怀，因为江东逐渐安定，向晋成帝司马衍请求兴办学校，晋成帝采纳了他们的意见。辛卯日（初四日），设立太学，征召学生门徒。但是士大夫们习惯于学习和崇尚老子、庄子的学说，儒家的学术始终不能得到振兴。袁瑰，是袁涣之的曾孙。

三月，慕容皝于乙连城东筑好城以逼乙连，留折冲将军兰勃守之。夏，四月，段辽以车数千两输乙连粟，兰勃击而取之。六月，辽又遣其从弟扬威将军屈云，将精骑夜袭皝子遵于兴国城，遵击破之。

初，北平阳裕事段疾陆眷及辽五世，皆见尊礼。辽数与皝相攻，裕谏曰："'亲仁善邻，国之宝也。'况慕容氏与我世婚，迭为甥舅，皝有才德，而我与之构怨；战无虚月，百姓凋弊，利不补害，臣恐社稷之忧将由此始。愿两追前失，通好如初，以安国息民。"辽不从，出裕为北平相。

【译文】三月，慕容皝在乙连城以东建筑好城，威逼乙连城，把折冲将军兰勃留在那里进行防守。夏季，四月，段辽用数千辆车向乙连城运输粮食，遭到了兰勃的攻击，把他运输的粮食都截获了。六月，段辽又派遣他的堂弟扬威将军段屈云率领精锐的骑兵趁着夜里在兴国城偷袭慕容皝的儿子慕容遵，结果慕容遵把他打败了。

起初，北平人阳裕侍奉段疾陆眷一直到段辽一共五代国君，都受到了尊重和礼遇。段辽和慕容皝多次相互攻打，阳裕就劝谏他说："'亲和仁厚的人，和善对待相邻的国家，是治国最重要的方法啊！'何况慕容氏和我们世代通婚，相互具有甥舅的关系，慕容皝有才干、有德行，但是我们却与他结怨。每一个月都有战争发生，百姓疲惫，我们所得到的利益不能够弥补我们受到的伤害，我担心国家的忧虑将要由此开始了。我希望双方都能够追悔、弥补以前的过失，像从前一样地往来交好，以此来使国家和百姓安定下来。"段辽不但没有采纳阳裕的建议，反而贬黜阳裕，把他外调出任北平相。

赵太子邃素骁勇，赵王虎爱之，常谓群臣曰："司马氏父子兄弟自相残灭，故使朕得至此；如朕有杀阿铁理否？"既而邃骄淫残忍，好妆饰美姬，斩其首，洗血置盘上，与宾客传观之，又烹其肉共食之。河间公宣、乐安公韬皆有宠于虎，邃疾之如仇。虎荒耽酒色，喜怒无常。使邃省可尚书事，每有所关白，虎恚曰："此小事，何足白也！"时或不闻，又恚曰："何以不白！"诮责笞棰，月至再三。邃私谓中庶子李颜等曰："官家难称，吾欲行冒顿之事，卿从我乎？"颜等伏不敢对。秋，七月，邃称疾不视事，潜帅宫臣文武五百馀骑饮于李颜别舍，因谓颜等曰："我欲至冀州杀河间公，有不从者斩！"行数里，骑皆逃散。颜叩头固谏，邃亦昏醉而归。其母郑氏闻之，私遣中人诮让邃；邃怒，杀之。佛图澄谓虎曰："陛下不宜数往东宫。"虎将视邃疾，思澄言而还；既而瞋目大言曰："我为天下主，父子不相信乎！"乃命所亲信女尚书往察之。邃呼前与语，因抽剑击之。虎怒，收李颜等诘问，颜具言其状。杀颜等三十馀人；幽邃于东宫，既而赦之，引见太武东堂；邃朝而不谢，俄顷即出。虎使谓之曰："太子应朝中宫，岂可遽去！"邃径出，不顾。虎大怒，废邃为庶人。其夜，杀邃及其妃张氏，并男女二十六人同埋于一棺；诛其宫臣支党二百馀人；废郑后为东海太妃。立其子宣为天王皇太子，宣母杜昭仪为天王皇后。

【译文】后赵太子石邃一向骁勇，后赵王石虎很宠爱他，常常对群臣说："司马氏父子兄弟自相残杀，所以我才能够有今天的地位。而我又怎么会有杀死阿铁（石邃小名为阿铁）的道理呢？"后来，石邃傲慢荒淫，残忍无道，喜欢把美丽的姬妾装饰打扮起来，然后把她们的头斩下来，洗去血污，盛放在盘子里面，和宾客们相互传送着观览，再把姬妾身体上的肉烹煮了一起品尝。河间公石宣、乐安公石韬都得到了石虎的宠爱，石邃就像忌恨自己的仇敌一样忌恨他们。石虎荒废政事，沉溺于酒色，喜怒无常。他让石邃省视决断尚书奏事，每一次当石邃有事情向石虎禀报的时候，石虎就恼怒地说："这种小事，怎么值得向我禀报啊！"有时候石虎听不到石邃的奏报，又会不满地说："你为什么不把这件事告知我呢？"于是就对石邃责骂鞭打，一个月之内多次发生。石邃私底下对中庶子李颜等人说："皇上的心意很难得到满足，我想要做冒顿杀害自己的父亲头曼单于自立为王那样的事情，你们会跟从我吗？"李颜等人伏在地上，不敢回答。秋季，七月，石邃谎称自己生病了，不理政事，暗地里秘密率领宫中大臣、文武官员五百多人前去李颜的别宅饮酒，趁这个机会对李颜等人说："我想要到冀州把河间公石宣杀死，凡是不跟从我的人全部都斩首。"出行了数里以后，众人都逃走了。李颜再三叩头向石邃进行劝谏，石邃这才昏昏欲醉地返回。他的母亲郑氏听说了这件事以后，就私底下派遣宦官去责问石邃，石邃发怒了，就把郑氏派遣去的宦官杀死了。佛图澄对石虎说："陛下不适宜经常前往东宫。"石虎本来打算去探望石邃的病情，但是想到了佛图澄的话就返回了宫中。接着，石虎就瞪大了眼睛大声地说："我是天下所有人的君主，难道父子之间都不能互相相信吗？"然后石虎就命令自己所亲近信任的女尚书前去察看石邃的病情。石邃把她叫到自己的面前和她说话，趁势拔剑刺死了女尚书。石虎知道了以后大怒，把李颜等人拘捕起来诘问，李颜把所有的情况都向石虎说了，石虎把李颜等三十多

资治通鉴

个人都杀死了。石虎把石邃幽禁在东宫，不久又把他赦免了，在太武东堂召见他，石邃朝见石虎的时候没有谢罪，顷刻就离开了。石虎派使者对他说："太子应该朝见皇后，怎么可以即刻离去呢？"但是石邃直接出宫，没有回头。石虎为此大怒，把石邃贬为平民。在当天夜里，石虎就把石邃和他的妃子张氏都给杀了，连同男女二十六人一起葬在一口大棺材里面；并且把石邃宫臣里面的二百多个门党全部诛杀了；废郑皇后为东海太妃。册立自己的儿子石宣为天王皇太子，册封石宣的母亲杜昭仪为天王皇后。

安定侯子光，自称佛太子，云从大秦国来，当王小秦国，聚众数千人于杜南山，自称大黄帝，改元龙兴；石广讨斩之。

九月，镇军左长史封弈等劝慕容皝称燕王；皝从之。于是备置群司，以封弈为国相，韩寿为司马，裴开为奉常，阳鹜为司隶，王寓为太仆，李洪为大理，杜群为纳言令，宋该、刘睦、石琮为常伯，皇甫真、阳协为冗骑常侍，宋晃、平熙、张泓为将军，封裕为记室监。洪，臻之孙；晃，奭之子也。冬，十月，丁卯，皝即燕王位，大赦。十一月，甲寅，追尊武宣公曰武宣王，夫人段氏曰武宣后；立夫人段氏为王后，世子俊为王太子，如魏武、晋文辅政故事。

【译文】安定人侯子光，自称为佛太子，说自己是从大秦前来的，应当在小秦称王，在杜南山聚集了好几千个士兵，自称为大黄帝，把年号更改为龙兴。石广前去讨伐他，并且把他斩杀了。

九月，镇军左长史封弈等人劝慕容皝称燕王，慕容皝采纳了他们的意见。于是设置了各级官吏，任命封弈为国相，韩寿为

285

司马，裴开为奉常，阳骛为司隶，王寓为太仆，李洪为大理，杜群为纳言令，宋该、刘睦、石琮为常伯，皇甫真、阳协为冗骑常侍，宋晃、平熙、张泓为将军，封裕为记室监。李洪，是李臻的孙子；宋晃，是宋奭的儿子。冬季，十月，丁卯日（十四日），慕容皝即燕王位，下令大赦。十一月，甲寅日（十一月无此日），追尊武宣公慕容廆为武宣王，夫人段氏为武宣后；又册立自己的夫人段氏为王后，世子慕容俊为王太子，效仿魏武帝曹操、晋文帝司马昭辅佐朝政的旧例。

段辽数侵赵边，燕王皝遣扬烈将军宋回称藩于赵，乞师以讨辽，自请尽帅国中之众以会之，并以其弟宁远将军汗为质。赵王虎大悦，厚加慰答，辞其质，遣还，密期以明年。

是岁，赵将李穆纳拓跋翳槐于大宁，其故部落多归之。代王纥那奔燕，国人复奉翳槐为代王，翳槐城盛乐而居之。

仇池氏王杨毅族兄初，袭杀毅，并有其众，自立为仇池公，称臣于赵。

【译文】段辽多次侵扰后赵的边境，于是燕王慕容皝就派遣扬烈将军宋回向后赵称臣，请求石虎出兵讨伐段辽，说自己将会率领国内所有的士兵和后赵的士兵相会合，共同讨伐，并且派遣他的弟弟宁远将军慕容汗去后赵做人质。后赵王石虎非常高兴，盛情慰劳和酬答，谢绝了慕容汗为人质，并且遣送他回去，与燕王慕容皝秘密约定明年一起去讨伐段辽。

这一年，后赵的将领李穆护送拓跋翳槐返回大宁，拓跋翳槐原有的部落大多数都来归从了他。代王拓跋纥那逃到前燕，国内的百姓又都尊奉拓跋翳槐为代王，拓跋翳槐修筑了盛乐城用来居住。

仇池氐王杨毅的同族之兄杨初，把杨毅击杀了，并且把杨毅的部众都兼并了，自立为仇池公，向后赵称臣。

资治通鉴卷第九十六　晋纪十八

起著雍淹茂，尽重光赤奋若，凡四年。

【译文】起戊戌（公元338年），止辛丑（公元341年），共四年。

【题解】本卷记录了晋成帝咸康四年至咸康七年共四年间东晋及各国大事。主要记录了慕容皝与石虎联合夹击段辽，慕容皝占领辽西；石虎占领四十余城，拥有整个幽州，段氏政权消失。记录了石虎率军北攻慕容皝，慕容皝坚守棘城，石虎久攻不下，退兵时被燕军追击大败，慕容氏所失辽西全部收复。燕军东破高句丽，西破宇文部，疆域扩大；石虎在青州沿海聚兵屯粮，想要渡海破燕。记录了燕使刘翔至建康，据理力争，说服各方，使慕容皝被册封为燕王；刘翔还痛斥东晋的腐朽，指出不及时消灭成汉的危险。记录了荆州刺史庾亮部属军队，请求北伐，太常蔡谟以为不可；左卫将军陈光又请求北伐，朝廷令其攻取寿阳，蔡谟又以为不可。记录了庾亮改变当年陶侃的守边策略，派毛宝在邾城驻兵，后赵南侵，庾亮不及时援救，邾城失守，毛宝等人牺牲，东晋多处城池失守，庾亮自请降职。记录了太尉郗鉴病死，推荐蔡谟为后任，王导病死，丧事如霍光、司马孚，庾冰继任。记录了成主李期多杀残暴，族兄李寿袭取成都，杀李期自立，改国号为汉。记录了汉主李寿轻狂，先想讨伐东晋，被群臣劝止；又把石虎向他转赠的楛矢石砮，说成石虎向他臣服进献的贡品。李寿还奢侈严刑，闹得民不聊生，人心思叛。此外还记录了石虎命石宣与石韬对掌朝政，大臣谏阻，石虎不听；石宣、石韬嗜酒怠事，大权落入中书令申扁之手，为石虎政权的失败埋下伏笔等等。

显宗成皇帝中之下

咸康四年（戊戌，公元三三八年）春，正月，燕王皝遣都尉赵槃如赵，听师期。赵王虎将击段辽，募骁勇者三万人，悉拜龙腾中郎。会辽遣段屈云袭赵幽州，幽州刺史李孟退保易京。虎乃以桃豹为横海将军，王华为渡辽将军，帅舟师十万出漂渝津；支雄为龙骧大将军，姚弋仲为冠军将军，帅步骑七万前锋，以伐辽。

三月，赵槃还至棘城。燕王皝引兵攻掠令支以北诸城。段辽将追之。慕容翰曰："今赵兵在南，当并力御之；而更与燕斗，燕王自将而来，其士卒精锐，若万一失利，将何以御南敌乎！"段兰怒曰："吾前为卿所误，以成今日之患，吾不复堕卿计中矣！"乃悉将见众追之。皝设伏以待之，大破兰兵，斩首数千级，掠五千户及畜产万计以归。

【译文】咸康四年（戊戌，公元338年）春季，正月，燕王慕容皝派遣都尉赵槃前往后赵，打听军队出征的日期。后赵王石虎准备攻打段辽，招募了三万个骁勇善战的士兵，把他们全部都任命为龙腾中郎。恰好碰到段辽派遣段屈云袭击了后赵的幽州，幽州刺史李孟退到易京进行防守。于是石虎就任命桃豹为横海将军，王华为渡辽将军，率领了十万水军从漂渝津出发；又任命支雄为龙骧大将军，姚弋仲为冠军将军，率领步兵和骑兵七万人作为前锋去攻打段辽。

三月，赵槃回到了棘城。燕王慕容皝率领士兵攻打劫掠了令支以北的城池。段辽准备前去追击，慕容翰说："现在后赵的士兵就在南边，我们应当集中力量抵御他们，却又要和燕王慕容皝争斗。燕王慕容皝亲自挂帅带领军队前来，他的士兵精锐，我们万一失利了，将要用什么去抵御南边的敌人呢？"段兰发怒地说："我上一次就是被你耽误，以至于造成了今天这样的祸患。我不会再掉进你的阴谋里面了。"然后段兰就率领了他所有的士兵前去追击慕容皝。慕容皝早就埋伏了军队等候他，因此把段兰的军队打败了，斩杀了数千名段兰的士兵，劫掠了五千户民众的财物和数以万计的畜产回去了。

资治通鉴

赵王虎进屯金台。支雄长驱入蓟，段辽所署渔阳、上谷、代郡守相皆降，取四十馀城。北平相阳裕帅其民数千家登燕山以自固，诸将恐其为后患，欲攻之。虎曰："裕儒生，矜惜名节，耻于迎降耳，无能为也。"遂过之，至徐无。段辽以弟兰既败，不必复战，帅妻子、宗族、豪大千馀家，弃令支，奔密云山。将行，执慕容翰手泣曰："不用卿言，自取败亡。我固甘心，令卿失所，深以为愧。"翰北奔宇文氏。

辽左右长史刘群、卢谌、崔悦等封府库请降。虎遣将军郭太、麻秋帅轻骑二万追辽，至密云山。获其母妻，斩首三千级。辽单骑走险，遣其子乞特真奉表及献名马于赵，虎受之。

【译文】 后赵王石虎进军，在金台驻扎军队。支雄一直前进，直接进入了蓟城，段辽所任命的渔阳、上谷、代郡各太守都相继向石虎投降，攻取了四十多个城镇。北平相阳裕率领他的数千个百姓登上燕山进行严密的防守。诸位将领担心他会成为以后的祸患，就想要发兵对他进行攻击。石虎说："阳裕是一个读书人，爱惜自己的名节，这样做不过是耻于投降，不会有什么作为的。"于是，经过燕山，到达了徐无县。段辽因为他的弟弟段兰已经战败，不敢再迎战，就带领着自己的妻子、宗族和当地的千余豪族，放弃了令支，逃到密云山。在他们准备出发的时候，段辽握着慕容翰的手哭泣着说："没有采纳您的建议，自己招致了败亡；我固然是咎由自取，也让您失去了安身之处，我为此深深地感到惭愧。"慕容翰向北逃到宇文氏。

段辽的左右长史刘群、卢谌、崔悦等人把府库封存了向石虎请求投降。石虎派遣将军郭太、麻秋率领轻捷的骑兵两万人前去追击段辽，到达了密云山以后，把段辽的母亲和妻子都俘获了，三千多人被斩杀了。段辽一个人骑着马逃往险要的地方以求自保，派遣他的儿子段乞特真向后赵奉上了降表，并且献上了名马，石虎接受了他的请降。

虎入令支宫，论功封赏各有差。徙段国民二万馀户于司、雍、兖、豫四州；士大夫之有才行者，皆擢叙之。阳裕诣军门降。虎让之曰："卿昔为奴虏走，今为士人来，岂识知天命，将逃匿无地邪？"对曰："臣昔事王公，不能匡济；逃于段氏，复不能全。今陛下天网高张，笼络四海，幽、冀豪杰莫不风从，如臣比肩，无所独愧。生死之命，惟陛下制之！"虎悦，即拜北平太守。

夏，四月，癸丑，以慕容皝为征北大将军、幽州牧，领平州刺史。

成主期骄虐日甚，多所诛杀，而籍没其资财、妇女，由是大臣多不自安。汉王寿素贵重，有威名，期及建宁王越等皆忌之。寿惧不免，每当入朝，常诈为边书，辞以警急。

【译文】石虎进入令支的宫殿，根据功劳封爵赏赐群将领，各有差等。把段国的两万多户百姓迁徙到了司州、雍州、兖州、豫州四个州；士大夫当中有才干、有德行的人，全部都加以提拔和录用。阳裕到军门前面向石虎投降，石虎责备他说："你过去是奴虏的时候逃走，今天以士人的身份来向我投降，难道你知晓了天命，想逃匿却没有可以藏身的地方吗？"阳裕回答石虎说："我从前侍奉王公（王浚），不能有所匡扶，逃到段氏以后，又不能保全。现在您把天网高高地张开，笼络天下的士人，幽州、冀州的豪杰没有一个不望风归从的，像我这样的人比肩接踵，因此我并没有感到特别的惭愧。至于我的生死，全部交由您来决定！"石虎听了以后感到很高兴，即刻就任命他为北平太守。

夏季，四月，癸丑日（初三日），晋成帝司马衍任命慕容皝为征北大将军、幽州州牧，兼任平州刺史。

成汉国君李期一天天地骄纵暴虐，有很多人都被他诛杀了，并且把他们的资财和妻女都没收了，因此大臣们大多数都惶恐不安。汉王李寿一向职高位重，有权威，有名望，李期和建宁王李越等人都忌惮他。李寿心里害怕自己不能避免被杀害，每一次应当入宫朝见李期的时候，常常伪作边境告急的文书，以军情紧急为理由推辞不去。

初，巴西处士龚壮，父、叔皆为李特所杀。壮欲报仇，积年不除丧。寿数以礼辟之，壮不应；而往见寿，寿密问壮以自安之策。壮曰："巴、蜀之民本皆晋臣，节下若能发兵西取成都，称藩于晋，谁不争为节下奋臂前驱者？如此则福流子孙，名垂不朽，岂徒脱今日之祸而已！"寿然之，阴与长史略阳罗恒、巴西解思明谋攻成都。

期颇闻之，数遣许涪至寿所，伺其动静；又鸩杀寿养弟安北将军攸。寿乃诈为妹夫任调书，云期当取寿；其众信之，遂帅步骑万馀人自涪袭成都，许赏以城中财物，以其将李弈为前锋。期不意其至，初不设备。寿世子势为翊军校尉，开门纳之，遂克成都，屯兵宫门。期遣侍中劳寿。寿奏建宁王越、景骞、田褒、姚华、许涪及征西将军李遐、将军李西等怀奸乱政，皆收杀之。纵兵大掠，数日乃定。寿矫以太后任氏令废期为邛都县公，幽之别宫。追谥戾太子曰哀皇帝。

【译文】起初，巴地西部有一个学问德行都很好可是却不愿意出来做官的龚壮，他的父亲和叔父都被李特杀害了。龚壮想要报仇，很多年都没有把丧服脱掉。李寿好几次按照礼仪征召他做官，他都不肯接受征召。这时龚壮前往拜见李寿，李寿悄悄地向龚壮询问可以保全自己的方法。龚壮说："巴、蜀一带的百姓，本来都是晋王室的臣民，假如你能够发兵向西攻占成都，向晋朝称臣，谁会不争先做您奋臂而起的前驱呢？这样福泽就可以绵延到子孙身上，名声可以永垂不朽，岂止避免今天的灾祸呢？"李寿十分赞同。于是李寿就暗中和长史略阳人罗恒、巴西人解思明商议进攻成都。

李期对这件事颇有耳闻，好几次派遣许涪到李寿的住处，侦察他的动静。又把李寿的养弟安北将军李攸毒杀了。于是李寿就伪作了一封妹夫任调写给自己的书信，信上面说李期要把李寿逮捕。他的部下相信了这件事，于是李寿就率领了步兵和骑兵一万多人从涪城出发去偷袭成都，并且李寿答应攻下成都以后，就把城中的财物赏赐给他们作为对部众的奖赏。李寿派遣他的将领李弈担任前锋。李期没有料想到李寿突然就到达了，完全没有防备。李寿的世子李势当时出任翊军校尉，就把城门打开迎接李寿进城，于是李寿就攻占了成都，在宫门口驻扎军队。李期派遣侍中前去慰劳李寿。李寿奏言建宁王李越、景骞、田褒、姚华、许涪和征西将军李遐、将军李西等人图谋不轨，扰乱朝政，应该把他们全部都收捕处死。然后放任士兵们大肆劫掠，几天之后才平定下来。李寿矫称太后任氏的诏令把李期废除了，让李期担任邛都县公，把李期幽禁在别宫里面。追谥戾太子李班为哀皇帝。

罗恒、解思明、李弈等劝寿称镇西将军、益州牧、成都王，称藩于晋，送邛都公于建康；任调及司马蔡兴、侍中李艳等劝寿自称帝。寿命筮之，占者曰："可数年天子。"调喜曰："一日尚足，况数年乎！"思明曰："数年天子，孰与百世诸侯？"寿曰："朝闻道，夕死可矣。"遂即皇帝位，改国号曰汉，大赦，改元汉兴。以安车束帛徵龚壮为太师。壮誓不仕，寿所赠遗，一无所受。

寿改立宗庙，追尊父骧曰献皇帝，母昝氏曰皇太后。立妃阎氏为皇后，世子势为皇太子。更以旧庙为大成庙，凡诸制度，多所改易。以董皎为相国，罗恒为尚书令，解思明为广汉太守，任调为镇北将军、梁州刺史，李弈为西夷校尉，从子权为宁州刺史。公、卿、州、郡，悉用其僚佐代之；成氏旧臣、近亲及六郡士人，皆见疏斥。

邛都公期叹曰："天下主乃为小县公，不如死！"五月，缢而卒。寿谥曰幽公，葬以王礼。

【译文】罗恒、解思明、李弈等人都劝李寿自称镇西将军、益州牧、成都王，向东晋王室自称藩属，把邛都公李期送到建康。但是任调和司马蔡兴、侍中李艳等人则劝李寿自称皇上。李寿令人为这件事占筮以便做出决定，占筮的人说："您可以当几年的天子。"任调高兴地说："可以当一天的皇帝就已经足够了，更何况是几年呢！"解思明说："几年天子，怎么比得上百世的诸侯呢？"李寿说："早上悟到真理，就是当天晚上就死了也可以！"于是李寿就即帝位，把国号更改为汉，下令大赦，把年号更改为汉兴。李寿用安车束帛征召龚壮出任太师，龚壮誓死不肯出来做官，对于李寿所赠送的礼物，一概都不接受。

李寿改立宗庙，追尊他的父亲李骧为献皇帝，母亲昝氏为皇太后，册立妃子阎氏为皇后，世子李势为皇太子。又把旧庙更改为大成庙，制度大多都有所更改。李寿任命董皎为相国，罗恒为尚书令，解思明为广汉太守，任调为镇北将军、梁州刺史，李弈为西夷校尉，他的侄子李权为宁州刺史。凡是公、卿、州牧、郡守，都由他自己的僚佐接替。成汉的旧臣、近亲以及和李特兄弟一起进入蜀地的六郡士人，都遭到了疏远和斥逐。

邛都公李期叹息着说："天下的人主竟然变成了一个小小的县公，还不如死掉！"五月，李期自缢而死。李寿追赠他的谥号为幽公，按照诸侯王的礼节把他安葬了。

赵王虎以燕王皝不会赵兵攻段辽而自专其利，欲伐之。太史令赵揽谏曰："岁星守燕分，师必无功。"虎怒，鞭之。

皝闻之，严兵设备；罢六卿，纳言，常伯，冗骑常侍官。赵戎卒数十万，燕人震恐。皝谓内史高诩曰："将若之何？"对曰："赵兵虽强，然不足忧，但坚守以拒之，无能为也。"

虎遣使四出，招诱民夷，燕成周内史崔焘、居就令游泓、武原令常霸、东夷校尉封抽、护军宋晃等皆应之，凡得三十六城。泓，邃之兄子也。冀阳流寓之士共杀太守宋烛以降于赵。烛，晃之从兄也。营丘内史鲜于屈亦遣使降赵。武宁令广平孙兴晓谕吏民共收屈，数其罪而杀之，闭城拒守。朝鲜令昌黎孙泳帅众拒赵。大姓王清等密谋应赵，泳收斩之；同谋数百人惶怖请罪，泳皆释之，与同拒守。乐浪太守鞠彭以境内皆叛，选乡里壮士二百馀人共还棘城。

【译文】后赵王石虎因为燕王慕容皝没有和后赵的军队会合一起去攻打段辽，却独自虏获占有那里的百姓和畜产，就打算去讨伐他。太史令赵揽劝谏石虎说："岁星正位于燕的边界，现在派遣士兵去讨伐燕，一定不能取得胜利。"石虎听了以后发怒，就用鞭子抽打他。

慕容皝听到了这个消息以后，就派遣士兵进行严密地防备。慕容皝废除了六卿、纳言、常伯、冗骑常侍等官职。后赵发动了数十万个士兵，前燕的百姓知道了以后都震惊恐惧。慕容皝对内史高诩说："我们将要怎么办呢？"高诩回答说："后赵的军队虽然强大，但是不值得忧虑，只要坚固防守来抵御他们，他们就什么也做不了了。"

石虎派遣使者到四方去征召和劝诱百姓归降，前燕的成周郡内史崔焘、居就县令游泓、武原县令常霸、东夷校尉封抽、护军宋晃等人都前去响应他，石虎因此得到了三十六个城池。游泓，是石邃哥哥的儿子。冀阳郡客居无定所的人士共同把太守宋烛杀死了以后向后赵投降。宋烛，是宋晃的堂兄。营丘郡的内史鲜于屈也派遣使者向后赵投降。武宁县令广平人孙兴晓谕官吏和百姓，共同逮捕了鲜于屈，历数了他的罪状，然后把他处死了，把城门关闭进行严密地防守。朝鲜县令昌黎人孙泳率领士兵抵御后赵的军队。豪门大族王清等人秘密策划归降后赵，孙泳把他逮捕了以后斩杀了；和他一起进行策划的数百个人都惶恐地向孙泳请求治罪，孙泳把他们都放了，不予追究，和他们一起进行防守。乐浪郡的太守鞠彭因为境内的官吏和百姓大多都叛变投降，就选拔了乡里的两百多个勇士一起返回了棘城。

戊子，赵兵进逼棘城。燕王皝欲出亡，帐下将慕舆根谏曰："赵强我弱，大王一举足则赵之气势遂成，使赵人收略国民，兵强谷足，不可复敌。窃意赵人正欲大王如此耳，奈何入其计中乎？今固守坚城，其势百倍，纵其急攻，犹足枝持，观形察变，间出求利。如事之不济，不失于走，奈何望风委去，为必亡之理乎！"皝乃止，然犹惧形于色。玄菟太守河间刘佩曰："今强寇在外，众心恟惧，事之安危，系于一人。大王此际无所推委，当自强以厉将士，不宜示弱。事急矣，臣请出击之，纵无大捷，足以安众。"乃将敢死数百骑出冲赵兵，所向披靡，斩获而还，于是士气百倍。皝问计于封弈，对曰："石虎凶虐已甚，民神共疾，祸败之至，其何日之有！今空国远来，攻守势异，戎马虽强，无能为患；顿兵积日，衅隙自生，但坚守以俟之耳。"皝意乃安。或说皝降，皝曰："孤方取天下，何谓降也！"

【译文】 戊子日（初九日），后赵的军队进攻棘城。前燕王慕容皝想要离开棘城逃走，他帐下的将领慕舆根劝谏他说："现在后赵国强大，我们弱小，大王您一抬脚，那么后赵国的气势就会养成了，假如后赵好好管理百姓，他们的军队就会更加强大，粮食也会更加充足，我们就没有能力再去抵抗他们了。我私底下认为后赵的人也希望大王您可以这样做，我们为什么要掉进他们的计谋当中呢？现在我们牢牢地守住这座坚固的城池，我们的气势就可以增强一百倍，纵然后赵的军队向我们发起猛烈的进攻，我们还是能够支持得住，而且我们还可以继续观察形势的变化，然后等待适当的时机出城进行反击，以求得胜利。假如我们事情不能够取得成功，也仍然有逃走的机会，为什么您要远远地看到后赵的士兵就把棘城丢弃了逃走，造成国家一定会灭亡的局面呢？"慕容皝就中止了逃跑的计划，但是犹豫、恐惧的心情仍然表现了出来。玄菟郡的太守河间人刘佩说："现在强大的敌人就在城外，众人的心里都感到恐惧，事情是安全或者危险，全部都维系在您一个人的身上。大王您在这样紧急的时候是很难把职责推卸给他人的，应当自我勉励以鼓舞将士，不应该表现出懦弱、胆怯。现在事情已经非常危险紧急了，我请求您准许我出城去攻击敌人，纵然我不能获得大的胜利，也足以安定众人的心情了。"然后刘佩就率领了数百个不怕死的骑兵出城攻击后赵的军队，所到之处敌人都溃败散乱，他们斩杀了一些敌人以后就回来了，前燕的士气因此增强了百倍。慕容皝向封弈询问抵御敌人的计策，封弈回答说："石虎的凶狠暴虐早就已经非常过分了，百姓和神灵都对他十分疾恨，灾祸、败亡的到来，指日可待！现在他们不在自己的国家进行防守，反而远道前来，但是进攻和防守的情势是不一样的，攻难守易，虽然他们的兵马强大，但是也不足以造成祸患。他们在此滞留多日以后，矛盾和隔阂自然就会产生，我们只需要进行严密的防守以等待机会就可以了。"慕容皝的心意这才算安定了下来。有人劝说慕容皝投降，慕容皝说："我正要夺取这整个天下，说什么投降啊！"

赵兵四面蚁附缘城，慕舆根等昼夜力战，凡十馀日，赵兵不能克，壬辰，引退。皝遣其子恪帅二千骑追击之，赵兵大败，斩获三万馀级。赵诸军皆弃甲逃溃，惟游击将军石闵一军独全。闵父瞻，内黄人，本姓冉，赵主勒破陈午，获之，命虎养以为子。闵骁勇善战，多策略。虎爱之，比于诸孙。

虎还邺，以刘群为中书令，卢谌为中书侍郎。蒲洪以功拜使持节、都督六夷诸军事、冠军大将军，封西平郡公。石闵言于虎曰："蒲洪雄俊，得将士死力，诸子皆有非常之才，且握强兵五万，屯据近畿；宜密除之，以安社稷。"虎曰："吾方倚其父子以取吴、蜀，奈何杀之！"待之愈厚。

【译文】 后赵的军队像蚂蚁一样从四面冒着箭石攀附在城墙上面，慕舆根等人日夜竭力苦战，一连十几天，后赵的士兵都不能够把棘城攻取下来，壬辰日（十三日），后赵的军队撤退了。慕容皝派遣他的儿子慕容恪率领两千名骑兵前去对他们进行追击，后赵的军队大败，有三万多个后赵的士兵被斩杀了。后赵剩下的军队都丢弃了铠甲四处逃散，只有游击将军石闵率领的一支军队没有遭到创伤。石闵的父亲石瞻是内黄县人，本来姓冉，当年后赵国君石勒攻取陈午的时候，把他俘获了，命令石虎把他当作自己的儿子一样抚养。石闵骁勇善战，多计谋，石虎很喜爱他，对待他如同对待自己的孙子们一样。

石虎回到了邺城，任命刘群为中书令，卢谌为中书侍郎。蒲洪因为立下了功劳被石虎任命为使持节、都督六夷诸军事、冠军大将军，并且加封他为西平郡公。石闵对石虎说："蒲洪雄健俊迈，得到了将士们的拼死效力，就连他的几个儿子，也都有不平常的才能，而且他又握有五万强悍的士兵，驻扎在京城附近，您应当秘密地把他除掉，来使国家安定。"石虎说："我正要倚仗他们父子去攻取东吴和巴蜀，为什么要把他们杀死呢？"石虎给蒲洪的待遇反而更加优厚了。

燕王皝分兵讨诸叛城，皆下之。拓境至凡城。崔焘、常霸奔邺，封抽、宋晃、游泓奔高句丽。皝赏鞠彭、慕舆根等而治诸叛者，诛灭甚众；功曹刘翔为之申理，多所全活。

赵之攻棘城也，燕右司李洪之弟普以为棘城必败，劝洪出避祸。洪曰："天道幽远，人事难知，且当委任，勿轻动取悔！"普固请不已，洪曰："卿意见明审者，当自行之。吾受慕容氏大恩，义无去就，当效死于此耳。"与普流涕而诀。普遂降赵，从赵军南归，死于丧乱；洪由是以忠笃著名。

赵王虎遣渡辽将军曹伏将青州之众戍海岛，运谷三百万斛以给之；又以船三百艘运谷三十万斛诣高句丽，使典农中郎将王典帅众万馀屯田海滨；又令青州造船千艘，以谋击燕。

【译文】燕王慕容皝分别派遣士兵前去讨伐那些叛变的城池，都取得了胜利。把前燕的疆域拓展到了凡城县。崔焘、常霸逃到邺城，封抽、宋晃、游泓逃到高句丽。慕容皝赏赐了鞠彭、慕舆根等立下了功劳的人，对那些叛变的人则依照法律进行惩治，有很多人因此都被诛灭了。功曹刘翔就从中为他们向慕容皝申辩求情，很多人因此才得以保全了生命。

后赵攻打棘城的时候，前燕的右司马李洪的弟弟李普认为棘城一定会失败，就劝说李洪出城躲避灾祸。李洪说："天道深远难测，人事变化难以知晓，况且我承担了国家委托给我的重大责任，我不能够轻举妄动，自己招来悔恨。"但是李普却再三向他请求，不肯罢休。李洪说："你认为自己的看法正确、精明，就自己去这样做吧。我蒙受了慕容氏的大恩，在道义上，我是不能离开这里到其他地方去的，我应该在这里誓死效忠。"李洪和李普流着眼泪诀别。李普随即就向后赵投降，跟着后赵的军队南归的时候，在丧乱中去世了。李洪自此因为忠贞笃厚而闻名于世。

后赵王石虎派遣渡辽将军曹伏率领青州的士兵去海岛戍

守，运输了三百万斛的谷子供给他们食用；又用三百艘船运送了三十万斛的谷子到高句丽，派遣典农中郎将王典率领一万多个士兵在海滨开垦荒田，种植农作物，又命令青州制造一千艘战船，用来准备攻打前燕。

赵太子宣帅步骑二万击朔方鲜卑斛摩头，破之，斩首四万馀级。

冀州八郡大蝗，赵司隶请坐守宰。赵王虎曰："此朕失败所致，而欲委咎守宰，岂罪己之意邪！司隶不进谠言，佐朕不逮，而欲妄陷无辜，可白衣领职！"

虎使襄城公涉归、上庸公日归帅众戍长安。二归告镇西将军石广私树恩泽，潜谋不轨；虎追广，至邺，杀之。

乙未，以司徒导为太傅，都督中外诸军事；郗鉴为太尉，庾亮为司空。六月，以寻为丞相，罢司徒官以并丞相府。

【译文】后赵太子石宣率领步兵和骑兵共两万人前去攻击朔方鲜卑斛摩头，取得了胜利，有四万多个人被斩杀了。

冀州八郡发生了严重的蝗灾，后赵的司隶向石虎请求将郡守和县宰治罪。后赵王石虎说："这是我处理朝政失误所造成的，却想要把罪过推卸给郡守和县宰，这哪里符合我明白自己有罪的心意呢？司隶不向我进陈正直的言论，辅助我纠正我的过失，反而想要随便地陷害那些没有犯下罪过的人，应当罢黜他的官职，让他以平民的身份执行司隶的职务。"

石虎派遣襄城公涉归、上庸公日归率领士兵在长安戍守。他们两个人向石虎告发了镇西将军石广，私自树立自己对百姓的恩泽，秘密进行图谋不轨的行动。石虎把石广传召回了邺城，然后把他杀死了。

乙未日（十六日），晋成帝司马衍任命司徒王导为太傅，都督中外诸军事，郗鉴为太尉，庾亮为司空。六月，晋成帝又任命王导为丞相，废除了司徒这个官职，并入丞相府。

导性宽厚，委任诸将赵胤、贾宁等，多不奉法，大臣患之。庾亮与郗鉴笺曰："主上自八九岁以及成人，入则在宫人之手，出则唯武官、小人，读书无从受音句，顾问未尝遇君子。秦政欲愚其黔首，天下犹知不可，况欲愚其主哉！人主春秋既盛，宜复子明辟。不稽首归政，甫居师傅之尊，多养无赖之士；公与下官并荷托付之重，大奸不扫，何以见先帝于地下乎！"欲共起兵废导，鉴不听。南蛮校尉陶称，侃之子也，以亮谋语导。或劝导密为之备，导曰："吾与元规休戚是同，悠悠之谈，宜绝智者之口。则如君言，元规若来，吾便角巾还第，复何惧哉！"又与称书，以为："庾公帝之元舅，宜善事之！"征西参军孙盛密谏亮曰："王公常有世外之怀，岂肯为凡人事邪！此必佞邪之徒欲间内外耳。"亮乃止。盛，楚之孙也。是时亮虽居外镇，而遥执朝廷之权，既据上流，拥强兵，趣势者多归之。导内不能平，常遇西风尘起，举扇自蔽，徐曰："元规尘污人！"

【译文】王导的性情宽大忠厚，他所任命的许多将领，如赵胤、贾宁等人，大多都不遵守法令，大臣们为此感到忧虑。庾亮给郗鉴的书信里面说："主上从八九岁开始一直到长大成人，进入皇宫的时候，由宫人们服侍；外出的时候，则只有武官、地位低的人在左右随侍；读书的时候，没有接受文字音韵和文章句逗的教导；对于政事想要询问的时候，又不曾遇到才德兼备的君子。秦王嬴政想要使他的百姓愚昧，天下的百姓还知道这样不对，更何况是想要使他的君主愚昧呢！君主既然正当茂盛的年华，就应该把政权归还给贤明的君主。但是王导不但不恭敬地归还政权，却开始自居太师太傅的尊位，反而养了许多没有什么才能的人士；你和我都接受了先帝晋明帝司马绍托付的辅佐幼主的重要责任，不能清除这样的大奸之人，我们还有什么脸面到地下去见先帝呢？”庾亮因此想要和郗鉴一起发兵把王导废黜，但是郗鉴没有同意。南蛮校尉陶称，是陶侃的儿子，他把庾亮的计谋告诉了王导。有人劝王导秘密地进行防备，王导说：“我和庾亮休戚与共，这种没有根据的谣言，不是有智慧的人应该说的。即使就像你所说的那样，庾亮如果真的来了，我就穿着平民的衣服戴着头巾，归隐还乡，又有什么需要担心害怕的呢？”王导又给陶称写信，信里面说：“庾公是皇上的大舅，你应该好好地侍奉他。”征西参军孙盛悄悄地劝谏庾亮说：“王公常常有辞绝政事、优游于尘世之外的想法，又哪里愿意做平凡之人沽名钓誉的事情呢？这一定是奸佞邪僻的小人想要离间内廷与百官的关系罢了。”庾亮这才作罢。孙盛，是晋初名士孙楚的孙子。当时，虽然庾亮在外面镇守，但是他却远远地控制着朝廷的政权，既权势显赫，又拥有强大的军队，趋炎附势的人大多都依附在他的门下。王导的内心愤愤不平，每当他遇到西风吹起尘土，他就举起手中的扇子把自己遮蔽住，慢慢地说："庾亮的尘土玷污人！"

导以江夏李充为丞相掾。充以时俗崇尚浮虚，乃著《学箴》。以为老子云"绝仁弃义，民复孝慈"，岂仁义之道绝，然后孝慈乃生哉？盖患乎情仁义者寡而利仁义者众，将寄责于圣人而遣累乎陈迹也。凡人见形者众，及道者鲜，逐迹逾笃，离本逾远。故作《学箴》以祛其蔽曰："名之攸彰，道之攸废；及损所隆，乃崇所替。非仁无以长物，非义无以齐耻，仁义固不可远，去其害仁义者而已。”

汉李弈从兄广汉太守乾告大臣谋废立。秋，七月，汉主寿使其子广与大臣盟于前殿，徙乾为汉嘉太守；以李闳为荆州刺史，镇巴郡。闳，恭之子也。

【译文】王导任命江夏人李充为丞相掾。李充因为当时的风俗崇尚浮华空虚，于是就著作了《学箴》一书。他认为老子所说的"弃绝了仁义，百姓返归孝敬慈爱"哪里是说崇尚仁义的道路被断绝了，然后才会产生孝慈的行为呢？大概是那些忧虑真心崇尚仁义的人很少，而假借仁义为名谋求利益的人却有很多，因此想要将责任归罪于圣人的提倡，问题归咎以往的事情。平庸的人只能看到外在形象的多，真正领悟到大道理的却很少，追求圣人的业绩越是虔诚，离开圣人的本质也就越远。所以他才会著作《学箴》，用来除去外在的蒙蔽。文中说："声名之所以彰显，道德之所以废毁，只有减损显赫的虚名，才能提高被废弃的道德；没有仁无法使万物生长，没有义无法统一羞耻观念，仁义原本不可以丢弃，只是要除去危害仁义的东西而已。"

成汉李弈的堂兄广汉郡太守李乾告发大臣们谋划废黜成汉国君的事情。秋季，七月，成汉国君李寿让他的儿子李广和大臣们在前殿盟誓，改任李乾为汉嘉太守；任命李闳为荆州刺史，镇守巴郡。李闳，是李恭的儿子。

八月，蜀中久雨，百姓饥疫，寿命群臣极言得失。龚壮上封事称："陛下起兵之初，上指星辰，昭告天地，歃血盟众，举国称藩，天应人悦，大功克集。而论者未谕，权宜称制。今淫雨百日，饥疫并臻，天其或者将以监示陛下故也。愚谓宜遵前盟，推奉建康，彼必不爱高爵重位以报大功；虽降阶一等，而子孙无穷，永保福祚，不亦休哉！论者或言二州附晋则荣，六郡人事之不便。昔公孙述在蜀，羁客用事，刘备在蜀，楚士多贵。及吴、邓西伐，举国屠灭，宁分客主！论者不达安固之基，苟惜名位，以为刘氏守令方仕州郡；曾不知彼乃国亡主易，岂同今日义举，主荣臣显哉！论者又谓臣当为法正。臣蒙陛下大恩，恣臣所安；至于荣禄，无问汉、晋，臣皆不处，复何为效法正乎！"寿省书内惭，秘而不宣。

【译文】 八月，蜀地下了很长时间的雨，百姓饥饿，疾病流行。李寿命令群臣尽情地陈述朝政的得失。龚壮呈上的密封奏章说："陛下当初起兵的时候，上指着星辰，明白地求告天地，和众人饮血盟誓，将会举全汉之地向晋室自称藩属，上天应允，人民喜悦，这才大功告成，但是议论的人不明其理，以至陛下跟从情势即位称制。现在阴雨连绵了一百天，饥荒和疫病同时降临，也许这是上天想要以此向陛下显示警戒的缘故吧。我认为您应该遵守以前的盟誓，推重和尊奉在建康的东晋王室，晋室一定不会吝惜高厚的爵位、重要的职务以报答您立下的大功劳；虽然地位降低了一等，但是子子孙孙却可以永远地保有福祚，不也是很好的吗？评论的人也许会说梁州、益州两个州归附晋室就可以得到荣宠，但是跟随李特兄弟进入蜀地并且羁旅在蜀地的六郡在人事安排上就会不方便。从前公孙述在蜀地，以羁留客居的身份任职；刘备在蜀地，楚国的士人大多数都很显贵。等到吴汉、邓艾向西攻伐蜀汉的时候，蜀汉全国被屠灭，又怎能分别出客与主呢？评论的人不明白安定稳固的根本，吝惜已经拥有的名位，认为刘备的守令都在州郡任职，但是竟然不知道他们是国家灭亡，君主改易，哪里能够和现在举国奉晋的义举相比，能够使君主荣耀，臣子显赫呢！评论的人又认为我应当效法蜀汉的法正。我蒙受了陛下的大恩，听任我安居世外，至于荣耀富贵，无论是在汉还是在晋，我都没有想要得到过，又为什么要效法法正呢？"李寿看了奏章以后，内心感到很惭愧，秘密地把奏章扣留下来，没有宣示。

九月，汉仆射任颜谋反，诛。颜，任太后之弟也。汉主寿因尽诛成主雄诸子。

冬，十月，光禄勋颜含以老逊位。论者以"王导帝之师傅，名位隆重，百僚宜为降礼。"太常冯怀以问含。含曰："王公虽贵重，理无偏敬。降礼之言，或是诸君事宜；鄙人老矣，不识时务。"既而告人曰："吾闻伐国不问仁人，向冯祖思问佞于我，我岂有邪德乎！"郭璞尝遇含，欲为之筮。含曰："年在天，位在人。修己而天不与者，命也；守道而人不知者，性也；自有性命，无劳蓍龟。"致仕二十馀年，年九十三而卒。

【译文】九月，成汉的仆射任颜谋划反叛，被李寿处死了。任颜，是任太后的弟弟。成汉国君李寿因此就把成汉原来的国君李雄的几个儿子全部都诛杀了。

冬季，十月，光禄勋颜含因为年老退位。朝廷议论的人以为："王导是皇上的师傅，名望隆盛，地位重要，百官看见王导的时候对他行跪拜的礼节。"太常冯怀就这件事询问颜含的意见。颜含说："王导的名位虽然贵重，但是照理不应该特别地示敬行跪拜礼节。行跪拜的礼节拜见王导的说法，或许是你们因事制宜去做。我已经年老了，不能够审察世事了。"过了不久，他又告诉别人说："我听说攻伐别人的国家，不应该去询问有仁德的人，前一段时间冯怀冯祖思拿谄媚奸佞的事情向我询问意见，我怎么能够有邪恶的德行呢？"郭璞曾经遇到颜含，想要为他占筮。颜含说："年寿的长短在于天，地位的高低在于人。修养自己但是上天不帮助，这是命，谨守道德但是他人不了解，这是性；人自有自己的性命，不需要劳动蓍龟来卜筮。"颜含辞官二十多年，活到了九十三岁才去世。

【乾隆御批】尔时相尚清谈，都无实行，惟颜含内外如一，卓自树立，胜于时辈远矣。

【译文】那时人都推崇清谈，但谁都不去实行，只有颜含表里如一，品格超群，远胜过当时的人。

代王翳槐之弟什翼犍质于赵，翳槐疾病，命诸大人立之。翳槐卒，诸大人梁盖等以新有大故，什翼犍在远，来未可必；比其至，恐有变乱，谋更立君。而翳槐次弟屈，刚猛多诈，不如屈弟孤仁厚，乃相与杀屈而立孤。孤不可，自诣邺迎什翼犍，请身留为质；赵王虎义而俱遣之。十一月，什翼犍即代王位于繁畤北，改元曰建国，分国之半以与孤。

初，代王猗卢既卒，国多内难，部落离散，拓跋氏寖衰。及什翼犍立，雄勇有智略，能修祖业，国人附之；始置百官，分掌众务。以代人燕凤为长史，许谦为郎中令。始制反逆、杀人、奸盗之法，号令明白，政事清简，无系讯连逮之烦，百姓安之。于是，东自濊貊，西及破落那，南距阴山，北尽沙漠，率皆归服，有众数十万人。

【译文】代王拓跋翳槐的弟弟拓跋什翼犍到后赵做人质，拓跋翳槐生病了，命令诸大人拥立拓跋什翼犍。拓跋翳槐去世以后，诸大人梁盖等人认为国家新有重大丧事，拓跋什翼犍身在远方，不一定可以及时回来；等到他回来，恐怕会有变乱发生，因此谋划重新立君。但是拓跋翳槐的第二个弟弟拓跋屈，性情刚猛并且诡诈，不如拓跋屈的弟弟拓跋孤仁慈忠厚，于是他们就联合起来把拓跋屈杀死了，然后拥立拓跋孤。拓跋孤不肯同意，亲自前往邺城迎接拓跋什翼犍，请求把自己留在后赵代替拓跋什翼犍作为人质。后赵王石虎认为他讲道义，于是就把他们全部都遣送了回去。十一月，拓跋什翼犍在繁畤县北即代王位，把国号更改为建国，又分出国家一半的国土给拓跋孤。

起初，代王猗卢死了以后，国家内乱频仍，部落彼此之间离散，拓跋氏逐渐衰微了。等到拓跋什翼犍即位以后，雄健勇敢，并且有机智、有谋略，能够修治祖先遗留下来的大业，国内的百姓都归附了他。拓跋什翼犍这时开始设置百官，分别掌管各种政务。拓跋什翼犍任命代人燕凤为长史，许谦为郎中令。并且开始制定反逆、杀人、奸盗的法律，法令规定得清楚明白，政事清简，没有囚禁、讯问、逮捕、株连的烦扰，百姓安居乐业。于是东边自濊貊，西边远及破落那，南边到阴山，北方一直到沙漠，众人全部都归服了，拓跋什翼犍拥有十万士众。

十二月，段辽自密云山遣使求迎于赵；既而中悔，复遣使求迎于燕。

赵王虎遣征东将军麻秋帅众三万迎之，敕秋曰："受降如受敌，不可轻也。"以尚书左丞阳裕，辽之故臣，使为秋司马。

燕王皝自帅诸将军迎辽，辽密与燕谋覆赵军。皝遣慕容恪伏精骑七千于密云山，大败麻秋于三藏口，死者什六七。秋步走得免，阳裕为燕所执。

赵将军范阳鲜于亮失马，步缘山不能进，因止，端坐；燕兵环之，叱令起。亮曰："身是贵人，义不为小人所屈。汝曹能杀亟杀，不能则去！"亮仪观丰伟，声气雄厉，燕兵惮之，不敢杀，以白皝。皝以马迎之，与语，大悦，用为左常侍，以崔悫之女妻之。

皝尽得段辽之众。待辽以上宾之礼，以阳裕为郎中令。

赵王虎闻麻秋败，怒，削其官爵。

【译文】十二月，段辽从密云山派遣使者向后赵请求投降；不久心里面又感到后悔，于是就又派遣使者向前燕请求投降。

后赵王石虎派遣征东将军麻秋率领三万士兵迎接段辽，石虎敕令麻秋说："接受投降就如同接受敌人的攻击一样，不可以轻视。"因为尚书左丞阳裕是段辽过去的臣子，石虎就命令他担任麻秋的司马。

燕王慕容皝亲自率领众将领迎接段辽，段辽秘密地和慕容皝谋划要覆灭后赵的军队。慕容皝派遣慕容恪在密云山埋伏了七千个精锐的骑兵，在三藏口把麻秋的军队重创了，麻秋军队十分之六七的士兵都战死了。麻秋步行逃走，这才避免死亡，前燕的士兵把阳裕捉住了。

后赵的将军范阳人鲜于亮失去了坐骑，到达了步缘山以后，无法继续前进，因此就停了下来，端坐在那里。前燕的士兵环绕着他，呵斥他，命令他站起来。鲜于亮说："我是身份尊贵的人，按照道义我是绝对不会屈服于地位低的人的威胁的，你们这些人能杀我就赶快把我杀死，不能把我杀死就离开这个地方。"鲜于亮仪表堂堂，身材高大魁伟，声气雄壮凌厉，前燕的士兵对他感到害怕，不敢把他杀了，于是他们就把这件事告诉了慕容皝。慕容皝就牵着马前去迎接他，和鲜于亮交谈之后，感到非常高兴，就任命他做左常侍，并且把崔悫的女儿嫁给了他做妻子。

慕容皝得到了段辽全部的士众,他用对待上宾的礼节对待段辽,任命阳裕为郎中令。

后赵王石虎听说麻秋失败了,大发脾气,把他的官爵降低了。

咸康五年(己亥,公元三三九年)春,正月,辛丑,大赦。

三月,乙丑,广州刺史邓岳将兵击汉宁州,汉建宁太守孟彦执其刺史霍彪以降。

征西将军庾亮欲开复中原,表桓宣为都督沔北前锋诸军事、司州刺史,镇襄阳;又表其弟临川太守怿为监梁、雍二州诸军事、梁州刺史,镇魏兴;西阳太守翼为南蛮校尉,领南郡太守,镇江陵;皆假节。又请解豫州,以授征虏将军毛宝。诏以宝监扬州之江西诸军事、豫州刺史,与西阳太守樊峻帅精兵万人戍邾城。以建威将军陶称为南中郎将、江夏相,入沔中。称将二百人下见亮,亮素恶称轻狡,数称前后罪恶,收而斩之。后以魏兴险远,命庾怿徙屯半洲;更以武昌太守陈嚣为梁州刺史,趣汉中。遣参军李松攻汉巴郡、江阳。夏,四月,执汉荆州刺史李闳、巴郡太守黄植送建康。汉主寿以李弈为镇东将军,代闳守巴郡。

【译文】 咸康五年(己亥,公元339年)春季,正月,辛丑日(二十五日),晋成帝司马衍下令大赦天下。

三月,乙丑日(三月无此日),广州刺史邓岳率领军队前去进攻成汉的宁州,成汉的建宁太守孟彦把宁州的刺史霍彪逮捕了向东晋投降。

征西将军庾亮想要开拓疆域并且收复中原的失地,于是庾亮就向晋成帝司马衍呈上奏表请求晋成帝派遣桓宣都督沔北前锋诸军事,出任司州刺史,镇守襄阳;又向晋成帝呈上奏表请求派遣他的弟弟临川太守庾怿都督梁州、雍州两个州诸军事，出任梁州刺史，镇守魏兴；任命西阳太守庾翼为南蛮校尉，兼任南郡太守，镇守江陵；他们都假以符节。又向晋成帝请求把豫州分割出来，用来授予征虏将军毛宝。晋成帝颁下诏书任命毛宝都督扬州地段长江以西地区的诸军事，出任豫州刺史，和西阳太守樊峻一起率领一万精锐的士兵在邾城戍守。又任命建威将军陶称为南中郎将、江夏相，进入沔中。陶称带领两百个人从长江上游前往武昌去拜见庾亮，庾亮一向厌恶陶称轻浮狡狯，数落陶称前前后后的罪恶，然后把他逮捕起来杀死了。后来因为魏兴地处偏远，地势险恶，就命令庾怿把军队迁移到半洲驻扎；重新任命武昌太守陈嚣为梁州刺史，前往汉中。派遣参军李松进攻成汉的巴郡、江阳。夏季，四月，把成汉的荆州刺史李闳、巴郡太守黄植逮捕了押送到了建康。成汉国君李寿任命李弈为镇东将军，代替李闳镇守巴郡。

庾亮上疏言：“蜀甚弱而胡尚强，欲帅大众十万移镇石城，遣诸军罗布江、沔为伐赵之规。”帝下其议。丞相导请许之。太尉鉴议，以为：“资用未备，不可大举。”

太常蔡谟议，以为：“时有否泰，道有屈伸，苟不计强弱而轻动，则亡不终日，何功之有！为今之计，莫若养威以俟时。时之可否系胡之强弱，胡之强弱系石虎之能否。自石勒举事，虎常为爪牙，百战百胜，遂定中原，所据之地，同于魏世。勒死之后，虎挟嗣君，诛将相；内难既平，剪削外寇，一举而拔金墉，再战而擒石生，诛石聪如拾遗，取郭权如振槁，四境之内，不失尺土。以是观之，虎为能乎，将不能也？论者以胡前攻襄阳不能拔，谓之无能为。夫百战百胜之强而以不拔一城为劣，譬诸射击百发百中而一失，可以谓之拙乎？

【译文】 庾亮向晋成帝司马衍呈上奏疏，说："蜀地的成汉国势很弱小，但是北方的胡虏仍然强大，我想要率领十万大军迁移到石头城去镇守，派遣各路军队罗列分布在长江、沔水一带，作为讨伐后赵的准备。"晋成帝把他的奏疏下交朝廷官员进行决议。丞相王导请求晋成帝允许庾亮的建议。太尉郗鉴评议，认为："物资费用都不够充足，不能发动大规模的战争。"

太常蔡谟评议，认为："时机有适合和不适合的时候，道义有屈辱和伸张的时候，如果我们不去计较敌我的强大和衰弱的情势就轻举妄动，那么我们就会迅速地失败灭亡，哪里还会有什么功劳呢？当今之计，不如培养我们自己的威势来等待适当的时机。时机是否适合，完全在于胡虏势力的强大还是衰弱；而胡虏势力的强大还是衰弱，完全在于石虎是否具有能力。自从石勒发兵侵扰以来，石虎就常常充当他的爪牙，百战百胜，于是平定了中原，所占据的地域，和当年的曹魏一样。石勒死了以后，石虎挟持继位的君主石弘，把将领和大臣都诛杀了，平定了内部的祸乱以后，又对外消灭和削弱敌寇，第一次发兵就把金墉攻占了，再一次发兵就把石生擒获，诛灭石聪就好像拾取遗失的东西一样简单，战胜郭权就如同振落枯掉的树叶一样容易，在他的四周国境之内，就连一尺的土地也没有失去。由此看来，石虎是有才能呢还是没有才能呢？过去胡虏攻打襄阳没有取得成功，议论的人就认为他没有能力。但是百战百胜的强敌，却因为偶尔没有攻取下来一座城池就被认为是没有才能的，就好像射箭的人百发百中，偶尔有一次失误，就能够说他笨拙吗？

【乾隆御批】 导历相以来，从无一语及恢复，今忽请许亮北伐。岂真以中原为念哉? 盖外以和衷示亮, 实则明知亮不能成功, 而欲藉是以倾之耳。此正与仇杀周顗同一谲计, 不可不知!

【译文】 王导出任丞相以来, 从没有一句话谈到过恢复中原, 现在忽然请求答应庾亮北伐的要求, 难道是真的想恢复中原吗? 不过是表面上向庾亮表示和睦同心, 而实际上是清楚地知道庾亮不可能成功, 想要借这件事打倒他罢了。这正如出于报仇而杀周顗是一样的诡计, 不可能不知道啊!

"且石遇, 偏师也, 桓平北, 边将也, 所争者疆场之土, 利则进, 否则退, 非所急也。今征西以重镇名贤, 自将大军欲席卷河南, 虎必自帅一国之众来决胜负, 岂得以襄阳为比哉! 今征西欲与之战, 何如石生? 若欲城守, 何如金墉? 欲阻沔水, 何如大江? 欲拒石虎, 何如苏峻? 凡此数者, 宜详校之。

"石生猛将, 关中精兵, 征西之战殆不能胜也。金墉险固, 刘曜十万众不能拔, 征西之守殆不能胜也。又当是时, 洛阳、关中皆举兵击虎, 今此三镇反为其用; 方之于前, 倍半之势也。石生不能敌其半, 而征西欲当其倍, 愚所疑也。苏峻之强不及石虎, 沔水之险不及大江; 大江不能御苏峻, 而欲以沔水御石虎, 又所疑也。昔祖士稚在谯, 佃于城北界, 胡来攻, 豫置军屯以御其外。谷将熟, 胡果至, 丁夫战于外, 老弱获于内, 多持炬火, 急则烧谷而走。如此数年, 竟不得其利。当是时, 胡唯据河北, 方之于今, 四分之一耳; 士稚不能捍其一而征西欲以御其四, 又所疑也。

【译文】 "况且, 石遇率领的军队只是后赵的一部分军队, 桓宣桓平北, 只是一位戍守边疆的将领, 他们两个争夺疆土有伸有缩，有利就会进攻，不利就会退守，这不是什么紧急的问题。现在征西将军庾亮，以重镇名贤的地位和身份，亲自率领军队想要把黄河以南的土地全部收复，石虎一定会亲自率领全国的士兵前来和我们一决胜负，这哪里能够和攻打襄阳的那次战争进行比较呢？现在征西将军庾亮想要和石虎交战，他和石生相比怎么样呢？如果庾亮是想要据城固守，他所固守的城池和金墉城相比又怎么样呢？如果是想要依靠沔水的天险来阻隔敌人，那么沔水和大江相比又怎么样呢？如果是想要抵御石虎，那么抵御石虎和抵御苏峻相比又怎么样呢？凡此种种，都应该详细地考虑一下。

"石生是勇猛的将领，他拥有关中的精锐士兵，征西将军庾亮和他交战恐怕难以取得胜利；金墉险固，刘曜的十万之众攻不下来，征西将军固守是难以取胜的，况且在那个时候，洛阳、关中都发兵前去攻击石虎，但是现在洛阳、关中、上邽这三个重镇反而都被石虎所用；用石虎现在的实力和他从前的实力进行比较，石虎现在实力有超出过去一倍的势头；石生不能抵御相当他现在一半的实力，但是征西将军庾亮却想要抵抗超出当年一倍的力量，这是我所感到疑惑的地方。苏峻的强大势力比不上石虎，沔水的天险也比不上大江；大江连苏峻都不能够阻挡，庾亮却想要利用沔水来阻挡石虎，这又是我所感到疑惑的地方。起初祖逖祖士稚在谯国的时候，在城北边垦荒耕种，担心胡人前去攻打，就预先设置了军队在外围驻扎，以便抵御外来的侵略。等到谷物快要成熟的时候，胡人果然前来了，年轻力壮的男丁都在外围作战，老弱妇孺在里面进收割，许多人手持着火炬，战况紧急来不及收获谷物就把庄稼焚毁了以后再逃走。像这样有好多年，最终也没有得到屯田的利益。在那个时候，胡人只占据了河北，和今天相比起来，只有四分之一而已；祖士稚那时不能够抵御他的四分之一兵力，但是征西将军庾亮现在却想要抵御他的全部兵力，这又是我所感到疑惑的地方。

"然此但论征西既至之后耳，尚未论道路之虑也。自沔以西，水急岸高，鱼贯溯流，首尾百里。若胡无宋襄之义，及我未阵而击之，将若之何？今王土与胡，水陆异势，便习不同；胡若送死，则敌之有馀，若弃江远进，以我所短击彼所长，惧非庙胜之算也。"

朝议多与谟同。乃诏亮不听移镇。

燕前军师慕容评、广威将军慕容军、折冲将军慕舆根、荡寇将军慕舆埿袭赵辽西，俘获千馀家而去。赵镇远将军石成、积弩将军呼延晃、建威将军张支等追之，评等与战，斩晃、支首。

段辽谋反于燕，燕人杀辽及其党与数十人，送辽首于赵。

五月，代王什翼犍会诸大人于参合陂，议都灅源川。其母王氏曰："吾自先世以来，以迁徙为业。今国家多难，若城郭而居，一旦寇来，无所避之。"乃止。

【译文】 "然而，这些还只是谈论到征西将军庾亮到达中原以后的情况而已，还没有谈论到路途方面的顾虑。从沔水向西，两岸陡绝，水面狭窄，水流湍急，舟船不能并列航行，只能溯流鱼贯而上，往往首尾相衔百里，不能相互接应。如果胡人不能像宋襄公一样讲求道义，在我们还没有把阵势排列好之前，尚在渡河的时候就攻击我们，后果将会如何？现在我们和胡虏的所在地，水上和陆地的地势不同，熟悉的技能也不同；胡人如果前来送死，那么我们打败他们就还有余力，但是如果我们放弃长江转而向远方进发，就是用我们的短处去攻击敌人的长处，恐怕不是在庙堂之中取胜的成算。"

朝臣的评论大多数都和蔡谟相同，于是晋成帝司马衍就颁下诏书不接受庾亮转移镇守地点的请求。

前燕的前军师慕容评、广威将军慕容军、折冲将军慕舆根、荡寇将军慕舆埿联合起来一起去袭击后赵的辽西，俘获了一千多户民众以后离开了。后赵的镇远将军石成、积弩将军呼延晃、建威将军张支等人一起前去追击，慕容评等人和他们交战，把呼延晃和张支都斩杀了。

段辽图谋反叛前燕，前燕的人把段辽和他的十几个同党都杀死了，然后把段辽的头送到了后赵。

五月，代王拓跋什翼犍在参合陂会见诸部大人，商议在灅源川定都。他的母亲王氏说："我们从祖先开始，就一直追逐水草以为行国，现在国家多难，如果修筑城郭来居住，一旦敌人来侵扰我们，就没有可以躲避的地方了。"于是定都这件事就中止，不再进行商议了。

代人谓它国之民来附者皆为乌桓，什翼犍分之为二部，各置大人以监之。弟孤监其北，子寔君监其南。

什翼犍求昏于燕，燕王皝以其妹妻之。

秋，七月，赵王虎以太子宣为大单于，建天子旌旗。

庚申，始兴文献公王导薨，丧葬之礼视汉博陆侯及安平献王故事，参用天子之礼。

导简素寡欲，善因事就功，虽无日用之益而岁计有馀。辅相三世，仓无储谷，衣不重帛。

初，导与庾亮共荐丹杨尹何充于帝，请以为己副，且曰："臣死之日，愿引充内侍，则社稷无虞矣。"由是加吏部尚书。及导薨，徵庾亮为丞相、扬州刺史、录尚书事；亮固辞。辛酉，以充为护军将军；亮弟会稽内史冰为中书监、扬州刺史，参录尚书事。

【译文】代国的人把其他国家前来代国归附的百姓都称为乌桓，拓跋什翼犍把他们分为两个部落，各自设置大人来监管他们。他的弟弟拓跋孤监管他们的北部，儿子拓跋寔君监管他们的南部。

拓跋什翼犍向前燕求婚，前燕的国君慕容皝把自己的妹妹嫁给他做他的妻子。

秋季，七月，后赵王石虎任命太子石宣做大单于，树立天子旌旗。

庚申日（十八日），始兴文献公王导去世了，他的丧葬等一切的礼仪都比照汉代的博陆侯霍光和安平献王司马孚的旧例，并且参考使用天子的礼节。

王导的生活简单朴素，没有什么欲望，善于顺应时势获得成功，治理国家虽然每日用度没什么宽裕，但是每年的费用却有结余。他辅佐元帝司马睿、明帝司马绍、成帝司马衍三代皇上，担任相职，自己家里面的仓库却没有储存的米谷，他所穿的衣服，没有一件是丝织品制作的。

起初，王导和庾亮共同向晋成帝司马衍推荐丹杨尹何充，请求晋成帝任命他为自己的副职，并且说："我死去的那一天，希望您可以提拔何充到内廷供职，那么国家就没有忧虑了。"因此晋成帝任命何充为吏部尚书。等到王导去世以后，晋成帝任命庾亮为丞相、扬州刺史、录尚书事；庾亮再三推辞，坚决不肯接受。辛酉日（十九日），晋成帝司马衍任命何充为护军将军；任命庾亮的弟弟会稽内史庾冰为中书监、扬州刺史，参录尚书事。

冰既当重任，经纶时务，不舍昼夜，宾礼朝贤，升擢后进，由是朝野翕然称之，以为贤相。初，王导辅政，每从宽恕；冰颇任威刑，丹杨尹殷融谏之。冰曰："前相之贤，犹不堪其弘，况如吾者哉！"范汪谓冰曰："顷天文错度，足下宜尽消御之道。"冰曰："玄象岂吾所测，正当勤尽人事耳。"又隐实户口，料出无名万馀人，以充军实。冰好为纠察，近于繁细，后益矫违，复存宽纵，疏密自由，律令无用矣。

资治通鉴

【译文】 庾冰担当了重要的职位，治理政务，不分昼夜，对朝廷贤臣彬彬有礼，提拔后进的才俊，所以朝野人士都同声称赞他，认为他是贤能的丞相。起初，王导辅佐朝政的时候，每一次都采取宽恕的态度；庾冰则时常依靠威严的刑令，丹杨尹殷融劝谏他。庾冰说："凭借以前的丞相的贤能宽容，尚且因为政令过于宽大而不能胜任，更何况是像我这样的人呢？"范汪对庾冰说："最近日月和五星的运行，错乱失度，失去了次序，你应该采取消除、防御的对策。"庾冰说："玄妙深奥的天象变化，哪里是我所能够猜测得知的？我正应当勤勉地恪尽人事罢了。"庾冰又审度核实户口，清理出了一万多个户籍上面没有名字的人，于是庾冰就把他们派遣到边境屯种，用来充实军队。庾冰喜欢做纠察的工作，近于烦琐苛细，后来矫枉过正，又宽松纵容，更加远离正道，法令宽松还是严密，全部都由他自己的意思做决定，法律政令因此都失去了应该有的作用。

八月，壬午，复改丞相为司徒。

南昌文成公郗鉴疾笃，以府事付长史刘遐，上疏乞骸骨，且曰："臣所统错杂，率多北人，或逼迁徙，或是新附，百姓怀土，皆有归本之心；臣宣国恩，示以好恶，处与田宅，渐得少安。闻臣疾笃，众情骇动，若当北渡，必启寇心。太常臣谟，平简贞正，素望所归，谓可以为都督、徐州刺史。"诏以蔡谟为太尉军司，加侍中。辛酉，鉴薨，即以谟为征北将军、都督徐、兖、青三州诸军事、徐州刺史，假节。

【译文】八月，壬午日（初十），晋成帝司马衍把丞相的官职改为司徒。

南昌文成公郗鉴病重，把太尉府和都督府的事务，都托付给长史刘遐，自己向晋成帝司马衍上奏疏请求可以辞去自己的官职，并且说："我所率领的百姓错综复杂，一般来说北方人居多，有的恋念乡土原本不肯南渡，但是因为受到了士兵的逼迫才迁徙到这里；有的是最近才归附，百姓们怀念家乡，都有回归故土的想法。我宣扬国家的恩德，明白地告诉他们在南方好，回北方不好的理由，把居住的房屋和耕种的土地分给他们，这才渐渐地换来平定。现在听说我病重了，众人的情绪惊骇骚动，如果真的让他们向北渡江，一定会引起敌寇侵扰我们的野心。太常大臣蔡谟，处理事情公平公正，为人忠贞正直，一直是众望所归，我认为您可以让他出任都督、徐州刺史。"于是晋成帝颁下诏书任命蔡谟为太尉军司，授予他侍中。辛酉日（八月无此日），郗鉴去世了，晋成帝司马衍随即就任命蔡谟为征北将军，都督徐州、兖州、青州三州诸军事，徐州刺史，假节。

时左卫将军陈光请伐赵，诏遣光攻寿阳。谟上疏曰："寿阳城小而固。自寿阳至琅邪，城壁相望，一城见攻，众城必救。又，王师在路五十馀日，前驱未至，声息久闻，贼之邮驿，一日千里，河北之骑，足以来赴。夫以白起、韩信、项籍之勇，犹发梁焚舟，背水而阵。今欲停船水渚，引兵造城，前对坚敌，顾临归路，此兵法之所诫。若进攻未拔，胡骑猝至，惧桓子不知所为而舟中之指可掬也。今光所将皆殿中精兵，宜令所向有征无战。而顿之坚城之下，以国之爪士击寇之下邑，得之则利薄而不足损敌，失之则害重而足以益寇，惧非策之长者也。"乃止。

资治通鉴

【译文】 当时左卫将军陈光向晋成帝司马衍请求讨伐后赵，晋成帝颁下诏书派遣陈光去攻打寿阳。蔡谟向晋成帝上疏说："寿阳城虽然小但是十分坚固，从寿阳到琅邪，后赵的墙壁远远地就可以相互看到，一座城池遭到攻打，必定会有众多城池的军队前来支援。况且，皇上的军队在路上行军就需要五十多天，先驱部队还没有到达目的地，消息就已经传播很长时间了，贼人军书的邮驿，以一日千里的速度传递消息，那么黄河以北的骑兵，就会有足够的时间前去援救。就连白起、韩信、项籍那样勇猛的将领，还需要把桥梁损坏，把舟船烧毁，陷入绝境以后再列阵奋战。现在我们却想要把船全部停泊在水渚中备用，率领士兵前往敌人的城池，前方面对着强大的敌人，回头看归还的道路，这正是兵法上的大忌。如果我们向寿阳发起攻击，但是没有把寿阳城攻下来，胡人的骑兵却突然到达了，我担心陈光会像春秋时代晋国的中行桓子一样不知道应该怎么办，士兵争船渡河，以致被砍断的手指双手可捧的局面又将重演。现在陈光所率领的士兵都是宫中精锐的士兵，我们应该让他们无论到哪里都是只有出征却不交战。我们现在却在坚城下面驻扎军队，用国家的精锐士兵，去攻击敌寇的下等城池，如果取胜，我们获得的利益微小不足以给敌人造成多大伤害，但是如果我们失败了，那么就会损失惨重并且足以有利于增强敌寇的士气，我恐怕这不是一个周全的计策。"晋成帝司马衍这才停止了讨伐后赵的计划。

初，陶侃在武昌，议者以江北有邾城，宜分兵戍之；侃每不答，而言者不已。侃乃渡水猎，引将佐语之曰："我所以设险而御寇者，正以长江耳。邾城隔在江北，内无所倚，外接群夷。夷中利深，晋人贪利，夷不堪命，必引虏入寇。此乃致祸之由，非御寇也。且吴时戍此城，用三万兵，今纵有兵守之，亦无益于江南；若羯虏有可乘之会，此又非所资也。"

及庾亮镇武昌，卒使毛宝、樊峻戍邾城。赵王虎恶之，以夔安为大都督，帅石鉴、石闵、李农、张貉、李菟等五将军、兵五万人寇荆、扬北鄙，二万骑攻邾城。毛宝求救于庾亮，亮以城固，不时遣兵。

【译文】 起初，陶侃镇守武昌的时候，有人议论，认为长江的北岸有邾城，所以应该分出一部分士兵前去戍守。陶侃一次也没有做出回复，但是这件事一直被提及。于是陶侃就渡江打猎，他把将领和辅佐的官吏召来，告诉他们说："我之所以设置险阻用来抵御敌寇，正是因为有长江而已。邾城被隔在长江北岸，自身没有可以依靠的天险，外面又和西阳各夷族接壤。对夷人来说利害关系更大，如果我们贪图眼前的小利，诸夷就不能忍受，一定会带领士兵前来侵犯。这正是导致灾祸的根由，并不是用来抵御敌寇的好办法。况且吴国当初戍守邾城的时候，一共动用了三万名士兵，现在纵然我们派遣士兵在那里进行防守，对长江以南的地区来说也没有什么太大的好处。如果羯族的敌虏有可以利用的机会，占据邾城又没有太大的帮助。"

等到庾亮镇守武昌的时候，晋成帝司马衍最终还是派遣毛宝、樊峻戍守邾城。后赵王石虎心里对此感到厌恶，于是就任命夔安为大都督，统率石鉴、石闵、李农、张貉、李菟五位将军，以及士兵五万人侵犯荆州、扬州两个州北边的边境，并且另外派遣了两万名骑兵攻打邾城。毛宝向庾亮求救，庾亮认为邾城城池险固，就没有立刻派遣救兵前去进行支援。

九月，石闵败晋兵于沔阴，杀将军蔡怀；夔安、李农陷沔南；朱保败晋兵于白石，杀郑豹等五将军；张貉陷邾城，死者六千人，毛宝、樊峻突围出走，赴江溺死。夔安进据胡亭，寇江夏；义阳将军黄冲、义阳太守郑进皆降于赵。安进围石城，竟陵太守李阳拒战，破之，斩首五千馀级，安乃退。遂掠汉东，拥七千馀户迁于幽、冀。

是时，庾亮犹上疏欲迁镇石城，闻邾城陷，乃止。上表陈谢，自贬三等，行安西将军；有诏复位。以辅国将军庾怿为豫州刺史，监宣城、庐江、历阳、安丰四郡诸军事，假节，镇芜湖。

【译文】九月，石闵在沔水以南把东晋的军队打败了，并且把将军蔡怀杀死了；夔安、李农把沔南攻陷了；朱保在白石把东晋的军队打败了，并且把郑豹等五个将军都杀死了；张貉攻陷了邾城，东晋有六千个人都战死了；毛宝、樊峻突破重围逃跑，却在渡江的时候溺水淹死了。夔安攻占了胡亭，侵扰江夏；义阳将军黄冲、义阳太守郑进都向后赵投降。夔安前进围攻石城，竟陵太守李阳出兵迎战，把他打败了，斩下了五千多个首级，夔安这才退兵，趁势劫掠汉水以东，挟持了七千多户民众迁徙到了幽州、冀州两个州。

在这时，庾亮还在向晋成帝司马衍上疏想要迁徙到石城进行镇守，直到他听说邾城被攻陷了，这才停止。庾亮向晋成帝上表谢罪，请求把自己降职三等，兼领安西将军的官职；晋成帝颁下诏书恢复了庾亮原来的职位。晋成帝任命辅国将军庾怿为豫州刺史，监察宣城、庐江、历阳、安丰四郡诸军事，假节，镇守芜湖。

赵王虎患贵戚豪恣，乃擢殿中御史李巨为御史中丞，特加亲任，中外肃然。虎曰："朕闻良臣如猛虎，高步旷野而豺狼避路，信哉！"

虎以抚军将军李农为使持节、监辽西、北平诸军事、征东将军、营州牧，镇令支。农帅众三万与征北大将军张举攻燕凡城。燕王皝以楛卢城大悦绾为御难将军，授兵一千，使守凡城。及赵兵至，将吏皆恐，欲弃城走。绾曰："受命御寇，死生以之。且凭城坚守，一可敌百，有敢妄言惑众者斩！"众然后定。绾身先士卒，亲冒矢石；举等攻之经旬，不能克，乃退。虎以辽西迫近燕境，数遭攻袭，乃悉徙其民于冀州之南。

【译文】 后赵王石虎忧虑贵戚们狂放恣肆，于是就提拔殿中御史李巨出任御史中丞，对他特别加以亲近和信任，朝廷内外为此肃然。石虎说："我听说良臣就如同猛虎，大步在旷野上面行走，就连凶狠的豺狼也会把道路让开，果然是这个样子。"

石虎任命抚军将军李农为使持节，监察辽西、北平诸军事，征东将军，营州牧，镇守令支。李农率领三万士兵和征北大将军张举一起攻打前燕的凡城。前燕王慕容皝任命楛卢城主悦绾为御难将军，调拨了一千名士兵给他，命令他去驻守凡城。等到后赵的士兵到达的时候，将士官吏们都非常恐惧害怕，想要把凡城丢弃逃走。悦绾说："我们接受了国家的命令抵御敌寇，就应该将生死置之度外。况且我们依靠城池进行严密防守，一个人就可以抵挡一百个人，胆敢用胡妄言论使众人惶惑的就斩首！"众人这才安下心来。悦绾以身作则，亲身承受流矢飞石；张举等人一连攻打了十几天，也无法把凡城攻陷，只好撤兵退走。石虎因为辽西迫近前燕的边境，屡次遭受到攻击和突袭，于是就把那里所有的百姓都迁徙到了冀州的南部。

汉主寿疾病，罗恒、解思明复议奉晋；寿不从。李演复上书言之；寿怒，杀演。

寿常慕汉武、魏明之为人，耻闻父兄时事，上书者不得言先世政教，自以为胜之也。舍人杜袭作诗十篇，托言应璩以讽谏。寿报曰：“省诗知意。若今人所作，乃贤哲之话言；若古人所作，则死鬼之常辞耳。”

燕王皝自以称王未受晋命，冬，遣长史刘翔、参军鞠运来献捷论功，且言权假之间，并请刻期大举，共平中原。

皝击高句丽，兵及新城，高句丽王钊乞盟，乃还。又使其子恪、霸击宇文别部。霸年十三，勇冠三军。

张骏立辟雍、明堂以行礼。十一月，以世子重华行凉州事。

十二月，丁丑，赵太保桃豹卒。

丙戌，以骠骑将军琅邪王岳为侍中、司徒。

汉李弈寇巴东，守将劳杨败死。

【译文】成汉国君李寿生病了，罗恒、解思明又议论着要推举李晋继承王位，李寿没有同意。李演也向李寿上书劝谏他册立李晋继承王位，李寿因此大怒，就把李演杀死了。

李寿时常仰慕汉武帝刘彻、魏明帝曹叡的为人，以听到父兄在世时候的事迹为耻辱，向李寿上书的人不能够谈及先世的政教业绩，自己认为自己胜过他们。舍人杜袭写了十篇诗，假托说那些是魏人应璩的诗，用婉言隐语来劝谏李寿。李寿回复说：“我看到诗的时候，就已经知道它的含义了，如果那些诗是现在的人所写的，确实是贤哲的善言；如果是古代的人所写的，那么不过是死鬼的平常言辞罢了。”

前燕王慕容皝自认为称王以来还没有接受晋王室的诏命，冬季，慕容皝派遣长史刘翔、参军鞠运前来呈献多次战胜后赵的战果，报告自己立下的功劳，并且说明了自称燕王的权宜的意愿，请求约定日期大举起兵，共同平定中原。

前燕王慕容皝前去攻击高句丽，军队到达了高句丽西方边境的新城，高句丽王钊向慕容皝请求缔结盟约，于是前燕的军队就返回了。慕容皝又派遣他的儿子慕容恪、慕容霸前去攻击宇文氏的别部。慕容霸当时年纪仅有十三岁，却勇冠三军。

张骏设立了辟雍、明堂以进行宣教礼仪活动。十一月，张骏派遣世子张重华兼管凉州的事务。

十二月，丁丑日（初七日），后赵的太保桃豹去世了。

丙戌日（十六日），晋成帝司马衍任命骠骑将军、琅邪王司马岳为侍中、司徒。

成汉的李弈侵犯巴东，进行防守的将领劳杨战败身死。

咸康六年（庚子，公元三四〇年）春，正月，庚子朔，都亭文康侯庾亮薨。以护军将军、录尚书何充为中书令。庚戌，以南郡太守庾翼为都督江、荆、司、雍、梁、益六州诸军事、安西将军、荆州刺史，假节，代亮镇武昌。时人疑翼年少，不能继其兄。翼悉心为治，戎政严明，数年之间，公私充实，人皆称其才。

【译文】 咸康六年（庚子，公元340年）春季，正月，庚子朔日（初一日），都亭文康侯庾亮去世了。晋成帝司马衍任命护军将军、录尚书事何充为中书令。庚戌日（十一日），晋成帝派遣南郡太守庾翼去都督江州、荆州、司州、雍州、梁州、益州六个州的诸军事并且让他出任安西将军、荆州刺史、假节，代替庾亮镇守武昌。当时的人都怀疑庾翼年纪尚轻，不能继承他哥哥庾亮的业绩。庾翼全心全力治理事务，军务和政务都很严明，几年之间，官府和私人两方面的用资都充实完备，众人都称赞他的才干。

辛亥，以左光禄大夫陆玩为侍中、司空。

宇文逸豆归忌慕容翰才名；翰乃阳狂酗饮，或卧自便利，或被发歌呼，拜跪乞食。宇文举国贱之，不复省录，以故得行来自遂，山川形便，皆默记之。燕王皝以翰初非叛乱，以猜嫌出奔，虽在它国，常潜为燕计；乃遣商人王车通市于宇文部以窥翰。翰见车，无言，抚膺颔之而已。皝曰："翰欲来也。"复使车迎之。翰弯弓三石馀，矢尤长大，皝为之造可手弓矢，使车埋于道旁而密告之。二月，翰窃逸豆归名马，携其二子过取弓矢，逃归。逸豆归使骁骑百馀追之。翰曰："吾久客思归，既得上马，无复还理。吾向日阳愚以诳汝，吾之故艺犹在，无为相逼，自取死也！"追骑轻之，直突而前。翰曰："吾居汝国久恨恨，不欲杀汝；汝去我百步立汝刀，吾射之，一发中者汝可还，不中者可来前。"追骑解刀立之，一发，正中其环；追骑散走。皝闻翰至，大喜，恩遇甚厚。

【译文】辛亥日（十二日），晋成帝司马衍任命左光禄大夫陆玩为侍中和司空。

宇文逸豆归妒忌慕容翰的才能和名望；于是慕容翰就假装癫狂，终日醉酒，有时躺在那儿就大小便，有时又披散着头发高声唱歌呼叫，跪拜在地上向别人乞讨食物。宇文部全国的百姓都轻视他，不再监视和记录他的行动，慕容翰因此才能够依照自己的想法往来行动，把宇文部的山川形势以及交通，都默默地在心里面记下来。前燕王慕容皝因为慕容翰当初并不是由于叛乱，而是因为遭到了猜疑，产生了嫌隙才出逃的，虽然居住在其他的国家，但是常常暗中为前燕谋划，就派遣商人王车到宇文部去做生意借此观测慕容翰的心意。慕容翰见到了王车，一句话也没有说，只是用手抚摸着胸口点了点头而已。慕容皝说："慕容翰想要回来。"于是慕容皝又派遣王车前去迎接慕容翰回来。慕容翰拉弓的力量有三石多，箭身特别长大，慕容皝就为他制造适合他使用的弓箭，命令王车把弓箭埋在路旁并且秘密地告诉慕容翰这件事。二月，慕容翰盗取了宇文逸豆归的名马，然后带着他的两个儿子到路旁取出弓箭，上马逃回前燕。宇文逸豆归派遣了一百多个骁勇的骑兵前去追赶他，慕容翰说："我长久客居在其他国家，现在我想要回到自己的国家，既然我已经上了马，就没有再回去的道理。我过去那段日子一直假装愚蠢来欺骗你们，可是我从前的技艺并没有丢失，你们不要逼迫我，那是自寻死路！"前来追赶的骑兵都看不起他，径直奔驰而来，慕容翰说："我在你们的国家居住了很长一段时间，心里还存有一种依恋之情，不想把你们杀死；你们在距离我一百步的地方把你们的刀竖起来，让我用箭来射击，如果我一发就射中了，你们就可以回去，如果我不能射中，你们就上前来抓我。"前来追赶的骑兵把自己佩带的刀解下来插在地上，慕容翰射出一支箭，正好射中了刀环。前来追赶的骑兵就都四散逃走了。慕容皝听说慕容翰回来了，非常高兴，对他的恩赐和礼遇都非常优厚。

庚辰，有星孛于太微。

三月，丁卯，大赦。

汉人攻拔丹川，守将孟彦、刘齐、李秋皆死。

代王什翼犍始都云中之盛乐宫。

赵王虎遗汉主寿书，欲与之连兵入寇，约中分江南。寿大喜，遣散骑常侍王嘏、中常侍王广使于赵；龚壮谏，不听。寿大修船舰，缮兵聚粮。秋，九月，以尚书令马当为六军都督，徵集士卒七万馀人为舟师，大阅于成都，鼓噪盈江；寿登城观之，有吞噬江南之志。解思明谏曰："我国小兵弱，吴、会险远，图之未易。"寿乃命群臣大议利害。龚壮曰："陛下与胡通，孰若与晋通？胡，豺狼也，既灭晋，不得不北面事之；若与之争天下，则强弱不敌，危亡之势也，虞、虢之事，已然之戒，愿陛下熟虑之！"群臣皆以壮言为然，叩头泣谏，寿乃止。士卒咸称万岁。

龚壮以为人之行莫大于忠孝；既报父、叔之仇，又欲使寿事晋，寿不从。乃诈称耳聋，手不制物，辞归，以文籍自娱，终身不复至成都。

赵尚书令夔安卒。

【译文】庚辰日（十一日），有异星在太微星附近出现。

三月，丁卯日（二十九日），晋成帝司马衍下令大赦天下。

成汉的人攻占了丹川，在丹川进行防守的将领孟彦、刘齐、李秋全部都战死了。

代王拓跋什翼犍开始在云中郡的盛乐宫建都。

后赵王石虎向成汉的君主李寿送去一封信，想要和他联合起来发兵南下侵略东晋，并且和李寿约定好平分江南之地。李寿知道以后非常高兴，就派遣散骑常侍王嘏、中常侍王广出使后赵。龚壮向李寿劝谏，但是李寿不肯听从。李寿修造了大量舟舰，整修兵器，训练军队，积蓄军粮。秋季，九月，李寿任命尚书令马当为六军都督，征集了七万多士兵编为水军，在成都举行了盛大的阅兵式，鼓声和呼叫声充溢了江面。李寿登上城楼检阅，大有吞并江南的志向。解思明向李寿劝谏说："我们的国家

资治通鉴

小，军队弱，东吴、会稽地势险要并且和我们距离遥远，想要攻占并不是一件容易的事情。"于是李寿就命令群臣广泛评论出兵的利害关系。龚壮说："陛下和胡人结盟，又怎么比得上与东晋王室结盟呢？胡人的性情和豺狼一样凶狠，消灭了东晋之后，我们就不能不在北面以臣子之礼节侍奉他；如果我们和他们争夺天下，则后赵强大而成汉弱小，强弱不相称，我们处于危险灭亡的境地，春秋时虞国借路给晋献公去讨伐虢国，晋献公消灭了虢国之后，在回国的途中又消灭了虞国的事实，就是以往的警戒，我希望陛下能够仔细地考虑考虑！"群臣都认为龚壮说的话很正确，于是李寿就停止了攻打晋王室的计划。士兵们都高呼万岁。

龚壮认为人的德行当中最重要的莫过于忠孝。既然已经为父亲和叔父报仇了，就又想要让李寿以臣子的礼节侍奉晋王室，但是李寿不肯听从。龚壮就诈称自己的耳朵聋了，手也因为风湿举动迟缓，不能够拿东西，告辞还乡，以读书写文章自娱，终生不再前往成都。

后赵的尚书令夔安去世了。

【申涵煜评】壮借李寿以复父叔之仇，又劝称藩于晋，不听。乃托病辞归，终身不至成都，庶不愧忠孝大义矣。或曰："子胥覆楚，识者讥之，然平王虽不道君也。若李特盗贼耳，乌可不报？"

【译文】 龚壮凭借李寿来报复杀父亲、叔父的仇恨，又劝说李寿向东晋称藩臣，李寿没有听从他。龚壮于是假托患有疾病辞官归家，终身不去成都，可以说是不愧忠孝大道。有的人说："伍子胥倾覆楚国，认识他的人却讥笑他，虽然楚平王是一位不仁道的君主。但像李寿这种仅仅是盗贼，怎么能够不去报仇呢？"

赵王虎命司、冀、青、徐、幽、并、雍七州之民五丁取三、四丁取二，合邺城旧兵，满五十万，具船万艘，自河通海，运谷千一百万斛于乐安城。徙辽西、北平、渔阳万馀户于兖、豫、雍、洛四川之地。自幽州以东至白狼，大兴屯田。悉括取民马，有敢私匿者腰斩，凡得四万馀匹。大阅于宛阳，欲以击燕。

燕王皝谓诸将曰："石虎自以乐安城防守重复，蓟城南北必不设备，今若诡路出其不意，可尽破也。"冬，〔十月〕，皝帅诸军入自蠮螉塞袭赵，戍将当道者皆禽之，直抵蓟城。赵幽州刺史石光拥兵数万，闭城不敢出。燕兵进破武遂津，入高阳，所至焚烧积聚，略三万馀家而去。石光坐懦弱徵还。

【译文】 后赵王石虎命令司州、冀州、青州、徐州、幽州、并州、雍州七个州的百姓五个男丁中征召三个，四个男丁中征召两个，和邺城原有的士兵结合起来，一共五十万人，准备了一万艘船，从黄河通到了大海，运输一千一百万斛谷子到乐安城。石虎还把辽西、北平、渔阳的一万多户百姓迁徙到了兖州、豫州、雍州、洛州四个州。从幽州以东到白狼县，大规模地开辟耕田，种植农作物。把所有百姓的马匹全部收缴上来，敢于私自藏匿马匹不交出的人处以腰斩的刑罚，一共得到了四万多匹马。石虎在宛阳举行了盛大的阅兵式，准备用来进攻前燕。

前燕王慕容皝对诸位将领说："石虎自以为乐安城的防守力量强大，十分严密，蓟城南北一定不会进行防备，现在如果我们不走正常的大路，转而抄小路趁他们不注意的时候出兵进行攻击，就可以把他们彻底打败。"冬季，十月，慕容皝率领各路军队进入蠮螉塞，袭击了后赵的军队，后者负责戍守的将领有敢于在路上阻拦的都被慕容皝擒获，前燕的军队一直抵达了蓟城

资治通鉴

之下。后赵的幽州刺史石光虽然拥有数万士兵，但是他紧闭城门不敢出来迎战。前燕的士兵攻破了武遂津，进入了高阳，凡是前燕的士兵所到的地方，就把后赵军积蓄的军资焚毁一空，夺取了三万多家民众的财物以后离开了。石光因为面对敌人表现懦弱坐罪被征召返回。

赵王虎以秦公韬为太尉，与太子宣迭日省可尚书奏事，专决赏刑，不复启白。司徒申钟谏曰："赏刑者，人君之大柄，不可以假人。所以防微杜渐，消逆乱于未然也。太子职在视膳，不当豫政；庶人邃以豫政致败，覆车未远也。且二政分权，鲜不阶祸。爱之不以道，适所以害之也。"虎不听。

中谒者令申扁以慧悟辩给有宠于虎，宣亦昵之，使典机密。虎既不省事，而宣、韬皆好酣饮、畋猎；由是除拜、生杀皆决于扁，自九卿已下率皆望尘而拜。

太子詹事孙珍病目，求方于侍中崔约，约戏之曰："溺中则愈"。珍曰："目何可溺？"约曰："卿目睆睆，正耐溺中。"珍恨之，以白宣。宣于兄弟中最胡状目深，闻之怒，诛约父子。于是，公卿以下畏珍侧目。

【译文】后赵王石虎任命秦公石韬为太尉，和太子石宣两个人按日轮流省视、裁决尚书的奏事，可以独自决定赏赐或刑罚，不用专门向石虎禀报。司徒申钟劝谏石虎说："赏赐和刑罚，是人君治理国家掌握的大权，不可以借给他人，这是用来防微杜渐，防止和消除叛逆祸乱的发生。太子的职务在于侍奉供养父母，不应当参与朝政；庶人石邃因为参与朝政而招致失败，前车之鉴距今还没有多远。而且由两个人掌握朝政，政权不统一，权力分散，很少有不会发生祸乱的情况。爱惜他们却没有使用正当的方法,这正是害了他们的根由。"但是石虎不肯听从。

中谒者令(即宦官)申扁因为聪慧颖悟又能言善辩,而深受石虎宠信,石宣也和他很亲近,让他负责管理机密要事。石虎既不处理政事,而石宣和石韬又都喜欢喝酒和打猎,因此官吏的任免升迁、赏赐刑罚、人员的生杀都由申扁决定,从九卿以下的官员大都是远远地看见申扁的车尘就施行下拜的礼节。

太子詹事孙珍的眼睛出现了问题,于是孙珍就向侍中崔约寻求治疗的方法,崔约就和他开玩笑说:"向眼睛里面小便,眼睛就会痊愈。"孙珍说:"眼睛里面怎么可以小便呢?"崔约说:"你的眼窝深陷,正好适合小便进去。"孙珍因此对他十分怨恨,就把这件事情告诉了太子石宣。石宣的面貌在兄弟当中最像胡人的样子,眼窝深陷,听到这件事情以后就十分生气,因此就把崔约父子都处死了。于是公卿以下的官员都对孙珍感到畏惧,不敢正眼看他。

燕公斌督边州,亦好畋猎,常悬管而入。征北将军张贺度每裁谏之,斌怒,辱贺度。虎闻之,使主书礼仪持节监之。斌杀仪,又欲杀贺度,贺度严卫驰白之。虎遣尚书张离帅骑追斌,鞭之三百,免官归第,诛其亲信十馀人。

张骏遣别驾马诜入贡于赵,表辞蹇傲;赵王虎怒,欲斩诜。侍中石璞谏曰:"今国家所当先除者,遗晋也;河西僻陋,不足为意。今斩马诜,必征张竣,则兵力分而为二,建康复延数年之命矣。"乃止。璞,苞之曾孙也。

初,汉将李闳为晋所获,逃奔于赵,汉主寿致书于赵王虎以请之,署曰"赵王石君"。虎不悦,付外议之。中书监王波曰:"今李闳以死自誓曰:'苟得归骨于蜀,当纠帅宗族,混同王化。'若其信也,则不烦一旅,坐定梁、益;若有前却,不过失一亡命之人,于赵何损! 李寿既僭大号,今以制诏与之,彼必酬返,不若复为书与之。"会挹娄国献楛矢石砮于赵,波因请以遗汉,曰:"使其知我能服远方也。"虎从之,遣李闳归,厚为之礼。闳至成都,寿下诏曰:"羯使来庭,贡其楛矢。"虎闻之,怒,黜王波,以白衣领职。

【译文】 燕公石斌在监督北边州郡事务的时候,也喜欢打猎,常常佩挂着城门的钥匙进出。征北将军张贺度为此经常劝谏他,石斌发脾气,羞辱张贺度。石虎知道了这件事情以后,就派遣主书礼仪持节监视他们。石斌把礼仪杀了以后,又想把张贺度也杀死,张贺度调集护卫人员骑马去把这件事禀报了石虎。石虎派遣尚书张离带领骑兵追赶石斌,打了他三百鞭,罢免了他的官职让他回家,又把他的十几个亲信都杀死了。

张骏派遣别驾马诜到后赵呈献贡物,奏表里面的言辞冷漠孤傲。石虎看了非常生气,想要把马诜斩首。侍中石璞向石虎谏诤说:"现在国家要最先除灭的,应该是东晋;河西所处的地方荒僻简陋,不值得关注。现在您把马诜斩首了,就必定要去征讨张骏,那么兵力就要分成两部分,建康朝廷就又可以延长几年的寿命了。"于是石虎就没有斩首马诜。石璞,是石苞的曾孙。

起初,成汉的将领李闳被晋朝的士兵俘虏了,他又逃跑到了后赵,成汉的国君李寿就向后赵王石虎写了一封信请求把李闳放回来,信里面署名:"赵王石君。"于是石虎不高兴,就把这件事情交给外廷进行评议。中书监王波说:"应该让李闳用性命来起誓说:'如果能够返回蜀地,将会率领所有的宗族,一同接受君王您的教化。'将来如果他真的这样做了,那么我们不用烦劳一支军队,很容易就可以安定梁州和益州;如果他心存犹豫，不兑现诺言，我们也只不过是失去了一个逃亡的人，对赵国又有什么损失呢？李寿既然越礼僭称皇帝之号，现在如果我们用皇帝诏书的形式给他回复，他一定也会用同样的形式回报我们，不如再以信件的形式答复他。"刚好碰到挹娄国向后赵呈献楛矢石砮，王波就趁势向石虎请求把它们转送给成汉，并且对石虎说："让成汉知道我们能够使远方的国家臣服。"石虎采纳了他的建议，就遣送李闳返回成汉，并且用隆重的礼仪对待他。李闳到了成都以后，李寿颁下诏书说："羯族的使臣前来王庭进行朝拜，呈献他们的楛矢。"石虎知道了这件事情以后，大发脾气，罢免了王波的官职，让他以平民的身份兼理职务。

【乾隆御批】既为处士，复仇宜也，而权谲诱人为逆以报己恨，失正道矣。

【译文】既然是处士，报父仇也应该，但是用诡诈引诱人叛乱来报自己的私仇，这不是正当的途径。

咸康七年（辛丑，公元三四一年）春，正月，燕王皝使唐国内史阳裕等筑城于柳城之北、龙山之西，立宗庙、宫阙，命曰龙城。

二月，甲子朔，日有食之。

刘翔至建康，帝引见，问慕容镇军平安。对曰："臣受遣之日，朝服拜章。"

翔为燕王皝求大将军、燕五章玺。朝议以为："故事：大将军不处边；自汉、魏以来，不封异姓为王。所求不可许。"翔曰："自刘、石构乱，长江以北，剪为戎薮，未闻中华公卿之胄有一人能攘臂挥戈、摧破凶逆者也。独慕容镇军父子竭力，心存本朝，以寡击众，屡殄强敌，使石虎畏惧，悉徙边陲之民散居三魏，蹙国千里，以蓟城为北境。功烈如此，而惜海北之地不以为封邑，何哉？昔汉高祖不爱王爵于韩、彭，故能成其帝业；项羽刓印不忍授，卒用危亡。吾之至心，非苟欲尊其所事，窃惜圣朝疏忠义之国，使四海无所劝慕耳。"

【译文】 咸康七年（辛丑，公元341年）春季，正月，前燕王慕容皝派遣唐国内史阳裕等人在柳城以北、龙山以西的地方修筑一座城池，设立宗庙和宫殿，并将这座城命名为龙城。

二月，甲子朔日（初一日），发生了日食。

刘翔到了建康以后，晋成帝司马衍接见了他，向他询问慕容镇军是否平安。刘翔回答说："我接受派遣的时候，慕容镇军穿着朝服在外庭向南跪拜了以后才把章表发给我。"

刘翔为前燕王慕容皝向东晋王室请求授予他大将军的官衔和燕王的章玺。朝廷里面的官员议论认为："按照旧例，不将大将军委任到边关地区；自从汉、魏以来，就不册封异姓的功臣为王。所以刘翔向您请求的事情不能得到允许。"刘翔说："自从刘氏、石氏图谋叛乱以来，长江以北的地方，全部沦为了戎人所居住的地区，从来没有听说过中华公卿的后裔，有一个人能够高举手臂，挥动干戈，摧败凶狠叛逆的贼人。只有慕容镇军父子竭尽力量，心里想着要卫护本朝，用少数的兵力去攻击人数众多的敌人，屡次歼灭强大的仇寇，使石虎感到害怕，把边陲地区所有的百姓全部迁徙，让他们分别居住在三魏（魏郡、阳平、广平）一带，国土也因此缩小了一千里，以至于蓟城成为了他们北方的边境。慕容氏的功勋如此显赫，朝廷却吝惜渤海以北的土地不让给他做封邑，这是为什么呢？从前汉高祖不吝惜王爵，授予了韩信和彭越，所以才能够完成伟大的帝业；项羽把官印藏到棱角都磨损了也不舍得授人，结果因此遭到了灭亡。我至诚的内心，并不只是随便地想要尊敬我所侍奉的人，我私下里还为朝廷疏远忠义的边国，使得四海之人无从劝勉和仰慕深感惋惜。"

尚书诸葛恢，翔之姊夫也，独主异议，以为："夷狄相攻，中国之利；惟器与名，不可轻许。"乃谓翔曰："借使慕容镇军能除石虎，乃是复得一石虎也，朝廷何赖焉！"翔曰："嫠妇犹知恤宗周之陨。今晋室阽危，君位侔元、恺，曾无忧国之心邪？向使靡、鬲之功不立，则少康何以祀夏！桓、文之战不捷，则同人皆为左衽矣。慕容镇军枕戈待旦，志殄凶逆，而君更唱邪惑之言，忌间忠臣。四海所以未壹，良由君辈耳！"翔留建康岁馀，众议终不决。

【译文】 尚书诸葛恢，是刘翔的姐夫，独自主张不同的看法，他认为："夷狄之间互相攻打，这对中原之国有利；只有礼器和名号，不可以轻易地答应。"于是他就对刘翔说："如果慕容镇军能除掉石虎，这就是又出现了一个石虎，朝廷又有谁可以仰仗呢？"刘翔说："寡妇尚且知道怜悯宗周的陨灭。现在晋室危险，你的职位和高辛氏的八个才子以及高阳氏的八个才子相当，难道就没有忧虑国家大事的想法吗？以前，如果靡氏不能够率领鬲氏的众人，消灭了寒浞，建立功劳，那么，少康如何能够中兴并且奉祀夏的宗庙呢？如果齐桓公不能够向北讨伐山戎，向南讨伐楚；晋文公不能够在城濮战胜楚国，率领诸侯去尊奉周室，那么，周朝的百姓都要穿着左衽的衣服沦为夷狄了。慕容镇军枕着戈睡觉等着天亮，一心想着杀敌立功，立定志向要消灭凶狠叛逆的敌人，但是您却说这些宣扬偏颇和令人迷惑的话，忌恨并且离间忠臣，天下之所以不能够统一，实在是因为有你这样的人。"刘翔在建康留住了一年多的时间，群臣的议论始终没有结果。

翔乃说中常侍彧弘曰："石虎苞八州之地，带甲百万，志吞江、汉，自索头、宇文暨诸小国，无不臣服；惟慕容镇军翼戴天子，精贯白日，而更不获殊礼之命，窃恐天下移心解体，无复南向者矣。公孙渊无尺寸之益于吴，吴主封为燕王，加以九锡。今慕容镇军屡摧贼锋，威振秦、陇，虎比遣重使，甘言厚币，欲授以曜威大将军、辽西王；慕容镇军恶其非正，却而不受。今朝廷乃矜惜虚名，沮抑忠顺，岂社稷之长计乎！后虽悔之，恐无及己。"弘为之入言于帝，帝意亦欲许之。会朕上表，称："庾氏兄弟擅权召乱，宜加斥退，以安社稷"。又与庾冰书，责其当国秉权，不能为国雪耻。冰甚惧，以其绝远，非所能制，乃与何充奏从其请。乙卯，以慕容朕为使持节、大将军、都督河北诸军事、幽州牧、大单于、燕王，备物、典策，皆从殊礼。又以其世子俊为假节、安北将军、东夷校尉、左贤王；赐军资器械以千万计。又封诸功臣百馀人。以刘翔为代郡太守，封临泉乡侯，加员外散骑常侍；翔固辞不受。

【译文】刘翔就去游说中常侍彧弘说："石虎拥有八个州的土地，拥有一百万带甲的士兵，立志要吞并长江、汉水，从索头、宇文氏以及其他各个小国，没有一个不向他称臣归服的。只有慕容镇军辅助和拥戴晋朝的天子，精诚可以上通日月，却不能获得特殊礼遇的任命，我担心天下的百姓会因此而改变心意，背叛晋王室，不再向南方称臣了。公孙渊对东吴没有一点点功绩，吴主却册封他为燕王，给予他九锡的礼遇。现在慕容镇军屡次挫败了贼人的精锐，声威震惊了秦州、陇上一带地区，石虎最近连续派遣重要的使者，说了很多好听的话，送了很多厚重的币帛，想要授予他曜威大将军、辽西王的职位。只是慕容镇军厌恶他不是皇室正统，一直推辞，不肯接受。现在朝廷却吝惜虚名，排斥和压抑忠顺的臣民，这哪里是国家长远的计划呢？即使将来后悔了，恐怕也来不及了。"或弘为他入朝向晋成帝司马衍说明了这件事，晋成帝的心里也同意了刘翔的请求。刚好慕容皝向晋成帝上表，表中说："庾氏兄弟专权，导致了祸乱，您应当斥退他们，借此使国家安定。"又在给庾冰的信里面，责备他占据国家重要的职位，秉持国家政权，却不能够为国家洗雪耻辱。庾冰因此感到非常恐惧，因为慕容氏所在地偏远，晋王室无力钳制，于是庾冰就和何充一起向晋成帝进言请求晋成帝同意刘翔的请求。乙卯日（二月无此日），晋成帝司马衍任命慕容皝为使持节、大将军、都督河北诸军事、幽州牧、大单于、前燕王，又赐予了他王者所用的仪仗，诸如车辂、旗章、弓矢、斧钺等物品，并加上典法和策书，一切都依照特殊的礼节待遇。又任命他的世子慕容俊为假节、安北将军、东夷校尉、左贤王；赐给他数千万的军备物资和常用器械。又册封了一百多个功臣，任命刘翔为代郡太守，并且册封他为临泉乡侯，加封员外散骑常侍；刘翔再三推辞，无论如何也不肯接受。

翔疾江南士大夫以骄奢酣纵相尚，尝因朝贵宴集，谓何充等曰："四海板荡，奄逾三纪，宗社为墟，黎民涂炭，斯乃庙堂焦虑之时，忠臣毕命之秋也。而诸君宴安江沱，肆情纵欲，以奢靡为荣，以傲诞为贤；謇谔之言不闻，征伐之功不立，将何以尊主济民乎！"充等甚惭。

诏遣兼大鸿胪郭悕持节诣棘城册命燕王，与翔等偕北。公卿饯于江上，翔谓诸公曰："昔少康资一旅以灭有穷，勾践凭会稽以报强吴；蔓草犹宜早除，况寇仇乎！今石虎、李寿，志相吞噬，王师纵未能澄清北方，且当从事巴、蜀。一旦石虎先入举事，并寿而有之，据形便之地以临东南，虽有智者，不能善其后矣。"中护军谢广曰："是吾心也！"

三月，戊戌，皇后杜氏崩。夏，四月，丁卯，葬恭皇后于兴平陵。

【译文】刘翔痛恨江南的士大夫们以骄傲奢侈酣饮放纵互相推崇，曾经趁着朝廷的显贵们宴饮集会的机会，对何充等人说："天下混乱，动荡不安，奄忽之间，已经超过了三十六年，宗庙社稷变成了废墟，百姓生活困苦，生灵涂炭，现在正是朝廷焦急忧虑的时候，忠贞臣子效命的年代。但是诸位却在江沱宴饮逸乐，放纵情欲，以奢侈靡乱为光荣，以傲慢放诞为贤能；忠正耿直的言论不闻于耳，征伐的功劳没有建立，准备依靠什么来尊奉主上、救助百姓呢？"何充等人听到他的话以后非常惭愧。

晋成帝司马衍颁下诏书，派遣兼大鸿胪郭恰持符节前往棘城向前燕王传送册封的命令，于是他就和刘翔等人一同向北出发。公卿大夫们在江边为他们饯行，刘翔对公卿们说："从前夏朝少康凭借一支军队就消灭了有穷氏，勾践凭借会稽一个地方向强大的吴国复仇；蔓生的杂草尚且应该早日割除，何况是对待寇仇呢！现在石虎和李寿相互立定志向想要吞并对方，朝廷的军队纵然不能平定北方的混乱，也应当暂且治理巴、蜀。一旦石虎抢先发动了战争，把李寿消灭了，并且把李寿的土地占为己有，凭借地形的便利，逼近东南，即使是有智慧的人出现，也不能够妥善地处理这之后的事情了。"中护军谢广说："你说的这一切和我的想法是一样的。"

三月，戊戌日（初五日），皇后杜氏去世了。夏季，四月，丁卯日（初五日），恭皇后被安葬在了兴平陵。

【申涵煜评】江左诸名士平日掀唇鼓舌，自负能言。翔以燕鄙一介之使，高谈阔论，讥刺横生。卒无有一人能屈之者，盖理屈则词穷故也。

【译文】江左诸多名士平日里掀唇鼓舌，自夸能言善辩。刘翔凭借着燕国边鄙一人的身份到此出使，高谈阔论，讥笑和讽刺肆意发出。最终对方没有一人能使刘翔屈服的，大概是他们理亏而无言以对的缘故。

诏实王公以下至庶人皆正土断、白籍。

秋，七月，郭悕、刘翔等至燕，燕王皝以翔为东夷护军、领大将军长史，以唐国内史阳裕为左司马，典书令李洪为右司马，中尉郑林为军咨祭酒。

八月，辛酉，东海哀王冲薨。

九月，代王什翼犍筑盛乐城于故城南八里。

代王妃慕容氏卒。

冬，十月，匈奴刘虎寇代西部，代王什翼犍遣军逆击，大破之。虎卒，子务桓立，遣使求和于代，什翼犍以女妻之。务桓又朝贡于赵，赵以务桓为平北将军、左贤王。

【译文】晋成帝司马衍颁下诏书，命令王公以下至平民，凡是从北方迁来的，都需要各自按照其所寄居的郡县，确定为他的户籍地，登记在白纸制作成的户口版籍上面。

秋季，七月，郭悕、刘翔等人到达了前燕，前燕王慕容皝任命刘翔为东夷护军，兼领大将军长史，任命唐国内史阳裕为左司马，典书令李洪为右司马，中尉郑林为军咨祭酒。

八月，辛酉朔日（初一日），东海哀王司马冲去世了。

九月，代王拓跋什翼犍在故城南八里的地方，修筑了盛乐城。

代王妃慕容氏去世了。

冬季，十月，匈奴刘虎入侵了代国的西部地区，代王拓跋什翼犍派遣军队迎面对刘虎进行攻击，把敌军打得大败。刘虎去世了以后，他的儿子刘务桓继任了王位，派遣使者向代王求和，拓跋什翼犍把自己的女儿嫁给他做妻子。刘务桓又向后赵国朝拜，向后赵进贡地方上的特产，后赵王任命刘务桓为平北将军、左贤王。

赵横海将军王华帅舟师自海道袭燕安平，破之。

燕王皝以慕容恪为渡辽将军，镇平郭。自慕容翰、慕容仁之后，诸将无能继者。及恪至平郭，抚旧怀新，屡破高句丽兵，高句丽畏之，不敢入境。

十二月，兴平康伯陆玩薨。

汉主寿以其太子势领大将军、录尚书事。初，成主雄以俭约宽惠得蜀人心。及李闳、王嘏还自邺，盛称邺中繁庶，宫殿壮丽；且言赵王虎以刑杀御下，故能控制境内。寿慕之，徙旁郡民三丁以上者以实成都，大修宫室，治器玩；人有小过，辄杀以立威。左仆射蔡兴、右仆射李嶷皆坐直谏死。民疲于赋役，吁嗟满道，思乱者众矣。

【译文】后赵的横海将军王华率领水军从海上袭击了前燕的安平，获得了胜利。

前燕王慕容皝任命慕容恪为渡辽将军，镇守平郭。自从慕容翰、慕容仁之后，诸位将领中没有一个人能够接替他们。等到慕容恪来到平郭以后，抚慰旧属，怀柔新附民，屡次打败了高句丽的军队，高句丽对慕容恪感到畏惧，不敢再来侵犯平郭。

十二月，兴平康伯陆玩去世了。

成汉国君李寿任命他的太子李势兼大将军、录尚书事。起初，成汉国君李雄因为节俭宽厚，对百姓施行恩泽，深得蜀地百姓信服。等到李闳、王嘏从邺城回来，大肆称赞邺中的繁华富庶，宫殿的壮观华丽，而且说后赵王石虎用刑罚杀戮驾驭部下，所以能够控制境内的百姓。李寿听了以后感到很羡慕，就把附近各州郡的百姓凡是有三个壮丁以上的家庭全部迁徙来充实成都，大规模地修筑宫室，制造器皿和珍玩；人们一旦有一点小的过失，就被杀死来建立他的威严。左仆射蔡兴、右仆射李嶷都因为直言谏诤被坐罪处死。百姓们因为缴纳赋税和服劳役而疲惫不堪，道路上充满了吁嗟叹息的声音，出现了很多想要叛乱的人。

资治通鉴卷第九十七　晋纪十九

起玄默摄提格，尽强圉协洽，凡六年。

【译文】起壬寅（公元342年），止丁未（公元347年），共六年。

【题解】本卷记录了晋成帝咸康八年至晋穆帝永和三年共六年间东晋及各国大事。主要记录了晋成帝司马衍去世，庾冰、庾翼兄弟立成帝之弟司马岳为嗣，以便把持朝权，晋康帝司马岳在位二年，去世后庾氏兄弟又欲立元帝之子（成帝之叔）司马昱为帝，因何充反对，立康帝子司马聃为嗣，是为穆帝。是时穆帝两岁，太后临朝听政。庾翼以灭胡、灭蜀为己任，率桓宣、桓温等人北伐，在丹水被打败。记录了桓温为荆州刺史，举兵伐蜀，攻占成都，成汉主李势兵败投降。桓温派益州刺史周抚、征虏将军杨谦留守西蜀，自己返回荆州；成汉将领邓定、隗文等举兵反对东晋，入据成都，立范长生之子范贲为帝，蜀人纷纷响应；东晋将领萧敬文叛杀杨谦，自称益州牧，占据巴西、汉中。记录了慕容皝用慕容翰之计，先后灭高句丽、宇文氏、夫余国；慕容皝罢苑囿、贷耕牛与贫民，发展农业，国力日强。记录了后赵石虎父子扩大猎场，痴迷畋猎；广建宫室，大肆搜刮民女。记录了石虎政权严刑酷法，小人乱政，相互告讦，逸杀大臣，太子石宣与其弟石韬矛盾尖锐，乱象丛生。记录了西平公张骏死，其子重华继位，赵将麻秋、孙伏都等攻打凉州，被凉将谢艾、张悛、张据等打败。此外还记录了石虎部下姚弋仲、蒲洪，有胆有识，为其日后兴起作铺垫。记录了林邑王两次攻陷日南郡，杀日南太守夏侯览、都护刘雄等等。

显宗成皇帝下

咸康八年（壬寅，公元三四二年）春，正月，己未朔，日有食之。

乙丑，大赦。

豫州刺史庾怿以酒饷江州刺史王允之；允之觉其毒，饮犬，犬毙，密奏之。帝曰：“大舅已乱天下，小舅复欲尔邪！”二月，怿饮鸩而卒。

三月，初以武悼后配食武帝庙。

庾翼在武昌，数有妖怪，欲移镇乐乡。征虏长史王述与庾冰笺曰：“乐乡去武昌千有馀里，数万之众，一旦移徙，兴立城壁，公私劳扰。又江州当溯流数千里，供给军府，力役增倍。且武昌实江东镇戍之中，非但扞御上流而已；缓急赴告，骏奔不难。若移乐乡，远在西陲，一朝江渚有虞，不相接救。方岳重将，固当居要害之地，为内外形势，使窥觎之心不知所向。昔秦忌亡胡之谶，卒为刘、项之资；周恶檿弧之谣，而成褒姒之乱。是以达人君子，直道而行，禳避之道，皆所不取；正当择人事之胜理，思社稷之长计耳。”朝议亦以为然。翼乃止。

【译文】咸康八年（壬寅，公元342年）春季，正月，己未朔日（初一日），发生了日食。

乙丑日（初七日），晋成帝司马衍下令大赦天下。

豫州刺史庾怿送酒犒赏江州刺史王允之。王允之感觉酒里面有毒，就把酒倒给狗喝，狗喝了酒以后死了，王允之就把这件事秘密地上奏了晋成帝司马衍。晋成帝说："我的大舅庾亮曾经导致国家动乱，小舅庾怿又想这样吗？"二月，庾怿喝毒酒自杀了。

三月，开始把武悼后的牌位供奉在武帝司马炎庙进行祭祀。

庾翼在武昌的时候，多次发生了妖异的事情，于是他就想要把镇守地点转移到乐乡。征虏长史王述在给庾冰的信件里面说："乐乡和武昌之间相距一千多里；数万的士众，一旦真的迁移起来，又要修筑城墙，对公家、对私人两方面都是劳累困扰。再加上江州需要逆流而上数千里，供给军府所需要的物资，所需要的劳役也要成倍地增加。而且武昌处在江东镇戍地至西陲的中点，它的作用不只是防御抵抗由上流而下的敌寇而已；而且一旦京城发生紧急的情况需要支援，或者有需要快速赶去禀报的事情，快马奔驰及时赶到一点也不难。如果你把镇守地点转移到乐乡，远在西边的边境，一旦长江沿岸发生了忧患，就来不及相援救。镇守一方的重要将领，本来就应该驻守在要害的地方，成为对内对外的屏障要冲，形成内外可以互相接应的形势，使那些窥伺间隙、图谋侵扰的人没有可以乘虚而入的机会。从前秦始皇嬴政因为忌讳'亡秦者胡也'的谶语，最终被刘邦、项羽所利用；周宣王因为厌恶檿弧的童谣，却造成了周幽王时候褒姒的乱国。所以通达事理的人和才华道德都好的君子，直道而行，都不会去采取禳避妖异的方法；同时应当在人情事理上择选符合民众理解接受的标准，考虑国家的长远发展。"朝廷议论的官员也都认为他说得很正确。庾翼这才打消了迁徙的念头。

夏，五月，乙卯，帝不豫；六月，庚寅，疾笃。或诈为尚书符，敕宫门无得内宰相；众皆失色。庚冰曰："此必诈也。"推问，果然。帝二子丕、弈，皆在襁褓。庚冰自以兄弟秉权日久，恐易世之后，亲属愈疏，为它人所间，每说帝以国有强敌，宜立长君；请以母弟琅邪王岳为嗣，帝许之。中书令何充曰："父子相传，先王旧典，易之者鲜不致乱。故武王不授圣弟，非不爱也。今琅邪践阼，将如孺子何！"冰不听。下诏，以岳为嗣，并以弈继琅邪哀王。壬辰，冰、充及武陵王晞、会稽王昱、尚书令诸葛恢并受顾命。癸巳，帝崩。帝幼冲嗣位，不亲庶政；及长，颇有勤俭之德。

甲午，琅邪王即皇帝位，大赦。

【译文】 夏季，五月，乙卯日（五月无此日），晋成帝司马衍生病了，身体不适。六月，庚寅日（初五日），晋成帝病情加重。有人伪造尚书符令，告诫看守宫门的人不能够让宰相进入皇宫；众人都大惊失色。庚冰说："这其中一定有诈。"经过推究查问，果然如此。晋成帝的两个儿子司马丕和司马弈，都还在襁褓之中。庚冰因为他们兄弟执掌国家政权已经有很长时间了，担心一旦皇上换代以后，自己和皇上之间的亲属关系愈加疏远，因而会被他人离间，因此常常劝说晋成帝，国家外面有强大的敌人，应该册立年纪大的儿子继位担任国君；并且向晋成帝请求册立他自己的同母兄弟琅邪王司马岳为继位的国君，晋成帝答应了他的请求。中书令何充说："皇位父子相传，这是先王确立的旧制，改变旧制很少有不招致祸乱发生的。所以，周武王没有把王位传让给具有圣德的弟弟周公旦，并不是因为不疼爱他。如果现在琅邪王司马岳即皇帝位，皇上的两个幼子又将要如何安置呢？"但是庚冰不肯听从。晋成帝颁下诏令，册立司马岳为继位的国君，并且让自己的儿子司马奕承袭琅邪哀王的封号。壬辰日（初七），庾冰、何充和武陵王司马晞、会稽王司马昱、尚书令诸葛恢同时接受了晋成帝司马衍的遗命。癸巳日（初八日），晋成帝去世了。晋成帝年幼的时候继位，没有亲自处理国家的政事；等到年龄慢慢增加以后，颇有勤俭的美德。

甲午日（初九日），琅邪王司马岳继承帝位，下令大赦天下。

己亥，封成帝子丕为琅邪王，奕为东海王。

康帝谅阴不言，委政于庾冰、何充。秋，七月，丙辰，葬成帝于兴平陵。帝徒行送丧，至阊阖门，乃升素舆至陵所。既葬，帝临轩，庾冰、何充侍坐。帝曰："朕嗣鸿业，二君之力也。"充曰："陛下龙飞，臣冰之力也；若如臣议，不睹升平之世。"帝有惭色。己未，以充为骠骑将军、都督徐州、扬州之晋陵诸军事、领徐州刺史，镇京口，避诸庾也。

【译文】己亥日（十四日），册封晋成帝司马衍的儿子司马丕为琅邪王，司马奕为东海王。

晋康帝司马岳居丧不言，把朝政委托给了庾冰和何充。秋季，七月，丙辰日（初一日），晋成帝司马衍被安葬在了兴平陵。晋康帝司马岳步行送葬，一直走到了阊阖门，然后才登上素白的车舆到达陵墓的所在地。晋成帝被安葬了以后，晋康帝司马岳驾临殿前，庾冰和何充陪坐在晋康帝的旁边。晋康帝说："我继承国家大业，靠的是你们两位的力量。"何充说："陛下登上帝位，是大臣庾冰出的力量；如果像我所说的那样，那么陛下就不能目睹这太平的时代了。"晋康帝司马岳露出惭愧的神色。己未日（初四日），任命何充为骠骑将军，都督徐州、扬州的晋陵诸军事，兼领徐州刺史，镇守京口，来避让庾氏家族。

冬，十月，燕王皝迁都龙城，赦其境内。

建威将军翰言于皝曰："宇文强盛日久，屡为国患。今逸豆归篡窃得国，群情不附；加之性识庸暗，将帅非才，国无防卫，军无部伍。臣久在其国，悉其地形；虽远附强羯，声势不接，无益救援；今若击之，百举百克。然高句丽去国密迩，常有窥觎之志；彼知宇文既亡，祸将及己，必乘虚深入，掩吾不备。若少留兵则不足以守，多留兵则不足以行。此心腹之患也，宜先除之；观其势力，一举可克。宇文自守之虏，必不能远来争利。既取高句丽，还取宇文，如返手耳。二国既平，利尽东海，国富兵强，无返顾之忧，然后中原可图也。"皝曰："善！"

【译文】冬季，十月，前燕王慕容皝把都城迁移到了龙城，下令赦免境内。

建威将军慕容翰向慕容皝建议说："宇文部强盛的时间已经很久了，多次骚扰我们的国家，成为国家的忧患。现在宇文逸豆归篡夺君位得到国家，群情不肯依附；再加上他性情资质都平庸昏昧，见识不明，任用没有才能的将领，国家没有设置防卫措施，军队没有严密的组织。我在他们国家里面居住了很长时间，对那里的地理形势非常熟悉；他们虽然依附远方强大的羯族（称后赵），但是声威、力量都远不可及，一旦有什么紧急的事情无法前去救援；如果我们现在前去攻打，一定可以百战百胜。不过高句丽和我国的距离太近，常常有窥探我们的心志；他们知道宇文氏灭亡了以后，战祸将会降临到自己身上，必定会趁我们没有防备的时候，对我们进行偷袭。如果我们留下的士兵数量少，就不足以进行防御；留下的士兵数量多，就不能够攻克宇文部，这是我们的心腹大患，应该把他们首先铲除；我观察他们的国势和力量，我们一次出兵就可以把他们消灭。宇文氏需要自我防守，一定不会到远方来和我们争夺利益。我们把高句丽攻取了以后，再调转回来去进攻宇文部，这样就会易如反掌了。这两个国家被平定了以后，我们就可以尽收东海的利益，国家富有，军队强大，没有后顾的忧虑，然后我们就有可能图谋中原了。"慕容皝说："好。"

　　将击高句丽。高句丽有二道，其北道平阔，南道险狭，众欲从北道。翰曰："虏以常情料之，必谓大军从北道，当重北而轻南。王宜帅锐兵从南道击之，出其不意，丸都不足取也。别遣偏师出北道，纵有蹉跌，其腹心已溃，四支无能为也。"皝从之。

　　十一月，皝自将劲兵四万出南道，以慕容翰、慕容霸为前锋，别遣长史王寓等将兵万五千出北道，以伐高句丽。高句丽王钊果遣弟武帅精兵五万拒北道，自帅羸兵以备南道。慕容翰等先至，与钊合战，皝以大众继之。左常侍鲜于亮曰："臣以俘虏蒙王国士之恩，不可以不报；今日，臣死日也！"独与数骑先犯高句丽阵，所向摧陷。高句丽阵动，大众因而乘之，高句丽兵大败。左长史韩寿斩高句丽将阿佛和度加，诸军乘胜追之，遂入丸都。钊单骑走，轻车将军慕舆埿追获其母周氏及妻而还。会王寓等战于北道，皆败没，由是皝不复穷追。遣使招钊，钊不出。

　　【译文】前燕的军队准备进攻高句丽。有两条道路通往高句丽，北边的那一条道路平坦宽阔，南边的那一条道路危险狭隘，众人都想要从北边的那一条道路进行攻击。慕容翰说："敌人根据人之常情推测猜想，一定会认为大军走北边的那一条道路，因此肯定会严密地防守北边的那一条道路，而疏忽南边的那一条道路。大王您应当亲自率领精锐的士兵从南边的那一条道路发起进攻，出乎他们的意料，就可以很容易把丸都攻取下来了。另外派遣一部分军队从北边的那一条道路发起进攻，即使遭受了挫折，但是高句丽的腹心已经溃败了，四肢也就无能为力了。"慕容皝采纳了他的意见。

十一月，慕容皝亲自率领四万个强悍的士兵从南边的那条道路出发，任命慕容翰、慕容霸为前锋；另外派遣长史王寓等人率领一万五千个士兵从北边的那条道路出发，前去攻打高句丽。高句丽王钊果然派遣他的弟弟武率领五万个精锐的士兵在北边的那条道路迎敌，自己则率领羸弱的士兵去防守南边的那一条路。慕容翰等人率先到达，和高句丽王钊率领羸弱的士兵进行交战，慕容皝率领大队的士兵陆续赶到。左常侍鲜于亮说："我以俘虏的身份蒙受大王以国士之礼相待的恩泽，不可以不报答；今天，就是我以死报效的日子。"然后就独自率领几名骑兵先去冲击高句丽的阵地，所经过的地方敌军都遭到了挫败。高句丽的军阵发生骚动，前燕的军队趁势发起进攻，高句丽的军队被打得大败。左长史韩寿把高句丽的将领阿佛和度加斩杀了，各路军队乘胜进行追击，于是进入了丸都。高句丽王钊一个人骑着马逃走了，轻车将军慕舆埿前去追击，把他的母亲周氏和他的妻子都抓获了以后才返回。刚好碰到王寓等人在北边的道路与高句丽的军队作战，都战败了。因此，慕容皝不再穷追高句丽王。慕容皝派遣使者招安钊，但是钊躲藏起来不肯出来。

皝将还，韩寿曰："高句丽之地，不可戍守。今其主亡民散，潜伏山谷；大军既去，必复鸠聚，收其馀烬，犹足为患。请载其父尸、囚其生母而归，俟其束身自归，然后返之，抚以恩信，策之上也。"皝从之。发钊父乙弗利墓，载其尸，收其府库累世之宝，虏男女五万馀口，烧其宫室，毁丸都城而还。

十二月，壬子，立妃褚氏为皇后。徵豫章太守褚裒为侍中、尚书。裒自以后父，不愿居中任事，苦求外出；乃除建威将军、江州刺史，镇半洲。

【译文】 慕容皝准备回去的时候，韩寿对他说："高句丽这个地方，不可以设置士兵戍守。现在他们的君主逃亡，百姓流散，在山谷里面潜伏；我们的大军离开了以后，他们一定会再一次聚集起来，整编残余的军队，仍然足以造成祸患。我请求你用车把他父亲的尸体载上，把他的母亲用囚车载上带回国去，等到他自己把自己绑着前来归降，然后再把他们放回去，用恩泽诚信安抚他们，这是上策。"慕容皝采纳了他的意见。就把高句丽国王钊的父亲乙弗利的陵墓挖掘开，用车载着他的尸体，把他的府库里面历代积累的财宝都没收了，俘虏了五万多个百姓，把他们的宫室烧毁了，把丸都城郭也毁坏了以后才返回。

十二月，壬子日（二十九日），晋康帝司马岳册立妃子褚氏为皇后。征召豫章太守褚裒为侍中、尚书。褚裒因为自己是褚皇后的父亲，不愿意在宫廷里面担任官职，苦苦地向晋康帝司马岳请求外调，于是晋康帝就任命他为建威将军、江州刺史，镇守半洲。

赵王虎作台观四十馀所于邺，又营洛阳、长安二宫，作者四十馀万人；又欲自邺起阁道至襄国，敕河南四州治南伐之备，并、朔、秦、雍严西讨之资，青、冀、幽州为东征之计，皆三五发卒。诸州军造甲者五十馀万人，船夫十七万人，为水所没、虎狼所食者三分居一。加之公侯、牧宰竞营私利，百姓失业愁困。贝丘人李弘因众心之怨，自言姓名应谶，连结党与，署置百寮；事发，诛之，连坐者数千家。

虎畋猎无度，晨出夜归，又多微行，躬察作役。侍中京兆韦謏谏曰："陛下忽天下之重，轻行斤斧之间，猝有狂夫之变，虽有智勇，将安所施！又兴役无时，废民耘获，吁嗟盈路，殆非仁圣之所忍为也。"虎赐謏谷帛，而兴缮滋繁，游察自若。

【译文】后赵王石虎在邺城修筑了四十几个高台楼阁，又修筑了洛阳、长安两座宫殿，参与劳作的有四十多万人；石虎又想要修建从邺城直达襄国的阁道，敕令黄河以南的洛州、豫州、徐州、兖州四个州郡准备向南攻打所需要的一切装备，并州、朔州、秦州、雍州四个州准备向西讨伐所需要的军用物资，青州、冀州、幽州三个州准备向东征战所需要的军费，各州凡是家中有三个壮丁的就要征集两个壮丁去当兵，有五个壮丁的就要征集三个壮丁去当兵。各州郡的军队里面有五十多万个为军队制造铠甲的工匠，十七万个船夫，被水淹死和被虎狼吃掉的有三分之一。再加上公侯、州牧、郡守争着牟取私人的利益，百姓们失去了自己所从事的家业，生活陷入愁困之中。贝丘人李弘顺应众人心里对石虎的怨恨，自己说自己的姓名和谶语相符合，联络并且聚集党羽，设置各种官吏，但是事情泄露了，被杀死了，有几千家百姓受到连累。

石虎打猎没有节制，早晨出去，夜晚才回来，又常常便服出去巡视，亲自检视工地的劳役情形。侍中京兆人韦謏劝谏石虎说："陛下轻视了治理天下的重任，轻易地在危险的地方来往，倘若突然发生了狂人的叛变，即使有智谋、有勇气，又将如何施展呢？再加上征发徭役不分时节，使百姓的耕耘和收获都荒废了，道路上充满了吁嗟叹息的声音，这恐怕不是仁圣的国君所

资治通鉴

能够忍心做的事情。"石虎赏赐了很多谷物布帛给韦謏,但是修建的工程更加繁多,自己游巡察看泰然自若。

秦公韬有宠于虎,太子宣恶之。右仆射张离领五兵尚书,欲求媚于宣,说之曰:"今诸侯吏兵过限,宜渐裁省,以壮本根。"宣使离为奏:"秦、燕、义阳、乐平四公,听置吏一百九十七人,帐下兵二百人;自是以下,三分置一,馀兵五万,悉配东宫。"于是,诸公咸怨,嫌衅益深矣。

青州上言:"济南平陵城北石虎一夕移于城东南,有狼狐千馀迹随之,迹皆成蹊。"虎喜曰:"石虎者,朕也;自西北徙而东南者,天意欲使朕平荡江南也。其敕诸州兵明年悉集,朕当亲董六师,以奉天命。"群臣皆贺,上《皇德颂》者一百七人。制:"征士五人出车一乘,牛二头,米十五斛,绢十匹,调不办者斩。"民至鬻子以供军须,犹不能给,自经于道树者相望。

【译文】秦公石韬得到了石虎的宠信,太子石宣憎恶他。右仆射张离兼领五兵尚书的官职,想要讨好石宣,就劝他说:"现在各诸侯的官吏和士兵都超过了限定的数量,应该渐渐地裁减,来增强朝廷的势力。"石宣让张离向石虎上奏说:"秦公石韬、燕公石斌、义阳公石鉴、乐平公石苞这四公,允许他们设置一百九十七个官吏,帐下两百个士兵;由此而下,依照等位高低按三分之一的比例设置官吏,配备士兵;剩下的五万个士兵,全部配备给东宫。"于是各位王公都很怨恨,矛盾越来越深。

青州的地方官呈上奏疏说:"济南平陵城北的一只石雕老虎,有一天晚上移动到了城东南,沿途有一千多只狼和狐狸跟随着它,沿途的足迹都形成了一条小路。"石虎高兴地说:"石虎,也就是我,从西北移动到了东南的意思,表明上天的意思是想要让我平定江南。现在我要下令各州的军队明年全部汇集起来，我将要亲自督率六军，来遵循上天的命令。"群臣都前来向石虎道贺，向石虎呈上《皇德颂》的有一百〇七个人。石虎颁布了法令："被征调的士兵每五个人交出一辆车子，两头牛，十五斛米，十匹绢，应该交出这些东西但是不能够准备好的人就斩杀。"百姓甚至于卖了子女以供给行军所需用的一切，仍然没有办法凑够，在路边树上上吊自尽的人从这一头可以望见另一头。

康皇帝

建元元年（癸卯，公元三四三年）春，二月，高句丽王钊遣其弟称臣入朝于燕，贡珍异以千数。燕王皝乃还其父尸，犹留其母为质。

宇文逸豆归遣其相莫浅浑将兵击燕；诸将争欲击之，燕王皝不许。莫浅浑以为皝畏之，酣饮纵猎，不复设备。皝使慕容翰击之，莫浅浑大败，仅以身免，尽俘其众。

【译文】建元元年（癸卯，公元343年）春季，二月，高句丽王钊派遣他的弟弟向前燕入朝称臣，贡献了数千件珍宝异物。前燕国君慕容皝这才把他父亲的尸体归还给他，仍然把他的母亲留下来作为人质。

宇文逸豆归派遣他的宰相莫浅浑率领士兵进攻前燕。前燕的众将领都争着想要前去迎击，前燕国君慕容皝都没有允许。莫浅浑因此就以为慕容皝害怕他，于是他就每天喝酒打猎，不再设置防备。慕容皝派遣慕容翰前去进攻他，莫浅浑被打得大败，只有他自身没有被杀死，前燕的士兵把他所有的士兵都俘虏了。

庾翼为人慷慨，喜功名，不尚浮华。琅邪内史桓温，彝之子
也，尚南康公主，豪爽有风概。翼与之友善，相期以宁济海内。
翼尝荐温于成帝曰："桓温有英雄之才，愿陛下勿以常人遇之，常
婿畜之；宜委以方、邵之任，必有弘济艰难之勋。"时杜乂、殷浩
并才名冠世，翼独弗之重也，曰："此辈宜束之高阁，俟天下太平，
然后徐议其任耳。"浩累辞徵辟，屏居墓所，几将十年，时人拟之
管、葛。江夏相谢尚、长山令王濛常伺其出处，以卜江左兴亡。
尝相与省之，知浩有确然之志，既返，相谓曰："深源不起，当如
苍生何！"尚，鲲之子也。翼请浩为司马；诏除侍中、安西军司，
浩不应。翼遗浩书曰："王夷甫立名非真，虽云谈道，实长华竞。
明德君子，遇会处际，宁可然乎！"浩犹不起。

【译文】庾翼为人慷慨，喜欢功名，不崇尚浮华。琅邪内
史桓温，是桓彝的儿子，娶了南康公主为妻子，为人豪迈直爽有
气概，庾翼和他的关系很好，二人相约共同平定、拯救天下。庾
翼曾经向晋成帝司马衍推荐桓温，说："桓温具备英雄的才干，
希望陛下不要用常人的礼节来对待他，应该像女婿一样地培养
他；您应该安排他出任像周宣王时候的方叔和邵虎所担任的重
任，他一定能够对匡救世事艰难建立很大的功劳。"当时杜乂、
殷浩都是才华声名冠绝于世的人，只有庾翼对他们不重视，他
说："这些人应该束之高阁，弃置不用，等到天下太平了以后，
再慢慢地商议他们能够出任的官职。"殷浩多次拒绝官府的征
辟，屏绝尘世，在墓地里面隐居，如此将近十年的时间，当时的
人把他和管仲、诸葛亮相比。江夏相谢尚、长山县令王濛，常常
观察他的出仕与隐居，来推测江南的兴亡。他们曾经共同前去

探视他，知晓了殷浩有坚定不移的志向，回来了以后，相顾而言说：“殷浩殷深源不肯出来担任官职，百姓们应该怎么办呢？”谢尚，是谢鲲的儿子。庾翼请殷浩出任司马；晋康帝司马岳颁下诏书任命殷浩为侍中、安西军司，殷浩都没有应允。庾翼在给殷浩送去的信件里面说：“王导王夷甫树立的声名并不真切，虽然说是在谈论玄道，但实际上助长了浮华豪奢的竞争之风。德行光明的君子，遇到机会的时候，处在能够建立功名的时代，难道可以这样吗？”殷浩还是不肯出来就任。

殷羡为长沙相，在郡贪残，庾冰与翼书属之。翼报曰：“殷君骄豪，亦似由有佳儿，弟故小令物情容之。大较江东之政，以姁煦豪强，常为民蠹；时有行法，辄施之寒劣。如往年偷石头仓米一百万斛，皆是豪将辈，而直杀仓督监以塞责。山遐为馀姚长，为官出豪强所藏二千户，而众共驱之，令遐不得安席。虽皆前宰之惽谬，江东事去，实此之由。兄弟不幸，横陷此中，自不能拔足于风尘之外，当共明目而治之。荆州所统二十馀郡，唯长沙最恶；恶而不黜，与杀督监者复何异邪！”遐，简之子也。

翼以灭胡取蜀为己任，遣使东约燕王皝，西约张骏，刻期大举。朝议多以为难，唯庾冰意与之同，而桓温、谯王无忌皆赞成之。无忌，承之子也。

【译文】殷羡担任长沙相，在郡中贪婪残暴，庾冰在给庾翼的信件里面，嘱咐他庇护殷羡。庾翼给庾冰回信说：“殷羡骄矜豪横，恐怕就是因为有一个好儿子殷浩，所以我也从人情方面出发对他稍加宽容（庾翼，是庾冰的弟弟）。总体考较一下江南的朝政，因为纵容豪强，常常成为危害百姓的蠹虫；当时实行的法令，则往往施加在那些没有势力或者地位卑下的百姓身

资治通鉴

上。比如往年有人偷取了石头城仓库一百万斛藏米，都是那些势力强大的将领们所做的，却只是把管理米仓的官吏杀死了来搪塞责任。山遐担任馀姚县的县长，为官府清理出豪强大户藏匿没有上报的二千户人家，于是众豪强共同把他驱逐了，使得山遐不能够安宁。这些虽然都是前任宰相王导为官昏昧荒谬导致的，但是江东的大业日渐衰微，实在是出于这个原因。我们兄弟身遭不幸，枉自陷身政务之中，自然不能够从攘扰的世事当中拔足出来，就应当共同擦亮眼睛观察以后再加以治理。荆州所统辖管理的二十多个郡，只有长沙恶迹最为昭著；恶迹昭著却不会遭到贬黜，这和只把监督的官吏杀死又有什么不同呢？”山遐，是山简的儿子。

庾翼以消灭石虎攻取蜀国为自己的责任，派遣使者向东和前燕国君慕容皝相约，向西和张骏相约，决定日期准备大规模发兵。朝廷的评论多数都认为很困难，只有庾冰的意见和他相同，而桓温、谯王司马无忌都赞成他。司马无忌，是司马承的儿子。

秋，七月，赵汝南太守戴开帅数千人诣翼降。丁巳，下诏议经略中原。翼欲悉所部之众北伐，表桓宣为都督司、雍、梁三州、荆州之四郡诸军事、梁州刺史，前趣丹水；桓温为前锋小督、假节，帅众入临淮；并发所统六州奴及车牛驴马，百姓嗟怒。

代王什翼犍复求婚于燕，燕王皝使纳马千匹为礼；什翼犍不与，又倨慢无子婿礼。八月，皝遣世子俊帅前军师评等击代。什翼犍帅众避去，燕人无所见而还。

汉主寿卒，谥曰昭文，庙号中宗；太子势即位，大赦。

赵太子宣击鲜卑斛谷提，大破之，斩首三万级。

宇文逸豆归执段辽弟兰，送于赵，并献骏马万匹。赵王虎命兰帅所从鲜卑五千人屯令支。

【译文】秋季，七月，后赵的汝南太守戴开率领数千人前去向庾翼投降。丁巳日（初八日），晋康帝司马岳颁下诏书让大臣们评议经营谋划中原的事宜。庾翼想要率领他所有的士兵北伐，向晋康帝呈上奏表推荐桓宣出任都督司州、雍州、梁州三个州，以及荆州的南阳、新野、襄阳、南乡四个郡的诸军事，梁州刺史，前往丹水；又推荐桓温为前锋都督、假节，率领士兵进入临淮；并且同时出动自己统领的六州的奴仆和车、牛、驴、马等，百姓都叹息怨恨。

代王拓跋什翼犍又向前燕求婚，前燕国君慕容皝让他送一千匹马作为聘礼。拓跋什翼犍不肯送，态度又骄倨傲慢，一点作为女婿应该有的礼节也没有。八月，慕容皝派遣世子慕容俊率领前军师慕容评等人前去进攻代国。拓跋什翼犍率领众人避开，前燕的士兵一个敌人也没有遇到，于是就回来了。

成汉国君李寿去世了，谥号为昭文，庙号为中宗。太子李势即位，下令大赦。

后赵太子石宣进攻鲜卑部的斛谷提，把他们打败了，斩杀了三万个人。

宇文逸豆归把段辽的弟弟段兰捉住了，然后就把他送到了后赵，并且向后赵献上了一万匹骏马。后赵王石虎命令段兰率领跟随他的那五千个鲜卑人在令支驻扎。

庾翼欲移镇襄阳，恐朝廷不许，乃奏云移镇安陆。帝及朝士皆遣使譬止翼，翼遂违诏北行；至夏口，复上表请镇襄阳。翼时有众四万，诏加翼都督征讨诸军事。先是车骑将军、扬州刺史庾冰屡求出外，辛巳，以冰都督荆、江、宁、益、梁、交、广七州、豫州之四郡诸军事，领江州刺史，假节，镇武昌，以为翼继援。徵徐州刺史何充为都督扬、豫、徐州之琅邪诸军事，领扬州刺史，录尚书事，辅政。以琅邪内史桓温为都督青、徐、兖三州诸军事、徐州刺史，徵江州刺史褚裒为卫将军，领中书令。

冬，十一月，己巳，大赦。

【译文】 庾翼想要转移到襄阳镇守，但是又担心朝廷不允许，于是就向晋康帝司马岳呈上奏表说转移到安陆镇守。晋康帝和朝廷大臣都派遣使者晓谕并且阻止庾翼，于是庾翼就违背诏令，向北行进；到达了夏口以后，庾翼又向晋康帝司马岳呈上奏表请求可以镇守襄阳。庾翼当时已经拥有四万士兵，晋康帝颁下诏书加授庾翼都督征讨诸军事。此前，车骑将军、扬州刺史庾冰多次向晋康帝呈上奏表请求把自己调出去任职，辛巳日（初二日），晋康帝任命庾冰都督荆州、江州、宁州、益州、梁州、交州、广州七个州，及豫州宣城、历阳、庐江、安丰四郡诸军事，兼领江州刺史、假节，镇守武昌，来作为庾翼的后援。征召徐州刺史何充都督扬州、豫州、徐州的琅邪诸军事，兼领扬州刺史，录尚书事，辅佐朝政。任命琅邪内史桓温都督青州、徐州、兖州三个州诸军事，徐州刺史。征召江州刺史褚裒为卫将军，兼领中书令。

冬季，十一月，己巳日（二十二日），东晋下令大赦天下。

建元二年（甲辰，公元三四四年）春，正月，赵王虎享群臣于太武殿，有白雁百馀集马道之南，虎命射之，皆不获。时诸州兵集者百馀万，太史令赵揽密言于虎曰：“白雁集庭，宫室将空之象，不宜南行。”虎信之，乃临宣武观，大阅而罢。

汉主势改元太和，尊母阎氏为皇太后，立妻李氏为皇后。

燕王皝与左司马高诩谋伐宇文逸豆归。诩曰:"宇文强盛,今不取,必为国患,伐之必克;然不利于将。"出而告人曰:"吾往必不返,然忠臣不避也。"于是,皝自将伐逸豆归。以慕容翰为前锋将军,刘佩副之;分命慕容军、慕容恪、慕容霸及折冲将军慕舆根将兵,三道并进。高诩将发,不见其妻,使人语以家事而行。

【译文】 建元二年(甲辰,公元344年)春季,正月,后赵王石虎在太武殿宴请群臣,有一百多只白雁在马道的南边停栖,石虎就让人去射雁,但是他们一只都没有射到。当时各州军队已经有一百多万人会集起来,太史令赵揽秘密地对石虎说:"白雁在庭院里面停栖,这是宫室将要空寂无人的征兆,不适宜向南进发。"石虎听信了他的话,就到宣武观举行盛大的阅兵式,然后作罢。

成汉国君李势把年号更改为太和;尊奉母亲阎氏为皇太后,册立妻子李氏为皇后。

前燕国君慕容皝和左司马高诩谋划准备前去讨伐宇文逸豆归,高诩说:"宇文氏强盛,现在不去把他攻灭,以后必定会成为国家的祸患,如果现在前去攻打他一定会成功,只是对于将领有些不利。"高诩出来以后告诉别人说:"我这一次前去攻打宇文氏,一定不会回来了,但是身为忠臣不能躲避灾祸。"于是慕容皝亲自率领士兵前去讨伐宇文逸豆归。任命慕容翰为前锋将军,刘佩为他的副将;分别命令慕容军、慕容恪、慕容霸和折冲将军慕舆根率领士兵,兵分三路同时进发。高诩即将要出发的时候,没有看见他的妻子,就让人把家中事务转告她,然后就出发了。

逸豆归遣南罗大涉夜干将精兵逆战,皝遣人驰谓慕容翰曰:

资治通鉴

"涉夜干勇冠三军，宜小避之。"翰曰："逸豆归扫其国内精兵以属涉夜干，涉夜干素有勇名，一国所赖也；今我克之，其国不攻自溃矣。且吾孰知涉夜干之为人，虽有虚名，实易与耳，不宜避之，以挫吾兵气。"遂进战。翰自出冲阵，涉夜干出应之；慕容霸从傍邀击，遂斩涉夜干。宇文士卒见涉夜干死，不战而溃；燕兵乘胜逐之，遂克其都城。逸豆归走死漠北，宇文氏由是散亡。皝悉收其畜产、资货，徙其部众五千馀落于昌黎，辟地千馀里。更命涉夜干所居城曰威德城，使弟彪戍之而还。高诩、刘佩皆中流矢卒。

诩善天文，皝尝谓曰："卿有佳书而不见与，何以为忠尽！"诩曰："臣闻人君执要，人臣执职。执要者逸，执职者劳。是以后稷播种，尧不预焉。占候、天文，晨夜其苦，非至尊之所宜亲，殿下将安用之！"皝默然。

【译文】宇文逸豆归派遣南罗城主涉夜干率领精锐的士兵前去迎战，慕容皝派人骑快马赶去对慕容翰说："涉夜干的勇敢是三军第一，你应当稍微避让他。"慕容翰说："宇文逸豆归把他国内所有的精锐的士兵，全部都交托给涉夜干率领，涉夜干素来有勇敢强悍的名声，是他们全国所仰仗的人；现在我战胜了他，他的国家不需要进行攻打就会自然溃败了。况且我很了解涉夜干的为人，虽然拥有虚名，但实际上很容易对付，我不应该避让他。这样会挫伤我军的士气。"于是就进攻。慕容翰亲自出去突袭敌人的阵地，涉夜干出来迎战，慕容霸从侧面进行截击，于是把涉夜干斩杀了。宇文氏的士兵看到涉夜干已经死了，还没有交战就溃散了；前燕的士兵乘着胜利追击，就把他们的都城占领了。宇文逸豆归逃走了，最后死在了大漠以北的地区，宇文氏因此离散灭亡。慕容皝把他们所有的畜产和财货全部都没收了，把他的五千多户部众都迁徙到了昌黎，开辟了一千多里的疆土。把涉夜干原来居住的城镇名字更改为威德城,派遣他的弟弟慕容彪在那里进行防守,然后就回来了。高诩、刘佩都被流箭射中死亡了。

高诩擅长天文学,慕容皝曾经对他说:"你有好书却没有看到你拿来让我看,怎么能说是尽忠了呢?"高诩说:"我听说担任国君的要秉持重要的权柄,出任臣子的要各自执掌具体的事务。秉持重要权柄的人安逸,执掌具体事务的人劳苦。所以后稷播种庄稼的时候,唐尧不去参加。通过气象等来推测吉凶的占卜,和研究日月星辰的运行轨迹以及风霜雨露现象的天文学,早晨夜晚都十分辛苦,不是地位最尊贵的君王所应该亲自学习的,您学习这个准备要用来做什么呢?"慕容皝沉默,什么话也没有说。

初,逸豆归事赵甚谨,贡献属路。及燕人伐逸豆归,赵王虎使右将军白胜、并州刺史王霸自甘松出救之。比至,宇文氏已亡,因攻威德城,不克而还;慕容彪追击,破之。

慕容翰之与宇文氏战也,为流矢所中,卧病积时不出。后渐差,于其家试骋马。或告翰称病而私习骑乘,疑欲为变。燕王皝虽藉翰勇略,然中心终忌之,乃赐翰死。翰曰:"吾负罪出奔,既而复还,今日死已晚矣。然羯贼跨据中原,吾不自量,欲为国家荡壹区夏;此志不遂,没有遗恨,命矣夫!"饮药而卒。

代王什翼犍遣其大人长孙秩迎妇于燕。

【译文】起初,宇文逸豆归侍奉后赵十分恭敬谨慎,贡献礼物的人不绝于路。等到前燕攻打宇文逸豆归的时候,后赵王石虎派遣右将军白胜、并州刺史王霸从甘松出兵前去援救,但是等到他们到达的时候,宇文氏已经灭亡了,于是他们就顺势进

资治通鉴

攻威德城，但是没有攻取下来，只好撤兵返回了；慕容彪前去追击，把他们打败了。

慕容翰和宇文氏作战的时候，被流箭射中，在家卧病，很长一段时间没有出门。后来渐渐地痊愈，就在家里面试着骑马奔驰。有人告发慕容翰假称自己生病了但是私自在家里面练习骑马，怀疑他想要叛变。前燕国君慕容皝虽然仰仗慕容翰的智勇谋略，但是他的心里面始终都对慕容翰有所忌惮，于是就赐令慕容翰自杀。慕容翰说："我当初戴罪出逃，后来又返回，今天才死已经算晚了。不过羯贼占据了中原，我不自量力，想要为国家荡平贼寇统一中原；现在这个志向不能实现了，我死了也会有遗憾，这就是命运吧！"随即就把毒药喝下死了。

代王拓跋什翼犍派遣他的大人长孙秩到前燕迎娶妻子。

夏，四月，凉州将张瓘败赵将王擢于三交城。

初，赵领军王朗言于赵王虎曰："盛冬雪寒，而皇太子使人伐宫材，引于漳水，役者数万，吁嗟满道，陛下宜因出游罢之。"虎从之。太子宣怒。会荧惑守房，宣使太史令赵揽言于虎曰："房为天王，今荧惑守之，其殃不细。宜以贵臣王姓者当之。"虎曰："谁可者？"揽曰："无贵于王领军。"虎意惜朗，使揽更言其次。揽无以对，因曰："其次唯中书监王波耳。"虎乃下诏，追罪波前议楛矢事，腰斩之，及其四子，投尸漳水；既而愍其无罪，追赠司空，封其孙为侯。

【译文】夏季，四月，凉州的将领张瓘在三交城把后赵的将领王擢打败了。

起初，后赵的领军王朗向后赵王石虎进言说："正直隆冬雪寒的季节，皇太子石宣却命人砍伐修筑宫室的木材，沿着漳水运送过来，有数万个百姓参与劳役，道路上面充满了长吁短叹的声音，陛下应该趁着出游的机会进行制止。"石虎采纳了他的意见。太子石宣因此很生气。刚好碰到荧惑星长时间地停留在房宿四星的地方，石宣让太史令赵揽向石虎进言说："房星代表天王，现在荧惑星长时间地在那里停留，祸患不小，应该让显贵的臣子当中姓王的人承担责罚啊。"石虎说："哪一个大臣可以来承担呢？"赵揽说："没有一个大臣比领军王朗更显贵的了。"石虎的心里怜惜王朗，就让赵揽另外说出次一等的人选。赵揽无法做出回答，因此就说："其次就只有中书监王波了。"于是石虎就颁下诏书，追究王波从前送楛矢给汉国，自取其辱一事的罪过，处以腰斩的死刑，并且把他的四个儿子也都杀死了，然后把尸体全部都丢弃到漳水里面。不久以后又怜悯他没有罪过却遭遇极刑，就追赠他为司空，册封他的孙子为侯。

赵平北将军尹农攻燕凡城，不克而还。

汉太史令韩皓上言："荧惑守心，乃宗庙不修之谴。"汉主势命群臣议之。相国董皎、侍中王嘏以为："景、武创业，献、文承基，至亲不远，无宜疏绝。"乃更命祀成始祖、太宗，皆谓之汉。

征西将军庾翼使梁州刺史桓宣击赵将李罴于丹水，为罴所败，翼贬宣为建威将军。宣惭愤成疾，秋，八月，庚辰，卒。翼以长子方之为义城太守，代领宣众；又以司马应诞为襄阳太守，参军司马勋为梁州刺史，戍西城。

【译文】后赵的平北将军尹农前去攻打前燕的凡城，但是没有攻取下来就回去了。

成汉的太史令韩皓向成汉国君李势上奏说："荧惑星长时间停留在心宿三星的地方，这是上天在谴责没有修缮宗庙。"李势命令群臣讨论这件事情。相国董皎、侍中王嘏认为："景武皇帝李特和武皇帝李雄创立了国家大业，献皇帝李骧和文皇帝李寿秉承了国家的政权，都是至亲骨肉并且关系并不疏远，不应该疏远和断绝祭祀。"于是重新下令祭祀成汉始祖李特和太宗李雄，都使用汉的称谓进行祭祀。

征西将军庾翼派遣梁州刺史桓宣到丹水去攻击后赵的将领李罴，结果却被李罴打败了，于是庾翼就把刺史桓宣贬为建威将军。桓宣因此惭愧愤怒甚至生病了，秋季，八月，庚辰日（初七日），桓宣去世了。庾翼任命他的长子庾方之为义城太守，代为率领桓宣的士兵；又任命司马应诞为襄阳太守，参军司马勋为梁州刺史，防守西城。

中书令褚衷固辞枢要；闰月，丁巳，以衷为左将军、都督兖州、徐州之琅邪诸军事、兖州刺史，镇金城。

帝疾笃，庾冰、庾翼欲立会稽王昱为嗣；中书监何充建议立皇子聃，帝从之。九月，丙申，立聃为皇太子。戊戌，帝崩于式乾殿。己亥，何充以遗旨奉太子即位，大赦。由是冰、翼深恨充。尊皇后褚氏为皇太后。时穆帝方二岁，太后临朝称制。何充加中书监，录尚书事。充自陈既录尚书，不宜复监中书；许之，复加侍中。

充以左将军褚衷，太后之父，宜综朝政，上疏荐衷参录尚书；乃以衷为侍中、卫将军、录尚书事，持节、督、刺史如故。衷以近戚，惧获讥嫌，上疏固请居藩；改授都督徐、兖、青三州、扬州之二郡诸军事、卫将军、徐、兖二州刺史，镇京口。尚书奏："衷见太后，在公庭则如臣礼，私觐则严父。"从之。

【译文】中书令褚衷坚持要辞去中枢的要职。闰月，丁巳日

（十四日），晋康帝司马岳任命褚裒为左将军，都督兖州、徐州的琅邪诸军事，兖州刺史，镇守金城。

晋康帝司马岳病重，庾冰、庾翼想要册立会稽王司马昱为嗣君。中书监何充向晋康帝建议册立皇子司马聃，晋康帝采纳了他的建议。九月，丙申日（二十四日），晋康帝司马岳册立司马聃为皇太子。戊戌日（二十六日），晋康帝在式乾殿去世了。己亥日（二十七日），何充按照晋康帝的遗旨推奉太子司马聃即位，下令大赦天下。因此庾冰、庾翼非常痛恨何充。晋穆帝司马聃尊奉皇后褚氏为皇太后。当时晋穆帝司马聃刚刚两岁，太后亲临朝廷代替晋穆帝处理政事。何充被加封为中书监，录尚书事。何充自己陈述说既然已经担任了录尚书事，不应该再领导中书。朝廷答应了他的请求，又加封何充为侍中。

何充认为左将军褚裒是褚太后的父亲，应该总揽朝廷的政事，就向朝廷上疏推荐褚裒出任参录尚书。于是朝廷就任命褚裒为侍中、卫将军、录尚书事，持节和原先的都督、刺史职位不变。褚裒因为是亲近的外戚的身份，担心会因此而遭受到别人的诽议和怀疑，就向朝廷上疏再三请求回到藩地出任藩镇长官。于是朝廷就改授他都督徐州、兖州、青州三个州，及扬州的晋陵和义兴两个郡诸军事，卫将军，徐州、兖州两个州刺史，镇守京口。尚书奏议说："褚裒拜见太后的时候，在公庭就遵照臣子的礼节，两个人在私底下见面的时候，太后就尊礼父亲。"太后听从了尚书上奏的事情。

冬，十月，乙丑，葬康帝于崇平陵。

江州刺史庾冰有疾；太后徵冰辅政，冰辞，十一月，庚辰，卒。庾翼以家国情事，留子方之为建武将军，戍襄阳。方之年少，以参军毛穆之为建武司马以辅之。穆之，宝之子也。翼还镇夏口，诏翼复督江州，又领豫州刺史。翼辞豫州，复欲移镇乐乡，诏不许。翼仍缮修军器，大佃积谷，以图后举。

赵王虎作河桥于灵昌津，采石为中济，石下，辄随流，用功五百馀万而桥不成，虎怒，斩匠而罢。

【译文】 冬季，十月，乙丑日（二十三日），晋康帝司马岳被安葬在崇平陵。

江州刺史庾冰生病了。太后征召庾冰入朝辅佐政事，庾冰辞谢没有接受，十一月，庚辰日（初九日），庾冰去世了。庾翼因为家庭私事和国家政事不能兼顾，就把儿子庾方之留下来担任建武将军，戍守襄阳。因为庾方之年轻，就任命参军毛穆之为建武司马来辅佐他。毛穆之，是毛宝的儿子。庾翼返回夏口镇守。朝廷颁下诏书征召庾翼再督察江州，又兼领豫州刺史。庾翼辞谢了豫州刺史的官职，仍然想要迁徙到乐乡镇守，朝廷颁下诏书没有允许。庾翼仍旧修缮兵器，大力开垦治理农田，积存谷子，以方便以后举事。

后赵王石虎在灵昌津修建黄河渡桥，开采石头作为桥墩，但是因为河流湍急，石头放下去以后，往往就被河水冲走了，耗用了五百多万的劳力和钱财，却没有把渡桥修建好，石虎因此非常生气，把工匠斩杀了以后，才停止了渡桥的修建。

孝宗穆皇帝上之上

永和元年（乙巳，公元三四五年）春，正月，甲戌朔，皇太后设白纱帷于太极殿，抱帝临轩。

赵义阳公鉴镇关中，役烦赋重；文武有长发者，辄拔为冠缨，馀以给宫人。长史取发白赵王虎，虎徵鉴还邺，以乐平公苞代镇长安。发雍、洛、秦、并州十六万人治长安未央宫。

【译文】永和元年（乙巳，公元345年）春季，正月，甲戌朔日（正月辛未朔日，甲戌当为初四），皇太后在太极殿设置白纱帷帐，抱着晋穆帝司马聃驾临殿前。

后赵的义阳公石鉴镇守关中，徭役繁多，赋税苛重。文武官员有头发长的，就把他们的头发拔下来做帽子的带子，剩下的就拿去送给宫女。长史拿着头发把这件事告诉了后赵王石虎，石虎把石鉴传召回到邺城，派遣乐平公石苞代替他镇守长安。又征发雍州、洛州、秦州、并州一共十六万人去修筑长安未央宫。

虎好猎，晚岁，体重不能跨马，乃造猎车千乘，刻期校猎。自灵昌津南至荥阳东极阳都为猎场，使御史监察其中禽兽，有犯者罪至大辟。民有美女，佳牛马，御史求之不得，皆诬以犯兽，论死者百馀人。发诸州二十六万人修洛阳宫。发百姓牛二万头配朔州牧官。增置女官二十四等，东宫十二等，公侯七十馀国皆九等，大发民女三万馀人，料为三等以配之；太子、诸公私令采发者又将万人。郡县务求美色，多强夺人妻，杀其夫及夫自杀者三千馀人。至邺，虎临轩简第，以使者为能，封侯者十二人。荆楚、扬、徐之民流叛略尽；守令坐不能绥怀，下狱诛者五十馀人。金紫光禄大夫逯明因侍切谏，虎大怒，使龙腾拉杀之。

【译文】石虎喜欢打猎，晚年的时候，身体沉重不能骑马，就制造了一千辆猎车，定期举行射猎比赛。从灵昌津向南到荥阳、向东到阳都，都被划为猎场，派御史负责监督视察，如果有人敢入侵伤害猎场里面的禽兽，就获罪，被处以大辟的极刑。

百姓有美丽的女子或者上好的牛马，御史如果不能得到的话，就以伤害禽兽的名义诬告他们，有一百多个人因此而被判决死刑。石虎征发各州二十六万人去修筑洛阳宫。征发百姓的牛两万头调配给朔州的牧官。又增设宫中女官，分置二十四等，东宫十二等，七十多个公侯封国都分九等，大举征选了三万多个民女，分成三等配置给他们；太子、各王公私下发令征选的美女又将近一万人。各个郡县极力选取美女，经常把别人的妻子强行夺占，把她们的丈夫杀死的和他们丈夫自杀的，人数达三千多。美女被送到邺城以后，石虎在殿前挑选分等，因为挑选美女的人能干，被册封为侯的有十二个人。荆楚、扬州、徐州等地的百姓，有的流失，有的背叛，几乎都逃光了。当地的守令们坐罪，原因是不能安绥关切他们，被下狱诛杀的有五十多个人。金紫光禄大夫逯明趁着侍奉石虎的时候对石虎直言劝谏，石虎因此大发脾气，让龙腾中郎把他拉出去杀死。

燕王皝以牛假贫民，使佃苑中，税其什之八，自有牛者税其七。记室参军封裕上书谏，以为："古者什一而税，天下之中正也。降及魏、晋，仁政衰薄，假官田官牛者不过税其什六，自有牛者中分之，犹不取其七八也。自永嘉以来，海内荡析，武宣王绥之以德，华夷之民，万里辐凑，襁负而归之者，若赤子之归父母。是以户口十倍于旧，无用者什有三四。及殿下继统，南摧强赵，东兼高句丽，北取宇文，拓地三千里，增民十万户；是宜悉罢苑囿以赋新民，无牛者官赐之牛，不当更收重税也。且以殿下之民用殿下之牛，牛非殿下之有，将何在哉！如此，则戎旗南指之日，民谁不箪食壶浆以迎王师，石虎谁与处矣！川渎沟渠有废塞者，皆应通利，旱由灌溉，潦则疏泄。一夫不耕，或受之饥。况游食数万，何以得家给人足乎! 今官司猥多, 虚费廪禄, 苟才不周用, 皆宜澄汰。工商末利, 宜立常员。学生三年无成, 徒塞英俊之路, 皆当归之于农。殿下圣德宽明, 博采刍荛。参军王宪、大夫刘明并以言事忤旨, 主者处以大辟, 殿下虽恕其死, 犹免官禁锢。夫求谏诤而罪直言, 是犹适越而北行, 必不获其所志矣! 右长史宋该等阿媚苟容, 轻劾谏士, 己无骨鲠, 嫉人有之, 掩蔽耳目, 不忠之甚者也。"皝乃下令, 称:"览封记室之谏, 孤实惧焉。国以民为本, 民以谷为命; 可悉罢苑囿以给民之无田者。实贫者, 官与之牛; 力有馀愿得官牛者, 并依魏、晋旧法, 沟渎果有益者, 令以时修治。今戎事方兴, 勋伐既多, 官未可减, 俟中原平壹, 徐更议之。工商、学生皆当裁择。夫人臣关言于人主, 至难也, 虽有狂妄, 当择其善者而从之。王宪、刘明, 虽罪应废黜, 亦由孤之无大量也, 可悉复本官, 仍居谏司。封生謇謇, 深得王臣之体, 其赐钱五万。宣示内外, 有欲陈孤过者, 不拘贵贱, 勿有所讳!"皝雅好文学, 常亲临庠序讲授, 考校学徒至千馀人, 颇有妄滥者, 故封裕及之。

【译文】前燕国君慕容皝把耕牛借给贫穷的百姓, 让他们在养禽兽的地方耕种, 赋税抽取十分之八, 自己有耕牛的赋税抽取十分之七。记室参军封裕向慕容皝上书进行劝谏, 认为:"古时候按十分之一的比例收税, 这是天下最公正的税法。到了魏、晋的时候, 仁政衰微, 借用官田官牛的也不过纳税十分之六, 自己有牛的只纳税一半, 也没有纳税十分之七八。从晋怀帝司马炽永嘉年以来, 国内分崩离析, 武宣王慕容廆用仁德安抚百姓, 汉族和夷族的百姓, 都不远万里前来汇集归附, 那些背负着幼儿前来归附的情景, 就好像小孩子前来归附父母一样,所以百姓的户口数量比以前增加了十倍，没有田地的百姓达到了十分之三四。等到殿下承继了大统，在南方挫败了强大的后赵，在东方兼并了高句丽，在北方攻取了宇文氏，把国土拓展了三千里，增加十万户的百姓。所以应该把所有养禽兽的地方都废除，把这些地方分给新的前来归附的百姓，对于没有耕牛的百姓，官府把耕牛赐给他，不应当再收取重税。况且殿下的百姓使用殿下的耕牛，耕牛不是殿下私有的，又能够是什么人的呢？能够这样，那么军旗指向南方进行攻击的时候，百姓谁不用筐把饭菜装好，用壶把酒水装好，拿来迎接殿下的军队呢？石虎又能够和谁共处呢？河川沟渠有废置和堵塞的，应该把它们全部都开通和疏浚，天旱的时候可以用来灌溉，天涝的时候可以泄洪。一个人不耕种，就会有人遭受饥饿，更何况有数万个游手好闲、不劳而食的人，怎么才可以做到家家充裕、人人富足呢？现在官吏众多，白白地耗费国家俸禄，只要是才干不能够胜任他所担任的职务的官员，都应该把他们罢免。从事工商业获利，应当设置固定的人数。学生三年没有任何成就，白白地堵塞了有才干的人晋升的道路，都应当把他们归于农夫。殿下圣德，宽厚明智，广泛地考察征求并且接受樵人、渔夫的意见，参军王宪、大夫刘明都因为陈述政事的得失忤逆了您的旨意，当时主持并且判决他们案件的官员，判处他们死刑，殿下虽然饶恕了他们的死罪，还把他们的官职也罢免了，禁锢不用，把他们做官上进的道路断绝了。要寻求忠臣的谏诤，却降罪惩罚那些言论正直的人，这就好像要去越国却反而向北行走一样，一定不能实现他所希望的心愿。右长史宋该等人阿谀谄媚，苟且安身，随便地弹劾谏诤的人士，自己没有脊骨，却嫉恨别人具有，遮掩殿下的耳目，这是最不忠心的表现。"于是慕容皝下令，说："阅览了记室封裕的谏书以后，我实在是为此感到恐惧。国家以百姓为根本，百姓以粮食为生命，可以把所有养禽兽的地方都废除了，交给那些没有土地的百姓用来耕种。实在贫穷的，官府就把耕牛借给他们；财力有余却希望得到官府耕牛的，都按照魏、晋的旧法收税。各种有利于耕种的沟渠，派人按时整修疏通。现在战事才刚刚开始，一定有很多可以建立功勋的机会。不可以裁减官吏的人数，等到平定中原以后，再慢慢地议论这件事。工商人士和学生都应当进行裁减和选择。人臣向人主陈言，这是一件非常困难的事情，虽然也有轻率不合理的地方，但是也应当选择那些有利于国事的来遵照实行。王宪、刘明，虽然按罪应该废黜，也是因为我的器量不大，可以把他们原来的官位全部都恢复，仍旧担任谏诤官的官职。封裕对我忠心耿耿，深切了解王臣的礼节，特地赏赐五万钱给他。现在向内外宣示晓谕，凡是想要指出我的过失的人，不论显贵贫贱，不必有任何的忌讳。"慕容皝一直喜欢文学，常常亲自到学校里面进行讲授，考察录取了一千多个学徒，其中有很多姑妄滥收的人，所以封裕才会谈到这件事。

　　诏徵卫将军褚裒，欲以为扬州刺史、录尚书事。吏部尚书刘遐、长史王胡之说裒曰："会稽王令德雅望，国之周公也，足下宜以大政授之。"裒乃固辞，归藩。壬戌，以会稽王昱为抚军大将军，录尚书六条事。

　　昱清虚寡欲，尤善玄言，常以刘惔、王濛及颍川韩伯为谈客，又辟郗超为抚军掾，谢万为从事中郎。超，鉴之孙也，少卓荦不羁。父愔，简默冲退而啬于财，积钱至数千万，尝开库任超所取；超散施亲故，一日都尽。万，安之弟也，清旷秀迈，亦有时名。

燕有黑龙、白龙见于龙山，交首游戏，解角而去。燕王皝亲祀以太牢，赦其境内，命所居新宫曰和龙。

【译文】 晋穆帝司马聃颁下诏书征召卫将军褚裒，想要任命他为扬州刺史、录尚书事。吏部尚书刘遐、长史王胡之劝说褚裒道："会稽王司马昱德行昭著，素有雅望，他是国家的周公，你应该把朝政大权交给他。"于是褚裒就坚决辞谢不受封职，回到了藩地。壬戌日（正月无此日），晋穆帝司马聃任命会稽王司马昱为抚军大将军，录尚书六条事。

会稽王司马昱清心寡欲，尤其擅长谈论道家深远的言论，常常让刘惔、王濛和颍川人韩伯作为交谈的客人，又征召郗超为抚军掾吏，谢万为从事中郎。郗超，是郗鉴的孙子，年少的时候就气韵高雅富有才华，但是豪迈超逸并且不受羁绊。他的父亲郗愔，简微静默，性情淡泊谦虚，但是在钱财方面很吝啬，储积了多达数千万的钱财，曾经把库房打开任由郗超取用；郗超就把那些钱财都拿出来分别发放、施舍给亲戚朋友，一天之内就全部都散发殆尽。谢万，是谢安的弟弟，清静旷达，卓尔不群，在当时也很有名望。

又有黑龙和白龙同时在前燕的龙山出现，它们交首游戏，把龙角丢下以后离开了，前燕国君慕容皝亲自用太牢的礼节进行祭祀，下令赦免他的境内，把自己居住的新宫殿命名为和龙宫。

都亭肃侯庾翼疽发于背。表子爱之行辅国将军、荆州刺史，委以后任；司马义阳朱焘为南蛮校尉，以千人守巴陵。秋，七月，庚午，卒。

翼部将干瓒等作乱，杀冠军将军曹据。朱焘与安西长史江虨，建武司马毛穆之、将军袁真等共诛之。虨，统之子也。

八月，豫州刺史路永叛奔赵，赵王虎使永屯寿春。

【译文】 都亭肃侯庾翼的背疽发作，于是他向晋穆帝司马聃呈上奏表推荐他的儿子庾爰之兼领辅国将军、荆州刺史，接替自己的职务；又任命司马义阳人朱焘为南蛮校尉，让他率领一千士兵防守巴陵。秋季，七月，庚午日（初三日），庾翼去世了。

庾翼部下的将领干瓒等人作乱，把冠军将军曹据杀了。朱焘和安西长史江虨、建武司马毛穆之、将军袁真共同前去讨伐他把他杀死了。江虨，是江统的儿子。

八月，豫州刺史路永背叛了东晋逃到后赵，后赵王石虎让路永在寿春驻扎军队。

庾翼既卒，朝议皆以诸庾世在西藩，人情所安，宜依翼所请，以庾爰之代其任。何充曰："荆楚，国之西门，户口百万。北带强胡，西邻劲蜀，地势险阻，周旋万里；得人则中原可定，失人则社稷可忧，陆抗所谓'存则吴存，亡则吴亡'者也，岂可以白面少年当之哉！桓温英略过人，有文武器干。西夏之任，无出温者。"议者又曰："庾爰之肯避温乎？如令阻兵，耻惧不浅。"充曰："温足以制之，诸君勿忧。"

丹杨尹刘惔每奇温才，然知其有不臣之志，谓会稽王昱曰："温不可使居形胜之地，其位号常宜抑之。"劝昱自镇上流，以己为军司，昱不听；又请自行，亦不听。

【译文】 庾翼死了以后，朝廷的议论都认为庾氏家族世世代代都驻守西方的边界，为人心所向，应该同意庾翼的请求，派遣庾爰之去接替他的职务。何充说："荆楚，是国家西方的门户，当地有一百万户的百姓，北边连接着国势强大的后赵，西方

资治通鉴

邻近武力雄厚的成汉，山川形势险要，周边有万里之遥；任用合适的人选，那么中原可以平定，所用不合适的人选，那么国家命运可堪忧虑，这正是陆抗所说的'存则吴存，亡则吴亡'的意思，怎么可以派遣白面少年去出任这样的职位呢？桓温英勇，谋略超过常人，有文武两方面的能力和才干，防守西边的重任，没有比桓温更适合的人了。"议论的人又说："庾爰之肯把这个官位让给桓温吗？如果他率领军队阻止，国家将会遭受的耻辱和惊惧都不会小。"何充说："桓温足以把他制服，你们不必担忧。"

丹杨尹刘惔常常为桓温的才干惊奇，但是刘惔知道桓温有不甘心为人臣子的志向，于是刘惔就对会稽王司马昱说："不可以让桓温占据山川地势便利的地方，对他的官位封号也应该常常贬抑。"劝司马昱亲自镇守长江上游，任命自己为军司，但是司马昱不肯听从；刘惔又请求自己前往，也没有获得司马昱的准许。

【申涵煜评】桓温雄才已著，逆迹未彰，朝士方争誉之。惔独知其有不臣之志，与许邵识曹操同是巨眼，至谓克蜀之后，必专制朝廷，何如见其肺肝也。

【译文】桓温才能过人已经很明显，但是反叛的迹象还未彰显，朝中的官员正当争相称赞他。唯独刘惔知道桓温有不守臣道的志向，和许邵识辨曹操一样，都是拥有"巨眼"的人，以至认为攻克蜀地之后，必定是独断专行朝廷的政务，怎么能够把人看得这么透呢？

庚辰，以徐州刺史桓温为安西将军、持节、都督荆、司、雍、益、梁、宁六州诸军事、领护南蛮校尉、荆州刺史，爰之果不敢争。又以刘惔监沔中诸军事，领义成太守，代庾方之。徙方之、爱之于豫章。

桓温尝乘雪欲猎，先过刘惔，惔见其装束甚严，谓之曰："老贼欲持此何为？"温笑曰："我不为此，卿安得坐谈乎！"

汉主势之弟大将军广，以势无子，求为太弟；势不许。马当、解思明谏曰："陛下兄弟不多，若复有所废，将益孤危。"固请许之。势疑其与广有谋，收当、思明斩之，夷其三族。遣太保李弈袭广于涪城，贬广为临邛侯，广自杀。思明被收，叹曰："国之不亡，以我数人在也，今其殆矣！"言笑自若而死。思明有智略，敢谏诤；马当素得人心。及其死，士兵无不哀之。

【译文】庚辰日（十三日），晋穆帝司马聃任命徐州刺史桓温为安西将军，持节，都督荆州、司州、雍州、益州、梁州、宁州六个州诸军事，领护南蛮校尉、荆州刺史，庾爱之果然不敢和他争位。又任命刘惔监察沔中诸军事，兼领义成太守，代替庾方之。把庾方之和庾爱之都迁移到了豫章。

桓温曾经趁着下雪想要出去打猎，于是他就先去拜访刘惔，刘惔看到他装束十分严整，就询问他："老贼你这样子想要去做什么呢？"桓温笑着说："我不去打猎，你还哪能在家里坐谈呢？"

成汉国君李势的弟弟大将军李广，因为李势没有儿子，就向他请求让自己当皇太弟，但是李势没有答应。马当、解思明劝谏李势说："陛下的兄弟不多，如果再有所废黜罢免，将会更加孤独危弱。"再三请求李势答应李广的请求。李势怀疑他们和李广有预谋，就把马当和解思明都逮捕并杀死了，并且把他们的三族都诛灭了。李势派遣太保李弈在涪城袭击李广，把李广贬为临邛侯，李广自杀了。解思明被逮捕的时候，叹息着说："国家

资治通鉴

之所以没有灭亡，就是因为有我们几个人在，现在恐怕国家要危险了。"然后就像平常一样地谈笑赴死了。解思明有智慧，有谋略，敢于直言诤谏；马当一向深得百姓信服；他们死了以后，官吏百姓们没有一个不为他们哀悼的。

冬，十月，燕王皝使慕容恪攻高句丽，拔南苏，置戍而还。

十二月，张骏伐焉耆，降之。是岁，骏分武威等十一郡为凉州，以世子重华为刺史，分兴晋等八郡为河州，以宁戎校尉张瓘为刺史；分燉煌等三郡及西域都护等三营为沙州，以西胡校尉杨宣为刺史。骏自称大都督、大将军、假凉王，督摄三州；始置祭酒、郎中、大夫、舍人、谒者等官，官员皆仿天朝而微变其名，车服旌族拟于王者。

【译文】冬季，十月，前燕国君慕容皝派遣慕容恪去进攻高句丽，把南苏攻占了，在那设置好军队进行防守以后回来了。

十二月，张骏攻打焉耆，焉耆向张骏投降。这一年，张骏分出了武威、武兴、西平、张掖、酒泉、建康、西海、西郡、湟河、晋兴、广武十一个郡设置为凉州，任命世子张重华为刺史；分出了兴晋、金城、武始、南安、永晋、大夏、武成、汉中八个郡设置为河州，任命宁戎校尉张瓘为刺史；分出了敦煌、晋昌、高昌等三个郡和西域都护的三营设置为沙州，任命西胡校尉杨宣为刺史。张骏自称大都督、大将军、假凉王，监督代理三州，开始设置祭酒、郎中、大夫、舍人、谒者等官职，官号都仿效东晋朝廷，只是把名称稍稍改变了一下；车服旌旗都仿效帝王所使用的。

赵王虎以冠军将军姚弋仲为持节、十郡六夷大都督、冠军大将军。弋仲清俭鲠直，不治威仪，言无畏避，虎甚重之，朝之大议，每与参决；公卿皆惮而下之。武城左尉，虎宠姬之弟也，尝入弋仲营，侵扰其部众。弋仲执而数之曰："尔为禁尉，迫胁小民，我为大臣，目所亲见，不可斩也。"命左右斩之。尉叩头流血，左右固谏，乃止。

燕王皝以为古者诸侯即位，各称元年，于是始不用晋年号，自称十二年。

赵王虎使征东将军邓恒将兵数万屯乐安，治攻具，为取燕之计。燕王皝以慕容霸为平狄将军，戍徒河；恒畏之，不敢犯。

【译文】 后赵王石虎任命冠军将军姚弋仲为持节、十郡六夷大都督、冠军大将军。姚弋仲清廉俭约而且为人正直，不重视自己的容貌和举动，说话的时候，没有任何的畏惧和避讳，石虎非常器重他；朝廷的重大决议，姚弋仲时常参与决断，公卿大臣都对他心存忌惮，执礼恭敬。武城左尉，是石虎宠姬的弟弟，曾经闯入姚弋仲的军营，侵扰他的士兵。姚弋仲把他捉住了以后责备他说："你身为制止邪妄行为的校尉，却胁迫小小的百姓；我身为大臣，亲眼看到了，就绝对不可以宽纵你。"说完姚弋仲就命令左右的人把他杀死。左尉求饶，叩头直至流血，左右的人再三对他进行劝说，姚弋仲这才没有把他杀死。

前燕国君慕容皝认为古代诸侯即位，都各自称为元年，于是开始不使用东晋的年号，自称十二年。

后赵王石虎命征东将军邓恒率领几万士兵在乐安驻扎，制造进攻需要使用的工具，为攻打前燕做准备。前燕国君慕容皝任命慕容霸为平狄将军，率领军队在徒河进行防守。邓恒害怕他，不敢前去侵犯。

永和二年(丙午，公元三四六年)春，正月，丙寅，大赦。

资治通鉴

己卯，都乡文穆侯何充卒。充有器局，临朝正色，以社稷为己任，所选用皆以功效，不私亲旧。

初，夫馀居于鹿山，为百济所侵，部落衰散，西徙近燕，而不设备。燕王皝遣世子俊帅慕容军、慕容恪、慕舆根三将军、万七千骑袭夫馀。俊居中指授，军事皆以任恪。遂拔夫馀，虏其王玄及部落五万馀口而还。皝以玄为镇军将军，妻以女。

【译文】 永和二年（丙午，公元346年）春季，正月，丙寅日（初一日），晋穆帝司马聃下令大赦天下。

己卯日（十四日），都乡文穆侯何充去世了。何充有才识，有气度，上朝的时候脸色端正严肃，把国家的兴亡看作自己的责任，被他选拔任用的官吏，都是因为对国家立下了功劳，做事有成绩，不为自己的亲戚朋友徇私情。

起初，夫馀部在鹿山居住，被百济侵扰，部落衰微散乱，向西迁徙到接近前燕的地方，而不设置防备。前燕国君慕容皝派遣世子慕容俊率领慕容军、慕容恪、慕舆根三位将军，带一万七千骑兵前去进攻打夫馀。慕容俊负责指挥，具体的军事全部都交给慕容恪负责，于是就把夫馀攻占了，把夫馀部的国王玄和部落里面的五万多人俘虏了返回。慕容皝任命玄为镇军将军，并且把自己的女儿嫁给他做他的妻子。

二月，癸丑，以左光禄大夫蔡谟领司徒，与会稽王昱同辅政。

褚裒荐前光禄大夫顾和、前司徒左长史殷浩；三月，丙子，以和为尚书令，浩为建武将军、扬州刺史。和有母丧，固辞不起，谓所亲曰："古人有释衰绖从王者，以其才足干时故也。如和者，正足以亏孝道、伤风俗耳。"识者美之。浩亦固辞。

会稽王昱与浩书曰："属当厄运，危弊理极，足下沈识淹长，足以经济。若复深存挹退，苟遂本怀，吾恐天下之事于此去矣。足下去就，即时之废兴，则家国不异，足下宜深思之！"浩乃就职。

【译文】 二月，癸丑日（十九日），晋穆帝司马聃任命左光禄大夫蔡谟兼领司徒，和会稽王司马昱共同辅佐朝政。

褚裒向晋穆帝举荐前光禄大夫顾和、前司徒左长史殷浩。三月，丙子日（十二日），晋穆帝司马聃任命顾和为尚书令，殷浩为建武将军、扬州刺史。当时顾和正在为亡母守丧，所以就坚决推辞不肯就任，并且对自己亲近的人说："古人当中那些把丧服脱掉去担任国家的要职的人，是因为他们具有能够济世治国的才能；像我顾和这样的人如果这么做的话，就只会使孝道受到损伤，伤风败俗罢了。"有见识的人都为此赞美他。殷浩也坚决推辞不肯接受。

会稽王司马昱给殷浩写了一封信，信里面说："国家正在遭受困厄的命运，危殆的弊病已经发展到了极点，你有深远的见识和治国的才干，足以经世济民。如果你再深存谦抑之心，随随便便满足个人的心愿，我担心天下的大事就会无法挽回了。你愿不愿意出来任职治事，关系着时势的废弛和兴盛，家庭与国家命运紧密相连不可分割，国兴盛则家兴盛，国废弛则家废弛，你应该再仔细考虑考虑是否就任！"殷浩这才同意就职。

【乾隆御批】 处士盗虚声用之，未有不误者。若殷浩伎俩，桓温早知其无实用，何一时倾心推服，甚至以其出处卜废兴。可见，当时满朝皆无识之徒，不衰何待。

【译文】 处士欺世盗名还要重用他，没有不误事的。像殷浩这样的手段，桓温早就看出他没有实际价值，为什么会一时有很多人钦服他，甚至还有人用他的出仕及退隐来预测国家的兴衰？由此看来，当时满朝文武都是没有见识的人，国运不衰还等什么？

夏，四月，己酉朔，日有食之。

五月，丙戌，西平忠成公张骏薨。官属上世子重华为使持节、大都督、太尉、护羌校尉、凉州牧、西平公、假凉王；赦其境内；尊嫡母严氏为大王太后，母马氏为王太后。

赵中黄门严生恶尚书朱轨，会久雨，生潜轨不修道路，又谤讪朝政，赵王虎囚之。蒲洪谏曰："陛下既有襄国、邺宫，又修长安、洛阳宫殿，将以何用！作猎车千乘，环数千里以养禽兽，夺人妻女十万馀口以实后宫；圣帝明王之所为，固若是乎！今又以道路不修，欲杀尚书。陛下德政不修，天降淫雨，七旬乃霁。霁方二日，虽有鬼兵百万，亦未能去道路之涂潦，而况人乎！政刑如此，其如四海何！其如后代何！愿止作徒，罢苑囿，出宫女，赦朱轨，以副众望。"虎虽不悦，亦不之罪，为之罢长安、洛阳作役，而竟诛朱轨。又立私论朝政之法，听吏告其君，奴告其主。公卿以下，朝觐以目相顾，不必复相过从谈语。

【译文】 夏季，四月，己酉朔日（四月甲午朔日，己酉当为十六日），发生了日食。

五月，丙戌日（二十三日），西平忠成公张骏去世了。前凉的官员属吏上表请世子张重华为使持节、大都督、太尉、护羌校尉、凉州牧、西平公、假凉王；下令赦免他的境内；尊奉父亲的正室严氏为大王太后，自己的生身母亲马氏为王太后。

后赵的中黄门严生与尚书朱轨互相仇恨敌视，刚好遇到连续降雨，于是严生就诬告朱轨不修整道路，并且诽谤、讥讽朝政，于是后赵王石虎就把他囚禁了起来。蒲洪劝谏石虎说："陛下您已经拥有了襄国和邺宫，又在长安和洛阳修筑了宫殿，准备用来做什么呢？又制造了一千辆猎车，围了几千里的土地用来饲养禽兽，把百姓的妻子和女儿十几万人抢夺过来充实后宫，贤圣的帝王、明智的君主的所作所为，难道原本就是如此吗？现在又因为道路没有修整好，要把尚书朱轨杀死。陛下的道德政教不修，上天才会连续降下大雨，经历了七十天才刚刚放晴。现在天晴才刚刚两天，即使有一百万个鬼神的士兵，也不能把道路上面的泥浆和积水清除干净，更何况是人呢？政治和刑法变成这个样子，你要如何对天下的百姓交代呢？你对你后代的人如何交代呢？希望您可以停止劳役，把养禽兽的地方废除，把宫女释放，把朱轨赦免，用来满足众人的愿望。"石虎听了以后虽然感到不高兴，但是也没有降罪蒲洪，并且为此停止了长安、洛阳两个地方的劳役，但是最后还是把朱轨处死了。石虎还制定了惩治私下议论朝政的刑罚，允许官吏告发他们的长官，奴仆告发他们的主人。自此公卿大臣以下的官吏，朝会觐见的时候只敢用眼睛相互看看示意，不敢再互相来往交谈。

赵将军王擢击张重华，袭武街，执护军曹权、胡宣，徙七千馀户于雍州。凉州刺史麻秋、将军孙伏都攻金城，太守张冲请降，凉州震动。

重华悉发境内兵，使征南将军裴恒将之以御赵。恒壁于广武，久而不战。凉州司马张耽言于重华曰："国之存亡在兵，兵之胜败在将。今议者举将，多推宿旧。夫韩信之举，非旧德也。盖明主之举，举无常人，才之所堪，则授以大事。今强寇在境，诸将不进，人情危惧。主簿谢艾，兼资文武，可用以御赵。"重华召艾，问以方略；艾愿请兵七千人，必破赵以报。重华拜艾中坚将军，给步骑五千，使击秋。艾引兵出振武，夜有二枭鸣于牙中，艾曰："六博得枭者胜；今枭鸣牙中，克敌之兆也。"进与赵战，大破之，斩首五千级。重华封艾为福禄伯。

【译文】 后赵的将军王擢发兵进攻张重华，袭击武街，把护军曹权、胡宣捉住了，将七千多户迁徙到雍州。凉州刺史麻秋、将军孙伏都攻打金城，太守张冲请求投降，凉州之人震惊而恐惧。

张重华出动了境内所有的士兵，派遣征南将军裴恒率领士兵前去抵御后赵的士兵。裴恒在广武驻扎军队，过了很长时间也没有去应战。凉州司马张耽向张重华进言说："国家的存亡取决于军队，军队的胜败取决于将领。现在评议的人举荐将领，大多都举荐故旧。就像韩信被举荐，并非由于他是过去的功臣。所以圣明君主的举荐，并没有固定不变的人选，只要才干能够胜任，就可以委以重任。现在强大的敌人就在国境里面，诸位将领都不肯进攻，人心恐惧并且不安。主簿谢艾，兼有文武的才能，可以起用他来抵抗后赵的士兵。"张重华召见了谢艾，向他询问抵御敌人的方法和策略。谢艾请求张重华可以分配给他七千个士兵，一定可以把后赵的士兵打败作为报答。张重华任命谢艾为中坚将军，给他配备了步兵和骑兵一共五千个人，让他前去攻打麻秋。谢艾率领军队从振武出发，夜里有两只猫头鹰在军营里面鸣叫，谢艾说："玩六博棋的时候得到饰有猫头鹰图案棋子的人获胜。现在猫头鹰在军营里面鸣叫，这是战胜敌人的征兆。"于是就继续进军和后赵的士兵进行交战，把后赵的军队打败了，斩杀了五千个后赵的士兵。张重华册封谢艾为福禄伯。

麻秋之克金城也，县令燉煌车济不降，伏剑而死。秋又攻大夏，护军梁式执太守宋晏，以城应秋，秋遣晏以书诱致宛戍都尉燉煌宋矩，矩曰："为人臣，功既不成，唯有死节耳！"先杀妻子而后自刎。秋曰："皆义士也。"收而葬之。

冬，汉太保李奕自晋寿举兵反，蜀人多从之，众至数万。汉主势登城拒虞，奕单骑突门，门者射而杀之，其众皆溃。势大赦境内，改（年）〔元〕嘉宁。

势骄淫，不恤国事，多居禁中，罕接公卿，疏忌旧臣，信任左右，谗谄并进，刑罚苛滥，由是中外离心。蜀土先无獠，至是始从山出，自巴西至犍为、梓潼，布满山谷十馀万落，不可禁制，大为民患；加以饥馑，四境之内，遂至萧条。

【译文】麻秋攻占金城的时候，县令敦煌人车济始终不肯投降，最后用剑自杀而死。麻秋又去进攻大夏，护军梁式把太守宋晏捉住，举城投降来响应麻秋，麻秋就派遣宋晏带着书信去劝诱宛戍都尉敦煌人宋矩前来投降，宋矩说："作为人主的臣子的，既然不能成就功业，只有为气节而死罢了。"于是他就先把自己的妻子和子女都杀死，然后自杀而死了。麻秋说："这些人全部都是义士啊！"然后为他们收尸，把他们安葬了。

冬季，成汉的太保李奕在晋寿起兵造反，蜀人大多都跟从他，以至于他拥有数万个士兵。成汉国君李势登上城墙指挥抵抗，李奕单独骑马突袭城门，守门的士兵向他射击，把他杀死了，他剩余的士兵全部溃散逃走。李势下令大赦，把年号更改为嘉宁。

李势骄奢淫逸，不操心国家大事，大部分时间都待在宫殿里面，很少和公卿大臣接触，疏远忌惮昔日的臣子，信任并且任用跟随在身边的人，谗言谄媚同时并进，刑罚苛刻泛滥，因此宫廷内外的人们全都和他离心离德。蜀地以前本来没有獠族人，到了这时他们开始从山里出来，从巴西到犍为和梓潼，布满了山谷，共有十多万个部落，无法禁止和控制，给百姓带来了深重的祸患，再加上临逢荒年，国境之内，于是变得一片萧条。

安西将军桓温将伐汉，将佐皆以为不可。江夏相袁乔劝之曰："夫经略大事，固非常情所及，智者了于胸中，不必待众言皆合也。今为天下之患者，胡、蜀二寇而已，蜀虽险固，比胡为弱，将欲除之，宜先其易者。李势无道，臣民不附，且恃其险远，不修战备。宜以精卒万人轻赍疾趋，比其觉之，我已出其险要，可一战擒也。蜀地富饶，户口繁庶，诸葛武侯用之抗衡中夏，若得而有之，国家之大利也。论者恐大军既西，胡必窥觎，此似是而非。胡闻我万里远征，以为内有重备，必不敢动；纵有侵轶，缘江诸军足以拒守，必无忧也。"温从之。乔，瑰之子也。

十一月，辛未，温帅益州刺史周抚、南郡太守谯王无忌伐汉，拜表即行；委安西长史范汪以留事，加抚督梁州之四郡诸军事；使袁乔帅二千人为前锋。

朝廷以蜀道险远，温众少而深入，皆以为忧，惟刘惔以为必克。或问其故，惔曰："以博知之。温，善博者也，不必得则不为。但恐克蜀之后，温终专制朝廷耳。"

【译文】安西将军桓温准备讨伐成汉，将领和佐吏们都认为不可行。江夏相袁乔劝谏他说："经营谋划天下这样的大事，本来就不是按常理所能预测的，有智慧的人如果心中已经考虑得非常明白，不必等众人的意见都能够全部统一。现在作为天下祸患的，只有后赵、成汉两个地方的敌寇而已，成汉虽然地势险固，但是力量比后赵弱，如果准备把他们除掉，应该先攻打容易攻取的那一方。李势行事不合理法，毫无道义，大臣百姓都不想归附他，而且他凭借着自己的国家偏远，地势险固，没有修筑一切攻战的防备，没有做交战的准备。应该派遣一万精锐的士兵带着轻便的装备，迅速地前往，等到他察觉的时候，我们已经越过了他的险要的地方到达了平坦的地方，可以一次交战就把他擒获。蜀地物产丰富，人口众多，武侯诸葛亮曾经利用那里来和中原相抗衡，如果我们能够得到并且占有它，这对国家是有很大的好处的。谈论此事的人担心大军向西征讨的时候，后赵一定会趁机前来进攻，这实在是说起来好像对，但是实际上并不正确的说法，成汉听说我们到万里远的地方征讨敌寇，会认为国内设置有严密的防备，必定不敢轻举妄动；纵然敌人有所侵扰，沿着长江布防的各路军队也足以进行抵御和防守，一定没有什么忧患。"桓温采纳了他的意见。袁乔，是袁瑰的儿子。

资治通鉴

十一月，辛未日（十一日），桓温率领益州刺史周抚和南郡太守谯王司马无忌前去讨伐成汉，向晋穆帝司马聃呈上奏表以后就马上出发了。委托安西长史范汪留下来处理一切留守事务，并且让他都督梁州的涪陵、巴东、巴西、巴郡四郡诸军事；派遣袁乔率领两千个士兵担任前锋。

朝廷的大臣们都因为蜀道危险而遥远，桓温率领的士兵人数少，并且又深入敌人的国境而感到担忧，只有刘惔以为桓温必定会取胜。有人向他询问原因，刘惔说："我是通过博弈知道的。桓温，是擅长博弈的人，不能肯定获胜的事他就不会去做。只是担心攻占了蜀地以后，桓温最终要在朝廷专权罢了。"

【乾隆御批】惔策桓温克蜀决之于博，更虑其将来跋扈，信如左券！可谓有卓识。

【译文】 刘惔揣测桓温能打胜仗是取决于卜卦，更担忧他将来会霸道蛮横，独断专行，确实真有把握！刘惔可以说是有高超的见识了。

永和三年（丁未，公元三四七年）春，二月，桓温军至青衣。汉主势大发兵，遣叔父右卫将军福、从兄镇南将军权、前将军昝坚等将之，自山阳趣合水。诸将欲设伏于江南以待晋兵，昝坚不从，引兵自江北鸳鸯碕渡，向犍为。

三月，温至彭模；议者欲分为两军，异道俱进，以分汉兵之势。袁乔曰："今悬军深入万里之外，胜则大功可立，不胜则噍类无遗，当合势齐力，以取一战之捷。若分两军，则众心不一，万一偏败，大事去矣。不如全军而进，弃去釜甑，赍三日粮，以示无还心，胜可必也。"温从之，留参军孙盛、周楚将羸兵守辎重，温自将步卒直指成都。楚，抚之子也。

【译文】 永和三年（丁未，公元347年）春季，二月，桓温的军队到达了青衣县。成汉国君李势大规模地发动军队，派遣他的叔父右卫将军李福、堂兄镇南将军李权、前将军昝坚等人率领，从山阳前往合水。诸位将领想要在长江以南设下埋伏等待东晋军队到来，但是昝坚没有听从，率领士兵从长江以北的鸳鸯碕渡过长江前往犍为。

三月，桓温的军队到达了彭模。有人提议应该兵分两路，从不同的道路同时并进，用来削弱成汉士兵的威势。袁乔说："现在我们孤军深入万里之外，胜利了就可以建立大功，失败了就不可能保全性命，没有剩下活人，应当聚合威势，齐心协力，以争取一战就胜利。如果兵分两路，那么士兵们的想法不能一致，万一有一路军队被成汉打败了，那么讨伐成汉的大事就完了。不如全军一起前进，把烧饭用的釜甑一类的器具全部丢弃，只带着足够三天用的干粮，来显示不后退的决心，那么我们就一定可以取得胜利。"桓温采纳了他的意见。留下参军孙盛、周楚率领赢弱的士兵防守载着装备的车辆，桓温自己率领步兵直接前往成都。周楚，是周抚的儿子。

　　李福进攻彭模，孙盛等奋击，走之。温进，遇李权，三战三捷，汉兵散走归成都，镇东将军李位都迎诣温降。昝坚至犍为，乃知与温异道，还，自沙头津济，比至，温已军于成都之十里陌，坚众自溃。

　　势悉众出战于〔成都之〕笮桥，温前锋不利，参军龚护战死，矢及温马首。众惧，欲退，而鼓吏误鸣进鼓；袁乔拔剑督士卒力战，遂大破之。温乘胜长驱至成都，纵火烧其城门。汉人惶惧，无复斗志。势夜开东门走，至葭萌，使散骑常侍王幼送降文于温，自称"略阳李势叩头死罪"，寻舆榇面缚诣军门。温解缚焚榇，送势及宗室十馀人于建康；引汉司空谯献之等以为参佐，举贤旌善，蜀人悦之。

　　【译文】成汉右卫将军李福发兵攻打彭模，桓温的参军孙盛等人奋力进行反击，将李福的士兵赶走。桓温进军的时候，遇到了成汉镇南将军李权，双方进行了三次交战，桓温取得了三次胜利，成汉的士兵分散逃走返回了成都，成汉镇东将军李位都前来迎接向桓温投降。昝坚到达了犍为以后，才知道和桓温走的不是同一条路，就掉头返回，从沙头津渡过长江，等他到达成都的时候，桓温的军队已经在成都的十里陌驻扎了，昝坚的士兵自己就溃乱了。

　　李势把所有的士兵都调出城和桓温的军队在成都的笮桥

交战，桓温的前锋部队出师不利，参军龚护战死了，桓温的马头也被流箭射中。士兵见状十分害怕，想要撤退，而负责击鼓的官吏却误敲了进攻的鼓声；袁乔拔出佩剑督促士兵奋力作战，终于把李势的军队打败了。桓温趁着胜利长驱直入成都，放火把城门烧毁了。成汉的百姓惊慌恐惧，再也没有继续抵抗下去的斗志了。李势在夜里打开东门逃走了，到达了葭萌，派遣散骑常侍王幼把投降的文书给桓温送去，自己称"略阳李势叩头请求死罪"。不久，李势就用车子载着空棺，把双手反绑在背后，来到了桓温的军营门前向桓温投降。桓温把他绑手的绳索解开，把棺材烧毁了，把李势以及他的宗室亲属十多个人都送到了建康。任用成汉司空谯献之等人为参佐，推举贤能，表扬良善，成汉的百姓都感到很高兴。

日南太守夏侯览贪纵，侵刻胡商，又科调船材，云欲有所讨，由是诸国恚愤。林邑王文攻陷日南，将士死者五六千，杀览，以尸祭天；檄交州刺史朱蕃，请以郡北横山为界。文既去，蕃使督护刘雄戍日南。

汉故尚书仆射王誓、镇东将军邓定、平南将军王润、将军隗文等皆举兵反，众各万馀。桓温自击定，使袁乔击文，皆破之。温命益州刺史周抚镇彭模，斩王誓、王润。温留成都三十日，振旅还江陵。李势至建康，封归义侯。夏，四月，丁巳，邓定、隗文等入据成都，征虏将军杨谦弃涪城，退保德阳。

【译文】日南太守夏侯览贪婪放纵，侵吞并且剥削胡族的商人，又下令调集造船使用的木材，说是要在讨伐征战的时候使用，因此日南一带各小国的人对他十分怨恨气愤。林邑王范文攻陷了日南，日南的将士有五六千人都战死了，林邑王范文把夏侯览杀死了，然后用他的尸体祭祀上天。范文给交州刺史朱蕃送去檄文，请求以郡北的横山作为与东晋的边界。范文离开了以后，朱蕃派遣督护刘雄戍守日南。

成汉过去的尚书仆射王誓、镇东将军邓定、平南将军王润、将军隗文等人全部都起兵造反，各自拥有一万多个士兵。桓温亲自攻打邓定，派遣袁乔去攻打隗文，把他们都打败了。桓温派遣益州刺史周抚镇守彭模，把王誓和王润都斩杀了。桓温在成都逗留了三十天，就整顿军队返回了江陵。李势到达了建康，晋穆帝册封他为归义侯。夏季，四月，丁巳日（二十九日），邓定、隗文等人进攻并且占据了成都，征虏将军杨谦把涪城放弃了，撤退到德阳进行防守。

【乾隆御批】桓温远薄坚城，屡战克捷，乘胜席卷正当鸣鼓厉勇，鼓吏安得误鸣！记载家不识韬钤，妄谓事出侥幸。所谓夏虫不足以语冰。

【译文】桓温率兵远攻坚城，每一次作战都可以克敌制胜，乘胜进击席卷，正当敲响进军鼓激励士卒奋勇前进，鼓吏哪能敲错呢！记载家不知这是用兵谋略，竟然胡说这次打胜仗是侥幸取得的。这就如夏天的虫不能和它说冰一样无知。

赵凉州刺史麻秋攻枹罕。晋昌太守郎坦以城大难守，欲弃外城。武成太守张悛曰："弃外城则动众心，大事去矣。"宁戎校尉张璩从悛言，固守大城。秋帅众八万，围堑数重，云梯地突，百道皆进；城中御之，秋众死伤数万。赵王虎复遣其将刘浑等帅步骑二万会之。郎坦恨言不用，教军士李嘉潜引赵兵千馀人登城；璩督诸将力战，杀二百馀人，赵兵乃退。璩烧其攻具，秋退保大夏。

虎以中书监石宁为征西将军，帅并、司州兵二万馀人为秋等后继。张重华将宋秦等帅户二万降于赵。重华以谢艾为使持节、军师将军，帅步骑三万进军临河。艾乘轺车，戴白帢，鸣鼓而行。秋望见，怒曰："艾年少书生，冠服如此，轻我也。"命黑矟龙骧三千人驰击之；艾左右大扰。或劝艾宜乘马，艾不从，下车，踞胡床，指麾处分；赵人以为有伏兵，惧不敢进。别将张瑁自间道引兵截赵军后，赵军退，艾乘势进击，大破之，斩其将杜勋、汲鱼，获首虏一万三千级，秋单马奔大夏。

【译文】 后赵的凉州刺史麻秋进攻枹罕。晋昌太守郎坦因为枹罕城大难以进行防守，就想要把外城放弃。武成太守张悛对他说："放弃外城会使众人的心理动摇，那么大事也就完了。"宁戎校尉张璩听从了张悛的话，严密地防守大城。麻秋率领八万士兵将护城河团团包围，有的士兵通过云梯登城，有的士兵通过地道进入城中，利用各种攻城的方法，同时发起进攻。城中的士兵顽强抵抗，麻秋的士兵死伤的有数万人。后赵王石虎又派遣他的将领刘浑等人率领步兵和骑兵共两万人前往枹罕与麻秋会合。郎坦痛恨自己的建议没有被张璩采纳，就命令军士李嘉悄悄地率领一千多个后赵的士兵登上城墙。张璩督促众位将领奋力作战，杀死了两百多个后赵的士兵，后赵的士兵这才撤退。张璩把他们攻城使用的工具全部都烧毁了，麻秋退到大夏进行防守。

石虎任命中书监石宁为征西将军，率领并州和司州的两万多个士兵，作为麻秋的后继部队。张重华的将领宋秦等人率领两万多户向后赵投降。张重华任命谢艾为使持节、军师将军，率领步兵和骑兵一共三万人进军临河。谢艾乘坐着轻便的车子, 戴着白色的帽子, 敲着鼓前进。麻秋远远地看见, 生气地说:"谢艾只不过是一个年轻的读书人, 就如此穿戴, 这是在轻视我。"于是麻秋就命令三千个装备有黑色长矛的气概威武的士兵骑快马赶去攻击他。跟随在谢艾周围的人大为惊忧。有的人劝谢艾应该骑马, 但是谢艾不肯听从, 他下车坐在椅子上, 指挥部署, 后赵的士兵以为他有埋伏的士兵, 因而感到害怕不敢继续前进攻击。别将张瑁率领士兵从小路截断了后赵军队的退路, 后赵的军队撤退了, 谢艾乘势向前进行攻击, 把后赵的军队打得大败, 把他们的将领杜勋和汲鱼都斩杀了, 俘获和斩杀了一万三千多名后赵的士兵, 麻秋独自骑着马逃到大夏。

五月, 秋与石宁复帅众十二万进屯河南, 刘宁、王擢略地晋兴、广武、武街, 至于曲柳。张重华使将军牛旋御之, 退守枹罕, 姑臧大震。重华欲亲出拒之, 谢艾固谏。别驾从事索遐曰:"君者, 一国之镇, 不可轻动。"乃以艾为使持节、都督征讨诸军事、行卫将军, 遐为军正将军, 帅步骑二万拒之。别将杨康败刘宁于沙阜, 宁退屯金城。

六月, 辛酉, 大赦。

秋, 七月, 林邑复陷日南, 杀督护刘雄。

【译文】五月, 麻秋和石宁又率领十二万名士兵在黄河以南的地方驻扎, 刘宁、王擢攻占了晋兴、广武、武街, 一直挺进到曲柳。张重华派遣将军牛旋出兵进行抵抗, 牛旋退到枹罕进行防守, 姑臧城内民众非常震惊。张重华想要亲自率领士兵出征抵抗, 谢艾再三进行恳切的劝谏。别驾从事索遐说:"君王, 是安定国家的重要人物, 不可以轻举妄动。"就任命谢艾为使持节、都督征讨诸军事、行卫将军, 索遐为军正将军, 率领步兵和骑兵两万人前去抵抗。别将杨康在沙阜把刘宁打败了，刘宁撤退以后，在金城驻扎军队。

六月，辛酉日（初五），晋穆帝司马聃下令大赦天下。

秋季，七月，林邑王范文又攻陷了日南，把都护刘雄杀死了。

隗文、邓定等立故国师范长生之子贲为帝而奉之，以妖异惑众，蜀人多归之。

赵王虎复遣征西将军孙伏都、将军刘浑帅步骑二万会麻秋军，长驱济河，击张重华，遂城长最。谢艾建牙誓众，有风吹旌旗东南指，索遐曰："风为号令，今旌旗指敌，天所赞也。"艾军于神鸟，王擢与艾前锋战，败走，还河南。八月，戊午，艾进击秋，大破之，秋遁归金城。虎闻之，叹曰："吾以偏师定九州，今以九州之力困于枹罕。彼有人焉，未可图也！"艾还，讨叛虏斯骨真等万馀落，皆破平之。

【译文】 隗文、邓定等人拥立以前的国师范长生的儿子范贲为皇上并且尊奉他，他们用妖异的言辞使众人迷惑，成汉百姓大多数都归附了他们。

后赵王石虎又派遣征西将军孙伏都、将军刘浑率领步兵和骑兵两万人和麻秋的军队会合，长驱直入，渡过黄河，攻打张重华，修筑了长最城。谢艾在军队前面竖起大旗向众人宣誓，恰好风吹着旌旗指向东南方向，索遐说："风向就是号令，现在旌旗指向敌人的方向，这是上天在帮助我们。"谢艾在神鸟驻扎军队，王擢和谢艾的前锋进行交战，结果被打败了，就逃回了黄河以南地区。八月，戊午日（初三日），谢艾发兵攻打麻秋，麻秋被谢艾打得大败，就逃回了金城。石虎听到了这个消息以后，叹息着说:"我率领一部分军队把九州平定了,现在我拥有九州的兵力却受困于枹罕,。他们有人才在这里,不可以图谋占领啊!"谢艾回来的时候,讨伐反叛的敌虏斯骨真等一万多个部落,把他们全部都打败并且平定了。

资治通鉴

赵王虎据十州之地,聚敛金帛,及外国所献珍异,府库财物,不可胜纪;犹自以为不足,悉发前代陵墓,取其金宝。

沙门吴进言于虎曰:"胡运将衰,晋当复兴,宜苦役晋人以厌其气。"虎使尚书张群发近郡男女十六万人,车十万乘,运土筑华林苑及长墙于邺北,广袤数十里。申钟、石璞、赵揽等上疏陈天文错乱,百姓凋弊。虎大怒曰:"使苑墙朝成,吾夕没无恨矣。"促张群使然烛夜作;暴风大雨,死者数万人。郡国前后送苍麟十六,白鹿七,虎命司虞张曷柱调之以驾芝盖,大朝会列于殿庭。

【译文】 后赵王石虎占据了幽州、并州、冀州、司州、豫州、兖州、青州、徐州、雍州、秦州十州的土地,聚积收敛金银丝帛,以及外国所进献的珍异宝物,府库里面的财物,已经算都算不完了,但是石虎还是觉得不够,就把所有前代的陵墓都挖掘开,把里面的金银财宝都取出来夺走了。

僧人吴进向石虎进言说:"成汉的时运将要衰微,晋王室当要复兴,应该让晋人服苦役,来抑制他们的气势。"石虎命令尚书张群征发附近各郡的男女一共十六万人,车子十万辆,运土到邺城以北的地方修筑华林苑和漫长的围墙,占地方圆数十里。申钟、石璞、赵揽等人向石虎上疏陈述日月星辰的运行失去了常规,百姓疲惫,民生凋敝。石虎听了以后非常生气地说:"如果宫苑和围墙在早上修筑好,那么即便我晚上就死了,也没有遗憾了。"石虎督促张群让工人们在夜里点燃蜡烛继续工作;

狂风大雨，有几万人都因此死了。各郡国先后为石虎送来十六只青麟，七头白鹿，石虎命令司虞张曷柱调驯它们用来驾驶车盖像瑞芝的形状的车子，在举行盛大的朝会的时候陈列在殿堂前的庭院里面。

九月，命太子宣出祈福于山川，因行游猎。宣乘大辂，羽葆华盖，建天子旌旗，十有六军戎卒十八万，出自金明门。虎从其后宫升陵霄观望之，笑曰："我家父子如是，自非天崩地陷，当复何愁！但抱子弄孙，日为乐耳。"

宣所舍，辄列人为长围，四面各百里，驱禽兽，至暮皆集其所，使文武跪立，重行围守，炬火如昼，命劲骑百馀驰射其中，宣与姬妾乘辇临观，兽尽而止。或兽有迸逸，当围守者，有爵则夺马，步驱一日，无爵则鞭之一百。士卒饥冻死者万有馀人，所过三州十五郡，资储皆无孑遗。

虎复命秦公韬继出，自并州至于秦、雍，亦如之。宣怒其与己钧敌，愈嫉之。宦者赵生得幸于宣，无宠于韬，微劝宣除之，于是始有杀韬之谋矣。

【译文】九月，石虎派遣太子石宣出城到各地的山川祈求福祉，顺便到各处周游打猎。石宣乘坐着大车，华丽的车盖上面用连缀的鸟的羽毛作为装饰，竖立着象征天子的旌旗，十六路军队的十八万个士兵从金明门出发，石虎从他的后宫登上陵霄观远远望去，笑着说："我家父子如此，除非是天崩地陷，否则还有什么需要我忧愁的呢？我只管去抱儿子逗孙子，终日享受天伦之乐罢了。"

石宣每到一处停留，往往让人们结成漫长的包围圈，四边各有一百多里，然后驱赶禽兽，到了傍晚的时候把野兽全部都聚集在他们所住宿的地方，让文武官员全部都跪立着，再把禽兽重重包围起来，火炬的光亮把四周照得像白天一样明亮，石宣命令一百多个强健的骑兵一面奔驰，一面向围圈中间射箭，石宣和他的姬妾们在那里乘车观看，一直到所有的禽兽都被射死了才停止。有时有个别的禽兽从包围圈逃走，负责围守该地段的人，有爵位的就把他的马剥夺，让他步行赶一天的路，没有爵位的就处以一百下鞭打的责罚。有一万多士兵因为饥饿寒冷而死，他们所经过的司州、兖州、豫州三州十五个郡，储存的所有物资都耗尽了，一点也没有留下来。

石虎又命令秦公石韬继石宣之后出行，从并州到秦州、雍州，和石宣的情况一样。石宣因为石韬和自己势均力敌而感到生气，对他越来越嫉恨。宦官赵生得到了石宣的宠信，但是没有得到石韬的宠信，他就暗地里劝说石宣把石韬除掉，于是石宣从这时开始有了想要把石韬杀死的图谋。

赵麻秋又袭张重华将张瑁，败之，斩首三千馀级。枹罕护军李逵帅众七千降于赵，自河以南氐、羌皆附于赵。

冬，十月，乙丑，遣侍御史俞归至凉州，授张重华侍中、大都督、督陇右、关中诸军事、大将军、凉州刺史、西平公。归至姑臧，重华欲称凉王，未肯受诏，使所亲沈猛私谓归曰："主公弈世为晋忠臣，今曾不如鲜卑，何也？朝廷封慕容皝为燕王，而主公才为大将军，何以褒劝忠贤乎！明台宜移河右，共劝州主为凉王。人臣出使，苟利社稷，专之可也。"归曰："吾子失言！昔三代之王也，爵之贵者莫若上公；及周之衰，吴、楚始僭号称王，而诸侯亦不之非，盖以蛮夷畜之也；借使齐、鲁称王，诸侯岂不四面攻之乎！汉高祖封韩、彭为王，寻皆诛灭，盖权时之宜，非厚之也。圣上以贵公忠贤，故爵以上公，任以方伯，宠荣极矣，岂鲜卑夷狄所可比哉！且吾闻之，功有大小，赏有重轻。今贵公始继世而为王，若帅河右之众，东平胡、羯，修复陵庙，迎天子返洛阳，将何以加之乎？"重华乃止。

【译文】后赵的麻秋又去袭击张重华的将领张瑁，把他打败了，斩杀了三千多个人。枹罕护军李逷率领了七千个士兵向后赵投降，自黄河以南，氐族、羌族都归附了后赵。

　　冬季，十月，乙丑日（十一日），晋穆帝司马聃派遣侍御史俞归前往凉州，授予张重华为侍中，大都督、都督陇右、关中诸军事，大将军，凉州刺史，西平公。俞归到了姑臧以后，张重华想要称凉王，于是不肯接受诏书，并命令他的亲信沈猛私底下对俞归说："我们主公张重华好几代都是晋王室的忠臣，但是现在竟然连鲜卑都不如，这是为什么呢？朝廷册封慕容儁为燕王，但是我们的主公张重华才是大将军，依靠什么来褒奖勉励忠贞贤良呢？您应该向黄河以西地区的百姓发布文告，共同劝州主张重华担任凉王。臣子在外面出使，如果是有利于国家的事情，擅自决定也是可以的。"俞归说："你这么说可就错了，从前夏、商、周三代的君王，尊贵的爵位没有什么能比得上上公。但是等到周王室衰微的时候，吴国、楚国的诸侯就开始僭越尊号称自己为王，但是其他的诸侯国并没有非难他们，那是因为把他们当作蛮夷来对待。如果齐国、鲁国诸侯也称自己为王，其他的诸侯国岂不是要从四面前去攻打他们吗？汉高祖刘邦册封韩信、彭越为王，不久就把他们全部都诛灭了，这些都只是一时的权宜之计，并不是在厚待他们。圣上因为你们的主公张重华忠贞贤良，所以赐予他上公的爵位，任命他为镇守一方的刺史，恩宠荣耀已经是登峰造极了，这哪是鲜卑夷狄所能够比拟的呢？而且我听说，功劳有大小，赏赐有轻重，现在你们的主公张重华才刚刚继承他父亲的爵位就被封为王，那么如果他率领黄河以西的士兵，在东边平定了胡人、羯人，修复了陵墓和宗庙，迎接天子返回洛阳，那将要授予他什么爵位呢？"张重华这才放弃了称凉王的想法。

武都氐王杨初遣使来称藩；诏以初为使持节、征南将军、雍州刺史、仇池公。

十二月，振威护军萧敬文杀征虏将军杨谦，攻涪城，陷之，自称益州牧；遂取巴西，通于汉中。

【译文】武都氐王杨初派遣使者来向东晋朝廷自称藩属，晋穆帝司马聃颁下诏书任命杨初为使持节、征南将军、雍州刺史、仇池公。

十二月，振威护军萧敬文把征虏将军杨谦杀死了，攻打涪城，也攻下了，萧敬文就自称益州牧；占据了巴西，直接通达汉中。

资治通鉴卷第九十八　晋纪二十

起著雍涒滩，尽上章淹茂，凡三年。

【译文】起戊申（公元348年），止庚戌（公元350年），共三年。

【题解】本卷记录了晋穆帝永和四年至永和六年共三年间东晋及各国大事。主要记录了后赵太子石宣暗杀石虎爱子石韬，并欲借机弑父篡位，被石虎发觉杀死，石虎改立幼子石世为太子。记录了后赵主石虎病死，石世即位，张豺把持朝政，石虎子石遵在姚戈仲、蒲洪等人的拥护下杀石世称帝；石虎养孙石闵（后称冉闵）恨石遵食言，与石虎子石鉴勾结，杀死石遵，立石鉴为赵主，自己控制朝政。石闵欲灭石氏之迹，改国号为卫；石鉴想除掉石闵，反被石闵杀死，石闵自称皇帝，改国号为大魏；石虎子石祇在襄国称帝，命石琨、王朗、刘国、张贺度等多次攻魏，都被石闵打败。记录了姚戈仲派子姚襄击蒲洪，被蒲洪打败，蒲洪自称三秦王，改姓名为苻洪；苻洪被降将麻秋毒死，其子苻健退守，仍称东晋官爵；赵将杜洪据守长安，自称东晋征北将军，关西各族纷纷响应；苻健假装受后赵官爵，麻痹杜洪，不久麾军长驱入关，所过城邑，纷纷归降；苻健进入长安，西取上邽，向东晋朝廷告捷，和桓温修好。记录了燕主慕容皝病死，其子慕容俊继位，燕国将相劝慕容俊起兵伐赵，慕容俊起兵南伐，攻克乐安、蓟城，进军鲁口，被魏将鹿勃早夜袭，引兵退守蓟城，二次南伐，取得章武、河间、乐陵等地。记录了东晋王朝奖赏桓温平蜀之功，又恐桓温怙权不可制，就起用殷浩和他抗衡，使桓温与殷浩内外对立。记录了褚裒率军北伐，在代陂兵败；梁州刺史司马勋率军出骆谷，破赵长城戍，又攻下宛城，因孤立无援退回汉中。记录了东晋王朝以殷浩为都督，谋取北伐。此外还记录了蔡谟被授司徒之职，三年不上任，殷浩欲处以大辟，听从苟羡的建议，罢免蔡谟为庶人等等。

资治通鉴

孝宗穆皇帝上之下

永和四年（戊申，公元三四八年）夏，四月，林邑寇九真，杀士民什八九。

赵秦公韬有宠于赵王虎，欲立之，以太子宣长，犹豫未决。宣尝忤旨，虎怒曰："悔不立韬也！"韬由是益骄，造堂于太尉府，号曰宣光殿，梁长九丈。宣见而大怒，斩匠，截梁而去；韬怒，增之至十丈。宣闻之，谓所幸杨杯、牟成、赵生曰："凶竖傲愎乃敢尔！汝能杀之，吾入西宫，当尽以韬之国邑分封汝等。韬死，主上必临丧，吾因行大事，蔑不济矣。"杯等许诺。

【译文】永和四年（戊申，公元348年）夏季，四月，林邑国的军队入侵九真郡，把九真郡十分之八九的士大夫和百姓都杀死了。

后赵王石虎十分宠爱后赵的秦公石韬，想要把他册立为太子，但是又因为太子石宣年长，所以一直犹豫不决。石宣曾经有一次忤逆了他的旨意，石虎就很生气地说："我真后悔当初没有将石韬立为太子。"石韬因此就更加骄傲，在太尉府建造了一座殿堂，命名为宣光殿，横梁长达九丈。石宣看到了以后，认为冒犯了他的姓名，就发了很大的脾气，把所有参与修建工程的石匠都斩杀了,把宫殿的梁也截断,然后就离开了。石韬知道以后也大发脾气,又把横梁增长到了十丈。石宣听到这个消息以后,就对他所宠信的近臣杨杼、牟成、赵生说:"这个小子竟然敢如此傲慢乖戾,如果你们能够将他杀了,那么当我进入西宫登上皇位的时候(石虎居住西宫),我就会把石韬现在所有的封国郡邑全部都分封给你们。石韬死了以后,主上一定会亲自去祭奠,到了那个时候,我就趁机把他也杀了,没有不可以成功的。"杨杼等人答应了他。

秋,八月,韬夜与僚属宴于东明观,因宿于佛精舍。宣使杨杼等缘猕猴梯而入,杀韬,置其刀箭而去。旦日,宣奏之,虎哀惊气绝,久之方苏。将出临其丧,司空李农谏曰:"害秦公者未知何人,贼在京师,銮舆不宜轻出。"虎乃止,严兵发哀于太武殿。宣往临韬丧,不哭,直言"呵呵",使举衾观尸,大笑而去。收大将军记室参军郑靖、尹武等,将委之以罪。

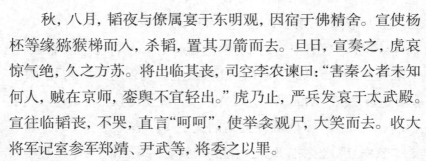

【译文】秋季,八月,石韬在夜里和他手下的僚属们在东明观宴饮,因此就在佛精舍里面住宿。石宣让杨杼等人攀缘着猕猴梯(梯小而长,人如猕猴攀缘而上)进入佛精舍,将石韬杀死了,然后把杀人用的刀箭扔下以后离开了。第二天,石宣向石虎禀报了石韬被人杀死的消息,石虎闻讯后悲惊交加,顿时昏厥过去,许久才苏醒过来。当石虎正要亲自前去祭奠石韬的时候,司空李农劝阻石虎说:"把秦公石韬杀死的还不知道是什么人,凶手尚且还在京城,国君的车驾不适宜轻易出动。"于是石虎就取消了亲自前去祭奠的计划,只是在太武殿进行哀悼,命令士兵严加戒备。石宣亲自前去祭奠石韬,但是他不仅没有哭,还"呵呵"窃笑,又让人揭开覆盖尸体的被子看,然后大笑离去。他又把大将军记室参军郑靖、尹武等人逮捕起来，准备把罪行诬陷到他们身上。

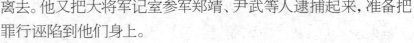

　　虎疑宣杀韬，欲召之，恐其不入，乃诈言其母杜后哀过危惙；宣不谓见疑，入朝中宫，因留之。建兴人史科知其谋，告之；虎使收杨杯、牟成，皆亡去；获赵生，诘之，具服。虎悲怒弥甚，囚宣于席库，以铁环穿其额而锁之，取杀韬刀箭，舐其血，哀号震动宫殿。佛图澄曰："宣、韬皆陛下之子，今为韬杀宣，是重祸也。陛下若加慈恕，福祚犹长；若必诛之，宣当为彗星下扫邺宫。"虎不从。积柴于邺北，树标其上，标末置鹿卢，穿之以绳，倚梯柴积，送宣其下，使韬所幸宦者郝稚、刘霸拔其发，抽其舌，牵之登梯；郝稚以绳贯其额，鹿卢绞上。刘霸断其手足，斫眼溃肠，如韬之伤。四面纵火，烟炎际天。虎从昭仪已下数千人登中台以观之。火灭，取灰分置诸门交道中。杀其妻子九人。宣小子才数岁，虎素爱之，抱之而泣，欲赦之，其大臣不听，就抱中取而杀之；儿挽虎衣大叫，至于绝带，虎因此发病。又废其后杜氏为庶人。诛其四率已下三百人，宦者五十人，皆车裂节解，弃之漳水。污其东宫以养猪牛。东宫卫士十馀万人皆谪戍凉州。先是，散骑常侍赵揽言于虎曰："宫中将有变，宜备之。"及宣杀韬，虎疑其知而不告，亦诛之。

　　【译文】石虎怀疑是石宣把石韬杀死了，想要召见他，但是又担心他不肯入宫，就欺骗他说他的母亲杜后因为悲哀过度导致身体疲困，气息微弱。石宣没有察觉石虎已经怀疑到了自己，就入宫拜见杜后，结果被扣留在了宫里。建兴人史科知道了石宣策划杀害石韬的阴谋，就把这件事告诉了石虎。石虎就

402

下令把杨杶、牟成逮捕起来，但是他们都逃走了，只有赵生被捉住了，向他质问事情的真相，经过追问，他把事实全部都供了出来。石虎听完以后悲伤愤怒到了极点，于是石虎就把石宣囚禁在储藏坐具的仓库里面，用铁环穿透他的下巴颏并且上了锁，把杀害石韬的刀箭拿来让他舔上面的血，石宣哀痛号叫的声音震动了宫殿。佛图澄对石虎说："石宣和石韬都是陛下的儿子，今天如果为了石韬被杀而再杀了石宣，这就是祸上加祸了。陛下如果能够对他施以仁慈和宽恕，福祚的气运尚且可以延长；如果您一定要把石宣杀了，石宣将会变成扫帚星下来大扫邺宫。"但是石虎没有听从。石虎下令在邺城北堆积很多柴草，在上面架设了一根横杆，横杆的末端安置了一个辘轳，绕上绳子，把梯子倚靠在柴堆上，然后把石宣押解到梯子的下面，让石韬所宠信的宦官郝稚、刘霸把石宣的头发拔掉，拽着他的舌头，牵着他登上梯子；郝稚把绳索套在他的脖子上，用辘轳绞上去。刘霸把石宣的手脚都砍断，把他的眼睛挖出来，把他的肠子刺穿，使他被伤害的程度和石韬一样。然后在柴堆的四周放火，浓烟烈焰冲天而起。石虎带着昭仪（女官名）以下数千人登上铜爵台观看。火熄灭了以后，石虎又取来灰烬分别放在通向各个城门的十字大路当中。石虎把石宣的九个妻子都杀死了。石宣最小的儿子当时只有几岁大，石虎平常非常喜欢他，因此临杀前抱着他哭泣，想要把他赦免，但是他的大臣们却不同意，就从石虎的怀抱里面夺过来把孩子杀死了；当时小孩子拉着石虎的衣服大喊大叫，以至于连石虎的腰带都拽断了，石虎因此生了病。石虎又把皇后杜氏废黜了，贬为平民。又把石宣周围的三百个人都诛杀了，五十个宦官，全部都被车裂，凡是有骨节的地方，都一节一节地被分解开，尸体被丢到了漳水里面。石宣居住的太子东宫被

改作饲养猪牛的地方。十几万东宫的卫士全部都被革职后派遣
到凉州的边界去戍守。在石韬被谋杀的事情发生之前，散骑常侍
赵揽曾经向石虎进言说："宫中将要发生变乱，应该早一点进行
防备。"等到石宣把石韬杀死了，石虎就怀疑他事先知道这件事
但是没有禀告，于是就把他也杀死了。

【申涵煜评】天生石虎父子，使自相屠戮不已，似伤好生之
意。然自古凶人相聚，如蛊盆然，百毒吞蚀，务归于尽，天亦无
容，心也。读至此，不忍称快，亦不必生惨。

【译文】上天生下石虎父子，迫使他们自相残杀不止，似乎有损害
上天爱惜生命的意思。然而自古以来凶狠的人互相聚集起来，就像毒蛊
在盆子里的样子，一百个毒虫在里面互相吞食，务必请求一同毁灭，上
天也不容纳他们，这是他们的本性。读到这里，不禁拍手称快，也没有
必要觉得悲惨。

朝廷论平蜀之功，欲以豫章郡封桓温。尚书左丞荀蕤曰：
"温若复平河、洛，将何以赏之？"乃加温征西大将军、开府仪同
三司，封临贺郡公；加谯王无忌前将军；袁乔龙骧将军，封湘西
伯。蕤，崧之子也。

温既灭蜀，威名大振，朝廷惮之。会稽王昱以扬州刺史
殷浩有盛名，朝野推服，乃引为心膂，与参综朝权，欲以抗温；
由是与温寖相疑贰。

浩以征北长史荀羡、前江州刺史王羲之夙有令名，擢羡为吴
国内史，羲之为护军将军，以为羽翼。羡，蕤之弟；羲之，导之从
子也。羲之以为内外协和，然后国家可安，劝浩及羡不宜与温构
隙，浩不从。

【译文】 东晋朝廷讨论平定蜀地的功劳，晋穆帝司马聃想要把豫章郡封给桓温。尚书左丞荀蕤劝晋穆帝司马聃说："如果桓温把黄河、洛水一带平定了，那么您将要用什么来赏赐他呢？"于是朝廷就任命桓温为征西大将军、开府仪同三司，并且加封他为临贺郡公；进封谯王司马无忌为前将军；袁乔为龙骧将军，加封他为湘西伯。荀蕤，是荀崧的儿子。

桓温平定了蜀地以后，权威日盛，名声大振，就连朝廷也对他惧怕三分。会稽王司马昱认为扬州刺史殷浩颇有盛名，朝野都对他很推崇、信服，所以让他作为自己的心腹骨干，参与总揽朝政大事，想要借用他来和桓温相抗衡；从此他便与桓温逐渐开始互相猜忌，进而彼此产生了异心。

殷浩认为征北长史荀羡和前江州刺史王羲之，名声一向不错，就擢升荀羡为吴国内史，王羲之为护军将军，来作为自己的辅佐。荀羡，是荀蕤的弟弟；王羲之，是王导的侄子。王羲之认为只有朝廷内外融洽团结、和谐相处，国家才可以安定，于是就劝说殷浩和荀羡不应该和桓温制造隔阂，但是殷浩没有听从。

【乾隆御批】 殷浩徒以盛名，未见实际，即引以抗温，酿成疑贰，是激之变也。羲之协和之说，亦不过调停一时之见，非见机明决之论。盖当时人心国政已不可救药，徒以清谈欲济世弊，所为抱薪救火而已。

【译文】 殷浩此人空有好名声，没见他有什么实际本领，就把他引来对抗桓温，造成两人因猜忌而生异心，这是人为刺激出来的矛盾。而王羲之那种调和的说法，也不过是调停一时的见解，绝不是依据实情做出的英明果决的策略。当时人心与国政都已经到了不可救药的地步，只想用清谈来挽救社会的弊病，这样做不过是抱着柴草去救火，只能加速危机罢了。

资治通鉴

燕王皝有疾，召世子俊属之曰："今中原未平，方资贤杰以经世务。恪智勇兼济，才堪任重，汝其委之，以成吾志！"又曰："阳士秋士行高洁，忠干贞固，可托大事，汝善待之！"九月，丙申，薨。

【译文】前燕国君慕容皝生病了，他把太子慕容俊传召来嘱咐他说："现在中原地区尚且没有平定，正是需要依靠贤良杰出人士掌管朝政的时候。慕容恪兼备智谋和勇气，才干也足以担任重要的职务，你可以把重任交付给他，来实现我入主中原的远大志向！"又说，"阳士秋为人品行高尚而且廉洁，做事忠贞干练而且稳重，可以委托他掌管大事，你一定要好好地对待他。"九月，丙申日（十七日），慕容皝去世了。

赵王虎议立太子，太尉张举曰："燕公斌有武略，彭城公遵有文德，惟陛下所择。"虎曰："卿言正起吾意。"戎昭将军张豺曰："燕公母贱，又尝有过；彭城公母前以太子事废，今立之，臣恐不能无微恨。陛下宜审思之！"初，虎之拔上邽也，张豺获前赵主曜幼女安定公主，有殊色，纳于虎，虎嬖之，生齐公世。豺以虎老病，欲立世为嗣，冀刘氏为太后，己得辅政，乃说虎曰："陛下再立太子，其母皆出于倡贱，故祸乱相寻；今宜择母贵子孝者立之，"虎曰："卿勿言，吾知太子处矣。"虎再与群臣议于东堂。虎曰："吾欲以纯灰三斛自涤其肠，何为专生恶子，年逾二十辄欲杀父！今世方十岁，比其二十，吾已老矣。"乃与张举、李农定议，令公卿上书请立世为太子。大司农曹莫不肯署名，虎使张豺问其故，莫顿首曰："天下重器，不宜立少，故不敢署。"虎曰：

"莫，忠臣也，然未达朕意；张举、李农知朕意矣，可令谕之。"遂立世为太子，以刘昭仪为后。

【译文】后赵国君石虎和大臣们商量册立太子的事情，太尉张举说："燕公石斌勇武有谋；彭城公石遵有文才道德，关键看陛下的选择。"石虎说："你所说的意见和我的意思正好相符合。"戎昭将军张豺说："燕公石斌的母亲出身低贱，他本人也曾经有过过失；彭城公石遵的母亲以前因为太子石邃的事情被废除，现在如果再立石遵为太子，我担心他对您不可能没有丝毫的忌恨，希望陛下您慎重考虑一下。"起初，石虎攻占上邽的时候，张豺俘获了前赵国君刘曜的小女儿安定公主，因为她姿色出众，就把她献给了石虎，被石虎纳为妾，生下了齐公石世。眼下张豺考虑到石虎年老有病，想要册立石世为太子，希望刘氏为太后，这样自己就能够辅佐朝政，就劝石虎说："陛下之前两次册立太子，他们的母亲都是出身低贱之人，所以才导致了朝廷的祸乱接连不断；现在您应该选择母贵子孝的，把他册立为太子。"石虎说："你不用说了，我知道太子应该是谁了。"石虎又一次和群臣在东堂商议的时候，石虎说："我想要用三斛的纯灰洗涤自己内脏的罪恶，否则为什么我专生凶恶无赖的儿子，年龄一过二十岁就想要把他的父亲杀死。现在石世才十岁，等到他二十岁的时候，我已经老了。"于是石虎就和张举、李农做出决定，命令公卿大臣们上书请求册立石世为太子。大司农曹莫不肯在上书上面签名，于是石虎就让张豺去询问他原因，曹莫叩头拜首回答说："治理天下这样的重任，不应该选择年少的人，所以我不敢签署。"石虎说："曹莫，确实是忠臣，但是他不能领会我的意思；张举、李农了解我的心意，可以让他们去说明一下。"于是石虎就册立石世为太子，册立刘昭仪为皇后。

冬，十一月，甲辰，葬燕文明王；世子俊即位，赦境内；遣使诣建康告丧。以弟交为左贤王，左长史阳骛郎中令。

十二月，以左光禄大夫、领司徒、录尚书事蔡谟为侍中、司徒。谟上疏固让，谓所亲曰："我若为司徒，将为后代所哂，义不敢拜也。"

【译文】冬季，十一月，甲辰日（二十六日），安葬前燕文明帝慕容皝。太子慕容俊即位，下令大赦；慕容俊派遣使者前往建康向东晋朝廷报告了丧事的经过。任命弟弟慕容交为左贤王，左长史阳骛为郎中令。

十二月，晋穆帝司马聃任命左光禄大夫、兼司徒、录尚书事蔡谟为侍中、司徒。蔡谟向晋穆帝司马聃上疏坚决辞让，不肯接受，他对周围亲近的人说："如果我担任司徒的官职，必将会被后代的人讥笑，所以按照道义我不敢接受任命。"

永和五年（己酉，公元三四九年）春，正月，辛未朔，大赦。

赵王虎即皇帝位，大赦，改元太宁；诸子皆进爵为王。

故东宫高力等万馀人谪戍凉州，行达雍城，既不在赦例，又敕雍州刺史张茂送之，茂皆夺其马，使之步推鹿车，致粮戍所。高力督定阳梁犊因众心之怨，谋作乱东归，众闻之，皆踊抃大呼。犊乃自称晋征东大将军，帅众攻拔下辨；安西将军刘宁自安定击之，为犊所败。高力皆多力善射，一当十馀人，虽无兵甲，掠民斧，施一丈柯，攻战若神，所向崩溃；戍卒皆随之，攻陷郡县，杀长吏、二千石，长驱而东，比至长安，众已十万。乐平王苞尽锐拒之，一战而败。犊遂东出潼关，进趣洛阳。赵主虎以李农为大都督、行大将军事，统卫军将军张贺度等步骑十万讨之，战于新安，农等大败；战于洛阳，又败，退壁成皋。

【译文】永和五年（己酉，公元349年）春季，正月，辛未朔日（正月无此日），晋穆帝司马聃下令大赦天下。

后赵王石虎即皇帝位，下令大赦，改年号为太宁；他的几个儿子的爵位也都晋升为王。

原来守卫石宣东宫号称"高力"的一万多个人被贬谪到凉州的边境进行戍守（石宣选拔多力之士保卫东宫，称为高力，设置督将领导他们），这时已经走到了雍城，因为他们不在赦免的范围里面，石虎就命令雍州刺史张茂继续遣送他们，张茂却趁机把他们所有的马匹都扣留了，让他们推着运粮的小车徒步运送到戍守的地方。高力督将定阳县人梁犊利用众人心里的怨恨，策划谋反作乱，返回家园，众人听到这个消息，全部都高兴得跳跃鼓掌，大喊大叫。于是梁犊就自称为东晋征东大将军，率领众人攻占了下辨，安西将军刘宁率领士兵从安定出发进行攻击，结果被梁犊打败了。这些号称"高力"的卫士们全都身强力壮，善于射箭，一个人就足以抵挡十几个人，他们虽然没有兵器和铠甲，但是他们把百姓的斧头抢夺来，再安上一丈左右长的斧柄，交战时用起来出神入化，所向披靡。戍守边界的士兵们都跟随着梁犊，攻占了郡县，就把郡守、县令和俸禄为两千石的官吏都杀死，长驱直入，一直向东打去，等到他们到达长安的时候，已经拥有十万士兵。乐平王石苞率领所有精锐部队进行抵抗，但是一交战就被打败了。于是梁犊就从东经过潼关，直接向洛阳进发。后赵国君石虎任命李农为大都督、兼大将军事，率领卫军将军张贺度等人的步兵骑兵十万人前去讨伐梁犊，双方在新安县交战，李农等人的军队被打得大败；后来在洛阳交战，又被打败了，只好撤退到了成皋，在那里驻扎军队进行防守。

　　辇遂东掠荥阳、陈留诸郡，虎大惧，以燕王斌为大都督，督中外诸军事，统冠军大将军姚弋仲、车骑将军蒲洪等讨之。弋仲将其众八千馀人至邺，求见虎。虎病，未之见，引入领军省，赐以己所御食。弋仲怒，不食，曰："主上召我来击贼，当面见授方略，我岂为食来邪！且主上不见我，我何以知其存亡邪？"虎力疾见之，弋仲让虎曰："儿死，愁邪？何为而病？儿幼时不择善人教之，使至于为逆；既为逆而诛之，又何愁焉！且汝久病，所立儿幼，汝若不愈，天下必乱，当先忧此，勿忧贼也！辇等穷困思归，相聚为盗，所过残暴，何所能至！老羌为汝一举了之！"弋仲性猯直，人无贵贱皆"汝"之，虎亦不之责，于坐授使持节、侍中、征西大将军赐以铠马。弋仲曰："汝看老羌堪破贼否？"乃被铠跨马于庭中，因策马南驰，不辞而出。遂与斌等击辇于荥阳，大破之，斩辇首而还，讨其馀党，尽灭之。虎命弋仲剑履上殿，入朝不趋，进封西平郡公；蒲洪为侍中、车骑大将军、开府仪同三司、都督雍、秦州诸军事、雍州刺史，进封略阳郡公。

　　【译文】梁辇于是就继续向东前进攻占荥阳、陈留诸郡，石虎感到十分害怕，于是任命燕王石斌为大都督，督导中外诸军事，率领冠军大将军姚弋仲、车骑将军蒲洪等人前去讨伐梁辇。姚弋仲率领他的八千多个士兵到达邺城，请求进见石虎。石虎当时正患病，没有接见他，而是让人把他带到领军将军视察事务的地方，赐给他专供自己食用的食物。姚弋仲因此发脾气，不仅不吃，还说："主上传召我前来讨伐贼人，理当向我面授计谋，难道我是为了吃一顿饭才来的吗？而且如果主上不接见我，我怎么知道他是活着还是死了呢？"石虎勉强拖着病体接见了他，姚弋仲责备石虎说："儿子死了，你很忧愁吧？要不然为什么生病了呢？儿子年纪还小的时候，不选择性行良善的人教育他，这才使他长大后干出了叛逆的事情；既然你是因为他干了叛逆的事情才把他杀死了，你又有什么可忧愁的呢？而且你病了这么久，现在被立为太子的儿子又年纪幼小，如果你的病情没有好转，天下必定会发生大乱，这才是你应当首先忧虑的事情，不必忧虑那些贼人。梁犊等人是因为穷困无路，思家心切，才会相聚在一起当盗贼，他们在所经过的地方残杀暴虐，烧杀抢掠，能成什么事呢？老羌（姚弋仲是羌人，所以自称老羌）可以为你一举解决。"姚弋仲性情耿直暴躁，对人不论贵贱高下都直接称呼"你"，因此石虎也不责怪他。当即坐在座位上任命他为使持节、侍中、征西大将军，并且赏赐了铠甲和战马给他。姚弋仲说："你看老羌能够打败乱贼吗？"说着他就在庭院中穿上铠甲，骑上战马，然后用鞭子鞭打战马向南奔驰，连告辞的话也没有向石虎说。随即和石斌等人到荥阳去攻击梁犊，大败梁犊，砍下他的首级以后返回，接着又前去讨伐他剩余的党羽，把他们也彻底地消灭了。石虎因此准许姚弋仲上朝的时候可以不把佩剑摘去，不脱鞋，给予他大步入朝晋见国君的特殊礼遇，并且进封他为西平郡公。任命蒲洪为车骑大将军，开府仪同三司，都督雍州、秦州诸军事，雍州刺史，并进封他为略阳郡公。

始平人为勖聚兵自称将军，赵乐平王苞讨灭之，诛三千馀家。

夏，四月，益州刺史周抚、龙骧将军朱焘出范贲，斩之，益州平。

诏遣谒者陈沈如燕，拜慕容儁为使持节、侍中、大都督、督河北诸军事、幽、平二州牧、大将军、大单于、燕王。

桓温遣督护滕畯帅交、广之兵击林邑王文于卢容，为文所败，退屯九真。

【译文】始平人马勖聚集士兵，自称为将军，后赵的乐平王石苞前去讨伐并消灭了他，诛杀了三千多家。

夏季，四月，益州刺史周抚和龙骧将军朱焘前去攻击范贲，把他斩杀，平定益州。

晋穆帝司马聃下诏派遣使者陈沈到前燕去，任命慕容俊为使持节、侍中、大都督、监督河北诸军事，幽州、平州两州牧，大将军，大单于，燕王。

桓温派遣督护滕畯率领交州、广州两州军队前往卢容去攻击林邑王范文，但是却被范文打败，就把军队撤退，在九真驻扎下来。

乙卯，赵王虎病甚，以彭城王遵为大将军，镇关右；燕王斌为丞相，录尚书事；张豺为镇卫大将军、领军将军、吏部尚书；并受遗诏辅政。

刘后恶斌辅政，恐不利于太子，与张豺谋去之。斌时在襄国，遣使诈谓斌曰：“主上疾已渐瘳，王须猎者，可小停也。”斌素好猎，嗜酒，遂留猎，且纵酒。刘氏与豺因矫诏称斌无忠教之心，免官归第，使豺弟雄帅龙腾五百人守之。

乙丑，遵自幽州至邺。敕朝堂受拜，配禁兵三万遣之，遵涕泣而去。是日，虎疾小瘳，问：“遵至末？”左右对曰：“去已久矣。”虎曰：“恨不见之！”

【译文】乙卯日（初九日），后赵王石虎病情加重，任命彭城王石遵为大将军，镇守关右；燕王石斌为丞相、录尚书事；张豺为镇卫大将军、领军将军、吏部尚书；并且他们都接受了石虎的遗诏辅佐幼主处理朝政。

刘后讨厌石斌辅佐朝政，担心这样会对太子不利，因此就和张豺一起计划把他除掉。石斌当时正好在襄国，刘后就派遣使者前去欺骗石斌说："主上的病情已经渐渐好转了，如果你想要狩猎的话，可以稍微迟一些再来。"石斌一向喜欢打猎、喜欢喝酒，听到这个消息以后就留下来打猎，并且肆意地喝酒。刘氏和张豺于是就假传诏令说石斌没有忠孝的心意，把他的官职罢免了，让石斌回家，刘氏派遣张豺的弟弟张雄率领五百个勇猛的将士看守着他。

乙丑日（十九日），石遵从幽州来到邺城，石虎传诏让他在朝堂接受任命，给他配备三万个宫中的亲兵，就让他回去，石遵流着眼泪离开了。这一天，石虎的病情稍微好了一些，询问说："石遵来了没有？"左右的人对他说："他已经离开很久了。"石虎说："没有见到他真是痛心！"

　　虎临西阁，龙腾中郎二百馀人列拜于前。虎问："何求？"皆曰："圣体不安，宜令燕王入宿卫，典兵马。"或言："乞为皇太子。"虎曰："燕王不在内邪？召以来！"左右言："王酒病，不能入。"虎曰："促持辇迎之，当付玺授。"亦竟无行者。寻惛眩而入。张豺使张雄矫诏杀斌。

　　戊辰，刘氏复矫诏以豺为太保、都督中外诸军，录尚书事，如霍光故事。侍中徐统叹曰："乱将作矣，吾无为预之。"仰药而死。

　　己巳，虎卒，太子世即位，尊刘氏为皇太后。刘氏临朝称制，以张豺为丞相；豺辞不受，请以彭城王遵、义阳王鉴为左右丞相，以慰其心，刘氏从之。

　　【译文】石虎亲自来到太武殿的西阁，担任宫中护卫的两百多个龙腾中郎列队跪拜在他的面前，石虎询问说："你们有什么请求吗？"他们都回答说："陛下身体欠安，应该让燕王石斌入宫主管警卫，掌管兵马大事。"有人对石虎说："请求您册立他为皇太子。"石虎说："燕王不在宫殿里面吗？把他召来！"左右的人回答说："燕王因为喝酒喝得太多了，身体不舒服，不能够进宫。"石虎说："赶快用我乘坐的车子去把他接过来，我要把玺印交给他。"但是左右竟然始终没有一个人行动。没有过多长时间，石虎因为头晕目眩，只好返回后宫。张豺派遣张雄假传石虎的诏令把石斌杀了。

戊辰日（二十二日），刘氏再次假传诏令任命张豺为太保、都督中外诸军事、录尚书事，就像西汉霍光辅政专权一样。侍中徐统感叹说："祸乱将要来临了，我没有办法预防。"随即就服毒自杀。

己巳日（二十三日），石虎去世，太子石世即位，尊奉刘氏为皇太后。刘氏亲临朝廷，代替皇上处理朝政大事，任命张豺为丞相，张豺推辞不肯接受，请求刘氏任命彭城王石遵、义阳王石鉴分别为左右丞相，以此来安抚他们，刘氏采纳了他的意见。

豺与太尉张举谋诛司空李农，举素与农善，密告之；农奔广宗，帅乞活数万家保上白，刘氏使张举统宿卫诸军围之。豺以张离为镇军大将军，监中外诸军事，以为己副。

彭城王遵至河内，闻丧；姚弋仲、蒲洪、刘宁及征虏将军石闵、武卫将军王鸾等讨梁犊还，遇遵于李城，共说遵曰："殿下长且贤，先帝亦有意以殿下为嗣；正以末年惛惑，为张豺所误。今女主临朝，奸臣用事，上白相持未下，京师宿卫空虚，殿下若声张豺之罪，鼓行而讨之，其谁不开门倒戈而迎殿下者!"遵从之。

【译文】 张豺和太尉张举计划把司空李农杀死，张举和李农的关系一向要好，就悄悄地把此事告诉了李农。李农知道以后逃到广宗，率领乞活等数万家的残余部众固守上白，刘氏派遣张举率领多路朝廷禁卫军队把他们包围了。张豺任命张离为镇军大将军，监督中外诸军事，来作为自己的副手。

彭城王石遵到达河内，听到石虎已经去世的消息。姚弋仲、蒲洪、刘宁和征虏将军石闵、武卫将军王鸾等人在讨伐梁犊回来的路上，和石遵在李城相遇，他们一起劝石遵说："殿下年长而且贤能，先帝也曾经有意册立殿下为太子。只是因为晚年昏然迷惑，才被张豺欺误。现在女主亲临朝廷，奸臣治理政事，上白那里双方战争相持不下，京城的守卫力量空虚，殿下如果声讨张豺的罪过，击鼓行军对他进行讨伐，有哪一个人会不打开城门、调转武器来迎接殿下呢?"石遵听从了他们的劝说。

五月，遵自李城举兵，还趣邺，洛州刺史刘国帅洛阳之众往会之。檄至邺，张豺大惧，驰召上白之军。丙戌，遵军于荡阴，戎卒九万，石闵为前锋。豺将出拒之，耆旧、羯士皆曰："彭城王来奔丧，吾当出迎之，不能为张豺守城也!"逾城而出；豺斩之，不能止。张离亦帅龙腾二千，斩关迎遵。刘氏惧，召张豺入，对之悲哭曰："先帝梓宫未殡，而祸难至此! 今嗣子冲幼，托之将军，将军将若之何? 欲加遵重位，能弭之乎?"豺惶怖不知所出，但云"唯唯"。乃下诏，以遵为丞相，领大司马、大都督、督中外诸军，录尚书事，加黄钺、九锡。己丑，遵至安阳亭，张豺惧而出迎，遵命执之。庚寅，遵擐甲曜兵，入自凤阳门，升太武前殿，擗踊尽哀，退如东阁。斩张豺于平乐市，夷其三族。假刘氏令曰：

"嗣子幼冲，先帝私恩所授，皇业至重，非所克堪；其以遵嗣位。"于是遵即位，大赦，罢上白之围。辛卯，封世为谯王，废刘氏为太妃；寻皆杀之。

【译文】五月，石遵从李城发兵，调转头直奔邺城，洛州刺史刘国率领洛阳的士兵前去和他会合。讨伐的檄文传送到了邺城以后，张豺感到十分害怕，就派人骑着快马把在围攻上白的军队传召回来。丙戌日（十一日），石遵在荡阴驻扎军队，共有九万士兵，石闵出任前锋。张豺将要出兵抵御，但是邺城德高望重的老人和羯族的士兵都说："彭城王石遵前来奔赴亲丧，我们应当出城前去迎接他，不能为张豺守城了。"于是纷纷翻越城墙跑了出来，张豺虽然斩杀了一些越墙而出的人，但是仍然不能禁止。就连张离也率领了两千勇猛的士兵，冲破关卡前去迎接石遵。刘氏感到十分恐惧，就传召张豺入宫，对他悲伤地哭着说："先帝的灵柩还没有安葬，而祸难就已经到了这样的地步！现在太子年龄幼小，只能依靠将军您了。将军您打算怎么办呢？我想要给石遵加封重要的职位，这样的做法能够安抚住他止息祸乱吗？"张豺这时也惶恐害怕，不知道应该回答什么，只是说"是的是的"。于是刘氏就颁下诏令，任命石遵为丞相，兼领大司马、大都督、监督中外诸军事、录尚书事，并且给予他持黄钺、加九锡等特殊权力和礼遇。己丑日（十四日），石遵到达安阳亭，张豺恐惧而出城迎接，石遵命人抓捕了他。庚寅日（十五日），石遵穿着铠甲阅兵，炫耀武力，从凤阳门进入邺城，登上太武前殿，捶胸顿足，宣泄悲哀，然后退到太武殿的东阁。石遵在平乐市把张豺杀了，并且诛灭他的三族。石遵假借刘氏的命令说："太子年龄幼小，之所以立他为太子，那是先帝个人的情义所致，但是国家的大业非常重要，不是他所能够胜任的，应当让石遵继位。"于是石遵即位，实行大赦，并且解除了对上白的包围。辛卯日（十六日），石遵册封石世为谯王，废黜刘氏为太妃；过了不久，石遵就把他们都杀死了。

李农来归罪，使复其位。尊母郑氏为皇太后，立妃张氏为皇后，故燕王斌子衍为皇太子。以义阳王鉴为侍中、太傅，沛王冲为太保，乐平王苞为大司马，汝阴王琨为大将军，武兴公闵为都督中外诸军事、辅国大将军。

甲午，邺中暴风拔树，震雷，雨雹大如盂升。太武晖华殿灾，及诸门观阁荡然无馀，乘舆服御，烧者太半，金石皆尽，火月馀乃灭。

【译文】 李农回来向石遵谢罪，石遵恢复了他原来的官职。石遵尊奉自己的母亲郑氏为皇太后，册立自己的妃子张氏为皇后，原来的前燕王石斌的儿子石衍被册立为皇太子。任命义阳王石鉴为侍中、太傅，沛王石冲为太保，乐平王石苞为大司马，汝阴王石琨为大将军，武兴公石闵为都督中外诸军事、辅国大将军。

甲午日（十九日），邺城里刮起暴风，树木被狂风拔掉，电闪雷鸣，降下的冰雹像盂钵和粮升一样大。太武殿和晖华殿发生火灾，许多门观亭阁都受到了波及，全部被烧毁了，皇宫的车乘服饰，也被烧了大半，钟鼎彝器碑碣石刻之类的东西也全部都被烧光了，大火一直烧了一个多月才熄灭。

时沛王冲镇蓟，闻遵杀世自立，谓其僚佐曰："世受先帝之命，遵辄废而杀之，罪莫大焉！其敕内外戒严，孤将亲讨之。"于是，留宁北将军沐坚戍幽州，帅众五万自蓟南下，传檄燕、赵，所在云集；比至常山，众十馀万，军于苑乡；遇遵赦书，冲曰："皆吾弟也；死者不可复追，何为复相残乎！吾将归矣！"其将陈暹曰："彭城篡弑自尊，为罪大矣！王虽北旆，臣将南辕，俟平京师，擒彭城，然后奉迎大驾。"冲乃复进。遵驰遣王擢以书喻冲，冲弗听。遵使武兴公闵及李农等帅精卒十万讨之，战于平棘，冲兵大败；获冲于元氏，赐死；坑其士卒三万馀人。

武兴公闵言于遵曰："蒲洪，人杰也；今以洪镇关中，臣恐秦、雍之地非复国家之有。此虽先帝临终之命，然陛下践祚，自宜改图。"遵从之，罢洪都督，馀如前制。洪怒，归枋头，遣使来降。

【译文】那时沛王石冲正在镇守蓟城，听说石遵把石世杀了自立以后，就对辅佐他的同僚官吏们说："石世是秉承先帝的旨意继位的，但是石遵却把他废黜并且把他杀了，再也没有比这更大的罪过了！我命令内外严密警戒，我准备亲自前去讨伐石遵。"于是石冲把宁北将军沐坚留下来戍守幽州，自己率领五万士兵从蓟城南下，并且将讨伐石遵的檄文传送到了燕、赵各地，他每到一个地方，士兵都像云涌似的向他集结；等他到达了常山以后，已经拥有了十多万士兵，石冲在苑乡驻扎军队。碰巧见到了石遵实行大赦的诏书，石冲说："石世、石遵都是我的弟弟，死去的已经无法复生，为什么还要再互相残杀呢？我要回去了。"他的将领陈暹对他说："彭城王石遵篡夺帝位，把国君杀死，自立为帝，他所做的一切，实在是罪恶大极！您虽然要返回北方了，但是我还将继续南进，等到我把京城平定了，把彭城王捉住了，然后我再来恭敬地迎接您的大驾。"于是石冲又改变了主意，继续向前进军。石遵派遣王擢骑着快马带着书信前来劝说石冲，但是石冲没有听从。石遵派遣武兴公石闵和李农率领十万精锐的士兵前去讨伐石冲，双方在平棘县交战，石冲的军队被打得大败；石冲在元氏县被擒获并被赐死；他手下的三万多士兵都被坑杀了。

武兴公石闵向石遵建议说："蒲洪，是一个杰出的人才，现在派遣蒲洪去镇守关中，我担心秦州、雍州这两个州的土地就不再是国家所能占有的了。让蒲洪镇守关中虽然是先帝临终时的命令，然而现在陛下即位以后，自然应该有所改变和计划。"石遵采纳了他的建议，把蒲洪都督的职务罢免了，其余的官职待遇还和以前一样。蒲洪对此感到很气愤，回到枋头以后，就派遣使者前去向东晋朝廷投降。

燕平狄将军慕容霸上书于燕王俊曰："石虎穷凶极暴，天之所弃，馀烬仅存，自相鱼肉。今中国倒悬，企望仁恤，若大军一振，势必投戈。"北平太守孙兴亦表言："石氏大乱，宜以时进取中原。"俊以新遭大丧，弗许。霸驰诣龙城，言于俊曰："难得而易失者，时也。万一石氏衰而复兴，或有英雄据其成资，岂惟失此大利，亦恐更为后患。"俊曰："邺中虽乱，邓恒据安乐，兵强粮足，今若伐赵，东道不可由也，当由卢龙；卢龙山径险狭，虏乘高断要，首尾为患，将若之何？"霸曰："恒虽欲为石氏拒守，其将士顾家，人怀归志，若大军临之，自然瓦解。臣请为殿下前驱，东出徒河，潜趣令支，出其不意，彼闻之，势必震骇，上不过闭门自守，下不免弃城逃溃，何暇御我哉！然则殿下可以安步而前，无复留难矣。"俊犹豫未决，以问五材将军封弈，对曰："用兵之道，敌强则用智，敌弱则用势。是故以大吞小，犹狼之食豚也；以治易乱，犹日之消雪也。大王自上世以来，积德累仁，兵强士练。石虎极其残暴，死未瞑目，子孙争国，上下乖乱。中国之民，坠于涂炭，廷颈企踵以待振拔，大王若扬兵南迈，先取蓟城，次指邺都，宣耀威德，怀抚遗民，彼孰不扶老提幼以迎大王? 凶党将望旗冰碎，安能为害乎!" 从事中郎黄泓曰："今太白经天，岁集毕北，天下易主，阴国受命，此必然之验也，宜速出师，以承天意。" 折冲将军慕舆根曰："中国之民困于石氏之乱，咸思易主以救汤火之急，此千载一时，不可失也。自武宣王以来，招贤养民，务农训兵，正俟今日。今时至不取，更复顾虑，岂天意未欲使海内平定邪，将大王不欲取天下也?" 俊笑而从之。以慕容恪为辅国将军，慕容评为辅弼将军，左长史阳骛为辅义将军，谓之"三辅"。慕容霸为前锋都督、建锋将军。选精兵二十馀万，讲武戒严，为进取之计。

【译文】 前燕的平狄将军慕容霸给前燕国君慕容俊上书说："石虎凶恶残暴已经到达了极点，就连上天都把他抛弃了，余下的子孙仅能活命，还自相残杀，现在中原百姓生活困苦，十分盼望仁者的赈救，假若大军发动，在情势上他们必定不会抵抗。" 北平太守孙兴也向慕容俊呈上奏表说："眼下石氏内部发生了大乱，您应该利用这个时机向后赵进军进而攻取中原。" 慕容俊考虑到先帝的大丧刚刚过去，就没有答应。慕容霸骑着快马急忙赶往龙城，向慕容俊进言说："很难得到却很容易失去的，就是时机啊! 万一石氏由衰微转而复兴，抑或是有英雄之辈出现趁着现在的混乱把后赵占领了，拥有了他们已经有的积聚，那我们岂止是失去了这个大的利益，更恐怕会成为我们以后更大的祸患。" 慕容俊说："邺城里面虽然已经大乱，但是邓恒据守安乐（"安乐"当作"乐安"），军队强大，粮食充足，如果我们现在前去讨伐后赵，就无法走东边，只能够走卢龙; 但是卢龙的山路险峻狭窄，如果敌人借助高山的地形把我们的军

资治通鉴

队拦腰截断，使首尾都受到祸患，那么我们将要怎么办呢？"慕容霸说："邓恒虽然想要为石氏抵抗坚守，但是他的将士们顾念家庭，人人怀着回家的念头，如果我们的大军到达，他们自然就会土崩瓦解。我愿意率领士兵作为殿下的前驱，由徒河向东出发，暗中赶往令支，出乎他们的意料，等到他们听到消息的时候，在情势上必定会感到震惊害怕，上策只不过是闭门固守而已，下策就不免要丢弃城池逃走了，哪里还有功夫来抵御我们呢？然而殿下却可以慢慢地前进，这样就不会出现被截留围困的灾难了。"慕容俊仍然犹豫不决，因此就去向五材将军封弈询问意见，封弈回答慕容俊说："用兵的方法，在于遇到强大的敌人就用智谋夺取，遇到软弱的敌人就用威势夺取。因此以大国吞并小国，就好像野狼吃小猪一样简单；拨乱反正，就好像太阳消融积雪一样容易。大王自从先帝在世以来，积累道德仁义，士兵强悍武器精良。石虎则因为残忍凶暴，死的时候也不能瞑目，他的子孙争夺国家，上下一片混乱。中原地区的百姓，落入水深火热的深渊，生活十分困苦，伸长脖子提起脚踵地等待起兵拯救。大王如果率领士兵向南进发，先攻取蓟城，再直接进攻邺城，炫耀威力，弘扬道德，关怀安抚失去国家的百姓，他们当中有哪一个能不扶老携幼地来迎接大王呢？那些凶残的党羽（指石氏）必将会远远望到我们的旌旗，就会像冰块碎裂一样顷刻溃散，怎么还能够继续为害呢？"从事中郎黄泓对慕容俊说："现在太白星过午，岁星在毕星以北，阴国（昴星和毕星之间，叫作天街，天街之阴，叫作阴国）承受天命，这是必然会得到验证的，所以大王您应该赶快出兵，以奉行上天的旨意。"折冲将军慕舆根对慕容俊进谏说："中原地区的百姓长久地受困于石氏的祸乱，他们全部都想改换君主，以摆脱像陷入汤火中一样的危急苦难，这是一个千载难逢的机会，不可丧失。我国自从武宣王（慕容廆谥武宣王）以来，招纳贤士，教化养育百姓，勤力耕种，训练军队，就是为了等待这一天。现在时机已经来了，如果放弃不去利用，还要顾虑那么多，难道是上天的意思不想使海内安定，还是大王您不想取得天下呢？"慕容俊笑着就采纳了他们的建议。任命慕容恪为辅国将军，慕容评为辅弼将军，左长史阳骛为辅义将军，称他们为"三辅"。任命慕容霸为前锋都督、建锋将军，选拔了二十多万精锐士兵，讲习武艺，严密警戒，进入临战状态，为进攻石氏做准备。

六月，葬赵王虎于显原陵，谥曰武帝，庙号太祖。

桓温闻赵乱，出屯安陆，遣诸将经营北方。赵扬州刺史王浃举寿春降，西中郎将陈逵进据寿春。征北大将军褚裒上表请伐赵，即日戒严，直指泗口。朝议以裒事任贵重，不宜深入，宜先遣偏师。裒奏言："前已遣前锋督护王颐之等径造彭城，后遣督护糜嶷进据下邳；今宜速发，以成声势。"秋，七月，加裒征讨大都督，督徐、兖、青、扬、豫五州诸军事。裒帅众三万，径赴彭城，北方士民降附者日以千计。

朝野皆以为中原指期可复，光禄大夫蔡谟独谓所亲曰："胡灭诚为大庆，然恐更贻朝廷之忧。"其人曰："何谓也？"谟曰：'夫能顺天乘时济群生于艰难者，非上圣与英雄不能为也，自馀则莫若度德量力。观今日之事，殆非时贤所及，必将经营分表，疲民以逞；既而材略疏短，不能副心，财殚力竭，智勇俱困，安得不忧及朝廷乎！"

【译文】六月，安葬后赵王石虎于显原陵，谥号武帝，庙号为太祖。

422

桓温听说后赵大乱，就出兵在安陆驻扎军队，派遣众将领前去经营北方。后赵的扬州刺史王浃用寿春城前来向桓温投降，桓温手下的西中郎将陈逵前去占据寿春城。征北大将军褚裒向晋穆帝司马聃呈上奏表请求让自己前去讨伐后赵，并从当天开始进入临战的戒备状态，目标直指泗口。朝廷官员商讨后认为褚裒是太后的父亲，又肩负着镇守京口的重大责任，身份尊贵，责任重大，不应该过于深入敌方阵地，应该先派遣其他部分军队出征。褚裒向晋穆帝司马聃上奏说："前已派遣督护王颐之等人直接前往彭城，后又派遣督护麋嶷进攻并且占据了下邳，现在应该赶快发兵，以造成强大的声势。"秋季，七月，晋穆帝司马聃加封褚裒为征讨大都督，监督徐州、兖州、青州、扬州、豫州五个州诸军事。褚裒率领三万士兵，一直前往彭城，北方士民前来投降归附的每天都有上千人。

东晋朝野上下都认为很快可以光复中原地区，只有光禄大夫蔡谟一个人对与他亲近的人说："胡人被消灭确实值得庆贺，然而恐怕这要给朝廷带来忧患。"听的人说："您这么说是什么意思呢？"蔡谟说："能够顺从天意，把握时机，把百姓从艰难困苦之中拯救出来的事业，如果不是最杰出的圣人和英雄是不能承担的，不如老老实实地衡量一下自己的德行与力量。反观现在要去讨伐后赵的事情，恐怕不是现在的这些贤达人士就能够做到的，结果只能步步为营，分兵攻守，这是以劳民伤财为代价，来炫耀个人的志向；而最后会因为才能和见识粗陋平庸，难以符合心意，物资财力耗尽，智慧和勇气全部都变得困窘，怎么可能不会带给朝廷忧患呢？"

鲁郡民五百馀家相与起兵附晋，求援于褚裒，裒遣部将王

兖、李迈将锐卒三千迎之。赵南讨大都督李农帅骑二万与兖等战于代陂,兖等大败,皆没于赵。八月,裒退屯广陵。陈逵闻之,焚寿春积聚,毁城遁还。裒上疏乞自贬,诏不许,命裒还镇京口,解征讨都督。时河北大乱,遗民二十馀万口渡河欲来归附,会裒已还,威势不接,皆不能自拔,死亡略尽。

赵乐平王苞谋帅关右之众攻邺,左长史石光、司马曹曜等固谏,苞怒,杀光等百馀人。苞性贪而无谋,雍州豪杰知其无成,并遣使告晋,梁州刺史司马勋帅众赴之。

【译文】 后赵鲁郡五百多家百姓共同起兵归附东晋,他们向褚裒请求援助,褚裒派遣他的部将王兖、李迈率领三千精锐的士兵前去迎接他们。后赵的南讨大都督李农率领两万骑兵在代陂和王兖等人交战,王兖等人被打得大败,都被后赵俘获了。八月,褚裒撤退,在广陵驻扎军队。陈逵听闻这个消息以后,就把在寿春城里贮存的粮草武器全部都焚烧了,把城池破坏以后逃了回去。褚裒主动向晋穆帝司马聃呈上奏疏请求把自己的官职降低,晋穆帝司马聃下诏没有允许,命令褚裒返回京口继续镇守,解除了他征讨都督的职务。当时黄河以北的地区大乱,二十多万的晋朝遗民想要渡过黄河前去归附东晋,但是褚裒这时已经回到京口,声威气势已去,不能接应,结果遗民们陷于孤立无援的境地而不能自救,几乎全部都死了。

后赵的乐平王石苞想要率领关右的士兵前去攻打邺城,左长史石光和司马曹曜等人再三向石苞进行劝谏,石苞因此发脾气,把石光等一百多人都杀死了。石苞生性贪婪暴戾但是没有计谋,雍州的豪杰们都知道他不会有什么成就,于是就一起派人把他想攻打邺城的事情报告东晋朝廷,梁州刺史司马勋率领军队前往雍州。

【乾隆御批】褚裒拜疏北伐，事虽无成，然尚有丈夫气，蔡谟谓当度德量力，岂以中原为不应复乎？事前无所建白，退有后言。而史氏方以忧国许之，无识甚矣！

【译文】　褚裒跪拜皇帝上疏言说北伐赵国的事宜，事情虽然没有成功，但他还有大丈夫的气概。蔡谟却说应该考虑自己的德行、衡量自己的力量能否胜任，难道他认为不该恢复中原的失地吗？事前他没有提出积极的建议，事后又有不负责任的话语。而对这种人史家却以忧国忧民的仁人志士来赞许他，实在是没有什么见识啊！

杨初袭赵西城，破之。

九月，凉州官属共上张重华为丞相、凉王、雍、秦、凉三州牧。重华屡以钱帛赐左右宠臣；又喜博弈，颇废政事。从事索振谏曰："先王夙夜勤俭以实府库，正以仇耻未雪，志平海内故也。殿下嗣位之初，强寇侵逼，赖重饵之故，得战士死力，仅保社稷。今蓄积已虚而寇仇尚在，岂可轻有耗散，以与无功之人乎！昔汉光武躬亲万机，章奏诣阙，报不终日，故能隆中兴之业。今章奏停滞，动经时月，下情不得上通，沉冤困于囹圄，殆非明主之事也。"重华谢之。

【译文】　杨初攻打后赵的西城，把西城攻占了。

九月，凉州的官吏部属们共同向晋穆帝司马聃上奏请求任命张重华为丞相、凉王及雍、秦、凉三州牧。张重华经常用金钱绢帛赐给周围他宠信的臣子；又喜欢玩樗蒲（赌博的一种）和围棋，十分耽误政事。从事索振向张重华劝谏说："先王昼夜勤于政务，生活简朴，以使国家府库充实，正是因为仇恨未报，耻辱未雪，立定志向平定天下的缘故。殿下刚刚即位时，顽强的敌寇前来侵略逼迫，依靠着用金钱绢帛厚赏战士，才得到他们的拼死效力，勉强保全国家。现在积蓄的资财已经耗尽了，但是敌人和仇恨还依旧存在，怎么可以轻易地耗费，把它拿去送给那些没有功劳的人呢？从前汉光武帝刘秀日理万机，臣民所呈上来的奏章送到朝廷以后，复诏不出当天就发下，所以他才能够使中兴大业兴隆昌盛。现在臣民所呈上来的奏章滞留积压，往返传递动辄就要数月的时间，这使得下面的民情不能够及时向上通达到朝廷，遭受到冤屈诬陷的人还被困在监狱里面，这大概不是圣明的君主所应该做的事情。"张重华向索振表示谢罪。

司马勋出骆谷，破赵长城戍，壁于悬钩，去长安二百里，使治中刘焕攻长安，斩京兆太守刘秀离，又拔贺城；三辅豪杰多杀守令以应勋，凡三十馀壁，众五万人。赵乐平王苞乃辍攻邺之谋，使其将麻秋、姚国等将兵拒勋。赵主遵遣车骑将军王朗帅精骑二万以讨勋为名，因劫苞送邺。勋兵少，畏朗，不敢进。冬，十月，释悬钩，拔宛城，杀赵南阳太守袁景，复还梁州。

【译文】司马勋率领军队出骆谷，把后赵的长城戍攻下后，在悬钩设置营垒，这个地方距离长安两百里，他派遣治中刘焕去攻打长安，把京兆太守刘秀离斩杀了，又攻占了贺城。三辅地区的豪杰之士大多数都把郡守和县令杀死来响应司马勋，这时，司马勋一共有三十多个营垒，五万士兵。后赵的乐平王石苞也就放弃了攻打邺城的计划，派遣他的将领麻秋、姚国等人率领士兵前去抵抗司马勋。后赵国君石遵派遣车骑将军王朗率领两万精锐的骑兵，利用讨伐司马勋的名义，顺势把石苞劫持送到邺城。司马勋这时手下的士兵少，由于害怕王朗的精锐骑兵，不敢继续前进。冬季，十月，司马勋放弃悬钩，把在那里驻扎的

军队撤走，攻占了宛城，把后赵的南阳太守袁景杀死，又回到了
梁州。

初，赵主遵之发李城也，谓武兴公闵曰："努力！事成，以尔
为太子。"既而立太子衍。闵恃功。欲专朝政，遵不听。闵素骁
勇，屡立战功，夷、夏宿将皆惮之。既为都督，总内外兵权，乃抚
循殿中将士，皆奏为殿中员外将军，爵关外侯。遵弗之疑，而更
题名善恶以挫抑之，众咸怨怒。中书令孟准、左卫将军王鸾劝遵
稍夺闵兵权，闵益恨望，准等咸劝诛之。

【译文】起初，后赵国君石遵在李城起兵的时候，他对武
兴公石闵说："你好好努力！事情成功了以后，我就册立你为太
子。"但是石遵后来却把石衍册立为太子。石闵依恃自己的功
劳，想要专权朝廷，但是石遵不听他的。石闵向来英勇善战，多
次建立战功，四夷和中原久经沙场的老将都惧怕他。他出任都
督之后，总揽内外兵权，就安抚手下的将士，他向石遵上奏推举
他们出任殿中员外将军，封爵关外侯。石遵对石闵的所作所为
没有产生怀疑，反而对这些人题记姓名，品评善恶，加以贬抑，
于是众将士都怨恨愤怒。中书令孟准、左卫将军王鸾都劝说石
遵应该逐渐剥夺石闵的兵权，石闵因此更加怨怒心怀不满，孟
准等人全都劝说石遵把他杀掉。

十一月，遵召义阳王鉴、乐平王苞、汝阴王琨、淮南王昭等
入议于郑太后前，曰："闵不臣之迹渐著，今欲诛之，如何？"鉴
等皆曰："宜然！"郑氏曰："李城还兵，无棘奴，岂有今日；小骄纵
之，何可遽杀！"鉴出，遣宦者杨环驰以告闵。闵遂劫李农及右
卫将军王基密谋废遵，使将军苏彦、周成帅甲士三千人执遵于南

台。遵方与妇人弹棋，问成曰："反者谁也？"成曰："义阳王鉴当立。"遵曰："我尚如是，鉴能几时！"遂杀之于琨华殿，并杀郑太后、张后、太子衍、孟准、王鸾及上光禄张斐。

鉴即位，大赦。以武兴公闵为大将军，封武德王，司空李农为大司马，并录尚书事。郎闿为司空，秦州刺史刘群为尚书左仆射，侍中卢谌为中书监。

【译文】 十一月，石遵传召义阳王石鉴、乐平王石苞、汝阴王石琨、淮南王石昭等人入宫在郑太后面前进行商议，石遵说："石闵不忠于君主的迹象渐渐显著，现在我想要把他诛杀，怎么样呢？"石鉴等人都说："应该如此。"郑氏说："当初在李城起兵的时候，如果没有棘奴（石闵，小字棘奴），又怎么会有今天？石闵有点居功自傲，应当对他有所宽纵，怎么能急急忙忙把他杀掉呢？"这时石鉴借故外出，派遣宦官杨环骑快马去告诉了石闵这个消息。于是石闵就胁迫李农和右卫将军王基秘密谋划把石遵废黜，派遣将军苏彦和周成率领三千带甲的士兵在南台（铜雀台之南的金雀台）把石遵逮捕了。士兵们来到石遵的住处时，石遵正在和妇人弹棋，他询问周成说："是谁造反的？"周成说："应当让义阳王石鉴做皇上。"石遵说："我尚且如此，石鉴又能支撑多长时间！"于是，石鉴就在琨华殿把石遵杀死了，并且把郑太后、张后、太子衍、孟准、王鸾以及上光禄大夫张斐都杀死了。

石鉴即位，下令大赦，任命武兴公石闵为大将军，册封他为武德王；司空李农为大司马，并录尚书事。郎闿为司空，秦州刺史刘群为尚书左仆射，侍中卢谌为中书监。

秦、雍流民相帅西归，路由枋头，共推蒲洪为主，众至十馀

428

万。洪子健在邺，斩关出奔枋头。鉴惧洪之逼，欲以计遣之，乃以洪为都督关中诸军事、征西大将军、雍州牧、领秦州刺史。洪会官属，议应受与不；主簿程朴请且与赵连和，如列国分境而治。洪怒曰："吾不堪为天子邪，而云列国乎！"引朴斩之。

都乡元穆侯褚裒还至京口，闻哭声甚多，以问左右，对曰："皆代陂死者之家也。"裒惭愤发疾；十二月，己酉，卒。以吴国内史荀羡为使持节、监徐、兖二州、扬州之晋陵诸军事、徐州刺史，时年二十八，中兴方伯未有如羡之少者。

【译文】秦州、雍州两州一带流徙的百姓结伴西归，路经枋头时，共同推举蒲洪做他们的领袖，人数多达十几万。蒲洪的儿子蒲健在邺城，这时也冲破关卡逃到枋头。石鉴害怕蒲洪过于靠近自己，就想要用计谋把他调离，于是石鉴就任命蒲洪为都督关中诸军事、征西大将军、雍州牧，兼领秦州刺史。蒲洪把手下的官吏和僚属召集起来，和他们商量应不应该接受石鉴的任命。主簿程朴请求蒲洪可以暂且和后赵讲和，就像诸侯列国一样分地而治。蒲洪听了以后生气地说："难道我没有资格做天子吗？为什么说列国分地而治的话呢？"因此就把程朴拉出去杀了。

都乡元穆侯褚裒回到京口，听到到处都是哭声，就向周围的人询问是什么人在哭，周围的人回答他说："都是代陂一战当中死者的家属。"褚裒听了以后既惭愧又愤恨，因此生病。十二月，己酉日（初七日），褚裒去世。晋穆帝司马聃任命吴国内史荀羡为使持节，监徐兖二州、扬州之晋陵诸军事，徐州刺史，这时他才二十八岁，晋朝中兴以来的地方长官当中，没有一个像荀羡这么年轻的。

赵主鉴使乐平王苞、中书令李松、殿中将军张才夜攻石闵、李农于琨华殿，不克，禁中扰乱。鉴惧，伪若不知者，夜斩松、才于西中华门，并杀苞。

新兴王祗，虎之子也，时镇襄国，与姚弋仲、蒲洪等连兵，移檄中外，欲共诛闵、农；闵、农以汝阴王琨为大都督，与张举及侍中呼延盛帅步骑七万分讨祗等。

【译文】后赵国君石鉴派遣乐平王石苞、中书令李松、殿中将军张才夜里到琨华殿去攻击石闵和李农，但是他们没有取得成功，反而引起宫中的混乱。石鉴很害怕，就装作不知道发生什么事情一样，当天夜里就在西中华门把李松和张才斩杀，并且把石苞也杀了。

新兴王石祗，是石虎的儿子，当时镇守襄国，和姚弋仲、蒲洪等联合军队，四处传递檄文，想要共同把石闵和李农诛灭。石闵和李农任命汝阴王石琨为大都督，和张举以及侍中呼延盛率领步兵骑兵七万人分别前去讨伐石祗等人。

中领军石成、侍中石启、前河东太守石晖谋诛闵、农；闵、农皆杀之。龙骧将军孙伏都、刘铢等结羯士三千伏于胡土，亦欲诛闵、农。鉴在中台，伏都帅三十馀人将升台挟鉴以攻之。鉴见伏都毁阁道，临问其故。伏都曰："李农等反，已在东掖门，臣欲帅卫士以讨之，谨先启知。"鉴曰："卿是功臣，好为官陈力，朕从台上观，卿勿虑无报也。"于是，伏都、铢帅众攻闵、农，不克，屯于凤阳门。闵、农帅众数千毁金明门而入。鉴惧闵之杀己，驰招闵、农，开门内之，谓曰："孙伏都反，卿宜速讨之。"闵、农攻斩伏都等，自凤阳至琨华，横尸相枕，流血成渠。宣令内外六夷，敢称兵仗者斩！胡人或斩关、或逾城而出者，不可胜数。

资治通鉴

【译文】 中领军石成、侍中石启、前河东太守石晖计划把石闵和李农诛杀了，结果石闵和李农反把他们都杀死了。龙骧将军孙伏都和刘铢等人率领羯族三千士兵在胡天（石氏禁中署舍的名称）埋伏，也想把石闵和李农诛杀了。当时石鉴在中台，孙伏都率领三十多个人想要进入中台挟持石鉴一起攻打石闵和李农。石鉴看到孙伏都把楼阁通道毁坏了，就亲自前去向他询问原因。孙伏都说："李农等人造反了，眼下他们已经在东掖门了，我想要率领士兵前去讨伐他，特地先来把这件事禀告你。"石鉴说："你是对朝廷有功的臣子，好好为我出力讨伐，我在中台上面观看，你不必顾虑事成之后没有丰厚的赏赐。"于是孙伏都和刘铢率领众人前去攻打石闵和李农，但是没有获得成功，于是就在凤阳门驻扎军队。石闵和李农率领数千士兵把金明门毁坏了进入中台。石鉴害怕石闵把自己杀死，就派人骑马把石闵和李农传召来，打开门把他们迎接进来，对他们说："孙伏都造反了，你们应该赶快去讨伐他。"于是石闵和李农前去攻打孙伏都，并且把孙伏都等一大批人都斩杀了。从凤阳门到琨华殿，纵横的尸体相互枕藉，流出的鲜血汇聚成沟渠。石闵还向朝廷内外六夷宣布命令，如果有胆敢拿起武器的，一律斩首。胡人当中有的冲破关卡，有的越过城墙逃走，逃出来的人多得数都数不完。

闵使尚书王简、少府王郁帅众数千守鉴于御龙观，悬食以给之。下令城中曰："近日孙、刘构逆，支党伏诛，良善一无预也。今日已后，与官同心者留，不同者各任所之。敕城门不复相禁。"于是赵人百里内悉入城，胡、羯去者填门。闵知胡之不为己用，班令内外："赵人斩一胡首送凤阳门者，文官进位三等，武官悉拜牙门。"一日之中，斩首数万。闵亲帅赵人以诛胡、羯，无贵贱、男女、少长皆斩之，死者二十馀万，尸诸城外，悉为野犬豺狼所食。其屯戍四方者，闵皆以书命赵人为将帅者诛之，或高鼻多须滥死者半。

燕王俊遣使至凉州，约张重华共击赵。

高句丽王钊送前东夷护军宋晃于燕，燕王俊赦之，更名曰活，拜为中尉。

【译文】 石闵派遣尚书王简、少府王郁率领数千士兵把石鉴看押在御龙观，用绳子把食品悬吊进去让他吃。石闵还在邺城中颁布命令说："最近孙伏都、刘铢交相叛逆，他们的亲信党羽已经全都被杀掉，良善的人没有一个参与这些事情。从今天以后，凡和我们同心的人留下，不同心的人想去哪里悉听尊便。我命令不再关闭城门。"于是方圆百里之内的汉人全部进入城里面，而离去的胡人和羯人则把城门都填满了。石闵知道胡人不愿意被自己所用，便又在宫廷内外颁布命令说："凡是斩掉一个胡人并送首级到凤阳门的汉人，文官可以晋升官位三等，武官全部都被任命为牙门将。"命令发布后，一天之内，有好几万的胡人被斩首。石闵亲自率领汉人诛杀胡人和羯人，无论贵贱、男女、老幼全部都被斩杀，有二十多万人被杀死，堆在城外面的尸体，全都被野狗豺狼吃掉了。那些在四方的边界驻扎军队进行防守的胡人和羯人，石闵用书信命令军队中汉人当将帅的把属下胡人、羯人统统杀掉，以至于长得鼻子高一点、胡须多一点的人，大半都被滥杀而死。

前燕国君慕容俊派遣使者到凉州，和张重华约定一同前去攻击后赵。

高句丽王钊遣送前东夷护军宋晃到前燕，前燕国君慕容俊把他赦免了，把他的名字改为宋活，任命他为中尉。

永和六年（庚戌，公元三五〇年）春，正月，赵大将军闵欲灭去石氏之迹，托以谶文有"继赵李"，更国号曰卫，易姓李氏，大赦，改元青龙。太宰赵庶、太尉张举、中军将军张春、光禄大夫石岳、抚军石宁、武卫将军张季及公侯、卿、校、龙腾等万馀人，出奔襄国，汝阴王琨奔冀州。抚军将军张沈据滏口，张贺度据石渎，建义将军段勤据黎阳，宁南将军杨群据桑壁，刘国据阳城，段龛据陈留，姚弋仲据滠头，蒲洪据枋头，众各数万，皆不附于闵。勤，末柸之子；龛，兰之子也。

王朗、麻秋自长安赴洛阳。秋承闵书，诛朗部胡千馀人。朗奔襄国。秋帅众归邺，蒲洪使其子龙骧将军雄迎击，获之，以为军师将军。

【译文】 永和六年（庚戌，公元350年）春季，正月，后赵大将军石闵想要把石氏的痕迹消除掉，以谶文中有"继赵李"的字样为托词，把国号更改为卫，改姓李氏，下令大赦，改年号为青龙。太宰赵庶、太尉张举、中军将军张春、光禄大夫石岳、抚军（当有"将军"二字）石宁、武卫将军张季以及公、侯、卿、校、龙腾等一万多人，全部都投奔襄国，汝阴王石琨逃到冀州。抚军将军张沈占据滏口，张贺度占据石渎，建义将军段勤占据黎阳，宁南将军杨群占据桑壁，刘国占据阳城，段龛占据陈留，姚弋仲占据滠头，蒲洪占据枋头，各自拥有数万士兵，都不归附石闵。段勤，是段末柸的儿子；段龛，是段兰的儿子。

王朗、麻秋从长安前去洛阳。麻秋接到石闵的信件，把王朗部下的一千多胡兵都杀了。王朗逃到襄国。麻秋率领众人回到邺城，蒲洪命令他的儿子龙骧将军蒲雄前去截击，把他俘获，任命他为军师将军。

汝阴王琨及张举、王朗帅众七万伐邺，大将军闵帅骑千馀与战于城北；闵操两刃矛，驰骑击之，所向摧陷，斩首三千级，琨等大败而去。闵与李农帅骑三万讨张贺度于石渎。

闰月，卫主鉴密遣宦者赍书召张沈等，使乘虚袭邺。宦者以告闵、农，闵、农驰还，废鉴，杀之，并杀赵主虎三十八孙，尽灭石氏。姚弋仲子曜武将军益、武卫将军若帅禁兵数千斩关奔滠头。弋仲帅众讨闵，军于混桥。

司徒申钟等上尊号于闵，闵以让李农，农固辞。闵曰："吾属故晋人也，今晋室犹存，请与诸君分割州郡，各称牧、守、公、侯，奉表迎晋天子还都洛阳，何如？"尚书胡睦进曰："陛下圣德应天，宜登在位，晋氏衰微，远窜江表，岂能总驭英雄，混壹四海乎！"闵曰："胡尚书之言，可谓识机知命矣。"乃即皇帝位，大赦，改元永兴，国号大魏。

【译文】汝阴王石琨和张举、王朗率领七万士兵前去攻打邺城，大将军石闵率领一千多骑兵在城北和他们交战。石闵手持两刃矛，骑着马奔驰前去攻击他们，所向披靡，斩杀对方三千人，石琨等人大败逃走。石闵和李农率领三万骑兵到石渎去讨伐张贺度。

闰二月，卫国国君石鉴秘密派遣宦者给张沈等人送去书信，让他们趁着石闵率领士兵外出，后方没有人进行防备的时候来突袭邺城。但是送信的宦官把这件事情告诉了石闵和李农，于是石闵和李农骑马急忙返回，把石鉴废除，然后把他杀死了，并且把后赵王石虎的三十八个孙子也都杀死了，石氏就这样全部被消灭。姚弋仲的儿子曜武将军姚益、武卫将军姚若率领数千宫廷卫兵冲破关卡逃到湿头。姚弋仲率领士兵前去讨伐石闵的军队,在混桥驻扎军队。

司徒申钟等人向石闵进献尊号,石闵要谦让给李农,李农坚决推辞。石闵说:"我们原本都是晋朝的人士,现在晋王室尚且存在,我希望可以和诸君一起分割州郡进行治理,各自称州牧、郡守、公、侯,然后上表迎接晋朝的天子返回故都洛阳如何?"尚书胡睦向石闵进言说:"陛下的圣德顺应天意,理应登上天子的位置,现在晋氏衰微,远逃到江南,怎么能够驾驭天下英雄,统一四海江山呢?"石闵说:"胡尚书的话,真可以说是明白时机知道天命啊。"于是石闵就即皇帝位(石闵,父名瞻,本姓冉,字永曾,小字棘奴,石虎的养孙),下令大赦,改年号为永兴,立国号为大魏。

朝廷闻中原大乱,复谋进取。己丑,以扬州刺史殷浩为中军将军、假节、都督扬、豫、徐、兖、青五州诸军事;以蒲洪为氐王、使持节、征北大将军、都督河北诸军事、冀州刺史、广川郡公;蒲健为假节、右将军、监河北征讨前锋诸军事、襄国公。

姚弋仲、蒲洪各有据关右之志。弋仲遣其子襄帅众五万击洪,洪迎击,破之,斩获三万馀级。洪自称大都督、大将军、大单于、三秦王,改姓苻氏。以南安雷弱儿为辅国将军;安定梁楞为前将军,领左长史;冯翊鱼遵为右将军,领右长史;京兆段陵为左将军,领左司马;王堕为右将军,领右司马;天水赵俱、陇西牛夷、北地辛牢皆为从事中郎;氐酋毛贵为单于辅相。

【译文】东晋朝廷听说中原大乱的消息,再次谋划进取收复。己丑日(十七日),任命扬州刺史殷浩为中军将军,假节,都督扬州、豫州、徐州、兖州、青州五个州诸军事;任命蒲洪为氐王、使持节、征北大将军、都督河北诸军事、冀州刺史、广川郡公；蒲健为假节、右将军、监河北征讨前锋诸军事、襄国公。

姚弋仲、蒲洪都怀有占据关右的志向。姚弋仲派遣他的儿子姚襄率领五万士兵前去攻击蒲洪，蒲洪出来迎战，把他打败，有三万多人被斩杀。蒲洪自称大都督、大将军、大单于、三秦王，把姓氏改为苻氏。任命南安人雷弱儿为辅国将军；安定人梁楞为前将军，兼左长史；冯翊人鱼遵为右将军，兼右长史；京兆人段陵为左将军，兼左司马；王堕为右将军，兼右司马天水人赵俱、陇西人牛夷、北地人辛牢都为从事中郎，氐人首领毛贵为单于辅相。

二月，燕王俊使慕容霸将兵二万自东道出徒河，慕舆根自西道出蠮螉塞，俊自中道出卢龙塞，以伐赵。以慕容恪、鲜于亮为前驱，命慕舆埿樵山通道。留世子晔守龙城，以内史刘斌为大司农，与典书令皇甫真留统后事。

霸军至三陉，赵征东将军邓恒惶怖，焚仓库，弃安乐遁去，与幽州刺史王午共保蓟。徒河南部都尉孙泳急入安乐，扑灭馀火，籍其谷帛。霸收安乐、北平兵粮，与俊会临渠。

【译文】二月，前燕国君慕容俊派遣慕容霸率领两万士兵从东路出徒河，慕舆根从西路出蠮螉塞，慕容俊自己则从中路出卢龙塞前去讨伐后赵。慕容俊任命慕容恪、鲜于亮为前驱，命令慕舆埿砍伐树木，修通道路。把世子慕容晔留在龙城进行防守，任命内史刘斌为大司农，和典书令皇甫真一起留下来统管后方的事务。

慕容霸的军队到达三陉，后赵的征东将军邓恒惶恐害怕，就把仓库焚烧以后，放弃安乐（当作"乐安"）城逃走，去和幽

436

州刺史王午共同保卫蓟城。徒河南部都尉孙泳迅速进入安乐城，把余火扑灭，把粮食和绢帛布匹没收。慕容霸把安乐、北平的武器粮饷都收取以后，在临渠和慕容俊会合。

三月，燕兵至无终。王午留其将王佗以数千人守蓟，与邓恒走保鲁口。乙巳，俊拔蓟，执王佗，斩之。俊欲悉坑其士卒千馀人，慕容霸谏曰："赵为暴虐，王兴师伐之，将以拯民于涂炭而抚有中州也；今始得蓟而坑其士卒，恐不可以为王师之先声也。"乃释之。俊入都于蓟，中州士女降者相继。

【译文】三月，前燕的士兵到达无终，王午把他的部下王佗留了下来，让他率领数千士兵防守蓟城，自己和邓恒一起前去保卫鲁口。乙巳日（初五日），慕容俊攻占蓟城，把王佗逮捕，并且把他斩杀了。慕容俊准备把他的一千多士兵全部坑杀，慕容霸向慕容俊进谏说："后赵暴虐无道，大王您才发兵前来讨伐他，目的是想把百姓从水深火热之中拯救出来，进而安抚占据整个中原地区。现在我们才刚刚得到蓟城，您就想要把他们的士兵坑杀了，恐怕不能以此作为王者之师的先声。"于是慕容俊把那些士兵都释放了，把都城定在蓟城，中原地区的士人百姓相继前来归降。

燕兵至范阳，范阳太守李产欲为石氏拒燕，众莫为用，乃帅八城令长出降；俊复以产为太守。

产子绩为幽州别驾，弃其家从王午，在鲁口。邓恒谓午曰："绩乡里在北，父已降燕，今虽在此，恐终难相保，徒为人累，不如去之。"午曰："此何言也！夫以当今丧乱，而绩乃能立义捐家，情节之重，虽古烈士无以过，乃欲以猜嫌害之？燕、赵之士闻之，谓我直相聚为贼，了无意识。众情一散，不可复集，此为坐自屠溃也。"恒乃止。午犹虑诸将不与己同心，或致非意，乃遣绩归。绩始辞午往见燕王俊，俊让之曰："卿不识天命，弃父邀名，今日乃始来邪！"对曰："臣眷恋旧主，志存微节，官身所在，何事非君！殿下方以义取天下，臣未谓得见之晚也。"俊悦，善待之。

【译文】前燕的士兵到达范阳，范阳太守李产想要为石氏抵抗前燕，但是他手下的士兵却不愿意听命上阵，于是李产只好率领他所管辖的八个县城的令长出来投降（范阳郡统领涿、良乡、方城、长乡、遒、故安、范阳、容城八县）。慕容俊又任命李产为太守。

李产的儿子李绩出任幽州别驾，他远离家乡跟随王午防卫鲁口。邓恒对王午说："李绩的家乡在北方，他的父亲已经向前燕投降，虽然他现在在这里，但是恐怕最终也难与我们相互保全，徒然成为我们的忧患，不如趁早把他除掉。"王午说："你说的这叫什么话！面对当今这样的丧乱局势，李绩仍然能够坚持道义，置家园于不顾，这种高尚的情操，即使是古代的刚烈之士也难以超越，而你却想以毫无根据的猜忌谋害他，如果让燕、赵的将士听到这个消息的话，只能说我们不过是一帮乌合之众，毫无见识。众人的心意一旦离散，就再也难以凝聚到一起了，这样就等于坐在这儿自行屠杀溃败。"邓恒这才放弃杀害李绩的念头。王午仍然担心手下的众将领持有异见，或许会违背自己的意愿而擅自把李绩杀害，于是就打发李绩返回家乡。李绩辞别王午以后就前去拜见前燕国君慕容俊，慕容俊责备他说："你不知道天命，背弃父亲而去沽名钓誉，直到今天才迷途知返呀！"李绩回答说："我一直眷恋旧主，心存小小的气节，但我的身子是官家的，什么事不由君主做主呢！现在正是殿下用道义统一天下的时候，我不认为现在来投奔您已经来不及了。"慕容俊听了以后感到很高兴，就很好地对待他。

俊以弟宜为代郡城郎，孙泳为广宁太守，悉置幽州郡县守宰。

甲子，俊使中部俟釐慕舆句督蓟中留事，自将击邓恒于鲁口。军至清梁，恒将鹿勃早将数千人夜袭燕营，半已得入，先犯前锋都督慕容霸，突入幕下，霸起奋击，手杀十馀人，早不能进。由是燕军得严。俊谓慕舆根曰："贼锋甚锐，宜且避之。"根正色曰："我众彼寡，力不相敌，故乘夜来战，冀万一获利。今求贼得贼，正当击之，复何所疑！王但安卧，臣等自为王破之！"俊不能自安，内史李洪从俊出营外，屯高冢上。根帅左右精勇数百人从中牙直前击早，李洪徐整骑队还助之，早乃退走。众军追击四十馀里，早仅以身免，所从士卒死亡略尽。俊引兵还蓟。

【译文】慕容俊任命他的弟弟慕容宜为代郡城主，孙泳为广宁太守，并且全部安置了幽州各郡的太守和各县的令长。

甲子日（二十四日），慕容俊派遣中部俟釐慕舆句监督蓟中，留下来处理城中的留守事务，自己则亲自率领军队到鲁口去攻击邓恒。军队到达清梁的时候，邓恒的部将鹿勃早率领数千士兵在夜里突袭前燕的军营，当一半的士兵已经潜进军营以后，首先去捉拿前锋都督慕容霸，士兵们突然冲进慕容霸的军帐里面，慕容霸起来奋力攻击，亲手把十几个人杀死，鹿勃早无法继续进攻，前燕的军队因此得以严加戒备。慕容俊对慕舆根说："敌人的先锋部队很精锐，应该暂且避开他们一下。"慕舆根严正脸色说："我们的士兵多而他们的士兵少，力量悬殊，所以他们才会趁着夜里来突然袭击，寄希望于侥幸获得胜利。现在我们正想要把他们消灭，他们就送上门来，理当给以打击，还有什么可迟疑的呢？大王您只需要安睡，我们自然会去为您消灭他们。"慕容俊当然无法自己安心入睡，内史李洪跟着慕容俊走出营外，在一个高土堆上停了下来。慕舆根率领左右几百个精锐勇敢的士兵从中牙军帐出发径直前去攻击鹿勃早，稍后，李洪也返回去整理好骑兵队伍前往助战，鹿勃早就撤退逃走了。众军追击他追了四十多里，鹿勃早仅仅得以逃生，其他跟随他的士兵差不多都已经死亡了。慕容俊率领军队回到蓟城。

魏主闵复姓冉氏，尊母王氏为皇太后，立妻董氏为皇后，子智为皇太子，胤、明、裕皆为王。以李农为太宰、领太尉、录尚书事，封齐王，其子皆封县公。遣使者持节赦诸军屯；皆不从。

麻秋说苻洪曰："冉闵、石祗方相持，中原之乱未可平也。不如先取关中，基业已固，然后东争天下，谁能敌之！"洪深然之。既而秋因宴鸩洪，欲并其众；世子健收秋斩之。洪谓健曰："吾所以未入关者，以为中州可定；今不幸为竖子所困。中州非汝兄弟所能办，我死，汝急入关！"言终而卒。健代统其众，乃去大都督、大将军、三秦王之号，称晋官爵，遣其叔父安来告丧，且请朝命。

【译文】魏国国君石闵又恢复了冉姓，尊奉母亲王氏为皇太后，册立妻子董氏为皇后，儿子冉智为皇太子，冉胤、冉明、冉裕皆为王。任命李农为太宰、兼太尉、录尚书事，加封他为齐王，他的儿子都被封为县公。冉闵派遣使者带着作为凭证的符节向在各地驻扎的将领通报任命，但是他们都不服从。

麻秋劝说苻洪道："冉闵、石祗正在相持不下，中原的混乱难以平定。您不如先攻占关中，等到大业的根基稳固以后，再向东进发争夺天下, 到了那时谁敢与我们为敌?"苻洪认为他说得很正确。此后不久, 麻秋利用宴请的机会让苻洪喝下毒酒, 想要吞并苻洪的军队; 太子苻健把麻秋逮捕, 并且把他斩杀。苻洪对苻健说:"我以前之所以没有入关, 是因为我以为中州可以安定; 现在我不幸被麻秋这个小子困在了这里。平定中州不是你们兄弟几个就可以做到的事情, 我死了以后, 你们要赶快入关。"说完这话, 苻洪就死了。苻健代替他率领军队, 就去掉了大都督、大将军、三秦王的名号, 改称晋朝的官职爵位, 派遣他的叔父苻安前往东晋朝廷报告丧讯, 同时向朝廷请求旨意。

赵新兴王祗即皇帝位于襄国, 改元永守。以汝阴王琨为相国, 六夷据州郡拥兵者皆应之。祗以姚弋仲为右丞相、亲赵王, 待以殊礼。弋仲子襄, 雄勇多才略, 士民爱之, 请弋仲以为嗣, 弋仲以襄非长子, 不许; 请者日以千数, 弋仲乃使之将兵。祗以襄为骠骑将军、豫州刺史、新昌公。又以苻健为都督河南诸军事、镇南大将军、开府仪同三司, 兖州牧、略阳郡公。

夏, 四月, 赵主祗遣汝阴王琨将兵十万伐魏。

魏主闵杀李农及其三子, 并尚书令王谟、侍中王衍、中常侍严震、赵升。闵遣使临江告晋曰:"逆胡乱中原, 今已诛之; 能共讨者, 可遣军来也。"朝廷不应。

【译文】后赵的新兴王石祗在襄国即皇帝位, 改年号为永宁。任命汝阴王石琨为相国, 占据州郡的六夷(胡、羯、氐、羌、段氏及巴蛮)全部都响应了他。石祗任命姚弋仲为右丞相、亲赵王, 用特殊的礼遇对待他。姚弋仲的儿子姚襄, 雄健勇敢, 而且有才华, 多谋略, 大多数士人百姓都喜欢他, 就请求姚弋仲册立他做嗣子, 姚弋仲以姚襄不是长子为理由, 没有答应。但继续前来请求的人，每天有数千人那么多，于是姚弋仲就让他率领军队。石祗任命姚襄为骠骑将军、豫州刺史、新昌公。又任命苻健为都督河南诸军事、镇南大将军、开府仪同三司、兖州牧、略阳郡公。

夏季，四月，后赵国君石祗派遣汝阴王石琨率领十万士兵前去攻打魏国。

魏国国君冉闵把李农和他的三个儿子，以及尚书令王谟、侍中王衍、中常侍严震、赵升都杀死了。冉闵派遣使者到长江畔向东晋的朝廷报告说："叛逆的胡人使中原地区大乱，现在我已经把他们都诛灭了；如果能够共同讨伐乱军的话，可以派遣军队前来。"东晋朝廷没有理会。

五月，庐江太守袁真攻魏合肥，克之，虏其居民而还。

六月，赵汝阴王琨进据邺鄲，镇南将军刘国自繁阳会之。魏卫将军王泰击琨，大破之，死者万馀人。刘国还繁阳。

初，段兰卒于令支，段龛代领其众，因石氏之乱，拥部落南徙。秋，七月，龛引兵东据广固，自称齐王。

八月，代郡人赵榼帅三百馀家叛燕归赵并州刺史张平。燕王俊徙广宁、上谷二郡民于徐无，代郡民于凡城。

【译文】五月，庐江太守袁真攻打魏国的合肥，最后攻取了，把那里的居民俘虏了以后返回。

六月，后赵的汝阴王石琨进攻并且占据了邺鄲，镇南将军刘国从繁阳县前来与他相会。魏国的卫将军王泰攻击石琨，把石琨打得大败，有一万多个将士都战死了。刘国只好回到繁阳。

起初，段兰死在了令支，段龛代替他率领他的士兵，趁着石氏大乱的机会，就率领着部队向南迁徙。秋季，七月，段龛率领士兵从陈留向东进发，占据广固，自称为齐王。

八月，代郡人赵榼率领三百多家背叛前燕，然后归附后赵的并州刺史张平。前燕国君慕容俊把广宁、上谷两郡的百姓都迁徙到徐无县，把代郡的百姓迁徙到凡城。

王朗之去长安也，朗司马京兆杜洪据长安，自称晋征北将军、雍州刺史，以冯翊张琚为司马；关西夷、夏皆应之。苻健欲取之，恐洪知之，乃受赵官爵。以赵俱为河内太守，戍温；牛夷为绥集将军，戍怀；治宫室于枋头，课民种麦，示无西意，有知而不种者，健杀之以徇。既而自称晋征西大将军、都督关中诸军事、雍州刺史；以武威贾玄硕为左长史，略阳梁安为右长史，段纯为左司马，辛牢为右司马，京兆王鱼、安定程肱、胡文等为军咨祭酒，悉众而西。以鱼遵为前锋，行至盟津，为浮梁以济。遣弟辅国将军雄帅众五千自潼关入，兄子扬武将军菁帅众七千自轵关入。临别，执菁手曰："若事不捷，汝死河北，我死河南，不复相见。"既济，焚桥，自帅大众随雄而进。

【译文】王朗离开长安的时候，他的司马杜洪占据长安，自称为晋朝征北将军、雍州刺史，任命冯翊人张琚为司马，关西夷人和汉人全部都响应了他。苻健想要夺取长安，又担心杜洪知道，就接受了后赵授予的官职爵位。任命赵俱为河内太守，戍守温县；牛夷为安集将军，戍守怀县；在枋头修筑宫室，督促百姓种植麦子，来表示没有西进的意图，如果有知道他的底细而不愿意种植麦子的，苻健就把他杀了来展示给众人作为警戒。此后，苻健就自称为晋朝征西大将军、都督关中诸军事、雍州刺史。任命武威人贾玄硕为左长史，略（他本"略"作"洛"）阳人梁安为右长史，段纯为左司马，辛牢为右司马，京兆人王鱼、

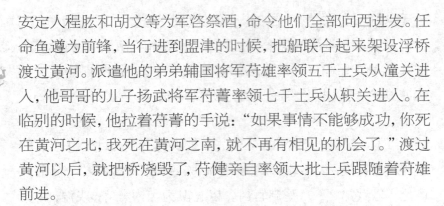

安定人程肱和胡文等为军咨祭酒，命令他们全部向西进发。任命鱼遵为前锋，当行进到盟津的时候，把船联合起来架设浮桥渡过黄河。派遣他的弟弟辅国将军苻雄率领五千士兵从潼关进入，他哥哥的儿子扬武将军苻菁率领七千士兵从轵关进入。在临别的时候，他拉着苻菁的手说："如果事情不能够成功，你死在黄河之北，我死在黄河之南，就不再有相见的机会了。"渡过黄河以后，就把桥烧毁了，苻健亲自率领大批士兵跟随着苻雄前进。

杜洪闻之，与健书，侮嫚之。以张琚弟先为征虏将军，帅众万三千逆战于潼关之北。先兵大败，走还长安。洪悉召关中之众以拒健。洪弟郁劝洪迎健，洪不从；郁帅所部降于健。

健遣苻雄徇渭北。氐酋毛受屯高陵，徐磋屯好畤，羌酋白犊屯黄白，众各数万，皆斩洪使，遣子降于健。苻菁、鱼遵所过城邑，无不降附。洪惧，固守长安。

张贺度、段勤、刘国、靳豚会于昌城，将攻邺。魏主闵自将击之，战于苍亭，贺度等大败，死者二万八千人，追斩靳豚于阴安，尽俘其众而归。闵戎卒三十馀万，旌旗、钲鼓绵亘百馀里，虽石氏之盛，无以过也。

【译文】杜洪听到这个消息以后，就给苻健写信侮辱他。任命张琚的弟弟张先为征虏将军，率领一万三千名士兵在潼关以北迎战苻健。张先的军队被打得大败，逃回了长安。杜洪征召关中所有的士兵来抵抗苻健。杜洪的弟弟杜郁劝说杜洪前去迎接苻健，但是杜洪不肯听从，杜郁就率领着他自己的部队向苻健投降。

苻健派遣苻雄率领士兵巡行渭水以北的地区。氐人首领毛受在高陵县驻扎军队,徐磋在好畤县驻扎军队,羌人首领白犊在黄白城驻扎军队,各自都拥有数万士兵,他们都把杜洪的使者斩杀,派遣自己的儿子向苻健投降。苻菁、鱼遵所经过的城乡,没有一个不投降归附的。杜洪十分害怕,坚守着长安。

张贺度、段勤、刘国、靳豚在昌城相会,准备攻打邺城。魏国国君冉闵亲自率领军队进行反击,双方在苍亭交战,张贺度等人被打得大败,有两万八千士兵都战死了,冉闵一直追击靳豚追到阴安县然后把他斩杀,把他所有的士兵都俘虏以后才返回。冉闵有三十多万名士兵,旌旗、战鼓绵延一百多里,即使是石氏最强盛的时候,也无法和他相比。

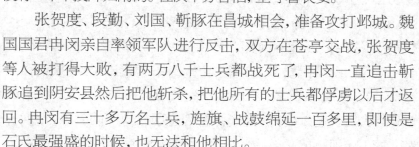

　　故晋散骑常侍陇西辛谧,有高名,历刘、石之世,徵辟皆不就;闵备礼徵为太常。谧遗闵书,以为:"物极则反,致至则危。君王功已成矣,宜因兹大捷,归身晋朝,必有由、夷之廉,享松、乔之寿矣。"因不食而卒。

　　九月,燕王俊南徇冀州,取章武、河间。初,勃海贾坚,少尚气节,仕赵为殿中督。赵亡,坚弃魏主闵还乡里,拥部曲数千家。燕慕容评徇勃海,遣使招之,坚终不降;评与战,擒之。俊以评为章武太守,封裕为河间太守。俊与慕容恪皆爱贾坚之材,坚时年六十馀,恪闻其善射,置牛百步上以试之。坚曰:"少之时能令不中,今老矣,往往中之。"乃射再发,一矢拂脊,一矢磨腹,皆附肤落毛,上下如一,观者咸服其妙。俊以坚为乐陵太守,治高城。

　　苻菁与张先战于渭北,擒之,三辅郡县堡壁皆降。冬,十月,苻健长驱至长安,杜洪、张琚奔司竹。

　　【译文】晋朝前散骑常侍陇西人辛谧,名声高尚,虽然经历了刘氏、石氏两代，但是征召授官全部都不接受。冉闵以完备的礼遇征召他出任太常。辛谧给冉闵写信，认为："事物到了极点就会产生相反的情形，所以到了极点就会有危险。现在你的功劳已经达成了，应该借着这次的大胜，归附晋朝，必定会有许由、伯夷那样正直廉洁的名声，享受赤松子、王子乔那样的天年高寿。"接着他就绝食而死。

九月，前燕国君慕容俊率领士兵南巡冀州，占领章武和河间。起初，渤海人贾坚，从小就崇尚气节，在后赵担任殿中督的官职。后赵灭亡以后，贾坚离开了魏国国君冉闵回到家乡，拥有数千家兵。前燕的慕容评率领士兵巡行渤海，派遣使者前去招降他，但是贾坚始终不肯投降。慕容评和他交战，把他擒获。慕容俊任命慕容评为章武太守，封裕为河间太守。慕容俊和慕容恪都欣赏贾坚的才能，贾坚当时已经六十多岁，慕容恪听说他善于射箭，就把一头牛放在百步远的地方来试验他射箭的技术。贾坚说："年轻的时候能够让箭不射中牛，现在老了，往往要射中牛了。"于是就射出了两支箭，一支箭擦过牛的脊梁，一支箭擦过牛的肚子，上下两箭都是紧擦牛皮，射落牛毛，上、下完全一样，围观的人都佩服他的妙技。慕容俊任命贾坚为乐陵太守，在高城县设置了郡政府。

苻菁和张先在渭水以北作战，苻菁把张先擒获，周围的三个郡、县以及营垒、营寨全部都向苻菁投降。冬季，十月，苻健长驱直入长安，杜洪和张琚逃到司竹。

燕王俊还蓟，留诸将守之；俊还龙城，谒陵庙。

十一月，魏主闵帅步骑十万攻襄国。署其子太原王胤为大单于、骠骑大将军，以降胡一千配之为麾下。光禄大夫韦謏谏曰：

"胡、羯皆我之仇敌，今来归附，苟存性命耳；万一为变，悔之何及！请诛屏降胡，去单于之号，以防微杜渐。"闵方欲抚纳群胡，大怒，诛諆及其子伯阳。

甲午，苻健入长安，以民心思晋，乃遣参军杜山伯诣建康献捷，并修好于桓温。于是秦、雍夷夏皆附之。赵凉州刺史石宁独据上邽不下，十二月，苻雄击斩之。

【译文】 前燕国君慕容俊回到蓟城，把一些将领留下来进行防守。慕容俊又回到了龙城，拜谒陵庙。

十一月，魏国国君冉闵率领步兵骑兵一共十万人前去攻打襄国。任命他的儿子太原王冉胤为大单于、骠骑大将军，并且把一千多投降的胡人都分配给他做部下。光禄大夫韦諆劝谏冉闵说："胡族和羯族都是我们的仇敌，现在他们前来归附投降，只是为了苟且地保全性命罢了，万一他们叛变，后悔就来不及了。我请求您把那些投降的胡兵都斩尽杀绝，去掉单于的封号，以谨慎地防止祸乱的发生。"冉闵正想要安抚并且招纳那些胡人，听了此话非常生气，就把韦諆和他的儿子韦伯阳都杀死了。

甲午日（十一月无此日），苻健进入长安，考虑到百姓的心里都思念晋朝，就派遣参军杜山伯前往建康去进献俘虏和战利品，并且和桓温重修旧好。于是秦州、雍州一带的夷夏百姓都归附苻健，后赵的凉州刺史石宁独自占据着上邽，暂时没有被攻下；十二月，苻雄前去进行攻击并且把他杀死。

蔡谟除司徒，三年不就职；诏书屡下，太后遣使谕意，谟终不受。于是帝临轩，遣侍中纪据、黄门郎丁纂徵谟；谟陈疾笃，使主簿谢攸陈让。自旦至申，使者十馀返，而谟不至。时帝方八岁，甚倦，问左右曰："所召人何以至今不来？临轩何时当竟？"太后以君臣俱疲，乃诏："必不来者，宜罢朝。"中军将军殷浩奏免吏部尚书江虨官。会稽王昱令曹曰："蔡公傲违上命，无人臣之礼。若人主卑屈于上，大义不行于下，亦不知复所以为政矣。"公卿乃奏："谟悖慢傲上，罪同不臣，请送廷尉以正刑书。"谟惧，帅子弟素服诣阙稽颡，自到廷尉待罪。殷浩欲加谟大辟；会徐州刺史荀羡入朝，浩以问羡，羡曰："蔡公今日事危，明日必有桓、文之举。"浩乃止。下诏免谟为庶人。

【译文】 蔡谟被东晋朝廷任命为司徒以后，三年都没有前去就职。朝廷的诏书多次颁下，太后也派遣使者前去告诉他朝廷的旨意，但是蔡谟最终还是不肯接受朝廷的任命。于是晋穆帝司马聃亲自临朝，派遣侍中纪据、黄门郎丁纂去征召蔡谟。蔡谟向他们陈说自己身患重病，并且派遣主簿谢攸陈述自己辞让的原因。从早到晚朝廷派来征召蔡谟的使者往返十几次，然而蔡谟就是不肯前去任职。当时晋穆帝司马聃才八岁，非常疲倦，他问周围的人说："我所征召的人为什么到现在还不来呢？临朝什么时候才能结束呢？"太后考虑到晋穆帝司马聃和臣子们都很疲倦，就颁下诏书说："一定不会来的话，就结束临朝吧。"中军将军殷浩向晋穆帝司马聃上奏请求罢免吏部尚书江虨的官职。会稽王司马昱给尚书曹下令说："蔡公傲慢地违抗皇上的命令，这是没有臣下之礼的行为。如果在上位的皇上谦卑屈下，在下面的臣子又不能履行君臣大义，那么也就不知道应该依靠什么来处理朝政了。"于是公卿们就向晋穆帝司马聃上奏说："蔡谟狂妄傲慢地对待皇上的命令，他的罪恶和不遵守人臣应守的节操相同，请把他送交廷尉依照刑法治罪。"蔡谟十分害怕，就率领他的子弟们到朝廷去叩头谢罪，并亲自到廷尉处等待治罪。殷浩想要判处蔡谟死刑；恰好这时徐州刺史荀羡来到

资治通鉴

了朝廷，殷浩就拿这件事去询问荀羡，荀羡说："如果蔡公今天被判死刑，明天就必定会出现像齐桓公、晋文公那样发兵请问其罪的行动。"于是殷浩放弃了处死蔡谟的打算。晋穆帝司马聃颁下诏书罢免了蔡谟的官职，将他贬为平民。

【乾隆御批】蔡谟三年不就职，征召以疾辞，骄蹇不臣，律以无将之诛实无可逭，荀羡辄用危言沮止，岂复知有大义耶？尹起莘责其傲上、不忠。尚不失褒贬之正书法。乃云免谟为无罪之辞，则颠倒是非甚矣。

【译文】　蔡谟三年都不正式到任，面对皇帝的任命召请他仅是借口生病就不去了，这样的傲慢、不顺从简直不是一个做臣子的人该有的态度，依照律法处以目无主上的死罪实在是没有可以逃避的。而荀羡却用耸人听闻的言论来劝止对他的处罚，难道不知道大义吗？尹起莘曾责备蔡谟对上倨傲、对国不忠，这倒是可以算得上对他褒贬评价的正确写法。而当时却说些免惩蔡谟、无罪的话，实在是大大颠倒是非了。

资治通鉴卷第九十九　晋纪二十一

起重光大渊献，尽阏逢摄提格，凡四年。

【译文】 起辛亥（公元351年），止甲寅（公元354年），共四年。

【题解】 本卷记录了晋穆帝永和七年至永和十年共四年间东晋及各国大事。主要记录了后赵残余势力石祗与魏主冉闵反复争夺，石祗被部将刘显杀死，刘显先降冉闵，后又反叛称帝，被冉闵杀死，后赵彻底被灭。记录了燕将慕容恪、慕容评等大举攻魏，破冉闵于常山，俘获冉闵，在龙城把他斩杀。记录了燕将慕容评攻占邺城，冉闵政权彻底被灭，魏所辖州郡纷纷投降前燕、东晋，慕容俊在蓟城即位。记录了北方州郡纷纷投降东晋，关中地区的苻健政权也不稳定，荆州刺史桓温屡次请求北伐，而东晋朝廷害怕桓温势大难治而坚决不许。后殷浩率领谢尚、荀羡等出兵北伐，在许昌被秦军打败，只有谢尚的部将戴施从邺城得到一块传国玉玺；不久殷浩二次北伐，在山桑被姚襄打败。桓温上书罗列殷浩之罪，殷浩被削职流放，死于贬所；殷浩北伐之前，王羲之劝阻，殷浩不听；败回后，复谋再举，王羲之再次劝阻，同时上书司马昱。又记录了桓温北伐关中，步兵由武关入，在蓝田大破秦军，又破秦军于白鹿原，进抵灞上，距长安只剩咫尺之遥；又与秦军战于白鹿原，战败，加上东晋军队缺乏粮草，就把关中三千户带回东晋。记录了苻健既挫败桓温，又平定了各地反抗，稳定了关中。苻健治理有方，深得百姓拥护。苻健在关中即位，国号为秦。记录了羌族头领姚弋仲死，遗言令诸子归晋，其子姚襄不从，与秦兵作战，被秦兵打败，姚襄率部归顺东晋，后又反叛投靠燕国。记录了凉州张重华误用族人张祚，外放功臣谢艾；重华死后，张祚废重华子张曜灵，杀死谢艾，自称凉王等等。

孝宗穆皇帝中之上

永和七年（辛亥，公元三五一年）春，正月，丁酉，日有食之。

符健左长史贾玄硕等请依刘备称汉中王故事，表健为都督关中诸军事、大将军、大单于、秦王。健怒曰："吾岂堪为秦王邪！且晋使未返，我之官爵，非汝曹所知也。"既而密使梁安讽玄硕等上尊号，健辞让再三，然后许之。丙辰，健即天王、大单于位，国号大秦，大赦，改元皇始。追尊父洪为武惠皇帝，庙号太祖；立妻强氏为天王后，子苌为太子，靓为平原公，生为淮南公，觌为长乐公，方为高阳公，硕为北平公，腾为淮阳公，柳为晋公，桐为汝南公，廋为魏公，武为燕公，幼为赵公。以符雄为都督中外诸军事、丞相、领车骑大将军、雍州牧、东海公；符菁为卫大将军、平昌公，宿卫二宫；雷弱儿为太尉，毛贵为司空，略阳姜伯周为尚书令，梁楞为左仆射，王堕为右仆射，鱼遵为太子太师，强平为太傅，段纯为太保，吕婆楼为散骑常侍。伯周，健之舅；平，王后之弟；婆楼，本略阳氐酋也。

【译文】 永和七年（辛亥，公元351年）春季，正月，丁酉日（初一日），发生了日食。

符健的左长史贾玄硕等人呈上奏表，请求依据刘备号称汉中王的做法，上表东晋朝廷任命苻健为都督关中诸军事、大将军、大单于、秦王。苻健生气地说："我怎么能够胜任秦王呢？而且东晋的使臣还没有回去，我的官职爵位，不是你们所能够知道的。"紧接着他却悄悄地让梁安暗示贾玄硕等人向他进献尊号，苻健经过表面上的再三推辞谦让，就接受了。丙辰日（二十日），苻健即天王位、大单于位，立国号大秦，下令大赦，把年号改为皇始。追尊他的父亲苻洪为武惠皇帝，庙号为太祖；册立他的妻子强氏为天王后，儿子苻苌为太子，苻靓为平原公，苻生为淮南公，苻觌为长乐公，苻方为高阳公，苻硕为北平公，苻腾为淮阳公，苻柳为晋公，苻桐为汝南公，苻廋为魏公，苻武为燕公，苻幼为赵公。任命苻雄都督中外诸军事、丞相、兼车骑大将军、雍州牧、东海公；苻菁为卫大将军、平昌公，负责警卫苻健及苻苌所居住的两座宫殿；雷弱儿为太尉，毛贵为司空，略阳人姜伯周为尚书令，梁楞为左仆射，王堕为右仆射，鱼遵为太子太师，强平为太傅，段纯为太保，吕婆楼为散骑常侍。姜伯周，是苻健的舅舅；强平，是王后的弟弟；吕婆楼，本来是略阳的氐族的酋长。

段龛请以青州内附；二月，戊寅，以龛为镇北将军，封齐公。

魏主闵攻围襄国百馀日，赵主祗危急，乃去皇帝之号，称赵王，遣太尉张举乞师于燕，许送传国玺，中军将军张春乞师于姚弋仲。弋仲遣其子襄帅骑二万八千救赵，诫之曰："冉闵弃仁背义，屠灭石氏。我受人厚遇，当为复仇，老病不能自行；汝才十倍于闵，若不枭擒以来，不必复见我也！"弋仲亦遣使告于燕，燕主俊遣御难将军悦绾将兵三万往会之。

【译文】段龛请求用自己占据的青州归附东晋。二月，戊寅日(十三日),东晋朝廷任命段龛为镇北将军,册封为齐公。

魏国国君冉闵围攻襄国一百多天。后赵国君石祗境况危急,就去掉了皇帝的尊号,改称自己为赵王,派遣太尉张举向前燕请求救兵,并且答应送去传国玉玺。中军将军张春向姚弋仲请求救兵。姚弋仲派遣他的儿子姚襄率领了两万八千名骑兵前去援救后赵,他告诫姚襄说:"冉闵抛弃仁爱,背离道义,把石氏屠灭诛杀了。我受过石虎优厚的待遇,应当为他们报仇,但是因为我年老有病不能亲自前去,你的才干高出冉闵十倍,如果你不能把他的头颅带回来或者把他擒获回来,你也就不必再来见我了!"姚弋仲也派遣使者到前燕去报告,前燕国君慕容俊派遣御难将军悦绾率领三万士兵前往和姚弋仲的军队会合。

冉闵闻俊欲救赵,遣大司马从事中郎广宁常炜使于燕。俊使封裕诘之曰:"冉闵,石氏养息,负恩作逆,何敢辄称大号?"炜曰:"汤放桀,武王伐纣,以兴商、周之业;曹孟德养于宦官,莫知所出,卒立魏氏之基。苟非天命,安能成功!推此而言,何必致问!"裕曰:"人言冉闵初立,铸金为己像以卜成败,而像不成,信乎?"炜曰:"不闻。"裕曰:"南来者皆云如是,何故隐之?"炜曰:"奸伪之人欲矫天命以惑人者,乃假符瑞、托蓍龟以自重。魏主握符玺,据中州,受命何疑;而更反真为伪,取决于金像乎!"裕曰:"传国玺果安在?"炜曰:"在邺。"裕曰:"张举言在襄国。"炜曰:"杀胡之日,在邺者殆无孑遗;时有逃漏者,皆潜伏沟渎中耳,彼安知玺之所在乎!彼求救者,为妄诞之辞,无所不可,况一玺乎!"

【译文】 冉闵听说慕容俊想要去救援后赵,就派遣大司马从事中郎广宁人常炜出使前燕。慕容俊派遣封裕前去诘问他说:"冉闵,是石氏的养子,他背弃养育之恩而为叛逆之举,怎么胆敢狂妄地自称皇帝的名号呢？"常炜说："商汤放逐夏桀，周武王讨伐商纣，因此才振兴了商、周的大业；曹孟德被宦官抚养长大，没有谁知道他的生身父母是谁，却最终奠定了魏氏的基业。如果不是顺应了天命，他们怎么能够成功呢？以此类推，何必还要来责问我呢？"封裕说："听人家说冉闵刚刚即位的时候，曾经用金子铸造自己的形象用来占卜成败，然而最终却没有铸成，这事情是真的吗？"常炜说："我没有听说过这件事。"封裕说："从南方来的人都说确实是这样，你为什么要隐瞒呢？"常炜说："奸邪的人凡是想要假传天命来使人心迷惑的，就需要假借祥瑞的征兆，伪托占卜的结果，用来显示自己说话的分量。魏国国君冉闵拥有传国玉玺，占据了中州，承受了天命，还有什么值得怀疑的呢？难道还要改变事实，变真为伪，取决于金像吗？"封裕说："那么传国的玉玺在哪里呢？"常炜说："在邺城。"封裕说："张举说在襄国。"常炜说："诛杀胡人的时候，在邺城的人差不多没有能够活下来的；当时即使有逃脱漏网的，也都是潜伏在水渠水沟里面罢了，他们怎么会知道传国玉玺在什么地方呢？那些求救的人，说出一些虚妄荒诞的话，没有什么不可以编造进去的，何况是一个传国玉玺呢？"

俊犹以张举之言为信，乃积柴其旁，使裕以其私诱之，曰："君更熟思，无为徒取灰灭！"炜正色曰："石氏贪暴，亲帅大兵攻燕国都；虽不克而返，然志在必取。故运资粮、聚器械于东北者，非以相资，乃欲相灭也。魏主诛剪石氏，虽不为燕；臣子之心，闻仇雠之灭，义当如何？而更为彼责我，不亦异乎！吾闻死者骨肉下于土，精魂升于天。蒙君之惠，速益薪纵火，使仆得上诉于帝足矣！"左右请杀之，俊曰："彼不惮杀身而徇其主，忠臣也。且冉闵有罪，使臣何预焉！"使出就馆。夜，使其乡人赵瞻往劳之，且曰："君何不以实言？王怒，欲处君于辽、碣之表，奈何？"炜曰："吾结发以来，尚不欺布衣，况人主乎！曲意苟合，性所不能；直情尽言，虽沉东海，不敢避也！"遂卧向壁，不复与瞻言。瞻具以白俊，俊乃囚炜于龙城。

【译文】 慕容俊依然认为张举的话是真实的，于是就在常炜身边堆上木柴，派遣封裕用个人的私下关心劝诱常炜说："请你再仔细考虑考虑，没有必要白白地变成灰烬。"常炜厉言正色地说："石氏贪婪暴戾，曾经亲自率领大军进攻前燕的都城。虽然没有攻下就撤退了，却仍然存有必须攻取下来的决心。所以他们把物资和粮食武器运送到东北地区的目的，并不是要用这些东西帮助你们，而是想用这些东西把你们消灭。魏国国君冉闵把石氏诛灭了，虽然不是为了前燕，然而在做臣子的心里面，听到仇人被消灭的消息，从道义上又该如何呢？现在你反而替他们来责备我们，难道不也是奇怪的事情吗？我听说死去的人，虽然骨肉被埋在了土里面，但是灵魂能升天。承蒙你的恩惠，请赶快添加木柴点火，使我能够到上帝那里去诉说冤屈也就满足了！"周围的人都请求把常炜杀死。慕容俊说："他为了他的主君冉闵而不怕遭受杀身之祸，甘愿牺牲生命，的确是一个忠臣。而且有罪的是冉闵，和他的使臣有什么关系呢？"于是就让常炜离开此地，住进了馆舍。夜里，慕容俊派遣常炜的同乡赵瞻前往慰劳他，并且对他说："你为什么不说实话呢？如果大王生气，要把你流放到辽海和碣石山以外的地方，您有什么办法呢？"常炜说："我自从结发成年以来，就连一般的平民百姓都没有欺骗过，更何况是君主呢！违心地苟且迎合，这是我的本性所不能做到的事情；说出正直真实的言论，就是被沉到东海，也不敢逃避不说！"说完就面向墙壁躺下，不再和赵瞻说话。赵瞻把谈话的所有内容都告知了慕容俊，于是慕容俊就把常炜囚禁在了龙城。

赵并州刺史张平遣使降秦，秦王以平为大将军、冀州牧。

燕王逡还蓟。

三月，姚襄及赵汝阴王琨各引兵救襄国。冉闵遣车骑将军胡睦拒襄于长芦，将军孙威拒琨于黄丘，皆败还，士卒略尽。

【译文】 后赵的并州刺史张平派遣使者向前秦投降，前秦国君任命张平为大将军、冀州牧。

前燕国君慕容俊从龙城回到了蓟城。

三月，姚襄和后赵的汝阴王石琨各自率领士兵前去救援襄国。冉闵派遣车骑将军胡睦到长芦阻击姚襄，将军孙威到黄丘阻击石琨，但是他们全部都失败返回，大多数士兵也都战死了。

闵欲自出击之，卫将军王泰谏曰："今襄国未下，外救云集，若我出战，必覆背受敌，此危道也。不若固垒以挫其锐，徐观其衅而击之。且陛下亲临行陈，如失万全，则大事去矣。"闵将止，道士法饶进曰："陛下围襄国经年，无尺寸之功，今贼至，又避不击，将何以使将士乎！且太白入昴，当杀胡王，百战百克，不可失也！"闵攘袂大言曰："吾战决矣，敢沮众者斩！"乃悉众出，与襄、琨战。悦绾适以燕兵至，去魏兵数里，疏布骑卒，曳柴扬尘，魏人望之恟惧，襄、琨、绾三面击之，赵王祗自后冲之，魏兵大败，闵与十余骑走还邺。降胡栗特康等执大单于胤及左仆射刘琦以降赵，赵王祗杀之。胡睦及司空石璞、尚书令徐机、中书监卢谌等并将士死者凡十馀万人。闵潜还，人无知者。邺中震恐，讹言闵已没。射声校尉张艾请闵亲郊以安众心，闵从之，讹言乃息。闵支解法饶父子，赠韦謏大司徒。姚襄还还滠头，姚弋仲怒其不擒闵，杖之一百。

【译文】 冉闵想要亲自出去攻打姚襄以及石琨，卫将军王泰劝谏冉闵说："现在襄国没有攻下，外面的救兵像云一样聚集而来，如果我们再出去作战，必定会前后都受到敌人的攻击，这是一种极其危险的做法。不如坚固营垒来消磨挫伤他们的锐气，慢慢地看着他们之间出现裂痕再去进行攻击。况且陛下亲自到军中作战，如果出现危险，宏图大业就全完了。"冉闵听了劝谏后将要不再出征，而道士法饶却向冉闵进言说："陛下围攻襄国已经有一年时间了，却没有取得丝毫的胜利。现在贼兵到来了，又躲避不去进行攻击，今后将如何调动将士呢？而且太白星进入昴星的位置，正是诛杀胡王的征兆，一定会百战百胜，我们绝对不可以失去这个机会！"冉闵挽起袖子大声说："我已经决定要出发征战了，胆敢出言阻止军队使士兵士气沮丧的人就处死！"然后冉闵就率领所有的军队出去，和姚襄、石琨交战。恰好这时悦绾率领前燕的士兵到来了，在距离魏国士兵大约有几里的地方，他让骑兵稀疏地分布着，拖着木柴前进，扬起漫天尘土，魏国的士兵一看见这样的阵势便骚动不安、惊恐万状，姚襄、石琨、悦绾从三面进行攻击，后赵王石祗则从后面发起冲锋，魏国的士兵被打得大败，冉闵和十多个骑兵逃回邺城。过去向冉闵投降的胡人栗特康等人把大单于冉胤和左仆射刘琦挟持了向后赵投降，后赵王石祗把他们全部都杀死了。胡睦和司空石璞、尚书令徐机、中书监卢谌等人以及冉闵的众将士加起来死亡的一共有十几万人。冉闵悄悄地返回邺城，没有一个人知道。邺城里面的百姓都感到震惊恐惧，讹传冉闵已经死了。射声校尉张艾请求冉闵亲自露面去参加郊祀祭天的活动，以安定民心，冉闵采纳了他的建议，这才平息了讹传。冉闵肢解了法饶父子，追封韦謏为大司徒。姚襄回到了滠头，姚弋仲因为他没有把冉闵捉住而感到生气，就打了他一百杖。

　　初，闵之为赵相也，悉散仓库以树私恩，与羌、胡相攻，无月不战。赵所徙青、雍、幽、荆四州人民及氐、羌、胡、蛮数百万口，以赵法禁不行，各还本土；道路交错，互相杀掠，其能达者什有二、三。中原大乱。因以饥疫，人相食，无复耕者。

　　赵王祗使其将刘显帅众七万攻邺，军于明光宫，去邺二十三里。魏主闵恐，召王泰，欲与之谋。泰恚前言之不从，辞以疮甚。闵亲临问之，泰固称疾笃。闵怒，还宫，谓左右曰："巴奴，乃公岂假汝为命邪！要将先灭群胡，却斩王泰。"乃悉众出战，大破显军，追奔至阳平，斩首三万馀级。显惧，密使请降，求杀祗以自效，闵乃引归。会有告王泰欲叛入秦者，闵杀之，夷其三族。

　　秦王健分遣使者问民疾苦，搜罗俊异，宽重敛之税，弛离宫之禁，罢无用之器，去侈靡之服，凡赵之苛政不便于民者皆除之。

　　【译文】当初，冉闵担任后赵国宰相的时候，把国家仓库里的粮食财物全都散发给人们，以树立他对百姓的恩德，和羌族、胡族之间互相攻打，没有一个月不发生战争的。后赵所迁徙来的青州、雍州、幽州、荆州四个州的百姓，以及氐族、羌族、胡族、蛮族数百万人，都因为后赵的法令不能施行，分别返回了自己的本土。道路交错，互相残杀和劫夺，最终能回到目的地的只有十分之二三。中原地区大乱，因此导致了饥荒遍野，瘟疫流行，人们互相残杀啃食，再也没有人耕田种地了。

后赵王石祗派遣他的将领刘显率领七万士兵前去攻打邺城，在明光宫驻扎军队，那个地方和邺城相距二十三里。魏国国君冉闵十分恐惧，就把王泰召来，想要和他商量对策。王泰对冉闵以前不听从他的劝告十分气愤，就以疮口伤势严重为理由拒绝了。冉闵亲自前去慰问他，王泰仍然坚持说自己的伤势很严重。冉闵因此感到很生气，回到宫里以后，冉闵对左右的人说："巴蛮奴才（王泰本是巴蛮），难道我还要依靠你才能活命吗？我要先把群胡消灭掉，然后再把王泰斩了。"于是冉闵就率领所有的军队出去迎战，把刘显的军队打得大败，一直追击到了阳平，斩了三万个刘显的士兵。刘显十分害怕，就秘密地派遣使者前去向冉闵请求投降，并且向冉闵请求把石祗杀掉来表示自己效忠，冉闵这才率领军队撤回。有人向冉闵报告王泰想要背叛他归附前秦，冉闵就把王泰杀死了，并且把他的三族都诛灭了。

前秦国君苻健分别派遣使者询问百姓疾苦，招纳才干卓越优秀的人士，减轻横征暴敛的赋税，开放为修建离宫划定的禁区，撤掉没有用处的事务和器具，去掉华丽奢侈的服装，凡是后赵制定的不利于百姓的烦琐苛刻的政令，全部都废除了。

杜洪、张琚遣使召梁州刺史司马勋。夏，四月，勋帅步骑三万赴之，秦王健御之于五丈原。勋屡战皆败，退归南郑。健以中书令贾玄硕始者不上尊号，衔之，使人告玄硕与司马勋通，并其诸子皆杀之。

渤海人逢约因赵乱，拥众数千家，附于魏，魏以约为渤海太守。故太守刘准，隗之兄子也，土豪封放，弈之从弟也；别聚众自守。闵以准为幽州刺史，与约中分渤海。燕王俊使封弈讨约，使昌黎太守高开讨准、放。开，瞻之子也。

【译文】杜洪、张琚派遣使者征召梁州刺史司马勋。夏季，四月，司马勋率领步兵和骑兵三万人前往，前秦国君苻健在五丈原对司马勋进行阻击。司马勋和苻健多次交战都失败了，只好退回到南郑。苻健因为中书令贾玄硕在开始的时候，没有主动奉上尊号，对他怀恨在心，就指使人诬告贾玄硕和司马勋私底下有来往，借此把他和他的几个儿子都杀死了。

渤海人逄约趁着后赵国发生内乱的机会，就带领几千家百姓归附魏国，魏国任命逄约为渤海太守。前太守刘准，是刘隗哥哥的儿子；地方豪强封放，是封弈的堂弟。他们则另外聚集众人独自进行防守。冉闵任命刘准为幽州刺史，把渤海一分为二，让逄约和刘准分地而治。前燕国君慕容俊派遣封弈前去讨伐逄约，派遣昌黎太守高开前去讨伐刘准和封放。高开，是高瞻的儿子。

弈引兵直抵约垒，遣人谓约曰："相与乡里，隔绝日久，会遇甚难。时事利害，人各有心，非所论也。愿单出一相见，以写伫结之情。"约素信重弈，即出，见弈于门外。各屏骑卒，单马交语。弈与论叙平生毕，因说之曰："与君累世同乡，情相爱重，诚欲君享祚无穷；今既获展奉，不可不尽所怀。冉闵乘石氏之乱，奄有成资，是宜天下服其强矣，而祸乱方始，固知天命不可力争也。燕王弈也载德，奉义讨乱，所征无敌。今已都蓟，南临赵、魏，远近之民，襁负归之。民厌荼毒，咸思有道。冉闵之亡，匪朝伊夕，成败之形，昭然易见。且燕王肇开王业，虚心贤俊，君能翻然改图，则功参绛、灌，庆流苗裔，孰与为亡国将，守孤城以待必至之祸哉！”约闻之，怅然不言。弈给使张安，有勇力；弈豫戒之，俟约气下，安突前持其马鞚，因挟之而驰。至营，弈与坐，谓曰：“君计不能自决，故相为决之，非欲取君以邀功，乃欲全君以安民也。”

【译文】封弈率领军队直接到达了逢约的军垒，派人告诉逢约说：“你和我本来是乡亲，分开以后到现在已经有很长时间了，要想见面十分困难。眼下事情的利害得失，人人心里都有数，不必多说。我希望你可以单独出来和我见上一面，倾诉聚集于心头的思念之情。”逢约一向信任并且尊重封弈，随即出来，在营垒门外与封弈见面，他们各自都没带骑兵卫士，只是单人匹马交谈。封弈和他叙说完毕各自的经历以后，就劝他说：“你我两家几代都是同乡，在感情上彼此爱护尊重，因此我真心希望您能享受无穷的幸福。既然今天我能够和你见面，我就不得不向你尽吐肺腑之言了。冉闵乘着石氏大乱的机会，囊括了其已经拥有的成果，是应该让天下人都佩服他强大的力量，然而战祸动乱也从此开始，因此天命不能靠人力来争夺。燕王几代人都具有仁德，奉行大义，讨伐叛乱，所征伐的地方没有人奋起抵抗。现在已经在蓟城定都，南边与后赵、魏国相连接，远近的百姓，都纷纷背负着子女前来归附。百姓厌恶荼毒之苦，都思念有道德的国君，冉闵的灭亡，不是早晨就是晚上，成功失败的形势，很容易就可以看出来。况且燕王刚刚开始创立帝王大业，虚心对待俊贤之士。如果你能够改变主意，另做打算，那么你的功劳就可以和周勃、灌婴相比，福祉可以流传后代子孙，何必做亡国的将领，防守孤城，等待必定会来临的祸患呢？”逢约听到他的这番话，心情悲怅，默不作声。封弈左右的使者张安，有勇力，封弈事先对他做了布置，等到逢约气势低落的时候，张安突然冲上前去拉住他的马鞍，顺势就挟持了他疾驰返回。回到营地以后，封弈和逢约坐在一起，对他说："你不能决定自己的计划，所以我帮你一起决定，并不是想要把你捉住去邀功请赏，而是想要保全你的生命来使民心安定。"

高开至渤海，准、放迎降。俊以放为渤海太守，准为左司马，约参军事。以约诱于人而遇获，更其名曰钧。

刘显弑赵王祗及其丞相安乐王炳、太宰赵庶等十馀人，传首于邺。骠骑将军石宁奔柏人。魏主闵焚祗首于通衢，拜显上大将军、大单于、冀州牧。

五月，赵兖州刺史刘启自鄄城来奔。

秋，七月，刘显复引兵攻邺，魏主闵击败之。显还，称帝于襄国。

八月，魏徐州刺史周成、兖州刺史魏统、荆州刺史乐弘、豫州牧张遇以廪丘、许昌等诸城来降；平南将军高崇、征虏将军吕护执洛州刺史郑系，以其地来降。

【译文】高开到达了渤海，刘准和封放前来迎接并向高开投降。慕容俊任命封放为渤海太守，刘准为左司马，逢约为参军事。因为逢约是被别人劝诱才向前燕归附投降的，于是就把他的名字改为逢钧。

刘显把后赵王石祗以及他的丞相乐安王石炳、太宰赵庶等十多人都杀死了，并且把他们的头都传递到了邺城。骠骑将军石宁逃到柏人县。魏国国君冉闵在广通大道上把石祗的头焚烧了，任命刘显为上大将军、大单于、冀州牧。

五月，后赵的兖州刺史刘启从鄄城前来向东晋投降。

秋季，七月，刘显又率领士兵前去攻打邺城，魏国国君冉闵把他打败了。刘显回去，在襄国称帝。

八月，魏国的徐州刺史周成、兖州刺史魏统、荆州刺史乐弘、豫州牧张遇用廪丘、许昌等城邑前去向东晋投降。平南将军高崇和征虏将军吕护把洛州刺史郑系逮捕了，用他的土地来向东晋投降。

燕王俊遣慕容恪攻中山，慕容评攻王午于鲁口，魏中山太守上谷侯龛闭城拒守。恪南徇常山，军于九门，魏赵郡太守辽西李邽举郡降，恪厚抚之，将邽还围中山，侯龛乃降。恪入中山，迁其将帅、土豪数十家诣蓟，馀皆安堵；军令严明，秋豪不犯。慕容评至南安，王午遣其将郑生拒战，评击斩之。

悦绾还自襄国，俊乃知张举之妄而杀之。常炜有四男二女在中山，俊释炜之囚，使诸子就见之。炜上疏谢恩，俊手令答曰："卿本不为生计，孤以州里相存耳。今大乱之中，诸子尽至，岂非天所念邪！天且念卿，况于孤乎！"赐妾一人，谷三百斛，使居凡城。以北平太守孙兴为中山太守；兴善于绥抚，中山遂安。

库傉官伟帅部众自上党降燕。

【译文】前燕国君慕容俊派遣慕容恪去攻打中山，慕容评到鲁口去攻打王午，魏国的中山太守上谷人侯龛关上城门进行防守。慕容恪向南巡行常山，在九门县驻扎军队，魏国的赵郡太守辽西人李邽带领全郡人向前燕投降，慕容恪给了他丰厚的抚慰，率领李邽的军队返回去包围攻击中山，侯龛这才向前燕投降。慕容恪进入中山，把侯龛手下的将帅、地方豪强数十家迁徙到了蓟城，其余的则让他们全都就地安居，军队纪律非常严明，没有进行一丝一毫的侵犯。慕容评到达了南安，王午派遣他的将领郑生进行抵抗，慕容评发起攻击，把郑生斩杀了。

悦绾从襄国回来以后，慕容俊才知道张举所说的送传国印玺是荒诞之辞，就把他杀死了。常炜在中山有四个儿子两个女儿，慕容俊解除了对常炜的囚禁，让他的儿女们前来见他。常炜向慕容俊上疏谢恩，慕容俊亲自复信回答说："你的行动本来不是为了活命谋生考虑，但是我与你是同乡，所以才对你加以保全。在大乱的形势下，你的几个儿子全部都能来到这里，这难道不是上天对你的关怀吗？上天尚且关怀你，更何况是我呢！"慕容俊赐给常炜妾一人，粮食三百斛，让他在凡城居住。任命北平太守孙兴为中山太守。孙兴善于安抚别人，于是中山就安定下来。

库傉官伟率领他手下的士兵从上党向前燕投降。

姚弋仲遣使来请降。冬，十一月，以弋仲为使持节、六夷大都督、督江北诸军事、车骑大将军、开府仪同三司、大单于、高陵郡公，又以其子襄为持节、平北将军、都督并州诸军事、并州刺史、平乡县公。

逢钓亡归渤海，招集旧众以叛燕。乐陵太守贾坚使人告谕乡人，示以成败，钓部众稍散，遂来奔。

吐谷浑叶延卒，子碎奚立。

初，桓温闻石氏乱，上疏请出师经略另原，事久不报。温知朝廷仗殷浩以抗己，甚忿之；然素知浩之为人，亦不之惮也。以国无他衅，遂得相持弥年，虽有君臣之迹，羁縻而已，八州士众资调殆不为国家用。屡求北伐，诏书不听。十二月，辛未，温拜表辄行，帅众四五万顺流而下，军于武昌。朝廷大惧。

【译文】姚弋仲派遣使者来向东晋投降。冬季，十一月，晋穆帝司马聃任命姚弋仲为使持节、六夷大都督、督江北诸军事、车骑大将军、开府仪同三司、大单于、高陵郡公；又任命他的儿子姚襄为持节、平北将军、都督并州诸军事、并州刺史、平乡县公。

逄钓逃回到渤海，招集原来的士兵背叛前燕。乐陵太守贾坚派人劝谕乡里的人，给他们分析成败大势，逄钓的旧部逐渐离散，于是逄钓就前来投奔东晋。

吐谷浑的首领叶延去世了，他的儿子叶碎奚继立。

起初，桓温听到石氏混乱的消息，就向晋穆帝司马聃上疏请求出兵整治中原地区，但是事情过了许久也没有回音。桓温知道朝廷依仗殷浩来对抗自己，对此感到很气愤；然而他一向知道殷浩的为人，所以对此不惧怕。因为国家没有其他的灾祸变故，也就相持共处了一年多，虽然有君臣的痕迹，但也是一般性的相互联系、应付而已，桓温管辖的八州（永和元年桓温都督荆州、司州、雍州、益州、梁州、宁州六个州，五年又加督交州、广州两个州）百姓的财货、赋税几乎都没有让朝廷使用。他多次请求向北攻伐，晋穆帝司马聃颁下诏书不肯答应。十二月，辛未日（十一日），桓温向朝廷上表后就立即出发，率领四五万士兵顺流而下，在武昌驻扎。东晋朝廷非常恐惧。

殷浩欲去位以避温，又欲以驺虞幡驻温军。吏部尚书王彪之言于会稽王昱曰："此属皆自为计，非能保社稷，为殿下计也。若殷浩去职，人情离骇，天子独坐，当此之际，必有任其责者，非殿下而谁乎！"又谓浩曰："彼若抗表问罪，卿为之首。事任如此，猜衅已成，欲作匹夫，岂有全地邪！且当静以待之。令相王与手书，示以款诚，为陈成败，彼必旋师；若不从，则遣中诏；又不从，乃当以正义相裁。奈何无故匆匆，先自狼狈乎！"浩曰："决大事正自难，顷日来欲使人闷。闻卿此谋，意始得了。"彪之，彬之子也。

【译文】 殷浩想要把官职辞去避开桓温，又想要出示驺虞幡（驺虞是仁兽，幡是旗帜。幡用驺虞的名字，表示仁爱不杀的意思）使桓温的部队不再继续前进。吏部尚书王彪之向会稽王司马昱进言说："这些举动全都是为自己打算，并不能保卫国家，不是为殿下考虑的，如果殷浩把官职辞去，必将会导致人心离散混乱，天子独坐天下，在这时，必定要有人出来承担责任，这个人不是殿下还能是谁呢？"王彪之又对殷浩说："如果桓温向皇上上表直说他人的罪过并且要追究，第一个被追究的人就是你。您在朝廷担任如此重要的职务，已经造成和桓温的猜忌隔阂，这时想要去做一个平常人，难道还能保全自己吗？你暂且保持冷静等待桓温。可以先让宰相写一封亲笔信给他，向他表示恳切的诚意，为他分析出兵成败的情形，他就一定会率领军队返回了；如果他不肯听从，那就请皇上司马聃亲自下达手诏；如果他仍然不肯听从，就应当用正义之师去制裁他。您为什么要平白无故地匆匆行事，先自我倾覆呢？"殷浩说："决定大事，自己正感到难以决策，近日一直使我感到非常烦闷。听到你这个计谋，这才能决定下来。"王彪之，是王彬的儿子。

抚军司马高崧言于昱曰："王宜致书，谕以祸福，自当返旆。如其不尔，便六军整驾，逆顺于兹判矣！"乃于坐为昱草书曰："寇难宜平，时会宜接。此实为国远图，经略大算，能弘斯会，非足下而谁！但以比兴师动众，要当以资实为本；运转之艰，古人所难，不可易之于始而不熟虑。顷所以深用为疑，惟在此耳。然异常之举，众之所骇，游声噂沓，想足下亦少闻之。苟患失之，无所不至，或能望风振扰，一时崩散。如此则望实并丧，社稷之事去矣。皆由吾暗弱，德信不著，不能镇静群庶，保固维城，所以内愧于心，外惭良友。吾与足下，虽职有内外，安社稷，保家国，其致一也。天下安危，系之明德；当先思宁国而后图其外，使王基克隆，大义弘著，所望于足下。区区诚怀，岂可复顾嫌而不尽哉！"温即上疏惶恐致谢，回军还镇。

【译文】 抚军司马高崧向司马昱建议说："您应该向桓温写信，明白地告诉他出兵的利害得失，他自然就会率领军队返回了。如果他不这么做，就整顿六军的人马，按照朝廷的命令前去讨伐他。"于是他就在座位上为司马昱起草书信说："贼寇的祸乱应该平定，光复中原的时机到来应该利用。这确实是为国家着想的深远谋划，夺取天下的伟大计策，而能够弘扬光大这种时运的，除了你还能有哪个人呢？但是最近兴师动众，应该以财货和粮食为基础，而运输转送的艰苦，正是古人最头疼的事情，不能从开始就认为它容易而不加以认真考虑。近来我之所以对你的举动深以为疑，原因就在这里。对于异乎寻常的举动，人们都感到惊骇，所以最近到处议论纷纷，我想你也多少会听到一些。如果人们生怕自己原来拥有的一切再失去，那什么事情都做得出来，也许有些人就会震恐惊忧，甚至会顷刻崩溃逃散。但是如此则宏大的愿望和已有的成果全都会丧失，国家的大业也就完了。这都是由于我昏庸懦弱，没有表现出崇高的道德和信誉，才没能使百姓沉着安定，凭借险势连城固守，以保卫国家，这就是我于内问心有愧，于外对不起好友的原因。我和你，担任的职务虽然有内外的区别，但是安定社会、保卫国家这个目标却是一致的。天下的安危，与完美的德行相联系。应当先考虑使国家内部安定，然后再谋求向外扩展，使帝王的基业兴隆昌盛，道义弘扬彰著，这正是我对你的希望。这是我的一点诚

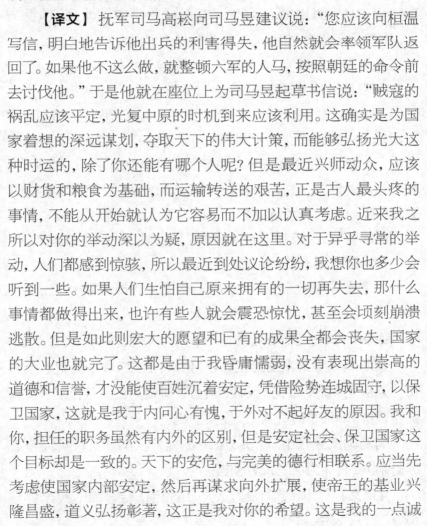

挚的想法，难道还能再顾虑疑忌而不坦诚尽言吗？"桓温看到书信以后立刻向晋穆帝司马聃上疏诚惶诚恐地谢罪，并且率领军队返回了原来镇守的地方。

朝廷将行郊祀。会稽王昱问于王彪之曰："郊祀应有赦否？"彪之曰："自中兴以来，郊祀往往有赦，愚意常谓非宜；凶愚之人，以为郊必有赦，将生心于徼幸矣！"昱从之。

燕王俊如龙城。

丁零翟鼠帅所部降燕，封为归义王。

【译文】 东晋朝廷将要在郊外举行祭祀天地的仪式。会稽王司马昱询问王彪之说："在郊外举行祭天大典的时候是否应该下令大赦天下呢？"王彪之回答说："自从朝廷中兴以来，举行祭天大典的时候，往往会颁布赦令。我的意见是，如果经常这样做，是不合适的。凶残愚顽的人，认为祭天的时候必定颁布大赦令，那么他们必将产生侥幸的心理！"司马昱采纳了他的建议。

前燕国君慕容俊去了龙城。

丁零翟鼠率领自己的士兵向前燕投降，被封为归义王。

永和八年（壬子，公元三五二年）春，正月，辛卯，日有食之。

秦丞相雄等请秦王健正尊号，依汉、晋之旧，不必效石氏之初。健从之，即皇帝位，大赦，诸公皆进爵为王。且言单于所以统壹百蛮，非天子所宜领，以授太子苌。

司马勋既还汉中，杜洪、张琚屯宜秋。洪自以右族，轻琚；琚遂杀洪，自立为秦王，改元建昌。

【译文】 永和八年（壬子，公元352年）春季，正月，辛卯日（初一日），发生了日食。

前秦丞相苻雄等人请求前秦国君苻健正式称皇帝的尊号，依照汉朝、晋朝的旧制，直接即位为皇帝，而不要效法石氏的做法，在起初的时候先称天王，然后再即皇帝位。苻健采纳了他们的建议，即皇帝位，下令大赦。诸公的爵位全部都晋升为王。苻雄等人还说，单于用来统治百蛮的种种措施、办法，不宜由天子亲自掌管，所以苻健把这方面的权力授予太子苻苌。

司马勋回到汉中以后，杜洪和张琚在宜秋驻扎军队。杜洪自以为出身于高门大族而轻视张琚，张琚就杀了杜洪，自立为秦王，把年号改为建昌。

刘显攻常山，魏主闵留大将军蒋干使辅太子智守邺，自将八千骑救之。显大司马清河王宁以枣强降魏。闵击显，败之，追奔至襄国。显大将军曹伏驹开门纳闵。闵杀显及其公卿己下百馀人，焚襄国宫室，迁其民于邺。赵汝阴王琨以其妻妾来奔，斩于建康市，石氏遂绝。

尚书左丞孔严言于殷浩曰："比来众情，良可寒心，不知使君当何以镇之。愚谓宜明受任之方，韩、彭专征伐，萧、曹守管籥，内外之任，各有攸司；深思廉、蔺屈身之义，平、勃交欢之谋，令穆然无间，然后可以保大定功也。观顷日降附之徒，皆人面兽心，贪而无亲，恐难以义感也。"浩不从。严，愉之从子也。

【译文】刘显攻打常山，魏国国君冉闵把大将军蒋干留下来辅助太子冉智在邺城进行防守，自己则亲自率领八千骑兵赶去常山进行支援。刘显的大司马清河人王宁用枣强县向魏国投降。冉闵前去进攻刘显，把他打败，一直追击到了襄国。刘显的大将军曹伏驹把城门打开迎接冉闵进城，冉闵把刘显和他的一百多个公卿以下的官员都杀死，把襄国的宫殿都烧毁，把襄国的百姓都迁徙到邺城。后赵的汝阴王石琨带着他的妻妾向东晋投降，在建康的闹市街头被斩杀，石氏家族就被彻底灭绝了。

尚书左丞孔严向殷浩建议说："最近一段时间，百姓们的情绪，实在让人心寒，不知道您将要用什么方法安定他们。我认为应该明确各人承担职务的权限，就像在汉朝的时候，韩信、彭越专门从事征战讨伐的武略，萧何、曹参则专门担任丞相掌握朝政，对内外的职责，分别有专门的官吏担任。还应该深思廉颇和蔺相如能够为国家利益而捐弃前嫌的道理，陈平和周勃为制止吕氏专权而结为至交的谋略，使得彼此和睦团结，然后就可以保卫皇室，保有天下，成就功业。看看近日来投降归附的那些人，全都人面兽心，贪婪至极而且六亲不认，恐怕用道义很难感化他们。"殷浩没有采纳他的建议。孔严，是孔愉的侄子。

浩上疏请北出许、洛，诏许之，以安西将军谢尚、北中郎将荀羡为督统，进屯寿春。谢尚不能抚尉张遇，遇怒，据许昌叛，使其将上官恩据洛阳，乐弘攻督护戴施于仓垣，浩军不能进。三月，命荀羡镇淮阴，寻加监青州诸军事，又领兖州刺史，镇下邳。

乙巳，燕王俊还蓟，稍徙军中文武兵民家属于蓟。

姚弋仲有子四十二人，及病，谓诸子曰："石氏待吾厚，吾本欲为之尽力。今石氏已灭，中原无主；我死，汝亟自归于晋，当固执臣节，无为不义也！"弋仲卒，子襄秘不发丧，帅户六万南攻阳平、元城、发干，破之，屯于碻磝津，以太原王亮为长史，天水尹赤为司马，太原薛瓒、略阳权翼为参军。

【译文】殷浩向晋穆帝司马聃上疏请求准许自己向北出兵许昌和洛阳，晋穆帝司马聃颁下诏书准许了他的请求，任命安西将军谢尚、北中郎将荀羡为督统，在寿春驻扎军队。谢尚不能抚慰张遇，张遇非常愤怒，就占据武昌叛乱，并且派遣他的将领上官恩占据洛阳，乐弘也在仓垣攻打督护戴施，殷浩的军队不能前进。三月，命令荀羡镇守淮阴，不久加任他监察青州诸军事，又兼任兖州刺史，镇守下邳。

乙巳日（十五日），前燕国君慕容俊回到蓟城，把少量的军中文武官员、士兵的家属迁徙到了蓟城。

姚弋仲有四十二个儿子，等到他病重的时候，他对他的儿子们说："石氏对待我很优厚，我本来想为他们尽力。现在石氏被消灭了，中原混战无主；我死以后，你们赶快归附东晋朝廷，坚守作为臣子的节气，不要做和义理不合的事情。"姚弋仲死了以后，他的儿子姚襄隐瞒了他死亡的消息，没有告诉别人，率领六万户部众向南攻打阳平郡、元城县和发干县等地，全部攻下，在碻磝津驻扎军队。任命太原人王亮为长史，天水人尹赤为司马，太原人薛瓒和略阳人权翼为参军。

【乾隆御批】温屡请北征，浩辄抑而不许。兹乃以恢复为己任，岂自信将略果优于温？直以忌温，妄冀侥幸成功，可以倾其权势而已。忠于谋国者固如是乎？

【译文】桓温多次请求北征，殷浩每次都是压制他而不准许。现在又以恢复失地为自己的责任了，难道是自信在用兵的谋略上果真优于桓温吗？坦率地说是他忌恨桓温，妄想自己可以侥幸成功，那样就可以把自己的权势无限扩大了。忠于朝廷、为国谋划的人能像他这样吗？

襄与秦兵战，败，亡三万馀户，南至荥阳，始发丧。又与秦将高昌、李历战于麻田，马中流矢而毙。弟苌以马授襄，襄曰："汝何以自免？"苌曰："但令兄济，竖子必不敢害苌！"会救至，俱免。尹赤奔秦，秦以赤为并州刺史，镇蒲阪。

襄遂帅众归晋，送其五弟为质。诏襄屯谯城，襄单骑渡淮，见谢尚于寿春。尚闻其名，命去仗卫，幅巾待之，欢若平生。襄博学，善谈论，江东人士皆重之。

【译文】姚襄和前秦的士兵交战，被打败了，有三万多户战死、溃逃，姚襄向南到达了荥阳，才公开了父亲姚弋仲死亡的消息。又和前秦的将领高昌、李历在麻田作战，他的战马被飞箭射中死了。他的弟弟姚苌给了姚襄一匹马，姚襄说："你自己要怎么脱身呢？"姚苌说："只要哥哥平安，那帮小子一定不敢伤害我。"恰好援兵在这时赶到，他们全都幸免于难。尹赤逃到前秦，前秦任命尹赤为并州刺史，镇守蒲阪。

于是姚襄就率领众人归附东晋朝廷，并且把他的五个弟弟送去做人质。晋穆帝司马聃颁下诏书派遣姚襄在谯城驻扎军队。姚襄单人匹马渡过淮河，前往寿春拜见谢尚。谢尚早就听说过他的名字，命令把仪仗和侍卫撤去，自己把帽子摘掉，只用全幅的缣束着头就出来热情地接待他，就像是见到了过去的老朋友一样。姚襄学问渊博，善于谈论，江东的人士都很尊重他。

魏主闵既克襄国，因游食常山、中山诸郡。赵立义将军段勤聚胡、羯万馀人保据绎幕，自称赵帝。夏，四月，甲子，燕王俊遣慕容恪等击魏，慕容霸等击勤。

魏主闵将与燕战，大将军董闰、车骑将军张温谏曰："鲜卑乘胜锋锐，且彼众我寡，请且避之，俟其骄惰，然后益兵以击之。"闵怒曰："吾欲以此众平幽州，斩慕容俊；今遇恪而避之，人谓我何！"司徒刘茂、特进郎闿相谓曰："吾君此行，必不还矣，吾等何为坐待戮辱！"皆自杀。

【译文】 魏国国君冉闵攻下了襄国以后，就在常山、中山诸郡周游吃喝。后赵的立义将军段勤聚集了一万多胡人、羯人，保卫据守绎幕，自称赵帝。夏季，四月，甲子日（初五日），前燕国君慕容俊派遣慕容恪等人前去进攻魏国，慕容霸等人前去攻击段勤。

魏国国君冉闵准备和前燕作战，大将军董闰、车骑将军张温劝谏冉闵说："鲜卑人乘着胜利的气势，锋芒锐利，而且他们的士兵多而我们的士兵少，我们应该暂时避开他们，等到他们骄慢怠惰的时候，我们再增加军队对他们进行攻击。"冉闵听了以后生气地说："我想要利用这些士兵平定幽州，把慕容俊斩杀了；现在遇到了慕容恪却避开他们，人们该说我什么呢？"司徒刘茂、特进郎闿互相议论说："我们的国君这一次出征，必定是不会回来的了，我们为什么要在这里坐等被杀戮的耻辱呢？"于是他们两个人都自杀了。

闵军于安喜，慕容恪引兵从之。闵趣常山，恪追之，丙子，及于魏昌之廉台。闵与燕兵十战，燕兵皆不胜。闵素有勇名，所将兵精锐，燕人惮之。慕容恪巡陈，谓将士曰："冉闵勇而无谋，一夫敌耳！其士卒饥疲，甲兵虽精，其实难用，不足破也！"闵以所将多步卒，而燕皆骑兵，引兵将趣林中。恪参军高开曰："吾骑兵利平地，若闵得入林，不可复制。宜亟遣轻骑邀之，既合而阳走，诱致平地，然后可击也"。恪从之。魏兵还就平地，恪分军为三部，谓诸将曰："闵性轻锐，又自以众少，必致死于我。我厚集中军之陈以待之，俟其合战，卿等从旁击之，无不克矣。"乃择鲜卑善射者五千人，以铁锁连其马，为方陈而前。闵所乘骏马曰朱龙，日行千里。闵左操双刃矛，右执钩戟，以击燕兵，斩首三百馀级。望见大幢，知其为中军，直冲之；燕两军从旁夹击，大破之。围闵数重，闵溃围东走二十馀里，朱龙忽毙，为燕兵所执。燕人杀魏仆射刘群，执董闵、张温，及闵皆送于蓟。闵子操奔鲁口。高开被创而卒。慕容恪进屯常山，俊命恪镇中山。

资治通鉴

【译文】冉闵在安喜驻扎军队，慕容恪率领士兵在后面跟着他。冉闵率军前往常山，慕容恪紧追不舍，一直追到了魏昌的廉台。冉闵率军和前燕士兵交战了数十次，前燕士兵都没有取得胜利。冉闵历来就有勇猛的名声，所率领的也都是精良的士兵，前燕士兵对他感到害怕。慕容恪巡视阵地，对他的将士们说："冉闵勇敢却没有计谋，只能一个人对抗一人罢了！他的士兵们饥饿疲惫，武器装备虽然精良，但是实际上很难使用，打败他们并不是多么困难的事情！"冉闵认为他所率领的大多数都是步兵，而前燕士兵都是骑兵，于是就率领士兵前往树林里面。慕容恪的参军高开说："我们的骑兵在平坦的地方作战更加有利，如果冉闵率军到树林里面去，我们将对他无可奈何。我们应该赶快派遣轻便的骑兵把他拦截下来，交战以后再假装逃跑，诱使他到平坦的地方，我们就可以对他进行攻击了。"慕容恪采纳了他的建议。魏国的士兵回到平坦的地方，慕容恪把军队分为三部，对诸位将领说："冉闵生性轻敌，锐气十足，又自认为士兵比较少，必定会拼死和我们作战。我要在中军的阵地上集中优势兵力等着他，等到他们和我们的中军交战的时候，你们就从两翼对他们进行攻击，没有什么是不可以战胜的。"于是就选拔了五千个擅长射箭的鲜卑人，用铁锁把他们所骑的马连接起来，组成方阵，布置在军队的前面。冉闵所骑的骏马名字叫作朱龙，一天可以行走一千里。冉闵左手持着两刃矛，右手拿着钩戟，攻击前燕士兵，前燕有三百多个士兵被冉闵斩杀了。当冉闵远远望见宽大的仪仗旗帜之后，知道他们就是中军，就径直向前发起冲击。这时，前燕其他两部分的军队从两翼夹击，把冉闵的军队彻底打败了。好几重的士兵把冉闵团团围住，冉闵突破包围向东逃了二十多里，冉闵的骏马朱龙忽然死了，冉闵被前燕士兵捉住。前燕士兵把魏国的仆射刘群杀死，并且把董闵（当作董闰）、张温和冉闵都捉住了，把他们全部都押送到蓟城。冉闵的儿子冉操逃到鲁口。高开受伤去世。慕容恪继续前进，在常山驻扎军队，慕容俊命令慕容恪镇守中山。

己卯，冉闵至蓟。俊大赦，立闵而责之曰："汝奴仆下才，何得妄称帝？"闵曰："天下大乱，尔曹夷狄禽兽之类犹称帝，况我中土英雄，何为不得称帝邪！"俊怒，鞭之三百，送于龙城。

慕容霸军至绛幕，段勤与弟思聪举城降。

甲申，俊遣慕容评及中尉侯龛帅精骑万人攻邺。癸巳，至邺，魏蒋干及太子智闭城拒守。城外皆降于燕，刘宁及弟崇帅胡骑三千奔晋阳。

秦以张遇为征东大将军、豫州牧。

【译文】 己卯日（二十日），冉闵被押送到了蓟城。慕容俊下令大赦。他让冉闵站在那里然后斥责他说："你不过就是一个才能低下的奴仆下人，怎么能够自称为皇上呢？"冉闵说："现在天下大乱，你们这些夷狄禽兽之类的还可以自称为皇上，更何况我是中原的英雄，为什么不能够自称为皇上呢？"慕容俊听了以后很生气，就打了他三百鞭，然后把他送到了龙城。

慕容霸的军队到达了绛幕，段勤和他的弟弟段思聪举城向慕容霸投降。

甲申日（二十五日），慕容俊派遣慕容评和中尉侯龛率领一万精锐骑兵前去攻打邺城。癸巳日（四月无此日），军队到达了邺城，魏国的蒋干和太子冉智把邺城的城门紧紧地关上，抵抗固守，城外的士兵和百姓都向前燕投降，刘宁和他的弟弟刘崇率领三千胡族骑兵逃到晋阳。

前秦任命张遇为征东大将军、豫州牧。

五月，秦主健攻张琚于宜秋，斩之。

邺中大饥，人相食，故赵时宫人被食略尽。蒋干遣侍中缪嵩、詹事刘猗奉表请降，且求救于谢尚。庚寅，燕王俊遣广威将军慕容军、殿中将军慕舆根、右司马皇甫真等帅步骑二万助慕容评攻邺。

辛卯，燕人斩冉闵于龙城。会大旱，蝗，燕王俊谓闵为祟，遣使祀之，谥曰悼武天王。

【译文】五月，前秦国君苻健到宜秋攻打张琚，把他斩杀了。

邺中地区发生了严重的饥荒，人们互相残杀啃食，后赵的宫人差不多都被吃掉了。蒋干派遣侍中缪嵩、詹事刘猗向东晋朝廷呈上降表，请求投降，并且向谢尚请求救援。庚寅日（初二日），前燕国君慕容俊派遣广威将军慕容军、殿中将军慕舆根、右司马皇甫真等率领步兵和骑兵两万人，协助慕容评攻打邺城。

辛卯日（初三日），前燕士兵在龙城把冉闵斩杀了。恰好这时发生了严重的旱灾和蝗灾，前燕国君慕容俊就认为这是冉闵在作祟，就派遣使者前去祭祀他，给他追封谥号为悼武天王。

初，谢尚使戴施据枋头，施闻蒋干求救，乃自仓垣徙屯棘

津，止干使者求传国玺。刘猗使缪嵩还邺白干，干疑尚不能救，沈吟未决。六月，施帅壮士百馀人入邺，助守三台，绐之曰："今燕寇在外，道路不通，玺未敢送也。卿且出以付我，我当驰白天子。天子闻玺在吾所，信卿至诚，必多发兵粮以相救饷。"干以为然，出玺付之。施宣言使督护何融迎粮，阴令怀玺送于枋头。甲子，蒋干帅锐卒五千及晋兵出战，慕容评大破之，斩首四千级，干脱走入城。

甲申，秦主健还长安。

【译文】起初，谢尚派遣戴施在枋头进行防守，戴施听说蒋干派人求救，就把军队从仓垣迁移到了棘津驻扎，把蒋干的使者留了下来向他索要传国的玉玺。刘猗派遣缪嵩回到邺城把这件事禀告了蒋干，蒋干怀疑谢尚不能前来援救自己，犹豫再三，不能决定。六月，戴施率领一百多个壮士进入邺城，协助蒋干防守三台，并且哄骗他说："现在燕寇在外面陈兵，道路不能够通行，不敢把传国玉玺送过去。你暂且把它拿出来交给我，我会派人骑快马去向天子司马聃禀告这件事。天子如果知道传国玉玺在我们这里，一定会相信你十分诚恳，必定会多发一些兵粮来救助你。"蒋干认为他说得很有道理，就把传国玉玺拿出来交给了他。戴施公开宣称要派遣督护何融前去迎接兵粮，暗中却把传国玉玺藏在怀里送到枋头。甲子日（初六日），蒋干率领五千精锐士兵和戴施率领的东晋士兵出城作战，结果被慕容评彻底打败，有四千人被斩杀，蒋干脱身逃回了邺城。

甲申日（二十六日），前秦国君苻健从宜秋回到长安。

谢尚、姚襄共攻张遇于许昌。秦主健遣丞相东海王雄、卫大将军平昌王菁略地关东，帅步骑二万救之。丁亥，战于颍水之诚桥，尚等大败，死者万五千人。尚奔还淮南，襄弃辎重，送尚于苟陂；尚悉以后事付襄。殷浩闻尚败，退屯寿春。秋，七月，秦丞相雄徙张遇及陈、颍、许、洛之民五万馀户于关中，以右卫将军杨群为豫州刺史，镇许昌。谢尚降号建威将军。

赵故西中郎将王擢遣使请降；拜擢秦州刺史。

丁酉，以武陵王晞为太宰。

丙辰，燕王俊如中山。

【译文】 谢尚和姚襄一起到许昌攻击张遇。前秦国君苻健派遣丞相东海王苻雄、卫大将军平昌王符菁攻占了关东地区，率领步兵和骑兵一共两万人前去救援。丁亥日（二十九日），双方在颍水的诚桥交战，谢尚等人被打得大败，有一万五千人战死。谢尚逃回淮南，姚襄把载运仪仗、兵器等军用物资的车辆丢弃，护送谢尚到达苟陂；谢尚把自己的后事全部都托付给了姚襄。殷浩听说谢尚失败了，就把军队撤退，在寿春驻扎。秋季，七月，前秦丞相苻雄把张遇和陈郡、颍川、许昌、洛阳等地的五万户百姓迁徙到关中，任命右卫将军杨群为豫州刺史，镇守许昌。谢尚的名号被贬降为建威将军。

后赵过去的西中郎将王擢派遣使者向东晋请求投降，晋王室任命王擢为秦州刺史。

丁酉日（初十日），晋穆帝司马聃任命武陵王司马晞为太宰。

丙辰日（二十九日），前燕国君慕容俊到达中山。

王午闻魏败，时邓恒已死，午自称安国王。八月，戊辰，燕王俊遣慕容恪、封弈、阳骛攻之，午闭城自守，送冉操诣燕军；燕人掠其禾稼而还。

庚午，魏长水校尉马愿等开邺城纳燕兵，戴施、蒋干悬缒而下，奔于仓垣。慕容评送魏后董氏、太子智、太尉申钟、司空条攸等及乘舆服御于蓟。尚书令王简、左仆射张乾、右仆射郎肃皆自杀。燕王俊诈云董氏得传国玺献之，赐号奉玺君，赐冉智爵海宾侯。以申钟为大将军右长史。命慕容评镇邺。

桓温使司马勋助周抚讨萧敬文于涪城，斩之。

谢尚自枋头迎传国玺至建康，百僚毕贺。

秦以雷弱儿为大司马，毛贵为太尉，张遇为司空。

【译文】王午听说了魏国失败的消息，当时邓恒已经死了，于是王午就自称安国王。八月，戊辰日（十一日），前燕国君慕容俊派遣慕容恪、封弈、阳骛前去攻打他，王午把城门紧紧地关闭进行防守，把冉操送到前燕军队，前燕军队把他们的庄稼砍掠一空后返回了。

庚午日（十三日），魏国的长水校尉马愿等人把邺城城门打开，迎接前燕士兵进入邺城，戴施、蒋干系着绳索从城墙上面悬垂着滑下来，逃到仓垣。慕容评把魏后董氏、太子冉智、太尉申钟、司空条攸以及王宫车乘服饰等送到蓟城。尚书令王简、左仆射张乾、右仆射郎肃全部自杀。前燕国君慕容俊谎称董氏得到传国的玉玺，并且献给他，所以赐董后号为奉玺君，册封冉智为海宾侯。任命申钟为大将军右长史，派遣慕容评镇守邺城。

桓温派遣司马勋协助周抚在涪城讨伐萧敬文，把他斩杀。

谢尚从枋头迎接传国玉玺到达建康，朝廷百官都前来道贺。

前秦任命雷弱儿为大司马，毛贵为太尉，张遇为司空。

殷浩之北伐也，中军将军王羲之以书止之，不听。既而无功，复谋再举。羲之遗浩书曰："今以区区江左，天下寒心，固已久矣，力争武功，非所当作。自顷处内外之任者，未有深谋远虑，而疲竭根本，各从所志，竟无一功可论，遂令天下将有土崩之势；任其事者，岂得辞四海之责哉！今军破于外，资竭于内，保淮之志，非所复及，莫若还保长江，督将各复旧镇；自长江以外，羁縻而已。引咎责躬，更为善治，省其赋役，与民更始，庶可以救倒悬之急也！使君起于布衣，任天下之重，当董统之任，而败丧至此，恐阖朝群贤未有与人分其谤者。若犹以前事为未工，故复求之于分外，宇宙虽广，自容何所！此愚智所不解也。"

【译文】殷浩出兵北伐时，中军将军王羲之写信劝他不要去，但他不肯接受劝告。后来殷浩没有立功就返回，于是他就计划再一次发兵出征。王羲之给殷浩写信说："现在我们占据着区区江左之地，天下人都因为这件事心寒，本来已经很久了，竭力争取军事方面的功劳，不是你现在应该做的事情。近来在朝廷内外任职的官员们，没有进行深远的谋虑，却任意挥霍摧残国家的根基，使国家的根本疲敝空虚，每个人都追求实现自己的志向，却没有一桩战功可言，结果使天下将有分崩离析的趋势，干这种事情的人，怎么能够推卸掉天下人的责怪呢？现在在外面的军队被打败，国家府库里面的财货被消耗尽，保全淮南的志向，已经不再是您力所能及的了，您不如回来确保长江，让都督将领们各自回到自己原来镇守的地方，长江以外的地区，保持着联系就可以了。官员们引咎自责，重新实施良好的治理方法，减免百姓的田赋和徭役，帮助百姓重新开始奋斗，或许还可以解救千钧一发的危急局势。您出身于布衣百姓，承担着天下的重大责任，掌管着督察统管之责，却失败落魄到如此地步，恐怕朝廷里面所有的贤臣，没有一个会愿意为别人分担责任。

如果您还认为以前的事情考虑得不周到、细致，所以应该再去追求分外之功，那么虽然宇宙广大，恐怕也没有什么地方能够容纳你，这就是我愚钝的头脑所不能理解的地方。"

又与会稽王昱笺曰："为人臣者谁不愿尊其主，比隆前世! 况遇难得之运哉! 顾力有所不及，岂不可不权轻重而处之也! 今虽有可喜之会，内求诸己，而所忧乃重于所喜。功未可期，遗黎歼尽，劳役无时，徵求日重，以区区吴、越经纬天下十分之九，不亡何待! 而不度德量力，不弊不已，此封内所痛心叹悼而莫敢吐诚者也。'往者不可谏，来者犹可追'。愿殿下更垂三思，先为不可胜之基，须根立势举，谋之未晚。若不改行，恐麋鹿之游，将不止林薮而已! 愿殿下暂废虚远之怀，以救倒悬之急，可谓以亡为存，转祸为福也。"不从。

【译文】 王羲之又在给会稽王司马昱的书信里面说："做臣子的，哪一个不愿意尊奉自己的国君，希望他的国势比前代更加兴隆昌盛，更何况是遇到难得的时运呢? 但是，在力量有所不及的情况下，难道可以不权衡轻重而随意行事吗? 现在虽然有值得我们高兴的机会，然而检查我们国家自身的情况，令人担忧的事情仍然多于令人可喜的事情。成功尚且无法预期，遗留下来的黎民损失殆尽，劳役没有限定时间，征收的田赋日益繁重，以区区吴、越之地去征服统治天下十分之九的广阔地区，不灭亡又会怎么样呢? 不权衡自己的德行与力量，不彻底失败就不善罢甘休，这正是国内的人士所痛心疾首而又不敢直接说出自己意见的原因啊。'过去的已经无法挽回，但未来的还可以补救。'我希望您能再三思考，先奠定了敌人不能战胜的根基，等到根基牢固、势力强大的时候，再谋划也不算晚。如果不这么做，恐怕麋鹿的游息，将不限于林薮之中，危险就会降临到我们江南！我希望你能暂且放下虚华高远的想法，来挽救眼前千钧一发的危急局势，这才可以说是利用败亡求生存，把灾祸转变为幸福。"但是司马昱不肯采纳王羲之的建议。

【申涵煜评】人不幸以技艺名最，足掩其行谊。羲之议论丰采，实为诸王中翘楚。而后世仅以书法传，是乌足以尽羲之哉？

【译文】 一个人不幸的是技艺很杰出，最后他的技艺掩盖了他杰出的行谊。王羲之的议论风采，实在是诸王中最杰出的。但是后世仅仅因为他的书法流传，这怎么能够完全表现王羲之的事迹呢？

九月，浩屯泗口，遣河南太守戴施据石门，荥阳太守刘遁戍仓垣。浩以军兴，罢遣太学生徒，学校由此遂废。

冬，十月，谢尚遣冠军将军王浃攻许昌，克之。秦豫州刺史杨群退屯弘农。徵尚为给事中，戍石头。

丁卯，燕王俊还蓟。

故赵将拥兵据州郡者，各遣使降燕；燕王俊以王擢为益州刺史，麋逸为秦州刺史，张平为并州刺史，李历为兖州刺史，高昌为安西将军，刘宁为车骑将军。

慕容恪屯安平，积粮，治攻具，将讨王午。丙戌，中山苏林起兵于无极，自称天子；恪自鲁口还讨林。闰月，戊子，燕王俊遣广威将军慕舆根助恪攻林，斩之。王午为其将秦兴所杀；吕护杀兴，复自称安国王。

【译文】 九月，殷浩在泗口驻扎军队，派遣河南太守戴施据守石门，荥阳太守刘遁占据仓垣进行防守。殷浩以征集财物供军用为由，停止了太学学生的学习，并且把他们都遣散回去，学校从此关闭了。

冬季，十月，谢尚派遣冠军将军王泆进攻许昌，王泆把许昌攻占了。前秦的豫州刺史杨群撤退后，在弘农驻扎军队。朝廷征召谢尚为给事中，戍守石头城。

丁卯日（十一日），前燕国君慕容俊回到蓟城。

以前后赵的将领率领士兵占据州郡的，全都各自派遣使者向前燕投降。前燕国君慕容俊任命王擢为益州刺史，夔逸为秦州刺史，张平为并州刺史，李历为兖州刺史，高昌为安西将军，刘宁为车骑将军。

慕容恪在安平县驻扎军队，储备粮食，准备进攻使用的武器装备，将要讨伐王午。丙戌日（闰十月初一日），中山人苏林在无极县起兵，自称天子。慕容恪从鲁口回来后前去讨伐苏林。闰月，戊子日（初三日），前燕国君慕容俊派遣广威将军慕舆根协助慕容恪去攻击苏林，把他斩杀。王午被他的将领秦兴杀死；吕护又把秦兴杀死，自称安国王。

燕群僚共上尊号于燕王俊，俊许之。十一月，丁卯，始置百官，以国相封弈为太尉，左长史阳骛为尚书令，右司马皇甫真为尚书左仆射，典书令张悕为右仆射；其馀文武，拜授有差。戊辰，俊即皇帝位，大赦。自谓获传国玺，改元元玺。追尊武宣王为高祖武宣皇帝，文明王为太祖文明皇帝。时晋使适至燕，俊谓曰："汝还，白汝天子：我承人乏，为中国所推，已为帝矣！"改司州为中州，建留台于龙都，以玄菟太守乙逸为尚书，专委留务。

秦丞相雄攻王擢于陇西，擢奔凉州，雄还屯陇东。张重华以擢为征虏将军、秦州刺史，特宠待之。

【译文】 前燕的官吏们共同给前燕国君慕容俊上皇帝尊

号，慕容俊同意了。十一月，丁卯日（十二日），开始设置百官，任命国相封弈为太尉，左长史阳骛为尚书令，右司马皇甫真为尚书左仆射，典书令张悕为右仆射；其余的文武官吏，授予的官职各有等差。戊辰日（十三日），慕容俊即皇帝位，下令大赦。自称得到了传国玉玺，把年号改为元玺。追尊武宣王慕容廆为高祖武宣皇帝，文明王慕容皝为太祖文明皇帝。这时，东晋的使臣刚好到达前燕，慕容俊就对他说："你回去禀报你的天子晋穆帝司马聃，趁着天下没有人才的时机，我被中原的士民推举，已经即位做皇上了！"慕容俊把司州改为中州；在当初的都城龙城修筑留台；任命玄菟太守乙逸为尚书，委任他管理留台的事务。

前秦丞相苻雄在陇西攻击王擢，王擢逃到凉州，苻雄回来后在陇东驻扎军队。张重华任命王擢为征虏将军、秦州刺史，对他特别宠爱和优待。

永和九年（癸丑，公元三五三年）春，正月，乙卯朔，大赦。

二月，庚子，燕王俊立其妃可足浑氏为皇后，世子晔为皇太子，皆自龙城迁于蓟宫。

张重华遣将军张弘、宋修会王擢帅步骑万五千伐秦。秦丞相雄、卫将军菁拒之，大败凉兵于龙黎，斩首万二千级，虏张弘、宋修，王擢弃秦州，奔姑臧。秦主健以领军将军苻愿为秦州刺史，镇上邽。

三月，交州刺史阮敷讨林邑，破五十馀垒。

赵故卫尉常山李犊聚众数千人叛燕。

西域胡刘康诈称刘曜子，聚众于平阳，自称晋王；夏，四月，秦左卫将军苻飞讨擒之。

【译文】 永和九年（癸丑，公元353年）春季，正月，乙卯朔日（初一日），晋穆帝司马聃下令大赦天下。

二月，庚子日（十七日），前燕国君慕容俊册立他的妃子可足浑氏为皇后，世子慕容晔为皇太子，把他们全部从龙城迁移到蓟宫。

张重华派遣将军张弘和宋修，和王擢会合共同率领步兵和骑兵一万五千人去攻打前秦。前秦丞相苻雄和卫将军苻菁率领士兵进行抵抗，前凉士兵在龙黎被打得大败，有两万多人被斩杀，张弘和宋修都被俘虏。王擢放弃秦州，逃到姑臧。前秦国君苻健任命领军将军苻愿为秦州刺史，镇守上邽。

三月，东晋的交州刺史阮敷讨伐林邑，攻破五十多个军垒。

后赵原来的卫尉常山人李犊聚集数千士兵，背叛前燕。

西域胡人刘康谎称自己是刘曜的儿子，在平阳聚集士兵，自称晋王。夏季，四月，前秦左卫将军苻飞讨伐刘康并把他捉住。

以安西将军谢尚为尚书仆射。

五月，张重华复使王擢帅众二万伐上邽，秦州郡县多应之；苻愿战败，奔长安。重华因上疏请伐秦。诏进重华凉州牧。

燕主俊遣卫将军恪讨李犊，犊降；遂东击吕护于鲁口。

六月，秦苻飞攻氐王杨初于仇池，为初所败。丞相雄、平昌王菁帅步骑四万屯于陇东。

秦主健纳张遇继母韩氏为昭仪，数于众中谓遇曰："卿，吾假子也。"遇耻之，因雄等精兵在外，阴结关中豪杰，欲灭苻氏，以其地来降。秋，七月，遇与黄门刘晃谋夜袭健，晃约开门以待之。会健使晃出外，晃固辞，不得已而行。遇不知，引兵至门，门不开。事觉，伏诛。于是，孔（持）〔特〕起池阳，刘珍、夏侯显起鄠，乔秉起雍，胡阳赤起司竹，呼延毒起灞城，众数万人，各遣使来请兵。

【译文】晋穆帝司马聃任命安西将军谢尚为尚书仆射。

五月，张重华又派遣王擢率领两万士兵，前去攻打上邽，秦州大多数郡县都响应他。苻愿战败，逃到长安。张重华就向东晋朝廷呈上奏疏请求讨伐前秦，晋穆帝司马聃颁下诏书晋升张重华为凉州牧。

前燕国君慕容俊派遣卫将军慕容恪前去讨伐李犊，李犊向前燕投降，于是慕容恪就向东前进，到鲁口去攻打吕护。

六月，前秦的苻飞到仇池攻打氐王杨初，结果被王杨初打败。前秦丞相苻雄和平昌王苻菁率领步兵和骑兵四万人，在陇东驻扎军队。

前秦国君苻健迎娶张遇的继母韩氏为昭仪，他好几次在众人当中对张遇说："你是我的养子。"张遇对此感到羞耻，就乘着苻雄等精锐士兵在外征战，暗中和关中豪杰进行联络，想要把苻氏消灭掉，用他所占据的土地向东晋投降。秋季，七月，张遇和黄门刘晃计划在夜里袭击苻健，刘晃约定到那时打开门等待他。刚好苻健派遣刘晃外出，刘晃再三推辞，不得已只好去了。张遇不知道这件事，当他率领士兵到达门时，门并没有打开；事情被发觉了，张遇被杀死。这时，孔持在池阳县起兵，刘珍和夏侯显在鄠县起兵，乔秉在雍县起兵，胡阳赤在司竹起兵，呼延毒在灞城起兵，参加者达到了几万，他们各自都派遣使者前去向东晋请求援兵。

秦以左仆射鱼遵为司空。

九月，秦丞相雄帅众二万还长安，遣平昌王菁略定上洛，置荆州于丰阳川，以步兵校尉金城郭敬为刺史。雄与清河王法、苻飞分讨孔（持）〔特〕等。

姚襄屯历阳，以燕、秦方强，未有北伐之志，乃夹淮广兴屯田，训厉将士。殷浩在寿春，恶其强盛，囚襄诸弟，屡遣刺客刺之，刺客皆以情告襄。安北将军魏统卒，弟憬代领部曲。浩潜遣憬帅众五千袭之，襄斩憬，并其众。浩愈恶之，使龙骧将军刘启守谯，迁襄于梁国蠡台，表授梁国内史。

【译文】前秦任命左仆射鱼遵为司空。

九月，前秦丞相苻雄率领两万士兵返回长安，派遣平昌王苻菁平定治理上洛，在丰阳川设置荆州州政府，任命步兵校尉金城人郭敬为刺史。苻雄和清河王苻法、苻飞分别去讨伐孔持等人。

姚襄在历阳驻扎军队，考虑到前燕、前秦的势力正是强盛的时候，所以没有向北攻伐的意愿，就在淮河两岸让戍守的士兵大规模地开垦田地种植五谷，训练勉励将士。殷浩在寿春，厌恶他日益强盛，于是就把他的几个弟弟都囚禁起来，并且多次派遣刺客刺杀他，然而刺客们却都告诉姚襄实情。安北将军魏统去世了，他的弟弟魏憬就代替他率领军队。殷浩暗中派遣魏憬率领五千士兵前去袭击姚襄，姚襄把魏憬杀死，把魏憬的士兵都兼并。于是殷浩对他更加厌恶，殷浩命令龙骧将军刘启在谯城进行守卫，把姚襄调配到梁国的蠡台，向晋穆帝司马聃呈上奏表请求授给姚襄梁国内史的官职。

魏憬子弟数往来寿春，襄益疑惧，遣参军权翼使于浩。浩曰：“身与姚平北共为王臣，休戚同之。平北每举动自专，甚失辅车之理，岂所望也！”翼曰：“平北英姿绝世，拥兵数万而远归晋室者，以朝廷有道，宰辅明哲故也。今将军轻信谗慝之言，与平北有隙，愚谓猜嫌之端，在此不在彼也。"浩曰："平北姿性豪迈，生杀自由，又纵小人掠夺吾马。王臣之体，固若是乎？"翼曰："平北归命圣朝，岂肯妄杀无辜！奸究之人，亦王法所不容也，杀之何害！"浩曰："然则掠马何也？"翼曰："将军谓平北雄武难制，终将讨之，故取马欲以自卫耳。"浩笑曰："何至是也！"

资治通鉴

【译文】魏憬的子弟们多次往来于寿春，姚襄越来越怀疑担心，就派遣参军权翼到殷浩的军队出使。殷浩说："我和姚平北都是君王的臣子，休戚与共，祸福相同。姚平北每一次举动都是自行专擅，还没有请命就去行动，有失辅车相依的道理，这难道是我所希望的事情吗？"权翼说："姚襄英俊的风姿堪称绝世，拥有数万士兵，不辞辛苦，从遥远的地方前来归附晋室，就是因为朝廷具有道义，政治清明、宰辅大臣贤明智慧的缘故。现在将军您轻易相信邪恶奸佞之人的言语，和姚襄有了嫌隙隔阂，我认为产生猜忌的根源，在你这里而不在姚襄那里。"殷浩说："姚襄生性豪放不羁，赏罚随意，肆意生杀，又纵容小人抢夺我的战马。君王大臣的行为，原本就是像这样的吗？"权翼说："姚襄归附听命于圣明的晋朝，怎么肯随便杀死没有罪的人呢？邪恶作乱的小人，即便是帝王的法律也不能够容忍，把他杀了又有什么害处呢？"殷浩说："那么他为什么要抢夺我的战马呢？"权翼说："将军您认为姚襄雄健勇武，难以控制，终究也要去讨伐他，所以他才会想要夺取您的战马来保卫自己。"殷浩笑着说："哪里到了这种地步！"

初，浩阴遣人诱秦梁安、雷弱儿，使杀秦主健，许以关右之任；弱儿等伪许之，且请兵应接。浩闻张遇作乱，健兄子辅国将军黄眉自洛阳西奔，以为安等事已成。冬，十月，浩自寿春帅众七万北伐，欲进据洛阳，修复园陵。吏部尚书王彪之上会稽王昱笺，以为："弱儿等容有诈伪，浩未应轻进。"不从。

浩以姚襄为前驱。襄引兵北行，度浩将至，诈令部众夜遁，阴伏甲以邀之。浩闻而追襄，至山桑，襄纵兵击之，浩大败，弃辎重，走保谯城。襄俘斩万馀，悉收其资仗，使兄益守山桑，襄复加淮南。会稽王昱谓王彪之曰："君言无不中，张、陈无以过也！"

【译文】起初，殷浩暗中派遣人劝诱梁安和雷弱儿，让他们把前秦国君苻健杀死，许诺把镇守关右的重任交付给他们。雷弱儿表面上假装答应他，请求派遣士兵前来接应。殷浩听说张遇在夜里偷袭苻健，苻健哥哥的儿子辅国将军苻黄眉从洛阳向西逃走，以为梁安等人杀死前秦国君苻健的事情已经成功。冬季，十月，殷浩从寿春率领七万名士兵向北攻伐，想要进攻并且占据洛阳，来修复帝王的茔墓。吏部尚书王彪之给会稽王司马昱上书，认为："雷弱儿等或许有欺诈，殷浩不应该轻易进攻。"但是殷浩没有听从。

殷浩任命姚襄为前驱。姚襄率领军队向北进发，当预计殷浩将要到达时，假装让他手下的士兵趁着夜间逃走，实际上却是悄悄埋伏起来等候截击殷浩。殷浩听到了这个消息，就追赶姚襄一直追到山桑县；姚襄纵任士兵攻击他，殷浩被打败，把装载衣物的车辆丢弃，逃回谯城进行防守。一万多人被姚襄俘虏和杀死，姚襄还把他的财货和兵器全部没收，并让哥哥姚益在山桑进行防守，姚襄就回到淮南。会稽王司马昱对王彪之说："你所说的没有一个与事实不符，就是张良和陈平也无法超过你啊！"

西平敬烈公张重华有疾，子曜灵才十岁，立为世子，赦其境内。重华庶兄长宁侯祚，有勇力、吏干，而倾巧善事内外，与重华嬖臣赵长、尉缉等结异姓兄弟。都尉常据请出之，重华曰："吾方以祚为周公，使辅幼子，君是何言也！"

谢艾以枹罕之功有宠于重华，左右疾之，谮艾，出为酒泉太守。艾上疏言："权幸用事，公室将危，乞听臣入侍。"且言："长宁侯祚及赵长等将为乱，宜尽逐之。"十一月，己未，重华疾甚，手令徵艾为卫将军，监中外诸军事，辅政；祚、长等匿而不宣。

丁卯，重华卒，世子曜灵立，称大司马、凉州刺史、西平公。赵长等矫重华遗令，以长宁侯祚为都督中外诸军事、抚军大将军，辅政。

【译文】西平敬烈公张重华生病了，他的儿子张曜灵当时才十岁，被册立为太子，下令大赦。张重华的庶兄长宁侯张祚，力气很大，果敢勇猛，具有担任官吏的才干，然而他为人狡诈，巧于谄媚，善于看风行事，左右逢源，他和张重华宠信的臣子赵长、尉缉等人结拜为异姓兄弟。都尉常据向张重华请求把他调离，张重华说："我正要任命张祚为周公，让他来辅佐幼子，你说的这是什么话呢？"

谢艾因为平定枹罕的功劳，得到了张重华的宠信，周围的人因此非常嫉妒他，说胡话诬陷他，于是张重华派遣他出去担任酒泉太守。谢艾向张重华呈上奏疏说："有权势、有地位而又得到国君宠幸的人掌握政权，君王的政权将会有危险，请求您让我入朝侍奉。"而且谢艾还说："长宁侯张祚和赵长等人将要作乱，您应该把他们全部都赶走。"十一月，己未日（初十日），张重华病情加重，他亲自写下命令征召谢艾出任卫将军，监察中外诸军事，辅佐朝政；张祚和赵长等人却将手令隐藏起来而没有加以公布。

丁卯日（十八日），张重华去世了，世子张曜灵继承了王位，被称为大司马、凉州刺史、西平公。赵长等人假传张重华的遗命，任命长宁侯张祚都督中外诸军事、抚军大将军，辅佐朝政。

殷浩使部将刘启、王彬之攻姚益于山桑。姚襄自淮南击之，启、彬之皆败死。襄进据芍陂。

赵末，乐陵朱秃、平原杜能、清河丁娆、阳平孙元各拥兵分据城邑，至是皆请降于燕；燕主俊以秃为青州刺史，能为平原太守，娆为立节将军，元为兖州刺史，各留抚其营。

秦丞相雄克池阳，斩孔特。十二月，清河王法、苻飞克鄠，斩刘珍、夏侯显。

姚襄济淮，屯盱眙，招掠流民，众至七万，分置守宰，劝课农桑；遣使诣建康罪状殷浩，并自陈谢。诏以谢尚都督江西、淮南诸军事、豫州刺史，镇历阳。

【译文】殷浩派遣他手下的将领刘启和王彬之在山桑攻打姚益，姚襄从淮南出兵前去攻击他们，刘启和王彬之全都战败而死。姚襄继续前进，占据了芍陂。

后赵快要灭亡的时候，乐陵人朱秃、平原人杜能、清河人丁娆、阳平人孙元各自拥兵分别占据了所在的城邑，到了这时，他们全部都向前燕请求投降。前燕国君慕容俊任命朱秃为青州刺史，杜能为平原太守，丁娆为立节将军，孙元为兖州刺史，各自都留下来平定安抚自己军营的士兵。

前秦丞相苻雄攻下池阳，把孔特杀死。十二月，清河王苻法和苻飞攻下鄠县，把刘珍和夏侯显杀死。

姚襄渡过淮水在盱眙驻扎军队，招募困穷转徙在外的百姓，一共招募了七万人，分别设置地方长官，勉励督促他们耕种田地，种植桑树；同时姚襄还派遣使者前往建康报告殷浩的罪状，自己向朝廷上书陈述自己的谢意。晋穆帝司马聃颁下诏书，任命谢尚都督江西、淮南诸军事、豫州刺史，镇守历阳。

凉右长史赵长等建议，以为："时难未夷，宜立长君，曜灵冲幼，请立长宁侯祚。"张祚先得幸于重华之母马氏，马氏许之，乃废张曜灵为凉宁侯，立祚为大都督、大将军、凉州牧、凉公。祚既得志，恣为淫虐，杀重华妃裴氏及谢艾。

燕卫将军恪、抚军将军军、左将军彪等屡荐给事黄门侍郎霸有命世之才，宜总大任。是岁，燕主俊以霸为使持节、安东将军、北冀州刺史，镇常山。

【译文】前凉右长史赵长等人提出建议，认为："现在祸难没有平定，应该册立年长的人为主君，张曜灵年纪幼小，请求册立长宁侯张祚。"张祚原先深得张重华母亲马氏宠幸，马氏就答应了他的请求，于是就将张曜灵废黜为凉宁侯，册封张祚为大都督、大将军、凉州牧、凉公。张祚达到目的后，肆无忌惮地施展淫威暴虐，把张重华的妃子裴氏和谢艾都杀了。

前燕卫将军慕容恪、抚军将军慕容军、左将军慕容彪等人曾经多次向前燕国君慕容俊推荐给事黄门侍郎慕容霸，说他有显赫于世的才华，应该总揽重任。这一年，前燕国君慕容俊任命慕容霸为使持节、安东将军、北冀州刺史，镇守常山。

永和十年（甲寅，公元三五四年）春，正月，张祚自称凉王，改建兴四十二年为和平元年。立妻辛氏为王后，子太和为太子，封弟天锡为长宁侯，子庭坚为建康侯，曜灵弟玄靓为凉武侯。置百官，郊祀天地，用天子礼乐。尚书马岌切谏，坐免官。郎中丁琪复谏曰："我自武公以来，世守臣节，抱忠履谦五十馀年，故能以一州大众，抗举世之虏，师徒岁起，民不告疲。殿下勋德未高于先公，而亟谋革命，臣未见其可也。彼士民所以用命，四远所以归向者，以吾能奉晋室故也。今而自尊，则中外离心，安能以一隅之地拒天下之强敌乎！"祚大怒，斩之于阙下。

【译文】永和十年（甲寅，公元354年）春季，正月，张祚自称凉王，把建兴四十二年改为和平元年；册立他的妻子辛氏为王后，儿子张太和为太子；册封弟弟张天锡为长宁侯，儿子张庭坚为建康侯，张曜灵的弟弟张玄靓为凉武侯；设立文武百官，在郊外祭祀天地，使用天子的礼节乐器。尚书马岌恳切地向张祚进行劝谏，却因此被降罪罢免官职。郎中丁琪又向张祚劝谏说："我们自从武公张轨以来，世代谨慎地遵守臣子的节义，胸怀忠诚，行事谦恭了五十多年，所以才能够凭借区区一州士兵，抵抗整个天下的敌虏，虽然士兵连年征战，百姓却没有诉说疲敝。殿下的功勋道德都没有高出先公，却迫不及待地谋求改变命运，我没有见过这样做能行得通的，那些士兵百姓之所以肯为我们效命，远方的部族之所以肯前来归附，就是因为我们能够尊奉晋室的缘故。现在您自己尊奉自己为帝，必定会内外异心，还怎么能够凭借一隅的地方来抵抗整个天下的强大敌人呢？"张祚听了以后大发脾气，就在宫殿前面把他斩杀。

故魏降将周成反，自宛袭洛阳。辛酉，河南太守戴施奔鲔渚。

秦丞相雄克司竹。胡阳赤奔霸城，依呼延毒。

中军将军、扬州刺史殷浩连年北伐，师徒屡败，粮械都尽。

征西将军桓温因朝野之怨，上疏数浩之罪，请废之。朝廷不得已，免浩为庶人，徙东阳之信安。自此内外大权一归于温矣。

浩少与温齐名，而心竞不相下，温常轻之。浩既废黜，虽愁怨，不形辞色，常书空作"咄咄怪事"字。久之，温谓掾郗超曰："浩有德有言，向为令仆，足以仪刑百揆，朝廷用违其才耳。"将以浩为尚书令，以书告之。浩欣然许焉，将答书，虑有谬误，开闭者十数，竟达空函。温大怒，由是遂绝，卒于徙所。以前会稽内史王述为扬州刺史。

【译文】过去魏国来投降的将领周成造反，从宛县出发去袭击洛阳。辛酉日（十三日），河南太守戴施逃到鲔渚。

前秦丞相苻雄攻占司竹，胡阳赤逃到霸城，投奔呼延毒。

中军将军、扬州刺史殷浩连年北伐，军队多次被打败，粮食和武器消耗殆尽。征西将军桓温乘着朝野上下对殷浩的怨恨，向晋穆帝司马聃呈上奏疏列举殷浩的罪过，请求把他废黜。朝廷不得已，把殷浩的官爵罢免，将他贬为平民，流放到东阳郡的信安县。此后，朝廷内外大权全都掌握在桓温的手中。

殷浩年少的时候就和桓温齐名，但是双方暗自争胜，不相上下，桓温常常轻视他。殷浩被废黜后，虽然心里面忧愁怨恨，却没有在言语中或者脸色上表现出来，只是他常常用手指在空中书写"咄咄怪事"四个字（咄咄，惊叹声，咄咄怪事则是猝乍相惊的意思）。过了很久，桓温对掾（佐吏）郗超说："殷浩有德行，善言辞，如果过去让他出任尚书令和仆射的话，足以成为百官的模范，朝廷对他的任用，配不上他本身的才能。"桓温准备任命殷浩为尚书令，把这件事写信告诉他。殷浩很高兴地答应，在准备回信的时候，殷浩担心信中还有不妥之处，就拆开信封检查了十几次，最后忙中出错，送达桓温手里的竟然只是一个空信封。桓温看到信封非常生气,从此就断绝起用殷浩的想法,殷浩最后死在流放的地方。桓温任命以前的会稽内史王述为扬州刺史。

【乾隆御批】浩与温龃龉日久,罢官失势,竟腼颜受其位置,卒致空函,取怒。由其平日外盗虚声、内贪荣利,是以一经挫折,底里毕露。可鄙可笑,足为伪士之戒。

【译文】 殷浩与桓温之间矛盾重重,由来已久,殷浩被免除官职失去权势之后,居然还能厚着脸皮地接受桓温赏给他的官职,仓促间送去了空信封,引起桓温大怒。这都是由于他平日外盗虚名、内贪功名利禄,所以一有挫折,就把本质彻底暴露了。太可鄙可笑了,这完全可以作为伪君子的警戒。

【申涵煜评】浩本驽骀下质,止可挥尘,谈老庄,举朝误信其虚名,欲用以抗桓温图中原。偾辕之犊,安胜驱策。

【译文】 殷浩本来是平庸无能、品质低下的人,只能够学崇尚清谈的人挥挥尘,谈谈老庄的理论,但全朝廷上下错误地相信他虚幻的名声,企图利用他的名声来抵抗桓温图谋中原的意愿。使车辕倒地的牛犊,怎么能胜任主人的差遣呢?

二月,乙丑,桓温统步骑四万发江陵。水军自襄阳入均口,至南乡,步兵自淅川趣武关,命司马勋出子午道以伐秦。

燕卫将军恪围鲁口,三月,拔之。吕护奔野王,遣弟奉表谢罪于燕,燕以护为河内太守。

姚襄遣使降燕。

燕主俊以慕容评为镇南将军,都督秦、雍、益、梁、江、扬、荆、徐、兖、豫十州诸军事,权镇洛水;以慕容强为前锋都督,督荆、徐二州、缘淮诸军事, 进据河南。

【译文】 二月, 乙丑日 (二月无此日), 桓温率领步兵和骑兵四万人从江陵出发, 水军从襄阳进入均口, 到达南乡, 步兵从淅川前往武关。命令司马勋从子午道出发前去攻打前秦。

前燕的卫将军慕容恪包围鲁口, 三个月后, 慕容恪把鲁口攻下。吕护逃到野王, 派遣他的弟弟向前燕呈上奏表谢罪, 前燕任命吕护为河内太守。

姚襄派遣使者向前燕投降。

前燕君主慕容俊任命慕容评为镇南将军, 都督秦州、雍州、益州、梁州、江州、扬州、荆州、徐州、兖州、豫州十个州诸军事, 暂且镇守洛水; 任命慕容强为前锋都督, 督导荆、徐二州, 及缘淮诸军事, 他率领士兵前行, 占据了黄河以南。

桓温别将攻上洛, 获秦荆州刺史郭敬; 进击青泥, 破之。司马勋掠秦西鄙, 凉秦州刺史王擢攻陈仓以应温。秦主健遣太子苌、丞相雄、淮南王生、平昌王菁、北平王硕帅众五万军于峣柳以拒温。夏, 四月, 己亥, 温与秦兵战于蓝田。秦淮南王生单骑突陈, 出入以十数, 杀伤晋将士甚众。温督众力战, 秦兵大败; 将军桓冲又败秦丞相雄于白鹿原。冲, 温之弟也。温转战而前, 壬寅, 进至灞上。秦太子苌等退屯城南, 秦主健与老弱六千固守长安小城, 悉发精兵三万, 遣大司马雷弱儿等与苌合兵以拒温。三辅郡县皆来降, 温抚谕居民, 使安堵复业。民争持牛酒迎劳, 男女夹路观之, 耆老有垂泣者, 曰: "不图今日复睹官军!"

秦丞相雄帅骑七千袭司马勋于子午谷, 破之, 勋退屯女娲堡。

【译文】 桓温的另一位将领攻打上洛城, 把前秦荆州刺史郭敬捉住。继续前进攻打青泥城，又把青泥城攻下。司马勋夺取前秦西部边陲地带，前凉秦州刺史王擢攻打陈仓来接应桓温。前秦国君苻健派遣太子苻苌、丞相苻雄、淮南王苻生、平昌王苻菁、北平王苻硕率领五万士兵在峣柳驻扎来抵抗桓温。夏季，四月，己亥日（二十二日），桓温率领军队在蓝田和前秦士兵交战。前秦淮南王苻生单枪匹马冲进敌阵，往返十几次，很多东晋士兵被杀伤杀死。桓温督导士兵奋力作战，前秦军队被打得大败。将军桓冲又在白鹿原把前秦丞相苻雄打败。桓冲，是桓温的弟弟。桓温辗转作战继续前进，壬寅日（二十五日），到达灞上。前秦太子苻苌等人撤退到城南驻扎军队，前秦国君苻健和六千老弱民众固守长安小城，把三万精锐士兵全部派遣出去，派遣大司马雷弱儿等人和苻苌的士兵联合起来抵抗桓温。三辅地区的郡县都派人来向桓温投降。桓温一方面安抚，一方面明白地告诉当地居民，让他们安居复业。当地百姓争先恐后带着酒肉来迎接慰劳桓温的军队，男女老幼站在道路两旁围观，有的老年人还激动得流下眼泪，说："没有想到今天我又看到了朝廷的军队！"

前秦丞相苻雄率领七千骑兵在子午谷袭击司马勋，把司马勋打败了，司马勋撤退后在女娲堡驻扎军队。

戊申，燕主俊封抚军将军军为襄阳王，左将军彭为武昌王；以卫将军恪为大司马、侍中、大都督、录尚书事，封太原王；镇南将军评为司徒、骠骑将军，封上庸王；封安东将军霸为吴王，左贤王友为范阳王，散骑常侍厉为下邳王，散骑常侍宜为庐江王，宁北将军度为乐浪王；又封弟桓为宜都王，逯为临贺王，徽为河间王，龙为历阳王，纳为北海王，秀为兰陵王，岳为安丰王，德为梁公，默为始安公，偻为南康公；子咸为乐安王，亮为勃海王，温为带方王，涉为渔阳王，暐为中山王；以尚书令阳骛为司空，仍守尚书令。

【译文】戊申日（四月无此日），前燕国君慕容俊册封抚军将军慕容军为襄阳王，左将军慕容彭为武昌王；任命卫将军慕容恪为大司马、侍中、大都督、录尚书事，加封他为太原王；镇南将军慕容评为司徒、骠骑将军，加封他为上庸王；册封安东将军慕容霸为吴王；左贤王慕容友为范阳王，散骑常侍慕容厉为下邳王，散骑常侍慕容宜为庐江王，宁北将军慕容度为乐浪王；又册封弟弟慕容桓为宜都王，慕容逮为临贺王，慕容徽为河间王，慕容龙为历阳王，慕容纳为北海王，慕容秀为兰陵王，慕容岳为安丰王，慕容德为梁公，慕容默为始安公，慕容偻为南康公；儿子慕容咸为乐安王，慕容亮为渤海王，慕容温为带方王，慕容涉为渔阳王，慕容暐为中山王；任命尚书令阳骛为司空，仍旧担任尚书令。

命冀州刺史吴王霸徙治信都。初，燕王儁奇霸之才，故名之曰霸，将以为世子，群臣谏而止，然宠遇犹逾于世子。由是儁恶之，以其尝坠马折齿，更名曰缺；寻以其应谶文，更名曰垂；迁侍中，录留台事，徙镇龙城。垂大得东北之和，儁愈恶之，复召还。

五月，江西流民郭敞等千馀人执陈留内史刘仕，降于姚襄。建康震骇，以吏部尚书周闵为中军将军，屯中堂，豫州刺史谢尚自历阳还卫京师，固江备守。

王擢拔陈仓，杀秦扶风内史毛难。

【译文】慕容俊命令冀州刺史吴王慕容霸把治所从常山迁移到了信都。起初，前燕王慕容儁认为慕容霸有卓越的才干，所以给他起名为"霸",准备册立他为世子,因为群臣的劝谏,才没有这样做,然而慕容皝对他的宠爱程度仍然超过太子慕容俊。因此慕容俊十分嫉妒他,便以慕容霸曾经从马背上摔下来摔坏牙齿为理由,把他的名字改为慕容缺。不久,又以他应验谶文中的谶语为理由,把他的名字改为慕容垂,将慕容垂升迁为侍中,总领留台事务,把他调去镇守龙城。慕容垂深得东北民众的拥戴,慕容俊对他越来越嫉妒,就把他又传召回来。

五月,江西流民郭敞等千余人把陈留内史刘仕捉住向姚襄投降。东晋朝廷知道了以后感到十分震惊害怕,晋穆帝司马聃任命吏部尚书周闵为中军将军,在中堂驻扎军队,豫州刺史谢尚从历阳返回,戍卫京师,加固长江防线,严密守备。

王擢攻占陈仓,把前秦扶风内史毛难杀死。

北海王猛,少好学,倜傥有大志,不屑细务,人皆轻之。猛悠然自得,隐居华阴。闻桓温入关,披褐诣之,扪虱而谈当世之务,旁若无人。温异之,问曰:"吾奉天子之命,将锐兵十万为百姓除残贼,而三秦豪杰未有至者,何也?"猛曰:"公不远数千里,深入敌境。今长安咫尺而不渡灞水,百姓未知公心,所以不至。"温嘿然无以应,徐曰:"江东无卿比也!"乃署猛军谋祭酒。

温与秦丞相雄等战于白鹿原,温兵不利,死者万馀人。初,温指秦麦以为粮,既而秦人悉芟麦,清野以待之,温军乏食。六月,丁丑,徙关中三千馀户而归。以王猛为高官督护,欲与俱还,猛辞不就。

呼延毒帅众一万从温还。秦太子苌等随温击之,比至潼关,温军屡败,失亡以万数。

【译文】北海人王猛,年龄还很小的时候就喜欢读书,才能卓越，有远大的志向，不屑于处理琐碎细小的事情，人们都看不起他。王猛却自得其乐，在华阴隐居。当他听说桓温入关后，就穿着粗布衣服前去拜见他，摸着虱子谈论当时的大事，旁若无人。桓温觉得他与众不同，就询问他："我奉天子的命令，率领十万精锐士兵为百姓铲除残余的贼兵，而三秦的豪杰之士至今没有人前来归附，这是为什么呢？"王猛说："你不畏惧数千里远路，深入敌境，现在长安近在咫尺您却不渡过灞水，百姓们不知道您的意图，所以不来。"桓温沉默不语，无以应答，过了一会儿慢慢地说："长江以南的地区没有人能够和你相比。"于是桓温就任命王猛为军谋祭酒。

桓温和前秦丞相苻雄在白鹿原交战，桓温的军队没有战胜，一万多士兵战死。起初，桓温指望着用前秦田地里面的麦子来作为军粮，后来，前秦百姓把所有麦子都收割走了，等待桓温的只有经过清理的空旷农田，因此桓温的军队十分缺乏粮食。六月，丁丑日（初一日），桓温裹挟着关中三千多户百姓开始撤退返回。桓温任命王猛为高官督护，想让他和自己一起返回东晋，王猛坚决推辞，不肯前去就任。

呼延毒率领了一万士兵跟着桓温回去。前秦太子苻苌等人跟在桓温的后面对他进行攻击，桓温的军队屡次战败，等到达潼关以后，兵士损失死亡数以万计。

【乾隆御批】猛未遇苻坚已能辞温不就，非当时处士盗虚声者比也。

【译文】 王猛当时还没有遇到苻坚就能够辞官不与桓温同行，不是当时一般欺世盗名的人可比的。

温之屯灞上也,顺阳太守薛珍劝温径进逼长安,温弗从。珍以偏师独济,颇有所获。及温退,乃还,显言于众,自矜其勇而咎温之持重;温杀之。

秦丞相雄击司马勋、王擢于陈仓,勋奔汉中,擢奔略阳。

秦以光禄大夫赵俱为洛阳刺史,镇宜阳。

秦东海敬武王雄攻乔秉于雍;丙申,卒。秦主健哭之呕血,曰:"天不欲吾平四海邪?何夺吾元才之速也!"赠魏王,葬礼依晋安平献王故事。雄以佐命无勋,位兼将相,权侔人主,而谦恭泛爱,遵奉法度,故健重之,常曰:"元才,吾之周公也。"

【译文】桓温在灞上驻扎军队时,顺阳太守薛珍劝说桓温直接进攻逼近长安,但是桓温没有听从。于是薛珍就率领一部分的军队独自渡过灞水,打了胜仗。等到桓温撤退的时候,他回来了,向士兵们大肆显耀自夸,夸耀自己勇敢果断而责怪桓温谨小慎微,于是桓温就把他杀死。

前秦丞相苻雄在陈仓攻击司马勋和王擢,司马勋逃到汉中,王擢逃到略阳。

前秦朝廷任命光禄大夫赵俱为洛阳(其他本"阳"作"州")刺史,镇守宜阳。

前秦东海敬武王苻雄到雍攻打乔秉,丙申日(二十日),苻雄去世。前秦国君苻健为苻雄哭得吐血,说:"上天这是不想让我平定四海呀!为什么这么快就把我的元才夺走了呢?"(苻雄,字元才。)追封苻雄为魏王,葬礼规格如同过去晋朝安平献王司马孚。苻雄虽然具有辅助苻健创立大业的第一功臣的身份,权势和君主相当,然而对人的态度却十分谦恭,博爱民众,遵奉国家法度,所以苻健对他非常看重,常常说:"元才,就是我的周公。"

子坚袭爵。坚性至孝，幼有志度，博学多能，交结英豪，吕婆楼、强汪及略阳梁平老皆与之善。

燕乐陵太守慕容钧，翰之子也，与青州刺史朱秃共治厌次。钧自恃宗室，每陵侮秃。秃不胜忿，秋，七月，袭钧，杀之，南奔段龛。

秦太子苌攻乔秉于雍，八月，斩之，关中悉平。秦主健赏拒桓温之功，以雷弱儿为丞相，毛贵为太傅，鱼遵为太尉，淮南王生为中军大将军，平昌王菁为司空。健勤于政事，数延公卿咨讲治道，承赵人苛虐奢侈之后，易以宽简节俭，崇儒礼士，由是秦人悦之。

燕大调兵众，因发诏之日，号曰："丙戌举。"

【译文】 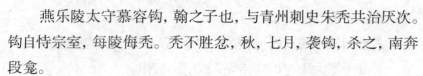符雄的儿子符坚继承了东海王的爵位。符坚生性孝顺，幼年的时候，就有远大的志向和不凡的气度，学识渊博，多才多艺，结交英雄豪杰，吕婆楼、强汪和略阳人梁平老都和他的关系很好。

前燕乐陵太守慕容翰，是慕容翰的儿子，和青州刺史朱秃共同治理厌次。慕容钧仗恃自己是宗室嫡传，常常欺负侮辱朱秃。朱秃按捺不住愤恨，秋季，七月，朱秃突袭慕容钧，把他杀死，然后向南逃走，投奔段龛。

前秦太子符苌在雍县攻打乔秉，八月，把乔秉斩杀，关中全部平定。前秦国君符健封赏抵抗桓温有功劳的人，任命雷弱儿为丞相，毛贵为太傅，鱼遵为太尉，淮南王符生为中军大将军，平昌王符菁为司空。符健勤于政事，经常邀请手下大臣，询问讨论治国之道。继后赵的苛刻残暴、奢侈浪费之后，他改行宽容简略、节约勤俭，崇尚儒学礼待贤士的政策，因此前秦百姓都很喜欢他。

前燕大规模调动军队，根据发布诏令的日期，号称"丙戌举"（丙戌日〔十一日〕举事）。

九月，桓温还自伐秦，帝遣侍中、黄门劳温于襄阳。

或告燕黄门侍郎宋斌等谋奉冉智为主而反，皆伏诛。斌，烛之子也。

秦太子苌之拒桓温也，为流矢所中，冬，十月，卒，谥曰献哀。

燕王俊如龙城。

桓温之入关也，王擢遣使告凉王祚，言温善用兵，其志难测。祚惧，且畏擢之叛己，遣人刺之。事泄，祚益惧，大发兵，声言东伐，实欲西保燉煌；会温还而止。既而遣秦州刺史牛霸等帅兵三千击擢，破之。十一月，擢帅众降秦，秦以擢为尚书，以上将军咏铁为秦州刺史。

秦王健叔父武都王安自晋还，为姚襄所虏，以为洛州刺史。十二月，安亡归秦，健以安为大司马、骠骑大将军、并州刺史，镇蒲坂。

是岁，秦大饥，米一升直布一匹。

【译文】九月，桓温讨伐前秦回来，晋穆帝司马聃派遣侍中、黄门到襄阳去慰劳他。

有人向东晋朝廷秘密报告，说前燕黄门侍郎宋斌等人计划尊奉冉智为主并且反叛，于是他们都被杀死。宋斌，是宋烛的儿子。

前秦太子苻苌在抵抗桓温的时候被飞箭射中；冬季，十月，苻苌去世，谥号为献哀。

前燕国君慕容俊前往龙城。

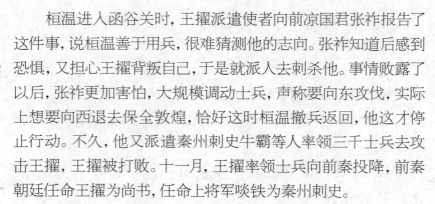

　　桓温进入函谷关时，王擢派遣使者向前凉国君张祚报告了这件事，说桓温善于用兵，很难猜测他的志向。张祚知道后感到恐惧，又担心王擢背叛自己，于是就派人去刺杀他。事情败露了以后，张祚更加害怕，大规模调动士兵，声称要向东攻伐，实际上想要向西退去保全敦煌，恰好这时桓温撤兵返回，他这才停止行动。不久，他又派遣秦州刺史牛霸等人率领三千士兵去攻击王擢，王擢被打败。十一月，王擢率领士兵向前秦投降，前秦朝廷任命王擢为尚书，任命上将军啖铁为秦州刺史。

　　前秦国君苻健的叔父武都王苻安从东晋回来，被姚襄俘虏，姚襄任命他为洛州刺史。十二月，苻安逃回前秦，苻健任命苻安为大司马、骠骑大将军、并州刺史，镇守蒲阪。

　　这一年，前秦遭遇大饥荒，一升大米的价钱相当于一匹布。

资治通鉴卷第一百　晋纪二十二

起旃蒙单阏，尽屠维协洽，凡五年。

【译文】　起乙卯（公元355年），止己未（公元359年），共五年。

【题解】　本卷记录了晋穆帝永和十一年至升平三年共五年间东晋及各国大事。主要记录了秦主苻健死，太子苻生继位。苻生生性残暴，即位后宠用佞臣小人，杀死皇亲国戚、文臣武将数十人；又欲杀堂兄弟苻坚、苻法，消息走漏，被苻坚、吕婆楼等人所杀；随后苻坚被拥立为大秦天王，苻坚讨伐张平，在铜壁大破张平，张平投降。记录了苻坚绝对支持信任王猛，王猛治理国家使秦民大悦。记录了凉王张祚残虐无道，忌恨部将张瓘，想要杀他，结果被张瓘、宋混所杀，张瓘等立张重华之子张玄靓为凉王；张瓘为政苛虐，人心不附，想要杀掉宋混、宋澄，废张玄靓自立，结果被宋混、宋澄所杀，宋混劝张玄靓去凉王之号，仍称东晋凉州牧。记录了燕国大将慕容恪先在广固城破鲜卑段氏残余段龛，占据青州。又记录了燕将慕容垂在塞北大破敕勒，慕舆根协助慕容评在上党攻破冯鸯，慕容评又在并州讨张平，张平请降于燕。记录了晋将荀羡在山茌攻打前燕泰山太守，燕将慕容尘派兵救援，打败晋将荀羡。记录了燕将慕容垂受到燕主慕容俊的歧视，慕容俊利用慕容垂妃段氏之短罗织罪名，欲加害慕容垂，事虽未成，但兄弟之间已产生不可调和的矛盾。记录了燕主慕容俊生病要改立慕容恪为继承人，慕容恪表示自己愿做周公,尽力辅佐太子。记录了晋将桓温多次请求移都洛阳、修复园陵,朝廷不许。记录了桓温在伊水打败姚襄,进而攻克洛阳;桓温修复西晋诸陵,留毛穆之、陈午、戴施等驻守洛阳,自己回师江陵。记录了东晋泰山太守诸葛攸率军击燕,在东阿被燕将慕容评打败。记录了东晋王朝命谢万、郗昙兵分两路攻打前燕,郗昙因病退军彭城,谢万则畏惧燕兵引兵回退,以致全军溃散,许昌、颍川、谯郡、沛郡都落入燕人之手等等。

孝宗穆皇帝中之下

永和十一年(乙卯,公元三五五年)春,正月,故仇池公杨毅弟宋奴使其姑子梁式王刺杀杨初;初子国诛式王及宋奴,自立为仇池公。桓温表国为镇北将军、秦州刺史。

二月,秦大蝗,百草无遗,牛马相啖毛。

夏,四月,燕王俊自和龙还蓟。先是,幽、冀之人以俊为东迁,互相惊扰,所在屯结。群臣请讨之,俊曰:"群小以朕东巡,故相惑为乱耳;今朕既至,寻当自定,不足讨也。"

兰陵太守孙黑、济北太守高柱、建兴太守高瓮及秦河内太守王会、黎阳太守韩高皆以郡降燕。

【译文】永和十一年(乙卯,公元355年)春季,正月,以前的仇池公杨毅的弟弟杨宋奴派遣他姑姑的儿子梁式王去刺杀杨初,杨初的儿子杨国把梁式王和杨宋奴都杀死了,自立为仇池公。桓温向晋穆帝司马聃上表请求任命杨国为镇北将军、秦州刺史。

二月,前秦发生了严重的蝗灾,蝗虫把各种野草都吃光,一点也没有留下来。牛马互相啃食对方的毛来充饥。

夏季，四月，前燕国君慕容俊从和龙回到了蓟城。在此之前，幽州、冀州两个州的百姓以为慕容俊已经向东迁移到了和龙，因此互相侵扰，在他们所居住的地方屯集结聚。群臣向慕容俊请求前去讨伐他们，慕容俊说："这些小人因为我去东部巡视，所以才会相互猜疑作乱。既然我现在已经回来了，用不了多长时间他们就会安定，不值得我前去讨伐。"

兰陵太守孙黑、济北太守高柱、建兴太守高瓮和秦河内太守王会、黎阳太守韩高都用自己的郡向前燕投降。

秦淮南王先幼无一目，性粗暴。其祖父洪尝戏之曰："吾闻瞎儿一泪，信乎？"生怒，引佩刀自刺出血，曰："此亦一泪也。"洪大惊，鞭之。生曰："性耐刀矟，不堪鞭箠！"洪谓其父健曰："此儿狂悖，宜早除之；不然，必破人家。"健将杀之，健弟雄止之曰："儿长自应改，何可遽尔！"及长，力举千钧，手格猛兽，走及奔马，击刺骑射，冠绝一时。献哀太子卒，强后欲立少子晋王柳；秦主健以谶文有"三羊五眼"，乃立生为太子。以司空、平昌王菁为太尉，尚书令王堕为司空，司隶校尉梁楞为尚书令。

姚襄所部多劝襄北还，襄从之。五月，襄攻冠军将军高季于外黄，会季卒，襄进据许昌。

【译文】前秦淮南王苻生在小的时候就失去一只眼睛，性情暴烈。他的祖父苻洪曾经和他开玩笑说："我听说一只眼睛瞎了的小孩子哭的时候只有一只眼睛流泪，这是真的吗？"苻生听了以后很生气，就抽出佩刀刺向自己瞎了的眼睛，鲜血直流，然后指着流血的地方说："这也是一只眼的泪水。"苻洪看到以后非常吃惊，就用鞭子抽打他。苻生说："我的生性能够耐得住刀矛的刺杀，但是不能忍受鞭箠抽打的痛苦！"苻洪对他的父亲苻健说："这个小孩子狂妄得违背常理，应该早日把他除掉，不然一定会导致家破人亡。"苻健正准备把苻生杀死的时候，苻健的弟弟苻雄劝阻他说："小孩子长大以后自然就会改变，怎么这么急不可耐呢？"等到苻生长大以后，力气大得可以把千钧的东西举起来，徒手就可以把凶猛的野兽打死，疾步能够追上奔驰的骏马，击剑刺矛，骑马射箭，各种武艺全部都冠绝一时。献哀太子苻苌去世后，强太后想要册立小儿子晋王苻柳。前秦国君苻健因为谶文有"三羊五眼"的字眼，就册立苻生为太子（按三羊应有六目，此言五眼，乃少其一，正苻生之应）。任命司空、平昌王苻菁为太尉，尚书令王堕为司空，司隶校尉梁楞为尚书令。

姚襄的部属大部分都劝说姚襄返回北方，姚襄答应了。五月，姚襄在外黄攻打晋朝冠军将军高季，恰好高季死了，于是姚襄就进军把许昌攻占了。

六月，丙子，秦主健寝疾。庚辰，平昌王菁勒兵入东宫，将杀太子生而自立。时生侍疾西宫，菁以为健已卒，攻东掖门。健闻变，登端门，陈兵自卫。众见健，惶惧，皆舍仗逃散。健执菁，数而杀之，馀无所问。

壬午，以大司马、武都王安都督中外诸军事。甲申，健引太师鱼遵、丞相雷弱儿、太傅毛贵、司空王堕、尚书令梁楞、左仆射梁安、右仆射段纯、吏部尚书辛牢等受遗诏辅政。健谓太子生曰："六夷酋师及大臣执权者，若不从汝命，宜渐除之。"

◆臣光曰：顾命大臣，所以辅导嗣子，为之羽翼也。为之羽翼而教使剪之，能无毙乎！知其不忠。则勿任而已矣；任以大柄，又从而猜之，鲜有不召乱者也。◆

【译文】六月，丙子日（初六日），前秦国君苻健患病，庚辰日（初十），平昌公（公一作王）苻菁率领士兵进入东宫，准备把太子苻生杀死自己当皇帝。当时苻生正在西宫服侍生病的苻健，苻菁以为苻健死了，就向东掖门发起进攻。苻健听说发生叛乱的消息，就登上端门，部署士兵来保卫自己。苻菁的士兵看到苻健以后都十分惶恐，就全都丢下武器四散逃走。苻健把苻菁捉住，把他的罪状列举后把他杀死，对其余的人都不加以追究。

壬午日（十二日），苻生派遣大司马、武都王苻安都督中外诸军事。甲申日（十四日），苻健召唤太师鱼遵、丞相雷弱儿、太傅毛贵、司空王堕、尚书令梁楞、左仆射梁安、右仆射段纯、吏部尚书辛牢等人前来接受遗诏，辅佐朝政。苻健对太子苻生说："六夷的酋长将帅和大臣中握有权力的人，如果他们不服从你的命令，就应该把他们慢慢除掉。"

◆臣司马光说：天子临终前之所以要嘱托大臣辅政，是要依靠他们来辅佐教导太子，以作为太子的羽翼。既然是太子的羽翼，却又告诉太子剪除他们，能够不自取灭亡吗？如果知道他们不能尽忠，就不对他们加以任用；既然任用他们，让他们执掌大权，却又对他们横加猜忌，很少有不招致变乱的。◆

乙酉，健卒，谥曰景明皇帝，庙号高祖。丙戌，太子生即位，大赦，改元寿光。群臣奏曰："未逾年而改元，非礼也。"生怒，穷推议主，得右仆射段纯，杀之。

秋，七月，以吏部尚书周闵为左仆射。

或告令稽五昱曰："武陵五第中大修器仗，将谋非常。"昱以告太常王彪之，彪之曰："武陵王之志，尽于驰骋畋猪而已耳，深愿静之，以安异同之论，勿复以为言！"昱善之。

秦主生尊母强氏曰皇太后，立妃梁氏为皇后。梁氏，安之女也。以其嬖臣太子门大夫南安赵韶为右仆射，太子舍人赵诲为中护军，著作郎董荣为尚书。

【译文】乙酉日（十五日），前秦国君苻健去世，谥号景明皇帝，庙号是高祖。丙戌日（十六日），太子苻生即位，下令大赦，把年号改为寿光。群臣向苻生上奏说："即位没有超过一年就把年号改了，不符合古礼。"苻生听了以后大发脾气，于是深入追究提出这个议论的人，最后查到是右仆射段纯，就把他杀了。

秋季，七月，苻生任命吏部尚书周闵为左仆射。　　　　．

有人向会稽王司马昱报告："武陵王司马晞的宅第准备了大量的兵器，看来将要谋划政变。"司马昱就把这个消息告诉了太常王彪之，王彪之说："武陵王的心志，全都在驰骋打猎方面，我希望你能够保持沉默不要再说了，用来平息不同的言论，不要再把这件事情作为谈论的资料了！"司马昱认为他说的话很有道理。

前秦国君苻生尊奉母亲强氏为皇太后，册立妃子梁氏为皇后。梁氏，是梁安的女儿。苻生任命他宠信的臣子太子门大夫南安人赵韶为右仆射，太子舍人赵诲为中护军，著作郎董荣为尚书。

凉王祚淫虐无道，上下怨愤。祚恶河州刺史张瓘之强，遣张掖太守索孚代瓘守枹罕，使瓘讨叛胡，又遣其将易揣、张玲帅步骑万三千以袭瓘。张掖人王鸾知术数，言于祚曰："此军出，必不还，凉国将危。"并陈祚三不道。祚大怒，以鸾为妖言，斩以徇。鸾临刑曰："我死，军败于外，王死于内，必矣！"祚族灭之。瓘闻之，斩孚，起兵击祚，传檄州郡，废祚，以侯还第，复立凉宁侯曜灵。易揣、张玲军始济河，瓘击破之。揣等单骑奔还，瓘军蹑之，姑臧振恐。骁骑将军燉煌宋混兄修，与祚有隙，惧祸。八月，混与弟澄西走，合众万馀人以应瓘，还向姑臧。祚遣杨秋胡将曜灵于东苑，拉其腰而杀之，埋于沙坑，谥曰哀公。

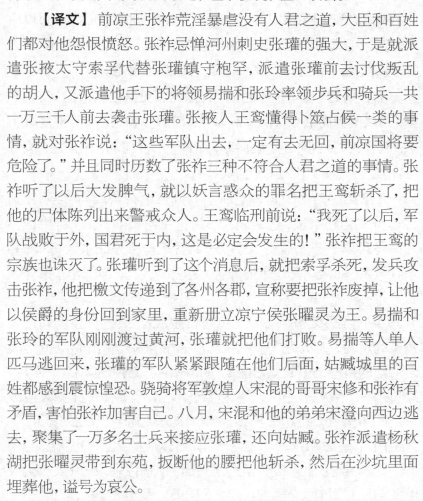

【译文】前凉王张祚荒淫暴虐没有人君之道，大臣和百姓们都对他怨恨愤怒。张祚忌惮河州刺史张瓘的强大，于是就派遣张掖太守索孚代替张瓘镇守枹罕，派遣张瓘前去讨伐叛乱的胡人，又派遣他手下的将领易揣和张玲率领步兵和骑兵一共一万三千人前去袭击张瓘。张掖人王鸾懂得卜筮占候一类的事情，就对张祚说："这些军队出去，一定有去无回，前凉国将要危险了。"并且同时历数了张祚三种不符合人君之道的事情。张祚听了以后大发脾气，就以妖言惑众的罪名把王鸾斩杀了，把他的尸体陈列出来警戒众人。王鸾临刑前说："我死了以后，军队战败于外，国君死于内，这是必定会发生的！"张祚把王鸾的宗族也诛灭了。张瓘听到了这个消息后，就把索孚杀死，发兵攻击张祚，他把檄文传递到了各州各郡，宣称要把张祚废掉，让他以侯爵的身份回到家里，重新册立凉宁侯张曜灵为王。易揣和张玲的军队刚刚渡过黄河，张瓘就把他们打败。易揣等人单人匹马逃回来，张瓘的军队紧紧跟随在他们后面，姑臧城里的百姓都感到震惊惶恐。骁骑将军敦煌人宋混的哥哥宋修和张祚有矛盾，害怕张祚加害自己。八月，宋混和他的弟弟宋澄向西边逃去，聚集了一万多名士兵来接应张瓘，还向姑臧。张祚派遣杨秋湖把张曜灵带到东苑，扳断他的腰把他斩杀，然后在沙坑里面埋葬他，谥号为哀公。

秦主生封卫大将军黄眉为广平王，前将军飞为新兴王，皆素所善也。徵大司马武都王安领太尉。以晋王柳为征东大将军、并州牧，镇蒲坂；魏王廋为镇东大将军、豫州牧，镇陕城。

中书监胡文、中书令王鱼言于生曰："比有星孛于大角，荧惑入东井。大角，帝坐；东井，秦分；于占不出三年，国有大丧，大臣戮死；愿陛下修德以禳之！"生曰："皇后与朕对临天下，可以应在丧矣。毛太傅、梁车骑、梁仆射受遗辅政，可以应大臣矣。"九月，生杀梁后及毛贵、梁楞、梁安。贵，后之舅也。

右仆射赵韶、中护军赵诲，皆洛州刺史俱之从弟也，有宠于生，乃以俱为尚书令。俱固辞以疾，谓韶、诲曰："汝等不复顾祖宗，欲为灭门之事！毛、梁何罪，而诛之？吾何功，而代之？汝等可自为，吾其死矣！"遂以忧卒。

【译文】前秦国君苻生册封卫大将军苻黄眉为广平王，前将军苻飞为新兴王，这两个人都是他平常喜欢的人。苻生征召大司马武都王苻安兼任太尉。任命晋王苻柳为征东大将军、并州牧，镇守蒲阪；任命魏王苻廋为镇东大将军、豫州牧，镇守陕城。

中书监胡文和中书令王鱼对苻生说："最近有彗星划过大角星的位置，火星进入了东井八星的位置。大角星的位置是天王帝廷的星座，东井八星是秦州和雍州的分界（前秦的分野）。经过占卜，不超过三年，国家就会出现帝王、皇后死亡，大臣被杀死的事情。我希望陛下修养德行以避免这个丧乱的出现。"苻生说："皇后和我一起统治天下，可以应验大丧的出现。毛太傅、梁车骑、梁仆射接受了先王的遗诏，辅佐朝政，可以应验大臣的结局。"九月，苻生就把皇后梁氏以及毛贵、梁楞、梁安等人都杀死了。毛贵是皇后梁氏的舅舅。

右仆射赵韶和中护军赵诲，都是洛州刺史赵俱的堂弟，得到苻生的宠信，于是苻生就任命赵俱为尚书令。赵俱以自己生病为由坚决推辞，并且对赵韶和赵诲说："你们不顾念祖先的宗祧，想要做灭门的事情啊，毛贵、梁楞等人哪有什么罪却被处死了，我又有什么功劳可以取代他们？你们可要好自为之，我大概快要死了。"于是赵俱为国忧虑而死。

凉宋混军于武始大泽，为曜灵发哀。闰月，混军至姑臧，凉王祚收张瓘弟琚及子嵩，将杀之。琚、嵩闻之，募市人数百，扬言："张祚无道，我兄大军已至城东，敢举手者诛三族！"遂开西门纳混兵。领军将军赵长等惧罪，入阁呼张重华母马氏出殿，立凉武侯玄靓为主。易揣等引兵入殿，收长等，杀之。祚按剑殿上，大呼，叱左右力战。祚素失众心，莫肯为之斗者，遂为兵人所杀。混等枭其首，宣示内外，暴尸道左，城内咸称万岁。以庶人礼葬之，并杀其二子。混、琚上玄靓为大将军、凉州牧、西平公，赦境内，复称建兴四十三年。时玄靓始七岁。

【译文】前凉宋混在武始大湖边驻扎军队，哀悼张曜灵。闰月，宋混的军队到达了姑臧，前凉王张祚把张瓘的弟弟张琚和儿子张嵩都拘捕了，准备把他们都杀死。张琚和张嵩听到了这个消息后，招募了城里的数百人，公开宣称："张祚没有人君之道，我哥哥的大军已经到达了城东，敢动手杀我们的人就诛灭三族！"于是就把西城门打开来迎接宋混的军队进城。领军将军赵长等人因为有请立张祚的罪行，十分害怕，于是他们就进入内宫请张重华的母亲马氏登堂升殿，册立凉武侯张玄靓为国君，易揣等人率领士兵进入大殿，把赵长等人拘捕，把他们都杀死了。张祚在殿上按着剑，大声呼叫，命令左右的人奋力作战。

张祚其实早已失去了民心，没有一个人肯为他战斗，于是他就被士兵杀死。宋混等人把他的头割下来悬挂在木头上面，公告宫廷内外，张祚的尸体就暴露在路边，城里的人都高呼万岁。宋混等人把张祚以普通百姓的规格埋葬，把他的两个儿子都杀死。宋混和张琚向东晋朝廷上书请求封张玄靓为大将军、凉州牧、西平公，实行大赦，纪年恢复为建兴四十三年。当时张玄靓才刚刚七岁。

张瓘至姑臧，推玄靓为凉王，自为使持节、都督中外诸军事、尚书令、凉州牧、张掖郡公，以宋混为尚书仆射。陇西人李俨据郡，不受瓘命，用江东年号，众多归之。瓘遣其将牛霸讨之，未至，西平人卫缉亦据郡叛，霸兵溃，奔还。瓘遣弟琚击缉，败之。酒泉太守马基起兵以应缉，瓘遣司马张姚、王国击斩之。

冬，十月，以豫州刺史谢尚督并、冀、幽三州，镇寿春。

镇北将军段龛与燕主俊书，抗中表之仪，非其称帝。俊怒，十一月，以太原王恪为大都督、抚军将军，阳骛副之，以击龛。

秦以辛牢守尚书令，赵韶为左仆射，尚书董荣为右仆射，中护军赵诲为司隶校尉。

【译文】张瓘到达了姑臧，推举张玄靓为前凉王，自己则为使持节、都督中外诸军事、尚书令、凉州牧、张掖郡公，任命宋混为尚书仆射。陇西人李俨据守自己所在的郡，不接受张瓘的命令，仍然使用东晋的永和年号，很多士兵和百姓都归附了他。张瓘派遣将领牛霸前去讨伐李俨。牛霸还没有到达，西平人卫缉也据守自己所在的郡进行叛乱，牛霸的士兵溃败，牛霸就逃了回来。张瓘派遣自己的弟弟张琚去攻击卫缉，把他打败。酒泉太守马基发兵来响应卫缉，于是张瓘派遣司马张姚和王国前去进行攻击，把他杀死。

冬季，十月，晋王室派遣豫州刺史谢尚督导并州、冀州、幽州三个州的军事，镇守寿春。

镇北将军段龛给前燕君主慕容俊写信，使用中表亲戚的礼仪，对他称帝加以非难。慕容俊看到信后很生气，任命太原王慕容恪为大都督、抚军将军，让阳骛担任他的副将，前去攻击段龛。

前秦任命辛牢代理尚书令，任命赵韶为左仆射，尚书董荣为右仆射；中护军赵诲为司隶校尉。

十二月，高句丽王钊遣使诣燕纳质修贡，以请其母。燕主俊许之，遣殿中将军刁龛送钊母周氏归其国；以钊为征东大将军、营州刺史，封乐浪公，王如故。

上党人冯鸯逐燕太守段刚，据安民城，自称太守，遣使来降。

秦丞相雷弱儿性刚直，以赵韶、董荣乱政，每公言于朝，见之常切齿。韶、荣谮之于秦主生，生杀弱儿及其九子、二十七孙。于是，诸羌皆有离心。

【译文】十二月，高句丽国王钊派遣使者来到前燕进贡，以此请求让他的母亲返回高句丽。前燕君慕容俊答应了他的请求，派遣殿中将军刁龛护送钊的母亲周氏回到她的国家。慕容俊任命钊为征东大将军、营州刺史，并且册封他为乐浪公，高句丽王的称号则仍旧保留。

上党人冯鸯赶走了前燕的太守段刚，占据了安民城，自称太守，派遣使者去向东晋投降。

前秦的丞相雷弱儿性情刚强正直，因为赵韶和董荣扰乱朝政，他常常在朝廷公开议论，看见这两个人的时候就咬牙切齿。赵韶和董荣就向前秦国君苻生进谗言诬陷雷弱儿，苻生就把雷弱儿和他的九个儿子、二十七个孙子都杀死。各羌族部落因此对前秦产生了叛离之心。

生虽谅阴，游饮自若，弯弓露刃，以见朝臣。锤钳锯凿，可以害人之具，备置左右。即位未几，后妃、公卿已下至于仆隶，凡杀五百馀人，截胫、拉胁、锯项、剖胎者，比比有之。

燕主俊以段龛方强，谓太原王恪曰："若龛遣军拒河，不得渡者，可直取吕护而还。"恪分遣轻军先至河上，具舟楫以观龛志趣。龛弟罴，骁勇有智谋，言于龛曰："慕容恪善用兵，加之众盛，若听其济河，进至城下，恐虽乞降，不可得也。请兄固守，罴帅精锐拒之于河，幸而战捷，兄帅大众继之，必有大功。若其不捷，不若早降，犹不失为千户侯也。"龛不从。罴固请不已，龛怒，杀之。

【译文】苻生虽然在居丧期间，但游乐饮食仍然和平时一样，张着弓，露着刀，接见朝廷的大臣的时候，锤、钳、锯、凿等可以残害人的刑具，全部都放在他的左右。苻生即位没有多长时间，后妃、公卿以下至于奴仆，一共有五百多人被杀，被截断脚腿的、拉断肋骨的、锯断脖子的、剖开肚子拉出胎儿的，比比皆是。

前燕君慕容俊考虑到段龛的势力正强，就对太原王慕容恪说："如果段龛的军队在黄河抵御，阻止我们不能渡过黄河，可以直接去捉拿吕护然后返回。"慕容恪分别派遣轻便的部队先到达黄河岸边，准备渡河使用的舟船，用来观察段龛的动向。段龛的弟弟段罴，骁勇善战，而且有智慧、有谋略，他向段龛建议说："慕容恪善于用兵，再加上他们的士兵众多，如果我们任由他们渡过黄河，到达城下，即使我们向他请求投降，也不能得到允许。我请哥哥你固守城池，让段罴我率领精锐士兵到黄河岸边去阻止他们渡过黄河。如果战斗有幸获胜，哥哥你再率领大军随后赶来，一定会大举成功。如果战斗不能获胜，不如早日向他投降，大约还可以保住千户侯的地位。"但是段龛不肯听从。段罴依然坚持请求，段龛大发脾气，竟把段罴杀了。

永和十二年（丙辰，公元三五六年）春，正月，燕太原王恪引兵济河，未至广固百馀里，段龛帅众三万逆战。丙申，恪大破龛于淄水，执其弟钦，斩右长史袁范等。齐王龛辟间蔚被创，恪闻其贤，遣人求之，蔚已死，士卒降者数千人。龛脱走，还城固守，恪进军围之。

秦司空王堕性刚峻，右仆射董荣、侍中强国皆以佞幸进，堕疾之如仇，每朝，见荣未尝与之言。或谓堕曰："董君贵幸无比，公宜小降意接之。"堕曰："董龙是何鸡狗，而令国士与之言乎！"会有天变，荣与强国言于秦主生曰："今天谴甚重，宜以贵臣应之。"生曰："贵臣唯有大司马及司空耳。"荣、国曰："大司马国之懿亲，不可杀也。"乃杀王堕。将刑，荣谓之曰："今日复敢比董龙于鸡狗乎？"堕瞋目叱之。洛州刺史杜郁，随之甥也，左仆射赵韶恶之，谮于生，以为贰于晋而杀之。

【译文】永和十二年（丙辰，公元356年）春季，正月，前燕的太原王慕容恪率领军队渡过黄河，在距离广固只有一百多里的地方，段龛率领三万士兵前去迎战，慕容恪在淄水把段龛的军队打败，并且把段龛的弟弟段钦捉住，把他的右长史袁范等人杀死。齐王段龛的僚属辟间蔚受伤了，慕容恪听说他很贤能，就派人前去寻找他，找到的时候辟闾蔚已经死了，段龛的士兵有好几千人都向慕容恪投降。段龛逃走了，返回广固城中进行严密防守，慕容恪进军将他包围。

前秦司空王堕性情刚劲严厉，右仆射董荣和侍中强国都是凭借谄媚得宠而得到提升重用，王堕痛恨他们就如同痛恨仇人一样，每次上朝，见到董荣都不和他说话。有人对王堕说："董君得到的尊贵和宠幸没有人能和他相提并论，您应该稍微抑制自己的心意，和他接触。"王堕说："董龙（龙是董荣的小字）是什么样的鸡狗之徒，而让全国所推崇敬仰的贤杰人士和他说话呢？"刚好这时碰到天象发生变故，董荣和强国就向前秦国君苻生建议说："现在上天的谴责非常严重，应该让显贵的大臣去接受上天的谴责。"苻生听了说："显贵的大臣只有大司马和司空两个人。"董荣说："大司马苻安是王室的至亲，是你的叔父，不可以杀。"于是就把王堕杀了。在王堕将要受刑的时候，董荣对王堕说："你今天还敢把董荣我比作鸡狗吗？"王堕愤怒地瞪着眼睛叱责董荣。洛州刺史杜郁，是王堕的外甥，左仆射赵韶厌恶他，就向苻生进谗言，诬告他对前秦有二心，和东晋有来往，于是苻生就把他杀死。

壬戌，生宴群臣于太极殿，以尚书令辛牢为酒监，酒酣，生怒曰："何不强人酒而犹有坐者！"引弓射牢，杀之。群臣惧，莫敢不醉，偃仆失冠，生乃悦。

匈奴大人刘务桓卒，弟阏头立，将贰于代。二月，代王什翼犍引兵西巡，临河，阏头惧，请降。

燕太原王恪招抚段龛诸城。己丑，龛所署徐州刺史阳都公王腾举众降，恪命腾以故职还屯阳都。

【译文】壬戌日（正月无此日），苻生在太极殿宴请群臣，任命尚书令辛牢为掌酒官，正喝到尽兴的时候，苻生发怒说："为什么不强迫他们尽力喝酒，反而还有没喝醉端坐在那里的人呢？"说着就拉开弓箭，把辛牢射死了。群臣感到十分恐惧，再也没有人敢不喝醉，全都横躺竖卧地连帽子都掉在地上，苻生这才高兴。

匈奴的首领刘务桓去世，他的弟弟刘阏头继任，对代国有二心，准备背叛代国。二月，代王拓跋什翼犍带兵西去巡视到达黄河的岸边，刘阏头感到恐惧，就向拓跋什翼犍请求投降。

前燕太原王慕容恪招纳安抚段龛辖境内的各座城邑。己丑日（二月无此日），段龛所任命的徐州刺史阳都公王腾率领众人向慕容恪投降，慕容恪任命王腾仍然担任原来的职务，回去屯守阳都。

秦征东大将军晋王柳遣参军阎负、梁殊使于凉，以书说凉王玄靓。负、殊至姑臧，张瓘见之，曰："我，晋臣也；臣无境外之交，二君何以来辱？"负、殊曰："晋王与君邻藩，虽山河阻绝，风通道会，故来修好，君何怪焉！"瓘曰："吾尽忠事晋，于今六世矣。若与苻征东通使，是上违先君之志，下隳士民之节，其可乎！"负、殊曰："晋室衰微，坠失天命，固已久矣；是以凉之先王北面二赵，唯知机也。今大秦威德方盛，凉王若欲自帝河右，则非秦之敌；欲以小事大，则曷若舍晋事秦，以保福禄乎！"瓘曰："中州好食言，向者石氏使车适返，而戎骑已至，吾不敢信也。"负、殊曰："自古帝王居中州者，政化各殊，赵为奸诈，秦敦信义，岂得一概待之乎！张先、杨初皆阻兵不服，先帝讨而擒之，赦其罪戾，宠以爵秩，固非石氏之比也。"瓘曰："必如君言，秦之威德无敌，何不先取江南，则天下尽为秦有，征东何辱命焉！"负、殊曰："江南文身之俗，道污先叛，化隆后服。主上以为江南必须兵服，河右可以义怀，故遣行人先申大好。若君不达天命，则江南得延数年之命，而河右恐非君之土也。"瓘曰："我跨据三州，带甲十万，西苞葱岭，东距大河，伐人有馀，况于自守，何畏于秦！"负、殊曰："贵州山河之固，孰若殽、函？民物之饶，孰若秦、雍？杜洪、张琚，因赵氏成资，兵强财富，有囊括关中、席卷四海之志，先帝戎旗西指，冰消云散，旬月之间，不觉易主。主上若以贵州不服，赫然奋怒，控弦百万，鼓行而西，未知贵州将何以待之？"瓘笑曰："兹事当决之于王，非身所了。"负、殊曰："凉王虽英睿夙成，然年在幼冲，君居伊、霍之任，国家安危，系君一举耳。"瓘惧，乃以玄靓之命遣使称藩于秦，秦因玄靓所称官爵而授之。

【译文】前秦征东大将军晋王苻柳派遣参军阎负和梁殊到前凉出使，用书信劝说前凉王张玄靓。阎负和梁殊到达姑臧，张瓘见到他们以后说："我们，是晋王朝的臣子。做臣子的不能私自与其他国家进行交往，你们两个人为什么来这里呢？"阎负和梁殊说："晋王苻柳和你们是毗邻的藩国，虽然山河互相隔阻，但是风俗相通，道路相接，所以前来和你们修好，对此您有什么可奇怪的呢？"张瓘说："我们忠心侍奉晋王室，到现在已经有六代人了（轨、寔、茂、骏、重华、曜灵、祚应该是七代人，现在说六代人，是斥祚不为世数）。如果我们和征东大将军苻柳互通使者，对上则违背先君的意志，对下则败坏士人百姓的气节，怎么可以这样呢？"阎负和梁殊说："晋王室衰微，失去天命，已经有很长时间了。所以凉王张茂向前赵自称藩属，张骏向后赵自称藩属。这是知道时宜的。现在前秦正值威势恩德强盛的时候，凉王如果想要在黄河以西的地区称帝，那就不是前秦的对手；如果想要以小国侍奉大国，那么为什么不抛弃晋王室而侍奉前秦，以求永保福禄呢？"张瓘说："中原人喜欢讲话不去实践，过去赵国石氏使者的车辆刚刚回去，而前去侵扰的军队就已经到达了，我们不敢相信你们。"阎负和梁殊说："自古以来住在中原的帝王，政治教化，各不相同，赵国施行奸诈，前秦则崇尚信义，怎么能一概而论呢？张先、杨初全是依恃军队的强大顽抗抵御，不肯服从，所以前秦的先帝才会去讨伐他们把他们擒获，然而前秦的先帝赦免他们的罪过，用官爵俸禄宠待他们，这本来就不是石氏可以比拟的。"张瓘说："如果确实像你们所说的那样，前秦的威势和恩德没有其他国家可以相比，为什么不先去攻取长江以南的地区？那么，整个天下就全部都归前秦所有了。何必劳动征东大将军派遣使者辱赐恩命于我们呢？"阎负和梁殊说："长江以南现在还盛行断发文身的习俗，朝廷道义衰落，就首先叛乱，政治教化隆盛的时候，却最后才来归服。主上认为长江以南必须依靠武力来征服，而黄河以西可以靠道义安抚，所以才派遣使者先来申明和好的道理，如果您不能洞察天命，那么长江以南有能够残喘数年的命运，而黄河以西的土地恐怕就不是你所能够占有的了。"张瓘说："我们有跨越凉州、河州、沙州三个州的土地，拥有十万全副武装的将士，西边，有葱岭作为依托，东边有黄河作为屏障，攻打其他国家尚且还有多余的力量，何况是自我防守，何必要畏惧你们前秦呢？"阎负和梁殊说："阁下领土内山河的险固程度，哪一个能比得上崤山和函谷关呢？百姓赖以生存物产的富饶程度，哪一样能比得上秦州和雍州呢？杜洪和张琚，虽然凭借着赵国已有的资产和基业，军队强大，物产丰富，大有吞并关中、席卷四海的志向，可是我们先帝的军旗向西指去的时候，短短的一个月之内，就像冰消融，云飞散，不知不觉中君主就已经改换。现在我们主上如果认为你们不肯顺服，大发脾气，率领百万士兵，击鼓向西进军，不知道你们将要怎么样应付呢？"张瓘笑着说："这件事情应当由我们的君王决定，不是我所能够做主的。"阎负和梁殊说："凉王虽然从小就英明智慧，但年纪幼小；您所处的地位，就如同伊尹在夏，霍光在汉，承担辅佐幼主的重任，国家的安全和危险，全都维系在您的决断上。"张瓘听后感到恐惧，就用张玄靓的名义派遣使者去向前秦自称藩属，前秦也就将张玄靓自称的官位和爵号正式授予他。

将军刘度攻秦青州刺史王朗于卢氏；燕将军慕舆长卿入轵关，攻秦幽州刺史强哲于裴氏堡。秦主生遣前将军新兴王飞拒度，建节将军邓羌拒长卿。飞未至而度退。羌与长卿战，大破之，获长卿及甲首二千馀级。

桓温请移都洛阳，修复园陵，章十馀上，不许。拜温征讨大都督，督司、冀二州诸军事，以讨姚襄。

三月，秦主生发三辅民治渭桥；金紫光禄大夫程肱谏，以为妨农，生杀之。

【译文】东晋将军刘度在卢氏攻打前秦青州刺史王朗；前燕将军慕舆长卿进入轵关，在裴氏堡攻打前秦幽州刺史强哲。前秦国君苻生派遣前将军新兴王苻飞去抵抗刘度，建节将军邓羌去抵抗慕舆长卿。苻飞还没有到达，刘度就已经撤退。邓羌和慕舆长卿进行交战，邓羌把慕舆长卿打败了，俘获了慕舆长卿，并将两千多披甲士兵斩首。

桓温请求东晋朝廷将都城迁到洛阳，修复先帝的茔墓，奏章递上去十多次，朝廷都没有准许。只是任命桓温为征讨大都督，督导司州、冀州诸军事，讨伐姚襄。

三月，前秦国君苻生调集三辅的居民去修建渭水桥，金紫光禄大夫程肱向苻生加以劝谏，认为这样做会妨碍农作物的生产，苻生就把他杀死。

夏，四月，长安大风，发屋拔木。秦宫中惊扰，或称贼至，宫门昼闭，五日乃止。秦主生推告贼者，刳出其心。左光禄大夫强平谏曰："天降灾异，陛下当爱民事神，缓刑崇德以应之，乃可弭也"。生怒，凿其顶而杀之。卫将军广平王黄眉、前将军新兴王飞、建节将军邓羌，以平，太后之弟，叩头固谏，生弗听，出黄眉为左冯翊，飞为右扶风，羌行咸阳太守，犹惜其骁勇，故皆弗杀。五月，太后强氏以忧恨卒，谥曰明德。

姚襄自许昌攻周成于洛阳。

【译文】 夏季，四月，长安刮起大风，风力大到卷起屋瓦，掀起檐角，树木也被拔起。前秦宫殿里面一片惊慌混乱，有人说贼兵来了，因此宫门在白天也紧紧关闭，这样的情况一直持续了五天。前秦国君苻生追查谎称贼兵来了的人，要把他的心脏剜出来。左光禄大夫强平向苻生进言劝谏说："上天降下灾祸，陛下应该爱护百姓，恭敬地侍奉神明，减轻刑罚，崇尚仁德来应合天意，灾祸才可以被消除。"苻生听后发怒，把他的头顶凿开把他杀死。卫将军广平王苻黄眉、前将军新兴王苻飞、建节将军邓羌，都因为强平是强太后的弟弟，再三叩头恳切地劝止。但是苻生不肯听从，并且贬黜苻黄眉去担任左冯翊、苻飞出任右扶风、邓羌代理咸阳太守，只是念及他们作战勇敢，没有把他们全部杀死。五月，太后强氏因为忧虑怨恨而去世，谥号为明德。

姚襄从许昌进发到洛阳，进攻周成。

【康熙御批】惟天好生，故立君以子民。其所以爱养生全之者，宜无所不至也。秦主生乃以杀千人为常事，又谓"野兽食人，正天所以助朕杀之"草菅民命，自有载籍以来莫盛于此。

【译文】上天有好生之德，所以确立君主以教化百姓。因此君主应该效法天道，用爱护和养育来保全百姓，实在应该无所不知。前秦国主苻生把杀死数千人当作平常之事，又称"野兽吃人，正是用来帮助我来杀人的"，草菅百姓生命，自有历史以来没有如此过分的。

六月，秦主生下诏曰："朕受皇天之命，君临万邦；嗣统以来，有何不善，而谤讟言之音，扇满天下！杀不过千，而谓之残虐！行者比肩，未足为希。方当峻刑极罚，复如朕何！"

自去春以来，潼关之西，至于长安，虎狼为暴，昼则继道，夜则发屋，不食六畜，专务食人，凡杀七百馀人。民废耕桑，相聚邑居，而为害不息。秋，七月，秦群臣奏请禳灾，生曰："野兽饥则食人，饱当自止，何禳之有！且天岂不爱民哉，正以犯罪者多，故助朕杀之耳！"

丙子，燕献怀太子晔卒。

【译文】六月，前秦国君苻生颁下诏书说："我承受了上天的大命，统治万国，继嗣大统以来，有什么不好的地方，诽谤的声音，煽动的言辞，竟然充满了整个天下？被我杀死的人还没有超过一千，却说我残忍暴虐。现在路上的行人还肩并着肩，并不能说是稀少。正应当严明重刑，施以极罚，又有谁能把我怎么样呢？"

自从春天以来，从潼关以西，一直到长安一带，虎狼暴虐，

资治通鉴

肆行无忌，大白天相继出现在道路上面行走，到了夜里则毁坏屋墙进入室内，不吃六畜，专门吃人，有七百多人被吃掉。百姓们停止耕田种桑，不敢散居在田庐里面，只能相互聚居在邑里，但是虎狼仍然不停为害。秋季，七月，前秦大臣向苻生上奏请求设祭禳除虎狼之害，苻生说："野兽饥饿要吃人，吃饱了就会停止，有什么值得设祭禳除的呢？而且上天难道会不爱惜百姓吗？正是因为有太多的人犯罪，所以上天才会帮助我把他们消灭。"

丙子日（十二日），前燕的献怀太子慕容晔去世了。

姚襄攻洛阳，逾月不克。长史王亮谏曰："明公英名盖世，兵强民附。今顿兵坚城之下，力屈威挫，或为它寇所乘，此危亡之道也！"襄不从。

桓温自江陵北伐，遣督护高武据鲁阳，辅国将军戴施屯河上，自帅大兵继进。与寮属登平乘楼望中原，叹曰："遂使神州陆沉，百年丘墟，王夷甫诸人不得不任其责！"记室陈郡袁宏曰："运有兴废，岂必诸人之过！"温作色曰："昔刘景升有千斤大牛，噉刍豆十倍于常牛，负重致运，曾不若一羸牸，魏武入荆州，杀以享军。"

【译文】 姚襄攻打洛阳，过了一个多月也没有攻下来。长史王亮劝谏姚襄说："您英名盖世，军队强大，百姓都前来归附。现在在防守严密的城池下面驻扎军队，武力受到阻碍，威势受到挫折，其他敌人或许会利用这个机会发起进攻，这是危险灭亡的道路啊！"但是姚襄不肯听从。

东晋的桓温从江陵向北出发进行攻击，派遣督护高武据守鲁阳，辅国将军戴施在大河岸边驻扎军队，自己则亲自率领大

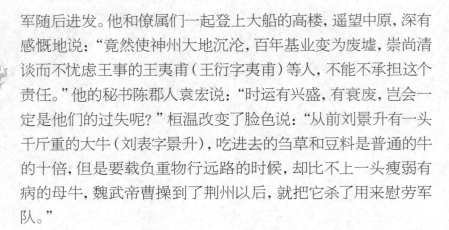

军随后进发。他和僚属们一起登上大船的高楼，遥望中原，深有感慨地说："竟然使神州大地沉沦，百年基业变为废墟，崇尚清谈而不忧虑王事的王夷甫（王衍字夷甫）等人，不能不承担这个责任。"他的秘书陈郡人袁宏说："时运有兴盛，有衰废，岂会一定是他们的过失呢？"桓温改变了脸色说："从前刘景升有一头千斤重的大牛（刘表字景升），吃进去的刍草和豆料是普通的牛的十倍，但是要载负重物行远路的时候，却比不上一头瘦弱有病的母牛，魏武帝曹操到了荆州以后，就把它杀了用来慰劳军队。"

【乾隆御批】神州陆沉，王衍诸人实不得辞其责。袁宏乃诿为运有废兴，宜桓温以大牛讥之。

【译文】 神州大地的沉没，王衍等人实在是不能推脱他们的责任。袁宏却为他们推卸责任，说天命有废有兴，该当桓温以大牛来讥讽他。

八月，己亥，温至伊水，姚襄撤围拒之，匿精锐于水北林中，遣使谓温曰："承亲帅王师以来，襄今奉身归命，愿敕三军小却，当拜伏路左。"温曰："我自开复中原，展敬山陵，无豫君事。欲来者便前，相见在近，何烦使人！"襄拒水而战。温结陈而前，亲被甲督战。襄众大败，死者数千人。襄帅麾下数千骑奔于洛阳北山，其夜，民弃妻子随襄者五千馀人。襄勇而爱人，虽战屡败，民知襄所在，辄扶老携幼，奔驰而赴之。温军中传言襄病创已死，许、洛士女为温所得者，无不北望而泣。襄西走，温追之不及。弘农杨亮自襄所来奔，温问襄之为人，亮曰："襄神明器宇，孙策之俦，而雄武过之。"

【译文】八月,己亥日(初六日),桓温到达洛阳城南的伊水,姚襄把包围洛阳攻打周成的部队撤下来,调过来抵抗桓温,他把精锐士兵藏匿在伊水北岸的森林里,派遣使者对桓温说:"承蒙您亲自率领朝廷军队前来,姚襄今天束身归从请求投降,希望您能命令三军稍微退后,我们当在道路的左方下拜迎接。"桓温说:"我本来是光复中原,察看拜谒先帝的陵墓,和你们无关。想要前来见面的话就随便前来,近在咫尺,不用再派遣使者前来那么麻烦。"姚襄凭借伊水和桓温交战,桓温将部队列阵前进,穿着铠甲亲自督战,率先发起进攻,姚襄的士兵被打得大败,几千人战死。姚襄率领剩余的几千骑部下逃奔到北芒山,当天夜里,有五千多百姓抛弃妻子儿女追随姚襄。姚襄勇敢并且爱护百姓,虽然他多次作战失败了,但是百姓只要知道姚襄所在的地方,往往就搀扶着年老的,携带着幼小的,急忙追赶投奔他。桓温的军队传说姚襄受伤死了,许昌、洛阳一带被桓温所俘虏的男女,没有一个不面向北方仰望悲泣的。姚襄向西逃走,桓温去追击他但是没有追上。弘农人杨亮从姚襄那里来投奔桓温,桓温就向他询问姚襄的为人,杨亮说:"姚襄的英明、智慧、胸襟及度量,如同孙策一样,而雄才武略却超过孙策。"

周成帅众出降,温屯故太极殿前,既而徙屯金墉城。己丑,谒诸陵,有毁坏者修复之,各置陵令。表镇西将军谢尚都督司州诸军事,镇洛阳。以尚未至,留颍川太守毛穆之、督护陈午、河南太守戴施以二千人戍洛阳,卫山陵,徙降军三千馀家于江、汉之间,执周成以归。

姚襄奔平阳,秦并州刺史尹赤复以众降襄,襄遂据襄陵。

秦大将军张平击之，襄为平所败，乃与平约为兄弟，各罢兵。

段龛遣其属段蒀来求救，诏徐州刺史荀羡将兵随蒀救之。羡至琅邪，惮燕兵之强，不敢进。王腾寇鄄城，羡进攻阳都，会霖雨，城坏，获腾，斩之。

【译文】周成率领士兵出城投降，桓温在原来的太极殿前面驻扎，接着又迁移到金墉城驻扎。己丑日（八月无此日），桓温拜谒先帝的陵墓，有被毁坏的地方，就又重新修筑完好，分别设置了看守陵园的陵令。周成向晋穆帝司马聃上表推荐镇西将军谢尚都督司州诸军事，镇守洛阳。因为谢尚还没有到来，就留下颍川太守毛穆之、督护陈午、河南太守戴施率领两千人戍守洛阳，保卫陵墓，桓温把投降的三千多户百姓都迁徙到了长江、汉水之间，逮捕周成押解返回。

姚襄逃到平阳，前秦并州刺史尹赤又带着士兵向姚襄投降，于是姚襄就占据襄陵县。前秦大将军张平前去攻击姚襄，姚襄被张平打败，就和张平结为兄弟，各自罢兵休战。

段龛派遣部下段蒀来向东晋求救，朝廷命令徐州刺史荀羡率领士兵跟随段蒀前去救援。荀羡到达了琅邪以后，害怕前燕兵力强大不敢继续前进。王腾进犯鄄城，荀羡就前去进攻王腾驻扎的阳都，刚好碰到连绵大雨，城墙被淋塌了，荀羡就把王腾捉住，把他斩杀。

冬，十月，癸巳朔，日有食之。

秦主生夜食枣多，旦而有疾，召太医令程延，使诊之。延曰："陛下无它疾，食枣多耳。"生怒曰："汝非圣人，安知吾食枣！"遂斩之。

燕大司马恪围段龛于广固，诸将请急攻之，恪曰："用兵之

资治通鉴

势，有宜缓者，有宜急者，不可不察。若彼我势敌，外有强援，恐有腹背之患，则攻之不可不急。若我强彼弱，无援于外，力足制之者，当羁縻守之，以待其毙。兵法'十围五攻'，正谓此也。龛兵尚众，未有离心；济南之战，非不锐也，但龛用之无术，以取败耳。今凭阻坚城，上下戮力，我尽锐攻之，计数旬可拔，然杀吾士卒必多矣。自有事中原，兵不暂息，吾每念之，夜而忘寐，奈何轻用其死乎！要在取之，不必求功之速也！"诸将皆曰："非所及也。"军中闻之，人人感悦。于是，为高墙深堑以守之。齐人争运粮以馈燕军。

【译文】冬季，十月，癸巳朔日（初一日），发生了日食。

前秦国君苻生在夜里吃了过多的枣，第二天早晨起来感觉不舒服，就把太医令程延召来，让他把脉诊治。程延说："陛下没有其他的病，只是吃枣过多。"苻生听了以后愤怒地说："你又不是圣人，怎么会知道我吃了枣呢？"于是就把他杀死。

前燕大司马慕容恪在广固围攻段龛，诸位将领向慕容恪请求马上发动进攻，慕容恪说："用兵的方法，有应该缓慢的时候，也有应该急速的时候，不可以不仔细审度。如果敌方和我们势均力敌，而敌人又在外边有强大的援军，我们恐怕就有遭到腹背受攻的祸患，则进攻不可以不急速。如果我们强大而敌方弱小，敌人在外面又没有援兵，我们的武力足以制服他们，就应该包围并守住他们，等待他们自己灭亡。兵法里面说，武力是敌人的十倍就包围，是敌人的五倍就进攻，说的正是这个道理。眼下段龛的军队还多，还没有出现叛离的征兆；济南之战的时候，不是段龛的士兵不精锐，只是段龛调动军队的时候没有策略，所以才自取失败。如今他凭借险阻坚守城池，上下合力，我如果调动全部精锐士兵去进攻他，几天也可以攻取下来；然而我们士兵的伤亡也必定有很多。自从中原发动战争，士兵们连短暂的休整也没有，我每一次想到这里，即使是在夜里也会忘记睡觉，又怎么能轻易地使用让士兵们献身的战术呢？最重要的是要把广固城攻占下来，不一定要求快速地成功。"诸位将领都说："这不是我们所能够想得到的。"军队里面的士兵听到了慕容恪的这话后，都感动和喜悦。于是他们就修筑高围墙、挖掘深水沟用来坚守包围圈。齐地的百姓争着给前燕的军队运去粮食供他们食用。

龛婴城自守，樵采路绝，城中人相食。龛悉众出战。恪破之于围里；先分骑屯诸门，龛身自冲荡，仅而得入，馀兵皆没。于是城中气沮，莫有固志。十一月，丙子，龛面缚出降，并执朱秃送蓟。恪抚安新民，悉定齐地，徙鲜卑、胡、羯三千馀户于蓟。燕主俊具朱秃五刑，以段龛为伏顺将军。恪留慕容尘镇广固，以尚书左丞鞠殷为东莱太守，章武太守鲜于亮为齐郡太守，乃还。

殷，彭之子也。彭时为燕大长秋，以书戒殷曰："王弥、曹嶷，必有子孙，汝善招抚，勿寻旧怨，以长乱源！"殷推求，得弥从子立、嶷孙岩于山中，请与相见，深结意分，彭复遣使遗以车马衣服，郡民由是大和。

【译文】段龛围绕着城池进行严密防守，就连打柴采薪的小路也被切断，城里面的人没有粮食可以食用，就互相残杀啃食。段龛发动所有士兵出城迎战，结果在城外的高围墙里被打败。慕容恪事先就分别派遣骑兵在广固城的各个城门驻扎，段龛经过只身拼搏，也仅能逃回到城里，其余的士兵全都战死。于是城里的人丧失勇气，没有再继续固守下去的斗志。十一月，丙子日（十四日），段龛将双手反绑在背后出城向前燕投降，他和朱秃一起被押解送往蓟城。慕容恪安定抚慰新近投降的百姓，把齐地全部平定了，把三千多户鲜卑族、胡族、羯族人迁徙到蓟城。前燕国君慕容俊修整先帝的五座陵墓，任命段龛为伏顺将军。慕容恪把慕容尘留下来镇守广固，任命尚书左丞鞠殷为东莱太守，章武太守鲜于亮为齐郡太守，然后就回去了。

　　鞠殷，是鞠彭的儿子。鞠彭当时出任前燕的大长秋，他利用书信劝诫鞠殷说："王弥和曹嶷，必定有子孙后代，你一定要好好地招纳抚慰他们，不要再计较以前的怨恨，以防扩大祸乱的根源。"鞠殷经过推问访察，终于在山里面找到了王弥的侄子王立和曹嶷的孙子曹严，邀请他们前来相见，并且结下了深厚的情谊，鞠彭又派遣使者给他们送去车马衣服，东莱郡的百姓从此安享太平。

　　荀羡闻段龛已败，退还下邳，留将军诸葛攸、高平太守刘庄将三千人守琅邪，参军谯国戴遂等将二千人守泰山。燕将慕容兰屯汴城，羡击斩之。

　　诏遣兼司空、散骑常侍车灌等持节如洛阳，修五陵。十二月，庚戌，帝及群臣皆服缌，临于太极殿三日。

　　司州都督谢尚以疾不行，以丹杨君王胡之代之，未行而卒。胡之，廙之子也。

　　是岁，仇池公杨国从父俊杀国自立；以俊为仇池公。国子安奔秦。

　　【译文】荀羡听说段龛失败了，就退回到下邳，留下将军诸葛攸和高平太守刘庄率领三千名士兵防守琅邪，参军谯国人戴遂等人率领两千名士兵防守泰山。前燕的将领慕容兰在汴城驻扎军队，荀羡前去进行攻击并且把他杀死。

晋穆帝司马聃颁下诏书派遣兼司空、散骑常侍车灌等人持符节前往洛阳，修整先帝的五座陵墓。十二月，庚戌日（十九日），晋穆帝司马聃和大臣们都穿着用缌布做成的丧服，在太极殿祭奠了三天。

司州都督谢尚因为生病无法料理政事，东晋朝廷让丹阳尹王胡之代替他。王胡之，是王廙的儿子。

这一年，仇池公杨国的叔父杨俊把杨国杀死自立。于是东晋朝廷就任命杨俊为仇池公。杨国的儿子杨安逃到前秦。

升平元年（丁巳，公元三五七年）春，正月，壬戌朔，帝加元服。太后诏归政，大赦，改元，太后徙居崇德宫。

燕主俊徵幽州刺史乙逸为左光禄大夫。逸夫妇共载鹿车；子璋从数十骑，服饰甚丽，奉迎于道。逸大怒，闭车不与言。到城，深责之，璋犹不悛。逸常忧其败，而璋更被擢任，历中书令、御史中丞。逸乃叹曰："吾少自修立，克己守道，仅能免罪。璋不治节俭，专为奢纵，而更居清显。此岂唯璋之忝幸，实时世之陵夷也。"

二月，癸丑，燕主俊立其子中山王暐为太子，大赦，改元光寿。

太白入东井。秦有司奏："太白罚星，东井秦分，必有暴兵起京师。"秦主生曰："太白入井，自为渴耳，何所怪乎！"

【译文】升平元年（丁巳，公元357年）春季，正月，壬戌朔日（初一日），晋穆帝司马聃行加冠礼。太后颁下诏书把朝政归还晋穆帝，让他主持朝政，晋穆帝司马聃下令大赦天下，把年号改为升平，太后迁移到崇德宫居住。

前燕国君慕容俊征召幽州刺史乙逸出任左光禄大夫。乙逸夫妇两人一起乘坐一辆窄小的鹿车前去赴任。他们的儿子乙璋却带着数十骑随从，穿戴着华丽的衣服和佩饰，恭敬地在道路上迎接。乙逸非常愤怒，把车门紧紧关上，不与他相见说话，到了蓟城，乙逸严厉地责备乙璋。乙璋还是不认错。乙逸常常忧虑他会衰败下去，但是乙璋却多次被擢升，一直做到中书令、御史中丞。乙逸就叹息着说："我年少的时候，就修身养性，克制私欲，遵守圣道，到头来也仅仅能够避免犯罪。乙璋不加以节制和检点约束自己的品行，专干奢侈和放纵的事情，反而多次出任政事轻简地位显赫的官职，这难道仅仅是乙璋受之有愧的幸遇吗？这实在是时世的颓败啊！"

二月，癸丑日（二十三日），前燕国君慕容俊册立他的儿子中山王慕容暐为太子，下令大赦，把年号改为光寿。

金星进入井宿。前秦有关官吏向苻生呈上奏章说："金星是主惩罚之星，井宿是原秦的分野，京师一定会出现暴动。"前秦国君苻生说："金星进入井宿，自然是因为它自己口渴，有什么值得大惊小怪的呢？"

姚襄将图关中，夏，四月，自北屈进屯杏城，遣辅国将军姚兰略地敷城，曜武将军姚益生、左将军王钦卢各将兵招纳诸羌、胡。兰，襄之从兄；益生，襄之兄也。羌、胡及秦民归之者五万馀户。秦将苻飞龙击兰，擒之。襄引兵进据黄落；秦主生遣卫大将军广平王黄眉、平北将军苻道、龙骧将军东海王坚、建节将军邓羌将步骑万五千以御之。襄坚壁不战。羌谓黄眉曰："襄为桓温、张平所败，锐气丧矣。然其为人强狠，若鼓噪扬旗，直压其垒，彼必忿恚而出，可一战擒也。"五月，羌帅骑三千压其垒门而陈，襄怒，悉众出战。羌阳不胜而走，襄追之，至于三原。羌回骑击之，黄眉等以大众继至，襄兵大败。襄所乘骏马曰黧眉䯄，马倒，秦兵擒而斩之，弟苌帅其众降。襄载其父弋仲之枢在军中，秦主生以王礼葬弋仲于孤磐，亦以公礼葬襄。广平王黄眉等还长安，生不之赏，数众辱黄眉。黄眉怒，谋弑生；发觉，伏诛。事连王公亲戚，死者甚众。

【译文】姚襄计划进攻关中，在夏季四月的时候，从北屈县进军占据杏城，将军队驻扎在杏城，姚襄派遣辅国将军姚兰攻占敷城，曜武将军姚益生和左将军王钦卢各自率领士兵去招徕和接纳羌人和胡人。姚兰，是姚襄的堂兄；姚益生，是姚襄的哥哥。前来归附的羌人、胡人以及前秦百姓，共有五万多户。前秦将领符飞龙攻击姚兰，把他擒获。姚襄率领士兵进攻并且占据黄落。前秦国君符生派遣卫大将军符黄眉、平北将军符道、龙骧将军东海王符坚、建节将军邓羌率领步兵和骑兵一共一万五千人前去抵抗他们。姚襄坚守营垒，不肯外出迎战。邓羌对符黄眉说："姚襄被桓温和张平打败，已经丧失锐气。然而他为人刚强狠戾，如果我们敲响战鼓，挥舞旌旗，大军直接压向他的营垒，他一定会气愤狠怒，然后出来迎战，这样我们就可以一战把他擒获。"五月，邓羌率领三千骑兵逼近姚襄的营垒，摆开战阵，姚襄很生气，率领所有士兵出来迎战。邓羌表面假装不能战胜而逃跑，姚襄从后面追赶一直追到三原，这时邓羌调转骑兵来攻击他，符黄眉等人率领士兵随后赶到，姚襄的军队被彻底打败。姚襄所骑的骏马名字叫作黧眉䯄，失蹄摔倒，前秦士兵捉住姚襄然后把他杀死，他的弟弟姚苌率领士兵向前秦投降。姚襄把他父亲姚弋仲的灵枢停放在军营里面，前秦国君符生用诸侯王的礼仪把姚弋仲安葬在孤磐，也用公爵的礼仪安葬姚襄。符黄眉等人返回长安后，符生不但没有奖赏他们，而且还

资治通鉴

屡次在大庭广众之下侮辱苻黄眉。苻黄眉因此感到生气，就计划把苻生杀死，但是被苻生发觉，苻黄眉就被判处死刑。事情牵连到王公亲戚，因此有很多人被杀死。

戊寅，燕主俊遣抚军将军垂、中军将军虔、护军将军平熙帅步骑八万攻敕勒于塞北，大破之，俘斩十馀万，获马十三万匹，牛羊亿万头。

匈奴单于贺赖头帅部落三万五千口降燕，燕人处之代郡平舒城。

秦主生梦大鱼食蒲，又长安谣曰："东海大鱼化为龙，男皆为王女为公。"生乃诛太师、录尚书事、广宁公鱼遵，并其七子、十孙。金紫光禄大夫牛夷惧祸，求为荆州；生不许，以为中军将军，引见，调之曰："牛性迟重，善持辕轭；虽无骥足，动负百石。"夷曰："虽服大车，未经峻壁；愿试重载，乃知勋绩。"生笑曰："何其快也，公嫌所载轻乎？朕将以鱼公爵位处公。"夷惧，归而自杀。

【译文】 戊寅日（十九日），前燕国君慕容俊派遣抚军将军慕容垂、中军将军慕容虔、护军将军平熙率领步兵和骑兵一共八万人到塞北进攻敕勒部族，彻底把他们打败，有十几万人被俘虏和斩杀，缴获马匹十三万匹，牛羊亿万头。

匈奴单于贺赖头率领本部落所属的三万五千户向前燕投降，前燕把他们安置在了代郡的平舒城。

前秦国君苻生做梦梦见大鱼吃蒲草，另外长安城里也有谣言说："东海大鱼化为龙，男皆为王女为公。"于是苻生就把太师、录尚书事、广宁公鱼遵以及他的七个儿子、十个孙子全都杀死。金紫光禄大夫牛夷害怕自己也遭到灾祸，就向苻生请求出任荆州刺史。苻生没有准许，反而任命他为中军将军，召见他

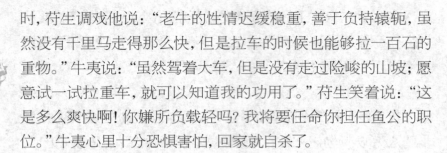

时，苻生调戏他说：“老牛的性情迟缓稳重，善于负持辕轭，虽然没有千里马走得那么快，但是拉车的时候也能够拉一百石的重物。”牛夷说：“虽然驾着大车，但是没有走过险峻的山坡；愿意试一试拉重车，就可以知道我的功用了。”苻生笑着说：“这是多么爽快啊！你嫌所负载轻吗？我将要任命你担任鱼公的职位。”牛夷心里十分恐惧害怕，回家就自杀了。

生饮酒无昼夜，或连月不出。奏事不省，往往寝落，或醉中决事；左右因以为奸，赏罚无准。或至申酉乃出视朝，乘醉多所杀戮。自以眇目，讳言“残、缺、偏、只、少、无、不具”之类，误犯而死者，不可胜数。好生剥牛、羊、驴、马、燖鸡、豚、鹅、鸭，纵之殿前，数十为群。或剥人面皮，使之歌舞，临观以为乐。尝问左右曰：“自吾临天下，汝外间何所闻？”或对曰：“圣明宰世，赏罚明当，天下唯歌太平。”怒曰：“汝媚我也！”引出斩之。它日又问，或对曰：“陛下刑罚微过。”又怒曰：“汝谤我也！”亦斩之。勋旧亲戚，诛之殆尽，群臣得保一日，如度十年。

【译文】苻生不分昼夜喝酒，有时甚至一连几个月都不临朝处理政事。臣下上奏的章表，不加以审阅，常常搁置不理或者丢失，有时在喝醉以后处理政事；他周围的人因此就经常做一些奸邪的事情，赏罚没有标准。有时到了晚上才出来临朝视政，趁着喝醉把很多人都杀死。他由于有一只眼睛瞎了，就忌讳说“残、缺、偏、只、少、无、不全”一类的字眼，不小心误说了这些字眼而被杀死的人，数都数不清。苻生还喜欢活剥牛、羊、驴、马的皮，用热水煺活鸡、活猪、活鹅、活鸭的毛，然后把它们放到大殿前面，任它们在大殿前面行走，几十个为一群。有时则把人的脸皮剥掉，让他们唱歌跳舞，他来观看，以此作为娱乐。

他曾经询问周围的人说："自从我统治天下以来，你们在外面都听到些什么呢？"有人回答他说："圣明的君主主宰天下，赏赐得当，刑罚严明，天下百姓只有歌颂太平盛世了。"他愤怒地说："你向我献媚！"于是就让人把他拉出去斩杀。改天他又询问众人这个问题，有人回答他说："陛下的刑罚稍微过分了一点。"苻生又愤怒地说："你诽谤我！"就把他也斩杀了。立下功勋的故旧和世臣，以及宗亲姻戚，都差不多快要被杀光，群臣能够保全一天生命，就好像度过了十年那么长的时间一样。

东海王坚，素有时誉，与故姚襄参军薛赞、权翼善。赞、翼密说坚曰："主上猜忍暴虐，中外离心，方今宜主秦祀者，非殿下而谁！愿早为计，勿使它姓得之！"坚以问尚书吕婆楼，婆楼曰："仆，刀镮上人耳，不足以办大事。仆里舍有王猛者，其人谋略不世出，殿下宜请而咨之。"坚因婆楼以招猛，一见如旧友，语及时事，坚大悦，自谓如刘玄德之遇诸葛孔明也。

六月，太史令康权言于秦主生曰："昨夜三月并出，孛星入太微，连东井，自去月上旬，沉阴不雨，以至于今，将有下人谋上之祸。"生怒，以为妖言，扑杀之。

【译文】东海王苻坚，一直被当时的人所赞美，和过去的姚襄的参军薛赞、权翼关系十分好。薛赞和权翼秘密地劝苻坚说："主上苻生猜忌残忍，行为暴虐，朝中朝外都对他有叛离的想法，现在适合主持前秦祭祀的人，不是你还能有谁呢？我们希望您可以早一点做打算，不要让大权落入其他姓氏的人手中。"苻坚就拿这件事情去询问尚书吕婆楼，吕婆楼说："我是一个没有什么作用的人，不能够办理大事，我乡里的邻居有一个人叫作王猛，他的计谋策略是世间不常有的，殿下应该请他来向他询问。"苻坚就凭借着吕婆楼的关系招来王猛，两个人一见面就像是已经相交很多年的老朋友一样。当谈到国事的时候，苻坚感觉十分高兴，说自己就像刘玄德遇到了诸葛孔明一样。

六月，太史令康权对前秦主苻生说："在昨天夜里有三个月亮同时出来，并且孛星进入太微，同时连接着东井，从上个月的上旬来看，天气沉霾阴暗却不下雨，持续到现在，这是将要发生下人谋叛在上位者的灾祸。"前秦主苻生发怒，以为他说得怪诞不符合经典，就击杀了他。

特进、领御史中丞梁平老等谓坚曰："主上失德，上下嗷嗷，人怀异志，燕、晋二方，伺隙而动，恐祸发之日，家国俱亡。此殿下之事也，宜早图之！"坚心然之，畏生趫勇，未敢发。

生夜对侍婢言曰："阿法兄弟亦不可信，明当除之。"婢以告坚及坚兄清河王法。法与梁平老及特进光禄大夫强汪帅壮士数百潜入云龙门，坚与吕婆楼帅麾下三百人鼓噪继进，宿卫将士皆舍仗归坚。生犹醉寐，坚兵至，生惊问左右曰："此辈何人？"左右曰："贼也！"生曰："何不拜之！"坚兵皆笑。生又大言："何不速拜，不拜者斩之！"坚兵引生置别室，废为越王。寻杀之，谥曰厉王。

【译文】特进、兼御史中丞梁平老等人对苻坚说："主上失去仁德，群臣和百姓就都会愁苦呻吟，现在人们怀着叛离的心志，尤其是前燕、东晋两国，趁机窥伺衅隙，想要兴兵攻打我国，恐怕到了战祸开始的那一天，我们的家与国都会灭亡。这是殿下你的事情，应该早日谋划才好。"苻坚心里认为他说得很对，但是畏惧苻生的矫捷勇敢，不敢发动变乱。

夜里苻生对侍婢说："阿法（法是苻坚兄清河王的名字）兄弟也是不可信任的，明天应当把他们除掉。"婢女就把这件事告诉了苻坚和苻坚的哥哥清河王苻法。苻法和梁平老以及特进光禄大夫强汪率领几百壮士暗中进入云龙门，而苻坚和吕婆楼则率领部下三百人击鼓喧噪跟着进去，宿卫的将士都舍弃了兵器归附苻坚。苻生还在醉睡，苻坚的士兵已经到了，苻生吃惊地问左右的人说："这些都是什么人？"左右的人回答说："是贼！"苻生说："那他们为什么不跪拜我？"苻坚的士兵都在笑。苻生又大声地说："你们为什么不赶快跪拜？不跪拜的马上斩掉！"苻坚的士兵把苻生拉到另外的房间，废他为越王，不久杀了他，谥号为厉王。

坚以位让法，法曰："汝嫡嗣，且贤，宜立。"坚曰："兄年长，宜立。"坚母苟氏泣谓群臣曰："社稷重事，小儿自知不能，它日有悔，失在诸君。"群臣皆顿首请立坚。坚乃去皇帝之号，称大秦天王，即位于太极殿，诛生幸臣中书监董荣、左仆射赵韶等二十馀人。大赦，改元永兴。追尊父雄为文桓皇帝，母苟氏为皇太后，妃苟氏为皇后，世子宏为皇太子，以清河王法为都督中外诸军事、丞相、录尚书事、东海公，诸王皆降爵为公。以从祖右光禄大夫、永安公侯为太尉，晋公柳为车骑大将军、尚书令。封弟融为阳平公，双为河南公，子丕为长乐公，晖为平原公，熙为广平公，叡为巨鹿公。以汉阳李威为左仆射，梁平老为右仆射，强汪为领军将军，吕婆楼为司隶校尉，王猛为中书侍郎。

【译文】苻坚要把王位让给苻法，苻法说："你是嫡子，而且也很贤能，应该是你即位。"苻坚说："但是哥哥的年纪大，应该你即位。"苻坚的母亲苟氏哭泣着对群臣说："国家大事是很重要的，小儿他自己知道不能胜任，将来要是有所后悔的话，那么过失全在诸君。"于是群臣都叩头至地请苻坚即位。苻坚就去掉皇上的尊号，称自己为大秦天王，在太极殿即位；并且刑杀苻生嬖幸的大臣中书监董荣、左仆射赵韶等二十多人。又进行大赦，改年号为永兴。追尊他的父亲苻雄为文桓皇上帝，母亲苟氏为皇太后，妃子苟氏为皇后，世子苻宏为皇太子，并派清河王苻法做都督中外诸军事、丞相、录尚书事、东海公，而诸王都降低爵号为公。又任命堂祖父右光禄大夫、永安公苻侯做太尉，晋公苻柳做车骑大将军、尚书令。封他的弟弟苻融为阳平公，苻双为河南公，封儿子苻丕为长乐公，苻晖为平原公，苻熙为广平公，苻叡为巨鹿公。苻坚任命汉阳人李威为左仆射，梁平老为右仆射，强汪为领军将军，吕婆楼为司隶校尉，任命王猛为中书侍郎。

融好文学，明辩过人，耳闻则诵，过目不忘，力敌百夫，善骑射击刺，少有令誉。坚爱重之，常与共议国事。融经综内外，刑政修明，荐才扬滞，补益弘多。丕亦有文武才干，治民断狱，皆亚于融。

威，苟太后之姑子也，素与魏王雄友善，生屡欲杀坚，赖威营救得免。威得幸于苟太后，坚事之如父。威知王猛之贤，常劝坚以国事任之。坚谓猛曰："李公知君，犹鲍叔牙之知管仲也。"猛以兄事之。

燕主俊杀段龛，坑其徒三千馀人。

【译文】苻融非常喜欢文学，他的聪明智慧都超过了一般人，只要耳朵听过的就能够背诵，眼睛看过的就不会忘记；而且力气大得可以对抗一百个人，又擅长骑马、射箭和使用戈矛击刺，他年少时就有很好的声誉。苻坚宠爱他、器重他，常常和他共同商议国家大事。苻融还经略综理朝廷内外的政事，处理刑法政令严明，也会推荐有才干的人，显扬不得志的仁人志士，这些对朝廷的助益很多。苻丕也有文武双全的才干，他治理百姓，决断讼案，也都和苻融一样。

李威，是苟太后姑母的儿子，一向和魏王苻雄交情很好，苻生屡次想要杀苻坚，都是依赖李威的营救才得以避免。李威得到苟太后的宠幸，苻坚像对父亲一样侍奉他。李威知道王猛的贤能，常常劝苻坚把国家大事交给他处理。苻坚对王猛说："李公了解你，就好像鲍叔牙了解管仲一样。"王猛就以侍奉兄长的礼节来侍奉李威。

前燕君主慕容俊杀死了段龛，并且坑杀他的徒众三千多人。

秋，七月，秦大将军冀州牧张平遣使请降，拜并州刺史。

八月，丁未，立皇后何氏。后，故散骑侍郎庐江何准之女也。礼如咸康而不贺。

秦王坚以权翼为给事黄门侍郎，薛赞为中书侍郎，与王猛并掌机密。九月，追复太师鱼遵等官，以礼改葬，子孙存者皆随才擢叙。

张平据新兴、雁门、西河、太原、上党、上郡之地，壁垒三百余，夷、夏十余万户，拜置征镇，欲与燕、秦为敌国。冬，十月，平寇略秦境，秦王坚以晋公柳都督并、冀州诸军事，加并州牧，镇蒲阪以御之。

【译文】秋天，七月的时候，前秦大将军冀州牧张平派遣使者向东晋请求投降，被任命为并州刺史。

八月，丁未日（十九日），晋穆帝司马聃立何氏为皇后。皇后何氏，是前朝散骑侍郎庐江人何准的女儿。一切礼仪就像晋成帝司马衍成康二年迎娶杜氏时候一样，只是没有举行庆贺典礼。

前秦君王苻坚封权翼为给事黄门侍郎，薛赞则为中书侍郎，和王猛共同掌管国家的机要秘密。九月，又追复太师鱼遵等人官位，依照应有的礼节重新埋葬，他们子孙还活着的则根据他们的才干高低拔擢叙用。

张平占据了新兴、雁门、西河、太原、上党、上郡等地后，壁垒就有三百多个，夷人和夏人共有十万多户，设置并任命了东西南北四征将军及四镇将军，想要和前燕、前秦成为敌国。冬天，十月，张平入侵前秦国境，前秦君王苻坚派晋公苻柳都督并、冀州诸军事，加并州牧，镇守蒲阪抵抗张平。

十一月，癸酉，燕主俊自蓟徙都邺。

秦太后苟氏游宣明台，见东海公法之第门车马辐凑，恐终不利于秦王坚，乃与李威谋，赐法死。坚与法诀于东堂，恸哭欧血；谥曰献哀公，封其子阳为东海公，敷为清河公。

十二月，乙巳，燕主俊入邺宫，大赦。复作铜雀台。

以太常王彪之为左仆射。

秦王坚行至尚书，以文案不治，免左丞程卓官，以王猛代之。坚举异才，修废职，课农桑，恤困穷，礼百神，立学校，旌节义，继绝世；秦民大悦。

【译文】十一月，癸酉日（十七日），前燕君主慕容俊从蓟城迁都到了邺城。

当年前秦太后苟氏到宣明台游览的时候，在东海公苻法的府第门前，看到从四面八方来的马车很多，恐怕以后会对前秦君王苻坚不利，于是就和李威计划赐死苻法。苻坚和苻法在东堂诀别的时候，悲伤痛哭到吐血；后来苻坚封苻法谥号为献哀公，封他的儿子苻阳为东海公，苻敷为清河公。

十二月，乙巳日（十九日），前燕君主慕容俊进入邺宫，下令大赦。后来又修建了铜雀台。

东晋朝廷派太常王彪之做左仆射。

前秦君王苻坚来到尚书办公的地方，认为没有把公文处理好，于是就免去程卓左丞相的官职，派王猛代替他。苻坚选拔任用有特殊才干的人，完善兴办荒芜的政事，劝百姓勤奋地耕田种桑，还通过考核来加以奖惩，他还救助困苦贫穷的百姓，祭祀各种神灵，设立学校，表扬有气节义气的人，凡是子孙乏绝的家庭，都替他们立后嗣；前秦百姓对这些政策感到非常高兴。

二年（戊午，公元三五八年）春，正月，司徒昱稽首归政，帝不许。

初，冯鸯既以上党来降，又附于张平，又自归于燕，既而复叛燕。二月，燕司徒上庸王评讨之，不克。

秦王坚自将讨张平，以邓羌为前锋督护，帅骑五千，军于汾上；平使养子蚝御之。蚝多力趫捷，能曳牛却走；城无高下，皆可超越。与羌相持旬馀，莫能相胜。三月，坚至铜壁，平尽众出战，蚝单马大呼，出入秦陈者四、五。坚募人生致之，鹰扬将军吕光刺蚝，中之，邓羌擒蚝以献，平众大溃。平惧，请降。坚拜平右将军，以蚝为虎贲中郎将。蚝，本姓弓，上党人也，坚宠待甚厚，常置左右。秦人称邓羌、张蚝皆万人敌。光，婆楼之子也。坚徙张平部民三千馀户于长安。

【译文】升平二年（戊午，公元358年）春天，正月，司徒司马昱想要叩头回来效力朝政；但是晋穆帝司马聃没有答应。

当初，冯鸯用上党投降后，先跟随张平，后来又归顺前燕，最后背叛了前燕。二月，前燕派司徒上庸王慕容评去讨伐他，没有成功。

后来前秦君王苻坚亲自率领军队去讨伐张平，派邓羌做前锋都护，率领五千骑兵，在汾水上排兵布阵；张平命令他的养子张蚝去抵抗敌军的进攻。张蚝不仅力气大而且动作敏捷跑得快，能够从牛的后面用手拖着牛走；无论城墙有多高，他都可以翻过。在和邓羌相持的十几天里，谁也没有战胜对方。三月，苻坚到达铜壁，张平为了迎战调出了所有军队，张蚝边骑马边大声喊叫，在前秦的兵阵中四五次冲进冲出。苻坚向所有战士要求活捉张蚝然后献给他，最后鹰扬将军吕光对战张蚝，战胜了他，邓羌活捉了张蚝并把他献给苻坚，这时张平的士兵人心大乱。张平看到这种情况害怕了，请求投降。苻坚任命张平为右将军，张蚝为虎贲中郎将。张蚝，本姓弓，上党人。苻坚对他非常宠幸给他很优厚的待遇，常常让他跟随在自己身边。前秦百姓都说邓羌和张蚝两个人就能够对抗一万人。吕光，是吕婆楼的儿子。苻坚把张平部属的三千多户百姓迁到长安。

甲戌，燕主俊遣领军将军慕舆根将兵助司徒评攻冯鸯。根欲急攻之，评曰：“鸯壁坚，不如缓之。”根曰：“不然。公至城下经月，未尝交锋。贼谓国家力止于此，遂相固结，冀幸万一。今根兵初至，形势方振，贼众恐惧，皆有离心，计虑未定，从而攻之，无不克者。”遂急攻之。鸯与其党果相猜忌，鸯奔野王依吕护，其党尽降。

夏，四月，秦王坚如雍，祠五畤；六月，如河东，祀后土。

秋，八月，豫州刺史谢弈卒。弈，安之兄也。司徒昱以建武将军桓云代之。云，温之弟也。访于仆射王彪之，彪之曰：
"云非不才，然温居上流，已割天下之半，其弟复处西藩；兵权
萃于一门，非深根固蒂之宜。人才非可豫量，但当令不与殿下
作异者耳。"昱额之曰："君言是也。"壬申，以吴兴太守谢万为
西中郎将，监司、豫、冀、并四州诸军事、豫州刺史。

【译文】甲戌日（二十日），为了进攻冯鸯，前燕君主慕容儁
派遣领军将军慕舆根率领军队协助司徒慕容评。慕舆根想要马
上进攻，慕容评说："冯鸯的营垒有很严密的防守，我们不如等
一等再进攻。"慕舆根说："我认为不能这样。你一个月前就到
达城下，但是一次都没有交战过。贼人认为我们国家的兵力只
有这些才会这样，他们就会互相团结，想着万一会侥幸成功。现
在我的军队刚刚到达与你汇合，正是振奋人心的形势，而贼人
却恐惧我们的实力，起了叛离之心，趁着他们的计划和谋略还
没有定，我们现在去进攻，一定会成功。"于是他们决定急速进
攻。正如慕舆根所说，冯鸯和他的党徒互相猜疑忌畏，冯鸯依
靠吕护逃到野王，他的士兵全部投降。

夏天，四月，前秦君王苻坚来到雍，祭祀五畤。六月，又到
河东，祭祀后土。

秋天，八月，豫州刺史谢弈去世。谢弈，是谢安的哥哥。司
徒司马昱派建武将军桓云去代替他。桓云，是桓温的弟弟。司
马昱去拜访仆射王彪之，彪之说："桓云并不是没有才干，而是
桓温驻守在长江的上流，天下的一半已经被他割占，他的弟弟
桓云防守西方作为屏障，一家掌握兵权，对于稳固国家基业，实
在是不合适。人才的善恶不是开始就能预测的，只是应当先任
命不和你作对的罢了。"司马昱点头说："你说得很对。"壬申日
（二十一日），司马昱派吴兴太守谢万做西中郎将，用来监督司，

兼任豫州刺史。

王羲之与桓温笺曰："谢万才流经通，使之处廊庙，固是后来之秀；今以之俯顺荒馀，近是违才易务矣。"又遗万书曰："以君迈往不屑之韵，而俯同群碎，诚难为意也。然所谓通识，正当随事行藏耳。愿君每与士卒之下者同甘苦，则尽善矣。"万不能用。

徐、兖二州刺史荀羡有疾，以御史中丞郗昙为羡军司。昙，鉴之子也。

九月，庚辰，秦王坚还长安，以太尉侯守尚书令。于是秦大旱；坚减膳彻乐，命后妃以下悉去罗纨；开山泽之利，公私共之，息兵养民；旱不为灾。

【译文】 王羲之在写给桓温的书信里说："谢万有经世达变的才能，若使他在朝廷任职，必定是后起之秀；现在派他去治理兵荒马乱、动荡不安的地区，似乎是没有发挥他的才干，并且原本的职务也被改变了。"又在送给谢万的信里说："以你豪迈奋发的性格，又不屑于俗事的风韵，却委屈自己去处理那些琐碎的杂事，实在是很难想象。然而所谓有才能通达的之人，正应该根据事理决定说什么话，做什么事。希望你能常常和最低贱的士兵同甘共苦，那做得就很好了。"谢万不能采用。

担任徐、兖两州刺史的荀羡生病了，所以就派御史中丞郗昙做军司。郗昙，是郗鉴的儿子。

九月，庚辰日（九月无此日），前秦君王苻坚回到长安，派太尉苻侯掌管尚书令。恰逢前秦大旱；苻坚下令减少膳食，撤去音乐娱乐，命令后妃以下不能穿绫罗绸缎；充分开掘山水资源，这些所带来的利益，由百官民众共同享有，停止战争，让百姓休养生息，大旱才没有造成灾害。

王猛日亲幸用事，宗亲勋旧多疾之，特进、姑臧侯樊世，本氐豪，佐秦主健定关中，谓猛曰："吾辈耕之，君食之邪?"猛曰："非徒使君耕之，又将使君炊之!"世大怒曰："要当悬汝头于长安城门，不然，吾不处世!"猛以白坚。坚曰："必杀此老氐，然后百寮可肃。"会世入言事，与猛争论于坚前，世欲起击猛;坚怒，斩之。于是，群臣见猛皆屏息。

赵之亡也，其将张平、李历、高昌皆遣使降燕，已而降晋，又降秦，各受爵位，欲中立以自固。燕主俊使司徒评讨张平于并州，司空阳骛讨高昌于东燕，乐安王臧讨李历于濮。阳骛攻昌别将于黎阳，不拔。历奔荥阳，其众皆降。并州壁垒百馀降于燕，俊以右仆射悦绾为并州刺史以抚之。平所署征西将军诸葛骧等帅壁垒百三十八降于燕，俊皆复其官爵。平帅众三千奔平阳，复请降于燕。

【译文】王猛受到苻坚的亲近和宠幸而管理政治事务，大多数的宗族、亲戚以及有勋业的旧友和世家大臣都很忌恨他，特进、姑臧侯樊世，本来是氐的豪帅，辅佐前秦主苻健平定关中，对王猛说："我们辛勤耕耘，你却安然地坐享其成?"王猛说："我不仅教你耕耘，还要教你如何将这些果实煮熟!"樊世非常生气地说："一定要把你的头悬挂在长安城门上，不然的话，我就不活在世上!"王猛把这件事情告诉了苻坚，苻坚说："一定要杀死这个老氐，然后才能使百官感到敬畏。"正好遇到侯樊世进宫谈论事情，和王猛在苻坚的面前发生争论，樊世想要站起来攻击王猛;苻坚发怒了，于是斩杀了他。之后群臣看到王猛都屏住气，不敢呼吸。

资
治
通
鉴

赵国灭亡后，将领张平、李历和高昌都派遣使者向前燕投
降，之后又向东晋投降，接着又向前秦投降，他们都接受了爵
位，又想保持中立来使自己的权位得以稳固。前燕君主慕容俊
下令司徒慕容评到并州讨伐张平，司空阳骛到东前燕讨伐高
昌，乐安王慕容臧到濮县讨伐李历。阳骛到黎阳攻打高昌部属
的其他将领，攻打不下。李历逃到荥阳，他的士兵全都向前燕投
降。并州的屏障壁垒一百多个都向前燕投降，慕容俊为了安抚
他们，便派右仆射悦绾来做并州刺史。由张平所任命的征西将
军诸葛骧等人率领一百三十八个壁垒投降前燕，慕容俊都恢复
了他们原有的官爵作为嘉奖。张平率领其余士兵三千人逃到平
阳，又向前燕请求投降。

冬，十月，泰山太守诸葛攸攻燕东郡，入武阳，燕主俊遣大
司马恪统阳骛及乐安王臧之兵以击之。攸败走，还泰山，恪遂渡
河，略地河南，分置守宰。

燕主俊欲经营秦、晋，十二月，令州郡校实见丁，户留一丁，
馀悉发为兵，欲使步卒满一百五十万，期来春大集洛阳。武邑刘
贵上书，极陈"百姓凋弊，发兵非法，必致土崩之变。"俊善之，乃
更令三五发兵，宽其期日，以来冬集邺。

时燕调发繁数，官司各遣使者，道路旁午，郡县苦之。太
尉、领中书监封奕请"自今非军期严急，不得遣使，自馀赋发皆
责成州郡，其群司所遣弹督先在外者，一切摄还。"俊从之。

【译文】十月的冬天，泰山太守诸葛攸进军攻打前燕的东
郡，到了武阳，前燕君主慕容俊派遣大司马慕容恪率领阳骛和
乐安王慕容臧的军队去迎击他。诸葛攸失败逃走，回到泰山，
慕容恪渡过黄河，占据黄河以南的地方，并在那里分别设置了

郡守和县宰。

前燕君主慕容俊打算统领管理前秦、东晋，十二月，为了使国家步兵满一百五十万，他下令检查校准国家现有壮丁的实际数目，每一户留下一名壮丁，其余的全部征发去当兵，并且指定要求第二年春天在洛阳大集合。武邑人刘贵向君主表书，并尽力陈说："百姓凋残疲惫，如此征发士兵是不合乎法令的，必定会导致百姓溃乱。"慕容俊以为他说得很对，就另外下命令每户有三名壮丁或五名壮丁的，才征发一个人去当兵，同时宽限了日期，在第二年冬天在邺城集合。

当时前燕户税征收，不仅多而且频繁，负责此事的官吏有各自的派遣者，因此在纵横交错的道路上都有来来往往的使者，郡县百姓为此很愁苦。太尉、兼中书监封弈奏请："从现在开始，如果不是军事的期限紧迫，不能够派遣使者，其余户税征收都可以命州郡办好，那些官吏所派遣在外弹劾督催的使者，一概追回。"慕容俊采纳了他的意见。

燕泰山太守贾坚屯山茌，荀羡引兵击之；坚所将才七百馀人，羡兵十倍于坚。坚将出战，诸将皆曰："众少，不如固守。"坚曰："固守亦不能免，不如战也。"遂出战，身先士卒，杀羡兵千馀人，复还入城。羡进攻之，坚叹曰："吾自结发，志立功名，而每值穷阨，岂非命乎！与其屈辱而生，不若守节而死。"乃谓将士曰："今危困，计无所设，卿等可去，吾将止死。"将士皆泣曰："府君不出，众亦俱死耳。"乃扶坚上马。坚曰："我如欲逃，必不相遣。今当为卿曹决斗，若势不能支，卿等可趣去，勿复顾我也！"乃开门直出。羡兵四集，坚立马桥上，左右射之，皆应弦而倒。羡兵众多，从堑下斫桥，坚人马俱陷，生擒之，遂拔山茌。羡谓坚曰："君父、祖世为晋臣，奈何背本不降？"坚曰："晋自弃中华，非吾叛也。民既无主，强则托命。既已事人，安可改节！吾束脩自立，涉赵历燕，未尝易志，君何匆匆相谓降乎！"羡复责之，坚怒曰："竖子，儿女御乃公！"羡怒，执置雨中，数日，坚愤惋而卒。

【译文】 前燕泰山太守贾坚驻守在山茌，荀羡带兵去攻击他。贾坚才率领了七百多名士兵，荀羡的兵力比他多十倍。贾坚将要出去迎战，众将领都说："我们兵少，不如加强防守。"贾坚说："固守也不能避免落败，倒不如出去迎战。"于是他就出兵迎战了，贾坚在前面亲自率领士卒，杀死荀羡一千多名士兵，这才回到城里。不久荀羡就来进攻，贾坚叹口气说："我从成年以来，抱定要建立功名的志向，却常常遭遇到困难和危险，难道这是命中注定吗？与其没有尊严地活着，不如很有骨气地死。"于是他就对将军和士兵说："现在我们的处境艰难困苦，如果再想不出合适的计策，你们便可以离开这儿了，我将要誓死留守。"将军和士兵听了以后都哭泣着说："如果府君你不肯出去，我们也不会离去，我们会与你一起守在这儿。"士兵们就扶着贾坚上了马，贾坚说："假如我想要逃走的话，是一定不会派你们去的。但是现在我要为你们决一死战，如果形势不乐观的话，你们要及时离去，不用再担心我了。"然后就打开城门一直出去。荀羡的士兵从四方八方聚集过来，贾坚骑着马，站在桥上，向四周射箭，中箭者都倒在地上。荀羡的士兵很多，有的从水沟下面砍断了桥，贾坚和马都掉进水中，他被活捉后，荀羡就占据了山茌。荀羡对贾坚说："你的父亲、祖父都为晋朝效忠，为什么你背弃了晋朝，不肯投降？"贾坚说："是晋朝自己遗弃了中原，并不是我背叛了它。既然百姓没有了君主，如果有强者，百姓就会把自己的生命寄托给他。既然已经效忠于他人，怎么可以随便改变呢? 自从我拜师读书, 就立下了一个志向, 经过了赵国和前燕, 都没有想过改变, 你怎么可以急急忙忙地劝我投降呢? "苟羡又严厉地指责他, 贾坚非常生气地说: "小子, 你想驾驭你的老子像驾驭你的儿女一样吗? "于是苟羡大发脾气, 捉住他把他放在雨中, 过了几天, 贾坚愤恨惋叹而死。

燕青州刺史慕容尘遣司马悦明救泰山, 羡兵大败, 燕复取山茌。燕主俊以贾坚子活为任城太守。

苟羡疾笃, 徵还, 以郗昙为北中郎将、都督徐、兖、青、冀、幽五州诸军事、徐、兖二州刺史, 镇下邳。

【译文】 前燕青州刺史慕容尘派遣司马悦明前去援救前燕泰山太守贾坚, 苟羡的士兵被打得大败, 前燕又占据了山茌。前燕君主慕容俊便派贾坚的儿子贾活前去做任城太守。

苟羡病重, 又被征召回去, 任命郗昙为北中郎将, 掌管徐、兖、青、冀、幽五州诸军事, 徐、兖两州刺史, 镇守在下邳。

燕吴王垂娶段末柸女, 生子令、宝。段氏才高性烈, 自以贵姓, 不尊事可足浑后, 可足浑氏衔之。燕主俊素不快于垂, 中常侍涅皓因希旨告段氏及吴国典书令辽东高弼为巫蛊, 欲以连污垂。俊收段氏及弼下大长秋、延尉考验, 段氏及弼志气确然, 终无挠辞。掠治日急, 垂愍之, 私使人谓段氏曰: "人生会当一死, 何堪楚毒如此! 不若引服。" 段氏叹曰: "吾岂爱死者耶! 若自诬以恶逆, 上辱祖宗, 下累于王, 固不为也!" 辩答益明; 故垂得免祸, 而段氏竟死于狱中。出垂为平州刺史, 镇辽东。垂以段氏女弟为继室; 可足浑氏黜之, 以其妹长安君妻垂; 垂不悦, 由是益恶之。

匈奴刘阏头部落多叛, 惧而东走, 乘冰渡河, 半渡而冰解,

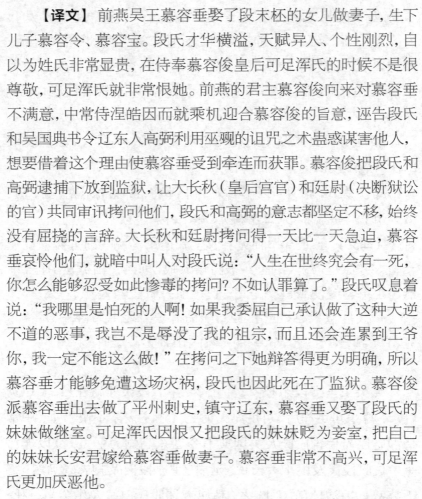

后众尽归刘悉勿祈，阏头奔代。悉勿祈，务桓之子也。

【译文】前燕吴王慕容垂娶了段末杯的女儿做妻子，生下儿子慕容令、慕容宝。段氏才华横溢，天赋异人、个性刚烈，自以为姓氏非常显贵，在侍奉慕容俊皇后可足浑氏的时候不是很尊敬，可足浑氏就非常恨她。前燕的君主慕容俊向来对慕容垂不满意，中常侍涅皓因而就乘机迎合慕容俊的旨意，诬告段氏和吴国典书令辽东人高弼利用巫觋的诅咒之术蛊惑谋害他人，想要借着这个理由使慕容垂受到牵连而获罪。慕容俊把段氏和高弼逮捕下放到监狱，让大长秋（皇后宫官）和廷尉（决断狱讼的官）共同审讯拷问他们，段氏和高弼的意志都坚定不移，始终没有屈挠的言辞。大长秋和廷尉拷问得一天比一天急迫，慕容垂哀怜他们，就暗中叫人对段氏说："人生在世终究会有一死，你怎么能够忍受如此惨毒的拷问？不如认罪算了。"段氏叹息着说："我哪里是怕死的人啊！如果我委屈自己承认做了这种大逆不道的恶事，我岂不是辱没了我的祖宗，而且还会连累到王爷你，我一定不能这么做！"在拷问之下她辩答得更为明确，所以慕容垂才能够免遭这场灾祸，段氏也因此死在了监狱。慕容俊派慕容垂出去做了平州刺史，镇守辽东，慕容垂又娶了段氏的妹妹做继室。可足浑氏因恨又把段氏的妹妹贬为妾室，把自己的妹妹长安君嫁给慕容垂做妻子。慕容垂非常不高兴，可足浑氏更加厌恶他。

匈奴刘阏头部下的大户大多数都叛逆了他，他因害怕而向东逃走，危急之中踏冰渡河，在过了一半的时候冰融解了，后面众多士兵都归附了刘悉勿祈，刘阏头逃到代。刘悉勿祈，是刘务桓的儿子。

升平三年(己未,公元三五九年)春,二月,燕主俊立子泓为济北王,冲为中山王。

燕人杀段勤,勤弟思来奔。

燕主俊宴群臣于蒲池,语及周太子晋,潸然流涕曰:"才子难得。自景先之亡,吾鬓发中白。卿等谓景先何如?"司徒左长史李绩对曰:"献怀太子之在东宫,臣为中庶子,太子志业,敢不知之!太子大德有八:至孝,一也;聪敏,二也;沈毅,三也;疾谀喜直,四也;好学,五也;多艺,六也;谦恭,七也;好施,八也。"俊曰:"卿誉之虽过,然此儿在,吾死无忧矣。景茂何如?"时太子暐侍侧,绩曰:"皇太子天资岐嶷,虽八德已闻,然二阙未补,好游畋而乐丝竹,此其所以为损也。"俊顾谓暐曰:"伯阳之言,药石之惠也,汝宜诚之!"暐甚不平。

【译文】 升平三年(己未,公元359年),春季,二月,前燕君主慕容俊立他的儿子慕容泓为济北王,慕容冲为中山王。

前燕人杀死了段勤,段勤的弟弟段思投奔东晋。

前燕君主慕容俊在邺城的蒲池宴饮群臣,他谈到周灵王的太子姬晋,感慨万分,流着眼泪说:"有才气的人真的很难得到。自从景先(前燕故太子慕容晔字景先)死了以后,我的鬓发都已经白了一半。你们认为景先怎么样?"司徒左长史李绩回答说:"献怀太子(慕容晔谥号叫献怀)在东宫的时候,我做他的中庶子,献怀太子慕容晔的志向和行为我怎么能不知道呢?献怀太子的品德大概有八种:第一是孝顺;第二是聪明伶俐,反应敏捷;第三是沉着冷静,意志坚定;第四是不喜欢别人阿谀奉承,喜欢大胆直言;第五是喜欢学习;第六是多才多艺;第七是懂得谦恭之道;第八是乐善好施。"慕容俊说:"你的赞誉有点过分,但是这孩子要是还活着,我就是死了也没有什么忧虑的了。景茂（前燕今太子慕容暐字景茂）又怎么样呢？"当时太子慕容暐正跟随侍奉在一侧，李绩回答说："皇太子慕容暐天资聪颖又有识见，虽然献怀太子慕容晔的八德已闻名于世，但他也有两种缺失没有弥补，就是喜欢游猎和音乐，这正是他所缺失的地方。"慕容俊回过头来对慕容暐说："伯阳（李绩字伯阳）所说的话，就像药石可以医治人的疾病一样，也可以弥补你的缺失，你应该以此来警戒自己。"当时慕容暐心里就对李绩充满了愤恨。

俊梦赵主虎啮其臂，乃发虎墓，求尸不获，购以百金；邺女子李菟知而告之，得尸于东明观下，僵而不腐。俊蹋而骂之曰："死胡，何敢怖生天子！"数其残暴之罪而鞭之，投于漳水，尸倚桥柱不流。及秦灭燕，王猛为之诛李菟，收而葬之。

秦平羌护军高离据略阳叛，永安威公侯讨之，未克而卒。夏，四月，骁骑将军邓羌、秦州刺史啖铁讨平之。

匈奴刘悉勿祈卒，弟卫辰杀其子而代之。

五月，秦王坚如河东；六月，大赦，改元甘露。

【译文】　慕容俊梦到赵王石虎咬了他的手臂，就下令挖掘石虎的坟墓，但是没有找到石虎的尸体，于是就下令悬赏一百金寻找石虎的尸体。邺城有一个叫李菟的女子，知道石虎的尸体在哪儿，就告诉了慕容俊。终于在东明观下找到了石虎的尸体，但那尸体只是僵硬却没有腐烂。慕容俊践踏石虎的尸体骂他说："死石虎，你死了还敢让活着的天子害怕。"慕容俊让人列举了石虎残忍暴虐的罪过，下令用马鞭抽打他的尸体，再投到漳水里，石虎的尸体倚靠着桥柱不向下流。等到前秦消灭前燕，王猛因此杀了李菟，收石虎的尸体并埋葬。

前秦平羌护卫军高离占据洛阳，发起叛变，永安威公苻侯前去讨伐他（威是永安公的谥号，《通鉴》在说到一个人快要死的时候，在他的封号中加上他死后的谥号，表示他的行谊将到此为止），不但没有成功还死在了那里。夏季，四月，骁骑将军邓羌和秦州刺史啖铁又去讨伐高离，平定了洛阳。

匈奴刘悉勿祈去世时，他的弟弟刘卫辰杀死了他的儿子代替了他。

五月，前秦君王苻坚占领河东。六月，苻坚大赦，改年号为甘露。

凉州牧张瓘，猜忌苛虐，专以爱憎为赏罚。郎中殷郇谏之。瓘曰："虎生三日，自能食肉，不须人教也。"由是人情不附。辅国将军宋混，性忠鲠，瓘惮之，欲杀混及弟澄，因废凉王玄靓而代之，徵兵数万，集姑臧。混知之，与澄帅壮士杨和等四十馀骑奄入南城，宣告诸营曰："张瓘谋逆，被太后令诛之。"俄而众至二千。瓘帅众出战，混击破之。瓘麾下玄胪刺混，不能穿甲，混擒之，瓘众悉降。瓘与弟琚皆自杀，混夷其宗族。玄靓以混为使持节、都督中外诸军事、票骑大将军、酒泉郡侯，代瓘辅政。混乃请玄靓去凉王之号，复称凉州牧。混谓玄胪曰："卿刺我，幸而不伤，今我辅政，卿其惧乎?"胪曰："胪受瓘恩，唯恨刺节下不深耳，窃无所惧!"混义之，任为心膂。

高昌不能拒燕，秋，七月，自白马奔荥阳。

【译文】 凉州牧张瓘是一个容易猜疑、忌恨他人、苛刻暴虐的人，专以自己的喜爱和憎恶作为赏罚准则。郎中殷郇劝止他，张瓘说："老虎生下来三天的时候，自己就能够吃肉，从来不需要人教导。"因此百姓都不愿意归顺依附他。辅国将军宋混，是一个性情耿直的人。张瓘害怕他，想要杀死宋混和他的弟弟宋澄，借此废掉凉王张玄靓，自己好取而代之。于是征召数万士兵，让他们在姑臧集合。宋混知道后，就和宋澄率领壮士杨和等四十多位骑士，乘张瓘不备，突然进入南城，向诸军营战士宣布说："张瓘阴谋叛逆，太后下令杀他。"没过多久，士兵就到了两千人，张瓘率领众士兵出来迎战，宋混带领士兵攻击打败了他。张瓘的部下玄胪暗中刺杀宋混，匕首没能穿透铠甲。宋混捉住了他，最后，张瓘和他的弟弟张琚也都自杀，宋混诛灭他们的宗族。张玄靓派宋混为使持节、骠骑大将军、都督中外诸军事、酒泉郡侯，代替张瓘辅佐朝政。宋混就请张玄靓去掉他的凉王的尊号，再封称号为凉州牧。宋混对玄胪说："你刺杀我，我幸运没有受伤，你不畏惧现在我辅佐朝政吗？"玄胪说："我曾蒙受张瓘的恩惠，只恨刺你刺得不够深，我没有什么可畏惧的！"宋混认为他是一个讲道义的人，就任用他做自己的亲信。

高昌不能抵抗前燕士兵，秋季，七月，他从白马逃到荥阳。

秦王坚自河东还，以骁骑将军邓羌为御史中丞。八月，以咸阳内史王猛为侍中、中书令，领京兆尹。特进、光禄大夫强德，太后之弟也，酗酒，豪横，掠人财货、子女，为百姓患。猛下车收德，奏未及报，已陈尸于市，坚驰使赦之，不及。与邓羌同志，疾恶纠案，无所顾忌，数旬之间，权豪、贵戚，杀戮、刑免者二十馀人，朝廷震栗，奸猾屏气，路不拾遗。坚叹曰："吾始今知天下之有法也！"

泰山太守诸慕攸将水陆二万击燕，入自石门，屯于河渚。燕上庸王评、长乐太守傅颜帅步骑五万与攸战于东阿，攸兵大败。

【译文】前秦君王苻坚又从河东回来，派遣骁骑将军邓羌做御史中丞。八月，派遣咸阳内史王猛做侍中、中书令，兼任京兆尹。特进、光禄大夫强德是强太后（前秦主苻健之后）的弟弟，喝酒没有节制又借酒做凶恶的事情，骄横暴虐，掠夺百姓的财宝、货物甚至是百姓的儿女，是百姓眼中的祸害。王猛到任后就上报给前秦君王苻坚，还没有等到奏表批示下来，就下令抓捕强德，把他处死在刑场；苻坚派使者骑快马前去赦免他，但是已经来不及了。王猛和邓羌有着共同的志趣，嫉恨邪恶。在问案审查时，他毫无顾虑和畏惧，短短几十天内，对有权势的豪强以及贵族亲戚进行杀戮、科刑和免职的有二十多人，朝廷上下都震惧战栗，奸恶狡猾的人都害怕得屏住呼吸，遗落在地上的东西，都没有人敢拾起来。苻坚感慨叹息着说："我到现在才知道天下有法令的重要性！"

泰山太守诸葛攸率领水军、陆军两万人攻击前燕，他们从石门进入，把士兵驻扎在黄河岸上。前燕的上庸王慕容评和长乐太守傅颜率领步兵和骑兵共五万人，和诸葛攸在东阿交战，诸葛攸的军队被打败。

冬，十月，诏谢万军下蔡，郗昙军高平，以击燕。万矜豪傲物，但以啸咏自高，未尝抚众。兄安深忧之，谓万曰："汝为元帅，宜数接对诸将以悦其心，岂有傲诞如此而能济事也！"万乃召集诸将，一无所言，直以如意指四坐云："诸将皆劲卒"。诸将益恨之。安虑万不免，乃自队帅以下，无不亲造，厚相亲托。既而万帅众入涡、颍以援洛阳，郗昙以病退屯彭城。万以为燕兵大盛，故昙退，即引兵还，众遂惊溃。万狼狈单归，军士欲因其败而图之，以安故而止。既至，诏废万为庶人，降昙号建武将军。

資治通鑒卷第一百 晋紀二十二

557

于是，许昌、颍川、谯、沛诸城相次皆没于燕。

秦王坚以王猛为吏部尚书，寻迁太子詹事。十一月，为左仆射，馀官如故。

【译文】冬季，十月，朝廷命令谢万屯驻在下蔡、郗昙屯驻在高平城攻击前燕。谢万为人矜持豪贵，傲慢视人，总是高歌吟咏，又自命清高，带兵时又不曾安抚众人。他的哥哥谢安深深地替他担忧，对他说："你作为元帅，应该常常与众将领接触使他们心里高兴，你如此傲慢放诞怎能建立一番成功的事业？"谢万就召集众将领，没有说什么话，只是用铁如意指着四周的将领们说："诸位将领都是勇猛的士卒。"于是众将领就更加愤恨他。谢安非常忧虑谢万不能幸免于难，就亲自前往造访军队首领以下将领，重相交欢拜托。不久，谢万率领士兵进入涡水与颍水之间去救援洛阳。郗昙因为生病撤退屯驻在彭城。谢万认为是前燕士兵获得大胜，所以郗昙才撤退，他也带兵回去，士兵们因此惊慌溃乱。谢万狼狈地单独而归，军士们想要乘着他失败的时候发动叛变，因为谢安的缘故而没有那么做。到了京师以后，朝廷下令把谢万贬为平民，降郗昙的爵号为建武将军。于是许昌、颍川、谯、沛诸城相继都沦陷于前燕。

前秦君王苻坚任用王猛做吏部尚书，不久后又把他升迁为太子詹事。十一月，他又做了左仆射，其余的官职如旧。

【乾隆御批】荒诞如谢万岂堪元戎之任？安尚称明达者，乃欲以世俗周旋思济其失，亦可鄙矣。

【译文】像谢万这样荒唐的人怎么能够担当元帅的重任呢？谢安还可以说是比较通达的，可他想用世俗的办法与众将领周旋，以弥补他弟弟的过失，也是让人看不起的事。

【申涵煜评】赵括之母且知其子，安既以万非将才，何不早出东山代抒时难，乃徒切切私忧。亲款卒帅，卒致涡颍之溃，未免手足情重而苍生念轻。

【译文】 赵括的母亲尚且了解她的儿子，谢安既然认为谢万不是担任将领的人才，为什么不早早地从东山出发代替他解除当时的战祸呢？竟徒劳地为他感到深切的担忧。谢安虽然亲自款待兵卒和将帅，最终还是导致涡水与颍水的溃败，这样不能不说是谢氏兄弟之间的情义重而天下苍生的性命轻。

十二月，封武陵王晞子璝为梁王。

大旱。

辛酉，燕主俊寝疾，谓大司马太原王恪曰："吾病必不济。今二方未平，景茂冲幼，国家多难，吾欲效宋宣公，以社稷属汝，何如？"恪曰："太子虽幼，胜残致治之主也。臣实何人，敢干正统！"俊怒曰："兄弟之间，岂虚饰邪！"恪曰："陛下若以臣能荷天下之任者，岂不能辅少主乎！"俊喜曰："汝能为周公，吾复何忧！李绩清方忠亮，汝善遇之。"召吴王垂还邺。

【译文】 十二月，朝廷封武陵王司马晞的儿子司马璝做梁王。

这月发生大旱。

辛酉日（十七日），前燕君主慕容俊卧病在床，对大司马太原王慕容恪说："我的病一定不会有起色。现在东晋、前秦两方都没有平定，国家又多灾多难，太子景茂又幼小，我把国家托付给你，我想要效法宋景公，舍弃他的儿子与他的国土，而立他的弟弟穆公，你觉得怎么样？"慕容恪说："太子虽然年龄幼小，但能够教化残暴的人使他们不再作恶，能够治理天下使天下太平。如果我敢扰乱君位由父传子的正统，那我到底是什么人？"慕容俊愤怒地说："我们兄弟之间，哪里需要说这些好听的空话？"慕容恪说："陛下如果认为我能够担负天下的重任，难道不认为我能辅佐少主吗？"慕容俊高兴地说："如果你能够像周公辅佐成王一样地辅佐幼主，我还有什么忧虑呢？李绩为人方正、清正廉洁、忠贞而诚信，你一定要好好对待他。"慕容俊召吴王慕容垂回到邺城。

秦王坚以王猛为辅国将军、司隶校尉、居中宿卫、仆射、詹事、侍中、中书令，领选如故。猛上疏辞让，因荐散骑常侍阳平公融、光禄、散骑西河任群、处士京兆朱彤自代。坚不许，而以融为侍中、中书监、左仆射，任群为光禄大夫，领太子家令，朱彤为尚书侍郎、领太子庶子。猛时年三十六，岁中五迁，权倾内外，人有毁之者，坚辄罪之，于是群臣莫敢复言。以左仆射李威领护军，右仆射梁平老为使持节、都督北垂诸军事、镇北大将军，戍朔方之西；丞相司马贾雍为云中护军，戍云中之南。

【译文】前秦君王符坚派王猛做辅国将军、司隶校尉，来管理宿卫，居住在禁中，其他的仆射、詹事、中书令、侍中、兼选等官职照旧。王猛上奏折推辞，借此机会举荐散骑常侍阳平公符融、有学行而不愿做官的京兆人朱彤、以光禄大夫做散骑常侍的西河人任群来代替自己。符坚不答应，于是派符融做侍中、中书监、左仆射等官，任群做光禄大夫，兼太子家令，朱彤做尚书侍郎，兼太子庶子。当时王猛三十六岁，权势倾倒朝廷内外，一年中升迁五次，如果有人毁谤王猛，符坚往往都降罪于他，于是群臣没有人敢再说话。符坚右仆射梁平老为使持节、都督北陲诸军事、镇北大将军，派遣左仆射李威兼护军驻守朔方之西；丞相司马贾雍做云中护军，驻守在云中以南。

【乾隆御批】有毁辄罪之，虽因深知其贤，然箝众口而任一人，适足自蔽聪明，非正道也！

【译文】 有说坏话的就加罪给他，虽说是因为皇帝十分了解王猛的贤明，但是强力压制众人的口舌而任用一个人，恰恰只能蒙蔽了自身聪明，并不是正确途径啊！

燕所徵郡国兵悉集邺城。

【译文】 前燕向各郡国征召的士兵，全部集结在邺城。